Neue Fischer Weltgeschichte

Herausgegeben von
Jörg Fisch
Wilfried Nippel
Wolfgang Schwentker

Neue Fischer Weltgeschichte
Band 11

David Arnold
Südasien

Aus dem Englischen von Michael Bischoff

S. Fischer

Für Hannah und Alexander

© 2012 S. Fischer Verlag GmbH, Frankfurt am Main
Alle Rechte vorbehalten
Karten: Peter Palm, Berlin
Satz: pagina GmbH, Tübingen
Druck und Bindung: GGP Media GmbH, Pößneck
Printed in Germany
ISBN 978-3-10-010841-8

Zur Neuen Fischer Weltgeschichte

Was ist Weltgeschichte? Die Rede von ihr führt die Idee einer Totalität mit sich, einer Totalität des Raumes und der Zeit, des Geschehens und der Erfahrung, des Handelns und des Erleidens. Doch so notwendig die Vorstellung eines Ganzen im Ablauf der Zeit als regulative Idee der Weltgeschichte ist, so wenig kann der Mensch eine solche Gesamtheit empirisch erfassen.

Im Bewusstsein dieser Begrenzung bildet für die *Neue Fischer Weltgeschichte* die Aufgliederung des Globus in überschaubare, geographisch vorgegebene und historisch gewachsene Regionen den Ausgangspunkt. Innerhalb dieses Rahmens versteht sie sich nicht als Geschichte von Ländern oder Staaten, sondern als eine solche von Räumen und der Wechselwirkungen zwischen ihnen. Sie setzt Akzente durch Verbindungen und Trennungen, indem sie manche Kontinente, so Afrika und Europa, als Einheiten behandelt, während sie Amerika und insbesondere Asien stärker gliedert. Gewichtung und Strukturierung erfolgen auch in der zeitlichen Dimension, wenn eine Weltregion in zwei chronologisch aufeinanderfolgenden Bänden behandelt wird – im Falle Europas sind es sogar mehrere Bände. In solchen Schwerpunktsetzungen liegt einerseits das Eingeständnis eines Eurozentrismus, in dessen Tradition diese Weltgeschichte steht, ob sie will oder nicht, und andererseits der Ansporn für seine Überwindung in einer konsequenten systematischen Gleichbehandlung der verschiedenen Räume.

Die einzelnen Bände beschreiben einleitend die Rahmenbedingungen des jeweiligen Raumes für eine auf den Menschen bezogene und zumindest teilweise auch von ihm gemachte Geschichte, während sie am Schluss nach dem weltgeschichtlichen Ertrag (im positiven wie im negativen Sinne) fragen. Innerhalb einer Weltregion wird die Geschichte in Epochen behandelt, und jede Epoche ist ihrerseits nach Sachgebieten gegliedert, wobei Politik, Gesellschaft, Wirtschaft und Kultur im Vordergrund stehen.

Das Vorgängerwerk, die weitverbreitete *Fischer Weltgeschichte* aus den 1960er Jahren, erhob den Anspruch, zu zeigen, »wie die Menschheit in ihrer Geschichte zum Selbstbewusstsein erwacht«. Die Geschichtswissenschaft ist seither zurückhaltender geworden. Die *Neue Fischer Weltgeschichte* betrachtet ihren Gegenstand nicht als einlinigen Fortschrittsprozess, sondern als polyphones Geschehen mit ständig wechselnden Haupt- und Nebenstimmen, die ihre Bedeutung behalten, selbst wenn sie längst verstummt sind.

Die Herausgeber

Inhaltsverzeichnis

Einleitung
1. Die Identität Südasiens   13
2. Südasien als Weltkultur   22
3. Die südasiatische Umwelt   30
4. Die Idee des Großreichs   39

I Die Grundlagen der südasiatischen Kultur: um 2500–1200 v. Chr.

A Zivilisation am Indus   43
1. Die Entdeckung der Harappa-Kultur   44
2. Indus-Städte   48
3. Die Harappa-Kultur und die Ökonomie   53
4. Niedergang und Verschwinden   59

B Die Indoarier   65
1. Die arya-Frage   65
2. Die Erfindung der »Arier«   66
3. Prüfung der Belege   69
4. Vedische Rituale und vedischer Glaube   72
5. Wirtschaft und Gesellschaft   75
6. Könige und Kasten   82
7. Städte und Staaten   86

C Die Geburt des Buddhismus 90

   1. Zeiten des Wandels 90
   2. Die Jainas 92
   3. Leben und Lehren des Buddha 95
   4. Wirkung und Anziehungskraft des Buddhismus 101
   5. Das buddhistische Vermächtnis 108

D Anfänge der Großreiche 112

   1. Alexander und die Achämeniden 112
   2. Der Aufstieg des Reiches 117
   3. Ashoka und der Maurya-Staat 124
   4. Der kaiserliche Dharma 131

E Regionalstaaten und feudale Transformationen 136

   1. Von den Indogriechen zum Kushana-Reich 137
   2. Das Zeitalter der Guptas 143
   3. Annäherungen an den Süden 151
   4. Landwirtschaft und Umwelt 157
   5. Die Rückkehr der Städte 162
   6. Fernhandel 165
   7. Die Frage des Feudalismus 170

F Die Widersprüche eines klassischen Zeitalters 175

   1. Wiedererweckter Glaube 176
   2. Der Weg der Frömmigkeit 180
   3. Recht und Gesellschaft 185
   4. Literatur und bildende Kunst 189
   5. Naturwissenschaft und Medizin 198

II Spätmittelalter und frühe Neuzeit: 1200–1750

A Sultane und Sklaven   *205*

1. Neuanfänge   *205*
2. Die muslimischen Invasionen   *206*
3. Sklavenkönige   *212*
4. Der Zenit des Delhi-Sultanats   *220*
5. Der Dekkan und der ferne Süden   *227*

B Das »göttliche Licht« des Königs   *234*

1. Der Aufstieg der Moguln   *235*
2. Die Herrschaft Akbars   *240*
3. »Göttliches Licht«   *245*
4. Das Reich unter Jahangir und Shah Jahan   *249*
5. Das Zeitalter Aurangzebs   *254*

C Reichtum und Armut Indiens   *262*

1. Die Verheerungen des Krieges   *264*
2. Die Infrastruktur des Mogulreichs   *269*
3. Die Landwirtschaft   *273*
4. Landwirtschaft und die ökologische Grenze   *277*
5. Städte, Handel und Außenwirtschaft   *282*

D Religion, Gesellschaft und Kunst   *294*

1. Der Islam und der Sufi-Orden   *295*
2. Architektur und höfische Kunst   *299*
3. Zwischen Eklektizismus und Intoleranz   *306*
4. Bhakti   *310*
5. Der Aufstieg des Sikhismus   *315*

III Südasien in der Kolonialzeit: 1750–1947

A Die Herrschaft der Ost Indien Kompanie *323*

1. Vom Niedergang der Moguln bis zum Aufstieg der Marathen *324*
2. Neue Staaten, neue Herausforderungen *331*
3. Das expandierende Empire *339*
4. Indien regieren *345*
5. Meuterei, Rebellion und das Ende der Kompanie-Herrschaft *352*

B Eine fremde Herrschaft *360*

1. Definition des Raj *360*
2. Das orientalische Indien *361*
3. Koloniales Wissen *367*
4. Die Vermessung Indiens *373*
5. Stählerne Rahmen und Zeremonien *381*

C Kolonialwirtschaft *386*

1. Grund und Boden *386*
2. Motoren des Wandels *393*
3. Handel und Industrie *403*
4. Hunger, Krankheit und Bevölkerungsentwicklung *411*

D Sozialer Wandel und indische Moderne *417*

1. Eine neue Mittelschicht *417*
2. Die Erneuerung des Hinduismus *423*
3. Muslimische Reformbewegungen *430*
4. Die Umgestaltung der Kasten und Volksgruppen *436*
5. Geschlecht und Identität *442*

E Der Aufstieg des Nationalismus *448*

    1. Auf dem Weg zur Nation *448*
    2. Die Organisation des Nationalismus *451*
    3. Der Erste Weltkrieg und seine Folgen *457*
    4. Gandhi und der zivile Ungehorsam *462*
    5. Von der Sackgasse zum Zweiten Weltkrieg *474*
    6. Eine Nation – oder zwei? *481*

IV Südasien seit 1947

A Neue Nationen *489*

    1. Das Erbe der Unabhängigkeit und der Teilung *489*
    2. Der Aufbau einer Nation *497*
    3. Pakistan, Sri Lanka und Bangladesh *508*
    4. Internationale Beziehungen *516*
    5. Indien seit den 1980er Jahren *522*

B Wirtschaft und Gesellschaft im Zeitalter der Globalisierung *526*

    1. Agrarrevolte und Wirtschaftsreform *527*
    2. Die Planung des Wandels *535*
    3. Globalisierung *543*
    4. Gesundheit, Demographie und Ökologie *548*
    5. Gesellschaften im Wandel *552*

Schluss *559*

Anhang

Dank 569
Bemerkungen zur Transkription und Aussprache 571
Anmerkungen 573
Ausgewählte Literatur 582
Zeittafel 591
Abbildungsnachweis 596
Personen- und Ortsregister 597

Einleitung

1. Die Identität Südasiens

Die mit dem Ausdruck »Südasien« belegte Idee ist in gewissem Maße künstlich – eine ebenso erfundene und moderne Bezeichnung wie »Südostasien« oder »Mittlerer Osten«. Die Verwendung eines einzigen Ausdrucks für einen so riesigen, bevölkerungsreichen und kulturell vielfältigen Teil der Erde wirft unvermeidlich Fragen nach dem Wert dieser Bezeichnung auf. Besitzt dieses weiträumige Gebiet, das sich heute auf sieben Staaten verteilt (Indien, Pakistan, Bangladesh, Sri Lanka, Nepal, Bhutan und die Malediven) genügend gemeinsame Merkmale, um es zu Recht als ein Ganzes zu behandeln? Ist es sinnvoll, Südasien von den benachbarten Regionen zu trennen? Afghanistan, Iran und in geringerem Maße auch Tibet und Birma (Myanmar) besitzen so starke historische Verbindungen zu Südasien, dass dessen Geschichte ohne sie gar nicht verständlich wäre. Dennoch gibt es gute Gründe für den Gedanken, dass diese Länder außerhalb des eigentlichen Südasien liegen.

Als »Indien« bezeichnete man einst nahezu die gesamte Landmasse südlich des Himalaya, mit Ausnahme der Insel Sri Lanka (ehemals Ceylon). Auch heute spricht man noch oft vom »indischen Subkontinent« oder im Englischen einfach von »*the subcontinent*«. Es gibt jedoch gute Gründe, den Ausdruck »Indien« nicht mehr in dieser weitgefassten Bedeutung zu verwenden. Indien ist keine einheimische Bezeichnung, sondern stammt von Fremden, die aus dem Nordosten kamen und in deren Augen dieses unbekannte Land am Indus begann. Es wurzelt aus dem

Sanskritwort »Sindhu« (Fluss, Meer), aus dem auch der Name der heute in Südpakistan gelegenen Provinz Sind und die Ausdrücke »Hindu«, »Hindi« und »Hindustan« abgeleitet sind. Die Briten verwandten den Ausdruck »Indien« in ihrer zweihundert Jahre währenden Zeit als Kolonialmacht zur Bezeichnung ihres südasiatischen Empire (außer Ceylon, das einer gesonderten Verwaltung unterlag). Jedoch seit der Unabhängigkeit im Jahr 1947 und der Entstehung der neuen Staaten Indien und Pakistan ist es anachronistisch, den gesamten Subkontinent als Indien zu bezeichnen. »Südasien« erlaubt dagegen auch die Einbeziehung Nepals (das nie zu Britisch-Indien gehörte), Bangladeshs (das sich 1971 von Pakistan abspaltete), Ceylons (das 1948 unabhängig wurde und sich 1971 in Sri Lanka umbenannte) sowie der beiden unabhängigen Staaten Bhutan und Malediven. Da der Ausdruck »Südasien« das Gebiet nicht mit einem der dortigen Staaten gleichsetzt, ist er politisch neutral. Historisch lädt er dazu ein, die Geschichte der Region als ein Ganzes zu betrachten, das nicht hermetisch gegenüber dem Rest der Welt abgeschlossen war (wie ich in diesem Buch zu zeigen versuche), aber über zahlreiche Gemeinsamkeiten verfügt.

Dennoch ist Südasien ein im Innern sehr vielgestaltiges Gebilde. Der Subkontinent (ich werde diesen Ausdruck als Synonym für »Südasien« verwenden) ist die Heimat zahlreicher Sprachen, deren wichtigste (Hindi, Bengali, Telugu, Panjabi, Tamil, Marathi und Urdu) heute von jeweils mehr als 50 Millionen Menschen gesprochen werden. Dieser sprachliche Pluralismus wird noch verstärkt von der Tatsache, dass alle Hauptsprachen ihre eigene Schrift besitzen (auch wenn die meisten davon auf einen gemeinsamen Vorgänger zurückgehen). Außerdem gehören die Sprachen Südasiens zwei völlig verschiedenen Gruppen an – den dravidischen Sprachen des Südens (Tamil, Telugu, Kannada und Malayalam) sowie der indo-europäischen Sprachengruppe in den übrigen Teilen des Subkontinents (darunter Hindi, Gujarati, Marathi, Bengali, Nepali und Singhalesisch). Die Religion ist ein

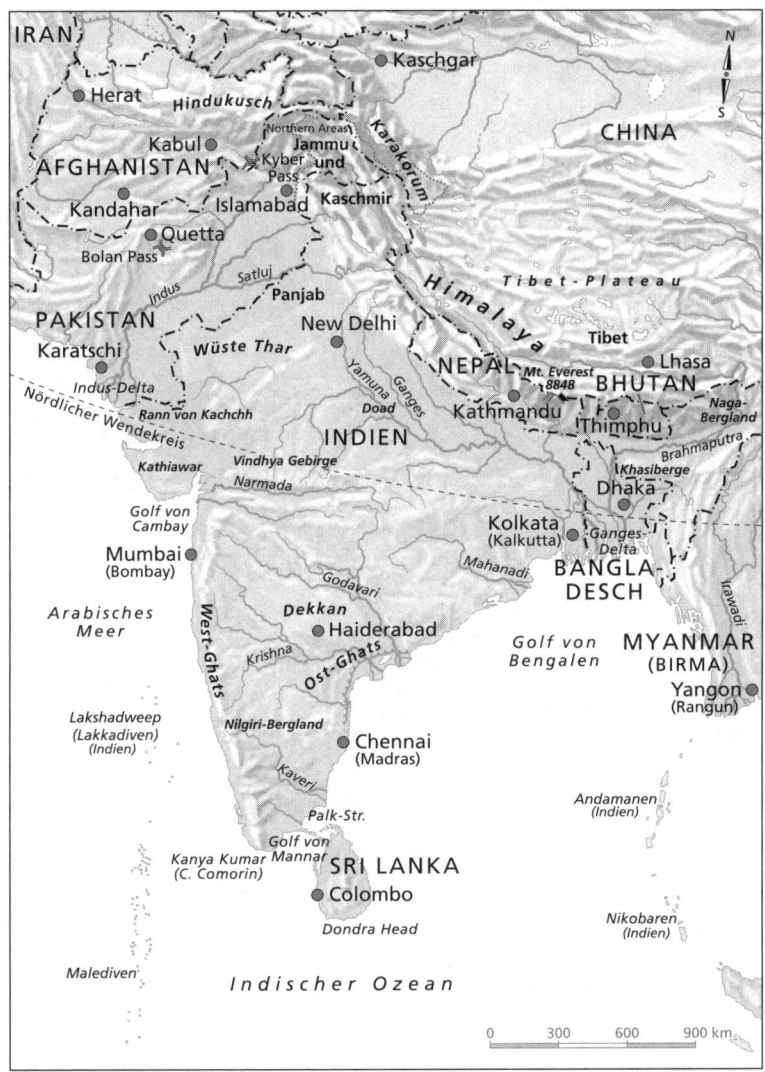

Karte 1: Südasien

ebenso deutliches Kennzeichen interner Vielfalt wie die Sprache, zumal es keine einfache Korrespondenz zwischen Religion und Sprache gibt: Ein Tamile kann Hindu, Muslim oder Christ sein.

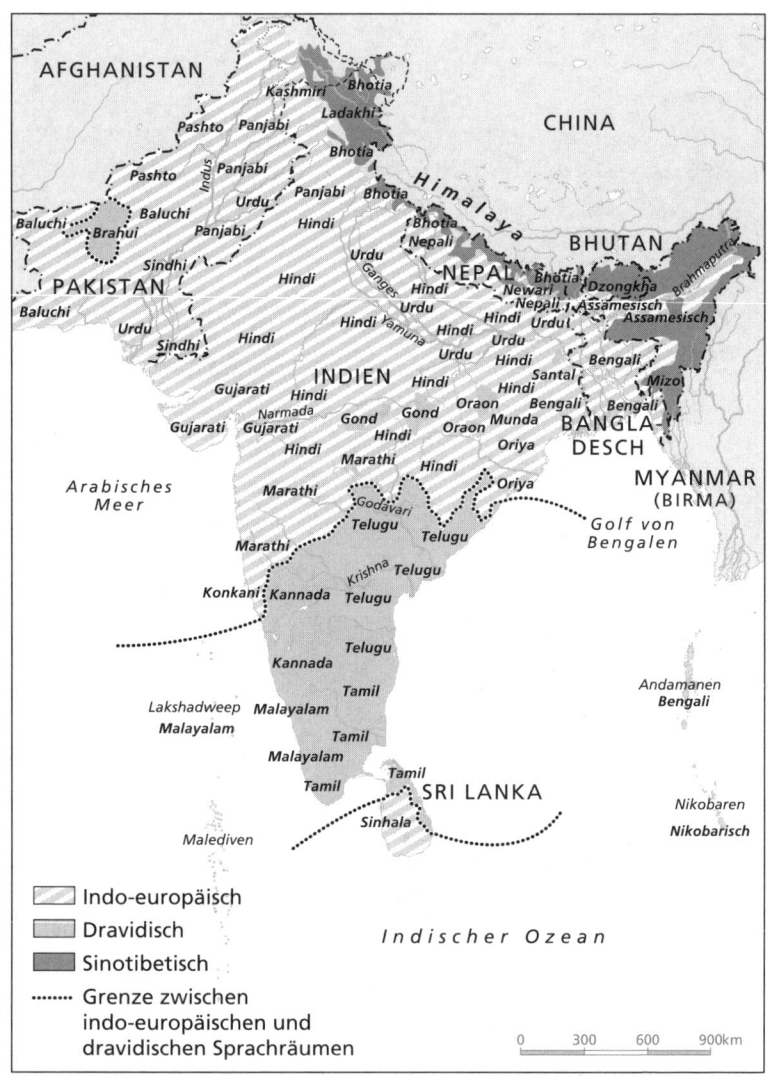

Karte 2: Die Sprachen im modernen Südasien

Bengali wird von Hindus in Indien und von Muslimen in Bangladesh gesprochen. Diese Glaubensvielfalt ist teilweise Ausdruck der Bedeutung Südasiens als Geburtsstätte mehrerer Religionen.

Außer dem Hinduismus sind auch Buddhismus, Jinismus und die Religion der Sikhs dort entstanden. Die im heutigen Indien bei weitem am stärksten verbreitete Religion, der Hinduismus, hat auch Anhänger in Nepal und Sri Lanka, und seine Wechselwirkungen mit anderen Religionen werden in der Kulturgeschichte Südasiens häufig thematisiert. Obwohl der Islam im Vergleich zu den älteren Religionen (Hinduismus, Buddhismus und Jinismus) erst relativ spät auf den Subkontinent kam, fand er doch weite Verbreitung. Heute lebt ein Drittel aller Muslime in Südasien. Was die außerhalb Indiens entstandenen Religionen betrifft, gibt es dort eine bedeutsame christliche Minderheit und eine geringe Zahl von Zoroastriern und Juden.

Südasien ist kein Monolith, aber wenn man seine lange und komplexe Geschichte verstehen will, muss man sowohl die Gemeinsamkeiten als auch die Unterschiede innerhalb dieses weitläufigen Teils der Erde erkennen. Historiker, vor allem solche mit nationalistischer Gesinnung, reden manchmal von »Indien«, als gäbe es einen von der Natur vorausbestimmten Raum, der nur darauf gewartet hätte, in einem einzigen Reich oder Nationalstaat vereint zu werden, um seine höchste Erfüllung zu finden. Da solche Zeiten politischer Einheit in Wirklichkeit selten und kurzlebig waren, meinen sie, die Geschichte Südasiens sei in gewissem Sinne mangelhaft und habe immer wieder ihre eigentliche Bestimmung verfehlt. Andere Historiker vertreten genau die gegenteilige Ansicht, wonach die innere Vielfalt Südasiens keineswegs außergewöhnlich oder nachteilig sei, sondern der Europas ähnele (eines weiteren eurasischen »Subkontinents« mit einer Geschichte voller mörderischer Konflikte). Tatsächlich sind gerade die dynamischen und schöpferischen Momente Südasiens oft aus der Vielfalt der Kulturen und Weltbilder hervorgegangen. Um den Weg durch das Labyrinth der südasiatischen Vergangenheit zu finden, kann man zunächst drei Themen betrachten, die sich durch die gesamte Geschichte der Region ziehen: ihre Stellung als »Weltkultur«, den Umweltaspekt und ihr ambivalentes Verhältnis zur Idee des »Großreichs«. Dabei sollte allerdings klar sein, dass Südasien den Historiker vor besondere Probleme stellt, vor allem wenn er die alte Geschichte des Subkontinents klären und langfristige Entwicklungen aufspüren möchte. Das Wissen über die Besiedlung Südasiens in der Frühzeit ist immer noch lückenhaft und unzulänglich. Die Indus- oder Harappa-Kultur, die ihre Blütezeit um 2000 v. Chr. erlebte, geriet in späteren Zeitaltern vollkommen in Vergessenheit, bis Archäologen im frühen 20. Jahrhundert auf ihre Spuren stießen. Bis heute konnte ihre geheimnisvolle Schrift nicht entziffert werden. Auch die auf der Basis spärlicher Belege als »arische Invasion« Indiens bezeichnete Zeit nach der Harappa-Kultur liegt weitgehend im Dunkeln. Angesichts der wenigen archäologischen Funde und des Fehlens zeitgenössischer schriftlicher Quellen ist es sehr schwierig, die historische Wahrheit zu bestimmen. Viel von dem, was wir über die Zeit bis etwa 500 v. Chr. wissen, stammt aus sprachgeschichtlichen Befunden und aus der Interpretation späterer Sanskritwerke, die nicht der Geschichtsschreibung dienten, sondern zu religiösen und rituellen Zwecken verfasst wurden (auch wenn Schriften wie der Ṛgveda natürlich mancherlei über das alltägliche Leben der Indoarier aussagen). Erst mit der Entstehung des Buddhismus im 5. Jahrhundert v. Chr. wird unser Wissen über die Geschichte Südasiens hinreichend detailliert, um mit einiger Sicherheit einzelne Herrscher und religiöse Führer identifizieren zu können. Doch selbst die Herrschaft des bemerkenswerten Kaisers Ashoka, der zahlreiche in Stein gehauene Inschriften hinterließ, war schon wenige Generationen nach seinem Tod (um 232 v. Chr.) vollkommen in Vergessenheit geraten; erst zwei Jahrtausende später kam sie durch die Bemühungen der Orientalisten des frühen 19. Jahrhunderts wieder ans Licht. Aus diesen Gründen stützen sich die Historiker in beträchtlichem und vielleicht übertriebenem Maße auf das Zeugnis Außenstehender, vor allem der nach der Invasion Alexanders des Großen im Jahr 327 v. Chr. ins Land gekommenen

Einleitung

Griechen, auf archäologische und numismatische Funde (wie sie etwa der Handel mit Rom hervorbrachte) oder auf buddhistische Schriften, die in Pali verfasst wurden und wie ihre Entsprechungen in der Sanskritliteratur nicht als geschichtliche Aufzeichnungen gedacht waren, sondern der religiösen und moralischen Unterweisung dienten. Während Religion, Philosophie, Medizin und Naturwissenschaften in der Frühzeit Südasiens eine Blüte erlebten, entstand eine der europäischen oder chinesischen vergleichbare historiographische Tradition nur sehr langsam. Das Klima, Insektenfraß sowie die Zerstörung von Klöstern und anderen Aufbewahrungsorten durch Invasoren und Bilderstürmer verringerten noch weiter die Wahrscheinlichkeit, dass die auf Palmblätter oder andere vergängliche Materialien geschriebenen Texte die Zeiten überdauerten.

Neben Inschriften in Stein oder Kupfer mit Aufzeichnungen über militärische Eroberungen, Stiftungen an Tempel, Landschenkungen oder Rechte und Pflichten von Kaufmannsgilden – epigraphischen Quellen, die einer sorgfältigen Analyse bedürfen und oft nur Ereignisse von lokaler Bedeutung betreffen – stützen sich Historiker der Zeit bis etwa 1200 n. Chr. in erheblichem Maße auf Texte religiösen, moralischen oder literarischen Charakters. Mit der nachfolgenden Einführung und Ausbreitung der islamischen Kultur sowie der Niederschrift von Chroniken und Reiseberichten in arabischer und persischer Sprache entstand ein im engeren Sinne historischer Quellenbestand. Auch wenn diese Tradition nicht weit in die vormuslimische Vergangenheit zurück- und nicht tief in die nichtislamisierten Regionen des Subkontinent hineinreichte, diente sie ab der Mitte des 18. Jahrhunderts doch britischen Historikern wie Robert Orme und Alexander Dow als Grundlage für die Ausarbeitung der indischen Geschichte. Angesichts der Probleme, die aus der Spärlichkeit und Eigenart der verfügbaren Quellen resultierten, waren und sind auch diese historischen Quellen seit langem Gegenstand vielfältiger Streitigkeiten zwischen Vertretern unterschiedlicher historischer Ausrichtungen – zwischen solchen, die den britischen Imperialismus glorifizieren, den Hindu-Nationalismus verklären oder aktuelle Ansprüche auf je eigene Ursprünge oder eine eigenständige Identität rechtfertigen möchten. In einem Buch wie diesem ist es unmöglich und vielleicht gar nicht ratsam, all diese komplizierten Debatten im Einzelnen nachzuzeichnen. Nur die wichtigsten und folgenreichsten sollen zumindest angesprochen werden. Man muss sich jedoch im Klaren darüber sein, dass ein historisches Verständnis Südasiens und der Umrisse einer, wie man nun vielleicht sagen kann, südasiatischen Kultur unausweichlich von der Art und Beschaffenheit der dem Historiker zugänglichen Quellen abhängt.

2. Südasien als Weltkultur

Südasien ist Erbe einer mehr als vier Jahrtausende zurückreichenden Kultur, deren Einfluss und Bedeutung weit über den Subkontinent hinausreicht, auf dem sie ihren Ursprung hatte. Als Träger einer der herausragenden, die Zeiten überdauernden Weltkulturen ist die Region mit dem christlichen Europa, dem konfuzianischen China und dem islamischen Mittleren Osten vergleichbar. Wie die anderen Weltkulturen verfügt sie über eine lange Geschichte innerer kultureller Entwicklung, tief verwurzelter religiöser Ideen und sozialer Praktiken sowie charakteristischer Muster abstrakten Denkens und künstlerischen Ausdrucks. Doch obwohl Kulturen zahlreiche Eigentümlichkeiten besitzen, sind sie dennoch nicht auf sich allein gestellt und unwandelbar. Vielmehr entwickeln sie sich, und diese Entwicklung basiert ebenso auf äußeren Anstößen wie auf innerer Dynamik. Wenn man von der südasiatischen Kultur spricht, ist damit keine einzelne, deutlich abgegrenzte und von allen übrigen Kulturen abgeschnittene Welt gemeint, sondern ein Gebiet, in dem sich bestimmte Denk- und Glaubensmuster wie auch gewisse Formen sozialen und materiellen Lebens entwickelt und immer wieder erneuert haben. Früher glaubte man, jede Kultur besitze ihren eigenen Genius – eine Kombination aus Rasse, Umwelt und Religion. Dadurch unterscheide sie sich so deutlich von anderen, dass wenig Raum für eine schöpferische Wechselwirkung zwischen den Kulturen bleibe.

Kulturen entstanden und vergingen scheinbar isoliert oder in einem darwinschen Kampf ums Überleben. Solche auf Konflikt ausgerichtete Vorstellungen lassen sich nur schwer zerstreuen, doch heute neigen Historiker zu einer weniger extremen Sicht der Kultur. Romila Thapar schreibt dazu: »Jede Kultur geht aus Wechselwirkungen mit anderen Kulturen hervor und erschafft dennoch ihr eigenes Wunder.«[1] Zivilisationen sind nicht nur die Träger einheimischer Erfindungsgabe, sondern auch kulturelle Märkte, auf denen Güter und Götter ausgetauscht werden. Kulturelle Stile und materielle Güter werden nach der Übernahme überarbeitet und an die örtlichen Bedürfnisse und Zielsetzungen angepasst. Zwischen den Kulturen besteht ein ständiger Austausch, selbst wenn sie im Konflikt miteinander zu stehen scheinen.

So versuchen manche Autoren, die Kulturgeschichte Südasiens als Hindu-Geschichte darzustellen, als Entfaltung des »Hindutva« (des Hindutums), wonach der einzigartige Genius »der Hindus« vor viertausend Jahren mit der Ankunft der »Arier« oder auch schon davor in der Induskultur entstand und seither in seinem Wesen unverändert geblieben ist, während diese Geschichte in den Augen scharfsichtigerer Historiker weitaus ambivalenter war, eine Vielzahl von Strängen aufwies und beträchtliche Veränderungen erlebte. Die Besonderheit der südasiatischen Zivilisation verdankt der »Hindu-Tradition« zweifellos sehr viel, doch der Hinduismus selbst brauchte Jahrhunderte, um sich zu seiner gegenwärtigen Form zu entwickeln; er erfuhr eine Bereicherung und Diversifizierung durch Bewegungen wie Jinismus und Buddhismus, durch innere Erneuerung und durch die Aufnahme islamischer und christlicher Einflüsse. Deshalb verwenden manche Wissenschaftler statt des religiösen »Hindu« lieber den etwas neutraleren Ausdruck »indisch« (*indic*) zur Kennzeichnung der kulturellen Grundlage Südasiens.

Statt Südasien in einer Art *splendid isolation* zu betrachten, gibt es inzwischen – vor allem bei Historikern, die auch islamische und europäische Perspektiven einbeziehen oder die den maritimen Verbindungen den Vorzug gegenüber einer Geschichte abgeschlossener Landmassen geben – eine Neigung, den Subkontinent über seine Interaktion mit der übrigen Welt zu erforschen.[2] Trotz langer Perioden relativer Selbstgenügsamkeit trat Südasien in diversen Phasen seiner Geschichte in einen Dialog mit anderen Zivilisationen – mit China, mit dem islamischen Mittleren Osten (insbesondere mit Iran vor und nach der muslimischen Eroberung) und mit Europa. Südasien war in der Rolle des Nehmenden wie auch des Gebenden an Entwicklungen beteiligt, die den gesamten eurasischen Raum betrafen, der im Norden von den asiatischen Steppen und den sibirischen Wäldern, im Süden von den Wüsten und Meeren begrenzt wird, die sich vom Atlantik bis zum Pazifik um den Erdball ziehen. In diesem von Alters her engverwobenen Netz aus Städten und Zivilisationen, Ideen und Artefakten, Wallfahrtsorten, Seerouten und Karawanenstraßen, nomadischen Reitervölkern und bodenständigen Bauern gehörte und gehört Südasien zu den wichtigsten Knotenpunkten und Interaktionsräumen. Was aber definiert nun Südasien und unterscheidet es von anderen eurasischen Zivilisationen?

Der Begriff *Zivilisation* lässt sich auf unterschiedliche Weise interpretieren. Man kann darunter die Zentren der Bildung und Hochkultur verstehen, die sich von jenen Kräften der Barbarei unterschieden (und bedroht fühlten), welche immer wieder von See her oder aus den Steppen, aus Wüsten und Urwäldern hervorbrachen. Man kann ihn auch auf seinen ursprünglichen Zusammenhang mit der Stadt (*civitas*) zurückführen, die eine verfeinerte Kultur, ein spezialisiertes Handwerk und komplexe Institutionen hervorbrachte. In einem umfassenderen Sinne kann man *Zivilisation* auch mit jenen Gesellschaften gleichsetzen, welche die Fähigkeit besaßen, Werkzeuge herzustellen, Metalle zu bearbeiten, Stoffe zu weben, Ton zu brennen, Bauwerke zu errichten und die Natur zu beherrschen. Er kann jedoch auch etwas mehr sein als das: nämlich ein Merkmal hoch entwickelter Gesellschaften mit einer einzigartigen Fähigkeit zu abstraktem Denken und Ausdruck, mit einem hohen Entwicklungsstand in Technik, Wissenschaft und Kunst, mit fortgeschrittenen Fähigkeiten zur Schaffung komplexer sozialer, politischer und ökonomischer Organisationsformen. Zugleich sollte klar sein, dass Zivilisationen nicht einfach von oben nach unten oder ausschließlich von Stadtbewohnern geschaffen werden. Sie werden ständig auch aus der Volkskultur heraus erneuert, durch die schöpferischen Kräfte von Handwerkern, Bauern und Nomaden.

Südasien erfüllte selbst die anspruchsvollsten Kriterien dieser Art, und das bereits sehr früh. Die Ursprünge der städtischen (und möglicherweise literaten) Gesellschaft reichen zurück bis in die Indus- oder Harappa-Kultur, die in dieselbe Zeit fällt wie das Altertum im Mittleren Osten und in China. Während die erste Blüte der Zivilisation am Indus bereits um 1700 v. Chr. vorüber war, entstand an den Ufern des Ganges schon wenige Jahrhunderte später, in der indoarischen Zeit (etwa ab 1500 v. Chr.), erneut eine städtische Kultur. Von da an waren Städte – samt den daraus erwachsenden Herrschaftsformen und Wirtschaftssystemen – stets ein zentraler Bestandteil der südasiatischen Zivilisation. Seit langem wissen wir auch, dass die Region eine kraftvolle intellektuelle Tradition besaß. Obwohl uns die geistige Welt der frühen Harappa-Kultur verschlossen bleibt, zeugt der Grundriss ihrer Städte doch von Präzision und Ordnung. Schon bevor die indoarische Kultur um das 5. vorchristliche Jahrhundert herum von der mündlichen Überlieferung zu schriftlichen Texten überging, bewies sie einen hohen Entwicklungsstand im Bereich des religiösen Denkens und der philosophischen Spekulation sowie einen geschickten Gebrauch der Sprache zur Vermittlung abstrakter Ideen und komplexer Gefühle. Frühe Texte – von den heiligen Veden bis hin zu Werken auf den Gebieten der Grammatik, der Staatskunst, der Astronomie, der Mathematik und der Medizin – bezeugen diese intellektuelle Kraft und Vielseitigkeit und bilden einige der frühesten Beiträge Südasiens zum ökumenischen Austausch.

Der Indologe Max Müller pries im 19. Jahrhundert die Hindus als »Nation von Philosophen«.[3] Heute hüten Historiker sich vor der These, die südasiatische Kultur habe sich – im Altertum oder auch in späterer Zeit – auf Kosten praktischer Fragen und unmittelbarer Gegebenheiten vor allem mit abstrakten Dingen und Jenseitsfragen beschäftigt. Aber natürlich lässt sich nicht bestreiten, dass kraftvolle geistige Strömungen die Geschichte Südasiens wesentlich mitgeprägt haben. Zu dieser kulturellen Tradition gehörte außerdem die Neigung, engen Konformismus in Frage zu stellen (wenn auch oft in einer Weise, die jede revolutionäre Absicht untergrub). Der vibrierende Pluralismus des religiösen Lebens und der sozialen Ideen in Südasien, der Drang nach Dissens und Disput (jene Erscheinung, die Amartya Sen als südasiatische »Streitkultur«[4] bezeichnet hat), stellt herrschende Ideen immer wieder in Frage und bringt ständig neue Sekten und abweichende Philosophien hervor.

Das verweist auf einen zweiten Strang in der Kultur Südasiens: die reiche Vielfalt religiöser Glaubensüberzeugungen und Praktiken, das scheinbar grenzenlose Gedeihen unterschiedlichster Heilswege, das breite Spektrum der Formen und Objekte religiöser Verehrung. Diese »Religiosität«, die Neuankömmlingen immer noch besonders ins Auge fällt, hat das Bild, das Fremde sich von Südasien machten, stets geprägt – und oft auch verzerrt. So kann es denn auch nicht überraschen, dass viele

Worte indischen Ursprungs, insbesondere aus dem Sanskrit, die Aufnahme in andere Sprachen gefunden haben (wie Avatar, Guru, Mantra, Ashram, Ahimsa) und aus der überreichen religiösen Tradition des Subkontinents stammen; viele Praktiken und Glaubensüberzeugungen (wie Yoga, Mönchtum, Vegetarismus, Leichenverbrennung oder die Lehre von der Wiedergeburt) haben entweder ihren Ursprung in Südasien oder wurden lange Zeit damit identifiziert. Innerhalb dieser pluralistischen Tradition spielt der Hinduismus eine zentrale Rolle. Wie bereits angemerkt, ignoriert die Darstellung des Hinduismus als einer zeitlosen, unveränderlichen Gegebenheit die außergewöhnliche Entwicklung und schöpferische Erneuerung einer Religion, die immer wieder mit internen Abweichungen und mit fremden, von außen eindringenden Religionen zu kämpfen hatte, etwa mit dem Jinismus und dem Buddhismus, die im 6. Jahrhundert v. Chr. auf eigenem Boden entstanden, oder viele Jahrhunderte später mit dem Islam und dem Christentum. Der Hinduismus machte nicht nur Front gegen opponierende Religionen, sondern trat auch in eine Wechselbeziehung zu ihnen, wobei er sich selbst diversifizierte und erneuerte. Stets war er eingebunden in ein Wechselspiel zwischen dem Intellektualismus einer Elite und dem Volksglauben – der Frömmigkeit der »subalternen« Schichten.[5] Der religiöse Pluralismus, der sich in Europa erst spät einstellte, war im religiösen Leben Südasiens nahezu von Anfang an präsent. Im Hinduismus (wie auch in den religiösen Sekten, die aus ihm hervorgingen) findet man viele der gegensätzlichen Prinzipien (Gewalt und Gewaltlosigkeit, Verzicht und diesseitige Pflicht, männliche Tapferkeit und weibliche Kraft), die dem kulturellen Leben Südasiens sein paradoxes und vieldeutiges Gepräge verleihen.

Der Hinduismus hat außerdem eigentümliche Formen sozialer Organisation und religiöser Praxis hervorgebracht wie das Kastensystem oder die Kaste. Die Kaste, die seit langem als Fundament der südasiatischen Sozialstruktur gilt, gehört zu jenen idiosynkratischen, in nahezu jeder Volksgruppe und jeder geographischen Region anzutreffenden Besonderheit, die Südasien am deutlichsten vom übrigen Eurasien unterscheiden. Die Kaste erschien Außenstehenden als eine so seltsame Einrichtung, dass sie vielfach als Feind jeder umfassenden Identität, als Antithese zu Klasse und Nation empfunden wurde, welche die Gesellschaft Südasiens »in Tausende einander ausschließende und oft feindliche Teile« spalte, jedes gemeinschaftliche soziale und politische Handeln behindere und »alle Hindus in weitem Maße gegen jegliches Mitgefühl mit der ... nichthinduistischen Bevölkerung« abschotte.[6] Die Kaste muss wie der Hinduismus als Teil einer historischen Entwicklung und nicht als etwas Festgelegtes und Unveränderliches verstanden werden. Wie die Bezeichnungen »Hindu« und »Hinduismus« sich äußerer Wahrnehmung verdanken, so ist auch der Ausdruck »Kaste« europäischen Ursprungs (er geht auf das portugiesische *casta* zurück, das Rasse oder Sippe bedeutet). Das sollte uns daran erinnern, dass auch die mittelalterliche Gesellschaft Europas extreme und offensichtlich rigide Formen sozialer Teilung kannte. Die Kaste, grob verstanden als Aufspaltung in vier Teile oder *varnas*, war eine Möglichkeit, die wichtigsten gesellschaftlichen Statusgruppen zu identifizieren und in ihrer Rangordnung darzustellen. Sie definierte aber auch die jeweils damit verbundenen Pflichten und Eigenschaften – den *dharma* oder die sittliche Verpflichtung, die den verschiedenen Gruppen zufiel: den Brahmanen als Priestern, den Kshatriyas als Kriegern und Herrschern, den Vaishyas als Händlern, den Shudras als Handwerkern und Bauern. Auch wenn der Charakter dieser Varna-Kategorien sich mit der Zeit wandelte, lässt sich ein beträchtlicher Teil der Geschichte Südasiens über die jeweiligen Beiträge dieser Gruppen und das von ihnen verkörperte Ethos verstehen.

Die Kaste prägt zwar weite Teile des sozialen Lebens in Südasien, doch es gibt auch Aspekte der sozialen Organisation und Identität, die nicht von der Kaste allein bestimmt werden. Dazu gehören die Geschlechterrollen. Seit frühesten Zeiten und möglicherweise schon in der Induskultur findet sich weithin die Vorstellung einer Muttergottheit. Bis heute bilden Göttinnen ein auffälliges Element im Volksglauben und den zugehörigen Ritualen. In der Hindu-Gesellschaft war und ist *śakti*, das weibliche Kraftprinzip, das mit Göttinnen wie Durga, Kali oder Shitala (im Volksglauben der Göttin der Pocken) oder mit Weiblichkeit schlechthin identifiziert wird, eine mächtige Kraft und eine wichtige Einflussgröße in Religion, Kunst und Politik. Trotz der häufig und durchaus zu Recht geäußerten Ansicht, die Frau habe in Südasien einen besonders niedrigen Status, muss es doch erstaunen, dass im späten 20. Jahrhundert vier südasiatische Staaten Premierministerinnen hatten. Darin zeigt sich der Einfluss der Familie und der Klassenzugehörigkeit auf die Politik des Subkontinents, zugleich wird aber auch deutlich, welche Autorität Frauen gelegentlich in der Vergangenheit – als Heilige, Königinnen, Politikerinnen und Reformerinnen – dort genossen, und dies trotz der zahlreichen Vorurteile und der Unterdrückung, unter denen sie zu leiden hatten.

Charakteristisch für die paradoxe Stellung der Frau ist die Tatsache, dass der Subkontinent auch mit der Tötung weiblicher Säuglinge, mit der hinduistischen *satī*-Praxis, der Witwenverbrennung (eigentlich bedeutet *satī* »tugendhafte Frau«, doch der Ausdruck wird auch für die Selbstopferung der Ehefrau auf dem Scheiterhaufen ihres verstorbenen Ehemanns verwendet) und mit *pardā*, der bei manchen Muslimen und Hindus praktizierten Abschottung der Frauen, identifiziert wird. Die untergeordnete Stellung der Frauen und die gegen sie geübte Gewalt muss im Rahmen der patriarchalischen Herrschaft verstanden werden. Sie sind aber auch typisch für viele einander überschneidende Formen von Sozialkontrolle und Ausbeutung, wie sie die herrschenden Gruppen Südasiens einsetzen, um die Unterjochung des größeren Teils der Bevölkerung aufrechtzuerhalten. Anderseits haben sich die südasiatische Kunst, Literatur und

Religion in der Vergangenheit gelegentlich sehr lebhaft, offen und in einer von anderen Kulturen nur selten erreichten Intensität mit dem Thema der Sexualität und Erotik auseinandergesetzt. Doch auch hier ist Südasien wie auf so vielen anderen Gebieten voller Widersprüche. Das *Kāmasūtra* ist zwar ein bemerkenswert offenes Lehrbuch der Sexualität, und die ineinander verschlungenen Liebenden auf den Tempelfriesen in Khajuraho vermitteln ein Bild intensiver, ungehemmter Lust. Doch darüber darf man nicht die männlich zentrierte Ehelosigkeit vergessen, die Hinduismus, Jinismus und Buddhismus ihren Anhängern vielfach auferlegten, oder etwa Gandhis mühevollen Kampf mit seiner eigenen, kaum beherrschbaren Sexualität. Der Versuch, »angemessene« Geschlechterrollen zu bestimmen und (durch Kleidungs- und Verhaltensregeln, sexuelle Abstinenz und kriegerische Tapferkeit) durchzusetzen, bildet einen auffälligen Bestandteil der geschichtlichen Bemühungen, in denen die Gesellschaft Südasiens sich zu definieren versuchte. Der menschliche Leib nimmt in der Kultur des Subkontinents eine komplexe und hochgradig symbolische Stellung ein.

3. Die südasiatische Umwelt

Zwischen den äquatorialen Gewässern des Indischen Ozeans und den schneebedeckten Gipfeln des Himalaya eingeschlossen, ist Südasien auch in physikalisch-geographischer Hinsicht ein Land voller Gegensätze und Extreme. Das »ewige Eis« des Himalaya bildet eine nahezu lückenlose Mauer von 400 Kilometern Breite und mehr als 2500 Kilometern Länge, die sich am nördlichen Rand Südasiens entlang zieht. Die Gebirgszüge trennen den Subkontinent vom übrigen Eurasien, waren aber niemals ein absolutes Hindernis für Wanderungsbewegungen, den Handel oder die Ausbreitung von Religionen, und die Pässe im

Nordwesten dienten entschlossenen Invasoren mehrfach als Einfallstor. Dennoch hat ihre hoch aufragende Präsenz tiefgreifenden Einfluss auf das materielle Leben des Subkontinents. Die Gebirge des Himalaya schützen Südasien vor den eiskalten arktischen Winden und lösen den jährlichen Kreislauf der Monsune aus. Unter ihren Gipfeln liegen die Schneefelder und Gletscher, welche die drei großen Flüsse Südasiens – Indus, Ganges und Brahmaputra – speisen und das schlammige Wasser liefern, das im nordindischen Tiefland seit Jahrtausenden die Felder bewässert, die Feldfrüchte wachsen lässt und zivilisiertes Leben ermöglicht. Nicht überall ist die Natur so freundlich. An der indisch-pakistanischen Grenze erstreckt sich über Hunderte von Kilometern die Wüste Thar und erinnert daran, dass weite Teile Südasiens ohne den Himalaya und die Monsunregen nahezu ohne jedes Leben wären. Einen deutlichen Gegensatz zu dieser lebensfeindlichen Wüste im Westen bilden die heißen, feuchten Urwälder und die (inzwischen schwindende) Tierwelt des im Nordosten gelegenen Assam. Dort fällt im Jahr mehr Regen als irgendwo sonst auf der Erde. Die jährliche Niederschlagsmenge erreicht fast 12 000 Millimeter, das meiste davon in den Monaten Mai bis September.

Auch die Geologie dieser extremen Landschaften besitzt eine fast schon epische Qualität. Die neuen Inseln und Schlickfelder, die Ganges und Brahmaputra aus Millionen Tonnen mitgeführten Schlamms alljährlich im Golf von Bengalen aufschütten, kontrastieren mit den feurigen Ursprüngen der gewaltigen Lavaströme des Dekkan-Trapp, die in Westindien eine halbe Million Quadratkilometer bedecken und an manchen Stellen eine Stärke von 3000 Metern erreichen. Noch dramatischer stößt seit 130 Millionen Jahren die nordwärts driftende und einst vom alten Gondwana abgespaltene Indische Platte gegen die starre Flanke Eurasiens. So ist die einstige Insel Indien zu einem Anhang der asiatischen Landmasse geworden; dabei hat sie jedoch die Erdkruste aufgefaltet und so die schroffen Gipfel und verwundenen

Falten des Himalaya aufgeworfen, einer Zone, die immer noch von starken seismischen Aktivitäten, von Erdbeben und Bergstürzen geprägt ist.

Das zweite auffällige Merkmal der Geographie Südasiens ist die lange Küstenlinie, die sich über 8500 Kilometer vom arabischen Meer bis zum Golf von Bengalen hinzieht. Dieser maritime Aspekt galt lange als abschottendes und schützendes Moment – zumindest bis zur Ankunft der Europäer in der Geschichte des Subkontinents. Doch wie man den Himalaya als Barriere überschätzen kann, so kann man auch die isolierende Wirkung des Meeres überschätzen. In der gesamten Geschichte Südasiens waren die den Subkontinent umgebenden Meere von vitaler Bedeutung für Handel und kulturelle Kontakte. Im Westen verband das Meer Südasien mit Iran, dem Persischen Golf, Ostafrika und schließlich auch Europa. Im Südosten bewahrte sich das nur durch die schmale Palk-Straße von Indien getrennte Sri Lanka eine halbautonome Existenz und blieb doch eng mit Kultur und Politik des Subkontinents verbunden. Andere Inseln bildeten gleichsam Trittsteine in der gewaltigen Weite des Meeres. Die Malediven dienten einst arabischen und indischen Kaufleuten als maritime Stützpunkte. Die fern vom Festland gelegenen Andamanen und Nikobaren verweisen auf die historische Verbindung Südasiens mit dem indonesischen Archipel. Handel, Kultur und Machtpolitik folgten in der Geschichte mehrfach dieser östlichen Achse, die bis nach China reicht.

Statt eine scheinbare Isolation zu unterstellen, wie allzu oft geschehen, versteht man Südasien besser als eine Übergangs- oder Grenzzone. Nach Klima und Vegetation erstreckt Südasien sich über die gemäßigte und die tropische Zone. Es liegt zwischen den unwirtlichen Gebirgen und den im Winter eisig kalten Hochebenen Zentralasiens auf der einen Seite, den heißen, feuchten Dschungeln und den im Sonnenlicht glänzenden Reisfeldern der Äquatorialregionen Südostasiens auf der anderen

Seite. Nordindien – wie auch ein Gutteil seiner Geschichte – liegt im Grenzgebiet zwischen den offenen Steppen, dem Reich der schnellfüßigen Pferde und grasenden Herden der Nomaden, und den dichten subtropischen Urwäldern, dem Reich der Tiger, Büffel und Elefanten, von Banane, Kokosnuss und Reis. Südasien birgt in seinen Grenzen Auszüge beider Arten von Umwelt. Teile des Nordwestens zeigen deutlich ähnliche Züge wie Iran und Afghanistan, aber einige Hochlandsavannen reichen wie Korridore nach Süden bis in den Dekkan hinein. Umgekehrt lassen Teile von Assam und Bengalen im Osten oder Kerala und Sri Lanka im Süden bereits an die Dschungel und Reisfelder Südostasiens denken. Die wechselnden Südwest- und Nordostwinde stellen den Subkontinent in den großen Bogen des vom Monsun geprägten Asien, der von Indien und Sri Lanka bis nach China und Japan reicht, während Sprache, Religion und ethnische Zugehörigkeit der Bevölkerung eine größere Nähe zu Zentralasien und dem Mittleren Osten zeigen. Die Spannung (aber auch Komplementarität) zwischen Tropen und gemäßigter Zone hilft, einige der grundlegenden Widersprüche in der Geschichte Südasiens zu erklären.

Im Blick auf die Umwelt sind jedoch auch andere Faktoren als die physikalische Geographie zu berücksichtigen, etwa die Vielfalt der natürlichen Umwelt, der die Menschen in Südasien begegneten; wie sie mit dieser Umwelt in kultureller und materieller Hinsicht interagierten; und wie sie die Landschaften oder Teile davon durch Erfindungsreichtum, Arbeit, Technologie und Kapital veränderten. Die Geschichte der Umwelt ist auch eine Geschichte kultureller Reaktionen, der Vereinnahmung der Natur durch Landwirtschaft, Handel und Industrie, ihrer Behandlung in Kunst, Literatur, Religion und Wissenschaft. Die Umwelt hat zur Formung der südasiatischen Kultur beigetragen – der Ernährung und der Bekleidung, der Religion, der Darstellung von Pflanzen und Tieren in der Alltagskunst und der höfischen Mode. Dennoch kann es gefährlich sein, den Einfluss der Umwelt ins Extrem zu treiben. Die Umwelt ist nur einer der Faktoren, die unsere menschliche Geschichte prägen, und keine Quelle absoluter, unveränderlicher Bedingungen.

Die Vielfalt der Landschaft und Umwelt hat viel zur Komplexität der Geschichte Südasiens beigetragen. Die beiden wichtigsten Flusssysteme – der nach Westen fließende Indus, der nach Osten fließende Ganges, beide länger als 2400 Kilometer – sind seit Jahrhunderten bedeutende Migrations- und Kommunikationslinien, uralte Achsen für die Ausbreitung von Zivilisation, Handel und Herrschaft. Doch keiner der beiden Flüsse half bei der Erschließung des Südens. Das Vindhya-Gebirge und die dichten Wälder, die bis vor kurzem Zentralindien und Orissa bedeckten, bildeten eine natürliche Pufferzone zwischen der Indus-Ganges-Ebene im Norden und den Hochländern, Ebenen und Flussdeltas im Süden. Der Süden wiederum wird entlang einer Nordsüdachse von den westlichen Ghats und weiter durch eine Reihe nach Osten fließender Flüsse geteilt – darunter Krishna, Godavari und Kaveri. Für eine weitere Teilung sorgt die durch die Palk-Straße vom Festland getrennte Insel Sri Lanka. Die Geschichte Südasiens liegt zu einem beträchtlichen Teil in der durch Sprachunterschiede verstärkten Spannung zwischen den Tiefländern im Norden und im Süden. So wichtig diese Nordsüdtrennung auch sein mag, sie schloss eine enge Verbundenheit nicht aus. Kulturelle und politische Einflüsse wirkten in beide Richtungen.

Südasien ist außerdem aufgeteilt in Tiefebenen auf der einen, Waldgebiete und Hochländer auf der anderen Seite. Zunächst am Indus, dann am Ganges, aber nach ähnlichem Muster auch im übrigen Südasien, waren die Täler die ersten Gebiete, die nach der Rodung der Urwälder unter den Pflug genommen und regelmäßig kultiviert wurden. Sie wurden die Zentren des kulturellen Lebens und des Handels. Dort entstanden die ersten Siedlungen, Städte und Staaten. Große Gebiete abseits der Küstenebenen und Flusstäler waren nicht so leicht zu roden, zu besiedeln und landwirtschaftlich zu nutzen. Dort behielten Jagen, Sammeln und zeitweilige Kultivierung noch lange die Vorherrschaft. In der ganzen Region, von Sri Lanka bis nach Nepal, blieben die waldreichen Bergländer einheimischen Bevölkerungen vorbehalten, während Täler und Ebenen ab etwa 1500 v. Chr. von eindringenden Fremden, den *āryas*, besiedelt wurden. In diesen weniger zugänglichen Gebieten blieben die »Stämme« – durch Sprache und Sitte von ihren Nachbarn getrennt – weitgehend außerhalb des Einflusses des Hinduismus und anderer Religionen der Tiefländer. Die alte Teilung Südasiens steht für die Geschichte einer immer weiter hinausgeschobenen Grenze der Besiedlung, der landwirtschaftlichen Erschließung, des Vordringens der *āryas*, des Sanskrit und des Islam. Und zugleich repräsentiert sie eine ökologische Grenze. Unterschiede der Landnutzung und der ethnischen Zugehörigkeit, der sozialen und politischen Organisation wurden durch die Unterschiede in der Topographie und den Formen der Subsistenzsicherung verstärkt. Die partielle Autonomie der Stammesregionen wurde durch sporadische Kriegszüge geschützt und fand ihren Rückhalt in den nahezu undurchdringlichen Urwäldern und dem unzugänglichen, von wilden Tigern, Elefanten und Bären bewohnten Gelände. Die Malaria machte das Eindringen zu einem noch gefährlicheren Unternehmen. Während sich die Regionen mit sesshafter Landwirtschaft und Staatssystemen ausdehnten, wich die Waldgrenze zurück. Doch Kriege, Hungersnöte und Epidemien konnten diesen Prozess gelegentlich auch zum Stillstand bringen oder sogar umkehren, so dass große Gebiete wieder zu Urwäldern wurden oder zum Wanderhackbau zurückkehrten. Erst in den letzten zweihundert Jahren ist diese ökologische Grenze aufgrund des medizinischen Fortschritts, des Aufstiegs des modernen Staates und der weiträumigen Vernichtung der Urwälder so gnadenlos zurückgedrängt worden, dass heute nur noch wenige Enklaven geblieben sind.

Wie die unterschiedlichen Umweltbedingungen der Bergländer und Ebenen, so hat auch das Klima Südasiens dessen menschliche Geschichte stark beeinflusst. Weite Teile des Subkontinents erhalten den größten Teil ihrer Niederschläge durch die Monsune. In den meisten Gebieten bringen diesen Regen die schweren Wolken, die im Juni und Juli vom Arabischen Meer hereintreiben; sie sorgen für heftige Niederschläge in den West-Ghats, in Mittel- und in Nordindien. Doch große Teile des Subkontinents, die Wüsten in Westindien und Südpakistan, liegen an den trockenen Rändern dieses saisonalen Regengürtels, während Südostindien und Sri Lanka einen großen Teil ihrer jährlichen Niederschläge erhalten, wenn die Monsunwinde ihre Richtung umkehren und im Oktober und November von Nordosten her wehen. Der Monsunzyklus hat tiefgreifenden Einfluss auf die Landwirtschaft wie auch auf das kulturelle und soziale Leben der Region. Selbst heute noch bedeuten diese saisonalen Regenfälle das »alljährliche Heil für Millionen von Menschen, die von den Früchten des Bodens leben«.[7] Nach der Trockenzeit – einer Phase des Kriegs und des Raubes, des Reisens, der Wallfahrten und des Heiratens – bringt die Regenzeit intensive landwirtschaftliche Aktivität. Die Ankunft des Monsuns, die ein Gefühl der Erleichterung und Verjüngung auslöst, ist in Kunst und Poesie von jeher gefeiert worden.

Gemildert wurden die Auswirkungen dieser geographischen und klimatischen Unterschiede durch die über Jahrhunderte fortgesetzte Entwicklung umfangreicher Wasserregulierungssysteme. Bewässerungskanäle, gespeist von den Flüssen, die im Frühsommer das Schmelzwasser aus dem Himalaya führen, ermöglichen in weiten Teilen Nordindiens und Pakistans eine extensive Bewässerung. In großen Gebieten Mittel- und Südindiens sowie in Sri Lanka liefern Brunnen und Wasserreservoirs das für Bewässerung und menschlichen Gebrauch benötigte Wasser. So wie die Monsunregen Südasien Leben schenken, kann ihr Ausbleiben Leben kosten. Von Zeit zu Zeit bleiben die Regenfälle aus, sind zu gering oder kommen zu spät. Die

Karte 3: Jährliche Niederschläge in Südasien

Hungersnöte, die das südasiatische Festland in seiner Geschichte heimsuchten (Sri Lanka blieb davon weitgehend verschont), hatten viele Ursachen, doch meist lagen die Gründe in der Unregelmäßigkeit der Monsune. Es mag ein »gelobtes Land« sein, »in dem die Natur ihre Gaben freigebig hergibt«.[8] Doch oft war es auch ein Land der Verzweiflung und des Todes. Teils weil die Kerngebiete Südasiens seit langem schon so dicht besiedelt sind, waren sie einigen der tödlichsten Krankheiten der Welt ausgesetzt. Die Pocken, eine Krankheit, die auf einen engen Kontakt zwischen Menschen und Rindern zurückgeht, hatten ihren Ursprung wahrscheinlich in Südasien. Dasselbe gilt möglicherweise für die Cholera, eine durch verschmutztes Wasser übertragene Infektionskrankheit, deren Epizentrum im Gangesdelta liegt, von wo sich immer wieder Pandemien ausbreiteten. Die Malaria, die lange Zeit in Waldgebieten wie der zwischen Indien und Nepal gelegenen Terai wütete, machte diese Regionen bis vor kurzem nahezu unbewohnbar oder beschränkte die Bewohnbarkeit auf die Mitglieder einiger Stämme, die eine gewisse Immunität dagegen besaßen. Südasien hat jedenfalls schwer an der Last solcher Krankheiten tragen müssen.

Obwohl der Subkontinent über weite Strecken seiner Geschichte mit Armut, Krankheit und menschlichem Elend assoziiert wurde, ist er doch auch – und das ist eine seiner größten Paradoxien – bekannt für seinen landwirtschaftlichen Reichtum. Dieser Reichtum war die Hauptursache für die langanhaltende Prosperität, Quelle des Neides und der Habgier für so manchen Möchtegern-Eroberer. Als die Gebirgszüge des Himalaya sich aus dem Meer erhoben, füllte sich die Indus-Ganges-Ebene mit deren Erosionsprodukten. An manchen Stellen erreichen diese Ablagerungen eine Stärke von 5000 Metern und mehr. Dieser fruchtbare Boden schuf eine Zone mit äußerst produktiver Landwirtschaft und dichter Besiedlung.

Schon Ende des ersten vorchristlichen Jahrtausends lebten Millionen von Menschen auf dem Subkontinent, viele davon im Tal des Ganges. Heute leben im Bereich dieses Flusssystems, das ein Viertel Indiens einnimmt, mehr als 450 Millionen Menschen. Bangladesh, in der östlichen Hälfte des Ganges-Brahmaputra-

Deltas gelegen, besitzt die höchste Bevölkerungsdichte aller größeren Länder der Erde (nahezu 1000 Einwohner pro Quadratkilometer), doppelt so viel wie Japan. Südasien, das heute ein Fünftel der Weltbevölkerung beherbergt, ist seit langem eine reichhaltige Quelle von Menschen – wie auch der Arbeitskraft, des Handels, der Steuerabgaben und der Armeen, die sie letztlich erst ermöglichen.

4. Die Idee des Großreichs

Südasien war jedoch niemals ein einziger Staat. Heute besteht der Subkontinent aus sieben Staaten höchst unterschiedlicher Größe. Indien, das 70 Prozent der Landfläche Südasiens einnimmt, ist bei weitem der größte und bevölkerungsreichste unter diesen Staaten. Auf Pakistan, den zweitgrößten, entfallen 20 Prozent der Fläche, während Bangladesh, Sri Lanka und Nepal (mit zusammen 9 Prozent) fast den gesamten Rest der Fläche einnehmen, so dass den Kleinstaaten Bhutan und Malediven nur 1 Prozent bleibt. Südasien steckt voller Paradoxien, doch eine, die in seiner Geschichte – und Geschichtsschreibung – ständig wiederkehrt, ist die Tatsache, dass der Subkontinent trotz seiner engen sozialen, kulturellen und wirtschaftlichen Verflechtungen politisch zersplittert ist.

Das erste Großreich in Südasien dürfte das der Induskultur zwischen 2600 und 1700 v. Chr. gewesen sein. Es gibt jedoch keine eindeutigen Beweise für eine übergreifende politische Organisation oder für Herrscherdynastien. Erst ab der Zeit Ashokas, des Maurya-Herrschers im ostindischen Magadha während des 3. vorchristlichen Jahrhunderts, kann man mit Gewissheit sagen, dass ein Reich existierte. Danach findet sich der Ehrgeiz, über ein Großreich zu herrschen und als »Beherrscher der Welt« oder »König der Könige« anerkannt zu werden, bei vielen südasiatischen Monarchen, auch wenn ihre Herrschaft sich in Wirklichkeit nur über einen Bruchteil des Subkontinents erstreckte. Oft sieht man darin einen Gegensatz zu anderen Regionen Eurasiens, vor allem zu China, aber auch zu Europa und zum Mittleren Osten, die auf eine weitaus mächtigere und dauerhaftere Reichstradition zurückblicken können, während es in Südasien nur wenige lang währende Reiche gab. Lediglich die Mauryas im 3. vorchristlichen Jahrhundert, die Guptas im 4. nachchristlichen Jahrhundert, das Sultanat Delhi im 13. und 14., die Großmoguln im 17. und die Briten im 19. und frühen 20. Jahrhundert brachten über die Hälfte des indischen Festlandes für mehr als ein paar Jahrzehnte unter ihre Herrschaft. Doch Stabilität und Zusammenhang selbst dieser Reiche werden gelegentlich angezweifelt. Aus moderner Sicht erscheinen ihre Grenzen kaum definiert und in ständigem Fluss. Nur unter Schwierigkeiten ließen sie sich vor äußeren Angriffen und innerer Auflösung schützen. Es ist eine Ironie, dass im 17. Jahrhundert, als die Moguldynastie ihren Zenit erreichte, Indien in Europa als Inbegriff des »orientalischen Despotismus« zu gelten begann, beherrscht von allmächtigen Autokraten, die über Leben und Eigentum noch des höchsten Adels bestimmen könnten. Man glaubte sogar, der »Normalfall der Herrschaft« sei dort die »uneingeschränkte Autokratie« gewesen.[9] Eine genauere Analyse, die auch die äußeren Provinzen in den Blick nimmt, ergibt jedoch ein nuancierteres Bild, wonach die zentrale Autorität selbst der mächtigsten Herrscher von halbautonomen Lokalgewalten eingeschränkt wurde. Diese Herrschaft war keineswegs allmächtig, sondern ein »begrenzter *rāj*«. Tatsächlich hat man sogar die These vertreten, das durchgängige Merkmal Südasiens sei ein »wechselseitiger Antagonismus« zwischen dezentralen und zentralistischen Tendenzen, »zwischen subversivem Handeln und glanzvoller Selbstdarstellung, zwischen stillem Einfluss und lautstarker Machtentfaltung«. Das großartige Gebäude des Reiches sei beständig von innen her aufgefressen worden, etwa in der

Art, wie Termiten einen hölzernen Bau angreifen und schließlich zu Staub zerfallen lassen.[10]

Weshalb war eine Oberhoheit über den Subkontinent solch eine Seltenheit? Einige Erklärungen für das fast vollständige Fehlen eines dauerhaften imperialen Systems sind bereits angesprochen worden. Die Vielgestaltigkeit der physikalisch-geographischen Verhältnisse und die natürlichen Barrieren sorgten dafür, dass eine zentralisierte Herrschaft sich – vor den Zeiten der modernen Straßen, der Eisenbahn und der Telekommunikation – nur schwer herstellen und nur mit hohen Kosten aufrechterhalten ließ. Angesichts der begrenzten Ressourcen bedeutete Expansion in eine Region für viele vormoderne Regime die Vernachlässigung anderer Regionen, was wiederum ein Signal zur Revolte sein konnte. Südasien besaß eine Vielzahl städtischer Zentren und politischer Kernländer, die als imperiale Epizentren dienten, doch nur wenige Staaten herrschten für nennenswerte Zeit über mehr als einen Bruchteil des Subkontinents. Abgelegene Regionen wie Sri Lanka oder Nepal ließen sich nur schwer in Großreiche integrieren, die ihr Zentrum in Pataliputra (der Maurya-Hauptstadt) oder in Delhi hatten. Das weit über tausend Kilometer von der Indus-Ganges-Ebene entfernte Südindien hatte nur selten unter nördlicher Vorherrschaft zu leiden. Für die Herrscher Nordindiens war es oft leichter, nach Afghanistan oder Zentralasien hinein zu expandieren, als nach Süden in den Dekkan einzudringen oder durch Sümpfe und Dschungel hindurch weit über Bengalen hinauszugelangen. Gelegentlich wird die These vertreten, der Süden sei in besonderem Maße isoliert gewesen, und zwar nicht nur vom übrigen Indien, sondern auch von der Welt und habe so »seinen eigenen Weg verfolgt, ohne die Außenwelt sonderlich zu beachten oder von ihr beachtet zu werden«.[11] Heute lehnen viele Historiker diese These entschieden ab und sind stattdessen der Ansicht, dass Südindien und Sri Lanka eine Schlüsselrolle in der Geschichte Südasiens wie auch des maritimen Asien gespielt haben.

Der »Tyrannei der Entfernung« (um hier einen auf Australien gemünzten Ausdruck aufzugreifen) und den geländebedingten Hindernissen kann man auch die kulturelle Vielfalt Südasiens hinzufügen. Obwohl sich das Sanskrit ausbreiten konnte und bis in die Moderne eine Sprache der Religion und Philosophie, der Dichtung und der Wissenschaft blieb, entstanden in Südasien gleichzeitig regionale Sprachen und Kulturen, die regionale Identitäten stärkten und eher eine lokale als eine auf den gesamten Subkontinent ausgerichtete Politik förderten. Südasien war geographisch zu vielgestaltig und kulturell zu komplex, als dass man es in die Grenzen eines einzigen, einheitlichen Staates hätte zwängen können. Netzwerke der Religion und des Handels, die eine Integration hätten erleichtern können, scheinen diese Wirkung nur selten entfaltet zu haben. Mit ihren weitverstreuten Wallfahrtsorten, ihren heiligen Flüssen und Bergen, die sich fast über den gesamten Subkontinent verteilen, skizzierte die sakrale Geographie des Hinduismus einen möglichen Rahmen für solch eine Politik, doch unter hinduistischer Herrschaft blieb der Übergang vom sakralen Raum zur weltlichen Herrschaft aus. Auch erlag Indien niemals gänzlich dem vereinheitlichenden Zugriff eines einzigen islamischen Staates (auch wenn die Großmoguln dem nahekamen). Buddhismus, Hinduismus und Islam blühten, ohne gleichbedeutend mit einem Großreich zu werden. Wirtschaft und Kultur Südasiens blühten zu vielen Zeiten der Geschichte, ohne dazu einen zentralisierten Staat als Protektor zu benötigen. Ebenso falsch wäre die Annahme, immer wenn imperiale Macht zusammenbrach, sei Südasien hoffnungslos in ökonomischem Verfall, sozialen Wirren und kulturellem Niedergang versunken. Im Gegenteil, Südasien scheint seine Blüte in aller Regel seiner Vielfalt und mangelnden Einheit verdankt zu haben. Das Fehlen eines einzigen, einheitlichen Staates war offenbar kein Nachteil.

I Die Grundlagen der südasiatischen Kultur:
um 2500–1200 v. Chr.

A Zivilisation am Indus

Die Frage nach den Ursprüngen hat die Historiker der südasiatischen Frühgeschichte stark beschäftigt. Bis in die 1920er Jahre hinein glaubte man, die Geschichte der Zivilisation auf dem Subkontinent habe mit der Invasion der *āryas* um 1500 v. Chr. begonnen. Verglichen mit Mesopotamien und China verlegte diese Annahme die Ursprünge der Zivilisation in Südasien auf eine relativ späte Zeit und schrieb deren erste Äußerungen nicht der einheimischen Bevölkerung zu, sondern Menschen, die von außen eingewandert waren. Man nahm an, die *āryas* hätten als Zweig der indo-europäischen Rassen viele physische, sprachliche und kulturelle Merkmale mit ihren europäischen »Vettern« gemein gehabt. So konnte man ihre Ankunft in Südasien als einen Vorgang interpretieren, bei dem derselbe zivilisatorische Funke, den die »Arier« angeblich in der Frühgeschichte nach Europa getragen hatten, auch auf diesen fernen Subkontinent gelangt sei. Doch die an zahlreichen Stätten im Industal und dessen Umfeld seit den 1920er Jahren ausgegrabenen archäologischen Funde haben das Verständnis der Frühgeschichte Südasiens revolutioniert und dazu gezwungen, die Ansichten über deren Ursprünge, Leistungen und Vermächtnisse radikal zu überdenken. Bildete diese einheimische Zivilisation am Indus die Grundlage für die nachfolgende Entwicklung der südasiatischen Kultur? Oder war sie in Wirklichkeit eine Sackgasse, eine Episode, die nur wenige Beiträge zur späteren Kultur leistete, so bemerkenswert sie in sich selbst auch sein mag?

1. Die Entdeckung der Harappa-Kultur

Menschen leben in Südasien schon sehr lange – vielleicht seit einer halben Million Jahren. Allerdings fanden sich nur wenige Spuren von Hominiden und frühen Menschen, was möglicherweise auf eine relativ späte Besiedlung hindeutet. Dagegen sind aus dem unteren Paläolithikum (vor etwa 100 000 Jahren) Faustkeile und Stätten zur Herstellung von Steinwerkzeugen erhalten geblieben, vor allem in Sind und Rajasthan, in den Tälern des Himalaya und des Vindhya-Gebirges und schließlich auch bis hinunter nach Sri Lanka. Die ersten Anzeichen einer höher entwickelten neolithischen Kultur stammen aus der Zeit um 7000 v. Chr., und zwar aus menschlichen Siedlungen, die in den Tälern des westlichen Grenzlands Südasiens lagen, von Iran bis in das benachbarte Beluchistan hinein.[12] Eine der wichtigsten neusteinzeitlichen Ausgrabungsstätten befindet sich in Mehrgarh im nördlichen Beluchistan. Die Siedlung lag in der Nähe des Bolan-Passes, einem der Hauptwege, auf denen die wandernden Völker – und die von ihnen gejagten Tiere – vom iranischen Hochland her nach Südasien vordrangen. Die Bewohner lebten nicht nur von Fischfang und Jagd, sondern hielten auch Schafe, Ziegen und Rinder, darunter Buckelochsen. Um 6000 v. Chr. gingen die Bewohner von Mehrgarh dazu über, Getreide anzubauen, statt Wildgerste und Wildweizen zu sammeln. Werkzeuge aus Stein und Knochen erscheinen unter den archäologischen Funden, daneben Töpfe und Grabbeigaben wie Perlen und Schmuck, die ersten Zeugnisse eines Fernhandels mit Muscheln und Lapislazuli. Statt weiterhin in Hütten aus Flechtwerk und Lehm zu wohnen, bauten die Menschen Wohnhäuser, Vorratshäuser und Kornspeicher aus Lehmziegeln.

Gegen Ende des 4. vorchristlichen Jahrtausends hatten sich diese neolithischen Siedlungen bis zum Industal ausgebreitet, wo sie ganz andere Bedingungen antrafen als auf den semiariden

Hochebenen und in den kargen Bergländern des Westens. Wie am Nil in Ägypten und in der Umgebung von Euphrat und Tigris in Mesopotamien wurde bei den alljährlichen Überschwemmungen auf den Überflutungsflächen fruchtbarer Schlamm abgelagert, der eine hohe landwirtschaftliche Produktivität bei vergleichsweise geringem Arbeitseinsatz ermöglichte. Im Unterschied zu der am unteren Indus heute herrschenden Trockenheit muss man sich das Klima vor sechs- oder siebentausend Jahren erheblich feuchter vorstellen, mit starken Regenfällen im Winter und mehreren Zuflüssen, die später austrockneten oder vom Ganges eingefangen wurden, der damals noch in den Indus floss. Der Induskorridor beherbergte eine von Sümpfen und Dschungel geprägte Landschaft, reich an Holz, Fischen und Wild, mit Elefanten, Nashörnern und Wasservögeln. Der leichte Zugang zu Wasser und Weideland ermöglichte es den Bewohnern der am Fluss gelegenen Dörfer, Schafe, Ziegen, Rinder, Wasserbüffel, möglicherweise auch Schweine zu halten und diverse Nutzpflanzen anzubauen, darunter Baumwolle, Dattelpalmen, Melonen und Hülsenfrüchte. Schon um 2500 v. Chr. baute man in den Indus-Siedlungen drei der fünf Getreidearten an, die Südasien seit Jahrtausenden ernähren: Reis (möglicherweise noch die Wildformen), Weizen, Gerste und mehrere Hirsearten (eine aus Afrika stammende Getreideart, die sich für trockenere und ärmere Böden eignet).

Eine derart produktive Landwirtschaft ermöglichte die Entstehung von Städten. Ausgrabungen, die 1921 unter Leitung des britischen Archäologen Sir John Marshall begannen, enthüllten die Existenz einer Reihe von Städten wie auch kleiner ländlicher Siedlungen im Tal des Indus und weit in dessen Hinterland hinein. Die ersten ausgegrabenen Städte, die zugleich zu den größten und bedeutendsten gehörten, waren Mohenjo Daro in Sind und das 600 Kilometer entfernt im Panjab gelegene Harappa. Inzwischen sind gut vierhundert solcher Siedlungsstätten identifiziert worden, auch wenn nur einer kleiner Teil davon bislang ausgegraben worden ist. Angesichts der weiten Verteilung dieser Stätten sprechen Archäologen und Historiker heute nicht mehr von der »Induskultur« (da sie offensichtlich weit über dieses Flusstal hinaus reichte), sondern nach einer der wichtigsten Ausgrabungsstätten von der »Harappa-Kultur«. Siedlungen, die der Harappa-Kultur zugehören, erstrecken sich über ein Gebiet, das von der Mündung des Indus bis an den Fuß des Himalaya, von Südbeluchistan und der iranischen Grenze im Westen bis nach Rajasthan und in die obere Gangesebene reicht. Mit einer Ausdehnung von tausend Kilometern in Nord-Süd-Richtung war dies das größte, von einer bronzezeitliche Kultur jemals eingenommene Territorium.

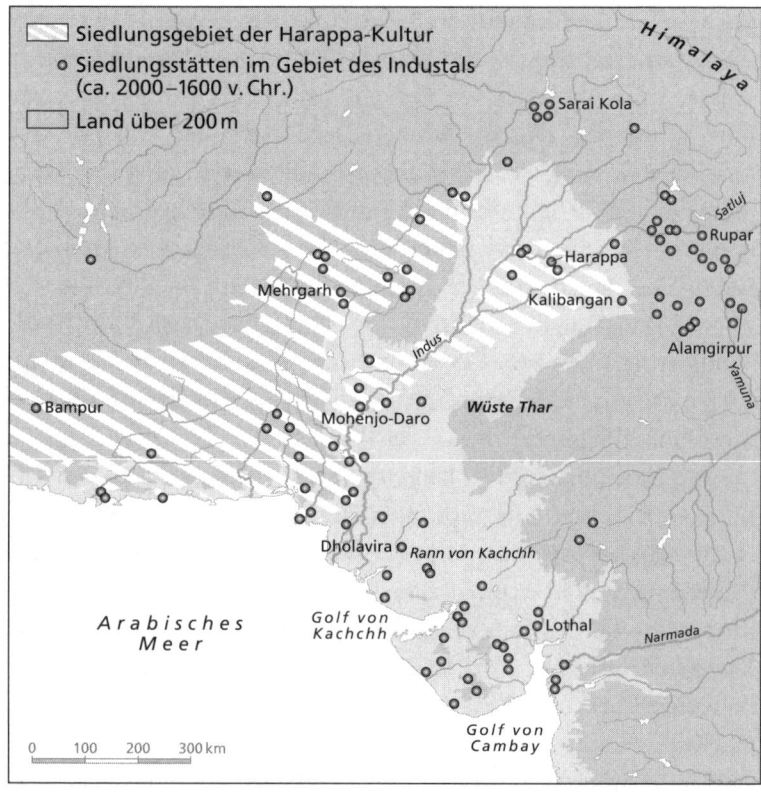

Karte 4: Die Industal-Zivilisation

Zunächst hielten die Archäologen diese Kultur am Indus für allzu hoch entwickelt, als dass sie dort scheinbar aus dem Nichts hätte entstanden sein können. Sie müsse ein Ableger der älteren mesopotamischen Kultur der Sumerer gewesen sein, deren Städte aus der Zeit um 3000 v. Chr. stammen. Wie bei der (im nächsten Kapitel behandelten) Theorie des »arischen« Ursprungs nahm man an, die »indosumerische« Kultur sei von außen nach Indien gekommen. Doch als die archäologischen Funde immer deutlicher den eigenständigen Charakter der ausgegrabenen Artefakte bestätigten, drängte sich der Gedanke auf, dass es sich nicht einfach um einen Ableger der mesopotamischen Kultur handeln konnte, sondern um eine gesonderte Kultur, die unabhängig vom sumerischen Reich ein diesem vergleichbares zivilisatorisches Niveau erreichte. Die Harappa-Städte waren lokalen Ursprungs, auch wenn der britische Archäologe Sir Mortimer Wheeler noch in den 1960er Jahren an der Vorstellung festhielt, die Idee der Zivilisation müsse von Euphrat und Tigris übernommen worden sein. Die dortige Kultur habe der »Harappa-Kultur die ursprüngliche Ausrichtung gegeben oder zumindest deren Zielsetzungen geprägt«.[13]

Anfangs schien es, als habe es keine lokale Zivilisation gegeben, aus der die Induskultur hätte hervorgehen können. Doch mit der Zeit kamen vor allem in Mehrgarh immer mehr Funde zum Vorschein, die eher für einen einheimischen Ursprung sprachen. Die dortigen Ausgrabungen belegen eine schrittweise Entwicklung ab dem 7. vorchristlichen Jahrtausend, mit Wohnhäusern und Speichern aus Lehmziegeln (dem typischen Baumaterial der Harappa-Kultur) bis um 3500 v. Chr., als man die Töpferscheibe einführte und neue Bergbau- und Verhüttungstechniken entwickelte. Um diese Zeit (die heute als frühe Harappa-Kultur bezeichnet wird) finden sich Anzeichen einer verstärkten Urbanisierung und wachsenden Reichtums, mit zweistöckigen Lehmziegelhäusern und einer halbindustriellen Keramikfertigung: Die für die spätere Harappa-Kultur so typischen Siegel und Terrakottafiguren erscheinen gleichfalls erstmals um diese Zeit. Um 2500 v. Chr. begann eine Phase beschleunigter Entwicklung, die von den Archäologen heute als reife Harappa-Kultur bezeichnet wird. In dieser Zeit erreichten die wichtigsten Städte, darunter Mohenjo Daro und Harappa, den Gipfel ihrer Blüte.

Wie es scheint, ging also die Harappa-Kultur durch einen Reifungsprozess aus einer örtlichen Kultur hervor und wurde nicht abrupt von außen eingeführt. Es ist natürlich denkbar, dass der relativ rasche Aufstieg der städtischen Zivilisation durch Handelsbeziehungen mit Afghanistan, Mesopotamien und dem Jemen gefördert wurde, wobei der Indus als Arterie diente, über die Nahrungsmittel, Rohstoffe und Handelsgüter zwischen Küste und Binnenland hin und her transportiert wurden. Die Harappa-Kultur breitete sich nordwärts nach Afghanistan, dem Herkunftsgebiet des Lapislazuli, aus, südwärts zu den Häfen von Sind und Gujarat, die Zugang zum Seehandel mit den Regionen am Persischen Golf boten, und ostwärts entlang einer Ackerbau- und Viehzuchtgrenze bis zum Panjab und in das obere Gangestal hinein. Die bemerkenswerte Gleichförmigkeit der materiellen Überreste aus weit voneinander entfernten Fundstätten der Harappa-Kultur – vom Grundriss der Städte bis hin zu den Formen der produzierten Töpferwaren, Werkzeuge und Siegel – spricht dafür, dass sich parallel dazu eine Zentralgewalt von Harappa oder Mohenjo Daro aus über das gesamte Umland ausbreitete. Aber das ist noch nicht bewiesen.

2. Indus-Städte

Mehrere Merkmale dieser Kultur verweisen auf einen eigenständigen Ursprung. An erster Stelle sind hier die Städte selbst zu nennen. Mohenjo Daro und Harappa bedeckten jeweils eine Fläche von mehr als einem Quadratkilometer und hatten mögli-

Zivilisation am Indus

cherweise an die 40 000 Einwohner. Kleinere Siedlungen wie der Hafen Dholavira an der Küste von Sind hatten vielleicht über 5000 Einwohner. In Harappa, Mohenjo Daro und einer anderen großen Ausgrabungsstätte, Kalibangan, am einstigen Ufer des inzwischen ausgetrockneten Ghaggar-Flusses, gab es jeweils einen erhöhten Bezirk, phantasievoll als »Zitadelle« oder »Akropolis« bezeichnet, der auf massiven Ziegelfundamenten errichtet wurde. Diese erhöhte Plattform diente möglicherweise als Ort für zeremonielle oder rituelle Handlungen oder vielleicht auch als Wohnstätte der Harappa-Elite. Gleich daneben, stets östlich der »Zitadelle« und in geringerer Höhe, befand sich die in einem Schachbrettmuster angelegte »Unterstadt«, in der breite Hauptstraßen im rechten Winkel von schmaleren Straßen und Gassen gekreuzt wurden. Dieser regelmäßige und äußerst genaue Grundriss, der in Mesopotamien seinesgleichen sucht, legt den Gedanken nahe, dass die Angehörigen der Harappa-Kultur (oder ihre Herrscher) effizient und gut organisiert waren. Die Ausgrabung weiterer Harappa-Siedlungen hat allerdings gezeigt, dass es auch beträchtliche Unterschiede im Grundriss der Harappa-Städte gab. Einige der kleineren Städte besitzen keine erkennbare »Zitadelle«, oder das Muster der Mauern und Straßen zeigt eine geringe Regelmäßigkeit.

Die Städte waren in Viertel unterteilt, in denen höchstwahrscheinlich unterschiedliche Berufsgruppen oder Clans lebten. Manche Wohnhäuser besaßen ein oberes Stockwerk aus Holz, bis zu dreißig Räume und einen Innenhof, der den privaten Bereich sicherte und Schutz vor der Sonne bot. Da die meisten Indus-Städte auf ebenen Schwemmflächen angelegt wurden, weit entfernt von bautauglichen Steinen, benutzte man die am leichtesten zugänglichen Baumaterialien: Lehm und Holz. Zwar verwandte man gelegentlich auch Stein, die Masse der Harappa-Bauten wurde jedoch aus Ziegeln gefertigt. Auffällig ist die Tatsache, dass diese Ziegel gebrannt waren und nicht luftgetrocknet wie in Sumer und Babylon. In kleineren Harappa-Siedlungen war die Verwendung gebrannter Ziegel beim Bau von Wohnhäusern nicht so verbreitet, aber auch dort benutzte man sie zur Einfassung von Rinnen und Brunnen. Wie es ihrer allgemeinen Ordnungsliebe entsprach, verwandte die Harappa-Kultur Ziegel mit einheitlichen Abmessungen, die in regelmäßigen Verbänden verlegt wurden. Das Fehlen von Steinbauten ist neben der Anhebung des Bodenniveaus einer der Gründe, weshalb diese Städte schließlich aus dem Blickfeld verschwanden: Sie versanken in dem Schlamm, aus dem sie erbaut worden waren.

An den Straßen lag eine Vielzahl von Gebäuden, die für unterschiedliche städtische Aktivitäten bestimmt waren. Manche dienten als Werkstätten (für Färberei, Schmuckherstellung und Metallbearbeitung). Es gab auch Kornspeicher und Dreschböden, die in der Nähe der »Zitadellen« lagen. In Mohenjo Daro waren die Kornspeicher mit Belüftungszügen ausgestattet, über die Luft durch die dicken Wände und unter den Böden entlanggeführt wurde. Bei anderen Bauten handelte es sich um Wohnhäuser, die größeren hatten Bäder und Brunnen. Das Abwasser wurde durch gemauerte Leitungen zu Kanälen in den Straßen und von dort aus der Stadt geführt. Die große Aufmerksamkeit für sanitäre Angelegenheiten gehört zu den auffälligsten Merkmalen der Harappa-Städte und unterscheidet sie von den frühen Zivilisationen in Mesopotamien und Ägypten. Weshalb man in der Harappa-Kultur so sehr auf Hygiene bedacht war, ist unklar. Vielleicht machte die niedrige Lage der Städte in der Überschwemmungszone des Indus dies zu einer Notwendigkeit. Möglicherweise wussten die Menschen auch um den Zusammenhang zwischen mangelnder Hygiene und Krankheiten, oder die Reinheitsvorstellungen, die in der Praxis der Hindus später eine so wichtige Rolle spielten, waren schon damals vorhanden.

Andere Harappa-Überreste verweisen auf die große Bedeutung, die man dem Wasser und möglicherweise auch dem rituellen Baden beilegte. In Mohenjo Daro hat man ein »großes Bad« ausgegraben. Das mit einer hölzernen Stützkonstruktion versehene, aus Ziegeln gemauerte Becken ist mit Bitumen abgedichtet und an beiden Enden mit Treppen versehen. Dieser Bau wurde eindeutig als Bad benutzt. Im Blick auf die Bedeutung von Tempelbecken und rituellem Baden in der späteren Hindu-Gesellschaft haben manche Kommentatoren die Vermutung geäußert, dass auch dieses Bad als Zentrum religiöser Betätigung gedient haben könne. Dafür spricht seine Lage neben einem großen »Palast« oder »Tempel«, auch wenn es keine spezifischen Funde gibt, die diese Spekulation stützen. Das benachbarte Gelände, auf dem eventuell ein Tempel stand, ist bedeckt mit den Überresten einer zweitausend Jahre später errichteten buddhistischen Stupa (solche zeitliche Ausmaße hat die Geschichte Südasiens), die niemals weggeräumt wurden, um weitere Ausgrabungen zu ermöglichen.

Die Toten wurden in der Harappa-Kultur nicht verbrannt, wie später bei den Hindus, sondern beerdigt; man hat mehrere Friedhöfe aus dieser Zeit ausgegraben. Das mag auf den Glauben an ein Leben nach dem Tode hindeuten, aber da sich nur wenige Grabbeigaben und Hinweise auf einen Totenkult finden, enthüllen die Funde enttäuschend wenig über religiöse Vorstellungen und soziale Hierarchien. Es gibt kaum Hinweise auf die Existenz mächtiger Häuptlinge oder Könige, deren Tod Anlass zu glanzvollem Gedenken gegeben hätte. Der Unterschied zum alten Ägypten oder China fällt ins Auge. Wegen des Fehlens steinerner Bauten und der Verwendung von Ziegeln (und Holz, das kaum Spuren hinterlässt) als Hauptbaumaterialien wirkt die Harappa-Kultur eher bescheiden. Trotz mancher Spekulationen über Monarchen oder Priesterkönige gibt es keine eindeutigen Belege dafür, dass diese Städte von Königen regiert wurden und nicht von einer herrschenden Klasse oder von Clan-Oberhäuptern.

Unklar ist auch, ob Harappa und Mohenjo Daro »Zwillingshauptstädte« eines frühen Indusstaates waren, wie man einst annahm, auch wenn nach neuerer Ansicht Mohenjo Daro angesichts seiner Größe wie auch des Umfangs seiner kommerziellen und sonstigen Aktivitäten wahrscheinlich das »Nervenzentrum der Zivilisation« bildete.[14] Es muss ein gewisses Maß an gesellschaftlicher Differenzierung gegeben haben, damit solche hoch entwickelten Städte überhaupt entstehen und über Arbeitskräfte wie auch Ressourcen aus einem so weiträumigen Gebiet verfügen konnten. Allein schon innerhalb der Städte beweist die Größe der öffentlichen Bauten, wie effektiv man Arbeitskräfte einzusetzen vermochte, während die ausgeprägten Unterschiede des Baustils zwischen »Zitadelle« und Unterstadt für eine hochgradig differenzierte soziale Hierarchie sprechen. Die in manchen Straßen der Unterstadt gefundenen Kasernen oder Sklavenunterkünfte stützen gleichfalls den Gedanken, dass es sich hier um eine »disziplinierte und sogar reglementierte Zivilisation« gehandelt hat.[15] Es gibt allerdings keine unabweisbaren Belege dafür, dass die »Zitadellen« einem militärischen Zweck gedient hätten, und das trotz der dicken Mauern und der erhöhten Fundamente. Tatsächlich bemerkte Wheeler in den 1960er Jahren, dass im Gegensatz zu der offenkundigen Bedeutung der Landwirtschaft und des Handels das militärische Element in den Indus-Städten unter den erhaltengebliebenen Überresten keine sonderliche Rolle spielte.[16] Keine Rüstungen, Helme oder Schilde hat man ausgegraben, und die Siegel, Statuten und Terrakottabilder zeigen keinerlei Verherrlichung des Krieges und der Krieger. Von Kriegszügen, wie sie den Aufstieg des Akkad-Reichs in Mesopotamien um 2300 v. Chr. begleiteten, fehlt am Indus jede Spur. Man kann sich die Harappa-Kultur kaum anders vorstellen denn als eine friedliche Zivilisation, der es eher um kommerziellen Gewinn als um militärischen Erfolg ging. Wenn das zutrifft, könnte mangelnde militärische Stärke einer der Faktoren gewesen sein, die schließlich zur Auflösung dieser Kultur führten.

3. Die Harappa-Kultur und die Ökonomie

Obwohl man nur wenig Sicheres über die Harappa-Kultur weiß, zeugen einige ihrer Überreste von einem hoch entwickelten Lebensstil. Das gilt vor allem für die Siegel, die man in ihrer Art nirgendwo sonst in den frühen Kulturen findet und die zu den herausragenden Beiträgen der Harappa-Kultur zur antiken Kunst gehören. Mehrere Tausend solcher Siegel hat man gefunden, davon allein über tausend in Mohenjo Daro. Ihre Bedeutung und ihr Zweck sind unbekannt, aber wahrscheinlich wurden sie Warensendungen beigegeben (auf der Rückseite befindet sich meist eine durchbohrte Erhebung, mit der man sie an einer Warensendung befestigen konnte, und manche zeigen Spuren, die darauf hindeuten, dass sie gegen Schnüre oder Säcke gepresst wurden). So ist es denkbar, dass sie auf einzelne Kaufleute oder Kaufmannsgilden verwiesen. Die meist quadratischen oder rechteckigen Siegel, die eine Länge von etwa drei Zentimetern besitzen, wurden mit Meißel und Bohrer bearbeitet, poliert und mit einem Überzug versehen, damit eine glänzende Oberfläche entstand. Dieses Siegel benutzte man für Abdrücke in Ton.

Die Siegel bieten einen vielversprechenden Zugang zur verlorenen Welt der Harappa-Kultur. Zwei Aspekte sind besonders faszinierend. Erstens zeigen die mit lebendiger Präzision geschnittenen Abbildungen Tiere oder Szenen, die eher eine rituelle als eine kommerzielle Bedeutung zu haben scheinen – sofern sie nicht Embleme von herrschenden Clans oder Kaufmannsgilden darstellen, zumal viele Bilder immer wieder auftauchen. Die Siegel zeigen wilde oder domestizierte Tiere, die damals im Industal vertraute Erscheinungen gewesen sein dürften: Stiere mit schwerem Höcker, Wasserbüffel, Tiger und Elefanten. Vor allem die Stiere sind Miniaturmeisterwerke, die das mächtige Profil und den massiven Körper des Tiers wiedergeben. Bezeichnenderweise und aus Gründen, auf die wir später noch zurückkom-

Abb. 1: Siegel mit Büffeldarstellungen aus Harappa

men werden, fehlen Pferde in diesen naturalistischen Darstellungen; selbst Schafe und Ziegen sind selten. Andere Siegel zeigen offenbar mythologische Tiere; eines davon wird als »Einhorn« beschrieben. Auf manchen Siegeln finden sich auch komplexere Szenen, in denen Tiere vor einem Gestell, einer Futtertraufe oder einer Pfanne stehen, möglicherweise in anbetender Haltung oder in Erwartung der Opferung. Auch menschliche Figuren finden sich, meist weniger genau dargestellt als die Tiere, und einige von ihnen scheinen Tiermasken zu tragen. Eine mögliche Deutung besagt, es handle sich um Schamanen bei einer rituellen Handlung. Andere Interpretationen versuchen, einen Zusammenhang zwischen diesen Bildern und der Mythologie des antiken Mittleren Ostens herzustellen, oder sie sehen darin Vorformen des Hindu-Gottes Shiva.

Ein zweiter faszinierender Aspekt der Siegel ist die Tatsache, dass die meist kurzen Inschriften noch nicht entziffert werden konnten. Die Schrift taucht in der Harappa-Kultur um 2600 v. Chr. auf. Gut 400 verschiedene Piktogramme hat man inzwischen identifiziert, wobei einige eindeutig aus anderen zusammengesetzt sind. Außer auf den Siegeln hat man nur wenige Inschriften gefunden, so dass es sich vielleicht nur um die Namen von Kaufleuten oder Kaufmannsgilden handelt. Für diese Möglichkeit spricht auch die Tatsache, dass Siegel vom Indus in so entfernten Regionen wie Mesopotamien gefunden wurden, ein weiterer Hinweis auf eine Fernhandelsverbindung. Die Harappa-Schrift ist wie die Bildwelt der Siegel bis heute ein Geheimnis geblieben. Nur selten finden sich mehr als fünf Symbole auf einem Siegel (was gleichfalls auf Namen oder kurze Beschreibungen hindeutet), und es gibt keine umfangreicheren Texte, die auf eine umfassende Schriftkultur hinweisen.

Das technische und künstlerische Niveau der Induskultur war hoch, erreichte aber nicht das der Sumerer und Ägypter. Die Menschen der Harappa-Kultur waren geschickt im Schmelzen von Bronze und Kupfer, sie fertigten aus Elfenbein Kämme, Nadeln und andere kleine Objekte, und sie stellten Perlen her (von denen einige in Halsbändern erhalten geblieben sind). Sie bewiesen ihre handwerklichen Fähigkeiten wahrscheinlich auch in der Herstellung hölzerner Gegenstände, zum Beispiel von Rädern, Booten und Pflügen, doch davon ist wie auch von den Ochsenkarren nichts erhalten geblieben außer Hinweisen in kleinen Terrakottamodellen. Über die produzierten Textilien wissen wir lediglich, dass man Baumwolle spannte und webte und gelegentlich auch färbte. Tontöpfe wurden auf Töpferscheiben gefertigt und wie die Ziegel in Öfen gebrannt. Sie wurden mit rotem Ocker bemalt und manchmal mit geometrischen, in Schwarz gezeichneten Mustern versehen. Zuweilen erscheinen tierische und menschliche Figuren. Ein Topf zeigt Fischfangszenen.

Spielzeug und Figuren sind in großer Zahl gefunden worden. Interessant sind diese aus Ton oder Kupfer und Bronze gefertigten Stücke weniger wegen besonderer technischer Leistungen als wegen der Auskunft, die sie über die materielle Kultur dieser Menschen geben. Zu den häufigsten Fundstücken gehören Miniatur-Ochsenkarren mit Scheibenrädern; sie beweisen, dass man das Rad kannte und dass der Ochsenkarren eines der

Abb. 2: Tänzerin. Bronzefigur aus Mohenjo-Daro, um 2500 v. Chr.

wichtigsten Transportmittel gewesen sein dürfte. Andere grob modellierte Tonfiguren stellen Rinder, Affen und andere Tiere dar. Besonders auffällig ist eine kleine, in Mohenjo Daro gefundene und auf die Zeit um 2000 v. Chr. datierte Bronzestatuette einer Frau, in der viele die Darstellung einer Tänzerin vermuten. Sie steht stolz und fast schon provozierend da, als wollte sie ihren geschmeidigen Körper zur Schau stellen, die rechte Hand keck auf die Hüfte gestützt. Sie trägt ein Halsband, das rechte Handgelenk und der linke Arm sind überreich mit Armbändern und Armreifen geschmückt, und das Haar ist am Hinterkopf zu einem Knoten gebunden: Sie strahlt Selbstvertrauen und Vitalität aus. Eines der wenigen in Stein gehauenen Objekte, die man gefunden hat, ist der Kopf und Oberkörper eines bärtigen Mannes mit rasierter Oberlippe und zurückgebundenem Haar. Über der linken Schulter erkennt man ein an eine Toga erinnerndes, mit einem Kleeblattmuster verziertes Gewand. Wegen der fast geschlossenen Augen sehen manche hier einen Zusammenhang mit einer Yoga-Meditation und halten die dargestellte Person für einen Priesterkönig oder Gott. Die Figur vermittelt jedoch eher den Eindruck einer bedeutenden Persönlichkeit, vielleicht eines Adligen oder eines reichen Kaufmanns. In Pose und Kleidung strahlt die Gestalt Autorität und Selbstsicherheit aus.

Auch wenn die Städte am Indus heute nicht mehr als Ableger der sumerischen Kultur gelten, mag der Handel mit dem Westen (der sich bis um 2600–2500 v. Chr. zurückdatieren lässt) den Anreiz geliefert haben, nach Größe und Komplexität zu wachsen. Zu den Handelsgütern vom Indus gehörten Baumwolle oder Baumwolltuche, Elfenbein, Holz, Muscheln und Karneolperlen. Im Industal selbst gab es kaum Erze, so dass die Städte dort Kupfer und Zinn zur Herstellung von Bronze aus fernen Regionen, aus Rajasthan, Iran und sogar aus Oman, einführen mussten. Für eine bronzezeitliche Gesellschaft dürfte diese Abhängigkeit von Fernhandelsbeziehungen bei der Herstellung selbst elementarer Werkzeuge und Waffen eine Quelle besonderer Verletzlichkeit dargestellt haben: Die bronzenen Harappa-Artefakte sind von geringer Qualität und finden sich nicht so häufig wie andernorts. Weitere Hinweise auf die Bedeutung des Fernhandels kommen aus Lothal am Golf von Cambay. Dies muss ein größerer Hafen gewesen sein, und eines der dort ausgegrabenen Bauwerke erweckt den Eindruck, als handelte es sich um ein von Ziegelmauern eingefasstes »Dock«. Allerdings war der Ort relativ klein und befand sich um 1700 v. Chr. wohl bereits im Niedergang, möglicherweise aufgrund eines rückläufigen Überseehandels.

Eines der Geheimnisse, von denen die Induskultur immer noch umgeben ist, betrifft deren Organisation. Früher gab es die Vermutung, die Harappa-Kultur müsse ihren mesopotamischen Gegenstücken insofern gefolgt sein, als sie einen theokratischen Staat mit stark zentralisierter Organisation und dem Zentrum in den beiden Hauptausgrabungsstätten Harappa und Mohenjo Daro geschaffen hätte. Heute scheint die angebliche Gleichförmigkeit dieser Kultur nicht mehr so gesichert. Ihre langfristige Entwicklung und die Unterschiede zwischen verschiedenen Ausgrabungsstätten finden inzwischen größere Anerkennung. Manche sehen in den auffälligsten Bauten der Harappa-Kultur, den Zitadellen, Kornspeichern und Bädern, Belege für eine gewisse Hierarchie, mit Priestern oder Königen an der Spitze, und bei der reifen Harappa-Kultur haben wir es nach Ansicht einiger Autoren möglicherweise mit einem »Harappa-Reich« zu tun. Doch da es keinerlei Belege für diese Behauptung gibt, hat man sich zumindest teilweise von dieser Hypothese verabschiedet. Obwohl Harappa-Artefakte (oder solche, die den Einfluss der Harappa-Kultur verraten) in einem sehr großen Gebiet gefunden wurden, beweist dies noch keineswegs, dass es eine einheitliche Kultur oder ein gemeinsames politisches System gegeben hat. Möglicherweise blühte die Induskultur als ein lockerer Verband weitgehend autonomer lokaler Gesellschaften oder Stämme auf, verbunden durch gemeinsame Ursprünge und kulturelle Bindungen wie auch durch den Austausch von Gütern und das gemeinsame Interesse am Fernhandel. Vielleicht besaß die Harappa-Kultur eine Führungsschicht, die von einem herrschenden Clan (oder mehreren Clans), einer Priesterschaft oder auch von Kaufmannsgilden gebildet wurde, jedoch mit einem allenfalls elementaren Staatsapparat und ohne die militärische Macht, den

Verwaltungsapparat und die Reichsideologie, die erforderlich gewesen wären, um weithin Gefolgschaft zu erzwingen.

Hinweise auf eine Staatsreligion finden sich nur spärlich. Es gibt keine eindeutig als solche erkennbaren Tempel und keine sorgfältig ausgearbeiteten Kulte. Die These, wonach gewisse Figuren auf den Harappa-Siegeln Vorläufer des Gottes Shiva seien, ist hochgradig spekulativ, und die weiblichen Figuren, die nach Ansicht mancher auf die Verehrung einer Muttergottheit hindeuten, sind bemerkenswert grob und stets in Ton, niemals in Stein gearbeitet. Sie werden mit schmuckvollen Frisuren und Halsbändern dargestellt, aber ohne größere Betonung der Brüste und Fortpflanzungsorgane, so dass sie kaum als überzeugende Belege für einen Fruchtbarkeitskult gelten können. Außerdem fand man sie nie in räumlichem Zusammenhang mit öffentlichen Gebäuden, die man als Tempel oder Schreine interpretieren könnte. Auch hier drängt sich der Eindruck auf, die Induskultur sei eher bescheiden gewesen, ganz im Unterschied zu den grandiosen Monumenten im alten Sumer oder Ägypten. Die Harappa-Städte waren offenbar blühende Handelszentren, mit schamanistischen Ritualen, aber ohne Stätten, die der Verherrlichung allmächtiger Götter und Könige dienten.[17]

4. Niedergang und Verschwinden

Eines der Rätsel, die immer noch die Induskultur umgeben, ist die Frage, was am Ende mit ihr geschah. Anfangs, als die Vorstellung eindringender *ārya*s noch das Denken der Historiker und Archäologen bestimmte, nahm man an, die Städte am Indus seien von Invasoren aus dem Norden überrannt worden. Zum Beleg verwies man auf die Asche von Bränden, die angeblich die Städte vernichtet hatten, oder sogar auf ein Massaker, dessen Spuren – Skelette von Menschen, die offensichtlich eines gewaltsamen Todes gestorben waren – man in einer der oberen Schichten in Mohenjo Daro ausgegraben hatte. Doch solche dramatischen Erklärungen erscheinen heute unwahrscheinlich, und selbst Wheeler, der die Theorie der *ārya*-Invasion bevorzugte, räumte ein, die Induskultur sei »lange vor ihrem gewaltsamen Ende im Niedergang begriffen« gewesen.[18] Die Harappa-Kultur – oder zumindest deren »reife« Phase – dürfte um 1750 v. Chr. verschwunden sein, also lange vor der Zeit, auf die man gemeinhin die ersten Einfälle der *ārya*s (oder einer indoarischen Kultur) datiert, nämlich 1500 v. Chr. Man hat jedoch auch andere, ebenso apokalyptische Erklärungen vorgeschlagen, etwa die These, die Städte am Indus seien um 1700 von einer Flut verschlungen worden oder das Austrocknen der Induszuflüsse habe ein trockeneres Klima verursacht, das zur Aufgabe der entlegeneren landwirtschaftlichen Siedlungen und zu den ersten Hungersnöten in der Geschichte Südasiens geführt hätten.[19]

Es gibt jedoch zahlreiche Hinweise darauf, dass die Städte der Harappa-Kultur nicht plötzlich untergingen, sondern einen langen Niedergang erlebten. Die Siegel und deren Inschriften verschwanden, die schlichten, aber eleganten Töpferwaren wichen gröberen Erzeugnissen, die bis etwa 1500 v. Chr. bestanden, und statt neuer Ziegelbauten benutzte man alte Ziegel zum Bau kleinerer Wohnhäuser oder zur Aufteilung von Räumen. Dünne Mauern und einstöckige Häuser traten an die Stelle der eindrucksvollen Gebäude früherer Zeiten. Einige der imposantesten Teile der Harappa-Städte, zum Beispiel die Zitadellen, wurden von Handwerkern übernommen. Man vergrub große Mengen Metall und Schmuck innerhalb der Stadt (ein Zeichen unsicherer Zeiten), und Tote wurden nicht mehr bestattet, sondern lagen auf den Straßen. Die Harappa-Kultur schien in den Städten dahinzuschwinden und war bald nur noch ein Schatten ihrer selbst. Auf einem geringeren Niveau materieller Kultur bestand sie offenbar in den ländlichen Siedlungen fort. Diese waren über ein weites, von Gujarat und Rajasthan bis ins obere Gangestal reichendes Gebiet verstreut. Der Niedergang des Harappa-Kernlandes war offensichtlich von einer Wanderungsbewegung in die bisherigen Randgebiete begleitet, als suchte man nach zuverlässigeren landwirtschaftlichen Möglichkeiten. Auch die Zeugnisse eines Fernhandels schwanden. Nach etwa 1800 v. Chr. fanden sich in Sumer keine Siegel und Handelsgüter der Harappa-Kultur mehr. Häfen wie Lothal und Dholavira schrumpften an Größe und Bedeutung.

Der Niedergang kann mehrere, langfristig wirksame Gründe gehabt haben und muss nicht auf eine einzelne Katastrophe oder eine Reihe katastrophaler Ereignisse zurückgehen. Der Fernhandel ging möglicherweise wegen des Zusammenbruchs der mesopotamischen Kultur zurück, und ohne die Vorteile des Handels dürften die Indus-Städte nicht nur eine lebenswichtige Quelle ihres Wohlstands verloren haben, sondern auch die Metalle, die sie für die Herstellung von Werkzeugen und Waffen benötigten. Denkbar ist auch, dass die Induskultur nicht durch äußere Angriffe, sondern durch eine innere Revolte zugrunde ging. Dafür spricht etwa die Tatsache, dass manche Statuen, darunter auch die des Priesterkönigs, in einem Akt bewussten Vandalismus beschädigt worden sind. Obwohl sich in Ausgrabungsstätten der späten Harappa-Kultur nur wenige Anzeichen militärischer Aktivitäten finden, ist es vorstellbar, dass mit dem Niedergang der städtischen Zentren kleine Gruppen vom Land her einwanderten und die einstmals exklusiven Orte besetzten – daher der Niedergang der einheimischen Baustile und die Anzeichen einer zeitweiligen Wiederbesiedlung. Nomaden aus Beluchistan und dem iranischen Hochland beschleunigten möglicherweise den Untergang einer bereits schwankenden Kultur, doch sie dürften kaum die Hauptursache gewesen sein.

Mohenjo Daro wurde ab etwa 1900 v. Chr. schrittweise aufgegeben. Die Gründe dafür lagen vielleicht in den zunehmenden Überschwemmungen, die, wie seither oft in Südasien, von einer Ausbreitung der Malaria mit Verlusten an Menschenleben und

Fortpflanzungsvitalität begleitet wurden. Möglicherweise veränderte der Indus (an dessen Ufern viele der wichtigsten Siedlungen lagen) seinen Lauf, oder einige der Zuflüsse versiegten und nahmen der Harappa-Kultur das Wasser, das sie zur Aufrechterhaltung der landwirtschaftlichen Produktivität benötigte. Eine weitere mögliche Erklärung lautet, dass die Böden der Region und vor allem solche, die nicht oder nur selten von den jährlichen Überschwemmungen profitierten, nach Jahrhunderten intensiver Bewirtschaftung erschöpft waren und in ihrer Produktivität nachließen. Auch mag der Bedarf an Brennholz für das Brennen vieler Millionen Ziegel und mehr noch für das Schmelzen von Kupfer und anderen Metallen wie auch der Bedarf an Bauholz für den Hausbau und den Export die Wälder in weiter Umgebung zerstört haben. Dass Holz knapp wurde, belegt der verstärkte Einsatz von Kuhdung als Brennstoff in Siedlungen der späten Harappa-Kultur. Mehr als jede Invasion besiegelte vielleicht die Umweltzerstörung das Schicksal der Harappa-Kultur. So erklärt sich möglicherweise auch, weshalb die nachfolgende Ausbreitung der indoarischen Kultur das Industal weitgehend umging und stattdessen in das dicht bewaldete und bislang ungenutzte Gangestal vorstieß. Vielleicht mieden die Indoarier den Indus, weil er ihnen kaum noch etwas zu bieten hatte.

Den Archäologen und Historikern fiel es indessen schwer, zu akzeptieren, dass eine einst so blühende und innovative Kultur so wenig Bleibendes hinterlassen haben sollte. Seit ihrer Entdeckung in den 1920er Jahren haben sie daher versucht, Verbindungen zwischen ihr und späteren Kulturen herzustellen und zu behaupten, die formale, städtisch ausgerichtete Organisation der Harappa-Gesellschaft sei zwar verschwunden, aber einige Aspekte ihrer Kultur hätten dennoch überlebt. Man zog Verbindungen im Bereich der materiellen Artefakte und Techniken – die als Tonmodelle dargestellten Ochsenkarren scheinen ein Transportmittel vorwegzunehmen, das man heute noch in Südasien sehen kann. Doch häufiger noch verwies man auf eine angebliche kulturelle Kontinuität zwischen den religiösen Praktiken der Harappa-Kultur, über die wir kaum etwas wissen, und dem späteren Hinduismus – der Verehrung einer Muttergottheit und Shivas oder dem rituellen Baden und dem Yoga. Man hat sogar versucht, Begräbnisstätten in Lothal als frühe Belege für die Witwenverbrennung zu deuten, die Existenz von Kasten und Tempelsklaven aus den Grundrissen der Bauten in Mohenjo Daro herauszulesen und die Ursprünge der späteren dravidischen und indoarischen Kulturen auf den Indus zurückzuführen.

Seit der Entdeckung der Indus-Städte hat es Versuche gegeben, sie als Beleg für eine langfristige Kontinuität in der Geschichte Südasiens zu werten. 1946, kurz bevor er Indiens erster Premierminister wurde, schrieb Jawaharlal Nehru:

»Zwischen dieser Zivilisation des Indus-Tals und unserer Zeit gibt es viele Lücken und Epochen, über die wir wenig wissen ... Doch man hat immer das Gefühl der Kontinuität, den Eindruck einer unzerbrochenen Kette, die das moderne Indien mit der sechs- oder siebentausend Jahre zurückliegenden Epoche verknüpft, in der die Zivilisation des Indus-Beckens wahrscheinlich begann. Es ist erstaunlich, wie vieles in Mohenjo Daro und Harappa an die noch heute bestehenden Traditionen und Bräuche erinnert – an Volksbräuche, handwerkliche Kunst und sogar an gewisse Formen der Kleidung.«[20]

Viele Autoren äußern ähnliche Ansichten. Es ist eine reizvolle Vorstellung, und sei es nur, weil sie einer immer noch stummen Kultur eine Stimme, eine Bedeutung und eine Bestimmung zu verleihen hilft, die ihr die lange Dunkelheit bislang verweigerte. Und dennoch gibt es zahlreiche auffällige Brüche zwischen der Harappa-Kultur und späteren Kulturen Südasiens. So hat nichts den Harappa-Siegeln oder ihrer Schrift Vergleichbares überlebt. Die Städte, die später entstanden, zeigten nicht den regelmäßigen Grundriss von Harappa und Mohenjo Daro und auch nicht dieselbe Aufmerksamkeit für Abwasserentsorgung und Hygiene. Selbst die für die Harappa-Kultur charakteristischen Städte verschwanden. Die Urbanisierung musste fast ein Jahrtausend später von neuem beginnen, und die Städte, die dann entstanden, lagen nicht im Industal, sondern in den indoarischen Siedlungsgebieten am Ganges.

B Die Indoarier

1. Die *ārya*-Frage

Vor der Entdeckung der Indus-Städte in den 1920er Jahren glaubte man gemeinhin, die Geschichte Südasiens habe mit den »Ariern« und der »arischen Invasion« um 1500 v. Chr. begonnen. Man nahm an, diese »arische Invasion« sei eine von vielen Eroberungswellen gewesen, die den Lauf der südasiatischen Geschichte von außen verändert und einer ansonsten trägen und veränderungsunwilligen Gesellschaft den nötigen Anstoß und Schwung verliehen hätten. Da man lange Zeit glaubte, die nach Südasien eingedrungenen *ārya*s hätten dieselbe rassische Herkunft wie die Gruppen, die in das alte Europa vorstießen, konnte man das Verdienst an der erstmaligen Schaffung einer Zivilisation auf dem Subkontinent Menschen zuschreiben, die zumindest entfernte Vettern der Europäer waren. Dadurch konnten sich die britischen Kolonialisten im 19. Jahrhundert als Vertreter einer »Rückkehr« der »Arier« verstehen, die dreitausend Jahre zuvor Südasien erstmals kolonisiert hätten.

Die Entdeckung der Harappa-Kultur kam zwar unerwartet, schien aber zunächst mit der Vorstellung einer »arischen« Invasion durchaus vereinbar. Es mussten die »arischen« Invasoren mit ihren Pferden und Streitwagen gewesen sein, die wie die Helden der Homerischen *Ilias* die stolzen Städte der Indusebene zerstört hatten. Doch langsam kamen Zweifel auf, nicht zuletzt deshalb, weil sich die Anzeichen mehrten, dass die Harappa-Kultur nicht plötzlich durch Feuer und Schwert, sondern im Gefolge eines langen Niedergangs untergegangen war. Die Theorie der »arischen« Invasion blieb zwar weiterhin einflussreich, wurde aber auch heftig wegen mangelnder archäologischer Bestätigung und als Relikt eines kolonialistischen, auf europäische Überlegenheit und äußere Ursprünge fixierten Denkens kritisiert. Manche behaupteten sogar, es habe nie eine »arische« Rasse und erst recht keine Invasion durch eine solche Gruppe gegeben. Andere meinten, die »Arier«-These müsse umgekehrt werden. Die *ārya*s seien in Wirklichkeit die frühesten Bewohner Indiens gewesen und hätten sich von dort aufgemacht, Eurasien zu erobern und zu kolonisieren. Am umstrittensten schließlich ist die These, die Indus-Zivilisation sei selbst eine »arische« Kultur gewesen, und die immer noch nicht entzifferte Indus-Schrift werde eines Tages deren »arischen« Charakter bestätigen.[21] Die *ārya*-Idee war und ist von so grundlegender Bedeutung für die Interpretation der gesamten Geschichte Südasiens, dass man sie unmöglich als haltlose Fiktion oder unsinnige Ablenkung abtun kann. Bevor wir die Zeit nach dem Verschwinden der Harappa-Kultur behandeln, müssen wir deshalb der Frage nachgehen, wie die *ārya*-Idee aufkam und warum sie eine so gewaltige Autorität erlangte.

2. Die Erfindung der »Arier«

Lange bevor Adolf Hitler und die Nazis den Begriff »Arier« übernahmen, um ihre Vorstellung einer rassischen Überlegenheit zu stützen (und bevor sie das alte indische Symbol des Hakenkreuzes zu ihrem Emblem machten), blickte der Begriff auf eine kontroverse Geschichte zurück. Im 17. und 18. Jahrhundert bemerkten westliche Gelehrte einige erstaunliche Übereinstimmungen zwischen dem Sanskrit, der Schriftsprache der Hindus, und dem Griechischen und Lateinischen, den klassischen Sprachen Europas. Eine systematische Ausarbeitung erfuhr diese Beobachtung jedoch erst in den 1780er Jahren durch den britischen Orientalisten Sir William Jones, der 1784 in Kalkutta die Asiatische Gesellschaft zur Förderung der Erforschung von Kunst, Literatur und Wissenschaft Indiens gründete und die antike Geschichte und Kultur Südasiens mit der Europas und der klassischen westlichen Tradition zu versöhnen versuchte. 1786 gab er seine Entdeckung bekannt, wonach das Sanskrit »vollkommener ist als das Griechische, reicher als das Lateinische und weitaus feiner entwickelt als beide«. Grammatik und Wortschatz des Sanskrit besäßen außerdem eine »ausgeprägte Verwandtschaft« mit diesen Sprachen, die unmöglich auf bloßem Zufall beruhen könne. Die Ähnlichkeit war seines Erachtens so groß, dass kein Sprachwissenschaftler alle drei untersuchen könne, »ohne zu der Überzeugung zu gelangen, dass sie aus derselben gemeinsamen Quelle hervorgegangen sind«.[22]

Jones behauptete in der Folge eine enge Verbindung zwischen weiteren Aspekten des alten Indien und des antiken Griechenland und Rom, zumal auch die Götter der frühen Hindus eine erstaunliche Ähnlichkeit mit denen der alten Griechen besäßen. Jones' Forschungen stimulierten die Arbeit späterer Wissenschaftler, die eine ganze Sprachfamilie identifizierten, von der Sanskrit, Griechisch und Latein nur einen Teil darstellten. In einer Zeit, in der Theorien der rassischen Herkunft und der Völkerwanderungen außerordentlich beliebt waren, kann es kaum verwundern, dass die Idee einer gemeinsamen indo-europäischen Sprache um die Vorstellung gemeinsamer rassischer Merkmale erweitert wurde. Da die Autoren der frühesten Sanskritwerke, der Veden, sich selbst als *āryas*, das heißt als »die Edlen«, bezeichneten, wählte man diesen Namen zur Bezeichnung des Volkes, das die von Jones vermutete »Ursprache« gesprochen und eine Form davon, das Sanskrit, irgendwann, lange vor unserer Zeitrechnung, aus seiner asiatischen Heimat mit nach Nordindien gebracht hatte.

Die weitere Entwicklung der »Arier«-Vorstellung verdankte

sehr viel dem deutschstämmigen Indologen Max Müller, der einen großen Teil seines Arbeitslebens an der Universität Oxford verbrachte. Als Wissenschaftler und Übersetzer von Sanskrittexten identifizierte Müller sich sehr stark mit den *āryas* und der Hochkultur, die sie offenbar nach Indien gebracht hatten. So bezeichnete er 1847 die Inder als Zweig der weitverbreiteten »arischen« Rasse und als Sprecher einer »indogermanischen« Sprache, als Einwanderer, die sich durch ihren »körperlichen und geistigen Typus« wie auch ihr kriegerisches Auftreten von den »verachteten« dunkelhäutigen Eingeborenen unterschieden, die sie besiegt und in entlegene Winkel des Subkontinents verdrängt hätten. Die Entstehung des frühesten Sanskrittextes, des *Ṛgveda*, datierte Müller auf die Zeit um 1200 v. Chr., und aus dem Inhalt dieses Textes schloss er, dass die »Invasion« der *āryas* kurz davor erfolgt sein musste.[23] Müller trug damit zur Entstehung der Vorstellung bei, wonach hellhäutige »Arier« eine dunkelhäutige Rasse von Ureinwohnern besiegt und unterjocht hatten. Obwohl Müller gelegentlich vor einer so expliziten rassischen Interpretation zurückzuscheuen schien (und seine Leser daran erinnerte, dass der Ausdruck »arisch« in erster Linie eine sprachliche Verbindung bezeichne), hatte die Idee einer überlegenen »arischen« Rasse sich im Zeitalter des Hochimperialismus sowohl im europäischen als auch im indischen Denken festgesetzt.

Anfang des 20. Jahrhunderts waren diese Ideen so weitverbreitet, dass man kaum noch nach Erklärungen und Beweisen fragte. Als Vincent Smith 1919 seine *Oxford History of India* publizierte, beschrieb er die *āryas* rundheraus als »kriegerische Eroberer aus dem Nordwesten«. Als Erste in einer langen Reihe »kraftvoller Ausländer« waren die »Arier« »typisch für das heroische Zeitalter anderer Länder – [wie] das Griechenland Homers … und das keltische Europa«. In Indien bildeten sie einen »Kriegeradel«, der über dunkelhäutige Untertanen herrschte.[24]

3. Prüfung der Belege

Die archäologischen, sprachwissenschaftlichen und schriftlichen Belege für eine »arische« Invasion Indiens im zweiten vorchristlichen Jahrtausend sind bestenfalls spärlich. Für die Harappa-Kultur besitzen wir fast nur archäologische Funde. Sprachliche und literarische Quellen gibt es nicht. Umgekehrt finden sich für die frühe indoarische Zeit zahlreiche sprachliche und literarische Zeugnisse, aber die archäologischen Funde sind spärlich. Eine weitere Komplikation resultiert aus der Tatsache, dass der Begriff »Arier« mindestens drei unterschiedliche Bedeutungen besitzt: erstens als Selbstbezeichnung der vedischen Dichter, zweitens als Name für die Sprecher einer der zur indo-europäischen Sprachfamilie gehörigen Sprachen; und drittens als angebliche Rassenkategorie.

Nach Ansicht von Sprachhistorikern gehören das Sanskrit und die daraus abgeleiteten nordindischen Sprachen unbestreitbar zu den indo-europäischen Sprachen, einer Sprachfamilie, deren Verbreitungsgebiet sich von der Atlantikküste bis zum Golf von Bengalen erstreckt und deren Ursprünge man irgendwo zwischen der Ostsee und dem Kaspischen Meer vermutet. Das Sanskrit muss außerhalb Indiens entstanden sein und sich dann weiterentwickelt haben, während seine Sprecher sich über Iran nach Nordindien ausbreiteten. Nach dieser sprachgeschichtlichen Argumentation können die indo-europäischen Sprachen nicht in Indien entstanden und dann über den Iran und Mittelasien nach Europa gelangt sein. Sämtliche Merkmale der Sprachentwicklung weisen in die umgekehrte Richtung. Weitere Hinweise bieten die dravidischen Sprachen Südindiens. Der Ursprung dieser Sprachen liegt im Dunkeln, aber sie (oder deren Vorläufer) wurden offenbar einst auch in Nordindien gesprochen, wie es das Überleben einer Brahui genannten dravidischen Sprache in Baluchistan und der dravidische Einfluss auf

Ortsnamen in Maharashtra und anderswo belegen. Die sprachgeschichtlichen Befunde lassen den Schluss zu, dass die Indoarier Worte aus dravidischen Sprachen (wie auch aus einigen Stammessprachen) entlehnten, was darauf hinweist, dass die Sprecher dieser Sprachen schon vor den *ārya*s in Südasien lebten.

Allerdings sollte man, wie immer wieder betont worden ist, Sprache und Rasse nicht gleichsetzen. Die Sprecher einer Sprache gehören nicht notwendig einer einzigen Rasse an, wie ja auch heute nicht alle Sprecher des Englischen, Französischen oder Spanischen zur selben ethnischen Gruppe gehören. Eine Analyse der Grammatik und des Wortschatzes zeigt, dass die Sprecher der indo-europäischen Sprachen in einer gewissen Phase Kontakt mit solchen der in Nordeuropa beheimateten finno-ugrischen Sprachengruppe hatten. Dieses Argument für einen nördlichen Ursprung wird weiter gestützt durch die Tatsache, dass frühe indoarische Baumnamen auf die Vertrautheit mit einem kalten Klima hinweisen. Doch die Urheimat der Indo-Europäer, die diese frühe Sprache sprachen, konnte nie hinreichend identifiziert werden. Zwar äußern manche Autoren die Vermutung, es müsse sich um die asiatische Steppe gehandelt haben, doch wo genau dies gewesen sein mag, lässt sich schwer sagen. Die sprachlichen Befunde legen indessen den Gedanken nahe, dass die auf der Grundlage ihrer Sprache als »Indoarier« bezeichneten Menschen aus dem Gebiet irgendwo zwischen den kaspischen Steppen und dem Südural südwärts wanderten, zunächst nach Iran und später nach Nordindien. Es besteht eine enge Verwandtschaft zwischen dem Altavestischen in Iran und dem frühen Sanskrit, und um 2000 v. Chr. erschien im indisch-iranischen Grenzland eine Reihe kultureller Merkmale, die sich auch bei den Indoariern finden. Dazu gehört die Verbrennung der Toten, eine Praxis, die in der Induskultur nicht auftaucht, von der aber im *Ṛgveda* die Rede ist.

Gemeinsame Sprache und Totenrituale beweisen jedoch noch

Die Indoarier

keine größeren Wanderungsbewegungen oder die Existenz einer rassisch homogenen Bevölkerung. Sprachen und Kulturen können sich auch ohne entsprechende Wanderungsbewegungen von Menschen ausbreiten. Gab es überhaupt eine Wanderungsbewegung? Oder lediglich einen Prozess kultureller Diffusion? Statt an eine »arische Invasion« der von Müller und Smith vorgestellten Art zu denken, glaubt man heute, dass kleine Gruppen von Hirten, die eine Frühform des Sanskrit sprachen, nach Nordwestindien einsickerten, wo sie sich mit der einheimischen Bevölkerung vermischten. Die daraus resultierende Verschmelzung der Kulturen und nicht der massive Zustrom einer fremden Rasse brachte die indoarische Zivilisation hervor. Diese Kultur, die sich in sprachlicher und kultureller Hinsicht noch weiter mit einheimischen dravidischen Bevölkerungsgruppen und Stammesbevölkerungen vermischte, breitete sich dann über den Subkontinent aus und drang nach Norden bis in den Himalaya, nach Süden bis in den Dekkan und nach Sri Lanka vor.

Es gibt indessen einen Befund, der die Vermutung nahelegt, dass es Mitte des 2. vorchristlichen Jahrtausends, wenn schon keine »arische Invasion«, so doch zumindest eine bedeutende soziale und kulturelle Veränderung gegeben hat: das Auftreten des Pferdes. Das Pferd ist in Indien nicht heimisch und vermehrt sich dort nicht sonderlich gut. Tatsächlich betrifft ein häufig wiederkehrendes Motiv in der Geschichte Südasiens die Abhängigkeit von importierten Pferden für Krieg und Transportwesen. Bei den Ausgrabungen im Industal entdeckte man große Mengen Tierknochen, darunter solche von Rindern und Schafen, aber nicht von Pferden. Auf den Harappa-Siegeln finden sich Abbildungen von Tigern, Nashörnern, Bullen und mythologischen Tieren, aber nichts, was einem Pferd ähnelt. Das scheint ein überzeugender Beleg für die These, wonach die Bewohner der Indus-Städte keine Pferde besaßen und sie auch nicht kannten.[25] Ein weiterer Beleg für den externen Ursprung ist das Sanskrit-Wort für Pferd: *aśva*, das aus dem Indo-Europäischen stammt. Im Ṛgveda, der wiederholt auf Pferde und von Pferden gezogene Streitwagen hinweist, preisen zwei ganze Hymnen das Pferd, und andere besingen dessen Schönheit, Eleganz und Schnelligkeit. Eines der prestigeträchtigsten Rituale der Indoarier war der *aśvamedha*, ein Pferdeopfer. Das Fehlen des Pferdes in der Induskultur lässt sich schwerlich übersehen, und so muss umgekehrt dessen zentrale Bedeutung in der indoarischen Gesellschaft als überzeugender Beleg für einen kulturellen Einschnitt und den Beginn einer neuen Lebensweise gelten.

4. Vedische Rituale und vedischer Glaube

Dunkelheit umgibt die Periode der südasiatischen Geschichte, die zwischen dem Niedergang der Induskultur um 1750 v. Chr. und der zweiten Urbanisierung um 600 v. Chr. im Gebiet des Gangestals liegt. Dennoch muss diese fast tausendjährige Zeitspanne zwischen dem Verschwinden einer Kultur und dem Aufblühen einer anderen als eine für die Entstehung einer eigenständigen südasiatischen Identität äußerst bedeutsame Phase gelten. Was wir darüber wissen, verweist auf einen dynamischen Wandel: Grundlegung des brahmanischen Hinduismus, Ausbreitung der Landwirtschaft, Aufstieg der Städte, Aufkommen von Königen und Staaten, Zunahme der sozialen Differenzierung. Doch zunächst müssen wir die Religion der Indoarier untersuchen, denn die wenigen Informationen, die wir über diese Zeit besitzen, stammen aus religiösen Texten.

Wo die kulturellen Ursprünge der Indoarier auch zu suchen sein mögen, sie stehen für die Ankunft zahlreicher neuer religiöser Praktiken und Glaubensvorstellungen. Während wir über die Harappa-Religion nur wenig wissen, befassen sich die vedischen Hymnen ausgiebig mit diesem Thema (als Quellen, die hauptsächlich Rituale von Priestern behandeln, repräsentieren sie allerdings möglicherweise nur das kulturelle Leben eines kleinen Teils der Bevölkerung). Die frühesten Zeugnisse stammen aus den Veden. Sie entstanden in mündlicher Form um 1200 v. Chr. und wurden durch Auswendiglernen und mündliche Weitergabe über Generationen tradiert, bevor man sie Jahrhunderte später in schriftlicher Form festhielt. Von den vier Veden war der *Ṛgveda*, der mehr als tausend Hymnen und 10 000 Verse umfasst, der früheste und heiligste. Topographische Bezüge lassen kaum Zweifel zu, dass er im nordwestlichen Teil des Subkontinents entstanden ist, in Sapta-Sindhu, dem Land der sieben Flüsse, das sich vom Panjab bis nach Südafghanistan erstreckt. Zur Entstehungszeit des *Ṛgveda* muss dies das Kernland der indoarischen Kultur gewesen sein, mit dem Zentrum an dem heute versiegten Fluss Sarasvati, der als gewaltiger, lebensspendender Strom gepriesen wird. In späteren Hymnen erkennt man eine Verlagerung Richtung Osten, hin zum oberen Ganges und dem heutigen Uttar Pradesh. Die in vedischem Sanskrit verfassten Hymnen nennen die Namen der Götter und erzählen von deren Macht; sie beschreiben die korrekte Ausführung von Ritualen und verweisen, oft in dunklen Andeutungen, auf mythische Personen und Ereignisse. Nebenbei geben sie auch Hinweise auf die Existenz von Königen, Priestern und Stämmen, auf die Institution der Ehe, auf Verwandtschaft und das materielle Leben der Indoarier.

Nach dem *Ṛgveda* zu urteilen, prägen vier wesentliche Momente die vedische Religion. Erstens die Macht der Elemente. Sie bildeten bei den Indoariern die Quelle eines intensiven religiösen Empfindens, das ihnen das Gefühl einer Verbundenheit mit den das Universum beherrschenden physischen und spirituellen Kräften vermittelte. So heißt es in einer Hymne: »Der Himmel ist mein Vater, der Erzeuger, dort ist mein Nabel. Diese große Erde ist meine Sippe, die Mutter.«[26] Das zweite Element ist die beständige Suche nach Sinn und Ursprung, nach den Mysterien der Erschaffung der Welt, der Geburt des Menschen und der rätselhaften Verbindungen zwischen dem Leben, dem Tod und dem Leben nach dem Tod. Drittens vermitteln die Hymnen einen reichen Schatz an Mythen, Legenden und Symbolen, in denen die Taten Indras, Agnis und anderer Götter-Heroen gepriesen werden. Das vierte Moment schließlich ist die Macht des Opfers, mit dessen Hilfe man die Götter bewegen kann, das Leben zu schützen oder Wohlstand und Nachkommenschaft zu schenken, und das zwischen Sterblichen und Unsterblichen zu vermitteln vermag.

Der bleibende Reiz der vedischen Literatur beruht zum Teil auf der lebendigen Beschreibung der Natur und der Erscheinungen, die das menschliche Leben mit den Göttern und der von ihnen beherrschten Natur verbinden. Der *Ṛgveda* ist voller Bezüge auf Erde und Himmel, den Übergang von der Nacht zum Tag, auf Wind und Regen. Mit größter Zuneigung und Ehrfurcht bedenken die Verse die Götter der Sonne und des Himmels, die sich im Donner manifestieren und in Regenwolken oder dem heraufdämmernden Tag nahen. In einer Hymne wird die Göttin der Morgenröte, »die Himmelstochter«, mit einer Tänzerin verglichen, die ihren strahlenden Schmuck anlegt. »Indem sie der ganzen Welt Licht macht, hat [sie] die Finsternis aufgeschlossen wie die Kühe die Hürde.« »Ihr heller Schein ist wieder sichtbar geworden; sie breitet sich aus, vertreibt das schwarze Ungeheuer ... Wir sind ans Ende dieser Finsternis gelangt ... Schön lächelt sie wie ein Verführer, wenn sie erstrahlt. ...«[27]

Hauptobjekt der Verehrung sind die Götter oder *devas*, die »Leuchtenden«. Die Hauptgötter sind männlich (im *Ṛgveda* ist kein Platz für eine Muttergottheit), und die wichtigsten unter diesen Hauptgöttern sind Agni und Indra. Agni wird mit dem Feuer identifiziert, einem vitalen Element des vedischen Rituals, aber auch mit dem häuslichen Herd und der Totenverbrennung. Wie viele andere Götter wird er auch mit der Sonne assoziiert und mit starken, virilen Tieren – dem Bullen und dem Pferd.

Indra besitzt zum Teil dieselben Attribute wie Agni, sein Rivale bei den Opfergaben, doch er ist der König der Götter und ein Kriegsgott, kühn, auftrumpfend und streitsüchtig. Wie Zeus und Thor in der europäischen Mythologie, so ist Indra der Herr des Gewitters, der Blitze auf seine Feinde schleudert. Er ist Zerstörer von Festungen, einschließlich jener der Dasas und Dasyus, die manche Autoren – durchaus problematisch – mit der »vorarischen« oder eingeborenen Bevölkerung identifizieren. Wie Agni wird Indra mit Soma gleichgesetzt, einer giftigen, Halluzinationen auslösenden Flüssigkeit, die als Gott verehrt wird und in den Opferritualen eine zentrale Rolle spielt. Der kostbare Nektar erhält den Göttern die Unsterblichkeit; für Sterbliche, die ihn trinken, ist er eine Quelle »höchster Ekstase« und »blendenden Lichts«.

5. Wirtschaft und Gesellschaft

Obwohl der *Ṛgveda* in erster Line rituellen und zeremoniellen Bedürfnissen diente, bietet er doch nebenher zahlreiche Einblicke in das Leben und die in Entwicklung begriffene Gesellschaft der Indoarier, weil der Text alltägliche Gegenstände als vertraute Metaphern zur Beschreibung ritueller Praktiken oder des Lebens der Götter benutzt und immer wieder beiläufig Hinweise auf Landwirtschaft, Tierzucht und Kriegswesen einstreut. Weil die Wissenschaftler die Reihenfolge geklärt haben, in der der *Ṛgveda* und spätere vedische Werke entstanden, können sie außerdem bestimmen, in welcher Reihenfolge die Indoarier neue Gebiete auf dem Subkontinent besetzten, neue Formen politischer Organisation entwickelten und neue Technologien erwarben.

Die Menschen der frühen vedischen Zeit lebten nur zum Teil vom Ackerbau. Sie bauten Weizen und Hafer an und übernahmen den Pflug, aber sie hielten auch Tiere: Rinder, Pferde, Schafe und Ziegen, die sie mit Fleisch, Milch, Butter und Opfergaben versorgten. Ihre Streitwagen wurden von Pferden, ihre Karren und Pflüge von Ochsen gezogen. Jagd und Fischfang ergänzten das Nahrungsangebot: Antilopen, Wildschweine und Wasservögel gehören zu den zahlreichen in den Veden erwähnten Tieren. Die Wälder blieben eine wichtige Nahrungsquelle, »unberührt vom Pflug, aber voller Nahrung«. Als die Indoarier ihren Siedlungsraum nach Osten ausdehnten, übernahmen sie – wahrscheinlich von der bereits dort lebenden Bevölkerung – weitere Nutztiere wie den Wasserbüffel. Sie begegneten auch Elefanten, im Ṛgveda immer noch wild und ungezähmt.

Doch am meisten schätzten die Indoarier Rinder und Pferde. Der Ṛgveda ist voll von Hinweisen auf Wert, Aussehen und Verhalten dieser Tiere. Es gibt nur wenige Hinweise darauf, dass Pferde geritten wurden; meist wurden sie vor Streitwagen gespannt. Im Unterschied zu den massiven Holzrädern der Ochsenkarren in der Harappa-Kultur besaßen die Streitwagen der Indoarier Speichenräder, wurden von zwei (oder mehr) Pferden mit Brustgeschirr gezogen und konnten zwei Krieger tragen. Zusammen mit der späteren Einführung eiserner Waffen muss dies eine ganz neue Geschwindigkeit und Wildheit in die Kriegführung in Südasien gebracht haben. Welche Wertschätzung das Pferd genoss, zeigt folgender Auszug aus dem Ṛgveda:

»Und die Völker schreien ihm in den Kämpfen nach wie einem Dieb, der Kleider raubt, wenn er wie ein niederstoßender hungriger Adler auf den Ruhmespreis und auf die Viehherde losstürmt.
Und um als erster unter ihnen zu laufen, stürmt er mit den Wagenreihen auf die Kühe los. Er bekommt den Kranz wie der geputzte Brautwerber, Staub leckend, in den Zügel beißend.
[...]
Und vor dem Angriff des Drohenden fürchten sie sich wie vor dem Donner des Himmels. Wenn Tausend ihn bekämpfen, so war er nicht aufzuhalten, wenn der Furchtbare an die Spitze eilt.«[28]

Die Indoarier hingen auch sehr an ihren Rindern, und die vedischen Texte zeigen, welches Ansehen die Viehzucht bei ihnen genoss, zumal sie immer noch teilweise als Hirtenvolk gelten konnten. Rinder waren der Preis, um den Männer Wettläufe veranstalteten oder würfelten. Sie dienten als Geschenke an Priester, und als Tauschmittel oder beweglicher Besitz stellten sie einen Geldersatz dar. In deutlichem Gegensatz zu späteren Zeiten wurden Rinder verzehrt oder geopfert. Rinderraub und die Verteidigung dagegen waren Anlass für bewaffnete Konflikte und so auch für mutige Taten – mit der Folge, dass der Ausdruck *goṣāti* (Rinder beschaffen) zum Synonym für Krieg wurde.

Die frühen Indoarier besaßen keinerlei Schrift, auch wenn ihre Fähigkeit zur Komposition und zum Auswendiglernen der später im *Ṛgveda* zusammengefassten Hymnen belegt, dass es ihnen im religiösen und poetischen Fühlen keineswegs an geistiger Geschicklichkeit und Tiefe mangelte. Sie waren anfangs auch keine Stadtbewohner. Sie errichteten Befestigungen aus Gräben und Wällen zum Schutz ihrer Siedlungen, doch meist lebten sie in kleinen Weilern, in strohgedeckten Hütten aus Holz und Bambus, mit Wänden aus Flechtwerk und Lehm. Die vedischen Opfer wurden im Freien vollzogen, der Rauch des Opferfeuers stieg ungehindert gen Himmel. Tempel entstanden erst später, und es gibt Anzeichen für die Verwendung von Ziegeln in den frühvedischen Bauten. Mit der Ausbreitung der indoarischen Kultur Richtung Norden in das Tal des Ganges hinein bis nach Bengalen wurden auch neue Technologien entwickelt. Wir wissen fast nichts über die Herstellung und Verwendung von Textilien bei den Indoariern, auch wenn sich im *Ṛgveda* Hinweise auf das Weben und auf Webrahmen finden. In der Töpferei benutzen sie die Töpferscheibe, und die Ausbreitung der Indoarier lässt sich mit der Verbreitung von bemaltem grauem Steinzeug verbinden, das in einer Reihe von Siedlungen am oberen Ganges gefunden und auf die Zeit zwischen 1000 und 600 v. Chr. datiert wurde. Zu Beginn der Kolonisierung und Urbanisierung wurde dieses Steingut durch eleganteres Steinzeug mit polierter schwarzer Oberfläche ersetzt. Es spricht für eine zunehmende Spezialisierung des Handwerks, dass Töpfer, Grobschmiede, Zimmerleute, Goldschmiede, Korbmacher, Weber und Färber sämtlich in den Veden erwähnt werden.

Die Indoarier benutzten auch Metalle. Frühe vedische Hymnen erwähnen Gold, Kupfer und Bronze, in späterer Zeit war man auch mit Zinn, Silber und Eisen vertraut. Einige eiserne Artefakte, die um 1000 v. Chr. entstanden, wurden in Nordindien ausgegraben, doch häufiger finden sie sich später im mittleren Gangestal und in Bengalen, oft in Verbindung mit bemaltem grauem Steinzeug, und ab etwa 800 v. Chr. sind sie recht weitverbreitet. Zu Pfeil- und Speerspitzen wie auch Schwertern geformt, gab das Eisen den Indoariern schärfere Waffen als die des vorausgegangenen Bronzezeitalters in die Hand. Aus Eisen stellte man Äxte her, mit denen man Wälder abholzen konnte (auch wenn man vielfach noch auf die Brandrodung zurückgriff), außerdem Pflugscharen und Meißel zur Holz- und Steinbearbeitung. Über die Bedeutung des Eisens in der Geschichte Südasiens ist viel debattiert worden. Manche Wissenschaftler behaupten, da die Einführung des Eisens mit der Intensivierung des Ackerbaus, dem Wachstum der kleinen und größeren Städte im Gangestal und dem Aufstieg des an Eisenerz reichen Königreichs Magadha in Bihar zusammenfiel, müsse es die Quelle dieser epochalen Entwicklung gewesen sein. Andere bleiben hier skeptisch und wenden ein, die Herstellung und Verwendung von Eisen habe sich nur sehr langsam verbreitet und könne daher nur einen begrenzten Anreiz zur Urbanisierung gegeben haben. Manche vermuten sogar, die Einführung des Eisens sei weniger bedeutsam gewesen als die Übernahme des Reisanbaus, insbesondere im Blick auf die intensive landwirtschaftliche Nutzung des oberen Gangestals und die Bereitstellung des Nahrungsmittelüberschusses, der eine große Stadtbevölkerung und eine wachsende Zahl von Handwerkern, Priestern und Beamten zu ernähren vermochte.

Wildreis scheint man zwar schon zu Zeiten der Harappa-Kultur geerntet zu haben, doch zu einer bedeutsamen Nahrungsmittelquelle wurde er offenbar erst mehr als ein halbes Jahrtausend danach (viel später als in China). Auf ihrem Weg nach Osten bewegten die Indoarier sich aus einer Region, deren Böden sich für Viehweiden und den Anbau von Weizen und Hafer eigneten, in ein heißeres, feuchteres, eher tropisches Gebiet, in dem Reisanbau sinnvoll war. Reissetzlinge benötigen eine sorgfältige Pflege, bevor sie in die Reisfelder gesetzt werden, wo die zeitgerechte Zuführung der richtigen Wassermengen entscheidende Bedeutung für einen effizienten Anbau besitzt. Der Reisanbau band die Bevölkerung in einem weitaus höheren Maße an den Boden als die bei den frühen Indoariern anzutreffende Mischung aus Getreideanbau und Weidewirtschaft. Außerdem verlangte er eine arbeitsintensive Regulierung der Wasserressourcen. Umgekehrt vermochte die reiche Reisernte eine wachsende städtische wie auch ländliche Bevölkerung zu ernähren. Neben Reis wurden auch Hülsenfrüchte, Gemüse, Zuckerrohr sowie Mangos, Jackbaumfrüchte und Bananen angebaut, so dass eine vielfältige und nährstoffreiche Nahrung vorhanden war. Einige der von den Indoariern angebauten Früchte und Gemüse stammten möglicherweise direkt von den jeweiligen Wildformen, während andere (nach den Namen zu urteilen) von früheren vorindoarischen Bauerngemeinschaften übernommen wurden.

In welchem Maße die vorrückende Grenze der indoarischen Kolonisierung, die um das 5. Jahrhundert v. Chr. Nepal und Sri Lanka erreichte, auch eine ethnische Grenze darstellte, bleibt umstritten. Gewiss, die Veden bezeugen die Existenz von Menschen, die sich selbst »Arya« nannten und sich nach diesen Zeugnissen in ständigem Konflikt mit anderen, als »Dasyus« bezeichneten Menschen befanden. Wie bereits angemerkt, identifizierten manche frühen Leser dieser Texte die Dasyus mit dravidischen oder eingeborenen Stämmen und gaben damit zentralen Sanskritworten eine Bedeutung, die eine stark rassisch geprägte Unterscheidung zwischen den »edlen«, hellhäutigen *āryas* und den dunkelhäutigen, »nasenlosen« *dasyus* traf. An der Verachtung der »*āryas*« für ihre ungehobelten Gegner kann kein Zweifel bestehen, doch neuere Kommentatoren sind der Ansicht, der damit angesprochene Unterschied liege nicht unbedingt in der Rasse, sondern spiegele möglicherweise Unterschiede der Sprache, der Sitten und der religiösen Praxis. Außerdem heißt es von manchen Dasyus, sie seien »reich an Vieh« (was auf Einflüsse der indoarischen Kultur hindeutet), und einige werden als Verbündete der Stämme der *āryas* bezeichnet.

In der frühvedischen Zeit von etwa 1500 bis 1000 v. Chr. erfolgte schrittweise ein Übergang von halbnomadischen Hirten zu sesshaften Dorfgemeinschaften (*grāma*), die aus mehreren Familien bestanden und durch Heirats- wie auch Verwandtschaftsbeziehungen in das größere Netzwerk des Stammes und des Clans eingebunden waren. Dabei scheint es sich um relativ egalitäre Gesellschaften gehandelt zu haben, ohne die komplexen Hierarchien und das halbgottähnliche Königtum späterer Zeiten. Auf Stammesversammlungen löste man profane und religiöse Probleme. Dort wählte man auch aus den Reihen des herrschenden Clans einen Häuptling oder *rājan* (der Ausdruck nahm erst mit der Zeit die gehobene Bedeutung »König« an). Der Wahlhäuptling hatte die Aufgabe, seine Stammesgenossen während kriegerischer Auseinandersetzungen zu führen und die Gemeinschaft vor Angriffen zu schützen. Die zweite zentrale Gestalt in der Dorfgemeinschaft war der Priester (*purohita*). Der brahmanische Priester hatte die Aufgabe, religiöse Riten und Opferhandlungen in der anerkannten Form auszuführen. Diese komplexen Zeremonien konnten viele Tage dauern.

Einen gewissen Einblick in das Leben während des vedischen Zeitalters bieten die beiden großen Epen, deren Ursprünge sich bis in diese Zeit zurückverfolgen lassen. Das früheste, das *Mahābhārata*, dürfte schon 500 bis 300 v. Chr. entstanden sein, wurde aber in der Folgezeit in vielfältiger Weise ergänzt und erweitert, bis es im ersten oder zweiten Jahrhundert unserer Zeitrechnung die heute bekannte schriftliche Form erhielt. Das im oberen Gangestal angesiedelte *Mahābhārata* erzählt die Geschichte eines Streits zwischen zwei Gruppen verfeindeter Vettern, den Kauravas und den Pandavas. Diese Erzählung über einen Krieg unter Verwandten geht möglicherweise auf frühere Episoden eines Stammeskonflikts um die Siedlungen Hastinapura und Indraprastha (den späteren Standort der Stadt Delhi) zurück. Doch mit seinen Königen, Palästen und Armeen versetzt uns das *Mahābhārata* zugleich in eine spätere Phase der Staatsbildung. In einen gewaltigen Teppich aus 100 000 Versen eingewoben und mit zahlreichen eingeschobenen Geschichten berichtet das Epos von dem eskalierenden Streit zwischen den Vettern, der schließlich in der fürchterlichen Schlacht von Kurukshetra gipfelt. Das zweite große Epos, das *Rāmāyaṇa*, ist wahrscheinlich später, gegen Ende des vedischen Zeitalters, entstanden, wenn auch wie das *Mahābhārata* mit zahlreichen späteren Zusätzen und Einschüben. Während der Ort der Handlung des *Mahābhārata* im Panjab und am oberen Ganges liegt, spielt das *Rāmāyaṇa* weiter östlich, in Ayodhya im Reich der Kosalas, wo der Palast Ramas und seiner Familie liegt, und weit im Süden an den Ufern der Godavari, wo der ins Exil getriebene Rama, seine Frau Sita und sein Bruder Lakshmana unter Waldasketen und fleischfressenden Dämonen leben müssen. Mehr noch als das *Mahābhārata*, das die Abgründe menschlicher Habgier und menschlichen Neides enthüllt, feiert das *Rāmāyaṇa* das Königtum, das in der Gestalt des Gottkönigs Rama in seiner tugendhaftesten und weisesten Form dargestellt wird.

6. Könige und Kasten

In der mittleren und späten vedischen Zeit ab etwa 1000 v. Chr. konsolidierten sich die in dörflichen Clans organisierten Indoarier zu größeren sozialen Einheiten, aus denen schließlich Königreiche hervorgingen. Mit sich verschärfender territorialer Aufteilung und mit der Verfestigung der sozialen Hierarchien veränderte sich auch die Funktion des Königtums. Die *rājas* waren nun keine gewählten Führer mehr und erlangten eine überlegene Stellung wie auch eine erbliche Macht, die durch priesterliche Riten und Zeremonien legitimiert wurden. Das berühmteste königliche Ritual war der *aśvamedha* oder das Pferdeopfer. Ein vom König freigelassenes Pferd durfte ein Jahr lang umherlaufen, wurde dabei allerdings von Soldaten beschützt. Auf das gesamte Territorium, das dieses Pferd durchquerte, konnte der König Anspruch erheben. Danach wurde das Pferd in einem Ritual geopfert, das Fruchtbarkeit und territorialen Anspruch feierte. Dieses blutige Ritual kennzeichnet eine wichtige Phase im langsamen Übergang von halbnomadischen, clanbasierten Gemeinschaften zu sesshaften Gesellschaften mit festen Grenzen, die bereits über Rudimente staatlicher Macht und eines Hochkönigtums verfügten. Der König wurde zum obersten Herrn über das Land, das er an Günstlinge und gefällige Priester vergeben konnte. Zur Konsolidierung der sozialen Hierarchie gehörte auch die Tatsache, dass der Aufstieg der Könige ihren Ausgleich in der wachsenden Macht der Priester und der Entstehung einer Kriegerelite fand, deren militärische Fähigkeiten die königliche Macht untermauerten.

In der mittleren bis späten vedischen Zeit begann die südasiatische Gesellschaft eine ihrer charakteristischsten Eigenheiten zu entwickeln – das Kastenwesen. Ein später Hymnus des *Ṛgveda* beschreibt die Erschaffung des Menschen aus dem geopferten Leib eines kosmischen Riesen namens Purusha oder Prajapati.

Die Indoarier

Aus seinem Körper werden die vier Hauptkategorien der Menschen geschaffen: die Brahmanen aus seinem Mund, die Kshatriyas aus den Armen, die Vaishyas (hier als die Bauern verstanden) aus seinen Hüften und die Shudras (Knechte) aus den Füßen. Darin kann man den in der Rückschau mythologisierenden Versuch erblicken, die vier Varnas oder die Aufteilung in die vier Hauptgruppen der indischen Gesellschaft zu erklären, indem man ihre unterschiedlichen Merkmale und Funktionen auf die Unterschiede der körperlichen Herkunft zurückführte und dabei zugleich die Komplementarität ihrer Funktionen unterstrich.

Die Ursprünge dieser Varna-Aufteilung (und des Kastensystems, das in der Folge damit verknüpft wurde) waren und sind Gegenstand nahezu endloser Spekulationen. Grob gesagt lassen sich drei Interpretationen der Ursprünge und der Bedeutung dieser Aufteilung unterscheiden. Nach der ersten handelt es sich um eine auf der Rassenzugehörigkeit basierende Unterteilung der Gesellschaft, gewissermaßen um eine vedische Apartheid. Danach versuchten die von den Brahmanen repräsentierten rein »arischen« Elemente ihre rassische Reinheit und ihre überragende gesellschaftliche Stellung zu schützen, indem sie sich selbst die höchsten gesellschaftlichen Positionen vorbehielten, während sie der arisch-dravidischen oder arisch-eingeborenen Mischbevölkerung die mittleren Ränge und dem nichtarischen Teil der Bevölkerung die unterste Stellung der Shudras zuwiesen. Nach dieser Interpretation ist das Varna-System ein Mechanismus, durch den die »Arier« die Reinheit ihrer Rasse und Sprache, ihrer Sitten und ihres Glaubens zu erhalten versuchten. Zur Stützung dieser rassischen Interpretation hat man gelegentlich darauf hingewiesen, dass *varṇa* »Farbe« bedeute und daher auf eine Schichtung und soziale Teilung nach der Hautfarbe hinweise: von den hellhäutigen *ārya*s an der Spitze über die Mischrassen in der Mitte bis hin zu den dunkelhäutigen Draviden und Eingeborenen ganz unten.

Die zweite Interpretation sieht im Varna-System weniger einen Ausdruck der rituellen und politischen Hierarchie der indoarischen Gesellschaft, wie sie sich um 600 v. Chr. herausbildete. Da die idealisierte Ordnung von den Brahmanen formuliert wurde, die sich als unverzichtbare Mittler zwischen Erde und Himmel verstanden, stellten sie sich selbst an die Spitze der Hierarchie und wiesen den übrigen gesellschaftlichen Gruppen untergeordnete Positionen zu, je nach der Bedeutung und dem Ansehen, die sie den jeweiligen Funktionen beimaßen. Dies war ein parteiischer Versuch, die Macht der Brahmanen zu festigen, der allerdings kaum die Tatsache verdecken kann, dass Könige und Kshatriyas eine weltliche Macht ausübten, die mindestens ebenso groß war wie die Macht der Priester im rituellen Bereich. Die Priester brauchten königliche Förderer und Beschützer und die Könige umgekehrt die rituellen Dienste der Priester. In spätvedischer Zeit waren die Brahmanen zu Spezialisten der Rituale und Opferhandlungen geworden. Sie sorgten für die Erhaltung des vedischen Brauchtums, verschafften den Herrschern Legitimation und erhielten im Gegenzug Land und Vieh und spezielle Privilegien, die sie von Steuerzahlungen und der Todesstrafe ausnahmen. Die Kshatriyas vereinten die Rollen der Landbesitzer und der Krieger in sich. So blieben dem Rest der Varna-Hierarchie nur die mit weniger Macht und Ansehen ausgestatteten Positionen. Die Kategorie der Vaishyas stand anfangs für die Bauern, doch mit dem Wachstum des Handels und der städtischen Gesellschaft wurde sie zunehmend mit den Händlern identifiziert. Es ist aufschlussreich, dass man den Kaufleuten damit eine mittlere Position zuwies, weder in den obersten Rängen noch in den alleruntersten. Für die Shudras blieben die Aufgaben des Handwerkers, des Bauern und der Dienstleute. In Indien sahen die höheren Kasten offenbar schon seit frühen Zeiten verächtlich auf die Handarbeit herab. Die Mitglieder der drei oberen Varnas erfreuten sich noch eines weiteren Unterscheidungsmerkmals. Sie wurden angeblich »zweimal geboren«, hatten zusätzlich zu ihrer menschlichen noch eine zweite (rituelle) Geburt erlebt und trugen zum Zeichen ihrer gehobenen Stellung eine heilige Schnur um die Brust. Nur sie hatten Zugang zum heiligen Wissen der Veden.

Nach der dritten Interpretation wurden die Varnas zunehmend mit der jeweiligen Tätigkeit und dem darin begründeten Status identifiziert. Die Tätigkeit des Priesters wurde mit ritueller Reinheit assoziiert, während andere berufliche und ererbte Tätigkeiten (zumindest in den Augen der Brahmanen) als weniger edel, als erniedrigend oder beschmutzend galten und entsprechend eingestuft wurden. Im Gegensatz zum stärker egalitären Ethos der frühen Indoarier entstand in der spätvedischen Gesellschaft eine an den Varnas ausgerichtete Schichtung. Sie wurde mit der Zeit immer weiter unterteilt in zahlreiche *jātis* oder Geburtsgruppen. Diese vielfältigeren Elemente bilden das heute so genannte Kastensystem, wobei jede Gruppe durch eine ererbte Rolle und einen ererbten Status definiert ist (in eine Kaste wird man hineingeboren, man tritt ihr nicht aus eigener Entscheidung bei). Die ererbte Tätigkeit verstärkte und exemplifizierte andere Aspekte des Kastenstatus. Angesehene Tätigkeiten wie die des Priesters oder Kriegers wurden hoch eingestuft, die von Landarbeitern und Straßenkehrern sehr niedrig (im Fall der Lederarbeiter und Straßenkehrer so niedrig, dass sie vollständig aus der Varna-Hierarchie herausfielen und den verachteten, abgesonderten und rituell unreinen »Unberührbaren« zugeordnet wurden). Kastenregeln bestimmten, wie man sich zu verhalten hatte, welche Ehepartner zulässig waren und von wem man Nahrung und Wasser annehmen konnte, ohne eine Verunreinigung befürchten zu müssen. Doch damit nehmen wir bereits eine spätere Entwicklung vorweg. Eine derart extreme Ordnung der Gesellschaft bestand in spätvedischen Zeiten noch nicht.

Die wachsende soziale Differenzierung erweiterte auch Rolle und Status der Frauen. Wie aus frühvedischen Quellen hervorgeht, wurden Frauen wegen ihrer Schönheit und ihres Gehorsams gepriesen und für wert befunden, dass Männer in Wagenrennen um sie warben und konkurrierten. Sie genossen zudem auch einen relativ hohen Status. Frauen kamen in den mythologischen Diskursen kaum weniger zu Wort als Männer, und auch in den Stammesversammlungen durften sie sprechen. Sie heirateten zumindest teilweise nach ihren Wünschen, und Witwen konnten erneut heiraten. Sie nahmen an manchen Ritualen teil und durften auch Besitz erben. Doch man erwartete von den Frauen, die Söhne zu gebären, die für die Ausführung der Rituale und die Verteidigung des Clans erforderlich waren. Ihre Fruchtbarkeit, die Gegenstand von Gebeten und Opfern war, galt als ebenso lebenswichtig wie die der Haustiere, mit denen sie oft verglichen wurden.

7. Städte und Staaten

Die erste Phase der Urbanisierung Südasiens endete mit dem Verschwinden der Indus-Städte um 1750 v. Chr. – einer der großen Brüche in der Geschichte des Subkontinents. Erst ein Jahrtausend später, Mitte des 1. Jahrtausends v. Chr., kam die Stadtkultur erneut auf, diesmal nicht im Westen an den Ufern des Indus, sondern weiter östlich am oberen und mittleren Ganges. Danach bildete dieses Gebiet, der Madhyadesha oder das Mittlere Land, das weitgehend dem heutigen Uttar Pradesh und Bihar entsprach, für mehrere Jahrhunderte das politische, kulturelle und wirtschaftliche Kernland der südasiatischen Zivilisation. Form und Funktion der neuen Städte variierten beträchtlich. Viele von ihnen wie etwa Kanauj begannen als Clansiedlungen, entwickelten sich später aber zu Zentren königlicher Macht, mit Palästen, Kasernen und Schatzhäusern. Andere besaßen eher spirituelle Bedeutung als Orte, an denen Brahmanen und Asketen zusammenkamen, um ihre Religion auszuüben und darüber zu debattieren, oder an denen beliebte Pilgerstätten zu entstehen begannen. Das an einer glückverheißenden Biegung des Ganges gelegene Benares galt bereits früh als heilige Stadt. Schon zu der Zeit, als der Buddha sie kannte, um 500 v. Chr., besaß sie einen guten Ruf als Zentrum religiöser Dispute und religiöser Gelehrsamkeit.

Andere Städte verdankten ihre Bedeutung handwerklichen Erzeugnissen im Bereich der Töpferei, der Metallbearbeitung oder der Herstellung von Textilien. Dank des wachsenden Handels mit Salz, Tuchen, Holz, Getreide und Metall zwischen Stadt und Land oder zwischen den Häfen und Märkten, die sich am Ganges und seinen Zuflüssen entlang bis zum Golf von Bengalen hinzogen, blühten sie auf. In den vedischen Texten ist von Schiffen die Rede, und offenbar wurden viele Güter nicht mit Karren über Land, sondern mit Fluss- und Seeschiffen transportiert. Zu Zeiten des Buddha waren die Händlergemeinschaften bereits wohlhabend und einflussreich. Als Beleg für den nach Umfang und Komplexität wachsenden Handel können mit Stanzmarken versehene Silber- und Kupfermünzen aus dem 5. Jahrhundert v. Chr. gelten, auch wenn nicht klar ist, ob Könige sie als Embleme ihrer Macht herausgaben oder ob Kaufleute sie für ihre kommerziellen Zwecke herstellten. Neben den Straßen, die durch das mittlere und untere Gangestal bis zum Golf von Bengalen und an der Ostküste hinab bis nach Sri Lanka führten, dehnte der Handel sich auch nach Nordwesten in den Panjab hinein und südlich des Ganges nach Ujjain und in das obere Narmadatal aus. Zwar sind aus der Zeit vor den Ashoka-Edikten des 3. vorchristlichen Jahrhunderts keine entsprechenden schriftlichen Zeugnisse erhalten geblieben, doch wahrscheinlich waren Frühformen der Brahmi-Schrift bei Kaufleuten, Priestern und königlichen Schreibern schon vorher in Gebrauch.

Schriftliche Quellen aus dem 6. und 5. Jahrhundert v. Chr. belegen die Entstehung von Staaten wie auch den Aufstieg von Städten. Die Staaten entwickelten sich aus früheren Stammeshäuptlingschaften, vor allem aus den sechzehn großen Stammesterritorien, die fast ganz Nordindien umfassten. Einige davon bestanden schon seit frühvedischen Zeiten; andere, im Osten und Süden, repräsentierten das Vorrücken der Besiedlung und des Handels. Zusammen belegen sie, welches geographische Ausmaß die indoarische Gesellschaft um das 5. Jahrhundert v. Chr. bereits erreicht hatte – vom Panjab und von Ostafghanistan bis nach Mittelindien und Bengalen. Die mächtigsten Protostaaten lagen am mittleren Ganges, vor allem Magadha im heutigen Bihar mit seiner Hauptstadt Rajagriha. Die politischen Systeme dieser frühen Staaten werden als republikanisch oder monarchisch beschrieben. Mit Sicherheit gab es damals einige fließende Übergänge zwischen beiden Formen. Die »Republiken« (*gaṇasaṃgha*) besaßen ein gewähltes Oberhaupt (*rājan* oder *pati*), dem ein Ältestenrat zur Seite stand, sowie eine Versammlung (*saṃgha* oder *pariṣad*), deren Mitglieder aus dem Kriegeradel stammten. Die Staatsgewalt lag eher bei der Versammlung als bei dem gewählten Oberhaupt. Die aggressiveren, stärker auf Expansion ausgerichteten Staaten wurden dagegen von Monarchen regiert, von denen manche die Macht der alten Versammlungen usurpiert hatten. Sie veranstalteten Krönungsfeiern und gewährten sich selbst erbliche Rechte. In ihrem nahezu unablässigen Drang nach Raub und neuen Territorien erweiterten sie ihre Macht und ihren Reichtum, indem sie Krieg mit Nachbarstaaten führten oder ihre Expansion in die immer noch riesigen Urwälder hinein vorantrieben.

Im 6. Jahrhundert v. Chr. lag das Zentrum der politischen und militärischen Auseinandersetzungen im mittleren Gangestal, wo die Staaten Kashi, Kosala und Magadha um die Vorherrschaft kämpften. Der rasche Aufstieg Magadhas ist schwer zu erklären. Neben der Entschlossenheit und dem Ehrgeiz seiner Herrscher spielten sicher auch weitere Faktoren eine Rolle, etwa die strategische Lage am Ufer des Ganges und der Reichtum an Nahrungsmitteln, Erzen (Eisen aus Südbihar) und Handelswaren, über den das Land verfügte. Die für die Landwirtschaft gerodeten Wälder lieferten Bauholz und Elefanten, die man nun neben den Fußsoldaten und Streitwagen der Indoarier in der Schlacht einsetzte. Der fähige und ehrgeizige Bimbisara, der in Magadha um 543 v. Chr. den Thron bestieg, verkörperte einen neuen, aggressiven Herrschaftsstil und schuf eine effiziente Verwaltung. Vom Hemmschuh der Clanversammlungen befreit, lenkte er den aus Landwirtschaft, Handel und Eroberung bezogenen Reichtum in sein königliches Schatzhaus in Rajagriha. Die Eroberung Niederbengalens vergrößerte noch seine Macht, da er dadurch direkten Zugang zum Seehandel und zum Flusshandel im Gangesdelta erhielt. Damit begann die lange Expansionsphase der Herrscher von Magadha, welche die Geschichte Südasiens verändern sollte.

C Die Geburt des Buddhismus

1. Zeiten des Wandels

Das 6. und 5. Jahrhundert v. Chr. war nicht nur ein neues Zeitalter kommerzieller Unternehmungen und politischer Dynamik, sondern auch eine Zeit moralischer Unsicherheit und spiritueller Ruhelosigkeit. Wie anderswo in Eurasien war dies auch hier eine »Achsenzeit«, die den »Beginn der Menschheit, wie wir sie kennen«, markierte und so epochale Denker wie Konfuzius und Sokrates hervorbrachte.[29] Das nachvedische Zeitalter erlebte ein Wachstum der politischen Macht, des materiellen Wohlstands und der sozialen Privilegien, wie man es noch niemals zuvor gesehen hatte, aber zugleich rückte auch die Frage der Armut, der Ungleichheit und der Unterdrückung in den Vordergrund. Das Kernland der indoarischen Gesellschaft hatte einst im Nordwesten gelegen, im Land des *Ṛgveda* und des *Mahābhārata*; jetzt lag es in der Gangesebene im Osten. Aufkommende Monarchien, allen voran Magadha, bedrohten die alten, auf dem Stamm basierenden Staaten und deren »republikanische« Versammlungen. Die Autorität der brahmanischen Priesterschaft wie auch der rituellen und sozialen Hierarchie, die ihr als Stütze diente, wurde durch internen Dissens, eine tief empfundene spirituelle Krise und eine Hinwendung zur Askese in Frage gestellt.

In den gut sechs Jahrhunderten seit der Entstehung des *Ṛgveda* hatte sich der Charakter des religiösen Glaubens und der philosophischen Spekulation verändert. Der Glanz der alten vedischen Götter Indra und Agni war verblasst. Die leuchtenden Dämmerungen und strahlenden Sonnen der frühen vedischen

Hymnen waren von einer düsteren, stärker introspektiven Stimmung verdunkelt worden. Die Opferung zahlreicher Tiere und die Rituale der Priester schienen die Gunst der Götter nicht länger sichern oder wirksam und sinnvoll zwischen Erde und Himmel vermitteln zu können. Hinweise auf dieses düstere Ethos und die spirituellen Fragen lassen sich in den *Upaniṣad*s finden. Die zwischen 800 und 500 v. Chr. entstandenen Schriften verweisen auf ein unveränderliches Wesen hinter der Verderbtheit und dem Verfall der Erscheinungswelt. Das gegenwärtige Zeitalter der Dunkelheit und des Verfalls, das Kaliyuga, droht die Kultur und den Glauben und den bei den frühen Indoariern so ausgeprägten Adel des Körpers, des Geistes und der Seele zu zerstören. Solche philosophischen Überlegungen förderten nicht nur die Entwicklung eines Denkens, das zunehmend nicht mehr als vedisch, sondern als hinduistisch gelten kann, sondern bildeten auch die Grundlage für abweichende Bewegungen der Zeit, den Jinismus und den Buddhismus.

Pessimismus verdunkelte den religiösen Horizont. Im 7. und 6. Jahrhundert begann die Lehre des *saṃsāra* (der Wiedergeburt oder Seelenwanderung) an Boden zu gewinnen und wurde bald zum bestimmenden Moment indischen Glaubens. Der Gedanke tauchte erstmals in einigen frühen *Upaniṣad*s auf und drang von dort aus oder aus damals in der Gesellschaft verbreiteten Vorstellungen in das Denken der Buddhisten und anderer Sekten ein. Nach dieser Lehre ging die Seele nach dem Tod eines Menschen nicht unter, sondern wanderte wiederholt von einem Leben zum anderen, zwar nicht unbedingt in alle Ewigkeit, aber doch für eine nahezu endlose Zeit. Die Wiedergeburtslehre fasste alles Leben in einem einzigen System zusammen: Menschen, Tiere, Insekten und selbst Pflanzen boten der Seele stets nur zeitweilig Unterkunft. In ihrer rastlosen Wanderschaft durchlief sie einen endlosen Kreislauf des Lebens und des Todes, der Wiedergeburt und des Verfalls. Auch wenn die Seelenwanderungslehre nicht die Möglichkeit ausschloss, durch menschliches Handeln (*kar-*

man) zu beeinflussen, in welcher Weise die Seele wiedergeboren wurde, war doch der überragende Eindruck der, dass jede Seele nicht nur einen einzigen schmerzhaften Tod zu erleiden hatte, bevor sie den Himmel erreichte oder in die Hölle verdammt wurde, sondern eine lange Reihe nahezu endloser Mühen, qualvoller Wiedergeburten und schlimmer Tode durchlaufen musste – ein Prozess, dem zu entrinnen kaum Aussicht bestand, außer vielleicht durch extreme Askese. Wie eine der späten *Upaniṣad*s andeutet, gehörte zu den Konsequenzen der *saṃsāra* -Lehre ein Gefühl des Überdrusses, Abscheus und Ekels angesichts der Fäulnis und Korruption des menschlichen Fleisches und mehr noch angesichts der Gefangenschaft der Seele in diesem schmutzigen Körper. Wer könne, so heißt es dort, in diesem Leib Freude genießen,»den Lust, Zorn, Habsucht, Verwirrung, Furcht, Kleinmut, Trennung von Liebem, Vereinigung mit Unliebem, Hunger, Durst, Alter, Tod, Kummer u.a. peinigen«.[30] Angesichts eines so düsteren Denkens mag es scheinen, dass der vergängliche Besitz von Reichtümern gar nichts zählt, sondern allein die Möglichkeit, dem deprimierenden Kreislauf der Wiedergeburt zu entkommen. Da kann es nicht überraschen, wenn eine tiefe Skepsis gegenüber Reichtum und Macht, eine Spannung zwischen Streben nach Materiellem und Askese genau zu der Zeit aufkam, als Handel, Städte und Königreiche die Geschichte Südasiens zu prägen begannen.

2. Die Jainas

Der Jinismus, eine der ersten unter den neuen Sekten, die im 5. Jahrhundert v. Chr. in Südasien entstanden, wurde begründet von Vardhamana, der fast zur selben Zeit lebte wie Siddharta Gautama, der Buddha. Wie der Buddha war er ein Kshatriya; (die Brahmanen besaßen eindeutig kein Monopol auf religiöse

Debatten und Heilssuche). Von seinen Anhängern wurde er als Mahavira (der »Große Held«) verehrt. Der von dem Sanskritwort »*jina*« (Eroberer) abgeleitete Ausdruck »Jaina« lässt erkennen, dass die Jainas einen kämpferischen Sinn für den physischen und spirituellen Mut zu entfalten gedachten, der erforderlich war, um die menschlichen Leidenschaften und Schwächen zu überwinden und das ersehnte Ziel der Erleuchtung zu erreichen.

Mahavira soll von etwa 540 bis 468 v. Chr. gelebt haben (jüngere Forscher datieren seinen Tod später, etwa um 425 v. Chr.). Er wurde in Vaishali geboren, einer der wichtigsten Städte am mittleren Ganges, und stammte aus dem Kriegerclan der Jnatrikas. Er wurde für eine hohes Staatsamt ausgebildet, wies dieses Leben jedoch wie Siddhartha Gautama zurück, um ein Wanderleben aufzunehmen, zu meditieren und Mäßigung zu praktizieren. Gut ein Jahrzehnt verbrachte er bei einer Gruppe nackter Asketen, die sich die Nigganthas (die »von Bindungen Freien«) nannten, bis er nach dem Tod ihres Gurus Parshva selbst Anhänger anzuziehen begann. Zwar gilt er als Gründer des Jinismus, und sein Leben wird wie das des Buddha in einigen der frühesten Werke südasiatischer Hagiographie gefeiert. Er übernahm jedoch viele seiner Ideen von Parshva, der als dreiundzwanzigster einer langen Reihe von *tīrthaṃkara*s galt (der Ausdruck bedeutet »Furt-Macher« und bezeichnet jemanden, der dank außergewöhnlicher spiritueller Fähigkeiten in der Lage ist, die Furt der Wiedergeburt zu durchschreiten und ans ferne Ufer der Befreiung zu gelangen). Der als vierundzwanzigster *tīrthaṃkara* verehrte Mahavira übernahm Parshvas vier Verhaltensregeln – kein Leben nehmen (*ahiṃsā*), niemandem seinen Besitz nehmen, selbst nichts besitzen, Wahrhaftigkeit üben – und fügte ihnen eine fünfte hinzu: die Ehelosigkeit. Daher verwarfen die Jainas Tieropfer zugunsten strikter Gewaltlosigkeit, hielten jedoch an der Idee des Opfers im Sinne persönlicher Askese und Selbstverleugnung fest. Und während die Rituale der Brahmanen und ihre Vorstellungen von Reinheit und Unreinheit Kasten und Könige begünstigt hatten, kehrten die Jainas dem politischen Leben und den sozialen Hierarchien den Rücken, übten Verzicht und wandten sich den drei Zielen der rechten Erkenntnis, des rechten Glaubens und des rechten Handelns zu. Für die Jainas war geistige und körperliche Enthaltsamkeit der Schlüssel zur Überwindung des *karman* und des Kreislaufs der Wiedergeburt.

Dem Denken der Jainas erschien die gesamte Natur belebt. Alles Lebendige besaß eine Seele und verdiente Respekt. Einer extremen Form von Gewaltlosigkeit verpflichtet, in der selbst das unabsichtliche Töten eines Insekts beim Atmen oder Gehen eine Sünde war, verdammten die Jainas den Ackerbau, weil beim Pflügen im Boden möglicherweise Lebewesen getötet wurden. Der Handel wurde ihr wichtigster Tätigkeitsbereich, und der Jinismus verbreitete sich am leichtesten in Handelsstädten. Die Jainas brachten ihre eigenen Mönche und Nonnen hervor, doch wer nicht in der Lage war, den Pfad der strengen Askese zu verfolgen, blieb der Religion als Laie erhalten, gab den Frommen Almosen und sammelte so selbst Verdienste. Mahavira ging noch weiter. Er blieb nackt und trat für diverse Formen der Selbstkasteiung ein, darunter auch das Fasten. Mahavira fastete sich schließlich selbst zu Tode – eine Prüfung, die ihm, wie man glaubte, *nirvāṇa*, die spirituelle Befreiung, sicherte, und eine Praxis, der auch einige seiner Anhänger folgten.

Wie viele andere religiöse Bewegungen konnte auch der Jinismus sich nicht lange seine Einheit bewahren. Er spaltete sich in zwei Richtungen, die »Luftgekleideten« (Digambaras), bei denen die männlichen Asketen an der Nacktheit festhielten, und die »Weißgekleideten« (Shvetambaras), die sich in weiße Gewänder hüllten. Die Digambaras glaubten, die Frauen, die das Nacktheitsgebot ihrer Religion nicht erfüllen konnten (und auch sonst der Unreinheit der Menstruation ausgesetzt wären), könnten nicht zur Erleuchtung gelangen. Sie durften erst dann auf Erlösung hoffen, wenn sie zunächst als Männer wiedergeboren wurden. Angehörige niederer Kasten waren gleichfalls ausgeschlossen. Doch trotz dieses Schismas fand der Jinismus in Südasien weite Verbreitung, auch wenn er niemals darüber hinaus gelangte. Noch im 11. Jahrhundert gab es in Westindien und im südlichen Dekkan recht große Jainagemeinden. Dort sind auch zahlreiche Jainamonumente erhalten geblieben, darunter monumentale, in Fels gemeißelte Figuren der *tīrthaṃkaras*. Im Spätmittelalter litt der Jinismus jedoch unter dem wiedererwachten Hinduismus der *bhakti*-Bewegung und unter der Verfolgung durch die Muslime. Heute erreicht der Anteil der Jainas an der Bevölkerung Indiens nicht einmal 0,5 Prozent. Dennoch hat der Jinismus beträchtlichen Einfluss auf das moderne Indien ausgeübt. Viele führende Persönlichkeiten aus Finanzwirtschaft und Industrie waren Jainas, und Gandhis Vorstellungen, insbesondere sein Eintreten für Ahimsa, waren eher von jinistischen als von buddhistischen Lehren beeinflusst.

3. Leben und Lehren des Buddha

Wie Mahavira, so war auch Siddhartha Gautama – der Buddha (oder »Erleuchtete«) – eine reale historische Persönlichkeit. Nach der traditionellen buddhistischen Chronologie wurde er 563 v. Chr. geboren und starb 483, auch wenn manche Forscher heute der Ansicht sind, er könne auch ein Jahrhundert später gelebt haben. Siddhartha gehörte zum Shakya-Clan, der über das Gebiet zwischen Ganges und Himalaya herrschte, an der dicht bewaldeten Grenze nach Madhyadesha. Sein Geburtsort Lumbini lag nahe bei der Shakya-Hauptstadt Kapilavastu, mehrere Kilometer nördlich der heutigen Grenze zwischen Indien und Nepal. Die möglicherweise aus einem vorindoarischen Bergstamm hervorgegangenen Shakyas waren bekannt für ihren unbändigen Stolz, ihren unabhängigen Geist und ihren mangelnden Respekt vor den Brahmanen. Da sie von einer altmodisch »republikanischen« Ganasangha unter Vorsitz eines gewählten Kshatriya-Oberhaupts regiert wurden, kann der junge Buddha nicht der »Prinz« gewesen sein, als der er gelegentlich beschrieben wird, auch wenn er gewiss ein aristokratisches Leben führte. Nach der Überlieferung wurde Siddhartha seiner Privilegien und der seichten Freuden des Palastlebens überdrüssig. Er sehnte sich danach, umherzuwandern und das Leben samt dessen Sorgen selbst zu erfahren. Nach einer Version seiner Lebensgeschichte fuhr er einmal auf seinem Wagen um den königlichen Park herum und begegnete einem Greis, der sich in den letzten Stadien der Hinfälligkeit und Krankheit befand. Nach diesem deprimierenden Anblick sah er einen Mann, der im Fieber lag und dessen Haut von fürchterlichen Geschwüren überzogen war. Und schließlich bot sich ihm der noch unheilvollere Anblick eines Leichnams, der zur Verbrennungsstätte getragen wurde. Diese Bilder der Krankheit, des Leids und des Verfalls berührten ihn zutiefst, doch als er schließlich einem in ein gelbes Gewand gekleideten Bettelmönch mit ruhiger Art und friedlichem Ausdruck auf dem Gesicht begegnete, beschloss er, den Palast zu verlassen und nach spiritueller Erleuchtung zu suchen. In der Geschichte heißt es weiter, am selben Tag, als Siddhartha diesen Entschluss fasste, habe seine Frau einen Sohn namens Rahula (»Fessel«) zur Welt gebracht. Die Geburt seines Sohnes fesselte Siddhartha weiter an seine bisherigen Pflichten und fügte die Schmerzen des Kindbetts den übrigen schmerzhaften Stadien des menschlichen Daseins – Krankheit, Alter und Tod – hinzu.

So verließ er denn im Alter von 29 Jahren seine Familie und den Shakya-Ganasangha, um durch die Wälder Kosalas und Magadhas zu wandern. Es ist erstaunlich, dass in dieser Zeit der Verwirrung und des Zweifels der Rückzug in die Wälder und in ein asketisches Leben als Ausweg aus der materiellen Ausrichtung und der Banalität des Stadtlebens und zugleich als Möglichkeit erschien, wieder den Kontakt zu einer natürlichen Welt und einem inneren spirituellen Leben zu finden, denen die Menschheit sich zunehmend entfremdet hatte. Er lebte nun als Bettler und nahm die Lehren der verschiedenen asketischen Sekten auf, denen er begegnete und deren Selbstkasteiung er sich anschloss, um dann allerdings festzustellen, dass diese extremen Maßnahmen letztlich sinnlos waren. Er wandte sich stattdessen der Meditation zu (die Praxis des Yoga war damals in Indien offenbar schon fest etabliert), und nun, im Alter von 35 Jahren, saß er unter einem Feigen- oder Pipalbaum nahe der Stadt Gaya (die später zu seinen Ehren Bodhgaya genannt wurde). Nach der Überlieferung dachte er dort:

»Wahrhaftig, diese Welt ist nichts als Elend und Not. Man wird geboren, wächst auf und stirbt und verlässt den einen Zustand nur, um im nächsten wiederzukehren. Und niemand kennt einen Ausweg aus diesem Elend, nicht einmal aus Tod und Zerfall. Wann werden wir endlich einen Ausweg aus diesem Leiden finden?«[31]

Nach vierzig Tagen Meditation gelangte er zur Erleuchtung, doch dies war kein Augenblick göttlicher Offenbarung oder religiöser Ekstase. Siddhartha war nicht als *avatara*, als Inkarnation eines Gottes, wiedergeboren worden. Auch erklärte er sich nicht zu einem Propheten, der die ihm offenbarte Wahrheit mitteilen müsse. Vielmehr handelte es sich um einen Augenblick der Selbstverwirklichung, der Einsicht in das Gesetz des *karman* und der Wiedergeburt. Nach Ansicht mancher Wissenschaftler war dies weniger der Beginn einer neuen Religion als vielmehr eine »geistige Entdeckung«, die Schöpfung eines »Moralsystems« und eines »Glaubens ohne Gott«.[32] In seiner ursprünglichen Form kümmerte der Buddhismus sich nicht um Götter und das Gottesproblem. Er war agnostisch und sogar atheistisch, eine rationalistische Reaktion auf ein überwältigendes Gefühl der Machtlosigkeit angesichts des menschlichen Leids.

Mit der Einsicht in das Elend dieser Welt ausgestattet, ging der Buddha nach Sarnath. Der heute in den Außenbezirken von Benares, jenseits des Lärms der Stadt gelegene Park birgt noch die Ruinen eines späteren buddhistischen Klosters und eines Stupa. Dort traf er fünf Asketen, ehemalige Gefährten, die nun seine Schüler wurden und denen er seine erste Predigt hielt. In dieser »Predigt über das Ingangsetzen des Rades der Lehre« verkündete der Buddha die »Vier edlen Wahrheiten«: dass die Welt voller Leiden sei; dass dieses Leid auf das menschliche Begehren zurückgehe; dass der Verzicht auf das Begehren notwendig für den Weg zum *nirvāṇa* (der spirituellen Befreiung und der Befreiung von der Wiedergeburt) sei; und dass man dies wiederum erreichen könne, wenn man dem »Achtfältigen Pfad« folge, »der da heißt: rechtes Glauben, rechtes Entschließen, rechtes Wort, rechte Tat, rechtes Leben, rechtes Streben, rechtes Gedenken, rechtes Sichversenken«. Der Buddha schlug einen »Mittleren Weg« vor,

Abb. 3: Stupa in Sarnath

Die Geburt des Buddhismus

ein Leben der Mäßigung und des Ausgleichs, frei von Maßlosigkeit und extremer Askese. In seinen Augen stammte das Leid nicht aus kosmischen Gesetzen der Prädestination, sondern kam von innen aus überwältigenden Begierden. Nur durch die Beherrschung der Begierde könne man das Leben erträglich gestalten und *nirvāṇa* erreichen.

Die Lehre von *karman* und *saṃsāra*, von Handeln und Wiedergeburt, spielte auch im buddhistischen Denken eine zentrale Rolle, allerdings zog man dort andere Schlussfolgerungen daraus. Die vedischen Lehrbücher verstanden unter *karman* das Handeln der Priester, die durch genaueste Einhaltung der Opferrituale die Götter bewegten, ihre Bitten zu erhören. Den Buddhisten und Jinisten erschien das nicht direkt genug. Sie verstanden unter *karman* das Tun gewöhnlicher Menschen, deren Handlungen in ihrer über die gesamte Lebenszeit gerechneten Summe darüber entschieden, in welchem Körper der *ātman* (die Seele) wiedergeboren wurde. Jede gute Tat brachte ein bestimmtes Maß an Glück ein, jede böse dagegen Sorgen und Leid. Der Buddhismus ging wie der Jinismus nicht von einer fernen, unfassbaren Gottheit aus. Er ging von einem menschlichen Vorbild, einem »großen Lehrer« oder Guru aus, dessen Leben und Lehren seinen Anhängern als praktische Richtschnur dienten. Die Buddhisten betonten das menschliche Handeln und überließen nichts dem göttlichen Eingriff. Ohne die Autorität der Veden direkt anzugreifen, kehrte der Buddha dem Glauben an einen höchsten Gott und der Mittlerrolle der Brahmanen den Rücken. Er beanspruchte kein besonderes Wissen über Götter, Opfergaben, Gebete und Rituale. Gott spielte im buddhistischen Universum keine wesentliche Rolle.

Der Buddha drängte seine Schüler zur Befolgung der »Fünf Regeln« (die viel mit den Grundsätzen der Jainas gemein haben): Schonung des Lebens in jeglicher Form, Enthaltung von Stehlen, von Ehebruch, von Lügen sowie von Alkohol und anderen Rauschmitteln. Statt jener Opfer, welche die rituelle Autorität in die Hände der Brahmanen gegeben und das Abschlachten zahlloser Tiere bedeutet hatten, empfahl er seinen Anhängern, selbst »Opfer« zu bringen – indem sie den umherwandernden heiligen Männern Nahrung gaben und Heiligtümer (*vihāras*) bauten, in denen diese Männer während des Monsuns Unterkunft fanden, oder indem sie ihren Besitz und ihren Lebensunterhalt aufgaben, um *bhikkhus* (Mönche) zu werden. Dieses neue Asketentum, eines der Armut und Buße statt der Selbstkasteiung, sollte nachhaltigen Einfluss auf die Ideale der Moral und des Verhaltens in Südasien ausüben.

An die Stelle der brahmanischen Priesterschaft setzte der Buddha den *Sangha*, eine Versammlung von Anhängern, der die Aufgabe zufiel, seine Mission fortzuführen, und deren Name wie auch Charakter an die alten indo-arischen Versammlungen erinnert.

Obwohl »Bhikkhu« meist mit »Mönch« übersetzt wird, handelte es sich doch nicht um eine Ordensgemeinschaft aus weltabgewandten Einsiedlern. Vielmehr sollten sie eine aktive Rolle in der Gesellschaft übernehmen. Sie sollten sich nicht in die Einsamkeit der Wälder zurückziehen, sondern an der Rändern der Städte leben, zu Fuß durch das Land reisen und sich die tägliche Nahrung erbetteln, wodurch sie den Spendern die Chance eröffneten, sich Verdienste zu erwerben. Anfangs konnten nur Männer Bhikkhus werden, das ihnen abverlangte Keuschheitsgelübde (*brahmacarya*) besaß dieselbe Bedeutung wie Gewaltlosigkeit und Armut. Nonnen wurden erst nach dem Tod des Buddha zum Sangha zugelassen, und obwohl Frauen zu seinen frühesten Anhängern zählten, zeigten er und seine ersten Gefolgsleute eine gewisse Antipathie gegen Frauen und deren angeblich schädlichen Einfluss auf die in Ehelosigkeit lebenden Mönche. Von allen Mitgliedern des *Sangha* wurde erwartet, dass sie Meditation betrieben und auf Familienbande wie auch Besitz verzichteten. Mit ihrem kahlgeschorenen Kopf, ihren gelben Gewändern und den Bettelschalen wurden die barfüßigen Mönche ein Mittel, durch das sich der Buddhismus weit über seine ursprüngliche Heimat hinaus ausbreitete, wie auch die Idee des Mönchtums über Asien hinaus nach Westen vordrang.

4. Wirkung und Anziehungskraft des Buddhismus

Gelegentlich wird gesagt, der Buddhismus habe in Südasien eine »friedliche Revolution« ausgelöst.[33] Wir wollen uns ansehen, inwiefern diese These zutrifft. Zweifellos signalisierte der Buddhismus eine deutliche Ablehnung des mit den brahmanischen Tieropfern verbundenen Blutvergießens. Das belegt die vom Buddhismus wie auch vom Jinismus vertretene Ahimsa-Lehre. Nach einer Weile verzichtete auch der Hinduismus auf solche Opfer und kehrte damit einem zentralen vedischen Ritual den Rücken. D. D. Kosambi schreibt dazu: »Der einschneidende Eindruck, den das neue Asketentum selbst auf brahmanische Praktiken machte, war unzerstörbar. Armut und Buße blieben danach stets hohe Ideale.«[34] Doch nicht nur zur brahmanischen Praxis schienen manche Lehren des Buddha in diametralem Gegensatz zu stehen. Andere Lehren standen offensichtlich im Widerspruch zu den Grundsätzen seines eigenen Varna, dem der Kshatriyas, oder zu denen der Vaishyas, der Kaufmannsklassen, die ihm und seinen Gefolgsleuten so große Unterstützung gewährten. Die Praxis der vegetarischen Ernährung verdankte viel von ihrer Stärke der buddhistischen und jinistischen Reaktion auf den Brahmanismus, und obwohl viele Gemeinschaften weiterhin Fleisch aßen, hat die Verknüpfung der vegetarischen Lebensweise mit hohem sozialem Status und ritueller Reinheit ihren Ursprung in dieser Zeit. Da die Ahimsa-Lehre auch für das Töten von Menschen galt, schien sie die kriegerische Funktion der Kriegerelite in Frage zu stellen (auch wenn man zwischen gerechtfertigtem und nicht gerechtfertigtem Töten unterscheiden konnte – eine

Frage, der selbst Rama im Exil nachging). Wie wir im nächsten Kapitel noch sehen werden, fand auch Kaiser Ashoka Gefallen an der Ahimsa-Lehre. Er bekehrte sich zum Buddhismus, weil er selbst über die Grausamkeiten entsetzt war, die er bei der Eroberung Kalingas begangen hatte. Dennoch wird man kaum behaupten können, Südasien sei seit dem 5. Jahrhundert v. Chr. durch ein außergewöhnliches Maß an Friedfertigkeit aufgefallen oder weniger von Kriegen, Massakern und Brutalitäten jeglicher Art heimgesucht worden als andere Teile der Erde.

Doch das Auftreten des Buddhismus (mit der Vorwegnahme der Gandhi'schen Gewaltlosigkeit zweitausend Jahre später) könnte auch in anderer Hinsicht eine »friedliche Revolution« gewesen sein. Es ist aufschlussreich, dass die ersten Führer der Buddhisten und Jainas aus den Reihen der Kshatriyas und Vaishyas, der Krieger und der Kaufleute, kamen. Nach seiner ersten Predigt in Sarnath begann der Buddha Schüler aus diesen beiden führenden sozialen Gruppen anzuziehen. Die Fähigkeit, Laienanhänger zu finden, die auch weiterhin ihren bisherigen Tätigkeiten nachgingen und aktive Unterstützung gewährten, war ein bedeutender Faktor im dynamischen Wachstum des frühen Buddhismus. Die Offenheit des *Sangha* stand in deutlichem Gegensatz zur ererbten Macht und sozialen Exklusivität der Brahmanen. Auch ohne direkte Konfrontation mit den Brahmanen (die der Buddha ängstlich zu vermeiden schien) stand einiges auf dem Spiel, wenn man die Autorität der Brahmanen missachtete. Sowohl Buddhisten als auch Jainas glaubten, das Leben jedes Einzelnen sei von dessen Taten und Verhalten während früherer Inkarnationen bestimmt, aber sie behaupteten auch, es könne durch das gegenwärtige Verhalten – in gewissem Maße – verändert werden. So gab man den Menschen die Macht zurück, die zuvor bei Brahmanen und Göttern gelegen hatte. Wir können darin eine Revolte praktisch gesinnter Könige, Krieger, Kaufleute und Städter erblicken, die sich von der kostspieligen Nutzlosigkeit der brahmanischen

Die Geburt des Buddhismus

Opfer und den egozentrischen Kasteiungen asketischer Sekten abgestoßen fühlten. Die Rekrutierung von Mitgliedern der Kaufmannsklasse stellte nicht nur den neuen Reichtum der Städte und des Regionalhandels in den Dienst des Buddhismus. Das Netzwerk ihrer Handelskontakte und die Handelswege, auf denen sie ihre Waren transportierten, eröffneten die Möglichkeit, den Subkontinent (und die Länder jenseits der Grenzen) für die neuen Lehren zu öffnen. Viele mit dem Frühbuddhismus verbundene Stätten liegen an wichtigen Handelsstraßen, die von Madhyadesha ins nördliche, südliche und nordwestliche Indien führten. Manche halten Leben und Lehren des Buddha selbst für einen Ausdruck der Vitalität und Vielfalt des städtischen Lebens. Trevor Ling schreibt dazu:

»Es war ein Leben in großen Städten, wo Menschen zusammenkamen, um Handel zu treiben und nachzudenken, ihre je besonderen Handwerke und Gewerbe zu erlernen und auszuüben, zu diskutieren und sich unterhalten zu lassen, Gerechtigkeit zu suchen, Geld zu verdienen oder die Wahrheit zu finden. Anziehungskraft besaßen diese Lehren vor allem für Menschen mit städtischem Hintergrund.«[35]

Nach seiner Predigt in Sarnath verbrachte der Buddha einen großen Teil seiner verbleibenden Jahre auf Reisen durch Magadha und Kosala, und viele seiner Predigten wie auch die späteren Jataka-Erzählungen verknüpfen ihn mit den Hauptstädten dieser beiden Länder, Rajagriha und Shravasti. In Rajagriha gewann er König Bimbisara für seine Vorstellungen. Der König wurde einer seiner einflussreichsten Laienanhänger, ohne jedoch den Buddhismus zur Staatsreligion zu erheben, und ließ in der Nähe der Hauptstadt mehrere Klöster bauen. In Rajagriha traf der Buddha einen reichen Kaufmann aus Shravasti namens Anathapindika, der ihn einlud, während der nächsten Regenzeit, in der das Wanderleben allzu beschwerlich war, in der Hauptstadt Kosalas zu bleiben. Dort baute er einen *vihāra*, einen Ruheplatz für den Buddha und seine Gefolgsleute. So kam der Buddha in Kontakt zu einem weiteren königlichen Förderer, dem König von Kosala.

Der Buddhismus führte auch zu weiteren Formen persönlicher Stärkung. Die Brahmanen hatten versucht, das heilige Wissen der Veden für sich zu behalten. Der Buddhismus dagegen half, eine Wissensrevolution auszulösen, denn Mönche, Kaufleute und Staatsschreiber begannen, die Vorteile schriftlicher Texte und Aufzeichnungen zu erkennen. Buddhistische Klöster wurden zu Zentren der Bildung und Gelehrsamkeit. Die Klöster Nalanda in Bihar und Taxila im Panjab erlangten zentrale Bedeutung für die Ausbreitung der buddhistischen Gelehrsamkeit in ganz Indien und Zentralasien. Und dabei ging es keineswegs ausschließlich um esoterisches Wissen, denn der Buddhismus befasste sich nicht nur mit spirituellen Übeln, sondern auch mit ganz weltlichen Krankheiten. Die Klöster wurden zu Orten der Heilkunst und des Erwerbs medizinischen Wissens.

Wie weit der Einfluss des frühen Buddhismus in die unteren (oder, wie wir angesichts der damals zunehmenden sozialen Schichtung sagen können, »subalternen«) Klassen der indischen Gesellschaft hineinreichte, ist weniger klar. Gewiss sprach der Buddhismus die ärmeren Klassen in der Stadt und auf dem Land an, darunter auch die Shudras (Bauern, Hirten und Handwerker) und selbst Sklaven. Sowohl der Jinismus als auch der Buddhismus attackierten die Ungleichheit des aufkommenden Kastensystems und stellten sich selbst als Bewegungen dar, die zwar nicht explizit gegen die Kasten vorgingen, aber letztlich über den Kasten standen. Der (nicht in der Priestersprache Sanskrit, sondern in den nordindischen Volkssprachen Pali und Magadhi formulierte) »Achtfältige Pfad« des Buddha war leicht zu verstehen und stand allen offen, die bereit waren, die erforderliche Selbstdisziplin aufzubringen. Selbst die Betonung der Predigt im Frühbuddhismus verweist auf ein populistisches Ethos, die

Bereitschaft, jedem zu predigen, der hören will. Wie die Bhakti-Bewegung, die später den Hinduismus reformierte, half der Buddhismus, religiöse Betätigung und sogar die Aussicht auf individuelles Heil den Armen zugänglich zu machen.

Man könnte jedoch auch die These aufstellen, der Buddhismus habe wie viele spätere sozial-religiöse Bewegungen möglicherweise einen weitaus radikaleren Wunsch nach Wandel in sozial konservativere Bahnen gelenkt und jede vielleicht vorhandene Neigung subalterner Gruppen verwässert, eine rebellischere Haltung gegenüber den Reichen und Mächtigen einzunehmen. Die philanthropische Einstellung, die man mit einem reichen Kaufmann wie Anathapindika assoziierte (dessen Name »der den Hilflosen Nahrung gibt« bedeutet), und der staatliche Paternalismus, den Ashoka propagierte (siehe S. 112 ff.), zeigen, dass der Buddhismus die soziale Hierarchie eher stärkte als untergrub. Wie der Buddha und sein »Mittlerer Weg« jede offene Kritik an den Brahmanen zu vermeiden suchten, so scheint es, dass der frühe Buddhismus durchaus Verständnis für den Volksglauben, für Magie und Aberglauben aufbrachte und Ideen wie auch Idiome des Volksglaubens in sich aufnahm, damit aber zugleich auch latente radikale Möglichkeiten schwächte.

Fraglich ist auch, wie weit der Buddhismus den Frauen tatsächlich einen neuen Status einräumte. Zwar lehnten der Buddha und seine Gefolgsleute (wie die Jainas) die Kasten und andere Formen sozialer Ungleichheit ab, aber sie hielten an der Überzeugung fest, die Frauen seien ihrem Wesen nach sündig und über die Maßen sinnlich, sie seien den Männern in der Weisheit unterlegen, und sie verunreinigten oder korrumpierten die Männer. Charakteristisch für diese misogyne Einstellung ist die Legende, wonach drei wunderschöne Frauen den Buddha von seinem Weg zur Erleuchtung abzubringen versuchten, als er unter dem Bo-Baum in Gaya meditierte. Nur widerstrebend räumte er ein, dass Frauen das *nirvāna* erreichen konnten und Nonnen werden durften. Dennoch gab es schon zu Lebzeiten des Buddha begabte und einflussreiche Nonnen, und Frauen aus wohlhabenden, hochgestellten Familien gehörten zu den ersten Laienmitgliedern. Trotz aller mönchischen Ideale diente der Buddhismus der Erhaltung des Privateigentums und der Institution Familie. So erwartete er auch vom König, Gesetze gegen Ehebruch und Diebstahl zu erlassen.

Charakter und Anziehungskraft des Buddhismus veränderten sich in den Jahrhunderten nach dem Tod seines Gründers nach und nach. Zu seinen Lebzeiten galt der Buddha als gewöhnlicher Mensch, wenn auch als einer, der außergewöhnliche Einsicht in die Ursache menschlichen Leids erlangt hatte. Nach seinem Tod legte man ihm zunehmend göttliche Attribute bei, und seine Lehren wurden zur Grundlage eines konventionelleren Glaubenssystems. Während die frühbuddhistische Ikonologie eine direkte physische Darstellung des Buddha vermied und stattdessen auf das Symbol des Lebensrades, den Bo-Baum, unter dem er die Erleuchtung gefunden hatte, und den Stupa auswich, der über seinen sterblichen Überresten errichtet worden war, wurde er dreihundert Jahre später in menschlicher Gestalt abgebildet. Die sterblichen Überreste des Buddha und die Zeichen seiner irdischen Existenz wurden zum Objekt der Anbetung: Der Tempel des Zahns in Kandy birgt heute noch eine der meistverehrten Reliquien dieser Art. Mit dem Aufkommen der Schrift begann man das Leben des Buddha auch in Texten zu verherrlichen. Einer dieser Texte, der von dem Dichter Ashvaghosha stammt, entstand um das 2. Jahrhundert n. Chr.

Wie bereits angemerkt, verdankte der Buddhismus einen Teil seiner volkstümlichen Anziehungskraft dem Umstand, dass er Mythen und Geschichten (vielfach aus bereits vorhandenen Volkserzählungen) aufgriff oder ausschmückte, einfache Gleichnisse, mit denen sich die Weisheit des Buddha veranschaulichen ließ und seine Ideale verbreitet werden konnten. Besonders einnehmend sind die Jataka-Erzählungen, Geschichten aus dem Leben des Buddha in früheren tierischen oder menschlichen Inkarnationen. Diese Erzählungen schildern eine florierende städtische Kultur, eine Welt aus Königen, Kaufleuten, Handwerkern und Weisen, in der Tiere die menschliche Torheit anprangern.

Eine dieser Geschichten handelt von einem Hirsch. Im Park des Königs gab es zwei Hirschherden (ein Tier, das eng mit dem Buddha und seiner Predigt in Sarnath assoziiert wird). Jeden Tag ging der König oder sein Koch auf Hirschjagd, um Fleisch für die Mahlzeiten zu beschaffen, doch bei der Jagd wurden neben den erlegten Tieren auch andere verwundet und geängstigt. So ging denn das Leittier der einen Herde (das, wie sich später zeigt, der Buddha in einer früheren Inkarnation war) mit dem der anderen zum König und überredete ihn zu einer Übereinkunft, wonach die Hirsche selbst jeden Tag untereinander auslosen sollten, welcher von ihnen freiwillig zur Schlachtbank gehen und den Kopf auf den Hackklotz des Kochs legen sollte, um so den übrigen Angst und Verletzungen zu ersparen. Eines Tages fiel das Los auf eine trächtige Hirschkuh aus der zweiten Herde. Sie beklagte sich bei deren Anführer, das Los dürfe nicht »auf zwei zugleich fallen« (da mit ihr auch das Junge sterben müsse). Deshalb solle sie und ihr ungeborenes Junges verschont werden. Der Anführer wies ihre Bitte ab, und so wandte sie sich an den Führer der ersten Herde. Der erbot sich, selbst zur Schlachtbank zu gehen, obwohl der König dekretiert hatte, dass die Könige der Hirsche verschont werden sollten. Als der Koch sah, dass der Hirschkönig geduldig auf seinen Tod wartete, berichtete er dem König davon, und der sagte zu dem Hirsch: »Mein Freund, habe ich dir nicht das Leben geschenkt? Warum also bist du hier?« Der Hirsch erklärte es ihm. Da schenkte der menschliche Monarch, zutiefst gerührt, beiden das Leben, dem Hirschkönig und der Kuh. Doch der Hirschkönig protestierte. Es sei nicht richtig, dass sie verschont blieben, die restliche Herde aber nicht. So schenkte der König denn allen Hirschen das Leben und mit ihnen allen lebendigen Geschöpfen. Der König der Hirsche – der spätere Buddha – ermahnte nun den König, stets Gerechtigkeit zu üben und Gnade walten zu lassen, und er predigte ihm »mit der Anmut eines Buddha«.[36] Diese Geschichte, ein Loblied auf die Weisheit des Buddha, ist zugleich eine Verdammung des Tötens und ein Kommentar zu den Pflichten eines erleuchteten Königtums.

5. Das buddhistische Vermächtnis

Der Buddha ernannte keinen Nachfolger. Nach seinem Tod kam in Rajagriha ein Konzil von fünfhundert Mönchen zusammen, die dafür Sorge tragen sollten, dass seine Predigten und Lehren für die Nachwelt erhalten blieben. Ein hundert Jahre später in Vaishali abgehaltenes Konzil führte zu einer Spaltung der Buddhisten in jene, die an den asketischen Idealen der Mönchsgemeinschaft festhielten, und jene, die für eine stärkere Beteiligung von Laienmitgliedern und eine Erweiterung des Sangha eintraten. Mit der Zeit entwickelte sich ein noch nachhaltigeres Schisma. Ein Zweig des Buddhismus, das »Große Fahrzeug« (Mahayana), konzentrierte sich zunehmend auf die Klöster und die religiöse Hierarchie und entfernte sich von den Idealen der Armut und Schlichtheit. Diese Version des Buddhismus, die ihre größte Dynamik in der Zeit zwischen dem 2. vorchristlichen und dem 1. nachchristlichen Jahrhundert erlebte, erhob den Buddha zu einer Gottheit, umgeben von Heiligen (Bodhisattvas), die ihre eigene Erlösung vernachlässigt hatten, um anderen zu helfen. Die Bodhisattvas wurden zum Objekt der Verehrung, und man wandte sich in Gebeten an sie, damit sie das Leiden der Menschheit linderten. Der Mahayana-Buddhismus verbreitete sich vor allem in Nepal und Tibet, wo er in der Folge vom tantrischen Hinduismus und vom tibetanischen Schamanismus beeinflusst wurde. Der Theravada-Buddhismus dagegen (»Der Weg der Alten«) blieb eher orthodox und versuchte, die Weisheit der frühen

Pali-Texte zu erhalten. Er erfreute sich der Förderung durch Kaiser Ashoka, der um 250 v. Chr. das dritte buddhistische Konzil in Pataliputra leitete und als Vorbild eines buddhistischen Monarchen galt. Er bemühte sich, die buddhistischen Glaubensvorstellungen zu verbreiten, indem er Missionare zu benachbarten Monarchen schickte, insbesondere nach Sri Lanka. Durch die Nutzung der Handelsnetzwerke und die Einbeziehung entlegener Regionen wie Sri Lanka schuf der Buddhismus eine neue Schicht kultureller Einheit auf dem Subkontinent. Gemeinsam mit Jainas und Ajivikas stellte er die Vorherrschaft des vedischen Brahmanismus in Frage und begründete stattdessen die Autorität der asketischen und monastischen Tradition. Er förderte Vegetarismus, Gewaltlosigkeit und eine religiöse Praxis, die eher die spirituellen Bedürfnisse des Volkes als die Amtshandlungen von Priestern in den Mittelpunkt stellte. Doch zugleich und in einem vom Hinduismus bis dahin unerreichten Ausmaß war der Buddhismus eine Religion, die sich auf Reisen begab und über Händler, Pilger und Mönche bis nach Zentralasien, China, Japan und Südostasien vordrang. Während der Buddhismus in seinem Ursprungsland an Bedeutung verlor, expandierte er außerhalb seiner Heimat in einer Weise, die ihn zur ersten und erfolgreichsten aller »Weltreligionen« machte. Und obwohl der Buddhismus viele verschiedene Formen annahm und viele Eigenheiten der Länder absorbierte, in denen er Fuß fasste, galt Indien doch weiterhin als dessen Geburtsort. Pilger aus ganz Asien kamen nach Bodhgaya und Sarnath, um mehr über den Buddha zu erfahren. Sie sammelten eifrig buddhistische Texte, um sie zu studieren und zu übersetzen, und hinterließen oft aufschlussreiche Darstellungen ihrer Reisen. Buddhistische Könige in Burma, Thailand und Sri Lanka versuchten, die Verbindung zu Indien und dessen heiligen buddhistischen Stätten aufrechtzuerhalten. So entstand ein religiöses Band zwischen Indien und seinen Nachbarn, das, so schwach es auch sein mag, bis in moderne Zeiten überdauert hat.

Das Vermächtnis des Buddhismus prägte Südasien noch in einer anderen Weise – durch die sakrale Kolonisierung einer Landschaft, die bereits teilweise von ihren Urwäldern befreit, von Straßen durchzogen, von Bauerndörfern und Handelsniederlassungen übersät war. Als der Buddha starb, wurde sein Leichnam verbrannt und die Asche zwischen dem König von Magadha und den Bewohnern von Kapilavastu, Kushinara und Vaishali aufgeteilt. Dort und an vielen anderen, mit seinen Reliquien verbundenen Stätten errichtete man zum Gedenken an ihn Stupas. Durch den Bau dieser massiven Grabhügel, in denen man die Überreste des Buddha und anderer verehrter Buddhisten aufbewahrte, entstanden weithin sichtbare Monumente aus Erde, Stein und Ziegeln, welche die Landschaft im Umkreis von vielen Kilometern beherrschten – und mancherorts, etwa um Anuradhapura in Sri Lanka, auch heute noch beherrschen. Zu Ashokas Regierungszeit zwei Jahrhunderte später war Nordindien übersät von *vihāras*, die als Tempel und Klöster dienten (und Bihar seinen Namen gaben). Pilgerstätten hatte es schon vor dem Buddha gegeben, doch die kurz nach seinem Tod aufkommende (und von Ashoka übernommene) Praxis, die mit seiner Erleuchtung und seinen Predigten verbundenen Orte zu besuchen, schuf eine neue Sakralgeographie. Pilgerfahrten und Legenden heiligten Landschaft und Natur. Der Bo-Baum in Gaya, unter dem der Buddha zu Erleuchtung gefunden hatte, wurde zum Objekt der Verehrung, und Ashoka schickte Ableger davon in ferne Gegenden, so auch nach Sri Lanka. Der volkstümliche Buddhismus rückte, oft in Anlehnung an frühere Baumkulte, Orte in den Mittelpunkt, die in Hainen außerhalb der Dörfer lagen. Es fällt auf, dass Bäume eine besondere Rolle in Lebensgeschichte und Ikonographie des Buddha spielen. Ganz ähnlich nahm der Buddhismus auch Schlangenkulte in seine Bildwelt und seine Anbetungspraxis auf.

Buddhistische Tempel entstanden erst Jahrhunderte später, doch die Praxis, einen Stupa zu umrunden, kam schon früh auf

Die Geburt des Buddhismus

und wurzelte möglicherweise in vorindoarischen Riten. Zwischen etwa 200 v. Chr. und 200 n. Chr. erlebte der Bau buddhistischer Monumente einen bemerkenswerten Aufschwung. Man verschönerte die alten Stupas mit Zugängen aus behauenem Stein und verzierten Geländern. Die bedeckte man mit Szenen aus dem Leben des Buddha und aus den Jataka-Erzählungen oder mit Abbildungen von Schülern, Mönchen, *yakṣhas* und *yakṣhīs* (männlichen und weiblichen Erdgeistern) – wie etwa in Sanchi und Bharhut in Zentralindien oder in Amaravati in Andhra Pradesh. Zusammen mit den Jataka-Geschichten und den ersten schriftlichen Dokumenten und Münzen bieten die Schnitzereien und Flachreliefbilder auf diesen Monumenten zum ersten Mal in der Geschichte Südasiens ein detailliertes und aussagekräftiges Zeugnis, das in seiner Präzision fast an Fotografien heranreicht – Kleidung und Schmuck dieser Menschen (Turbane, Faltenröcke, Halsbänder), die Nahrung, die sie aßen, die Ochsenkarren, Elefanten und Wagen, auf denen sie reisten, das Gewimmel der Menschen in den Straßen der Städte und die mehrstöckigen Häuser. Die Friese mit Darstellungen aus dem Leben des Buddha und volkstümlichen Geschichten zeigen nicht nur das alltägliche Leben der Menschen, sondern vermitteln auch das Gefühl einer starken Verbindung zur Natur. Die Lehre von der Wiedergeburt, der Glaube an die Existenz einer Seele in allen Lebewesen und das Verbot, Tiere zu töten, regten möglicherweise zu einer kraftvollen und lebendigen Darstellung der natürlichen Welt an. Die frühbuddhistische Kunst vermittelt den Eindruck einer Erdverbundenheit, die weit entfernt ist von den Himmelsgöttern, Opferhymnen und schnellfüßigen Pferden der Indoarier. Die in Bharhut dargestellten Tiere, Früchte, Blumen und Bäume besitzen eine sinnlich-taktile Qualität, eine schöpferische Kraft, die sie mit den menschlichen Formen teilen, zwischen denen sie sich finden. Es ist, als hätte die südasiatische Kultur zum ersten Mal in ihrer Geschichte begonnen, aus dem eigenen reichen und fruchtbaren Boden hervorzuwachsen.

D Anfänge der Großreiche

Der Aufstieg der Mauryas im vierten vorchristlichen Jahrhundert markierte mit der Schaffung des ersten Großreichs einen Wendepunkt in der Geschichte Südasiens. Zum ersten Mal bestanden ausreichende militärische, finanzielle und administrative Mittel für die Stützung einer imperialen Infrastruktur und eine Ideologie des »Universalreiches« statt lokaler Häuptlinge und Könige, die ihre Autorität Stammesversammlungen und »republikanischen« Grundsätzen verdankten. Als die Idee eines ganz Indien umspannenden Reiches erst einmal entstanden war (an Sri Lanka und Nepal wurde dabei nur selten gedacht), übte sie nachhaltigen Einfluss auf die politische Struktur des Subkontinents aus. Doch das Zeitalter der Mauryas von 321 bis 185 v. Chr. offenbarte auch die Zerbrechlichkeit des Reichsgedankens und die zahlreichen Hindernisse, die seiner Verwirklichung im Wege standen.

1. Alexander und die Achämeniden

Mit der Ausbreitung der Induskultur das Gangestal hinab bis zum Golf von Bengalen und weiter südwärts bis jenseits der Flüsse Narmada und Godavari verlor die im *Ṛgveda* gepriesene Region Sapta-Sindhu an Bedeutung. Das Wachstum des landwirtschaftlichen Reichtums, der zunehmende Handel, die Kämpfe zwischen rivalisierenden Königreichen und das religiöse Ferment

Anfänge der Großreiche

des Buddha und seiner Zeitgenossen machten das mittlere Gangestal zum dynamischsten Gebiet Südasiens. Doch wie so oft in der Geschichte des Subkontinents konnten die Pässe und Ebenen des Nordwestens nicht ignoriert werden. Sie blieben eine wichtige, wenngleich gelegentlich unwillkommene Verbindung zwischen dem Subkontinent und seinen Nachbarn.

Von entscheidender Bedeutung für die Geschichte der Entfaltung Südasiens war der Aufstieg Persiens (Irans) zu einer führenden kulturellen Kraft und zum politischen Epizentrum, zu einer Zivilisation, die – sowohl vor als auch nach der muslimischen Eroberung im 7. nachchristlichen Jahrhundert – einen tiefgreifenden Einfluss auf Indien ausübte. Kyros der Große, der 529 v. Chr. starb, gründete das Reich der Achämeniden, das mehr als zwei Jahrhunderte bestand, von 550 v. Chr. bis zum Tod Dareios III. im Jahr 330 v. Chr. Kyros und seine Nachfolger, Dareios I. und Xerxes, erweiterten das Persische Reich durch ihre Eroberungen im Westen bis nach Syrien, Palästina und Ägypten und bedrohten die Griechen in Kleinasien wie auch im östlichen Mittelmeer. Die Achämeniden drangen durch Afghanistan bis zum Indus vor und eroberten die auch als Klosterzentrum bekannte Handelsstadt Taxila im Panjab. Obwohl das Land jenseits des Indus (das im Westen seither »Indien« genannt wurde) für eine Eroberung zu weit entfernt lag, kontrollierten die Perser die Grenzprovinz Gandhara westlich der Jhelam. Diese bevölkerungsreiche Provinz gehörte zu den einträglichsten im ganzen Persischen Reich, und dank der Einnahmen aus Landwirtschaft und Handel wurde Indien damals bei seinen westlichen Nachbarn als ein Land von außergewöhnlichem Reichtum bekannt. So sollte es denn auch Abenteurer und Eroberer anziehen.

Im Jahr 334 v. Chr. überquerte Alexander der Große von Makedonien auf seinem Feldzug gegen das Perserreich den Hellespont und stieß nach Ägypten und Syrien vor und weiter ostwärts in das Tal von Euphrat und Tigris, bevor er in Persien eindrang und die kaiserliche Hauptstadt Persepolis brandschatzte. Sein Feldzug gegen die Achämeniden führte ihn dann noch weiter nach Nordosten. Er stieß tief nach Zentralasien bis nach Usbekistan vor und wandte sich im Jahr 327 v. Chr. schließlich nach Süden. Über den Khyberpass gelangte er nach Nordindien und besetzte Taxila, ohne auf Gegenwehr zu stoßen. Mit Unterstützung durch den Herrscher von Taxila, der sich den Makedoniern 326 unterworfen hatte, besiegte Alexander Poros, den König der Pauravas an den Ufern der Jhelam. Zum ersten Mal hatte eine aus dem Westen kommende Armee in Indien gekämpft – und gesiegt. Alexanders erfahrene Truppen trafen auf eine indische Armee aus Fußsoldaten, Bogenschützen und Pferdestreitwagen, unterstützt von Elefanten, deren Zahl auf 2000 geschätzt wurde. Diese Tiere, die noch nicht gezähmt waren, als die Indoarier sich auf dem Subkontinent niederließen, erschienen damit erstmals in den Annalen der Kriegsgeschichte. Man setzte sie ein, um den Gegner einzuschüchtern und um Infanterielinien zu durchbrechen, wie man es in stärker mechanisierten Zeiten mit Panzern tun sollte. Doch für Alexander waren sie kein Hindernis. Poros kapitulierte und wurde als Unterkönig eingesetzt. Trotz dieses Siegs und weiterer Eroberungswünsche Alexanders weigerten sich die erschöpften, heimwehkranken Soldaten, den Vormarsch fortzusetzen. So musste Alexander an den Ufern der Byas, die Ebenen Nordindiens vor Augen, umkehren, um eine Meuterei abzuwenden. Er segelte die Jhelam hinunter zum Indus und erreichte 325 v. Chr. die Küste des Arabischen Meeres. Unter größten Strapazen und schweren Verlusten durchquerte sein Heer die Makranwüste und kehrte nach Persien zurück. Im Jahr 323 v. Chr. starb Alexander in Babylon, im Alter von nur 32 Jahren.

Alexanders Einfall nach Indien währte nicht einmal zwei Jahre. In indischen Quellen finden sich keinerlei Hinweise auf den Feldzug, und dennoch kann seine Invasion als sehr bedeutende Episode gelten. Da sie sich nach westlichen Quellen leicht datie-

Anfänge der Großreiche

Abb. 4: Alexander besiegt den indischen König Porus 326 v. Chr. am Hydaspes, Holzschnitt

ren lässt, gab sie Historikern im 19. Jahrhundert die Möglichkeit, die Chronologie Südasiens mit der Europas zu koordinieren und dadurch wichtige Daten der südasiatischen Geschichte zu bestimmen. Auch wenn die Invasion kaum unmittelbare Auswirkungen auf Südasien hatte, war sie letztlich doch von erheblicher Bedeutung, da sie den ersten direkten Kontakt zwischen dem Süden und dem Westen Eurasiens herstellte und auch die ersten irritierenden Augenzeugenberichte über das Land und dessen Bewohner hervorbrachte. Nach ihrer Rückkehr berichteten Alexanders Gefährten griechischen Autoren, was sie dort gesehen hatten, und Strabo, Arrian und Herodot nahmen deren Zeugnis in ihre Arbeiten zu Geschichte und Geographie auf. Diese Quellen prägten die europäischen Vorstellungen von Indien bis ins 19. Jahrhundert hinein. Das Interesse an Alexanders Vorstoß wurde eifrig wiederbelebt, als die Briten sich anschickten, ihr eigenes Reich im Osten zu errichten. Es war, als hätte man in Europa seit Alexander das Gefühl gehabt, einen historischen Anspruch auf Indien zu besitzen, und den Ehrgeiz entwickelt, es dem makedonischen Soldatenkönig gleichzutun oder ihn zu übertreffen. Auch war dieser Traum durchaus nicht auf Europa beschränkt. In späteren Jahrhunderten verehrten auch viele muslimische Abenteurer den Namen Sikander und versuchten, dessen Eroberungen nachzuahmen und ähnlichen Ruhm zu erlangen.

Alexander hinterließ im Nordwesten eine Reihe von Außenposten seines Reiches. Diese makedonischen Kolonien verschwanden jedoch schon bald, nachdem sie dazu beigetragen hatten, die Grundlagen für spätere Handelsbeziehungen und kulturelle Kontakte zwischen Indien und Westasien zu legen. Alexanders Nachfolger und die von ihnen gegründeten Staaten brachten griechische Einflüsse in die indische Kunst (vor allem in die fein gearbeiteten, durchgeistigten Buddhafiguren, die in

Abb. 5: Kopf einer Buddha-Figur aus Gandhara

Anfänge der Großreiche 117

Gandhara hergestellt wurden, einer Region um die heutige Stadt Peshamon). Und sie öffneten einen Weg, auf dem Philosophie, Astronomie und Medizin Indiens zu den Griechen gelangen konnten. Von da an wurde Indien zu einem wenn auch fernen Element im materiellen und kulturellen Leben des Westens. Wie der Buddhismus, so festigten auch der griechische Einfall und das Maurya-Reich die Stellung Südasiens in einer Welt, in der die wechselseitigen Beziehungen immer intensiver und vielfältiger wurden.

2. Der Aufstieg des Reiches

Alexanders Rückzug verhinderte eine mögliche Konfrontation zwischen den Makedoniern und den Königen des mittleren Gangestals. Nach dem Tod Bimbisaras von Magadha um 491 v. Chr. baute sein Nachfolger Ajatashatru (Regierungszeit 491–461 v. Chr.) Rajagriha weiter aus, und als die hölzerne Metropole niederbrannte, ließ er eine neue, noch großartigere Hauptstadt errichten, das in der Nähe des heutigen Patna gelegene Pataliputra. Unter Ajatashatru expandierte das Königreich Magadhan und nutzte seine militärische wie auch wirtschaftliche Stärke zur Annexion der rivalisierenden Staaten Kashi und Kosala im Westen und Vriji im Osten. Nach Ajatashatrus Tod wanderte die königliche Macht in rascher Folge durch mehrere Hände, bis Mahapadma Nanda um 362 v. Chr. die Königswürde usurpierte und eine neue Dynastie begründete. Die Nandas waren offenbar Shudras, was den Gedanken nahelegt, dass die Königswürde, wie immer die Konventionen des Varna-Systems beschaffen gewesen sein mochten, nicht auf Kshatriyas beschränkt war. Die Nandas setzten die Expansionspolitik der früheren Herrscher von Magadha fort und bauten eine starke Armee auf. Nach griechischen Quellen verfügten sie über 200 000 Fußsoldaten, 20 000

Reiter, 2000 von Pferden gezogene Streitwagen und 3000 Elefanten. Die Zahlen wirken allzu symmetrisch, als dass sie überzeugen könnten, aber sie belegen immerhin, für wie mächtig man die Armeen von Magadha hielt. Sie zeigen aber auch, wie bevölkerungsreich das Gangestal im 4. Jahrhundert bereits geworden war und wie wirkungsvoll man den in Handel und Landwirtschaft geschaffenen Reichtum durch ein effizientes System der Verwaltung und Besteuerung in politische und militärische Stärke umzuwandeln verstand. Die Erbauer des ersten indischen Reiches, die Nandas, wären ein ernster zu nehmender Gegner gewesen als die Armeen des Poros.

Unter denen, die während des Indienfeldzugs auf Alexander trafen oder sich Scharmützel mit dessen Außenposten am Indus lieferten, befand sich ein junger Prinz, den griechische Quellen Sandracottas nennen und der in Indien als Candragupta, Begründer der Maurya-Dynastie, identifiziert wurde. Er bestieg um 321 v. Chr., vier Jahre nach Alexanders Abzug, den Thron von Magadha, nachdem er die Nandas entmachtet hatte. Die Stammesrepubliken in Nordindien waren inzwischen nahezu vollständig ausgelöscht, wobei Alexanders Invasion und ihre Unfähigkeit, dem bewaffneten Angriff standzuhalten, diesen Verfall beschleunigt hatte. Candragupta sicherte zunächst Magadha und nutzte dann die von den Nandas übernommene effiziente Militär- und Verwaltungsorganisation, um seinen Herrschaftsbereich durch Feldzüge in Nord- und Zentralindien zu erweitern. Seine riesige Armee aus Streitwagen, Elefanten und Fußsoldaten drang nach Nordwesten vor, wo Candragupta das Machtvakuum nutzen konnte, das der Rückzug der Griechen dort hinterlassen hatte. Möglicherweise lernte er von den Persern oder Griechen, wie man eine zentralisierte Verwaltung aufbaut, mit der sich ein so großes Reich regieren und so viele verschiedene Völker und Provinzen zusammenhalten ließen. Unter Candragupta und seinen Nachfolgern erreichte das Maurya-Reich nahezu subkontinentale Ausmaße. Es besaß die militärischen, administrativen und fiskalischen Mittel zur Kontrolle weiträumiger Territorien wie auch eine imperiale Ideologie, die dem Herrscher einen gottähnlichen Status verlieh. Im Jahr 305 v. Chr. stieß Candragupta mit Seleukos Nikator zusammen, einem von Alexanders ehemaligen Generälen, der nach dem Tod seines Herrn die Seleukiden-Dynastie begründete und ein Reich mit dem Zentrum in Iran schuf, das vom Persischen Golf bis zum östlichen Mittelmeer reichte. Er hoffte es Alexander gleichtun und die Herrschaft über den Panjab erlangen zu können, doch Candragupta zwang ihn, seine jenseits des Indus gelegenen Provinzen einschließlich des Grenzgebiets von Baluchistan bis Kabul an ihn abzutreten. Mit dieser Erweiterung erstreckte die Maurya-Herrschaft sich nun zumindest in der Theorie über ein Gebiet, das von Afghanistan und Gujarat im Westen bis nach Bengalen im Osten und von den Ausläufern des Himalaya im Norden bis zur Narmada im Süden reichte.

Candraguptas Eroberungen führten zu einer Phase friedlicher (oder zumindest von gegenseitiger Toleranz geprägter) Beziehungen zwischen den Mauryas und den Seleukiden, das für ein Machtgleichgewicht zwischen den beiden Reichen – mit dem Kern im iranischen Hochland bzw. in der nordindischen Ebene – sorgte, wie es sich noch viele Male in der Geschichte einstellen sollte, vor allem unter den Großmoguln. Die beiden Herrscher gingen eine Heiratsallianz ein, bei der Seleukos Nikator seine Tochter dem Candragupta zur Frau gab, und sie tauschten Geschenke aus (darunter 500 indische Kriegselefanten für Seleukos) sowie Botschafter. Unter den griechischen Gesandten, die um 300 v. Chr. nach Pataliputra geschickt wurden, war auch Megasthenes. Zwar ist seine ursprüngliche Beschreibung der Maurya-Hauptstadt verlorengegangen, doch in Auszügen kennen wir sie aus den Werken anderer Autoren. Neben den Berichten griechischer Teilnehmer an der Invasion Alexanders siebzig Jahre zuvor, trugen die Beobachtungen und Behauptungen des Megasthenes dazu bei, das früheste europäische Indienbild zu prägen (ein entsprechendes Werk, das Indien über Europa informiert hätte, gab es nicht). Seine oft phantastischen Behauptungen – etwa Berichte über Goldgräber-Ameisen oder Menschen mit so großen Ohren, dass sie sich beim Schlafen darin einhüllen konnten – sind natürlich blanker Unsinn, auch wenn sie ihren Beitrag zu den abwegigen Vorstellungen leisteten, die man in Europa von Indien hatte. Doch seine Beschreibung von Pataliputra wird durch archäologische Funde bestätigt. Diese belegen, dass es sich um eine der großen Hauptstädte der antiken Welt handelte. Er berichtete über einige (für Europa) neuartige Dinge wie Zucker und Baumwolle und gab eine der ersten Darstellungen des indischen Gesellschaftssystems, auch wenn sein Blick entweder durch seine geringe Beobachtungsgabe (und seine Unkenntnis indischer Texte) oder durch die Beschränkung auf Pataliputra recht verzerrt erscheint.

Megasthenes glaubte, die indische Gesellschaft sei in sieben Stände unterteilt, die von den Philosophen über Soldaten und Handwerker bis zu Bauern und Hirten reichten. Seltsamerweise enthält sein Schema auch »Aufpasser« oder Spione und »Berater des Königs« als gesonderte Kategorien. Man könnte die »Philosophen« als Brahmanen interpretieren, die »Soldaten« als Kshatriyas und die Bauern als Shudras, doch Megasthenes verwechselt offenbar auch sonst einzelne Berufsgruppen (wie Spione oder Hirten) mit größeren gesellschaftlichen Gruppen, während er andere Gruppen (wie die Kaufleute) übergeht, die zweifellos größere Bedeutung besaßen. Wie der Beleg für die Entstehung eines Kastensystems klingt es allerdings, wenn Megasthenes sagt: »Niemand darf außerhalb seines eigenen Standes heiraten oder einen anderen Beruf ausüben als den eigenen.«[37] Es findet sich jedoch kein Hinweis auf Unberührbarkeit oder Unreinheit, und in einer weiteren erstaunlichen Verirrung behauptet er, im Unterschied zu Griechenland gelte dort: »Alle Inder sind frei, und keiner von ihnen ist ein Sklave.« Spätere Darstellungen »orientalischer Despoten« vorwegnehmend erklärt er, der Herrscher werde als Alleinherrscher betrachtet, der uneingeschränkte Macht über seine Untertanen besitze.

Zum Verständnis der Maurya-Zeit ziehen manche Historiker auch ein Handbuch der Staats- und Regierungskunst heran, das so genannte *Arthaśāstra*, das einige der von Megasthenes gemachten Beobachtungen bestätigt, wenn auch aus indischer statt aus europäischer Perspektive. Allerdings sind hinsichtlich der Brauchbarkeit dieser Schrift einige Vorbehalte angebracht. Zunächst einmal ist unklar, ob es sich um eine Darstellung zeitgenössischer Praxis handelt oder – was wahrscheinlicher sein dürfte – um eine theoretische Abhandlung über einen Idealstaat. Das Werk wird Kautalya Canakya zugeschrieben, einem Brahmanen, der Candragupta als Erster Minister und Berater diente und möglicherweise der wahre Architekt des Maurya-Reiches war. Doch die Urheberschaft am *Arthaśāstra* ist unbewiesen, und wie bei vielen anderen frühindischen Texten dürfte es sich wohl eher um eine Kompilation handeln, die über die Jahrhunderte in vielfältiger Weise erweitert und bearbeitet wurde. Das führt uns zu einem zweiten Vorbehalt: der Datierung des Textes. Die Fassung, die wir kennen, stammt aus dem 2. oder 3. Jahrhundert n. Chr., doch das gilt auch für viele andere Sanskrittexte, die ursprünglich zu einer früheren Zeit entstanden. Bemerkenswert ist allerdings eines: Während sich ein großer Teil der aus der Zeit vor dem Maurya-Reich erhaltenen Literatur mit Religion und Philosophie befasst, schlägt das *Arthaśāstra* in seiner pragmatisch-materialistischen Art einen anderen Ton an. Vielleicht verweist das auf eine Tradition der Staatskunst, die schon lange vor der Abfassung dieses Werkes bestand (wann immer das gewesen sein mag). Es zeigt aber auch, dass intellektuelle Strenge und ein systematisierender Ansatz nicht nur auf Religion und Philosophie angewandt wurden, sondern auch im Blick auf Staatsangelegenheiten.

Als Abhandlung über Staatskunst hat man das *Arthaśāstra* natürlich mit Niccolo Machiavellis *Fürst* verglichen. Auch hier finden sich diese offenen und sogar amoralischen Überlegungen zu den Herrschaftsprinzipien, an die ein König sich halten müsse, wenn er seine Macht wie auch den Wohlstand und die Stabilität seines Reiches sichern wolle. So solle er sich mit ferner gelegenen Mächten gegen nahe Feinde verbünden und Spione aussenden, um über die Verschwörungen seiner Widersacher informiert zu sein. Auch innerhalb seines Reiches solle er Informanten einsetzen, die ihm mitteilen, welche Stimmung bei seinen Untertanen herrscht und womit sie unzufrieden sind. Stets aufmerksam für die Erfordernisse des Krieges wie der Diplomatie müsse der König eine starke Armee unterhalten und für einen sicheren Nachschub an Elefanten sorgen. Er solle mächtige Festungen errichten (hier drängt sich der Gedanke an Pataliputra auf, mit seinen hohen, von schweren Toren und Wehrtürmen unterbrochenen Stadtmauern). Zum Nutzen des Königreichs solle er Steuern erheben, Abgaben festsetzen, den Handel regulieren, die Aufsicht über den Bergbau und das Münzwesen übernehmen, die Bewässerungssysteme ausbauen sowie die Rodung und Kultivierung ungenutzten Landes vorantreiben. Der staatlichen Regulierung bedürften außerdem Glücksspiel, Prostitution und Schlachthäuser. Das *Arthaśāstra* erkennt aber auch, dass hohe Steuern und Zwangsarbeit nur unbeliebt sein können, weshalb man sie maßvoll einsetzen müsse, um Unzufriedenheit zu vermeiden. Die Abhandlung beschreibt außerdem die für einen zentralisierten Staat nötige Struktur (auch hier möglicherweise eher im Blick auf einen idealen Staat als auf ein tatsächlich bestehendes Regierungssystem). Tatsächlich wird gelegentlich die These vertreten, das *Arthaśāstra* beweise wie der Text des Megasthenes, dass zu dieser Zeit in Indien bereits eine Tradition autokratischer Herrschaft bestanden habe. Manche Kommentatoren sehen darin sogar die Embryonalform eines Polizeistaates, frei von jeder Rücksicht auf moralische oder paternalistische Pflichten, wie sie zwei Generationen nach Candragupta aus Ashokas Edikten sprechen.[38]

Anfänge der Großreiche

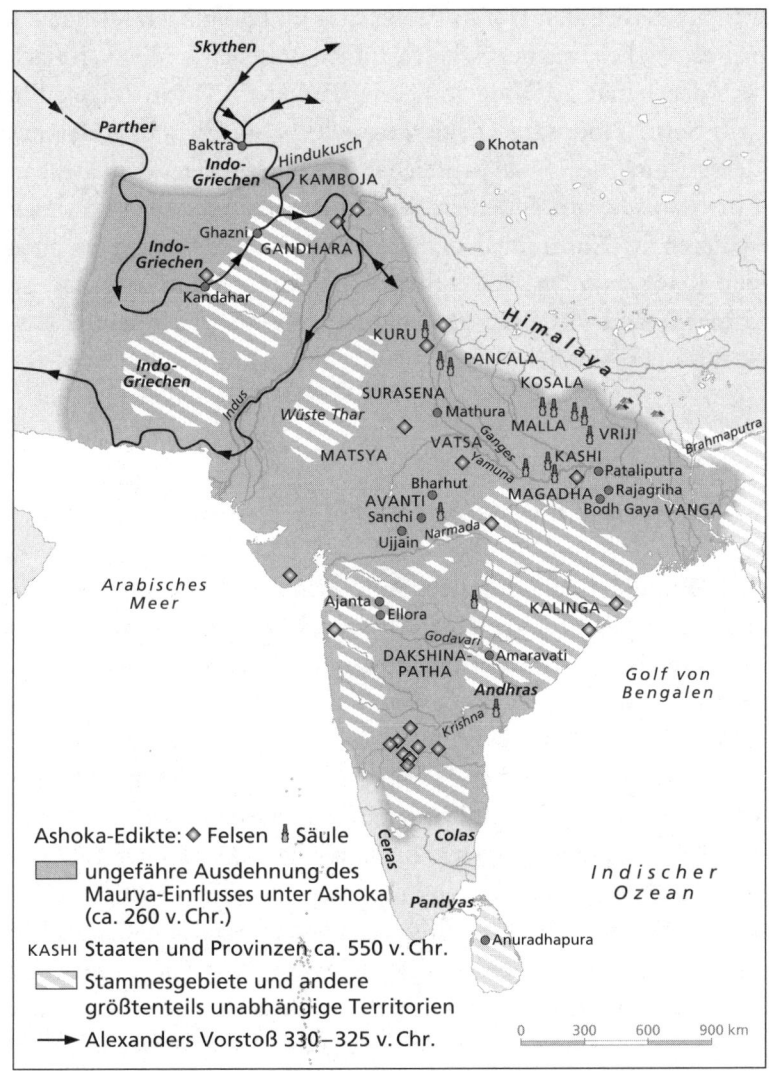

Karte 5: Das buddhistische Indien und das Maurya-Reich

Man nimmt an, dass die frühen Mauryas Hindus waren und brahmanische Priester für staatliche Rituale und Opfer einsetzten. Doch nach jinistischen Quellen dankte Candragupta schließlich ab, verließ den Hof in Pataliputra und ging nach Karnataka, wo er das Leben eines Asketen führte und sich schließlich nach Art der Jainas zu Tode hungerte. Auf dem Thron folgte ihm sein Sohn Bindusara (Regierungszeit 297–272 v. Chr.), der das Territorium des Maurya-Reiches noch weiter in den Dekkan hinein ausdehnte, möglicherweise bis nach Mysore. Wie vielen späteren in Nordindien beheimateten Reichen gelang es auch den Mauryas nicht, den fernen Süden unter ihre Herrschaft zu bringen, und vielleicht unternahmen sie auch gar keinen entschlossenen Versuch dazu.

3. Ashoka und der Maurya-Staat

Auf Bindusara folgte dessen Sohn Ashoka (Regierungszeit um 272–232 v. Chr.), möglicherweise nach einem Nachfolgestreit mit seinem Bruder. Er übernahm zunächst die expansionistische Politik seines Vaters und Großvaters und unternahm 261–260 v. Chr. einen Feldzug in die östliche Küstenregion Kalinga, die im Wesentlichen dem heutigen Orissa entsprach und damals eines der mächtigsten und ressourcenreichsten unter den noch verbliebenen unabhängigen Königreichen war. Dieser Feldzug, Ashokas einziger Eroberungszug, führte zu einem blutigen Konflikt, bei dem eine gewaltige Zahl von Soldaten (angeblich 100 000) getötet wurden und weitere 150 000 in Gefangenschaft gerieten (anders als Megasthenes im Blick auf die Existenz der Sklaverei behauptete, war der Krieg für die Mauryas eine der wichtigsten Beschaffungsquellen für Sklaven). Dieses Blutbad erregte bei dem jungen Kaiser solchen Abscheu, dass er sich in den folgenden Jahren vom Brahmanismus abwandte und dem Buddhismus zuwandte, der ihm mit seinem Glauben an Gewaltlosigkeit und der Enthaltung vom Töten eher zusagte. Seine Bekehrung erfolgte jedoch nur schrittweise. Gut zwölf Jahre nach seinem Herrschaftsantritt begann Ashoka eine Reihe von Edikten herauszugeben, die er in Fels oder eigens dafür errichtete Säulen meißeln ließ. Darin nannte er sich selbst Priyadarshin oder Devanampriya,»der von den Göttern Geliebte« und dekretierte, wie die Gesellschaft unter einem aufgeklärten Herrscher funktionieren solle. Auf einem Felsedikt heißt es:»Nach der Eroberung des Landes Kalinga ergab sich Devanampriya dem Studium des moralischen Gesetzes ... Darin zeigt sich das Bedauern des Devanampriya über die Eroberung des Landes Kalinga. Denn Devanampriya betrachtet es als schmerzlich und beklagenswert, daß die Eroberung eines fremden Landes von Gemetzel, Tod und Verschleppung begleitet ist.«[39]

Der Reiz dieser Inschriften liegt zum Teil darin, dass sie eher wie Bekenntnisse mit rhetorischen Einleitungen und Abschweifungen oder wie Berichte über ein in Entstehung begriffenes Werk klingen (so beginnt eines der Edikte mit dem Satz:»Folgendes habe ich erlebt«) und damit ganz anders als die megalomanen Dekrete diktatorischer Herrscher, wie wir sie aus dem antiken Babylonien oder aus dem Persien der Achämeniden kennen. Sie stammen offenbar von Ashoka selbst und nicht von Beamten oder Schreibern, und sie enthüllen etwas von seiner bemerkenswerten Persönlichkeit (eines der ersten Individuen, für dessen Charakter und Überzeugungen Zeugnisse überliefert sind) wie auch von den moralischen Grundsätzen, die er seinen Untergebenen und Untertanen vermitteln wollte. Mehr als zweitausend Jahre später können wir nicht ganz sicher sein, wie weit die Inschriften ursprünglich verbreitet waren, doch die gut dreißig erhalten gebliebenen Säulen- und Felsedikte erstrecken sich über ein beachtliches Gebiet – von Afghanistan durch das obere und mittlere Gangestal bis nach Bengalen, Zentralindien und in den Dekkan hinein. Falls dies die tatsächlichen Ausmaße des Maurya-Reiches unter Ashoka anzeigt, handelte es sich um ein Reich von nahezu subkontinentalem Zuschnitt, das 2400 Kilometer von Nord nach Süd und 1900 Kilometer von Ost nach

West maß. Doch die Säulen konzentrieren sich weitgehend auf das Gebiet des alten Kernlands Magadha im heutigen Bihar und Uttar Pradesh sowie auf Zentralindien. Seltener findet man sie südlich der Narmada (eine immer noch dicht bewaldete und dünn besiedelte Region) sowie entlang der West- und der Ostküste. Allerdings häufen sich die Säulen- und Felsinschriften auch in Karnataka, einem Gebiet, in dem Buddhismus und Jinismus stark waren. In einigen Edikten werden auch Herrscher in Persien, Syrien und Griechenland genannt. Die Mauryas wussten offensichtlich von ihren westlichen Nachbarn und versuchten vielleicht, deren imperialen Glanz nachzuahmen. In Sprache und Symbolik scheinen Ashokas Säulen bewusst auf Monumente in Persepolis anzuspielen, und dennoch besitzen sie eine ganz eigene Identität. Die Kapitelle der Säulen sind sehr schön verziert mit buddhistischen Symbolen wie dem Lotus und dem Rad sowie mit Tierabbildungen (von Löwen, Elefanten, Bullen und Pferden), die in so lebendiger, naturalistischer Weise dargestellt sind, dass sie eher wie direkte Abkömmlinge der Industal-Siegel wirken und nicht wie ein Abklatsch der wilden geflügelten Löwen und heraldischen Ungeheuer in Iran.

Ashokas Ambitionen waren weit gespannt. Im Jahr 257 v. Chr. schickte er Gesandte in die griechischen Königreiche Westasiens, die den Buddhismus predigen sollten. Mit demselben Ziel beauftragte er auch Gesandtschaften nach Gandhara, Kaschmir, Nepal und Burma wie auch zu den Herrschern in Südindien, deren Unabhängigkeit er in Edikten anerkannte. Seinen Sohn Mahinda sandte er mit einem Ableger des Bo-Baums, unter dem der Buddha zur Erleuchtung gefunden hatte, nach Sri Lanka an den Hof Devanampia Tissas (Regierungszeit 250–210 v. Chr.). Eine weitere Verwandte, Sanghamitta, gründete auf der Insel einen weiblichen Orden. Devanampiya Tissas Bekehrung ermöglichte es dem Buddhismus, sich auf der Insel auszubreiten, und der König ließ nach dem Vorbild des indischen Kaisers einen königlichen Park anlegen, in dem die buddhistischen Mönche leben konnten.

Daraus wurde der Mahavihara, das historische Zentrum buddhistischer Gelehrsamkeit und religiöser Orthodoxie auf der Insel. Obwohl Ashoka keine formelle Herrschaft über Sri Lanka ausübte, gelangte die bereits von Indoariern besiedelte Insel dank des buddhistischen Einflusses und einer gemeinsamen Sanskrit-Pali-Kultur in den weiteren Einflussbereich des nordindischen Herrschers, was zu einer neuen Ära der Verbindungen zwischen den beiden südasiatischen Nachbarn führte.

Ashoka regierte etwa 37 Jahre, doch nach seinem Tod um 232 v. Chr. begann der Niedergang der Dynastie – woraus deutlich wird, in welchem Maße der Erfolg der Mauryas auf den drei Generationen energischer Führer beruhte, die Candragupta, Bindusara und Ashoka verkörperten. Das Reich schrumpfte wieder auf sein Kernland am mittleren Ganges. Der letzte Maurya fiel 185 v. Chr. einem Mörder zum Opfer, der damit der ersten Episode eines südasiatischen Großreiches nach weniger als einem Jahrhundert eine Ende setzte. Mit der Zeit geriet sogar Ashoka in Vergessenheit. Erst im frühen 19. Jahrhundert vermochten britische Orientalisten die Brahmi-Schrift zu entziffern, in der seine Edikte geschrieben sind. Inzwischen, nach Jahrhunderten des Vergessens, sind Ashokas Name, seine Edikte und das imperiale System, dessen Schaffung ihm zugeschrieben wird, zum Symbol für die frühe und – wie manche meinen, auch natürliche – Fähigkeit des Landes zu politischer Einheit geworden. Nationalistische Autoren des 20. Jahrhunderts wie Nehru glaubten:»Der alte Traum, ganz Indien unter einer zentralen Regierung zu vereinen, feuerte Ashoka an.« Und es sei ihm gelungen, diesen Traum zu verwirklichen:»Ganz Indien erkannte seine Herrschaft an.«[40]

Gewiss vollbrachten die Mauryas eine bemerkenswerte Leistung – sie unterwarfen einen großen Teil Südasiens und der westlichen Grenzländer und herrschten mehr als ein Jahrhundert über dieses Territorium. Ihr Herrschaftsgebiet war in jeder Hinsicht riesig und eindrucksvoll. Die Bevölkerung des von

Ashoka regierten Reiches dürfte bei gut 50 Millionen gelegen haben – zu allen Zeiten ein großer Staat, erst recht aber im 3. vorchristlichen Jahrhundert. Doch die eindeutig markierten Grenzen, mit denen man Ashokas Reich auf modernen Landkarten eingezeichnet findet, sind vielleicht ebenso irreführend wie die Vorstellung, der Maurya-Staat sei »eine hochorganisierte, äußerst effiziente Autokratie gewesen, die ein Reich zu kontrollieren vermochte, das größer war als das des [Mogulkaisers] Akbar«.[41] Eher schon bestand das Reich Candraguptas und seiner Nachfolger nicht aus einem bruchlos-homogenen Territorium, das vom Hindukusch bis an die Küsten Orissas reichte, sondern aus einer Reihe besiedelter, durch Handel und Verwaltung erschlossener Gebiete, die ihrerseits von Regionen umschlossen waren, in denen die Mauryas nur eine begrenzte Kontrolle ausübten. Die durch königliche Straßen miteinander verbundenen Kernländer des Reiches wurden vermutlich unterbrochen durch immer noch dicht bewaldete, von nichtindoarischen Stämmen bewohnte Gebiete, die allenfalls tributpflichtig waren. Die Kerngebiete lagen, wie die Verteilung der Fels- und Säulenedikte anzeigt, wahrscheinlich im mittleren Gangestal, mit den Zentren Magadha, Taxila im Panjab, Ujjain in Malwa an den Straßen, die vom Gangestal zur Westküste führten, Kalinga im Osten und Suvarnagiri im heutigen Karnataka. Der Süden der Halbinsel, südlich der Krishna, wurde von den unabhängigen Königreichen der Colas, Pandyas und Ceras beherrscht.

Während Pataliputra und das Gangestal unter direkter kaiserlicher Kontrolle standen, wurden die äußeren Gebiete des Reiches in vier Provinzen unterteilt (Panjab, Karnataka, Malwa und Orissa), die jeweils einem aus der königlichen Familie stammenden Vizekönig unterstanden. Alle fünf Jahre schickte der Kaiser Inspektoren in die Provinzen, die dort die Leistung der Gouverneure und der Staatsverwaltung prüfen und ihm darüber berichten sollten. Die Provinzen waren in Bezirke unterteilt und diese wiederum in kleinere Verwaltungseinheiten bis hin zum Dorf. Die

Beamten vor Ort hatten richterliche und fiskalische Funktionen. Als Strafen verhängte man Haft- und Vermögensstrafen. Obwohl Ashoka ein Anhänger der buddhistischen Gewaltlosigkeit war, schaffte er die Todesstrafe nicht ab. Die fiskalische Grundlage des kaiserlichen Systems basierte hauptsächlich (wie auch bei vielen späteren Reichen) auf Einnahmen aus Landwirtschaft und Handel. Unter den Mauryas erweiterte man mit staatlicher Hilfe die Bewässerungssysteme und erhöhte damit den Wert des kultivierten Bodens, vor allem für den Reisanbau. Wie Megasthenes schreibt, waren die Bauern vom Militärdienst ausgenommen – ein Zeichen ihrer sozialen Stellung und ihrer wirtschaftlichen Bedeutung. Doch es gab auch zahlreiche Landarbeiter, die in ihrer rechtlichen und sozialen Stellung kaum über den Sklaven standen. Der Krieg hatte unter anderem auch die Aufgabe, das unter staatlicher Kontrolle stehende Gebiet zu erweitern, die Einnahmen aus der Landwirtschaft zu erhöhen und Sklaven zu beschaffen. Die 150 000 Gefangenen, die Ashoka angeblich auf seinem Kalinga-Feldzug machte, wurden wahrscheinlich eingesetzt, um Wälder zu roden und die landwirtschaftliche Kolonisierung voranzutreiben, auch wenn jenseits der großen Flusstäler und der Kerngebiete staatlicher Kontrolle immer noch viele dicht bewaldete Flächen blieben. Frühbuddhistische Texte verweisen auf einen »Großen Wald« (*mahāvana*), der sich nahezu lückenlos vom Ganges bis zum Himalaya hinzog. Die Wildnis Dandaka, in die sich die Helden des *Rāmāyaṇa* flüchteten, war sicher keine bloße Phantasie. Obwohl die Urwälder Elefanten (für zeremonielle wie auch militärische Zwecke), Bauholz, Sandelholz, Honig, Fleisch und Arzneien lieferten und als Waldweiden für Rinder, Schafe und Ziegen dienten, müssen sie und ihre Bewohner doch ein beträchtliches Hindernis für eine stärkere Integration des Maurya-Herrschaftsgebiets gewesen sein. In einem Ashoka-Edikt ist von der Befriedung und Bekehrung der Waldbewohner die Rede. Dass Megasthenes die Hirten als einen der Hauptstände bezeichnet, verweist gleichfalls darauf, dass die Hirten trotz des Aufstiegs der Städte und des Wachstums der sesshaften Landwirtschaft immer noch eine wichtige Rolle in der Maurya-Ökonomie spielten. Ein Großteil des Grundbesitzes befand sich in privaten Händen, auch wenn der Maurya-Staat wie auch spätere südasiatische Reiche Kronländer besaß, die dem König vorbehalten waren und sein persönliches Einkommen sicherten. Der Bau von Straßen verbesserte die Möglichkeiten für Handel, Landwirtschaft und die staatliche Kommunikation, und Ashokas Edikte verweisen immer wieder auf das besondere Wohlwollen des Kaisers gegenüber den Kaufleuten, ganz unabhängig von deren Religion. Außerdem versprach er, die Kriminalität zu bekämpfen und die soziale Ordnung zu schützen. All das ist Ausdruck des Bemühens, für ein gutes Verhältnis zwischen dem Staat und dem Kaufmannsstand zu sorgen.

Viel Beachtung hat auch die Frage nach Größe und Stärke der Maurya-Armee gefunden, und zwar einerseits als Instrument der Expansion des Reiches und andererseits als Beleg für eine effiziente zentralisierte Organisation. Nach Megasthenes wurden die Soldaten gut bezahlt und direkt vom Staat unterhalten. Der römische Autor Plinius der Ältere berichtet, Candraguptas Armee habe aus 9000 Elefanten, 30 000 Reitern und 600 000 Fußsoldaten bestanden. Die Zahl der Fußsoldaten klingt übertrieben, aber es ergibt sich das Bild einer riesigen Armee, die sich nur ein außergewöhnlich wohlhabender und bevölkerungsreicher Staat in vormodernen Zeiten leisten konnte. Eine so große Streitmacht zu mobilisieren und in den Krieg zu führen wäre eine gewaltige Belastung für den Staatshaushalt gewesen (allein das Futter für so viele Elefanten hätte gewaltige Ausgaben verursacht). Ihr Unterhalt hätte auch eines äußerst effizienten Besteuerungssystems bedurft, vor allem wenn es sich, wie viele Autoren vermuten, um ein stehendes Heer gehandelt hat und nicht um eine Milizarmee, die nur bei Bedarf zusammengezogen wurde. Trotz Ashokas Gewaltlosigkeit benötigte der Maurya-Staat eine große Zahl bewaffneter Männer, um die

Herrschaft im Innern und die Außengrenzen des Reiches zu sichern. Obwohl die Vorstellung übertrieben sein mag, die Mauryas hätten eine hochgradig zentralisierte Bürokratie besessen, zog das Regime doch zweifellos Nutzen aus dem Aufkommen der Schrift, deren Einsatz die Verwaltung eines großen Teils des Subkontinents ermöglichte. Mit ihrer Hilfe konnte man die kaiserlichen Erlasse verbreiten, Berichte aus fernen Provinzen erhalten, Steuerlisten führen, die staatlichen Zahlungen und die kaiserlichen Ausgaben aufzeichnen. Auch einheitliche Münzen waren nötig, um Steuern einzutreiben, Staatsbedienstete zu bezahlen und die Kriegsmaschinerie zu finanzieren. Die Ausgaben für die Beamten verschlangen neben den staatlichen Baumaßnahmen und der Armee einen großen Teil der Staatseinnahmen. Dieser gewaltige Bedarf führte möglicherweise schließlich zu einer Entwertung der Silberwährung. Auch die Landwirtschaft konnte mit den wachsenden Staatsausgaben nicht Schritt halten. Ein Motiv für das Streben nach militärischer Expansion lag vielleicht auch in dem Erfordernis des Staates, mehr Ressourcen (Land, Silber, Elefanten und Sklaven) zu beschaffen, als in den Landesgrenzen zu finden waren – ein Muster, das sich, vielfach mit verheerenden Folgen, in der mittelalterlichen und frühzeitlichen Geschichte Südasiens noch oft wiederholen sollte.

4. Der kaiserliche *Dharma*

Die Ideologie war ein mächtiges Instrument zur Schaffung und Erhaltung des Maurya-Staates. Candragupta und seine Nachfolger ersetzten die alten Republiken und Kleinkönigreiche durch eine glanzvollere Reichsidee und überhöhten die Person des Herrschers, um Außenstehende zu beeindrucken und die Macht über die eigenen Untertanen zu stärken. Ashoka kann als der erste *cakravartin* gelten, als der erste »universelle Kaiser«, der dank einer Kombination aus verheißungsvoller Geburt, persönlicher Weisheit und göttlicher Gunst das moralische Recht beanspruchte, als Garant von Recht und Gesetz und als »Weltherrscher« aufzutreten. Der Ausdruck verweist auf die für die buddhistische Ikonographie zentrale Idee des *cakra* oder Rades, dessen Umfang den endlosen Kreislauf von Leben, Tod und Wiedergeburt symbolisiert, während die Speichen für die zahlreichen Wege stehen, auf denen der Mensch Sorge und Leid hinter sich lassen und Frieden, Wahrheit und Erleuchtung finden kann. Es war eine durch Pflichten gemäßigte Autokratie. Ashoka repräsentierte das Recht und die Pflicht des Herrschers, seinen Untertanen moralische Führung und ethische Anleitung zu geben, als wäre er ein königlicher Guru und sie wären seine Schüler.

Viel von dem, was wir über Ashoka und sein Herrschaftssystem wissen, stammt aus seinen Edikten. Die Idee dazu wurde möglicherweise bei den westlichen Nachbarn der Mauryas entlehnt. Die Achämeniden, vor allem Dareios I., versuchten ihre Leistungen und ihre Stellung als »König der Könige« auf ganz ähnliche Weise in solchen in Stein gemeißelten Inschriften zu verherrlichen und zu proklamieren. Doch dank ihres moralischen Inhalts und ihres nachdenklichen Tons sind Ashokas Edikte von ganz anderer Art. Sie vermitteln das Selbstbild eines weisen, für seine Untertanen sorgenden Herrschers, eines gerechten Gesetzgebers und gottesfürchtigen, »von den Göttern geliebten« Königs. Ashoka verstand sich als paternalistischer Herrscher. In einem seiner Edikte erklärte er: »Alle Menschen sind meine Kinder«. Er war sehr darauf bedacht, die öffentliche Meinung kennenzulernen, und aus diesem Grunde reiste er viel umher (aber auch um die heiligen Stätten zu besuchen, die um Stationen im Leben des Buddha und der Entwicklung seiner Lehre entstanden waren). In seinen Edikten erwähnt er auch Beratungen mit seinen Ministern, und vielleicht formulierte Ashoka diese Edikte und ließ sie an sichtbarer Stelle veröffentlichen, um seine Beamten zu instruieren und eine ge-

Anfänge der Großreiche

wisse Kontrolle ihres Tuns durch die Öffentlichkeit zu ermöglichen.

Die Edikte sind auch insofern bedeutsam, weil wir darin etwas über Ashokas Vorstellung vom *Dharma* erfahren können. Dieser komplexe Ausdruck stand in vielfältiger Weise für Pflicht, Moral, Redlichkeit und das universelle Gesetz, das den Kosmos regierte. Tatsächlich ist in den Edikten von den »Göttern« die Rede (was darauf hinzudeuten scheint, dass Ashoka das hinduistische Pantheon oder den volkstümlichen Polytheismus akzeptierte), und nur selten finden sich direkte Bezüge auf den Buddhismus. Vielleicht waren die Lehren des Buddha zweihundert Jahre nach dessen Tod so weitverbreitet und wurden in so weiten Kreisen verehrt, dass es eines expliziten Bezuges nicht bedurfte. Jedenfalls definieren die Edikte *Dharma* über eine Reihe von Geboten – Gewaltlosigkeit, Toleranz gegenüber allen Sekten, Achtung vor den Brahmanen und anderen religiösen Lehrern, Gehorsam gegenüber Eltern und Vorfahren, Aufgeschlossenheit gegenüber Freunden und Großzügigkeit gegenüber allen, Zurückhaltung in der Rede, menschliche Behandlung von Bediensteten und Sklaven (die Edikte ignorieren die Kasteneinteilung). Das sind die moralischen Grundsätze, nach denen Ashokas Untertanen leben sollten und durch die er die soziale und politische Ordnung aufrechtzuerhalten versuchte.

Trotz der Reue wegen des Gemetzels in Kalinga folgte Ashoka dem Buddha nicht auch darin, dass er auf seinen Thron verzichtet hätte. Er blieb in erster Linie König. Als er Buddhist wurde, gab er nicht die Staatsgeschäfte auf, sondern bemühte sich, die buddhistische Moral für eine bessere Ordnung und harmonischere Gestaltung des Reiches zu nutzen und weiterzuvermitteln. Doch die Edikte wiederholen nicht einfach nur Grundsätze der buddhistischen Ethik. Sie bilden auch ein paternalistisches Gesetzbuch des Regierens. Sie handeln ebenso vom Regieren wie von Moral. Da der Kaiser sich selbst als ein unverzichtbares Instrument darstellte, durch welches der *Dharma* seinen Ausdruck fand, untermauerte dieser *Dharma* zugleich auch die Rolle des Staates und die Autorität des Monarchen. Ashoka verwarf den Pragmatismus der kautalyanischen Staatskunst (sofern er denn überhaupt davon wusste) und versuchte stattdessen, seine Herrschaft in einer höheren moralischen Autorität zu gründen. Die Berufung auf einen kaiserlichen *Dharma* betonte Ashokas paternalistische Rolle und rückte die Person des Kaisers ins Zentrum – der »Personenkult« war ein kaiserliches Merkmal, für das in Südasien erstmals Ashoka ein Beispiel gab. Es gehörte zu seinen selbstauferlegten Pflichten, die materielle wie auch moralische Wohlfahrt seiner Untertanen zu mehren – Straßen zu bauen und Rasthäuser zu errichten, schattenspendende Bäume zu pflanzen, eine medizinische Versorgung sicherzustellen und Tieropfer zu verbieten. Es war seine Pflicht, Beamte einzustellen, die für das Wohlergehen des Volkes sorgten, und die Ideale des *Dharma* zu propagieren. Wenn die Entstehung des Buddhismus sich zum Teil der Suche nach Sicherheit und Zuflucht angesichts des Zerfalls der alten Stammesrepubliken verdankte, dann verkörperte Ashokas System das Ideal eines verantwortungsbewussten, sorgenden Staates. Im Siebten Säulenedikt heißt es:

»Diese Vervollkommnung der sittlichen Lebensführung haben die Menschen auf zweierlei Wegen erlangt, durch Moralvorschriften und durch eigene Überzeugung. Hierbei richten Moralvorschriften indes nur wenig aus, mehr dagegen vermag die eigene Überzeugung. Eine Moralvorschrift war es z.B., wenn ich bestimmte Lebewesen für unverletzlich erklärte. Und auch andere Moralvorschriften habe ich erlassen. Durch die eigene Überzeugung aber erhält die Vervollkommnung der sittlichen Lebensführung der Menschen einen viel stärkeren Antrieb, und hierdurch wird dann eine schonende Behandlung der Wesen und das Meiden des Tötens erreicht«.[42]

Doch Ashokas edle Absicht, nach den Grundsätzen der Moral zu regieren, hatte natürlich ihre Grenzen, nicht zuletzt als Mittel zur Erhaltung der kaiserlichen Macht. Die Maurya-Dynastie überlebte Ashoka nur kurz und erlangte niemals mehr dessen Autorität und herausragende Bedeutung. Man könnte auch die These vertreten, statt Trost und Sicherheit in den selbst proklamierten Idealen des Staates zu suchen (die möglicherweise in der Praxis niemals verwirklicht wurden), hätten die Menschen Südasiens diesen Trost und diese Sicherheit in Kasten und Sekten gefunden. Diese lokalen sozialen Formationen hätten ihren Lebensunterhalt wirkungsvoller gesichert als der Staat und ihren moralischen wie materiellen Bedürfnissen besser entsprochen. Falls das zutrifft, war die Idee des Reiches etwas, das man zwar nicht in Frage stellte, aber in jeglicher praktischer Hinsicht ignorierte zugunsten unmittelbarer und dauerhafter sozialer Institutionen. Romila Thapar schreibt dazu: »Loyalität gegenüber der sozialen Ordnung [war] ein fundamentaler Aspekt der indischen Kultur ..., der die eindrucksvolle Kontinuität der wichtigsten sozialen Institutionen über die Jahrhunderte weitgehend zu erklären vermag.« Doch sie fügt hinzu, dadurch sei die Loyalität »vom politischen Begriff des Staates abgezogen worden, der unter anderen Umständen häufiger die Bildung von Reichen und ein größeres politisches Bewusstsein ermöglicht hätte«.[43] Vielleicht war dies letztlich das Schicksal der Staatskunst und besiegelte den Idealismus eines Ashoka.

E Regionalstaaten und feudale Transformationen

Um etwa 200 v. Chr. waren viele grundlegende Merkmale der südasiatischen Zivilisation bereits vorhanden, während andere erst in den folgenden fünf Jahrhunderten entstanden oder heranreiften. In dieser Periode entwickelte die hinduistische Komponente der südasiatischen Kultur eine neue Kreativität und erlebte ihr »klassisches Zeitalter«. Doch die Zeit ist auch durch tiefgreifende Paradoxien gekennzeichnet. In politischer Hinsicht steht der gewaltige Zeitraum von etwa 200 v. Chr. bis 1200 n. Chr. – nahezu anderthalb Jahrtausende – für ein Zeitalter, in dem nur zeitweilig Großreiche bestanden. Deutlicher ausgeprägt ist ein langfristiger Trend zu politischer und kultureller Verschiedenheit in den einzelnen Regionen Südasiens. Innere Vielfalt und regionale Heterogenität wurden noch verstärkt durch Außenkontakte und Invasionen. Der Subkontinent erlebte neue Wellen von Invasoren, die über die Pässe im Nordwesten eindrangen, die nordindischen Ebenen überschwemmten und von dort nach ganz Südasien ausschwärmten. Die Invasionen trugen zur politischen Instabilität und den sozialen Unruhen der Zeit bei, führten in Südasien jedoch nicht zu einer subkontinentalen Entsprechung des »Dunklen Zeitalters« in Europa. Vielmehr verstärkten sie die Vielschichtigkeit und den polyzentrischen Charakter der südasiatischen Gesellschaft. Während der Einfluss des Buddhismus schwand, gewann der Hinduismus neue Kraft und entwickelte mit der Bhakti-Bewegung eine volkstümlichere Form, in der er einen Beitrag zum Aufblühen regionaler Kulturen leistete. Auch ohne

Reich war dies ein Zeitalter, in dem Literatur und Kunst eine Blüte erlebten.

1. Von den Indogriechen zum Kushana-Reich

Über Jahrhunderte hatte das kulturelle und wirtschaftliche Epizentrum Südasiens am mittleren und oberen Ganges gelegen. Von dort regierten die Mauryas ihr Reich, von dort aus hatten Buddhismus und Jinismus sich über den Subkontinent ausgebreitet. Doch nach Ashokas Tod im Jahr 232 v. Chr. schwand die Macht der Mauryas dahin. Es gab keine weiteren Edikte. Kalinga und die südlichen Provinzen drifteten weg vom Reich. Tatsächlich scheint es partiell sogar eine Rückkehr zu den Zeiten vor Ashoka gegeben zu haben. Der letzte Maurya, Brihadratha, wurde 185 v. Chr. von einem seiner Generäle, Pushyamitra Shunga, ermordet. Die Shunga-Könige regierten etwas länger als ein Jahrhundert, doch von ihrer Herrschaft ist wenig Bemerkenswertes bekannt. Wir wissen indessen, dass Pushyamitra in einer Wendung gegen den Buddhismus wieder das Pferdeopfer einführte – ein klarer Bruch mit Ashokas Abkehr von Tieropfern. Um 73 v. Chr. wurde der letzte Shunga-Monarch ermordet. Das Vermächtnis des Maurya-Reichs war dahin, und Magadha sank zurück auf die Stellung eines von vielen Staaten, die am mittleren Ganges miteinander um die Vorherrschaft rangen.

Solange die Mauryas stark waren, konnten sie Invasionen aus dem Nordwesten abwehren. Ihr Niedergang öffnete nun das Tor für neue Einfälle. Kurz nach der Machtübernahme in Magadha hatte Pushyamitra sich einer Invasion baktrischer Griechen unter Demetrius zu stellen. Pushyamitra und sein Nachfolger Agnimitra vermochten den Angriff, der eine Zeitlang Pataliputra bedrohte, nur teilweise abzuwehren, und ein großer Teil des Nordwestens, von Afghanistan bis zum oberen Ganges, entglitt ihren Händen. Für ein Jahrhundert beherrschten Indogriechen diese Region, ihre Verbindung zur hellenistischen Kultur und nach Zentralasien hielt Indiens Tor zur Ökumene offen. Ihr auffälligstes Vermächtnis lag nicht auf politischem Gebiet, sondern im Bereich der Kunst Gandharas, die in der Bildhauerei griechisch-römische und indische Elemente miteinander verschmolz und mit den eleganten Draperien und asketischen Formen ihrer Buddhas glänzte. Die größte Berühmtheit unter den Indogriechen erlangte Milinda, der von 155 bis 130 v. Chr. regierte. Er ist wegen eines gefeierten Textes, des *Milindapañha*, in Erinnerung geblieben, in dem er einem buddhistischen Mönch namens Nagasena bohrende Fragen zu dessen Glauben stellt. Milinda war beeindruckt, und auch wenn wir nicht wissen, ob er zum Buddhismus konvertierte, lässt das auf seinen Münzen zu sehende Rad doch an das buddhistische *cakra* (Rad des Lebens) denken. Auch die Tatsache, dass seine Asche nach seinem Tod auf die Städte verteilt wurde, erinnert an eine auf den Buddha zurückgehende Praxis.

Die kurze Episode der indogriechischen Herrschaft wurde schon bald durch Ereignisse in einem anderen Winkel der Erde erschüttert. Im frühen 3. vorchristlichen Jahrhundert beschloss die chinesische Han-Dynastie, die als Yuezhi bezeichneten nomadischen Stämme von ihren Grenzen fernzuhalten. Sie vertrieb sie Richtung Westen und setzte damit eine Kettenreaktion aus Wanderungsbewegungen und Konflikten mit anderen Hirtenstämmen in Gang. Ein Zweig der Yuezhi stieß zum Aralsee vor und verdrängte dort die Shakas, die nach Baktrien eindrangen und schließlich den oberen Ganges erreichten, wo sie im 1. Jahrhundert v. Chr. die Herrschaft über Gandhara erlangten. Ohne auf organisierten Widerstand zu stoßen, drangen die Shakas weiter nach Nord- und Westindien vor. Um 80 v. Chr. regierte in Westindien ein Shaka-König namens Maues. Er und sein Sohn schufen ein Reich, das von Gandhara im Norden bis nach Ujjain im Süden reichte. Durch den Kontakt mit Parthern und

Indogriechen eigneten die Shakas sich Rudimente eines imperialen Regierungssystems an, doch in der Praxis glich es eher einer lockeren Vereinigung von Stammesoberhäuptern. Im Gefolge der Shakas und Parther drangen die Yuezhi unter einem Kushana-Häuptling namens Kujala Kadphises nun selbst in Afghanistan und Kaschmir ein. Dessen Sohn, Kadphises II., überrannte Nordindien bis hin zu der am mittleren Ganges gelegenen Stadt Mathura. Der dritte und mächtigste Kushana-Herrscher war Kanishka, der ab etwa 78 n. Chr. regierte. Die zwei Hauptstädte seines Kushana-Reichs waren Mathura und Purushapura nahe dem heutigen Peshawar, doch sein Herrschaftsbereich reichte im Süden bis nach Sanchi in Zentralindien und im Osten bis nach Benares. Kanishkas Reich erstreckte sich auch bis nach Mittelasien hinein und kam damit an Größe, wenn auch nicht an innerem Zusammenhalt, dem Reich der Han gleich. Eine (heute kopflose) Statue des Kaisers, die ihn mit der schweren Kleidung und den Filzstiefeln eines Steppenkriegers zeigt, lässt ihn eher wie einen mittelasiatischen als wie einen indischen Herrscher erscheinen. Aber er konvertierte zum Buddhismus und blieb lange als ein Förderer buddhistischer Gelehrsamkeit in Erinnerung. Er soll ein viertes buddhistisches Konzil einberufen haben, das erste seit Ashoka. Angesichts der ethnischen Vielfalt seines asiatischen Reiches kann es kaum erstaunen, dass er wie Ashoka religiöse Toleranz und kulturelle Vielfalt förderte. Mit der Zeit passten die Kushanas sich ihrer Umgebung an und wurden zu Einheimischen. Einer der letzten Kushana-Herrscher trug den Namen Vasudeva, ein Titel des Hindugottes Vishnu. Der in vedischer Zeit untergeordnete Sonnengott Vishnu war im 3. und 4. nachchristlichen Jahrhundert an die Stelle Indras getreten und einer der Hauptgötter eines wiedererstarkten und von der königlichen Macht besonders geförderten Hinduismus geworden. Bilder von Shiva (einem Gott nichtindoarischen Ursprungs, der in der Religiosität der Hindus gleichfalls in den Vordergrund rückte) erschienen auf den Münzen des Kanishka-Nachfolgers Hivishka. Die südlichen, hinduistischen Teile des Reiches brachen allerdings als erste weg, und Mitte des 3. Jahrhunderts n. Chr. blieb den Kushanas nur ein kleines Gebiet in Gandhara und Kaschmir. Ende des Jahrhunderts waren sie nur noch Vasallen des iranischen Königs.

Die Herrscher des Kushana-Reichs übten eine geringere zentrale Kontrolle aus als die Mauryas. In Nord- und Mittelindien überlebten lokale Königreiche und Republiken, die eher mit dem Herrschaftssystem der Kushanas verbunden waren, als von ihm absorbiert wurden. Manche wurden sogar weiterhin als *gaṇa* bezeichnet – ein Ausdruck alter Stammestraditionen der Indoarier und ein Hinweis auf den Fortbestand starker lokaler Machtzentren. In der Kushana-Zeit und danach behielten einige dieser halbautonomen Regionen sogar ihre alten Hindu-Oberhäupter. Andere wurden erobert oder aus Ödland, Urwäldern und Stammesgebieten von eindringenden kriegerischen Nomaden neugeschaffen, die sesshaft wurden und wie die Kushanas den Buddhismus oder häufiger noch den Hinduismus übernahmen. Im Zuge einer bedeutsamen Konsolidierung des aufkommenden Kastensystems wurden viele dieser Neuankömmlinge in ganz Nordindien und Rajasthan schließlich als Rajput-Kshatriyas anerkannt und legten sich eine Genealogie zu, in der sie ihre ausländischen Ursprünge übergingen und ihre Abstammung stolz auf Sonne und Mond zurückführten. Die Hindu-Gesellschaft wurde dadurch in zweifacher Weise gestärkt: erstens durch die Aufnahme einer neuen Schicht kraftvoller Ausländer, die dazu beitrug, die hinduistische Gesellschaftsordnung vor dem Zusammenbruch zu bewahren, und zweitens durch den Erwerb einer Kriegerelite, deren Mitglieder glühende Anhänger des Hinduismus wurden. Wo der Buddhismus zur Ausbreitung des Glaubens an Gewaltlosigkeit beigetragen hatte, da verlieh nun der Aufstieg der Rajputen den kriegerischen Idealen des Kriegsherrn neue Kraft. Doch indem die neue Rajput-Elite sich eigene Herrschaftsgebiete in der Wüstenwildnis und den unzugänglichen Gebirgen Rajasthans schuf, stärkte sie auch die lokale Aufteilung der Macht und verhinderte die Schaffung eines umfassenden Reiches. Die Rajputen waren weder imperiale Herren noch willige Untertanen und bemühten sich über Jahrhunderte, die autonome Mitte zu halten.

Dieses lokale Muster der Assimilation und Selbstbehauptung war zwar in Rajasthan besonders ausgeprägt, fand sich aber auch in anderen Regionen, etwa in Zentralindien und im Dekkan, wo gleichfalls Kriegereliten die ländlichen Regionen beherrschten, vor allem auf den trockenen Hochebenen zwischen den bewaldeten Hochländern und den bewässerten Tiefebenen. Gestützt wurde ihr Recht auf die Anwendung militärischer Macht, die Erhebung von Steuern und die Ausübung der Gerichtsgewalt durch die Assoziation mit den Hindu-Göttern (vor allem Vishnu und Shiva), deren Tempel sie förderten und in deren Namen sie regierten. Wie Burton Stein bemerkt, besaßen diese Kleinkönigreiche eher »fließende« als deutlich markierte Grenzen. »Als Staaten waren sie weniger durch Verwaltung als durch Sprache und die Zugehörigkeit zu bestimmten Sekten oder Tempeln definiert.«[44] Wenn diese lokalen Kriegerdynastien erst einmal bestanden, waren sie nur schwer wieder auszumerzen, und die meisten imperialen Oberherren begnügten sich damit, deren Rechte anzuerkennen, solange sie nur ihre Oberhoheit akzeptierten, indem sie Tribut zahlten und militärische Dienste leisteten.

Am mittleren und oberen Ganges war das Vermächtnis der Maurya-Herrschaft immer noch schwach zu spüren. Die Shunga-Dynastie mit ihrem Schwerpunkt im alten Kernland Magadha währte gut ein Jahrhundert, bevor sie von den Kanvas abgelöst wurde, die wiederum den Andhras weichen mussten. Die Andhras, nach denen einer der südlichen Bundesstaaten des heutigen Indien benannt ist, gehörten möglicherweise zu einem der vielen Stämme, die einst die Mauryas unter ihre Herrschaft gebracht hatten, doch offenbar bewahrten sie sich auch unter dieser Dynastie eine gewisse lokale Macht. Auch als Satavahanas bekannt, etablierten sie sich erstmals um 120 v. Chr. unter einem Führer namens Gautamiputra Satakarni als unabhängige Herrscher mit Sitz in Nasik im nordwestlichen Teil des Dekkan. Nach der Eroberung des südlichen Dekkan bezeichnete Satakarni sich selbst als »Herr der südlichen Gebiete«. Doch angesichts weiterer Invasionen, diesmal seitens der Shakas, waren die Satavahanas gezwungen, die nördliche Hälfte ihres Herrschaftsgebiets aufzugeben und nach Südosten in die Mündungsgebiete der Godavari und der Krishna auszuweichen. Auf dem Höhepunkt ihrer Macht im 1. und 2. Jahrhundert beherrschten die Satavahanas den Dekkan vom Arabischen Meer bis zur Bucht von Bengalen und bezogen ihre Einkünfte aus dem Handel an beiden Küsten und aus dem landwirtschaftlichen Reichtum des Godavari- und des Krishna-Deltas. Der letzte bedeutende Satavahana-König regierte Ende des 2. Jahrhunderts n. Chr. Danach zerfiel das Reich in eine Vielzahl kleiner, über den gesamten nördlichen und mittleren Dekkan verstreuter Königreiche. Ein weiteres regionales Königreich entstand in Kalinga. Den Gipfel seiner Macht erreichte es unter einem jinistischen König namens Kharavela, der sein Reich in der üblichen Weise durch eine Reihe blutiger Feldzüge erweiterte. Im Norden griffen seine Armeen die Indogriechen an, aber auch mit den Satavahanas im Dekkan lieferten sie sich Gefechte, und sie drangen nach Süden ins Tamilenland vor, wo sie das Reich der Pandyas eroberten, einen von mehreren Anwärtern auf die Vorherrschaft im Südosten. Eine Zeitlang erstreckte die Kalinga-Herrschaft sich sogar auf die Küstenregion Sri Lankas, aber wie so viele Staaten nach den Mauryas überdauerte auch Kharavelas Reich dessen Lebenszeit nur unwesentlich.

Der Süden der Halbinsel wurde von drei rivalisierenden, aus früheren, vorindoarischen Stammesgebieten hervorgegangenen Königreichen beherrscht: dem Reich der Pandyas mit der Hauptstadt Madurai, dem der Colas mit Zentrum in dem reichen Reisanbaugebiet des Kaveri-Deltas und dem an der Westküste im heutigen Kerala gelegenen Reich der Ceras, das von den Ebenen im Osten durch die gebirgigen West-Ghats getrennt war. Diese Königreiche lagen häufig miteinander und mit der benachbarten Insel Sri Lanka im Krieg. Für den dravidischen Süden reichen die schriftlichen Quellen bis zurück in das 3. Jahrhundert v. Chr., doch die tamilische Kultur florierte erstmals während der »Sangam-Zeit« von etwa 300 v. Chr. bis 200 n. Chr. Obwohl die Sanskritkultur – zum Teil durch die Niederlassung von Brahmanen aus dem Norden – über viele Jahrhunderte in den Süden eindrang, blieben doch viele Aspekte der sozialen Organisation und des kulturellen Lebens aus vorindoarischer Zeit erhalten. Dank der geographischen Entfernung von den politischen und religiösen Zentren im Norden und wegen der Unwegsamkeit der dazwischenliegenden Regionen konnten die Staaten des Südens sich in relativer Isolation entwickeln, wenngleich auch sie immer wieder Einfällen ausgesetzt waren, ob nun seitens der Satavahanas und Kalingas oder seitens benachbarter Berg- und Urwaldstämme. Einer dieser Einfälle aus den Stammesgebieten setzte der Sangam-Zeit ein Ende, und erst im 4. Jahrhundert begann mit den aus Kanchipuram im nördlichen Tamil Nadu stammenden Pallavas eine neue Phase dravidischer Expansion.

2. Das Zeitalter der Guptas

Die Gupta-Zeit (von 320 bis 540 n. Chr.) gilt manchen als Höhepunkt der Hindukultur in Südasien und als »klassisches Zeitalter« Indiens. Als Phase relativen Wohlstands und einer Blüte von Kunst und Literatur, Philosophie und Wissenschaft waren diese zwei Jahrhunderte eine Zeit neuer imperialer Größe. Sie waren allerdings in deutlichem Gegensatz zur Vorherrschaft des Buddhismus unter Ashoka und Kanishka zugleich ein Zeitalter

I Die Grundlagen der südasiatischen Kultur: um 2500–1200 v. Chr.

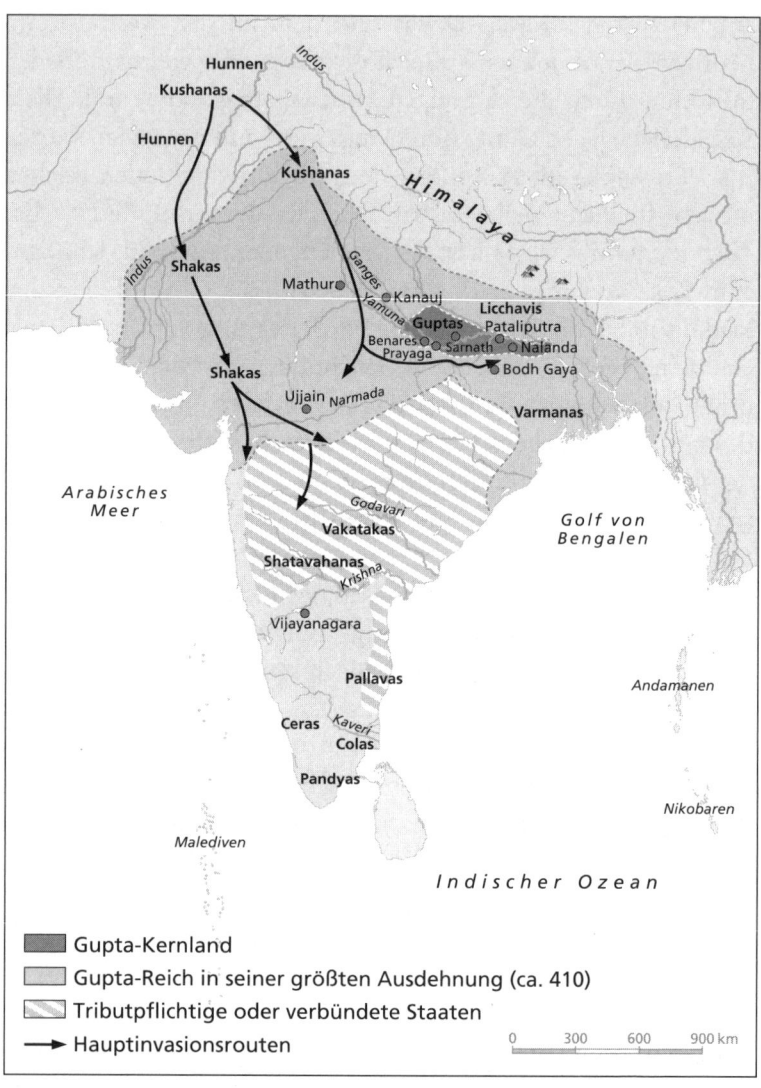

Karte 6: Das Zeitalter der Guptas

eines mit neuer Lebenskraft erfüllten Hindu-Königtums. Dieses Phänomen bedarf einer Erklärung, und sei es nur, weil Darstellungen des Hinduismus zwar ausführlich dessen asketische Tradition und die volkstümliche Religiosität behandeln, aber nur selten auf dessen politische Dimensionen eingehen.

Zu Beginn unserer Zeitrechnung war es anerkannte Pflicht (*dharma*) der Hindu-Könige, ihre Untertanen zu schützen, für die Einhaltung der hinduistischen Gesetze (der *śāstra*s) zu sorgen und die Varnas zu erhalten. Man erwartete vom König, dass er den Tempeln und der brahmanischen Priesterschaft Schenkungen zukommen ließ und über die genaue Beachtung der Regeln für religiöse Riten und Feste wachte. Ihm oblag die Sorge für die Sicherheit seiner Untertanen und die Rechtsprechung. Im Gegenzug erhöhte und legitimierte der Hinduismus das Königtum. Brahmanen leiteten die Krönungszeremonie, baten um göttlichen Segen für die Herrschaft des Königs, beglaubigten seinen Titel und seine Abstammung. Der König wurde nicht von Sterblichen gewählt, sondern herrschte im Namen der höchsten Gottheit als deren Stellvertreter auf Erden. Mit der Macht der Götter ausgestattet, mochte der König sogar den Anspruch erheben, die Inkarnation Ramas oder eine Manifestation Shivas zu sein. Die Verknüpfung der politischen Macht mit der neuerlich aufsteigenden hinduistischen Religion begünstigte in ganz Südasien den Aufstieg regionaler Staaten, doch ganz besondere Bedeutung besaß sie für die Guptas, die erste ausdrücklich hinduistische Dynastie.

Die Guptas waren eine zunächst unbedeutende Familie aus Prayag (Allahabad) im östlichen Uttar Pradesh. Der dritte Gupta-König, Candragupta I., legte sich den Titel *mahārājādhirāja* (Herr der Großkönige) zu. Um 320 n. Chr. heiratete er eine Prinzessin aus dem seit Jahrhunderten in Nordbihar einflussreichen Licchavi-Clan und festigte damit seine Stellung wie auch seinen Legitimitätsanspruch. Münzen aus dieser Zeit bestätigen das. Sie zeigen auf der einen Seite den König und seine Königin, auf der anderen ein Bild Lakshmis, der Glücksgöttin, auf einem Löwen sitzend, und daneben die Aufschrift »Licchavi«. Nachdem die Guptas ihre Reputation gesichert hatten, machten sie sich auf

Abb. 6: Münze aus der Gupta-Zeit

den Weg zu imperialer Größe. Candraguptas Sohn und Nachfolger Samudragupta, einer der großen Eroberkönige Indiens, unternahm eine Reihe ehrgeiziger, auf Expansion zielender Feldzüge. Während seiner vierzigjährigen Herrschaft (er starb 376 n. Chr.) dehnte er die Herrschaft der Guptas auf Bihar, Zentralindien, Rajasthan, den Panjab und Sind aus, drang in Assam und Nepal ein und überrannte dabei Republiken und Königreiche. Er behauptete selbst, eine Reihe von »Dschungel-Rajas« in Mittel- und Ostindien unterworfen zu haben, auch wenn viele von ihnen in der Praxis in ihren entlegenen Gebieten nahezu autonom geblieben sein dürften, solange sie die Hegemonie der Guptas nicht in Frage stellten. Auf seinen kühnsten Feldzügen marschierte Samudragupta südwärts durch Kalinga, das Krishna-Godavari-Delta und die zuvor von den Pallavas kontrollierten Territorien bis nach Kanchipuram. Noch niemals zuvor hatte ein im Gangestal beheimateter Monarch seinen Herrschaftsbereich so weit nach Süden ausgedehnt, auch wenn hier wie anderswo besiegte Könige vielfach wieder eingesetzt wurden, wenn sie sich zu Tributzahlungen verpflichteten. Samudragupta herrschte über ein Reich, das dem von Ashoka in der Ausdehnung gleichkam, aber er hielt sich an die Ideale des hinduistischen Königtums und nicht an den Buddhismus. Zur Feier seiner Macht als Hindu-Monarch führte er das alte Pferdeopfer wieder ein und ließ seine Leistungen auf einer Ashoka-Säule in Allahabad verewigen. Auf den Münzen, die er zum Gedenken an seine Siege prägen ließ, rühmt er sich: »Der Oberkönig der Könige, nachdem er die Erde erobert hatte, erobert er mit unwiderstehlicher Heldenkraft den Himmel.«[45]

Auf Samudragupta folgte 376 n. Chr. dessen Sohn Candragupta II., der den Titel Vikramaditya (»Sonne der Tapferkeit«) annahm. Diese stolze Bezeichnung bestätigte die Identifikation der Guptas mit dem Hinduismus und insbesondere mit Vishnu, dessen Inkarnationen (vor allem der Eber, Varaha) unter ihrer Herrschaft zu einem beliebten Sujet in der Kunst wurde. Candragupta II. führte das Gupta-Reich zu seiner größten Ausdehnung – von Bengalen bis zum Indus, vom Himalaya bis zum Fluss Narmada. Sein wichtigster Feldzug, um 400 n. Chr., zielte auf die Eliminierung der Shaka-Herrscher in Malwa und Gujarat. Ihre Niederlage verschaffte ihm den Zugriff auf die Reichtümer Westindiens. Die Shaka-Münzen, auf denen ein buddhistischer *vihāra* abgebildet war, wurden ersetzt durch solche mit einem von den Guptas bevorzugten Emblem, dem *garuḍa* oder Adler des Vishnu. Candragupta festigte seine Macht noch weiter, indem er seine Tochter mit Rudrasena, einem König der Vakataka-Dynastie, verheiratete, der den westlichen Dekkan zwischen dem Vindhya-Gebirge und der Krishna beherrschte. Nach der Sicherung der militärischen Überlegenheit schienen Heiratsallianzen ein ebenso wertvolles Mittel zur Stärkung des Gupta-Reiches zu sein wie Waffengewalt, und offenbar waren sie sogar ein noch wirkungsvolleres Mittel zur Kontrolle der äußeren Provinzen.

Die Richtung der Gupta-Expansion wurde weniger von einer Vorstellung hinsichtlich der »natürlichen« Grenzen Indiens bestimmt als von dem pragmatischen Wunsch, die Herrschaft über die landwirtschaftlich produktivsten und kommerziell ergiebigsten Regionen des Subkontinents sowie über die Fernhandelswege zu erlangen, die den kommerziellen Reichtum ermöglichten. In administrativer Hinsicht bestand das Kernland des Reiches aus jenen inneren Gebieten von Mathura im Westen bis nach Pataliputra im Osten, in denen Samudragupta die früheren Herrscher ersetzt und die Herrschaft selbst übernommen hatte, um diese reichen und fruchtbaren Landesteile von königlichen Beamten verwalten zu lassen. Die äußeren Reichsgebiete waren in Provinzen unterteilt, jede unter einem vom Kaiser eingesetzten Statthalter, und in kleinere Verwaltungseinheiten untergliedert. Es ist jedoch zweifelhaft, ob die Guptas jemals das von den Mauryas ausgeübte Maß an Kontrolle erreichten. Wie die häufigen Hinweise auf Heiratsallianzen und untergeordnete Herrscher vermuten lassen, war das Gupta-Reich außerhalb des nördlichen Kernlandes möglicherweise kaum mehr als ein System der Oberhoheit, das gelegentlich durch militärische Macht bestärkt wurde, aber einen großen Teil der Macht niederen Königen überließ, die Tributzahlungen an den Kaiser leisteten, ansonsten jedoch nicht in die kaiserliche Verwaltung integriert waren. Noch weiter jenseits der Grenzen aktiver Kontrolle durch die Guptas gab es schließlich in so entlegenen Gebieten wie Nepal noch Könige und Stammesoberhäupter, die ihnen zuweilen Tribute zahlten oder, wie in Sri Lanka, die Guptas als Wächter von Bodhgaya anerkannten.

Die Herrschaft der Guptas währte nicht lange. Unter Kumaragupta (Regierungszeit 415–454 n. Chr.), dem Sohn und Nachfolger Candraguptas II., entstand im Nordwesten eine neue Bedrohung: Die Hunnen, die zuvor die nomadischen Yuezhi besiegt und die Herrschaft in Baktrien übernommen hatten, begannen, in Richtung Süden vorzudringen. In Südasien erreichten die Hunneneinfälle nicht so verheerende Ausmaße wie in Europa, wo sie den Untergang des Römischen Reiches beschleunigten, doch sie sorgten für eine Erosion der Gupta-Macht und unterbrachen Fernhandelswege, die zur Stützung des Regimes beigetragen hatten. Kumaraguptas Sohn Skandagupta musste um 460 n. Chr. eine größere Hunneninvasion abwehren, und dieser Kampf erwies sich als Wendepunkt in der Geschichte der Guptas. Ihre Macht schwand zusehends, und unter einer Reihe glanzloser Herrscher zerfiel das Reich. Die äußeren Provinzen erlangten ihre frühere Autonomie zurück, bis den Guptas nur noch ihr kleines Kernland im Norden blieb. Ohne die Abwehrkraft eines starken Reiches wurde der Widerstand gegen die Hunnen zu einem lokalen Stückwerk. Unter Toramana griffen sie erneut an, eroberten Westindien, und nach dem Sieg über eine Gupta-Armee drangen sie in den Panjab, nach Kaschmir und Uttar Pradesh ein. Weitere mittelasiatische Stämme folgten den Hunnen, wanderten nach Indien ein und ließen sich dort nieder. Die Hunneneinfälle war nur von kurzer Dauer, doch solange sie währten, wurden die Städte geplündert, der Handel wurde unterbrochen, und das kulturelle Leben, das zu den glanzvollen Momenten der Gupta-Zeit gehört hatte, erlebte einen Niedergang. Für mehr als 700 Jahre, bis zum Aufstieg des Delhi-Sultanats im 13. Jahrhundert, gab es in Südasien kein Großreich von vergleichbarer Ausdehnung und ähnlichem Anspruch mehr. Doch wie Catherine Asher und Cynthia Talbot meinen, lässt sich der Bedeutungszuwachs regionaler Reiche eher als »Zeichen dynamischer Entwicklung« begreifen denn als ein »Mangel an Zivilisation, der es äußeren Mächten erleichterte, Südasien zu erobern«.[46]

In den meisten Teilen des Subkontinents verlief die Zeit von 600 bis 1200 ohne größere Invasionen, aber auch ohne die Bildung von Großreichen. In politischer Hinsicht waren diese Jahrhunderte geprägt von ständigen, wenn auch lokalen Kämpfen um die Herrschaft im Norden, im Dekkan und im fernen Süden. Kriege waren keine Seltenheit, aber es entstand kein übergreifendes Herrschaftsmuster. Die regionalen und subregionalen

Königreiche, jedes in seinem eigenen Gebiet verschanzt, hielten untereinander ein im Wesentlichen unverändertes Machtgleichgewicht aufrecht. Die Neigung zu lokalen statt imperialen Staaten wurde unterstützt durch die Entstehung regionaler Kulturen und regionaler Systeme der Patronage und der sozialen Kontrolle, an deren Spitze die jeweils herrschende Dynastie oder die vorherrschenden Clans standen. Die Gesellschaft stagnierte zwar nicht, doch die technologische Innovation kam nur langsam voran, und angesichts des Rückgangs im Fernhandel vermochte die wenig dynamische ländliche Ökonomie kaum Anstöße zu Veränderungen zu geben.

Einer der nach den Guptas aufkommenden Staaten strebte allerdings nach imperialem Status. Während der Regierungszeit Harshas (606–647 n. Chr.) kontrollierte die Pushpabhuti-Dynastie mit Zentrum in der antiken Stadt Kanauj das mittlere und obere Gangestal und herrschte über das Gebiet vom Panjab ostwärts bis nach Bengalen. In seiner militärischen Größe wie in der Förderung der Religion und der Kunst konnte Harsha sich für kurze Zeit mit den Guptas messen, doch es gelang ihm nicht, seine Macht über die Narmada hinaus nach Süden auszudehnen – jenen Fluss, der so oft die Grenze nördlicher Macht markierte. Er musste eine verheerende Niederlage gegen die Armee Pulakeshins II., des Calukya-Herrschers von Badami in Karnataka, hinnehmen. Im 8. Jahrhundert beherrschten die Gurjara-Pratiharas für kurze Zeit einen Streifen, der von Gujarat durch Rajasthan bis nach Zentralindien hinein reichte. Der Aufstieg dieser Dynastie signalisierte die Macht der Rajputen und deren zeitweilige Integration zu einem einzigen politischen System. Nach der Plünderung Kanaujs durch die Rashtrakutas Anfang des 10. Jahrhunderts zerfiel die Gurjara-Pratihara-Allianz, und die Rajputen gerieten unter die Herrschaft mächtiger, oft miteinander verfeindeter Clans – der Solankis in Kathiawar und Gujarat, der Cauhans im östlichen Rajasthan und der Tomaras, die das Gebiet um Delhi besetzt hielten, bis sie im 12. Jahrhundert von den Cauhans verdrängt wurden. Weiter östlich beanspruchten auch die Candellas von Khajuraho Rajput-Status. Im späten 7. und frühen 8. Jahrhundert erschien mit den Arabern, die 711 Sind und den Panjab eroberten, eine weitere neue Macht in Südasien, doch die Rajputen verhinderten ein weiteres Vordringen. Drei Jahrhunderte lang währte diese Blockade, und die Araber vermochten nicht weiter nach Osten vorzudringen als bis zum Industal.

Auch im Osten fanden sich vornehmlich regionale Regime. Die um 750 n. Chr. von Gopala begründete Pala-Dynastie erreichte ihren Höhepunkt im 8. und 9. Jahrhundert unter den Königen Dharmapala und Devapala, doch sie vermochte ihren Einfluss kaum über Bengalen hinaus auszudehnen. Die Palas, die den Buddhismus förderten, wurden von den hinduistischen Senas ersetzt, die im 12. Jahrhundert den Buddhismus unterdrückten und die Macht der Brahmanen aufrechterhielten, bevor auch sie von muslimischen Invasoren hinweggefegt wurden. Im Dekkan war ab dem 6. Jahrhundert die erfolgreichste Dynastie die der Calukyas mit der Hauptstadt Badami in Bijapur. Den Gipfel ihrer Macht erreichten sie unter Pulakeshin II. (Regierungszeit 610–642), einem Zeitgenossen Harshas. Der nachfolgende Niedergang der Calukyas ermöglichte die Entstehung mehrerer kleinerer Königreiche, so im Norden das der Yadavas in Devagiri, in der Mitte und im Süden das der Hoysalas.

3. Annäherungen an den Süden

Mit dem Zusammenbruch der Gupta-Dynastie und dem Scheitern weiterer Versuche zur Gründung von Großreichen im Norden erlangte der Süden Indiens größere Bedeutung. Tatsächlich widerspricht der kraftvolle, expansionistische Charakter der südlichen Staaten im frühen Mittelalter dem verbreiteten Bild, wonach dies in ganz Südasien eine Zeit der Stagnation und des Niedergangs gewesen sei. Im Süden gingen die Kriege zwischen rivalisierenden Staaten nahezu ununterbrochen weiter, doch die bedeutsamste Entwicklung war der Aufstieg der Pallavas, die noch im 3. Jahrhundert relativ bedeutungslos gewesen waren und im 7. und 8. Jahrhundert zu nahezu imperialer Größe fanden. Die in Kanchipuram beheimatete Dynastie erreichte ihren Höhepunkt unter Mahendravarman I. (Regierungszeit 600–630). Dessen Nachfolger Narasimhavarman (Regierungszeit 630–668) unternahm Feldzüge nach Sri Lanka und setzte erstmals in konzertierter Form indische Seestreitkräfte gegen die benachbarte Insel ein. Bis dahin waren die meisten südasiatischen Reiche mit ihren Armeen und ihrem Bestreben, die Einkünfte und Tributzahlungen aus den beherrschten Regionen zu sichern, hauptsächlich als Landmächte aufgetreten, auch wenn sie Gewinne aus dem Überseehandel zogen. Die aus der Küstenebene des Südostens stammenden Pallavas und nach ihnen die Colas bewiesen dagegen, welch enormes Potential in der Seemacht lag. Die maritime Ausrichtung gehört zu den großen Beiträgen des Südens zur Verbreitung der südasiatischen Kultur, vor allem durch die Ausbreitung hinduistischer kultureller Einflüsse ostwärts Richtung Südostasien.

Doch zunächst wollen wir einen Blick auf Sri Lanka werfen. Die beiden ethnischen und kulturellen Kräfte, die in den letzten 2500 Jahren gemeinsam die Geschichte der Insel prägten, waren schon sehr früh präsent. Während die indoarische Kolonisierung sich auf die Zeit um 500 v. Chr. datieren lässt, erfolgte der erste dravidische Eingriff nur wenig später, um das 3. vorchristliche Jahrhundert. König Devanampiya Tissa (um 250–210 v. Chr.), der mit Ashokas Segen zum Buddhismus konvertierte, erhob bei seiner Krönung den Anspruch auf die gesamte Insel, auch wenn einige Häuptlinge seine Oberhoheit nicht anerkannten. Erst schrittweise konnte unter Saddhatissa (Regierungszeit 137–119 v. Chr.) die Zentralgewalt auf die ganze Insel ausgedehnt werden. Wie auf dem Festland scheinen auch hier Buddhismus und Entstehung größerer Staatssysteme Hand in Hand gegangen zu sein. Gestützt auf einen ertragreichen Reisanbau, währte das buddhistische Königreich mit der im mittleren Norden der Insel gelegenen Hauptstadt Anuradhapura bis ins 8. Jahrhundert. Außer vom landwirtschaftlichen Reichtum profitierte Sri Lanka von der Perlenfischerei im Golf von Mannar, die allerdings auch die Begehrlichkeit der südindischen Nachbarn weckte. Als Händler, Söldner und Abenteurer, aber auch als Siedler begannen Draviden vom indischen Festland Einfluss auf der Insel zu gewinnen. Im Jahr 177 v. Chr. ergriffen zwei südindische Eindringliche die Macht in Anuradhapura und dehnten ihre Herrschaft zeitweilig auf die gesamte Mitte Sri Lankas aus. Sie währte jedoch nicht lange. Die Niederlage des Tamilengenerals Elara gegen den singhalesischen Fürsten Dutthagamini nach fünfzehn Jahren Krieg gilt manchen als epischer Kampf um die Verteidigung der buddhistischen Religion und der Unabhängigkeit Sri Lankas, als Beweis für den Wunsch einer »die gesamte Insel umfassenden Souveränität«.[47] Doch was in moderner Zeit als starke ethnische Trennung zwischen tamilischen Hindus und singhalesischen Buddhisten erscheint, war in der Geschichte selten so klar ausgeprägt. Tamilen, die in den nördlichen Teilen der Insel lebten, waren stark am höfischen Leben und der Innenpolitik in Anuradhapura beteiligt. Auch in Sprache und Religion kam es zu einer beträchtlichen Vermischung zwischen Tamilen und Singhalesen, wenngleich die Tatsache, dass der Buddhismus um das 6. Jahrhundert in Südostindien seinen Niedergang erlebte und schließlich verschwand, während er in Sri Lanka die Vorherrschaft behielt, eine wachsende soziale, religiöse und ethnische Kluft aufriss.

Das keineswegs in sich geeinte Sri Lanka zerfiel in drei Hauptzonen: die südöstlichen Provinzen, das zentrale Bergland (das wegen seiner Urwälder und seiner zerklüfteten Landschaft nur schwer zu kontrollieren war) und die nördliche Trockenzone.

Von Anuradhapura im Norden vermochten nur wenige Könige den Süden zu beherrschen, der oft zu einer Brutstätte der Rebellion wurde. Wie auf dem indischen Festland, so bot auch diese interne Teilung Sri Lankas mächtigen lokalen Clans die Möglichkeit, sich ein hohes Maß an Autonomie zu bewahren. Verschärft wurden die internen Konflikte noch durch das Fehlen klarer Thronfolgeregeln in Anuradhapura sowie durch indische Einmischungen und Invasionen. Der Süden des Subkontinents und seine Nachbarinsel entgingen den Verheerungen im Gefolge der Hunneneinfälle und anderer Invasionen aus dem Norden, aber sie hatten etwa ab dem 7. Jahrhundert unter eigenen Konflikten zu leiden. Nachdem Manavamma 684 n. Chr. den Thron in Anuradhapura bestiegen hatte, versuchte er, den tamilischen Einfluss am Hof und in der Armee zurückzudrängen und ein günstigeres Gleichgewicht mit den dravidischen Staaten herzustellen, doch das tat er seltsamerweise, indem er sich mit den Pallavas im nördlichen Tamil Nadu verbündete. Das führte prompt zu einer Invasion der Pandyas, der Erzrivalen der Pallavas; Sri Lanka wurde zum Schlachtfeld für verfeindete indische Dynastien und deren fürchterlich wütende Armeen. Als eine verheerende Invasion durch Sena I. (Regierungszeit 833–853) von ortsansässigen Tamilen unterstützt wurde, rächten die Insulaner sich, indem sie den Krieg auf das Festland trugen. Sie verwüsteten die Hauptstadt der Pandyas, Madurai, und dezimierten das Regime, das ihnen so viel Elend gebracht hatte. Doch dieser kühne Gegenangriff brachte Sri Lanka keine Erleichterung, denn an die Stelle der Pandyas und Pallavas traten schon bald die noch aggressiveren Colas.

Eine 915 aus Sri Lanka nach Südindien entsandte Armee erregte den Zorn der Colas, vor allem als der Pandya-König nach Sri Lanka floh. Da die Colas glaubten, niemals vollkommen sicher sein zu können, solange die Insel ihren Feinden als Zufluchtsort diente, starteten sie einen großangelegten Angriff. Sie plünderten Anuradhapura und bauten eine neue Hauptstadt in

Abb. 7: Aus dem Felsen gehauene Bhudda-Statuen in Polunaruwa

Polonnaruwa. Unter Rajaraja dem Großen (984–1014) eroberten die Colas die nördliche Mitte Sri Lankas und machten die Region für siebzig Jahre zu einer Provinz ihres Reiches. Rajarajas Sohn Rajendra (1014–1044) vervollständigte die Eroberung Sri Lankas durch die Colas – eine Besetzung, die bis 1070 dauerte, als die Invasoren schließlich vertrieben wurden.

Rajendra verfolgte auch auf dem Festland eine Expansionspolitik. Er drang nordwärts in den Raichur-Doab vor, den strategischen Keil zwischen den Flüssen Tungabhadra und Krishna, und sogar bis zum Ganges – eine einzigartige Umkehrung des ansonsten anzutreffenden Musters, wonach Armeen aus dem Norden Eroberungs- und Raubzüge in den Süden unternahmen. Die kühnste Expedition in der Regierungszeit Rajendras war ein von See aus vorgetragener Angriff auf das auf Sumatra gelegene Srivijaya im Jahr 1025. Zu einer Zeit, da der Fernhandel auf den Seewegen zwischen Indien und China florierte, sollte dieser gewagte Schachzug die Straße von Malakka unter die Kontrolle der Colas bringen und so die Möglichkeit eröffnen, Zölle auf die wertvolle Fracht zu erheben, die auf dieser Route transportiert wurde. Diese Eroberung war Teil der umfassenden Ausbreitungen des indischen Handels und der indischen Kultur auf die Inseln und das Festland Südostasiens, die zugleich auch für die Ausbreitung des Buddhismus und des Hinduismus sowie für die Entstehung hinduisierter Staaten in Java, Thailand und Kambodscha sorgte.

Im 12. Jahrhundert war die Macht der Colas innerhalb wie außerhalb Indiens geschwunden. In Südostasien waren an ihre Stelle chinesische Einflüsse und lokale Kulturen wie auch Staaten getreten. In Indien traten mehrere lokale Königreiche an ihre Stelle, darunter die der Hoysalas und der Pandyas. Im 13. Jahrhundert kontrollierten wiederum die Pandyas einen großen Teil der südlichen Halbinsel. Doch selbst nach dem Niedergang der Colas verwehrte man Sri Lanka die Unabhängigkeit. Nach der Regierungszeit Parakramabahus I. (1153–1186) und Nissanka Mallas (1187–1196) kam es erneut zu einer indischen Intervention, wenn auch diesmal nicht aus Kalinga. Wieder übernahmen fremde Eindringlinge die Macht, und sogar Polonnaruwa wurde aufgegeben. Es begann eine neue Phase innerer Zersplitterung, die mehrere Jahrhunderte andauern sollte.

4. Landwirtschaft und Umwelt

In der Zeit von 200 v. Chr. bis 500 n. Chr. wuchs die Wirtschaft Südasiens ganz beträchtlich, und der Subkontinent wurde eine der reichsten Regionen der Erde, auch wenn er, fern vom Glanz der Höfe und dem Reichtum der Kaufleute, in den unteren Rängen der Gesellschaft zugleich eine der ärmsten war. Frühe arabische Autoren des 9. und 10. Jahrhunderts sahen in Indien ein Land von außergewöhnlichem Wohlstand. In ihren Augen gehörte der Rashtrakuta-König, der im westlichen Dekkan herrschte, zu den reichsten und mächtigsten Herrschern der Welt, reich – wie so viele indische Potentaten – an Elefanten und Armeen, mit gewaltigen Schätzen an Gold und Silber.[48] Ein Teil dieses äußerst sichtbaren Reichtums wurde durch die Ausplünderung anderer Staaten erworben. Aber er stammte auch aus dem florierenden Binnen- und mehr noch Außenhandel (an dem die Araber selbst aktiven Anteil hatten). Ehrgeizige Könige, stets auf den Zuwachs an kultivierbarem Land bedacht, und der florierende Handel mit Gütern wie Reis und Baumwolle förderten das Wachstum des landwirtschaftlichen Sektors. Die Expansion erfolgte über die Ausdehnung des landwirtschaftlich genutzten Bodens auf Flächen, die bislang Weiden, Urwald oder Sümpfe gewesen waren, aber auch über neue landwirtschaftliche Techniken. In einem Land mit allergrößter Abhängigkeit von den Monsunregen gehörten dazu natürlich Techniken der Wasserversorgung und der Bewässerung. Ob nun durch königliche Patronage und Landschenkungen an buddhistische Klöster und hinduistische Tempel oder durch die Mobilisierung der Arbeitskraft von Sklaven oder Angehörigen niederer Kasten auf der Ebene des Dorfes – das Streben nach einer größeren und zuverlässigeren Wasserversorgung für landwirtschaftliche Zwecke erforderte große und oft sogar dramatische Eingriffe in die Landschaft. Besonders ausgeprägt war der Bau umfangreicher Bewässerungssysteme im südlichen Teil des Subkontinents (wo keine Flüsse aus dem Himalaya zur Bewässerung der Ebenen genutzt werden konnten), vor allem im Norden Sri Lankas und im Südosten Indiens.[49]

Im Unterschied zu den feuchteren Gebieten im Westen und im zentralen Hochland war der Norden Sri Lankas durch geringe (auf die Monsunzeit von September bis Januar beschränkte) Niederschläge, wenige große Flüsse und hohe Verdunstungsraten gekennzeichnet. Das für die Landwirtschaft benötigte Wasser wurde über ein Kanalsystem aus den Flüssen abgezweigt, die aus dem Innern der Insel kamen. Die frühesten Bewässerungsanlagen wurden im 1. vorchristlichen Jahrhundert angelegt und in den folgenden vier Jahrhunderten beständig ausgebaut. Zu den ältesten Anlagen dieser Art gehören Wasserreservoirs oder künstliche Seen (zwei davon, der Minneriya- und der Kalavava-See, bedeckten schließlich eine Fläche von 4000 Hektar), die bei Reis oder anderen Feldfrüchten zwei oder mehr Ernten im Jahr ermöglichten. Das bewässerte Land ernährte nicht nur eine beträchtliche Bevölkerung, sondern erwirtschaftete auch die Einkünfte, die erforderlich waren, um die königliche Macht, eine ausgeprägte soziale Hierarchie und das reiche kulturelle Leben der »hydraulischen Zivilisation« von Anuradhapura zu erhalten. Obwohl der Zusammenhang zwischen intensivem Reisanbau und der Entwicklung zentralisierter Staaten überschätzt werden kann (und gelegentlich zu hochgradig stereotypen Bildern eines »orientalischen Despotismus« führt[50]), sehen manche Historiker einen Unterschied zwischen Gesellschafts- und Staatsformen, die sich auf der Grundlage des Reisanbaus entwickelten, und solchen, die auf »trocken« angebautem Getreide basierten. K. N. Chaudhuri hat bemerkt, dass Weizen- und Hirseanbau in Asien eher kleinere, autonomere Häuptlingschaften begünstigte, über die dann größere Staatensysteme die Kontrolle zu gewinnen versuchten. Dagegen zwangen die für Anbau und Ernte von Reis erforderlichen kollektiven Anstrengungen und deren hohe

Produktivität»... die zentralisierten asiatischen Staaten, sehr viel stärker auf das Wohlergehen der im Reisanbau engagierten Dörfer zu achten, als dies bei den extensiven landwirtschaftlichen Techniken der Fall war, die beim Anbau von Weizen und Hirse zum Einsatz kamen«.[51]

Vom Bau künstlicher Wasserreservoirs und Seen war es in Sri Lanka nur ein kleiner, aber bedeutsamer Schritt bis zur Ableitung und Kanalisierung von Flüssen, mit denen man die Wasserversorgung der landwirtschaftlichen Gebiete um die Hauptstadt Anuradhapura sicherte. So leitete man das Wasser der Mahaweli Ganga, die ursprünglich vom zentralen Hochland nordwärts nach Trincomalee floss, durch einen nahezu 50 Kilometer langen Kanal in die Umgebung der Stadt. Um dieses Bewässerungssystem zu bauen, eine regelmäßige Wasserversorgung der Felder zu sichern und Dammbrüche zu verhindern, bedurfte es beträchtlicher technischer Kenntnisse und eines hoch entwickelten Verständnisses der Trigonometrie und der Hydraulik, aber auch einer großen Zahl von Arbeitskräften (die durch *rājakāriya*, ein Zwangssystem von Frondiensten für den König, mobilisiert wurden). In der Regierungszeit Mahasenas (274–301 n. Chr.) baute man einen Kanal, der Wasser in das riesige Minneriya-Reservoir leitete, und derselbe Herrscher soll den Bau von fünfzehn weiteren Wasserreservoirs und Kanälen angeordnet haben. Unter späteren Königen zweigte man auch aus den nach Westen fließenden Flüssen Malvalu Oya und Kala Oya Wasser ab, um damit die Felder im trockenen Norden zu bewässern. Viele dieser Projekte waren von beträchtlicher Größe. Der Damm (*bāndh*), der den künstlichen Kalavava-See umgab, war fünf Kilometer lang und erhob sich an manchen Stellen 12 Meter über das Niveau der Umgebung. Er bestand aus behauenen Granitblöcken, die zur Erhöhung der Festigkeit miteinander verzapft waren. Das Reservoir enthielt genug Wasser, um damit eine Fläche von 500 Quadratkilometern zu bewässern.

Erst im 7. Jahrhundert erreichte dieses mühsam aufgebaute

Netz aus künstlichen Seen und Kanälen seine Grenze – um dieselbe Zeit, als auch die Macht der Herrscher von Anuradhapura zu schwinden begann. Wahrscheinlich kamen die Kanäle und Reservoirs erst nach den Cola-Invasionen und dem Zusammenbruch der Verwaltung in Anuradhapura, nach 500 Jahren intensiver Landwirtschaft, langsam außer Gebrauch und wurden vom Dschungel zurückerobert. In einer der fundamentalsten Verschiebungen in der Geschichte der Insel verlagerte sich die Masse der Bevölkerung wie auch das Zentrum der politischen Macht Sri Lankas vom Norden in den Südwesten. Mit dem Verfall der alten Bewässerungsanlagen breiteten sich in den stehenden Gewässern der aufgegebenen Wasserreservoirs und Kanäle die Moskitos aus; die lebensbedrohliche Malaria, unter der die Trockenzone im Norden bis in die 1940er Jahre zu leiden hatte, verschlang diese einstmals äußerst fruchtbare und dicht besiedelte Region.

Auch wenn Sri Lankas »hydraulische Gesellschaft« nach Größe und technischem Entwicklungsstand außergewöhnlich war, stand sie damit doch nicht allein da. In Südostindien wurden unter den Pallava-, Cola- und Pandya-Königen gleichfalls umfangreiche Netze aus Wasserreservoirs, Dämmen und Kanälen zum Ausgleich für die mageren und unregelmäßigen Niederschläge geschaffen. Eines der größten und eindrucksvollsten Bauwerke entstand an der Kaveri im Herzen des Cola-Reiches (ein weiterer Beweis für den Zusammenhang zwischen Staatsmacht, Wassermanagement und Reisanbau). Dort baute man quer durch den Fluss einen riesigen Damm, den *Großen Anicut*, über 300 Meter lang, 18 Meter breit und fünf Meter hoch, von dem aus man das Wasser über eine Vielzahl von Kanälen auf die Reisfelder der Umgebung leitete. Dieses umfangreiche Bewässerungssystem, das die Grundlage für die außergewöhnliche landwirtschaftliche Produktivität des Kaveri-Deltas legte, wurde über Generationen erhalten, bis englische Ingenieure es Anfang des 19. Jahrhunderts renovierten und weiter ausbauten. Kleinere Netzwerke aus Reservoirs, Wehren und Kanälen finden sich auch an anderen Flüssen des Südens wie etwa dem Vaigai. Die hohe Produktivität, die man dank dieser aus Flüssen und Wasserreservoirs gespeisten Bewässerungssysteme in der Küstenebene von Tamil Nadu erreichte, ermöglichte ihrerseits die expansive Macht der Colas im 10. und 11. Jahrhundert (auch wenn dieselbe Macht ironischerweise die »hydraulische Zivilisation« von Anuradhapura zerstörte) und verlieh Südindien eine agrarische Basis, die mit der des Gangestals im Norden zu konkurrieren vermochte. Doch die auf reichen Reisernten basierende Wirtschaft trug auch eine hochgradig differenzierte Gesellschaft, in der Brahmanen und andere Grundbesitzer hoher Kastenzugehörigkeit über die Pariah-Arbeitskräfte (die Unberührbaren) herrschten, denen die schwere Arbeit des Pflügens, Pflanzens, Pflegens und Erntens zufiel. Wie in Sri Lanka stimulierten religiöse Geld- und Landschenkungen – in Thanjavur eher an Brahmanen als an buddhistische Klöster – die landwirtschaftliche Kolonisierung und sorgten für die Ausbreitung der auf Bewässerung basierenden Landwirtschaft, die ihrerseits wieder den für die Unterstützung der Tempel, der Klöster und der Kultur der Bildungselite erforderlichen materiellen Reichtum hervorbrachte. In ganz Südasien übten die großen Bewässerungsprojekte einen gewaltigen und nachhaltigen Einfluss auf Landwirtschaft, Landschaft, Staat und Gesellschaft aus. Vergleichbares findet sich erst wieder im 19. Jahrhundert mit dem Bau der Bewässerungskanäle und der Eisenbahn.

Nicht alle Bewässerungssysteme erreichten solch eine Größenordnung wie die in Anuradhapura und Thanjavur. Auch gingen nicht alle zugrunde, als Südasien von den alten Großreichen zur stärkeren Fragmentierung des Mittelalters überging. In Rajasthan etwa – einem ständig von Dürre bedrohten Gebiet mit spärlichen Niederschlägen und sengender sommerlicher Hitze – wurden diverse technische Mittel benutzt, um sparsam mit den begrenzten Wasservorräten umzugehen und den größten Nutzen daraus zu ziehen. Man baute sehr tiefe, mit Steinen ausgekleidete

Stufenbrunnen, in denen man das Wasser speicherte. Die Menschen benutzten mechanische Hilfsmittel, darunter möglicherweise auch das persische Schöpfrad, um das Wasser zu heben, wobei Ochsen, Kamele und Esel für den nötigen Antrieb sorgten. Dank der verbesserten Wasserversorgung war es möglich, sowohl Frühjahrs- als auch Herbstfrucht (*rabī* bzw. *kharīf*) anzubauen, darunter Gerste, Weizen, Reis, Sesam (für Öl), Hülsenfrüchte und Baumwolle. Die Expansion der Landwirtschaft folgte in Rajasthan vielfach der Vergabe von Land an Brahmanen und der Festigung der Rajput-Herrschaft. Die Kolonisierung geschah oft auf Kosten früherer Stammes- und Nomadenvölker (wie der Bhils, der Medas und der Ahirs), die zuvor in den Urwäldern von Jagen und Sammeln oder von Wanderhackbau und Weidewirtschaft gelebt hatten. Eine Inschrift aus dem 9. Jahrhundert beschreibt, wie Rajputen die Dörfer von Stämmen plünderten und zerstörten und das Vieh wegtrieben. Ihr Häuptling Kakkuka überzog dann das Land mit »duftendem Lotus und anmutigen Mangohainen und *madhuka*-Bäumen und bedeckte es mit den Blättern ausgezeichneten Zuckerrohrs«.[52] Es war ein langsamer, schrittweise vollzogener Wandel, aber über die Jahrhunderte veränderte er das Gesicht der Landschaft selbst in einigen der trockensten Regionen Südasiens.

5. Die Rückkehr der Städte

Städte hatte es seit der Induskultur in Südasien nicht mehr gegeben, doch nun erlangten sie erneut Bedeutung. Manche waren Verwaltungshauptstädte, andere Pilgerstätten und Zentren der Gelehrsamkeit, doch in den meisten Fällen waren sie Ausdruck eines blühenden Handels und Gewerbelebens. Die Landwirtschaft lieferte neben dem Reis wichtige Güter wie Zucker und Baumwolle, die auf großen Binnenmärkten gehandelt wurden.

Spinner, Weber und Färber stellten aus der Baumwolle eine Vielzahl – gefärbter, bemalter, bestickter – Tuche her, die am Ort verkauft oder auf entfernter gelegene Märkte gebracht wurden. Städte wie Benares und Kanchipuram waren nicht nur für ihre politischen und religiösen Funktionen, sondern auch für die besonderen Fertigkeiten ihrer Weber bekannt. An Stil und Qualität der Kleidung konnte man den persönlichen Reichtum, den sozialen Status und die religiöse Zugehörigkeit eines Menschen ablesen. Wie Getreide erlangten Tuche eine Doppelstellung als Güter und als Ersatzwährung, die man als Zahlungsmittel, zum Tausch und als Tributleistung einsetzen konnte. Mit Tuchen konnte man Landarbeit und andere dörfliche Leistungen bezahlen. In Gestalt von Umhangtüchern und anderen prestigeträchtigen Kleidungsstücken dienten sie in Ritualen und Zeremonien, als königliche Gunstbeweise und als Zeichen religiöser Hingabe an einen Gott.

Zum herstellenden Gewerbe gehörten auch weitere Formen handwerklicher und kunsthandwerklicher Produktion, darunter die Bearbeitung von Eisen, Bronze, Gold und Silber, die Holz- und Elfenbeinschnitzerei und die Arbeit der Steinmetze. Das alte Indien verfügte über ein breites Spektrum handwerklicher Spezialisten, von denen viele im Dienste königlicher Höfe standen oder die Bedürfnisse von Garnisonen, Tempeln und Klöstern befriedigten. Archäologische Funde wie auch schriftliche Quellen zeugen für die Gupta-Zeit von blühenden Städten und einem steigenden Lebensstandard. Ein Hinweis auf den wachsenden Wohlstand ist die Benutzung von Münzen. Von den Griechen und Persern hatten südasiatische Herrscher die Praxis übernommen, unter Verwendung einheimischen oder importierten Goldes, Silbers oder Kupfers Münzen herauszugeben, auf denen sie ihre Herrschaft feierten, ihre königliche Macht proklamierten und ihrer Religion huldigten. An die Stelle der früheren punzierten Metallscheiben traten nach der Maurya-Zeit höherwertige geprägte Münzen. Sie leisten nicht nur unschätzbare Dienste, wenn es darum geht, die Abfolge der südasiatischen Herrscher zu bestimmen oder Aufstieg und Fall regionaler Dynastien nachzuzeichnen, sondern belegen auch die wachsende Bedeutung des Geldes bei kommerziellen Transaktionen. Auch ausländische Münzen waren weithin im Umlauf, vor allem solche des Römischen Reiches, die allerdings, nach den Schatzfunden zu urteilen, oft wohl eher wegen ihres Goldgehaltes als wegen ihrer aktiven Münzfunktionen gehortet wurden. Münzen erleichterten die Einnahme von Steuern und Tributzahlungen; sie stärkten die Macht des Staates und erhöhten die Bedeutung der Steuereintreiber. Das Geldverleihen wurde (und blieb lange) ein entscheidendes Moment wirtschaftlicher Aktivitäten, mit Zinssätzen bis zu 15 Prozent (oder noch höher, wenn es um Überseehandel ging). Doch die Tauschwirtschaft war nicht gänzlich verschwunden. Als verbreiteter Ersatz für Münzen mit geringem Nennwert dienten Kaurimuscheln (die zu einem großen Teil von den Malediven stammten – ein Grund, weshalb die Inselgruppe eine weitaus größere wirtschaftliche und strategische Bedeutung besaß, als man es angesichts ihrer geringen Fläche und ihrer abgeschiedenen Lage erwarten würde).

Die Zeit von etwa 200 bis 300 n. Chr. markiert den »Aufstieg der merkantilen Gemeinschaft«[53] – eine Entwicklung von weitreichender sozialer und wirtschaftlicher Bedeutung. Zum Teil ist das Wachstum des schon zu Zeiten der Mauryas und des Frühbuddhismus mächtigen Kaufmannsstandes ein weiterer Beleg für den vielgesichtigen Charakter des Varna-Systems. Die Kaufleute bildeten das dritte Element nach den brahmanischen Priestern und den Kshatriya-Kriegern und vor den Shudra-Bauern. Ihr Aufstieg untergrub die soziale Hierarchie nicht, sondern festigte sie eher noch, denn sie zeigten kaum Neigung, selbst politische Macht auszuüben. Die Kaufleute, vor allem Buddhisten und Jainas, stellten ihren Reichtum in den Dienst ihrer jeweiligen religiösen Gemeinschaften, blieben aber von den Priestern und Kriegern getrennt. Die engste Verbindung gingen sie mit den städtischen Handwerkern und den ausländischen Kaufleuten ein, mit denen sie Handel trieben. Ein zentraler Faktor in der sozialen Organisation des Kaufmannsstandes in Antike und Frühmittelalter war nicht die Kaste, wie wir sie heute verstehen, sondern die Kaufmannsgilde, die gewisse Ähnlichkeiten mit entsprechenden Institutionen im mittelalterlichen Europa besaß. Die in der Maurya-Zeit entstandenen Gilden wurden zu einem wesentlichen Merkmal der städtischen Gesellschaft und des Produktionsprozesses. Die meisten Handwerker gehörten einer Gilde an. Diese gab ihnen Beschäftigungssicherheit und eine geachtete Stellung. Von den Machthabern anerkannt, besaß jede Gilde ihren eigenen Verhaltenskodex und das Recht, Verstöße gegen diese Regeln zu ahnden. Gilden machten Schenkungen an Tempel und Klöster, investierten aber auch in kommerzielle Unternehmungen einschließlich des Überseehandels. Ihre Führer konnten einflussreiche Persönlichkeiten sein, aber offenbar hüteten sie sich, die Macht des Königs oder die Privilegien der Priesterschaft in Frage zu stellen.

6. Fernhandel

Neben den Großreichen und den Religionen war der Fernhandel eines der dynamischsten Merkmale der antiken Welt. In Südasien lassen sich zwei Formen des Fernhandels unterscheiden. Die erste war der Überlandhandel auf Karawanenstraßen, die Nord- und Westindien mit Zentralasien und der nach China führenden Seidenstraße in der einen Richtung, mit Westasien und dem Mittelmeerraum in der anderen Richtung verbanden. Die zweite Form war der Seehandel, der Häfen in Indien und Sri Lanka mit den westlich des Indischen Ozeans gelegenen Küsten, von Ostafrika und dem Jemen bis hin zum Roten Meer und zum Persischen Golf verband. Gleichzeitig standen die Häfen mit

Südostasien und China über die Straße von Malakka in Verbindung. Zusammen belegen diese beiden Formen des Fernhandels die Bedeutung Südasiens als Quelle von Gütern, die in der ganzen Ökumene bekannt, gesucht und begehrt waren, wie auch als ein Drehkreuz und Marktplatz der antiken Welt. Beide hatten ihre jahreszeitlichen Rhythmen, da während des Monsuns Regen und Sturm den Verkehr auf den Karawanenstraßen behinderten und die Häfen zur Schließung zwangen. Doch während die Überlandwege Nordindien begünstigten, wurden sie doch auch ständig von politischen Unruhen und Invasionen bedroht. Die Seewege waren nicht so leicht zu unterbrechen (auch wenn Stürme, Schiffbrüche und Piraterie ihren Preis forderten) und stärkten damit die Bedeutung Südindiens.

Schon früh in buddhistischer Zeit drangen indische Kaufleute nach Zentralasien vor, verkauften dort Textilien, Schmuck, Gewürze, Safran, Sandelholz und Perlen und kauften dafür Edelmetalle, Seidenstoffe und Pferde ein. Mit dem Niedergang der Guptas wurde diese Route zwar gefährlicher, da die Hunnen und andere Nomadenstämme des Nordens den Handel immer wieder unterbrachen, doch andererseits förderten imperiale Regime, wie das der Harshas im siebten Jahrhundert, die Bewegungsfreiheit und den Fernhandel. In der Kushana-Zeit profitierten indische Kaufleute von der erneuten Öffnung der zentralasiatischen Routen, so dass sie wieder eine Verbindung zur Seidenstraße herstellen konnten, die quer durch den ganzen Kontinent Rom und den Mittelmeerraum mit China und Ostasien verband. Wichtige Handelsrouten führten auch von Taxila im Panjab nach Kabul und Kandahar und weiter nach Iran, ans Schwarze Meer und in die Levante. Seide, Türkis und Lapislazuli gehörten zu den Gütern, die auf diesem Weg transportiert wurden. Die Fernhandelsrouten fanden Anschluss an innerindische Routen, die seit den Zeiten der Mauryas von Pataliputra bis zum Golf von Bengalen oder durch Rajasthan bis nach Broach, einem wichtigen westindischen Handelsplatz, führten. Der Handel zwischen Westasien und Indien ist schon für das 1. vorchristliche Jahrhundert bezeugt. Indisches Teak-, Zedern- und Sandelholz wurde bereits im 7. Jahrhundert exportiert und blieb ein begehrtes Objekt des überregionalen Handels. Als man im 1. Jahrhundert v. Chr. den jahreszeitlichen Charakter der Monsunwinde erkannte, veränderte diese Entdeckung den Seehandel und verlieh Südasien neue Bedeutung als Angelpunkt des Handels im Bereich des Indischen Ozeans. Die Südwestwinde, die von Mai bis September über das Arabische Meer wehen, erlaubten es Segelschiffen, indische Häfen zu erreichen, ohne den langen und gefährlichen Weg die Küsten entlang nehmen zu müssen, während die von Oktober bis April auf Nordost drehenden Monsunwinde es den Schiffen ermöglichten, ins Rote Meer, nach Arabien und Afrika zurückzukehren. Diese Entdeckung verkürzte die Segelzeiten und senkte die Kosten.

Die römische Nachfrage nach Gewürzen und orientalischen Luxusgütern bot einen starken Anreiz für den Handel durch das Arabische Meer. Kaiser Augustus empfing 25–21 v. Chr. zwei Gesandte aus Indien, denen es mit einiger Sicherheit um die Klärung von Handelsfragen ging. Einen weiteren Beleg bietet die im ersten 1. Jahrhundert n. Chr. verfasste Meeresgeographie *Periplus Maris Erythreae*, die aus erster Hand über die geschäftigen Häfen an der Westküste Indiens berichtet, darunter auch Cranganore in der Nähe von Cochin, damals einer der Haupthäfen für den Handel mit Gewürzen aus Malabar. Der Handel mit Rom florierte nach der römischen Eroberung Ägyptens, die den Weg nach Indien über Alexandria und das Rote Meer öffnete. Die Überfahrt nach Indien dauerte etwa vierzig Tage, und die Flotten umfassten wahrscheinlich bis zu 120 Schiffe. Eine größere römische Ansiedlung mit einem Dock, mit Häusern für Händler und Befestigungen ist in der Nähe des heutigen Pondicherry ausgegraben worden, wobei man große Mengen römischer Töpferwaren, Münzen, Perlen, Lampen und Glaswaren fand. Im *Periplus* sind zahlreiche Handelsgüter aufgelistet, darunter Pfeffer und andere Gewürze, Edelsteine und Textilien. Zu den Handelswaren aus Sri Lanka gehörten Zimt und Perlen. Griechische, römische und arabische Händler bezahlten die Waren meist mit Gold und Silber, zwei in Indien sehr gesuchten Edelmetallen, für die es im Inland nur wenige Quellen gab. Aus römischer Sicht erschien der Export von Gold und Silber als schädlich. Plinius der Ältere klagte, der Handel mit Luxusgütern aus Indien ruiniere die römische Wirtschaft. Er sei ein Loch, in dem der Reichtum des mediterranen Europa rasch verschwinde. Welche Auswirkungen dieser Handel für Rom auch gehabt haben mag, er nutzte jedenfalls den Satavahanas und anderen südindischen Dynastien, deren Häfen sie mit dem Gold versorgte, das sie für ihre Münzen oder für die Vergoldung ihrer Throne, Paläste und Tempel benötigten.

Im 3. und 4. Jahrhundert ging der Handel mit Rom stark zurück, da Wohlstand und militärische Macht des Römischen Reiches dahinschwanden und orientalische Luxusgüter unerschwinglich wurden. Diese Entwicklung markierte zwar das Ende einer Phase des indischen Überseehandels, doch schon bald begann eine andere. Mit der Gründung der chinesischen T'ang-Dynastie im Jahr 618 und der raschen Expansion der Araber nach dem Tod des Propheten Mohammed im Jahr 632 begann eine neue Ära des Handels und der Zivilisation, in der Südasien wieder zu einem äußerst wichtigen Bindeglied zwischen Ost und West wurde. Indien exportierte Reis, Textilien, Gewürze und Sandelholz und diente als Zwischenstation für Gewürznelken, Muskatnüsse, Muskatblüten und Pfeffer von den indonesischen Inseln. Indien importierte Gold, Elfenbein und Sklaven aus Ostafrika und Pferde aus den Regionen am Persischen Golf. Ein Großteil dieses Handels lag in den Händen der Araber, die zu Mittlern zwischen dem Subkontinent und Ost- wie auch Westasien wurden, wenngleich die Eroberung Srivijayas durch die Colas im Jahr 1025 belegt, dass auch Südasien einen Teil des Zwischenhandels an sich zu ziehen versuchte. Wie der Überlandhandel die Ausbreitung des Buddhismus erleichtert hatte, so setzte der Seehandel mit dem Westen Südasien neuen Ideen und Einflüssen aus. Arabische Kaufleute ließen sich zeitweilig in Malabar und Sri Lanka nieder, und ihre mit einheimischen Frauen gezeugten Nachkommen bildeten mit der Zeit recht ansehnliche muslimische Gemeinden. In kleiner Zahl stellten sich auch jüdische, christliche und syrisch-orthodoxe Kaufleute ein. In Kerala entstand eine syrisch-christliche Gemeinde, für deren Existenz allerdings erst ab dem 7. Jahrhundert sichere Belege vorliegen. Viele dieser Überseekontakte beschränkten sich jedoch auf einzelne Häfen und Küstenenklaven und ließen das Binnenland weitgehend unberührt. Abgesehen von der langsamen Ausbreitung des Islam und des Christentums wirkten die Kaufleute nicht als bedeutsame Vermittler fremder Kultur. Möglicherweise hinderten ihre Vorsicht und ihr Konservatismus sie daran. Außerdem zeigt die Verwendung des Ausdrucks *yavana* (Fremder), dass man Ausländer auf Distanz hielt und ihre fremdartigen Sitten ungern übernahm.

Auch der Kontakt zwischen China und Südasien war eher kommerziell als kulturell bedeutsam. Eine Zeitlang reisten indische Kaufleute bis nach Kanton, während Chinesen Häfen in Indien und Sri Lanka besuchten, um Seide und Porzellan gegen Pfeffer und Gewürze einzutauschen. Der Buddhismus, der 379 in China zur Staatsreligion erhoben wurde, bot einen weiteren Anreiz zu Kontakten. Die chinesischen Pilger Fa Hsien und Hsuan Tsang besuchten Orte, die im Zusammenhang mit Buddha standen, und sammelten Sanskrit- und Pali-Texte, um sie ins Chinesische zu übersetzen. Indische Kunst, Architektur und Religion übten in dieser Zeit Einfluss auf China und Japan aus, doch in der Gegenrichtung kam in kultureller Hinsicht kaum etwas. Chinas T'ang-Herrscher schickten 643 und 647 Gesandtschaften an den Hof des buddhistischen Kaisers Harsha, und als Harsha starb, versuchten die Chinesen, den Usurpator seines Throns zu vertreiben. Doch eine so weitreichende Intervention blieb die Ausnahme.

7. Die Frage des Feudalismus

Seit der Veröffentlichung der wegweisenden Studie *Indian Feudalism* von R. S. Sharma im Jahre 1965 gehört zu den umstrittensten Problemen der mittelalterlichen Geschichte Südasiens die Frage, ob der Subkontinent einen Prozess der Feudalisierung erlebte und, wenn ja, in welchem Maße der Feudalismus die ökonomische, soziale und politische Geschichte nach der Gupta-Zeit bestimmte (oder verzerrte). Während manche Historiker die Feudalismusthese entschieden bejahten und weiter ausarbeiteten, bestritten andere sie leidenschaftlich und erklärten, damit würden aus dem europäischen Mittelalter übernommene historische Modelle in irreführender Weise auf die ganz anders gearteten Verhältnisse Südasiens übertragen.[54]

Die Existenz des Feudalismus nicht nur in Indien, sondern im gesamten Südasien ist aus mehreren Gründen eine sehr wichtige Frage. Erstens, da die Diskussion des Feudalismus sich in weiten Teilen auf Europa, insbesondere auf die anglo-normannische Gesellschaft in Frankreich und England, bezieht, lädt die Frage zu einem direkten Vergleich zwischen der Geschichte Südasiens und der des mittelalterlichen Europa oder anderer Teile Eurasiens wie Japan ein, für die man die Existenz einer ähnlichen Feudalordnung behauptet hat. Zweitens lässt sich das Konzept des Feudalismus gleichsam negativ benutzen, um die offenkundige wirtschaftliche Stagnation Südasiens und das Ausbleiben imperialer Systeme nach dem Niedergang der Guptas zu erklären. So dient der Feudalismus als Erklärung für eine stärker introspektive Phase der südasiatischen Geschichte und den scheinbaren Rückfall aus einem ökonomisch, politisch und kulturell »Goldenen Zeitalter« in eine eher rückständige, ländliche und dezentralisierte Gesellschaft.

In den 1950er und 1960er Jahren vertraten viele marxistische Historiker in Indien die These, das mittelalterliche Südasien habe alle Kennzeichen einer Feudalordnung besessen. Diese These fußte auf der Marx'schen Darstellung der Phasen der Menschheitsgeschichte und der darin gründenden Überzeugung, der Feudalismus sei eine universelle Erscheinung und ein notwendiger Vorläufer des Aufstiegs des Kapitalismus und des Sieges des Sozialismus. Wie konnten da Indien und seine alten Grundherren und Fürsten etwas anderes als »feudal« gewesen sein? Der Niedergang des Gupta-Reiches wurde als Entsprechung zum Untergang des Römischen Reiches im Westen verstanden, der in Indien zu ähnlicher Unsicherheit und politischer Fragmentierung geführt habe, wie sie letztlich auch den Aufstieg des europäischen Feudalismus ausgelöst hatten. Auch in Indien habe sich eine abgeschlossene, mit erblichen Rechten und Titeln ausgestattete Klasse zwischen den arbeitenden Massen und einem geschwächten Staat etabliert. Ein deutlicher Rückgang des Fernhandels (von dem allerdings der Norden stärker betroffen war als der Süden) und ein Rückgang der Warenproduktion hätten dazu geführt, dass die Märkte schrumpften, das Geldangebot sich verringerte und die Städte verkümmerten. Der Reichtum der Kaufleute schmolz dahin, die Gilden erlebten ihren Niedergang oder verschwanden gänzlich. Die Wirtschaft hatte bald nur noch lokalen Zuschnitt und beschränkte sich weitgehend auf ländliche Subsistenzproduktion und lokalen Austausch. Die Bauern wurden zu Leibeigenen gemacht, in ihrer Bewegungsfreiheit massiv eingeschränkt und mit hohen Steuern und Frondiensten belegt, so dass sie gezwungen waren, mit ihrer Arbeit eine immer größere Zahl von Mitgliedern der mittleren Herrschaftsklassen zu ernähren. Als diese stagnierende, verländlichte Wirtschaft erst einmal entstanden war, hielt sie sich über Jahrhunderte und verfestigte sich sogar noch Ende des 18. und Anfang des 19. Jahrhunderts im Gefolge der britischen Bodenpolitik.

Diese marxistische Interpretation des indischen Feudalismus, die gelegentlich auch Sri Lanka einbezieht, stößt auf wachsende

Kritik durch Historiker, die sich fragen, ob Südasien wirklich jemals eine so stagnierende und ländlich geprägte Region war, wie Sharma und andere behaupten, und ob die Geschichte des Subkontinents tatsächlich denselben Linien folgte wie Europa nach dem Untergang des Römischen Reiches. Es bestehen Zweifel, ob die feudalen Verhältnisse sich in Südasien zu dem »klassischen« Muster des Feudalismus entwickelten, das sich im 10. und 11. Jahrhundert in Europa herausbildete. So findet sich keine Entsprechung für das System der Grundherrschaft, das in den Diskussionen um den französischen und englischen Feudalismus eine so wichtige Rolle spielt; die im Westen zwischen Herr und Vasall bestehenden Vertragsbeziehungen fehlten, und es gab in der Blütezeit der Feudalordnung auch keine Entsprechung für das Heilige Römische Reich und das Papsttum. Andererseits war Südasien nach der Gupta-Zeit gleichfalls durch das Fehlen einer zentralen Herrschaftsinstanz geprägt, so dass die Einnahmen und die militärische Macht Regionalkönigen und untergeordneten Oberhäuptern zufiel. Auch in Südasien erlangte Landbesitz eine neue Bedeutung für den sozialen Status und die ökonomischen Verhältnisse. Selbst ohne vergleichbare Formen der Investitur und der feudalen Unterordnung besaßen die Rajput-Häuptlinge und Kshatriya-Krieger zumindest vorübergehend eine gewisse Ähnlichkeit mit europäischen Rittern und Baronen. Sie hielten sich ihnen ergebene Soldaten und bauten nahezu uneinnehmbare Festungen, um ihren Herrschaftsbereich vor rebellischen Untertanen, ehrgeizigen Rivalen oder machthungrigen Oberherren zu schützen. In einigen Teilen Indiens, vor allem in Rajasthan, entstand eine feudale höfische Kultur, in der ritterliche Tugenden wie Tapferkeit und heldenhafte Selbstaufopferung wie im mittelalterlichen Europa gefeiert und in dramatischer Form dargestellt wurden. In gewissem Maße könnte man den Begriff eines indischen Feudalismus im Blick auf Klassen, Wirtschaft und Kultur anwenden.

Die im mittelalterlichen Indien für einen Feudalherren verwendete Bezeichnung lautete *sāmanta*. Damit konnte ein Häuptling gemeint sein, der zu einem militärischen und tributpflichtigen Untergebenen gemacht worden war. Häufiger bezeichnete der Ausdruck jedoch einen Beamten, der ein Stück Land als Lohn für seine Dienste zugewiesen bekam, aber dieses Land als tatsächlichen Besitz beanspruchte und mit der Zeit ein persönliches, vererbbares Recht auf die daraus zu ziehenden Einkünfte beanspruchte. Auch wenn er de facto zum Herrscher über ein Gebiet wurde, mochte er dennoch seinen Oberherrn anerkennen, ihm einen Anteil an den eingezogenen Einkünften abtreten und für ihn eine bestimmte Anzahl Soldaten bereithalten, oft wie in Europa in Gestalt einer bewaffneten Reitertruppe. Manche Historiker sind von einem an Europa ausgerichteten Feudalismusbegriff abgerückt und haben sich einem Modell zugewandt, das statt der europäischen Stagnation und Segmentierung eine südasiatische Dynamik in den Vordergrund stellt. Wie bereits angemerkt, zeichnet die neuere Geschichtsschreibung die Reiche der Mauryas und der Guptas nicht mehr als die mächtigen zentralisierten Gebilde, für die man sie früher hielt, so dass der Bedeutungszuwachs regionaler Herrscher vielleicht weniger mit dem Verfall der Zentralgewalt zu tun hatte als mit dem kraftvollen langfristigen Wachstum regionaler Kulturen und lokaler grundherrlicher Geschlechter. Statt in ein südasiatisches Gegenstück zu Europas »Dunklem Zeitalter« einzutreten, bewahrten sich viele Teile Südasiens nach der Abdankung der Guptas ein hohes Maß wirtschaftlicher Aktivität, vor allem dank fortdauernder Rodungen, der Ausbreitung landwirtschaftlicher Siedlungen und der Erweiterung komplexer Bewässerungssysteme. Viele der größeren (nord-)indischen Städte mögen einen Niedergang erlebt haben, doch das wurde möglicherweise kompensiert durch die Ausdehnung des Handels, vor allem des Seehandels, mit Südostasien und China wie auch durch den Expansionsdrang der Cola-Könige im 10. und 11. Jahrhundert. Es lässt sich also festhalten, dass Elemente eines »Feudalismus« im weitesten

Sinne im Mittelalter und danach in Südasien zweifellos anzutreffen waren, auch wenn die Verhältnisse nicht genau den gänzlich andersartigen Bedingungen in Europa entsprachen, noch gab es unbedingt ein einziges, einheitliches Feudalsystem, das in ganz Südasien zu finden gewesen wäre.

F Widersprüche eines klassischen Zeitalters

Die Zeit vom 4. bis 8. Jahrhundert, von den Guptas bis zu Harshas Herrschaft, wird gemeinhin als »klassisches Zeitalter« bezeichnet. Der Ausdruck »klassisch« lädt zu einem Vergleich mit der griechisch-römischen Kultur im Westen ein. Er legt den Gedanken nahe, auf das helle Licht der Klassik sei in Südasien wie in Europa ein dunkles Zeitalter gefolgt, das hinter sich zu lassen die Zivilisation mehrere Jahrhunderte gebraucht habe. Nach A. L. Basham endete das »Wunder Indien« mit Harshas Tod im Jahr 647. Die Geschichte der folgenden Jahrhunderte sei »eine recht eintönige Geschichte ständiger Kriege zwischen rivalisierenden Dynastien« gewesen.[55] Der Ausdruck »klassisch« erweckt außerdem den Eindruck, es sei ein Zeitalter der Eleganz, der Rationalität und der Ordnung gewesen, das die Maßstäbe gesetzt habe, an denen spätere Generationen ihre eigenen Leistungen maßen. In Indien gilt dieses »klassische Zeitalter« als Höhepunkt der Hindu-Kultur (im Unterschied zu deren angeblichem Niedergang unter muslimischer Herrschaft), die eine bemerkenswerte Blüte nicht nur in Literatur, Kunst und Architektur, sondern auch in Recht, Wissenschaft und Medizin erlebt habe.

Die kulturelle Blüte Südasiens zu dieser Zeit war nur in unwesentlichem Maße mit einem imperialen System oder auch nur mit einer kulturellen Elite verbunden, die ihre Wirkung in Sanskrit und Pali entfaltet hatte. Das Verschwinden von Großreichen im Norden signalisierte keinen künstlerischen Zusammenbruch. Tatsächlich datieren viele der Leistungen des klassischen Zeitalters aus der Zeit nach dem 7. Jahrhundert. Die innere Vielfalt Südasiens und der polyzentrische Charakter seiner kulturellen Aktivitäten nahmen auch weiterhin zu, und zwar durch die Entstehung neuer Regionalsprachen geradeso wie durch das Sanskrit, durch Buddhismus und Jinismus ebenso wie durch den Hinduismus und durch die Wechselwirkung zwischen Volksfrömmigkeit und Elitereligion. Wenn die Periode auch in dem Sinne klassisch war, dass sie Ideen einer gut geregelten und scheinbar harmonischen Sozialordnung hervorbrachte, war sie zugleich doch auch eine Zeit, in der die soziale Unterdrückung verschärft und einige der introspektiven Neigungen der südasiatischen Kultur auf Kosten umfassender Toleranz und eines kosmopolitischen Denkens gestärkt wurden.

1. Wiedererweckter Glaube

Buddhismus und Jinismus florierten eine Zeitlang auch weiterhin in vielen Teilen Südasiens und leisteten einen Beitrag zur Gelehrsamkeit und zu den Künsten, darunter der Literatur, Malerei und Architektur. Zu den schönsten Leistungen jinistischer Baukunst gehörte die Tempelanlage am Berg Abu in Westrajasthan. Einige ihrer glanzvollsten Bauten und der am reichsten verzierten Innenräume stammen aus dem 13. Jahrhundert. Der Jinismus blieb in Rajasthan, Gujarat und Karnataka auch weiterhin stark, doch in Südasien insgesamt befand er sich auf dem Rückzug. In Nord- und Ostindien florierte er etwa bis zum 5. Jahrhundert, besonders in Handelszentren wie Mathura. Doch der Aufstieg der hinduistischen Guptas im Norden und das Wachstum der *Bhakti*-Bewegung im Süden beschleunigten seinen Niedergang. Die Jainas wurden entweder von hinduistischen Sekten absorbiert oder verfielen, falls sie sich dem widersetzten, der Verachtung, weil sie einen »vollkommen irreligiösen

Widersprüche eines klassischen Zeitalters 177

Abb. 8: Innenraum des jinistischen Tempels am Berg Abu, Fotografie ca. 1890.

Weg« verfolgten. Im 19. Jahrhundert verglich ein tamilischer Dichter die Anbetung Shivas, die ihn mit »süßer Freude« erfüllte, mit den religiösen Praktiken der »schwachen und schmutzigen« Jainas.[56]

Auch der Buddhismus verlor in Indien immer mehr an königlicher Förderung und an Unterstützung im Volk, auch wenn er anderswo weiterhin sehr vital blieb. Im 7. Jahrhundert leitete Harsha das vierte buddhistische Konzil und vergrößerte die Universität in Nalanda, so dass sie viertausend Studenten aufnehmen konnte. Doch nach seinem Tod isolierten Mönche und Klöster sich zunehmend von der umgebenden Gesellschaft. Wo der Buddhismus überlebte, an den äußeren Rändern Südasiens statt in seinen alten Kernlanden, veränderte er sich. Die Erlösergestalt des *bodhisattva* rückte in seinen Mittelpunkt, oder er wurde, wie in Bengalen und in Tibet, mit tantrischen Praktiken und Glaubenselementen durchsetzt. Die Verehrung des Buddha glich sich in Indien zunehmend der Verehrung anderer Gottheiten an, und so wurde er schließlich als eine der Inkarnationen Vishnus wieder in das revitalisierte hinduistische Pantheon aufgenommen. Bei der muslimischen Invasion im 13. Jahrhundert wurden zahlreiche buddhistische Klöster zerstört, doch das war nicht die Hauptursache für den Niedergang des Buddhismus. In den meisten Teilen Indiens siechte er schon damals dahin. Der Hinduismus dagegen fand immer mehr Anhänger. Für das neuerliche Erstarken des Hinduismus dürften mehrere Faktoren verantwortlich gewesen sein. Einer davon war die Popularisierung und verschönernde Ausschmückung der großen Sanskritepen, des *Mahābhārata* und des *Rāmāyaṇa*. In ihrer ursprünglichen Form reflektierten sie die politische und selbst noch physische Landschaft eines längst vergangenen Zeitalters. Doch die Sanskritfassungen des *Mahābhārata* und des *Rāmāyaṇa* erlangten ihre endgültige schriftliche Form erst in der Gupta-Zeit. Im mittelalterlichen Südasien (und darüber hinaus auch in den Gesellschaften Südostasiens, die wie das hinduistische Bali unter die kulturelle Vorherrschaft Indiens gerieten) waren Geschichten aus diesen beiden Werken weit verbreitet und dienten als Vorlage für volkstümliche Mythen, religiöse Tanzdarbietungen, Tempelfriese und Puppenspiele.

Im Zentrum der neuen spirituellen Autorität des Hinduismus stand die *Bhagavadgītā* (»Das Lied des Herrn«), eine relativ späte Hinzufügung zum Text des *Mahābhārata*. Wie das *Rāmāyaṇa* Rama, den gottähnlichen Fürsten von Ayodhya, feierte, so pries die Gita Krishna als Avatar Vishnus. Während der blutigen Schlacht von Kurukshetra zwischen den verfeindeten Vettern, den Kauravas und den Pandavas, kommen dem Krieger Arjuna Zweifel, ob er sich an dem unvermeidlichen Gemetzel beteiligen und seine eigenen Verwandten abschlachten darf. Krishna, sein göttlicher Wagenlenker, versichert ihm, es sei sein *Dharma*, ohne Rücksicht auf die Folgen seines Tuns zu kämpfen, trotz des

Widersprüche eines klassischen Zeitalters

Abb. 9: Die Schlacht von Kurukshetra zwischen den Kauravas und Pandavas; als Wagenlenker Krishna, im Wagen Arjuna, Miniatur

Blutvergießens und des daraus erwachsenden Leids. Außerdem bedeute der Tod des Körpers nicht auch den Tod des Geistes. Der Geist sei »unvernichtbar, ewig, ungeboren und unvergänglich«:

»Gleichwie der Mensch abgenutzte Kleider ablegt und andere neue anzieht, so legt der Geist die abgenutzten Körper ab und geht in andere neue ein ... beständig, allgegenwärtig, fest, unwandelbar und ewig ist er ...[57]«

Wo die vedischen Riten noch die Notwendigkeit des Opfers betont hatten, wenn es darum ging, die Gunst der Götter zu erlangen, verweist die *Bhagavadgītā* stattdessen auf diszipliniertes Handeln und Selbstbeherrschung als Weg zum Heil. Weder Untätigkeit noch Weltflucht führen ans Ziel. Vielmehr muss der Einzelne »ohne Hang«, ohne »Verlangen und Selbstsucht«, frei von Ehrgeiz und Begierde sein. Er muss seine Pflicht tun – in Arjunas Fall mit der ganzen Tapferkeit eines wahren Kshatriya. Aber er muss dies als Akt der Hingabe (*bhakti*) an Krishna tun, der erklärt: »Ich bin der Anfang und das Ende und auch die Mitte der Schöpfungen ...; es gibt kein bewegliches oder unbewegliches Ding, das ohne mich sein könnte. Kein Ende gibt es meiner göttlichen Entfaltungen.«[58] Die *Gītā* gilt zu Recht als »ein Wendepunkt im Hinduismus«, denn in ihr macht sich im Vergleich zu weit entfernten Himmelsgöttern und priesterlichen Ritualen des Ṛgveda »ein völlig neues Element in der hinduistischen Spiritualität bemerkbar – die Liebe Gottes zum Menschen und des Menschen zu Gott«. In den Gesprächen zwischen Arjuna und Krishna »löst Gott sich vom Universum ... und tritt dem Menschen von Angesicht zu Angesicht gegenüber«.[59] Dieses persönliche Verhältnis zu Gott war entscheidend für die Verdrängung des mitfühlenden buddhistischen Glaubens und das Wiedererstarken der hinduistischen Religion.

2. Der Weg der Frömmigkeit

Die »strenge Ethik« der Pflicht, die Krishna in der *Gītā* formuliert, ist nur ein Teil der vielgesichtigen Identität, die dieser Gott für sich beansprucht. Nach der Legende war er zwar von königlichem Geblüt, wurde aber von Rinderhirten in der Nähe der Stadt Mathura und in dem Dorf Vrindavan großgezogen – beides Orte, die zu Zentren des Krishna-Kultes wurden. Geschichten aus seiner Kindheit und Jugend sind mit mancherlei Streichen wie dem Diebstahl von Butter gewürzt. Eine ihre Brut pflegende Kobra schützt ihn mit ihrem aufgespannten Hut vor der sengenden Sonne, und er vollbringt mühelos Wundertaten wie das Anheben eines ganzen Berges, mit dem er Rinderherden vor den unwetterartigen Regenfällen schützt, die der erzürnte Indra geschickt hat (ein Gott, dessen Stellung als König der Götter offensichtlich im Niedergang begriffen war). Als junger Mann flirtete der dunkelhäutige, Flöte spielende Krishna (der nach der Konvention mit schwarzer oder blauer Haut dargestellt wird) mit den Frauen und Töchtern der Rinderhirten (den Gopis). Darunter befand sich auch die schöne Radha, die Geliebte, die sich in Krishnas Abwesenheit nach ihm verzehrt und deren leidenschaftliches Sehnen das inbrünstige Verlangen des Gläubigen nach den Vereinigung mit dem Göttlichen zum Ausdruck bringt. Die pastorale Idylle findet jedoch bald ein Ende. Krishna tötet den bösen König Kansa, der versucht hatte, ihn zu vernichten. Er erobert Mathura, muss jedoch schon bald mit seiner Königin Rukmini flüchten und errichtet sein Königreich weit entfernt in Dwarka im westlichen Gujarat.

Die Legenden um Krishna wie die um die Taten und Triumphe Ramas boten reichlich Stoff für volkstümlichen, künstlerischen und literarischen Ausdruck jeglicher Art. Krishnas erotische Tändeleien und Radhas inbrünstiges Sehnen nach Krishna dienten als tiefgründige religiöse Metaphern, die das fromme Motiv auf schöpferische Weise erkundeten und ausschmückten.

Der Krishna-Kult hatte seinen Schwerpunkt im Norden, doch die Ursprünge der *Bhakti*-Bewegung lagen anderswo. Wie Südindien mit den Pallavas und Colas eine dynamische Rolle in der politischen Geschichte des indischen Mittelalters gespielt hatte, so stand der Süden auch im Zentrum der Wiederbelebung des Hinduismus. Schon im 4. oder 5. Jahrhundert schuf der tamilische Dichter Tiruvalluvar eine Sammlung *heiliger Doppelverse*, die eine der Grundlagen tamilischer Literatur und dravidischer Frömmigkeit darstellten. Zwischen dem 7. und 10. Jahrhundert (also weit über das »klassische Zeitalter« hinaus) schrieben tamilische Dichter, die Shiva verehrten und *Nayanars* (Lehrer) genannt wurden, heilige Hymnen, während ihre Rivalen, die Vishnu anbetenden Alvars (Heiligen), eigene Sammlungen religiöser Gedichte verfassten. Diese Welle frommer Literatur wurde dann weiter popularisiert von Autoren, die in anderen dravidischen Sprachen wie Telugu und Kannada schrieben oder später dann, als die Bewegung sich nach Norden ausbreitete, auch in Marathi, Hindi und anderen indo-europäischen Sprachen.

Die *Bhakti*-Bewegung und der von ihr inspirierte Reichtum religiöser Gedichte und Lieder förderten die Entwicklung der Regionalsprachen und stärkten damit generell die Identität der Regionen. Sie erlaubten den Ausdruck volkstümlicher religiöser Gefühle ohne Rückgriff auf die klassischen Sprachen Sanskrit und Pali. Die Bewegung verschmähte die Rituale und die Mittlertätigkeit der brahmanischen Priester und zog ihnen eine persönlichere Form des Gottesdienstes vor: die Verehrung (*pūjā*) von Familiengöttern und Tempelgottheiten, das Singen von Hymnen, Wallfahrten zu heiligen Stätten und Badefesten. In diesem neuen religiösen Milieu konnten sowohl Gurus als auch Gläubige aus niederen Kasten und sogar aus den Reihen der Unberührbaren stammen, so dass der Hinduismus sich einer Beteiligung durch breite soziale Schichten öffnete. Der Buddhismus, einst als Reaktion auf die Exklusivität der Brahmanen entstanden, verlor nun an Boden gegenüber einem stärker auf soziale Inklusion ausgerichteten Hinduismus. Selbst wenn die *Bhakti* mit der Zeit auch in den höheren Kasten Anklang fand und Brahmanen zu ihren Verkündern wie auch Anhängern zählte,»blieb sie in den Augen der Brahmanen mit der servilen Moral der niederen Kasten und einer ungehörigen Emotionalität verbunden«.[60] Die *Bhakti*-Sekten standen auch den Frauen offen und brachten neben männlichen auch weibliche Dichter und Heilige hervor, doch der spirituelle Lehrer, der Guru, der die Gläubigen anleitete, war in aller Regel ein Mann. Auch bedeutete die aktive Beteiligung von Frauen keine Abkehr von den üblichen Geschlechterrollen, ja in mancherlei Hinsicht verstärkte die Bhakti sie sogar noch. Schon früh kam man in der tamilischen Literatur auf die Idee, religiöse Hingabe durch eine devote weibliche Stimme zum Ausdruck zu bringen und so die Sehnsucht nach spiritueller Erfüllung mit dem flehenden, liebeskranken Sehnen einer Frau nach ihrem geliebten Herrn zu identifizieren – ein hochgradig geschlechtsbezogenes Idiom, das an der männlichen Überlegenheit kaum etwas änderte.

Die *Bhakti* wurde zu einer der kreativsten und charakteristischsten Kräfte in der südasiatischen Kultur – ihre Inbrunst ist heute noch in der Volksfrömmigkeit und der volkstümlichen religiösen Bildwelt zu spüren. Die Bewegung führte nicht nur zu einer Neubestimmung des Hinduismus und verlieh ihm neuen Schwung als Religion der Massen, sondern inspirierte später auch neue Formen der Frömmigkeit in anderen südasiatischen Religionen, im Islam, im Sikhismus und im Christentum. Dennoch haftet der *Bhakti* wie auch dem Buddhismus eine gewisse politische und soziale Mehrdeutigkeit an. In mancherlei Hinsicht schien sie Unterschichtenidentitäten zu stärken, dem Widerstand gegen die Kastenherrschaft eine Stimme zu verleihen, die Teilhabe an der Religion für Frauen, Angehörige niederer Kasten und Unberührbare zu öffnen, die Menschen zum Ausdruck in Regionalsprachen oder durch leicht zugängliche Ideen und Idiome zu ermutigen. Zugleich aber trug die Bewegung dazu bei, das Selbstbewusstsein der unteren Schichten zu zerrütten, indem sie ihren Zorn und ihre Wünsche von jeder radikalen Forderung nach sozialer Veränderung ablenkte und in die relative Sicherheit religiöser Inbrunst einmünden ließ. Trotz gewisser demokratischer Impulse und trotz der gelegentlichen Verbindung mit dem Widerstand subalterner Gruppen neigte die *Bhakti* doch zur Unterstützung der königlichen Macht – nicht des selbsternannten »Königs der Könige«, sondern der regionalen Herrscher, deren Aufstieg das politische Leben und die kulturelle Vitalität des Mittelalters prägte. Von Anfang an fanden

Heilige und Hymnenverfasser im dravidischen Süden und mit der Ausbreitung der *Bhakti*-Kulte auch im Norden königliche Förderer und Beschützer. Hindu-Königtum und Frömmigkeit blühten gemeinsam.

Ein wichtiges Bindeglied war dabei der Tempel. Im Frühmittelalter entstanden in den meisten städtischen Zentren Tempel, in denen Shiva, Vishnu und ihnen verbundene Gottheiten verehrt wurden. Sie wurden zu Zentren volkstümlicher Frömmigkeit und blieben zugleich Stätte und Embleme königlicher Macht. Könige bauten Tempel, stifteten Bildnisse ihres persönlichen Gottes, förderten religiöse Märkte und Feste und unterstützten

Abb. 10: Tempel in Thanjavur

Priester durch Landschenkungen. Im Gegenzug erhielten sie die Bestätigung ihrer königlichen Titel und ihres *Kshatriya*-Status, erwarben religiöse Verdienste und wurden als Gottkönige verehrt. Tempel wie die eindrucksvolle Anlage, die der Cola-König Rajaraja um 1000 n. Chr. in Thanjavur errichten ließ, verkündeten durch ihren Glanz und ihre Größe die Macht und Frömmigkeit ihres königlichen Patrons. Die massive Pyramide (*śikhara*) des Rajarajeshvara (einer Form Shivas) geweihten Tempels erhebt sich über mehrere, mit Steinmetzarbeiten fein verzierte Stockwerke zu einer Höhe von 65 Metern über dem zentralen Schrein, gekrönt von einem gewaltigen Stein mit einem Gewicht von 80 Tonnen. Um die gesamte Basis des Tempels zieht sich eine Inschrift, die von den Eroberungen des Königs berichtet. Während der Buddhismus das Königtum als moralisches Vorbild zur Schau stellte, verkündeten die Tempel des neuen Hinduismus die vereinte Macht von Gott und König.

3. Recht und Gesellschaft

Zeitgleich mit dem Aufstieg der Bhakti-Kulte erlebte auch der Brahmanismus einen neuerlichen Aufschwung. Der Aufstieg des Buddhismus hatte die Macht der Brahmanen beschnitten, und Ashokas Herrschaft hatte ihre gesellschaftliche Stellung wie auch ihre rituelle Autorität noch weiter geschwächt. Unter den Guptas erholte sich ihr Ansehen ein wenig, doch nur langsam fassten sie Fuß in der Intelligenz Indiens, als philosophische, wissenschaftliche und religiöse Elite der Hindu-Gesellschaft, als Berater, Chronisten und Schreiber. Die neue Gelehrsamkeit entstand hauptsächlich in den großen Tempelstädten. Zu den führenden Philosophen zwischen dem 9. und dem 13. Jahrhundert gehörten Shankaracarya und Ramanuja.

Shankaracarya wurde um 790 in Kerala geboren. Als einer

der größten Philosophen Indiens setzte er an die Stelle früherer brahmanischer Vorstellungen eine monistische Lehre (*advaita*), die an die höchste Einheit des Göttlichen (*brahman*) glaubte und alles andere zu bloßem Schein erklärte. Der Weg zur Befreiung lag danach in dem Bemühen, die weltliche Unwissenheit und Illusion abzuschütteln, um dieses reine spirituelle Wesen zu erfassen und sich darin zu versenken. Ein so abstraktes Verständnis der Religion ließ wenig Raum für einen personalen Gott und eine tragfähige Beziehung zwischen Gott und Kosmos auf der einen, den Bedürfnissen bittender und leidender Menschen auf der anderen Seite. Ein Jahrhundert später setzte Ramanuja, ein Vashnuit, Shankaracaryas Monismus eine spirituelle Philosophie entgegen, die zwischen einem transzendenten universellen Absoluten und der individuellen Seele unterschied und damit die Möglichkeit eines von Liebe und Mitgefühl geprägten Verhältnisses zwischen einem personalen Gott und einem menschlichen Gläubigen eröffnete. Da Gott nun keine Abstraktion mehr war, sondern wie Arjunas göttlicher Wagenlenker ein in der Welt existierendes Wesen, wurde fromme Verehrung ein gangbarer Weg zur Befreiung. Die philosophische Absegnung der Frömmigkeit trug zur Stärkung der *Bhakti*-Bewegung bei und lieferte die theologische Erklärung für den populären Krishna-Kult. Trotz tiefgreifender Unterschiede halfen Shankaracarya und Ramanuja dem Hinduismus, die für den Kampf mit seinen Rivalen nötige intellektuelle Stärke zu entwickeln, aber möglicherweise erlaubten sie es Indien auch und ermutigten es sogar dazu, den Blick nach innen auf eine reformierte Hindu-Tradition zu richten, statt nach außen auf fremde Religionen. Diese Stärkung des Hinduismus von innen her sorgte dafür, dass Indien äußeren Einflüssen weniger zugänglich wurde, als es dies ansonsten vielleicht gewesen wäre.

Wie zum Ausgleich für die volkstümliche Frömmigkeit und als wollte man eine an Jinismus und Buddhismus verlorene Autorität zurückgewinnen, erlebte das klassische Zeitalter eine erneute Betonung der Orthodoxie. Wenn eine gewisse Lust an Dissens und Wortstreit (die Tradition der von Amartya Sen beschriebenen indischen »Streitkultur«) Indien in eine Richtung drängte, so der Wunsch nach Regulierung, Kodifizierung und Eingrenzung in eine ganz andere. Die Philosophen und Gesetzgeber der Zeit zeigten ein eifriges Bemühen nicht nur um religiöse Reform, sondern auch um die Aufrechterhaltung einer Moral und einer Sozialordnung, die der Macht der »zweifach geborenen« (sozial hochstehenden) Varnas förderlich war. Die Orthodoxie fand ihr autoritativstes Manifest im Mānavadharmaśāstra, dem *Gesetzbuch des Manu*. Wie viele Werke der hinduistischen Tradition dürfte der Text sehr viel früher entstanden sein, doch in den ersten Jahrhunderten unserer Zeitrechnung wurde er erweitert und formalisiert.

Das dem legendären Gesetzgeber Manu zugeschriebene Gesetzbuch formuliert detaillierte Regeln für das rechte Verhalten von Priestern und Königen. Der Text versucht das Verhalten »guter Menschen« in Fragen der Ehe und Elternschaft über alle Lebensalter hinweg, von der Geburt bis ins hohe Alter hinein, zu bestimmen. Zugleich betont er, dass die Überlegenheit gegenüber Kastenlosen und Angehörigen der Stammesbevölkerung bewahrt werden müsse. Zwar zeigt sich in der Einstellung gegenüber Königen eine gewisse Ambivalenz (wegen deren Verbindung zu Gewalt und Blutvergießen), doch die Pflichten des Herrschers werden ausführlich behandelt, und er wird als Beschützer aller Klassen gepriesen. Viele der strengsten Verbote betreffen die Frauen. Es gibt strikte Gebote gegen ungehörige geschlechtliche Beziehungen, insbesondere zwischen männlichen Angehörigen höherer Kasten und Frauen aus niederen Kasten: »Wenn ein Brahmane eine Shudra zur ersten Ehe in sein Bett nimmt, sinkt er in die Gegenden der Qual, und wenn er ein Kind mit ihr zeugt, verliert er sogar seinen Rang als Priester.«[61] Wie Könige ihre Untertanen beschützen, so sollen Männer eine Frau ihr Leben lang beschützen: »In der Kindheit muß eine Frau von ihrem Vater abhängen, in ihrem jungfräulichen Alter von ihrem Ehemann, und wenn er tot ist, von ihren Söhnen.« Das allgemeine Bild der Frau, das dort gezeichnet wird, ist alles andere als schmeichelhaft. Während göttliches Wissen und rechtes Verhalten Vorrechte der Männer darstellen, schreibt Manu den Frauen »Liebe zu ihrem Bett, zu ihrem Sitz und zum Putz, unreine Begierde, Zorn, schwache Nachgiebigkeit, Schadenfreude und schlechtes Benehmen« zu.[62] Weiter heißt es:

»Eine Jungfrau mit rötlichem Haare oder mit irgendeinem mißgestalteten Gliede, eine von Natur kränkliche, eine, die zu viele oder keine Haupthaare hat, eine, die unerträglich geschwätzig ist oder entzündete Augen hat, soll [der Mann] nicht heiraten; noch eine, die den Namen eines Gestirns, eines Baumes, eines Flusses, einer barbarischen Nation, eines Berges, eines geflügelten Tieres, einer Schlange oder eines Sklaven hat oder deren Name etwas Entsetzenerregendes beschreibt. Er muß eine Jungfrau zur Frau nehmen, deren Gestalt keinen Fehler aufweist und die einen angenehmen Namen hat, deren Gang voller Anstand so wie der Gang eines Flamingo oder eines jungen Elefanten ist, deren Haar und Zähne sowohl an Stärke als an Größe das Mittel halten und deren Körper vorzüglich weich ist.«[63]

Der ambivalente Status der Frau im klassischen Zeitalter – als Bewahrerin der Tugend und als Gebärerin der Söhne, aber auch als verfügbares Eigentum und als inferiores Wesen – lässt sich auch an zwei weiteren Aspekten des sozialen und kulturellen Lebens im frühen Mittelalter verdeutlichen. In dieser Zeit finden sich die ersten Belege für das hinduistische *satī*-Ritual, bei dem die »hingebungsvolle« Ehefrau ihr eigenes Leben auf dem Scheiterhaufen ihres verstorbenen Ehemannes opferte. Die frühesten Fälle dieser Praxis sind in Nepal für das Jahr 465 und in Zentralindien für das Jahr 510 belegt, doch offenbar fand sie in den folgenden Jahrhunderten vor allem bei Rajputen eine weite Verbreitung. Zweitens, wie im klassischen Zeitalter die *Bhagavadgītā* dem Text des *Mahābhārata* hinzugefügt wurde, so erfuhr auch das *Rāmāyaṇa* beträchtliche Modifikationen im Hinblick auf die Verteilung der Gewichte und den Gang der Erzählung. Valmikis Version des Textes entfaltete die Rolle der Heldin, Sita, als keusche und tugendhafte Ehefrau (und damit als Vorbild indischen Frauseins), stellte aber auch die Frage nach ihrer Treue im Gefolge ihrer Entführung durch den König der Dämonen Ravana. Wenn Rama als vorbildlicher König dargestellt wird, spiegeln sich in Sitas Rolle männliche Ängste hinsichtlich weiblicher Keuschheit, Loyalität und Hingabe – Besorgnisse, die nicht nur die Institution der Ehe bedrohen, sondern auch den Status der Frauen als männliches Eigentum und als makellose Gebärerinnen von Söhnen. Das *Sati*-Ritual und die Revision des *Rāmāyaṇa* verweisen wie das *Mānavadharmaśāstra* auf ein wachsendes Bestreben, die Frauen zu kontrollieren, und sogar auf einen Impuls, sie zu erniedrigen. Sie zeigen, in welchem Ausmaß die klassische Tradition eine männliche Domäne war.

4. Literatur und bildende Kunst

Trotz des Wachstums der Regionalsprachen behielt Sanskrit seine zentrale Bedeutung für die Elitekultur in Indien und war weiterhin die Sprache, in der viele Werke der Dichtung und der Philosophie, der Wissenschaft und der Medizin, der Politik und der Ästhetik geschrieben wurden. Im Goldenen Zeitalter des Sanskritdramas und der Sanskritdichtung zeigen Kalidasas Werke, die aus der Gupta-Zeit stammen, eine bemerkenswerte Ausdruckskraft und Originalität. Zu den schönsten Beispielen seines literarischen Könnens gehört das Gedicht *Meghadūta* (Der Wolkenbote). Darin beschreibt er die Gedanken, die einem ins Vindhya-Gebirge verbannten Yaksha (einem männlichen Geist) angesichts einer Wolke in den Sinn kommen, die zu Beginn der Regenzeit

190　　　　　I Die Grundlagen der südasiatischen Kultur: um 2500–1200 v.Chr.

Abb. 11: Valmiki verfasst das Ramayana

über seinem Kopf nordwärts zum Himalaya zieht, wo er seine Liebsten weiß. Mit seiner lyrischen Beschreibung der Flüsse, Wälder und Städte, über die die Wolke hinwegzieht, zeichnet das Gedicht ein lebendiges Bild der indischen Landschaft. Den Reva-Fluss vor seinem inneren Auge, sagt der Yaksha:

»Wenn du ein wenig auf dem Berg verweilt hast, in dessen Lauben die Fraun der Waldbewohner sich erfreun, und dich danach – erleichtert durch Vergießen deines Wassers – schnelleren Laufes deinem Weg zuwendest, wirst du den Reva-Fluß erspähn, dessen Wasser sich am unebnen Gestein zu Füßen des Vindhyagebirges schäumend bricht und hierbei dem aus mannigfachen Strichen gebildeten Schmuck am Körper eines Elefanten gleicht.

Und wenn die Saranga-Vögel an den Flussufern die durch ihre halbgediehnen Staubfäden noch gelblich-braunen Nipablüten und die Bananenstauden mit ihren ersten aufbrechenden Knospen sehen und in den verbrannten Wäldern den so überaus lieblichen Duft der Erde einatmen, dann werden sie dir ganz gewiss den Weg verkünden, der du die Wassertropfen spendest.«[64]

In dieser poetischen Naturbeschreibung klingen die Naturwunder des Dandaka-Waldes mit seinen stattlichen Bäumen, blumenübersäten Wiesen, Lotusteichen, Tieren und Vögeln nach, durch den Rama und seine Gefährten in Valmikis *Rāmāyaṇa* reiten.[65] Ähnlichkeiten bestehen auch zu Jayadevas *Gītagovinda*, das allerdings eine ganz andere Stimmung aufweist und einer anderen Gefühlswelt angehört. Dieses vishnuitische Gedicht, das im 12. Jahrhundert für den Sena-König von Bengalen geschrieben wurde, zeigt stärker erotische Züge als Kalidasas »Wolkenbote«, beschwört aber auch die Natur, diesmal jedoch, um das Gefühl frommer Inbrunst zum Ausdruck zu bringen. »Geh du zu Radha, überrede sie, bring sie her um meinetwillen!«, befiehlt Krishna seiner Botin. Und die Botschaft beginnt mit den Worten:

»Regt sich der Malaya-Hauch,
ihm gibt er sein Sehnen zu tragen;
bersten die Blüten am Strauch,
des Verlassenen Herz zu zerschlagen,
weil du ihm fern bist, o Freundin, liegt krank der Waldbekränzte.«[66]

Noch expliziter tritt das erotische Thema in dem berühmten Sanskrittext *Kāmasūtra* zutage. Das Vatsyayana zugeschriebene und möglicherweise schon in der Gupta-Zeit entstandene Lehrbuch der Verführung und der Sexualtechniken, das erotische Gegenstück zum *Arthaśāstra*, vereint den von Muße geprägten Lebensstil des kultivierten Mannes mit der wohlriechenden, abgeschlossenen Welt der Kurtisane. Obwohl gelegentlich auf die Autorität des Gesetzgebers Manu verwiesen wird, handelt es sich um ein bemerkenswert profanes, von Kastenvorschriften und

Dharma-Pflichten freies Werk – einmal abgesehen davon, dass der Körper der Geliebten selbst zum Gegenstand einer nahezu religiösen Verehrung wird. Es ist zwar aus männlicher Sicht geschrieben, erkennt aber immerhin die weibliche Lust und das Streben nach wechselseitiger Befriedigung an.

Neben der Literatur – religiös, erotisch, geistreich oder urban – florierte auch die Baukunst in diesem klassischen Zeitalter, wiederum vor allem stimuliert durch einen revitalisierten Hinduismus, auch wenn viele Bauwerke der frühen Periode zur buddhistischen und jinistischen Tradition gehören. Die uralten Basaltformationen der erstarrten Lavaströme des westlichen Dekkan eigneten sich gut zur Anlage künstlicher Höhlen, die von einfachen, schmucklosen Zellen bis hin zu riesigen, vielfältig dekorierten »Felsendomen« reichten. Die Arbeit daran begann zu Ashokas Zeiten als Unterschlupf für buddhistische Mönche vor dem Monsunregen. Sie entwickelte sich schrittweise zu einer monumentalen religiösen Architektur, wie sie etwa in der großen, mit Skulpturen verzierten Höhle von Karle ihren besonderen Ausdruck fand, die aus der Zeit um 120 n. Chr. stammt. Der größte Felsentempel wurde in Ajanta im nordwestlichen Dekkan ausgegraben. Die Wände sind mit farbigen Malereien bedeckt, die vielfältige Einblicke in Sitten, Kleidung und höfische Zeremonien der Zeit geben. Die Höhlen in Ajanta überspannen einen Zeitraum von zehn Jahrhunderten und lassen einen schon weit vor den Guptas beginnenden Prozess fortlaufenden technischen Experimentierens und einer Entfaltung des künstlerischen Ausdrucks erkennen. Ein herausragendes Beispiel für die Förderung religiöser Kunst durch Regionalstaaten ist die Dynastie der Rashtrakutas aus dem 8. Jahrhundert, die mit der Tempelanlage Kailasha ihr eigenes eindrucksvolles Monument unter den bis zu 30 Metern in den Fels hineingetriebenen Höhlen bei Ellora hinterließen. Die Skulpturen auf der in der Bucht vor Bombay gelegenen Insel Elephanta stammen möglicherweise gleichfalls aus der Rashtrakuta-Zeit, wenn auch

Widersprüche eines klassischen Zeitalters

Abb. 12: Dreiköpfige Shiva-Darstellung im Höhlentempel der Insel Elephanta

wohl eher aus der Endphase des künstlerischen Lebens dieser Epoche. Die große Figur des dreiköpfigen Shiva (als Trimurti), der in der Dunkelheit seines aus dem Fels gehauenen Tempels thront, gehört zu den spirituell bewegendsten Skulpturen der indischen Kunst.

Auch Sri Lanka baute auf seinem buddhistischen Erbe auf. Der *Stupa*, ursprünglich zur Kennzeichnung des Ortes errichtet, an dem sterbliche Überreste des Buddha begraben lagen, entwickelte sich zu einer speziellen Form religiöser Architektur. Mit ihren halbkugelförmigen, von einer gen Himmel weisenden Spitze gekrönten Kuppel beherrschen *Stupas* die Landschaft um Anuradhapura und die angrenzende Region Rajarata. Ihre imposante Höhe und Größe zeugten vom Reichtum und der Macht des Staates, der sie hatte erbauen lassen. Zur Zeit ihrer Errichtung gehörten die *Stupas* von Anuradhapura zu den eindrucksvollsten Bauwerken der antiken Welt. Der im 2. Jahrhundert erweiterte Abhayagiri-*Stupa* hatte eine Höhe von 90 Metern, und der Jetavana-*Stupa* war mit 120 Metern sogar noch höher, so dass er sich nach Höhe und Masse mit den ägyptischen Pyramiden messen konnte. Die Baumeister und Steinmetze Sri Lankas entwickelten in ihrer religiösen Kunst eigentümliche Stile und Elemente wie die fein behauenen halbkreisförmigen »Mondsteine«, die als Treppenstufen an den Eingängen von Tempeln dienten, mit Darstellungen von Elefanten, Vögeln und Pflanzen, die in den Jataka-Erzählungen und der buddhistischen Überlieferung gefeiert wurden.

In Indien erlangte der wieder erstarkende Hinduismus eine neue architektonische Sichtbarkeit durch die freistehenden Steintempel, die mit den früheren buddhistischen Höhlen und *Stupas* zu konkurrieren begannen. Die ältesten Überreste eines aus Stein errichteten hinduistischen Tempels im mittelindischen Sanchi, der allerdings hölzerne Vorgänger gehabt haben muss, stammen aus der Gupta-Zeit. Nach ihrer Bauweise waren die Tempel zunächst einfach, sie bestanden aus einem als *garbhagṛha* (»Schoßhaus«) bezeichneten Schreinraum, in dem das Bildnis der Gottheit aufgestellt war und in den man durch einen einzigen Torraum oder Vorbau gelangte. In Südindien hatte man die frühesten Tempel nach Art der buddhistischen Schreine aus dem Fels herausgehauen, erst die Calukyas führten als königliche Patrone freistehende Tempel ein. Im 8. Jahrhundert ließen die Pallavas in Mahabalipuram südlich von Madras äußerst spektakuläre Felsentempel von höchster technischer Vollkommenheit bauen, die heute noch zu besichtigen sind. Der am Meer gelegene, aus dem ursprünglichen Fels gehauene Komplex besteht aus einem Tempel und fünf *rathas* oder Pavillons sowie aus einem außergewöhnlichen, aus dem Fels gehauenen Fries von neun Metern Höhe, der die »Herabkunft des Ganges« darstellt. Die ineinander verschlungenen und um die massiven For-

Widersprüche eines klassischen Zeitalters

Abb. 13: Mahabalipuram: Steinreliefs als Huldigung an Shiva

men zweier stehender Elefanten wirbelnden Figuren von Göttern, Menschen und Tieren vermitteln einen überwältigenden Eindruck überschießender Energie und wechselseitiger Verbundenheit aller Lebewesen in einem von Bewegung sprühenden Universum.

Über die Jahrhunderte wurden zahlreiche Elemente und Abwandlungen hinzugefügt, bis Tempelkomplexe zu göttlichen Palästen von erhabener Größe wurden. Das Dach wurde angehoben und zu einem mehrstöckigen, stark gegliederten und reichverzierten Turm (*śikhara*) ausgebaut, der sich über dem abgedunkelten inneren Heiligtum erhebt, in dem die Gottheit residiert. Aus dem Torraum wurde eine von zahlreichen Säulen getragene Vorhalle (*maṇḍapa*), in der die Gläubigen zusammenkommen und Pilger sich ausruhen können. Im dravidischen Süden entwickelte sich das Tor in der Umfriedung der Tempelanlage zu einem weithin sichtbaren, mit zahlreichen buntbemalten Figuren verzierten Turm (*gopura*). Wie bei vielen anderen Aspekten der Kunst, der Musik und der Architektur gab es auch im Stil der Tempelbauten beträchtliche regionale Abwandlungen. Nordindische Tempel folgten dem Nagara-Stil, wie man ihn in Khajuraho sehen kann, wo die Candella-Rajputen zwischen dem 9. und dem 12. Jahrhundert eine Reihe reichverzierter Tempel errichteten. Die Orissa-Variante dieses Stils erreichte ihren Höhepunkt im Lingaraja-Tempel von Bhubaneswar mit seinem hohen, gerippten *śikhara* und noch spektakulärer in dem Tempel, der im 13. Jahrhundert für den Sonnengott Surya in Konarak errichtet wurde und dessen feinziselierte steinerne Räder den Tempel in einen Sonnenwagen verwandeln. Südindische Baumeister und ihre königlichen Förderer entwickelten einen eigenen dravidischen Stil, für den der Küstentempel in Mahabalipuram als Prototyp gelten kann. Seine horizontalen Schichten aus behauenem Stein türmen sich zu Spitzen und Nadeln, die einem für die Götter geschaffenen Gebirgszug ähneln.

Mit der Zunahme der Anzahl der Tempel und Klöster, der Paläste und Festungen entstand eine reiche Tradition von Wandmalereien. Die verblassten Überreste dieser einstmals farbenprächtigen Kunst lassen sich noch in Ajanta im nördlichen Dekkan besichtigen und auch am Sigiriya, dem »Löwenfelsen« im zentralen Hochland Sri Lankas. Hier ließ im 5. Jahrhundert ein König eine Felsenfestung bauen, deren Felswand er mit Bildern verführerischer, buntgekleideter Frauen mit Blumen in den Händen schmücken ließ. Nicht alle Malereien waren von solcher Größe. Ein etwas bescheideneres Genre erzählerischer figürlicher Darstellung entwickelte sich in den Illustrationen, mit denen buddhistische und jinistische Künstler in Nepal, Ostindien und Gujarat ihre aus Palmblättern gefertigten Manuskripte illuminierten. Auch Tanz und Musik erlebten im klassischen Zeitalter eine Blüte, etwa die südindische Tanzform, die als Bharatiyanatyam bezeichnet wird. Obwohl Gebrauchsgegenstände und Kleinfiguren aus Ton schon in der Induskultur hergestellt wurden, war die für Südostasien so bedeutsame Keramikkunst in Südasien nur wenig entwickelt. Ob das Fehlen geeigneter Tone und Glasuren dafür verantwortlich war oder die Furcht der Hindus vor Verunreinigung oder aber die Tatsache, dass die nötigen Techniken niemals entwickelt wurden, ist bis heute unklar.

Dagegen zeigt diese Zeit einen großen Reichtum und eine große Vielfalt im Bereich der Skulptur, ob in Stein gehauen oder in Bronze gegossen. Viele dieser Skulpturen, von äußerst fähigen, wenn auch anonymen Handwerkern geschaffen, vermitteln religiöse Gefühle und einen ausgeprägten Sinn für Harmonie, Dynamik und Kraft. Zu den schönsten Figuren gehören einige stehende oder sitzende Buddhas aus der Gandhara-Zeit. Das religiöse und geistige Zentrum Nalanda in Bihar brachte weniger schmuckvolle, aber immer noch erstaunliche Buddhabildnisse in schwarzem Stein oder Bronze hervor. Die Fertigkeiten der Metallverarbeitung – ob zur Herstellung von Waffen oder von Gebrauchsgegenständen – übertrafen bei weitem die Fähigkeiten auf dem Gebiet der Keramik. Von den außergewöhnlichen metallurgischen Fähigkeiten des alten Indien zeugt etwa die sieben Meter hohe, Candragupta II. gewidmete Eisensäule, die auch heute noch keinen Rost angesetzt hat, obwohl sie seit Jahrhunderten den Elementen ausgesetzt ist. Das Lotusmotiv an der Spitze der Säule, die heute beim Qutb Minar südlich von Delhi steht, erinnert an ältere Steinsäulen aus der Maurya-Zeit. Später dann, um das 10. Jahrhundert, als der Süden den Norden in vielen Bereichen religiöser Kunst zu überholen begann, erlangte in der Bildhauerei der Stil der Colas die vorherrschende Stellung. Deren Bildhauer schufen mit der Gießtechnik der »verlorenen Wachsform« bemerkenswerte Bronzeskulpturen. Die Figur des Nataraja, die Shiva als Herrscher des kosmischen Tanzes inmitten eines Flammenkreises darstellt, gehört zu ihren kunstvollsten Schöpfungen.

5. Naturwissenschaft und Medizin

Wie die Künste, so erlebten in Antike und Frühmittelalter auch die Naturwissenschaften in der südasiatischen Kultur einen Höhepunkt. Diese Blütezeit der Naturwissenschaften, die nahezu vollständig einheimischen Ursprungs war, ging zum Teil auf religiöse und philosophische Traditionen Indiens zurück, bezog ihre Stimuli jedoch auch aus praktischen Erfordernissen der Navigation, der Landwirtschaft, der Medizin und des Krieges. Zu den am nachhaltigsten bearbeiteten Feldern wissenschaftlicher Forschung gehörte die Astronomie. Eine elementare Astronomie fand sich bereits im Ṛgveda, dessen Götter das Firmament mit den Planeten Jupiter und Venus und Sternbildern wie dem Großen Bären teilten. Spätere vedische Werke versuchten die Zeitpunkte der Tagundnachtgleichen und Sonnwenden zu bestimmen, um die richtigen Daten für Opfer und Rituale zu finden. Um das 5. Jahrhundert erweiterte sich das astronomische Wissen jedoch beträchtlich mit der Abfassung des *Sūryasiddhānta*, des Grundlagentextes der danach benannten Siddhantischen Astronomie. Der *Sūryasiddhānta* ist eines der höchstentwickelten Werke der vorkopernikanischen Astronomie. Es beschrieb die Bewegung der Planeten, gab Auskunft über die Natur von Sonnen- und Mondfinsternissen, verzeichnete Planetenkonjunktionen und nannte mehrere Möglichkeiten der Zeitmessung, erörterte aber auch im Kontext eines eher astrologischen Verständnisses der Himmelserscheinungen die gefährlichen Einflüsse der Sonne und des Mondes. Dass es sich um eine gleichermaßen praktische wie theoretische Wissenschaft handelte, zeigt die Beschreibung astronomischer Instrumente wie der Armillarsphäre, die der präzisen astronomischen Beobachtung dienten. Die Astronomie stimulierte eine weitere führende Wissenschaft Südasiens: die Mathematik. Schon im 5. Jahrhundert verfasste Aryabhata (geb. 476 n. Chr.) ein Lehrbuch, das *Āryabhṭīya*, das sich mit Astronomie, Geometrie, Algebra und Trigonometrie befasste. Er entwickelte Regeln für arithmetische Berechnungen und Methoden zur Lösung einfacher quadratischer Gleichungen. Er berechnete auch mit bemerkenswerter Genauigkeit das Verhältnis zwischen Umfang und Durchmesser eines Kreises und kam dabei auf einen Wert von 3,1416. Seine vorausschauende Theorie, wonach die Erde sich um ihre Achse dreht, wurde von späteren Gelehrten nicht übernommen, doch im 16. Jahrhundert erweiterten Varahamihira und Bhaskara sein wegweisendes Werk über Mathematik und Astronomie. In Indien kam auch erstmals die Idee der Null auf. Ihren Ursprung hat sie in dem Sanskritausdruck *śūnya*, der »nichts« bedeutet oder genauer etwas, das keinerlei Qualitäten besitzt, aber in allen Lebewesen und unbelebten Dingen präsent ist. Die Null, die oft als Indiens größtes Geschenk an die westliche Wissenschaft bezeichnet wird, fand später über die Araber ihren Weg nach Europa. Indien war auch das Ursprungsland vieler anderer naturwissenschaftlicher Konzepte und Abhandlungen, die über die Araber von Sind und die Abassidenherrscher von Bagdad in die westliche Welt gelangten – von medizinischen, pharmakologischen und toxikologischen Studien bis hin zu astronomischen, astrologischen und alchimistischen Werken. Im Gegenzug erhielt – oder übernahm – Indien nur wenig, vielleicht weil die Hindus, wie der muslimische Autor Alberuni im 11. Jahrhundert meinte, der Ansicht waren, ihre Wissenschaft und ihre Religion seien denen der Nachbarn überlegen. Das Interesse an Mathematik und Astronomie blieb bis weit ins Mittelalter hinein lebendig, auch wenn es vielfach die Form einer Überarbeitung und Erweiterung älterer Texte annahm. So kollationierte und synthetisierte Bhaskara II., ein Astronom und Mathematiker, der im 12. Jahrhundert in Ujjain wirkte, ältere Werke auf diesen beiden Gebieten. Auch viele grundlegende Werke der ayurvedischen Medizin entstanden im klassischen Zeitalter. In seinen Ursprüngen dürfte das alte medizinische System viel den buddhistischen Vorläufern verdanken, wie auch die Mathematik der Hindus (möglicherweise einschließlich des Konzepts der Null) vom jinistischen Denken beeinflusst war. Die Buddhisten zeigten eine mitfühlende Sorge für Kranke und Leidende und entwickelten die Heilkunst in Klosterzentren wie Taxila weiter. Der chinesische Pilger Fa Hsien beobachtete im 5. Jahrhundert n. Chr., dass wohlhabende buddhistische Kaufleute in Pataliputra und anderen Städten Nordindiens Häuser (also eigentlich Hospitäler) errichteten, in denen sie Bedürftigen halfen und medizinische Versorgung zukommen ließen. Ärzte untersuchten die Patienten, schreibt er, und gaben ihnen »die Nahrung und die Medizin, die in ihrem Fall erforderlich waren«. Man »sorgt für ihr Wohlergehen, und wenn es ihnen wieder besser geht, gehen sie von selbst«.[67]

Die grundlegenden Werke der ayurvedischen Tradition waren die medizinischen *saṃhitās* (Kompendien), die man *Caraka* und *Sushruta* zuschrieb – Letzteres stammt in seiner abschließenden Form möglicherweise aus der Regierungszeit Harshas im 7. Jahrhundert. Diese Sanskrittexte gehörten zu einer langen Tradition der Forschung und der Praxis, die sich bis ins 5. Jahrhundert v. Chr. zurückverfolgen lässt. Sie wurden später durch weitere medizinische Abhandlungen und Kompilationen ergänzt, die sich bis zu Bhavamishra ins 16. Jahrhundert hineinziehen. Obwohl die Bezeichnung »Ayurveda« (Wissen oder Wissenschaft der Langlebigkeit) den Gedanken an einen Zusammenhang mit den Veden nahelegt, finden sich im Korpus der frühvedischen Schriften kaum explizit medizinische Inhalte. Die Werke des klassischen Ayurveda dagegen sind nahezu vollständig weltlichen Charakters. Sie beweisen eine genaue empirische Kenntnis des Körpers und ein praktisches Verständnis der Heilmöglichkeiten, auch wenn die Chirurgie um das 4. Jahrhundert aus der ayurvedischen Praxis verschwunden zu sein scheint. Wie ihre griechischen Zeitgenossen vertraten *Caraka* und *Sushutra* eine Humoralphysiologie. Sie kannten drei *humores* (*doṣas*), nämlich Luft, Galle und Phlegma, die gemeinsam mit anderen Elementen im Körper, darunter Blut, Fleisch und Samen, für Gesundheit oder Krankheit verantwortlich waren, auch wenn weitere Faktoren wie die Jahreszeit, die Diät und das Temperament gleichfalls Einfluss auf die Krankheitsanfälligkeit hatten. Der klassische Ayurveda benutzte als Arzneimittel sowohl das Fleisch von Tieren als auch pflanzliche Stoffe. Unter dem Einfluss der buddhistischen Ahimsa-Lehre wurden Arzneien der ersten Art schrittweise aufgegeben, doch der Ayurveda bewahrte sich »ein tiefes Verständnis für die Pharmakopöe, welche die überreiche Flora und Fauna Indiens bereitstellte«.[68] Die *saṃhitās* behandeln die Gesundheit von Männern wie auch von Frauen – ja sogar die Krankheiten von Pferden und Elefanten. Die Texte erörtern die Behandlung von Kriegsverletzungen und auch die mit Schwangerschaft und Geburt verbundenen Gefahren. Dennoch waren sie, wie ein Kommentator es ausdrückt, »von Männern für Männer geschrieben ... Der Blick ist eindeutig männlich«.[69] Und nicht nur das. Die Ärzte standen im Dienst der höheren Kasten und waren für die Gesundheit des Königs verantwortlich. Man erwartete, dass sie unverheiratet blieben, vegetarisch lebten und die Wahrheit sagten, nicht aber, dass sie den Armen halfen. Wenn Ayurveda für einige der höchsten Errungenschaften des klassischen Zeitalters steht, so zeigen sich darin doch zugleich auch viele klassen- und geschlechtsbezogene Grenzen und Widersprüche dieser Zeit.

II Spätmittelalter und frühe Neuzeit: 1200–1750

A Sultane und Sklaven

1. Neuanfänge

Die Historiker sind sich nicht einig, wann in Südasien der Übergang vom Mittelalter zu den Anfängen der Neuzeit erfolgte. Die Vorstellung, wonach die Geschichte des Subkontinents sich ganz einfach einteilen lässt in eine »Hindu-Zeit«, die Antike und Frühmittelalter umfasst, eine »muslimische Zeit«, die um 1200 begann und um 1750 endete, sowie eine »britische Zeit«, gilt heute weitgehend als unzutreffend und anachronistisch. Doch wie sehen die Alternativen aus? Nach Ansicht mancher Wissenschaftler findet sich kein fundamentaler Bruch zwischen dem Untergang der Guptas im 5. Jahrhundert und dem Aufstieg des europäischen Imperialismus im späten 18. Jahrhundert. Andere meinen dagegen, es habe in dieser Zeit durchaus eine radikale Veränderung gegeben – ob nun mit der Schaffung des Delhi-Sultanats im 13. Jahrhundert oder dreihundert Jahre später mit dem Aufstieg der Großmoguln und dem Eintreffen der Europäer. Wenn Südasien um 1200 in eine neue Phase der Geschichte eintrat, dann lag einer der Faktoren zweifellos im Eindringen muslimischer Gruppen aus Zentralasien und Iran und in der Gründung muslimischer Sultanate in Indien. Die Ankunft dieser Gruppen ließ eine neue militärische und administrative Elite entstehen, aber sie förderte auch die Herausbildung einer einzigartigen indo-islamischen Kultur.

Anders als weiter westlich, wo der Islam die bestehenden Religionen nahezu auslöschte, bildeten die Muslime in Südasien nur eine äußerst schmale Elite. Trotz gelegentlicher Aufrufe zum Dschihad (dem Heiligen Krieg) mussten die muslimischen Herrscher einsehen, dass sie keine uneingeschränkt feindselige Haltung gegenüber den Hindus einnehmen konnten, die ja die übergroße Mehrzahl ihrer Untertanen bildeten und von denen das Wohlergehen ihrer Regime ganz entscheidend abhing. Manche Muslime schätzten die reiche kulturelle Vielfalt des Subkontinents. Aber natürlich war der Islam in Südasien keineswegs eine monolithische Erscheinung. Politische Spannungen wie auch kulturelle Unterschiede bestanden zwischen Sunniten und Schiiten, zwischen den in Indien geborenen Muslimen und Neuankömmlingen aus Zentralasien und Iran oder auch zwischen Sufimystikern und Vertretern der islamischen Orthodoxie. Eine schlichte Kennzeichnung der Zeit von 1200 bis 1750 als »muslimische Periode« verbietet sich auch deshalb, weil die nichtislamischen Kulturen Südasiens keineswegs stagnierten, sondern ganz eigentümliche neue Formen entwickelten (mit Ausnahme des Buddhismus, der tatsächlich in weiten Teilen des Subkontinents verschwand). Unter dem Einfluss der *Bhakti*-Bewegung florierte der Hinduismus und stimulierte gemeinsam mit dem Islam die Bildung neuer Sekten und Religionen. Ein großer Teil dieser kulturellen Kreativität fand ihren Ausdruck in den Volkssprachen, doch auch Sanskrit und Persisch waren bedeutsame Medien religiöser Debatten und intellektueller Disputation. Während viele alte religiöse und soziale Formen überlebten, begann Südasien die mittelalterliche Welt hinter sich zu lassen und seinen eigenen Weg in die Neuzeit zu suchen.

2. Die muslimischen Invasionen

Zu den ersten muslimischen Invasionen kam es schon achtzig Jahre nach dem Tod des Propheten Mohammed mit der arabischen Eroberung von Sind im Jahr 711. Diese Invasion gehörte zur ersten stürmischen Phase der islamischen Expansion, in der

Sultane und Sklaven

die Muslime auch Iran überrannten. Doch ihre Versuche, über Sind hinaus nach West- und Nordindien vorzustoßen, wurden von den Hindu-Herrschern verhindert. Für mehr als dreihundert Jahre blieb Sind die Grenze zwischen *dār al-islām*, dem islamischen Gebiet, das im Westen bis nach Spanien reichte, und *dār al-ḥarb*, den »Gefilden des Krieges«, in denen die Anhänger des Islam mit all jenen im Streit lagen, die sie die »Ungläubigen« nannten. Der Indus und dessen wüstenähnliche Randgebiete wirkten wie eine Pufferzone zwischen Iran auf der einen Seite und Indien – oder »al-Hind«, wie die Muslime sagten – auf der anderen Seite. Doch das war keine unüberwindliche Barriere. Die kulturellen Kontakte wurden fortgesetzt, wenn auch eher von Ost nach West als in umgekehrter Richtung. Die Astronomie, Mathematik und Medizin Indiens gelangten nach Bagdad, der Hauptstadt der Abassidenkalifen, und breiteten sich von dort über die ganze arabische Welt aus.

Die ersten Beben des bevorstehenden Wandels kamen nicht aus den arabischen und muslimischen Ländern im Westen, sondern aus Zentralasien und von den Turkvölkern, ehemaligen Steppennomaden, die erst kürzlich zum Islam bekehrt worden waren und nun neuen religiösen Eifer wie auch kriegerische Kampfstärke in die islamische Welt brachten. An Sind vorbei und über den alten, nun wieder geöffneten Korridor zwischen Zentralasien und Nordwestindien machte sich ihr Einfluss erstmals spürbar in den heftigen Einfällen Mahmuds von Ghazni (998–1030). Der Herrscher über einen kleinen Staat in Südafghanistan nahm den Titel »Sultan«, Beschützer des Islam, an und wählte statt des Arabischen das Persische als seine Hofsprache. Auch übernahm er einen Herrschaftsstil, der nicht auf die egalitären Ideale des frühen Islam zurückging, sondern auf die autokratischen Traditionen vorislamischer persischer Herrscher. Zwischen 1001 und 1027 unternahm er gut zwanzig Vorstöße nach Indien, und diese Einfälle erlangten entscheidende Bedeutung bei der Interpretation des Spätmittelalters und der frühen

Neuzeit in Südasien. Sie stellten die rhetorische Konfrontation zwischen dem Islam und den »Ungläubigen« in den Vordergrund, wobei muslimische Historiker Mahmud das Verdienst zusprachen, die »Tore von Hind« aufgestoßen und einen Dschihad gegen die hinduistischen »Götzenanbeter« geführt zu haben. Die Darstellung seiner Vorstöße, die in das Geschichtsbewusstsein muslimischer Könige und Chronisten einging, wurde benutzt, um Loyalität zu sichern und alle neuen Invasionswellen zu legitimieren. Der Sultan wurde zum Vorbild für spätere *ġāzī*s, jene religiösen Krieger, deren Gräber in ganz Nordindien verehrt werden. Umgekehrt signalisierten Mahmuds Einfälle für viele Hindus das katastrophale Ende eines Goldenen Zeitalters, den Einbruch des bilderstürmerischen Islam und den Beginn eines mehrere Jahrhunderte währenden Zeitalters der Konflikte und des Blutvergießens. Als Symbol dieser Verheerungen galt die Plünderung von Kanauj und mehr noch die Schändung des Tempels von Somnath an der Küste Gujarats in den Jahren 1025 und 1026, bei der man die Bildnisse zerstörte, den Tempelschatz raubte und angeblich 50 000 Hindus ermordete.

Mahmuds Karriere polarisierte die Geschichte, und doch meint Romila Thapar, die die zeitgenössischen Berichte genauer untersucht hat, die Sachlage sei keineswegs so eindeutig.[70] So sei es nicht sicher, ob der Angriff auf Somnath tatsächlich so verheerend war, wie behauptet wird. Viele zeitgenössische Quellen erwähnen ihn gar nicht oder berichten, der Tempel habe nur geringe Schäden davongetragen und sei rasch wiederaufgebaut worden. Mahmud mag sich auf den Islam und den Krieg gegen den Götzendienst berufen haben, doch seine Ziele waren wohl ganz pragmatischer Natur. Es ging ihm darum, Gold, Edelsteine, Elefanten und Sklaven für sein afghanisches Königreich zu plündern. Dass Mahmud nur einen Teil des Panjab annektierte und keine Neigung zeigte, in Indien zu bleiben oder die Menschen dort zu bekehren, lässt darauf schließen, dass die Motive hinter den Einfällen eher materiellen oder zumindest

Sultane und Sklaven

gemischten Charakters waren. Zugleich jedoch demonstrierten seine Raubzüge die Anfälligkeit der fragmentierten politischen Ordnung in Indien und den Gegensatz zwischen den höchst mobilen Armeen aus den asiatischen Steppen und dem sesshaften Charakter der Landwirtschaft und der alten Städte in den indischen Ebenen. Mahmuds Tod im Jahr 1030 brachte Indien nur für kurze Zeit Erleichterung. Schon 1151 wurde Ghazni durch die Herrscher von Ghur geplündert. Sie herrschten über die Gebirgsregion zwischen Ghazni und Herat, führten immer wieder Krieg mit anderen Nomadenstämmen und trugen diese lokalen Konflikte auch nach Indien hinein. Die neuerlichen Einfälle begannen mit Raubzügen Sultan Mohammads von Ghur und seines Kommandeurs Qutb al-Din Aybak, eines türkischen Sklaven. Im Jahr 1178 drangen Truppen aus Ghur durch die Wüsten Rajasthans bis zum Berg Abu vor, wo sie, erschöpft und desorientiert, vom Hindu-König von Gujarat besiegt wurden. Doch schon 1185 bedrohten die Ghuriden erneut Rajasthan und den oberen Ganges, diesmal von einer sicheren Basis in Lahore im mittleren Panjab aus. 1191 wurde Mohammad bei Tarain, 120 Kilometer nordwestlich von Delhi, von den Cauhans unter Prithviraja und Jayacandra Gahadavala besiegt. Doch die Ghuriden ließen sich davon nicht abschrecken. Im folgenden Jahr kehrten sie zurück und besiegten Prithviraja in der Schlacht von Tarain. Dieser Sieg verschob das Machtgleichgewicht weg von den Rajputen und hin zu den Ghuriden. Gelegentlich wird behauptet, die Ghuriden hätten dank ihrer größeren, aus religiösem »Fanatismus« geborenen Entschlossenheit gesiegt, doch in Wirklichkeit beruhte ihr Erfolg wohl eher auf dem größeren Können und der technischen Überlegenheit ihrer Armeen – der Schnelligkeit und Beweglichkeit ihrer berittenen Bogenschützen im Kampf gegen die größeren, aber weniger mobilen Truppen der Hindus, die mit ihren behäbigen Pferden und schwerfälligen Elefanten der schnellen Reiterei ihrer Gegner nicht gewachsen waren. Außerdem besaßen die Armeen der Ghuriden einen festen Kern im gemeinsamen Kampf erprobter Berufssoldaten, während ihre Gegner aus den Feudalarmeen einzelner Rajputen bestanden, die es nicht gewohnt waren, als Einheit zu operieren. Im Jahr 1193 eroberten die Ghuriden Delhi, errichteten dort eine Garnison und ließen das umgebende Land in den Händen Jayacandra Gahadavalas. Muhammad kehrte mit gewaltigen Schätzen aus Indien nach Afghanistan zurück und übertrug Aybak die Aufgabe, das Territorium der Ghuriden zu sichern. Damit war der erste Schritt von Raubzügen und Plünderungen hin zu einer ständigen Anwesenheit getan. Aybak vertrieb die Cauhans und machte Delhi zu seinem Hauptquartier, von wo aus er die Straßen zwischen Lahore und den Pässen des Nordwestens in der einen Richtung, die dichtbesiedelten Ebenen am oberen und mittleren Ganges in der anderen Richtung kontrollierte. Von dort unternahm er eine Reihe von Feldzügen zur Erweiterung seines Herrschaftsgebiets. 1202 waren seine Armeen bereits bis in das Candella-Königreich von Bundelkhand im hügeligen Bergland zwischen Ganges und Narmada vorgedrungen. Ein Khalji-Türke namens Ikhtiyar al-Din Muhammad Bakhtiyar nutzte die Gelegenheit, um weiter nach Osten vorzustoßen. Mit einer kleinen Truppe schwerer Reiterei durchquerte er Bihar, machte Gaur zu seiner Hauptstadt und zwang die Senas, die einstigen Hindu-Könige von Bengalen, sich in das östliche Delta zurückzuziehen. Doch ein unüberlegter Versuch Bakhtiyars, sein Herrschaftsgebiet in die dichten Urwälder Assams hinein auszudehnen (das wie die sumpfigen Niederungen Ostbengalens für schwere Reiterei ungeeignet war), endete mit einem Desaster. Er starb 1206. Damit waren die physischen Grenzen der militärischen Macht der Ghuriden deutlich geworden. Doch der Islam fand schon bald andere Wege, sich nach Osten in das heutige Bangladesh hinein auszudehnen. Die Ghuriden beschränkten sich nicht darauf, die militärische Kontrolle zu sichern und in einem ansonsten nicht bekehrten Land hier

Sultane und Sklaven

und da befestigte Städte anzulegen; sie führten auch ein System der Kontrolle über den Grundbesitz und der Verwaltung der Grundsteuern ein, das damals für viele muslimische Gesellschaften typisch war und eine islamische Version der oben erörterten Feudalordnung darstellte. Als Lohn für militärische Dienste zahlte der Herrscher keinen Sold, sondern wies seinen Gefolgsleuten die Einnahmen aus Landgütern zu. Durch dieses Verfahren, im Arabischen *iqtāʿ* (Zuweisung) genannt, konnte er seine Gefolgsleute, viele davon Einwanderer und ohne Besitz oder Machtbasis in Indien, entlohnen, ohne dafür Zahlungen aus einem zentralen Schatzamt leisten zu müssen – was angesichts der schlechten Verkehrswege und der allgemeinen Unruhe sehr schwierig gewesen wäre. Statt eines zusammenhängenden, expandierenden Gebiets schuf das *iqtāʿ*-System Inseln muslimischer Herrschaft und islamischer Gesellschaftsordnung in ganz Nordindien. Angesichts einer schwachen Verwaltung neigten die *iqtāʿ*-Empfänger (*muqtāʿ* genannt) dazu, den *iqtāʿ* als ihr Eigentum zu behandeln und sich dadurch eine fiskalische und militärische Basis zu verschaffen, die nur noch nominell einem entfernten Herrscher unterstand.

Als Muhammad von Ghur 1206 ermordet wurde, proklamierte Aybak, der sich in Delhi und Lahore fest etabliert hatte, seine Unabhängigkeit. Hindu-Adelige wie auch muslimische *muqtāʿs* und militärische Kommandeure erkannten seine Herrschaft an und gelobten ihm Gefolgschaft. So gilt denn das Jahr 1206 als Beginn des Delhi-Sultanats und der indisch-muslimischen Dynastien. Aybak starb 1210, doch seine kurze Regierungszeit markiert den Aufstieg Delhis zu einer der führenden Hauptstädte der muslimischen Welt.

3. Sklavenkönige

Bis vor kurzem wurde das Delhi-Sultanat meist als ein Zeitalter nahezu endloser Brutalität und hemmungsloser Barbarei, die sich zu einem großen Teil gegen andere Muslime richteten, abgetan. So meinte ein britischer Historiker vor gut einem Jahrhundert: »Die blutigen Annalen des Sultanats Delhi« seien keine »angenehme Lektüre«. Es sei eine »abscheuliche Schreckenszeit« gewesen, die Herrschaft der verschiedenen Sultane biete »kaum mehr als Bilder von Gemetzeln, Tyrannei und Verrat«. Sie alle seien »blutrünstige Fanatiker« gewesen. Und Aybak, der Erste unter ihnen, war danach ein »typischer Vertreter der blutgierigen zentralasiatischen Krieger seiner Zeit, gnadenlos und fanatisch«.[71] Es war, so schreibt ein anderer Historiker in den 1920er Jahren, »ein großes Unglück für Indien, dass im Gefolge dieser Eroberung [durch die Ghuriden] das Land in die Hände gnadenloser und aufbrausender türkischer Generäle fiel, die einzig das Ziel verfolgten, sich als unabhängige Fürsten zu etablieren und möglichst große Teile der nahezu unerschöpflichen Ressourcen des Landes für ihre endlosen Kriege zu nutzen«.[72]

Nur wenige dürften bestreiten, dass Gewalt eine entscheidende Rolle bei der Schaffung und Erhaltung des Sultanats Delhi und bei der Sicherung der Macht seiner herrschenden Elite spielte. Doch in neuerer Zeit scheuen Historiker vor einer so kompromisslos feindseligen Darstellung zurück, und sei es auch nur, weil dahinter eine politische Zielsetzung steckte, der es darum ging, die frühe muslimische Herrschaft durchgängig als »fanatisch« und »barbarisch« zu denunzieren, als wollte man durch diesen Gegensatz die überlegene Moral und die friedlichen Leistungen der späteren britischen Herrschaft hervorkehren. Heute wird weithin anerkannt, dass das Delhi-Sultanat auch konstruktive Seiten besaß, dass dessen Herrscher sich in ihrer Politik von Pragmatismus wie auch von religiösen Idealen leiten ließen und

Sultane und Sklaven

dass die Sultane bei aller Verschiedenheit der Einstellungen und Fähigkeiten eine letztlich fruchtbare Symbiose zu schaffen halfen. Sie trugen dadurch zur Begründung einer pluralistischen Tradition bei, auf der die Dekkan-Sultane und die Großmoguln später aufbauten. Den Sultanen spricht man außerdem das Verdienst zu, Indien vor den Mongolen geschützt zu haben, die weite Teile der mittelalterlich-muslimischen Welt zerstörten. Und schließlich führten sie Elemente der hochentwickelten persischen Kultur in das höfische und öffentliche Leben Indiens ein. Nach der positivsten unter diesen revisionistischen Darstellungen kann das Sultanat für sich beanspruchen, Indien vor einer nahezu vollständigen Stagnation bewahrt, es wieder in das eurasische Netzwerk des ökonomischen und kulturellen Austausches eingefügt und die Grundlage für eine eigenständige indoislamische Kultur gelegt zu haben.

Die 320-jährige Geschichte des Sultanats zerfällt in drei Hauptphasen von jeweils etwa einem Jahrhundert, die durch die dynastische Herrschaft der Türken und Khaljis (1206–1320), der Tughluqs (1320–1413) und schließlich der Sayyiden und Lodis repräsentiert sind. Mehrere Merkmale definieren die Zeit des Sultanats als ganze. Eines davon war der Islam als politisch-religiöse Kraft, die Indien mit militärischen, diplomatischen und administrativen Entwicklungen innerhalb der islamischen Welt verband und das Land gleichzeitig an zwei Fronten in Konflikte verwickelte, nämlich gegen die Hindu-Herrscher und gegen die mongolischen Invasoren. Zweitens, obwohl die Herrscher in Delhi entschlossen waren, ihre Herrschaft auf einen beträchtlichen Teil des Subkontinents auszudehnen, blieben viele Gebiete außerhalb ihres Machtbereichs oder erlangten nach einer Eroberung erneut ihre Unabhängigkeit. So befanden sich die Grenzen des Sultanats in beständigem Fluss. In diesem Sinne war die Geschichte des Delhi-Sultanats tatsächlich die Geschichte seiner herrschenden Dynastien, denn da eine effiziente zentrale Verwaltung und eine gemeinsame politische Ideologie oder eine gemeinsame religiöse Identität fehlten, hing der Erfolg in erheblichem Maße von der Persönlichkeit des Herrschers (in Ausnahmefällen auch der Herrscherin) und seiner Fähigkeit ab, überlegene Streitkräfte zusammenzubringen und sich die Loyalität konkurrierender höfischer Faktionen zu sichern.

Ein drittes gemeinsames Merkmal war die Rolle der Sklaven, deren überragende Bedeutung in der Bezeichnung zum Ausdruck kommt, die man den ersten Herrschern von Delhi beilegte: Sklavenkönige. Die Sklaverei war in Südasien nichts Neues. Schon in den Veden und in vielen Werken des klassischen Zeitalters finden sich Hinweise auf Sklaven (*dāsas*). In Antike und Mittelalter scheint Sklaverei in der einen oder anderen Form in Südasien weitverbreitet gewesen zu sein, ohne jedoch jemals den Charakter der Gesellschaft als ganzer bestimmt oder die Bedeutung der Kasten und der religiösen Gemeinschaft untergraben zu haben. Das Sultanat hob die Sklaverei auf eine neue und gänzlich andere Ebene. Für einige Jahrhunderte war sie – wie auch in weiten Bereichen der islamischen Welt – integraler Bestandteil der politischen und sozialen Ordnung Indiens. Kauf und Ausbildung »weißer«, beim Sieg über heidnische Stämme in Gefangenschaft geratener Sklaven (*mamlūk*s oder *ġulām*s, Sklavensoldaten, genannt) war einer der wichtigsten Wege, auf denen man Berufssoldaten rekrutierte und den Nachschub für die Verwaltungselite sicherte. Nach islamischem Recht durften nur Nichtmuslime versklavt werden, aber auch Konvertiten wurden häufig in Sklaverei gehalten.

Man schätzte die Sklaven jedoch nicht nur wegen ihrer Fähigkeiten als Soldaten und Bürokraten, sondern auch, weil sie keine familiären und lokalen Bindungen besaßen. Ihre Loyalität gehörte allein ihrem Herrn, und in einer Zeit, in der die Nachfolgeregeln kaum definiert waren und man im Umkreis der Macht nur wenigen trauen konnte, war das von lebenswichtiger Bedeutung für Herrscher und Herrschaftsaspiranten. Sklaverei bedeutete, dass man aus seinem heimatlichen Umfeld und seiner Familie herausgerissen, verkauft und gekauft wurde, manchmal viele Male, dass man harter Bestrafung und der Willkür eines Herrn ausgesetzt war. Es gab viele Formen der Unfreiheit in Südasien, doch anders als in dem grausamen und entwürdigenden System der Plantagensklaverei, das in der atlantischen Welt herrschte und die Versklavung und Verschiffung vieler Millionen Afrikaner erzwang, genossen die *mamlūk*-Sklaven einen relativ hohen und angesehenen Status. Als Sklaven oder nach ihrer Freilassung als ehemalige Sklaven konnten sie in beträchtliche Machtpositionen aufsteigen: als Militärkommandeure, als *wazīr*s (Minister) oder sogar als eigenständige Herrscher. Ein Beispiel dafür waren die Vorfahren Mahmuds von Ghazni. Sein Großvater war ein türkischer Sklave gewesen, der zum Militärkommandeur und schließlich zum Statthalter von Ghazni aufstieg. Sein Sohn, Mahmuds Vater, folgte ihm als Statthalter, bevor er sich zum unabhängigen Herrscher von Ghazni erklärte. Sklaven gehörten auch zu der Kriegsbeute, die Mahmud aus Indien mitbrachte, und eine Zeitlang belieferte der Sklavenmarkt in Delhi Zentralasien. Unter den späteren Dekkan-Sultanen wurden die Sklaven aus den Steppen durch solche aus Afrika ersetzt, die sogenannten *habšī*s (Abessinier), die über den Indischen Ozean aus Afrika importiert wurden. Einige schwarze Sklaven wurden im Dekkan Militärkommandeure. Einer von ihnen, Malik Ambar, erlangte im 17. Jahrhundert so große Macht, dass er fast als Herrscher von Ahmadnagar gelten konnte und den Großmoguln die Stirn bot.

Doch anders als in Ägypten, wo von 1260 bis zur osmanischen Eroberung 1517 Mamelukken herrschten, besaßen Sklaven in Indien kein Monopol auf Macht oder auch nur auf bürokratische oder militärische Dienste (zumal der Überfluss an billigen, qualifizierten Arbeitskräften in Indien, die teilweise durch das Kastensystem in einem halbservilen Zustand gehalten wurden, der Sklaverei einen dauerhaften Platz innerhalb der einheimischen Wirtschaft verwehrte). Am Hof und in der militärischen wie auch administrativen Elite Indiens bildeten die Sklaven niemals mehr als eines von mehreren konkurrierenden Elementen – zu denen ansonsten Türken, Tadschiken und indische Muslime gehörten (auch wenn bis zum 14. Jahrhundert nur wenige konvertierte Hindus hohe Ämter innehatten). Das nahezu beständige Gerangel zwischen verschiedenen Faktionen – die zuweilen durch die ethnische Zugehörigkeit bestimmt waren, zuweilen durch die Bindung an einen herrschenden Sultan oder einen charismatischen Kriegsherren – war einer der wichtigsten Gründe für die Instabilität des Delhi-Sultanats. Talentierte und ehrgeizige Sklaven konnten selbst für ihre Herren zu einer Gefahr werden, wenn sie diese fast im selben Maße kontrollierten, wie sie von ihnen kontrolliert wurden, wenn sie sich durch ihren Erfolg Feinde zuzogen oder wenn sie gar selbst die Macht ergriffen. Shams al-Din Iltutmish (1211–1236) und Ghiyath al-Din Balaban (1266–1286) waren nach Aybak die einzigen Sklaven, die tatsächlich auf den Thron von Delhi gelangten, auch wenn es sehr viel mehr Königsmacher und Herausforderer gab.

Iltutmish, Aybaks ehemaliger Sklave und Nachfolger, gilt als der wahre Architekt des Delhi-Sultanats. Da es keine klare Regel für die Thronfolge gab (der Thron ging in männlicher Linie an den, der als der Fähigste erschien), besiegte er seine unmittelbaren Rivalen, stand dann aber als Herrscher vor drei Hauptproblemen: der Verteidigung der nordwestlichen Grenze, der Kontrolle über den muslimischen Adel in Indien und der Unterwerfung der Hindu-Häuptlinge. Er hatte Glück, dass Genghis Khan, der große mongolische Herrscher, der 1218 bis 1221 Iran und Zentralasien verwüstete, keine direkten Angriffe auf Indien unternahm, auch wenn Reiter aus seiner Vorhut in den Nordwesten des Panjab vordrangen. Wegen des Mangels an geeigneten Weiden für ihre Pferde erschien Indien den Mongolen möglicherweise unattraktiv. Dies war ein ökologischer Faktor, der sich zugunsten Indiens auswirkte, so dass Iltutmish einer Konfrontation mit den Mongolen ausweichen konnte, die durch

Sultane und Sklaven

den Tod Genghis Khans im Jahr 1227 geschwächt wurden. Die Mongolengefahr aus dem Nordwesten stärkte die strategische Bedeutung Delhis gegenüber Lahore als sichere Machtbasis, da Lahore 1241 von den Mongolen in Schutt und Asche gelegt wurde. Der Iran und Irak waren gleichfalls verwüstet worden, während das Sultanat Delhi sich in relativer Sicherheit entwickeln konnte. Delhi wurde zu einer lebensprühenden, kosmopolitischen Stadt, die persischsprachige Dichter, Gelehrte und Abenteurer aus Iran und Zentralasien anzog, welche Schutz vor den Mongolen und die Chance suchten, unter Iltutmish zu Ansehen zu gelangen. Viele Einwanderer wurden mit *iqṭā's* belohnt, ihre Anwesenheit stärkte die muslimische Elite Nordindiens. Iltutmishs Stellung festigte sich noch weiter, als die Abassidenkalifen in Bagdad ihn förmlich als Sultan anerkannten, bevor auch diese Stadt 1258 den Mongolen erlag.

Mitte des 13. Jahrhunderts schienen die Mongolen eine größere Bedrohung darzustellen als die Hindu-Könige, doch um die zur Abwehr der Mongolen nötigen Ressourcen zu gewinnen, war Iltutmish gezwungen, auf militärische Expansion innerhalb Südasiens zu setzen und sich die erforderlichen Mittel durch Plünderung zu verschaffen. 1228 eroberte er Sind von den dort herrschenden Emiren und festigte seine Herrschaft über Bihar und Bengalen. Seine Feldzüge gegen die Rajputen waren weniger erfolgreich, auch wenn er die Festung von Ranthambor, die lange ein Stachel in der Flanke der Sultane von Delhi gewesen war, einnahm und 1234–1235 sogar bis nach Ujjain in Malwa vordrang. Doch die in ihren massiven Festungen und Wüstenschlupflöchern verschanzten Rajputen leisteten weiterhin Widerstand. Obwohl die Sultane fest im Islam verankert und stolz auf die Anerkennung waren, die man ihnen in der gesamten muslimischen Welt zollte, benötigten sie doch Hindu-Soldaten, vor allem Fußtruppen zur Ergänzung ihrer türkischen Reiterei. Sie brauchten gleichzeitig Bündnisse mit Hindu-Häuptlingen, um ihre Vorherrschaft im Inneren und den ungehinderten Fluss der Einnahmen aus der Landwirtschaft zu sichern. Die Idee eines Religionskrieges fehlte zwar nicht in der Rhetorik der Sultane, bildete jedoch nur ein Element ihrer komplexen politischen Strategie. Man hat gesagt, die Sultane hätten Hindu-Tempel weniger aus religiösem Fanatismus als aus Gründen der Staatsräson geplündert und zerstört, um ihre Staatsausgaben zu decken und zugleich die Hindu-Könige zu strafen, die es wagten, ihnen Widerstand zu leisten. Wenn sie von hinduistischen Königen und Adligen geförderte Tempel zerstörten und an ihrer Stelle Moscheen errichteten, so sei das nicht unbedingt ein Zeichen religiöser Intoleranz, sondern eher Ausdruck des Bemühens gewesen, die politische Vorherrschaft Delhis zu sichern – auch wenn, wie hier anzumerken wäre, die Moscheen von Rebellen selten eine ähnliche Behandlung erfuhren.[73]

In seiner langen Regierungszeit schuf Iltutmish eine effiziente, von einem Kern aus türkischen Sklaven gestützte Verwaltung, doch bei seinem Tod hinterließ er keinen eindeutigen Nachfolger, so dass für kurze Zeit seine Tochter Raziyya den Thron bestieg (1237–1240). Zwar preist ein Chronist sie als »weise, gerecht und großzügig« und berichtet, sie habe »alle Qualitäten besessen, die ein König besitzen muss«, doch nach Ansicht der muslimischen Elite habe sie »nicht das richtige Geschlecht gehabt, und so waren denn in den Augen der Männer all diese Tugenden wertlos«.[74] Aber sie stellte einen Präzedenzfall dar für Indiens »weibliche Herrscher« – für all die Mütter, Ehefrauen und Töchter, die Jahrhunderte später am Hof der Großmoguln politische Macht ausübten. Schließlich wurde Raziyya abgesetzt, und der türkische Sklavengeneral Ghiyath al Din Balaban ergriff die Macht.

Ab 1241 kam es fast alljährlich zu Mongoleneinfällen in den Panjab und nach Nordindien, zum Leidwesen des Sultans und mit Unterstützung einiger unzufriedener Mitglieder der herrschenden Elite. Balaban eroberte Lahore und Sind zurück, doch es gelang ihm nicht, das obere Gangestal zu unterwerfen. Bei ihren Kriegszügen in Zentralasien machten die Mongolen zahlreiche Gefangene, die sie als Sklaven verkauften. Viele von ihnen, darunter auch Adelige, Schreiber und Soldaten, fanden den Weg nach Indien. Balaban, selbst ein ehemaliger Sklave, griff bei der Rekrutierung des Personals für Verwaltung und Armee zunehmend auf freie Einwanderer aus Iran und Afghanistan und auf indische Muslime zurück, wodurch er die Verbindung zu den türkischen Sklaven schwächte, auf die sich das Sultanat bis dahin gestützt hatte. So entstand am Hof eine neue Faktion, die Khaljis (frei geborene Einwanderer türkischer Herkunft), die nach Balabans Tod die Kontrolle über das Sultanat erlangten und 1290 Jalal al-Din Firuz Khalji zum Sultan machten. Sechs Jahre später wurde er von seinem Neffen ermordet, der den Thron als Ala al-Din Khalji bestieg (1296–1315).

Der Sieg der Khaljis war kaum mehr als eine Palastrevolution. Die Militär- und Finanzinstitutionen arbeiteten im Wesentlichen weiter wie bisher. Die herrschende Klasse bewahrte sich ihre ethnische und kulturelle Vielfalt, auch wenn es zu einer gewissen Verschiebung weg von den Ausländern und hin zur indischen Aristokratie kam. Stillschweigend wurde anerkannt, dass Indien weder *dār al-ḥarb* noch *dār al-islām* war, sondern etwas Dazwischenliegendes, mit einer kleinen muslimischen Elite von einigen Zehntausend, die über eine weitgehend hinduistische Gesellschaft von vielleicht 70 Millionen Menschen herrschte. Manche Zeitgenossen wünschten sich die Herrscher von »al-Hind« entschiedener muslimisch und beklagten einen, wie sie meinten, unglücklichen Kompromiss zwischen dem Islam und den »Ungläubigen«. Im Rückgriff auf seine eigenen Ideale islamischen Königtums einschließlich der Scharia und der Bestrafung von Häretikern wie auch Ungläubigen legte der Historiker Diya Barani im 14. Jahrhundert Jalal al-Din die Worte in den Mund:

»Schande über mich und mein Königtum ..., dass ich es zulasse, dass jeden Freitag mein Name von den Kanzeln genannt und die Prediger mich mit falscher Zunge Beschützer des Islam nennen, wo doch unter meiner Herrschaft die Feinde Gottes und des Glaubens, unter meinen Augen und in meiner Hauptstadt in Saus und Braus und tausenderlei Luxus leben ... und unter den Muslimen einherstolzieren und offen Götzendienst treiben.«[75]

4. Der Zenit des Delhi-Sultanats

Ala al-Din Khalji war wohl der fähigste aller Sultane von Delhi, und unter seiner Herrschaft erlangte das Sultanat ein Jahrhundert nach seiner Gründung den Charakter eines echten Großreichs. In der üblichen Weise entledigte er sich seiner Rivalen, indem er die Söhne Jalal al-Dins blenden, einkerkern oder töten ließ. Doch in einer Wendung, mit der er die Versöhnungspolitik des Mogulkaisers Akbar 250 Jahre später vorwegnahm, integrierte Ala al-Din die indischen Muslime und selbst die Hindus stärker in den Staat. Er und seine Söhne heirateten Frauen aus hinduistischen Königshäusern. Er schuf eine stehende Armee und zog zahlreiche *iqtā*‘s ein, um die militärische und fiskalische Macht in seinen Händen zu konzentrieren. Er erhöhte die Grundsteuer auf fünfzig Prozent und stützte die Berechnung der Abgabe erstmals auf eine aktuelle Bewertung des Bodens, statt sie als Tributzahlung anzusehen.

Ala al-Din sah sich selbst als zweiten Sikander (Alexander) und entfesselte einen wahren Sturm militärischer Feldzüge, von dem nur wenige Regionen Südasiens verschont blieben. In den Jahren 1303 und 1304 eroberte er Gujarat, brachte die wohlhabenden Handelsstädte der indischen Westküste unter die Kontrolle Delhis und drang nach Rajasthan vor. Dort eroberte er Ranthambor (das von Iltutmish schon 1226 eingenommen, von seinen Nachfolgern aber wieder verloren worden war); 1303 nahm er Chittor, die Bergfestung des Rana von Mewar, und

Sultane und Sklaven

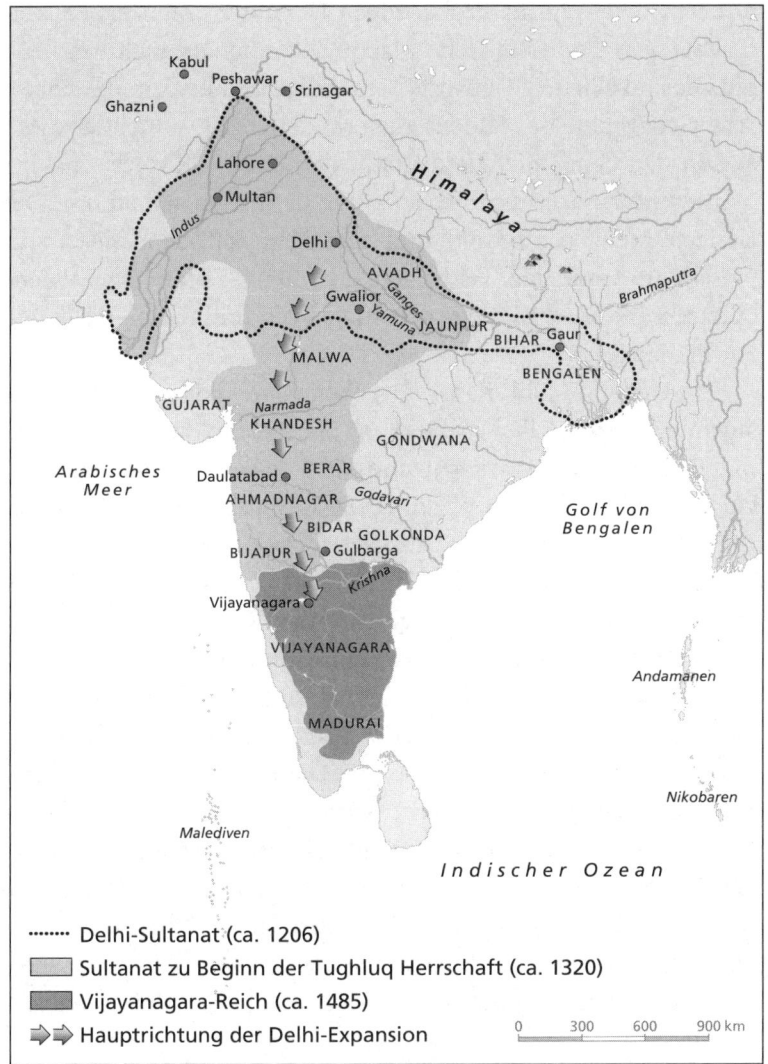

······· Delhi-Sultanat (ca. 1206)
▓ Sultanat zu Beginn der Tughluq Herrschaft (ca. 1320)
▓ Vijayanagara-Reich (ca. 1485)
⇨⇨ Hauptrichtung der Delhi-Expansion

Karte 7: Delhi-Sultanat und Vijayanagara-Reich

rückte auf Mandu, die Hauptstadt von Malwa, vor. Diese Siege schwächten zeitweilig die Macht der Rajputen (manche flohen nordwärts und gründeten in Nepal neue Fürstentümer), und sie öffneten den Weg für Eroberungen im Süden. Zum ersten Mal machte sich die militärische Macht des Sultanats auch weit jenseits des nördlichen Tieflands bemerkbar und begann die politische Geographie des Südens zu verändern. 1296 annektierte Ala al-Din Devagiri, die Hauptstadt des Yadava-Königreichs im Norden Maharashtras, und benannte sie in Daulatabad um. Die riesigen Mengen an Gold und sonstigen Schätzen, die er auf diesem und anderen Feldzügen erbeutete, gestatteten es dem Sultan, seine Macht im Norden zu festigen und weitere Feldzüge zu finanzieren.

Sein General Malik Kafur (ein ehemaliger Sklave aus Gujarat) stürmte in den südlichen Dekkan, überrannte das Hoysala-Königreich, eroberte Warangal und stieß tief ins Tamilenland bis nach Madurai vor. Die Wirkung dieser Einfälle war selbst noch in Sri Lanka zu spüren, wo sie die Herrschaft der Pandyas über den Norden der Insel schwächten. Eine Zeitlang schien es, als müsste der ganze Süden der schweren Reiterei und den geschickten Bogenschützen des Sultans unterliegen. Die besiegten Könige wurden gegen die Verpflichtung zu Tributzahlungen wiedereingesetzt, und zur Beute gehörten diesmal, allein aus Warangal, der berühmte Koh-i-Nur-Diamant, 20 000 Pferde und 100 Elefanten. Doch wie seine Vorgänger musste auch Ala al-Din sich erneut im Nordwesten auf kriegerische Auseinandersetzungen einlassen. Er wehrte mehrere Mongolenangriffe ab, darunter eine Invasion des Panjab in den Jahren 1297–1298, und obwohl weitere Einfälle folgten, bei denen 1302–1303 sogar Delhi belagert wurde, begann die Mongolengefahr danach abzuflauen.

Als Ala al-Din 1315 krank wurde und starb, brachen wieder die alten Nachfolgestreitigkeiten aus. Sein Sohn Qutb al-Din Mubarak Shah hielt sich für kurze Zeit an der Macht, wurde aber 1320 ermordet und von einem Konvertiten namens Khusrau Khan ersetzt, hinter dem Hindus außerhalb der etablierten Aristokratie standen. Das wiederum provozierte einen Gegen-

Sultane und Sklaven

schlag der muslimischen Elite, die den Turk-Mongolen Ghazi Malik unterstützte. Als Ghiyath al-Din Tughluq (1320–1324) begründete er die Tughluq-Dynastie und eröffnete damit die dritte Phase des Sultanats Delhi. Nachdem er 1321–1323 mehrere Aufstände in Warangal und Madurai niedergeschlagen hatte, integrierte er Bengalen, das seit Balabans Herrschaft nahezu unabhängig gewesen war, wieder in das Reich. Der Bau einer neuen, schwerbefestigten Hauptstadt namens Tughluqabad, deren massive Mauern noch heute die südlichen Außenbezirke von Delhi beherrschen, symbolisierte die wilde Entschlossenheit und die imperialen Ambitionen der Dynastie. Unter seinem Sohn Muhammad Shah bin Tughluq (1324–1351) erreichten Macht und Ansehen der Tughluq-Dynastie – und mit ihr das Sultanat Delhi – ihren Höhepunkt. Er setzte energisch die von Ala al-Din Khalji begonnene Expansionspolitik fort, vor allem in Richtung Dekkan. In dem Bestreben, die Kontrolle über den Süden zu festigen, verlegte Muhammad die Hauptstadt nach Daulatabad. Nach ihm feindlicher gestimmten Quellen wurde Delhi wüst und leer zurückgelassen, doch wahrscheinlich mussten nur der Hof und die Verwaltung den langen Treck nach Süden antreten. Angesichts der langsamen Kommunikation, der Widerspenstigkeit der fernab liegenden Provinzen und der fortdauernden Macht des indischen Regionalismus ließ sich jedoch der Norden nicht besser von Daulatabad aus regieren als der Dekkan von Delhi aus, und so kehrten Bürokraten und Höflinge langsam in die alte Hauptstadt zurück. Dennoch trug der fehlgeschlagene Umzug nach Daulatabad dazu bei, die persisch-islamische Kultur in den Dekkan hinein auszubreiten, und nahm die einige Jahrzehnte später erfolgte Gründung eines südlichen Sultanats (Bahmani) vorweg.

Scheinbar unbeeindruckt von diesem Fehlschlag mobilisierte Muhammad bin Tughluq 1329 eine riesige (auf 370 000 Mann geschätzte) Armee, vielleicht um den Machtverfall der Mongolen zu nutzen und die Herrschaft über den Nordwesten zurückzugewinnen. Doch in seinem zunehmenden Leichtsinn leitete er die Armee nach Norden in den Himalaya um, wo sie eine verheerende Niederlage erlitt. Als weiteres Zeichen des drohenden Zerfalls hatte Muhammad 1334–1335 im Südosten gegen eine Rebellion zu kämpfen. Zwar vernichtete er bei deren Niederschlagung das Pandya-Königreich, doch er hatte damit die Ressourcen seines Reiches überdehnt. Die einst von Ala al-Din Khalji eroberten südlichen Territorien entglitten der Kontrolle Delhis und wurden niemals wiedererobert. Doch trotz zahlreicher Misserfolge und Fehleinschätzungen behielt Muhammad seinen Ruf als großer Herrscher und Förderer. Zur Festigung seiner Macht bemühte er sich, Einwanderer aus Iran, aus Zentralasien und jenseits davon gelegenen Gebieten anzuziehen. Er belohnte sie mit Ehrungen und hohen Ämtern. Gelehrte, Schreiber und Soldaten stellten sich in seinen Dienst und sorgten für die Verbreitung der persischen Sprache und einer verfeinerten Kultur persischer Prägung am Hof. Die Zirkulation der Güter, Menschen und Ideen integrierte Nordindien stärker in die kosmopolitisch-islamische Welt des 14. Jahrhunderts. Dennoch erscheint Muhammad oft als ein exzentrischer Herrscher, dessen phantastische Pläne und widersprüchliche Politik zwischen »Visionärem« und »Unergründbarem« pendelte. Der marokkanische Weltreisende Ibn Battuta, der in Delhi sieben Jahre als Richter amtierte, pries die Großzügigkeit des Sultans, befand aber auch: »Er ist unter allen Menschen derjenige, der es am meisten liebt, Geschenke zu machen und – Blut zu vergießen. An seiner Tür findet man stets einen Armen, der reich beschenkt, oder einen Lebenden, der umgebracht wird.«[76]

Ibn Battutas Beschreibung des Hofes gibt weitere Einblicke in den Charakter Muhammads und seiner Herrschaft. In einer Weise, die eher an einen Hindu-König oder einen persischen Kaiser erinnert, sitzt der Sultan

Sultane und Sklaven

»… auf einer mit weißen Stoffen bedeckten Erhöhung, auf der ein Thron errichtet ist. Seinen Rücken stützt ein großes Polster; rechts und links von ihm liegen Ruhekissen … Hat er nun Platz genommen, so steht der Wesir vor ihm, zusammen mit den Sekretären. Hinter ihnen wiederum befinden sich die Kammerherren … Hat der Sultan Platz genommen, so rufen die Kammerherren und Palastoffiziere laut: ›Im Namen Gottes!‹ Hinter dem Sultan stellt sich der ›Große König‹ Kabula auf, der mit einem großen Wedel die Fliegen verscheucht. Zu beiden Seiten stehen hundert Palastsoldaten mit Schilden, Schwertern und Bogen. An beiden Wänden des Audienzsaales nehmen die Oberrichter, der erste Prediger, die übrigen Richter, Rechtsgelehrte, die Adelsrichter, Scheichs, Brüder und Schwäger des Sultans, die höchsten Generäle, die Marschälle fremder Länder und schließlich weitere militärische Würdenträger Aufstellung. Dann bringt man 60 Pferde in den Audienzsaal, gesattelt und gezäumt mit kaiserlichem Geschirr … Sie werden alle so aufgestellt, daß sie der Herrscher einzeln sehen kann. Dann bringt man noch fünfzig Elefanten in den Audienzsaal, die mit seidenen und goldenen Stoffen geschmückt sind. Ihre Stoßzähne hat man mit Eisen verkleidet, damit sie die Verbrecher umbringen können … Diese Elefanten sind dressiert, dem Sultan durch Verneigen des Kopfes ihre Ehrerbietung zu erweisen. Dabei rufen die Kämmerer mit lauter Stimme: ›Im Namen Gottes!‹«[77]

Es gibt noch weitere Anzeichen dafür, dass Muhammad bin Tughluq sich als Herrscher sowohl der Muslime wie auch der Hindus verstand. Er war der erste Sultan, der Nichtmuslime in hohe militärische und administrative Ämter berief, am Holi-Frühjahrsfest teilnahm und den Bau von Hindu-Tempeln erlaubte. Er ließ sich sogar zu seinem eigenen Gebrauch heiliges Gangeswasser nach Daulatabad bringen. Da kann es kaum verwundern, wenn manche Muslime sich Sorgen um ihren Glauben machten und an Muhammads Zuverlässigkeit als muslimischer Herrscher zu zweifeln begannen.

In der Folge kam es zu einem stetigen Machtverfall des Sultanats und einem raschen Schrumpfen seines Territoriums. Auf

Muhammad folgte dessen Vetter Firuz Shah (1351-1388), ein einfallsloser Verwalter der Macht, der unfähig war, Bengalen und Sind unter seine Oberhoheit zu zwingen, und jeden Versuch aufgab, die Abspaltung des Bahmani-Staates im Dekkan zu verhindern. Als wolle er diese Schwäche auf anderem Gebiet ausgleichen, widmete Firuz sich der Errichtung öffentlicher Bauwerke in und um Delhi, indem er Moscheen und *madrasa*s (Religionsschulen) gründete. In einem Versuch, die Unterstützung der Muslime zurückzugewinnen, führte er eine Kopfsteuer (*jizya*) für Nichtmuslime ein. Er schwächte seine eigene Position noch weiter, indem er zahlreiche *iqṭāʿ*s vergab und das dem Sultan unmittelbar unterstellte Land verringerte. Nach seinem Tod im Jahr 1388 kam es zu einer neuen Welle von Erbfolgestreitigkeiten, bei denen Provinzgouverneure und Hindu-Häuptlinge die Gelegenheit ergriffen, sich für unabhängig zu erklären. Fortgesetzte Kämpfe zwischen rivalisierenden Thronanwärtern untergruben die Fähigkeit des Sultanats, äußere Angriffe abzuwehren. Die Nemesis kam 1398. Woran frühere Mongolen gescheitert waren, das gelang nun dem zentralasiatischen Kriegsherrn Timur. In einem Blitzfeldzug stieß er bis nach Delhi vor, fegte die Armee des Sultans beiseite und plünderte die Stadt. Timur blieb weniger als sechs Monate. Er hatte nicht die Absicht, Indien zu seiner Heimat zu machen, auch wenn seine Mogulnachfahren später die Eroberung Delhis zur Begründung ihrer eigenen imperialen Ansprüche anführten. Die Reichtümer, die das Sultanat zum mächtigsten und ruhmreichsten Staat der muslimischen Welt gemacht hatten, wurden gnadenlos geplündert. Schätzungsweise 50 000 Bewohner wurden abgeschlachtet und Tausende von Gefangenen als Sklaven nach Samarkand verschleppt.

Von dieser Katastrophe sollte das Sultanat sich nie mehr erholen. Es war nur noch eine von mehreren Regionalmächten, zu denen auch die abgespaltenen Staaten Bengalen, Kaschmir, Gujarat, Malwa und Jaunpur gehörten. Der letzte Tughluq starb 1413, und mit seinem Tod trat das Sultanat in seine Endphase

Sultane und Sklaven 227

ein. Die Sayyiden ergriffen die Macht, und von 1414 bis 1451 regierten vier Monarchen dieser Dynastie, die sich nicht weiter hervortaten. Sie wurden schließlich von den afghanischen Lodis verdrängt, die die Hauptstadt nach Agra verlegten, als wollten sie der stolzen Geschichte der früheren Sultane den Rücken kehren. Ein Zustrom bewaffneter Abenteurer half den Lodis, die afghanische Oberhoheit über Nordindien zu gewinnen. Der Letzte dieser Dynastie, Ibrahim Lodi, erlag 1526 der Invasion Baburs. Die lange Geschichte des Sultanats war zu Ende.

5. Der Dekkan und der ferne Süden

Für die meiste Zeit ab dem 13. Jahrhundert übten die Sultane von Delhi nur zeitweilig Macht über den Dekkan und den Süden aus. Durch die Einfälle Ala al-Dins und Muhammad bin Tughluqs wurden die Hindu-Königreiche zwar nicht zerstört, aber doch geschwächt, und so war der Weg frei für neue, militärisch mächtige und in heftiger Konkurrenz zueinander stehende Staaten sowohl hinduistischer als auch muslimischer Prägung. Der erste dieser Staaten, das Bahmani-Sultanat, entstand 1345 aus einer Revolte von Offizieren des Delhi-Sultanats gegen die schwindende Macht der Tughluqs und währte bis 1527. Der Gründer, Hasan Bahman Shah (1347–1358), folgte dem Beispiel Mohammad bin Tughluqs und machte Daulatabad zu seiner Hauptstadt. In der Folgezeit wurde sie weiter nach Süden verlegt, zunächst nach Gulbarga und schließlich nach Bidar, als wollte der Staat sich tiefer im Dekkan und weiter entfernt vom nördlichen Tiefland verwurzeln. Hasan Bahman Shah und seine Nachfolger behielten das Verwaltungssystem der Tughluqs weitgehend bei, aber es fehlte ihnen durchaus nicht an eigenem Innovationseifer. Sie sahen sich keineswegs als arme Verwandte Delhis und zogen erfolgreich muslimische Auswanderer aus

Nordindien und Iran an, so dass ihr Sultanat zu einem dynamischen Zentrum der indopersischen Kultur und einem bedeutsamen Ort für die weitere Ausbreitung der islamischen Kunst und Gelehrsamkeit im Dekkan wurde. Die persischsprachigen Herrscher und ihr Hof traten auch in eine Wechselwirkung zu den Regionalsprachen (Marathi und Kannada), so dass sich eine eigenständige Version des Urdu entwickelte wie auch eine eigentümliche kulturelle Synthese, die mehr als eine blasse Nachahmung Delhis war.

Doch eine der inneren – und letztlich tödlichen – Schwächen des Bahmani-Staates, in dem sich die Spannungen des Delhi-Sultanats spiegelten, war eine tiefverwurzelte Rivalität zwischen den Dekkanis (den Nordindern, die den größten Teil des Adels stellten) und den erst kürzlich aus Iran und Zentralasien zugewanderten Afaqis, die ihren eigenen politischen Ambitionen und ihrem eigenen kulturellen Geschmack folgten. Ein Grund für den Import so vieler afrikanischer (Habshi) Sklaven für die Armeen des Sultanats und seiner Nachfolgestaaten war der Wunsch des Herrschers, sich eine neutrale, allein ihm selbst treu ergebene Streitmacht zu schaffen. Der Einfluss der Afaqis erreichte seinen Höhepunkt unter Mahmud Gawan, der von 1463 bis 1481 mehreren Sultanen als erster Minister diente und weitreichende Reformen durchsetzte. Seine Ermordung im Auftrag der rivalisierenden Faktion beschleunigte den Zerfall des Bahmani-Staates.

Obwohl das Kerngebiet des Bahmani-Staates gutgeschützt innerhalb relativ klar definierter natürlicher Grenzen lag, nämlich zwischen dem bewaldeten Vindhya-Gebirge im Norden und dem Tungabhadra-Fluss im Süden, war er doch auf ständige Kriege und Plünderungen angewiesen, um den Staatsschatz aufzufüllen und die Verwaltung wie auch die Armee zu unterhalten. Bei dem Versuch, nach Süden über die Tungabhadra vorzustoßen, verwickelten sich Hasan Bahman Shah und sein Sohn Muhammad Shah I. (1358–1375) in kriegerische Auseinandersetzungen mit

Sultane und Sklaven

dem Vijayanagara-Reich (dessen Ursprünge unten erörtert werden). Nach einer Ruhepause kam es zu weiteren Expansionsbestrebungen unter Shibabal-Din Ahmad I. (1422–1436), dessen Armeen in das umkämpfte Territorium von Warangal einfielen und weiter nach Orissa hinein vordrangen. Doch nach gut 150 Jahren begann der Bahmani-Staat in den 1490er Jahren zu zerfallen, zerrissen vom Streit der Faktionen und von dem ewigen Problem der mittelalterlichen indischen Staaten, die für den Krieg erforderlichen Mittel aufzutreiben und die Kontrolle über abgelegene Provinzen zu behalten. Berar, Bijapur und Ahmadnagar waren die ersten Staaten, die nun neu entstanden, gefolgt von Bihar (dem Rumpf des Bahmani-Staates) und Golkonda.

Der zweite größere Staat auf dem Subkontinent war das Vijayanagara-Reich. Es entstand etwa zur selben Zeit wie das Sultanat Bahmani, und zwar zum Teil gleichfalls im Gefolge der Zerschlagung der alten Königreiche des Südens durch die Tughluqs. Die Gründung von Vijayanagara wird gewöhnlich auf das Jahr 1336 datiert, doch Ursprünge und Charakter des Staates sind umstritten. Der einst gelegentlich als das »vergessene Reich« bezeichnete Staat galt später dann als militante Antwort der Hindus auf die muslimische Durchdringung des Dekkan. Gegründet wurde der Staat angeblich von zwei Brüdern, Harihara und Bukka, Abkömmlingen einer einheimischen Familie, der Sangamas, die zum Islam übergetreten waren, dann aber zu ihrem alten Glauben zurückkehrten und Hindu-Häuptlinge zum Kampf gegen das Sultanat Delhi und dessen südliche Nachfolgestaaten unter ihrer Fahne versammelten. In jüngerer Zeit äußern Historiker allerdings Zweifel am militant hinduistischen Charakter des Vijayanagara-Staates. Die Sangamas waren offenbar Krieger, die sowohl den hinduistischen Hoysala-Königen als auch den muslimischen Sultanen von Daulatabad gedient hatten, niemals zum Islam übergetreten waren und erst ihre Unabhängigkeit erklärten, als Delhi die Kontrolle über den Süden zu verlieren begann. Unter Harihara I. (1336–1354) wurden die Sangamas die erste von vier Dynastien, die von der Hauptstadt Vijayanagara (»Stadt des Sieges«) aus regierten. Die am Südufer der Tungabhadra gelegene Stadt – der Fluss trennt den nördlichen vom südlichen Dekkan – war gut zu verteidigen. Das Kerngebiet des Staates (des größten, den Südindien je hervorbrachte) lag in der trockenen Binnenregion des Subkontinents, einem Gebiet, das Subsistenzlandwirtschaft begünstigte und kühne Bauernkrieger hervorbrachte. Er nutzte jedoch die Destabilisierung des Südens, um sich in das reiche Reisanbaugebiet des Krishna-Godavari-Deltas im Osten und bis zum Arabischen Meer im Westen auszudehnen. Damit erschloss sich eine Route, auf der Kriegspferde, Feuerwaffen und ausländische Söldner die im Binnenland liegende Hauptstadt erreichen konnten. Harihara befreite Madurai von der muslimischen Besetzung, und ab 1346 kontrollierte Vijayanagara den unteren Dekkan und mehrere Häfen an der Westküste. Als Nachfolger Hariharas trat sein Bruder Bukka I. an (1354–1377), dem wiederum dessen Sohn Harihara II. (1377–1404) folgte.

Wie das Sultanat Delhi, so erlebte auch Vijayanagara mehrere Phasen der Expansion und der Schrumpfung. Zu einer Wachstumsphase kam es unter Devaraya I. (1406–1422), der die Armee reorganisierte und eine Reiterei aufbaute, die es mit der des Sultanats Bahmani aufnehmen konnte. Zu diesem Zweck importierte er über die Häfen an der Westküste Pferde aus Iran und Arabien. Gleichfalls unvereinbar mit der Vorstellung, dass Vijayanagara eine ausschließlich hinduistische Politik verfolgt habe, ist die Tatsache, dass Devaraya türkische Bogenschützen ins Land holte und für sie den Bau einer Moschee in seiner Hauptstadt erlaubte. Unter seinem Enkel Devaraya II. (1425–1447) sollen in der Armee von Vijayanagara 200 muslimische Offiziere und mehrere tausend muslimische Soldaten gedient haben. In späteren Jahren traten Muslime, die aus Bihar und anderen benachbarten Staaten kamen, auch in die Verwaltung des Landes ein. Trotz der Hindu-Tempel, der staatlichen Rituale

Sultane und Sklaven

und der vorherrschenden Gottheiten war Vijayanagara ganz offensichtlich kein fanatisch antimuslimischer Staat, wie frühere Historiker behaupteten. Die Herrscher von Vijayanagara scheinen pragmatischer und eklektischer gehandelt zu haben, als es einem schlichten Gegensatz zwischen »hinduistisch« und »muslimisch« entsprochen hätte. Tatsächlich war einer der Staaten, mit denen das Land in den 1430er Jahren in ständigem Konflikt lag, das Reich der hinduistischen Ganapatis in Orissa. Wie in der militärischen Organisation, so übernahm Vijayanagara auch im Hofleben vieles von den muslimischen Sultanaten, und wie Muhammad bin Tughluq den Stil eines Hindu-Königs kopierte, so übernahmen die Herrscher von Vijayanagara Attribute eines »Sultans unter Hindu-Königen«.[78] In einer Situation, in der kein Dekkan-Staat die absolute Hegemonie über die anderen besaß, musste Vijayanagara sich auf nahezu ständige Kriege einstellen, doch zum Überleben benötigte man auch eine wachsame Diplomatie, Bündnisse mit muslimischen Staaten wie Malwa und Gujarat und gute Beziehungen zu den Portugiesen, die sich 1510 in Goa festsetzten.

Trotz der Größe der Hauptstadt, die auf ihrem Höhepunkt eine halbe Million Einwohner gehabt haben dürfte, und trotz der gewaltigen Kriegsmaschine, die dem Land zu Gebote stand, war Vijayanagara in beträchtlichem Maße auf die militärische Unterstützung durch die Unterführer, die Nayaks, angewiesen, die in Zeiten einer schwachen Zentralgewalt in der Lage waren, Tributzahlungen und militärische Dienste zurückzuhalten, um ihre eigene Autonomie zu fördern. Der von Burton Stein vorgetragene Gedanke, wonach Vijayanagara im Wesentlichen ein »segmentierter« Staat gewesen sei, dürfte allerdings unterschätzen, wie stark die herrschende Elite war und wie wirkungsvoll man Macht und Ressourcen in der Hauptstadt zu zentralisieren vermochte.[79] Der König übte die politische Oberhoheit aus und besaß nicht nur zeremonielle Bedeutung, unterstützt von einer höfischen Kultur, die um seinen gottähnlichen Status und seine zweifache Rolle als Kriegsherr und als Förderer der Künste und der Religion zentriert war. In seiner Hochphase war Vijayanagara ein ebenso imperialer Staat wie das Sultanat Delhi oder das Mogulreich. Sein Einfluss reichte sogar über die Palk-Straße hinweg bis nach Sri Lanka, wo Vijayanagara die Pandy-Könige absetzte und die Oberhoheit über den Nordteil der Insel beanspruchte. Andererseits war Vijayanagara eine ausgeprägt vielsprachige, multikulturelle Gesellschaft. Obwohl die Mehrzahl der Untertanen Hindus waren, war das Reich keineswegs mit einer einzelnen Sprachgruppe deckungsgleich (aber das galt auch für die meisten anderen mittelalterlichen Staaten in Südasien). Seine ersten, Kannada sprechenden Könige förderten die brahmanische und Sanskritliteratur ebenso wie die dravidischen Sprachen. Schrittweise ging die Macht an Telugu-Sprecher über, als die Expansion nach Süden es den Telugu sprechenden Nayaks ermöglichte, Land zu erobern und Häuptlingschaften im westlichen und mittleren Namil Nadu zu errichten.

Unter Devaraya I. und seinem Enkel Devaraya II. erreichte die Macht Vijayanagaras ihren Höhepunkt. Danach begann der Niedergang des Staates, der immer mehr Territorien an seine Gegner verlor. Die Bahmani-Sultane und deren Nachfolger übten einen wachsenden Druck auf den heftig umkämpften Raichur-Doab aus, das fruchtbare und strategisch bedeutsame Dreieck zwischen Krishna und Tungabhadra.

Die Sultane von Ahmadnagar und Bijapur ihrerseits kämpften um die Herrschaft über die Häfen an der Westküste, die von vitaler Bedeutung für das Überleben Vijayanagaras waren. Nach der kurzlebigen Saluva-Dynastie begann für das Reich eine dritte Phase, die der Tuluva-Dynastie, deren Könige Vira Narasimha (1503–1509) und dessen Bruder Krishna Devaraya (1509–1530) wahrscheinlich die fähigsten Monarchen des Landes waren. 1513 führte Krishna Devaraya einen erfolgreichen Feldzug gegen die Ganapatis, um das Andhra-Delta zurückzuerobern, auch wenn die nördlich der Krishna gelegenen Territori-

Sultane und Sklaven

en im Rahmen eines Friedensabkommens an Orissa zurückgegeben wurden.

Bis ins 16. Jahrhundert vermochte Vijayanagara mit den südlichen Sultanaten zu konkurrieren, zumal diese häufig im Streit miteinander lagen. Doch als Rama Raya, Krishna Devarayas Schwiegersohn und Erbe, übermütig nach der Herrschaft über den gesamten Dekkan strebte und sich in die Außenpolitik der benachbarten Sultanate einmischte, provozierte er eine fatale Koalition zwischen Ahmadnagar, Bijapur und Golkonda. In einem vereinten Dschihad fügten sie Vijayanagara 1565 in der Schlacht von Talikota eine verheerende Niederlage zu, eine der folgenreichsten in der Geschichte Indiens. Vijayanagara, nun keine »Stadt des Sieges« mehr, wurde gebrandschatzt (es wurde nie wieder aufgebaut), und es folgte der rasche Zerfall des Reiches. Bijapur erlangte die lange angestrebte Herrschaft über den Raichur-Doab, Rama Raya wurde gefangen genommen und getötet. Sein Bruder Tirumala entkam und versuchte, eine neue Armee aufzustellen, doch viele Nayaks ergriffen die Gelegenheit und erklärten ihre Unabhängigkeit. Der Zusammenbruch von Vijayanagara führte zu einem beschleunigten Wandel. Der Aufstieg der Mogul in Nordindien ermutigte die Dekkan-Sultanate, die restlichen Krümel des Festmahls aufzulesen. 1652 schlossen sie ihre Eroberung von Karnataka ab, wurden aber schon bald von den Mogul besiegt und absorbiert. So etwas wie eine ganz Indien umfassende Hegemonie schien ein weiteres Mal möglich.

B Das »göttliche Licht« des Königs

Von allen vorkolonialen Großreichen Südasiens war das Mogulreich zweifellos das berühmteste – zum Teil wohl deshalb, weil es auf den Gebieten der Kunst und der Architektur ein besonders reiches Erbe hinterließ, zum Teil aber auch, weil die Vorstellung des »Großmoguls«, Urbild des allmächtigen orientalischen Potentaten, die Phantasie der Europäer in ihren Bann schlug. Dass ein großer Teil des Subkontinents zweihundert Jahre lang von einer einzigen Dynastie beherrscht wurde und für einen beträchtlichen Teil dieser Zeitspanne von nur vier Individuen, verstärkte den Glanz des Reiches und den Eindruck der Stärke und Kontinuität, das es vermittelte. Doch wie bedeutsam und innovativ waren die Großmoguln? Standen sie für eine Entfaltung politischer Traditionen, die seit der Geburt des Delhi-Sultanats herangereift waren, oder für einen Bruch mit früheren Regimen, für eine Dynastie, deren Regierungsweise und nahezu ganz Indien umspannende Verwaltung den britischen Raj vorwegnahm? Markierten sie den Beginn eines erkennbar modernen Zeitalters, oder verwiesen ihre Methoden und ihre Mentalität eher zurück auf das Mittelalter?

Nach Ansicht John F. Richards, eines führenden Historikers des Indiens der Mogulzeit, kann an der Bedeutung der Moguln kein Zweifel bestehen. Sie schufen einen der größten zentralisierten Staaten der frühneuzeitlichen Geschichte, mit einem Staatsgebiet, das sich 1600 über mehr als drei Millionen Quadratkilometer erstreckte, und einer Bevölkerung von 100 bis 150 Millionen Menschen. Nach Größe und Ressourcen übertraf

Das »göttliche Licht« des Königs 235

das Mogulreich die übrigen führenden muslimischen Staaten der nachmongolischen Zeit, den Iran der Safawiden und die Türkei der Osmanen, sein materieller Reichtum und seine Bevölkerungszahl wurden nur noch vom China der Ming-Dynastie erreicht. Das ausgereifte Bodenbesteuerungssystem der Moguln war, wie Richards anmerkt, »eine bemerkenswerte Leistung«, denn Jahr für Jahr »sammelten kaiserliche Beamte in Zehntausenden von Dörfern, die über ein Gebiet von der Größe Westeuropas verstreut lagen, routinemäßig hohe Steuern ein«. Für 150 Jahre, von Akbars Aufstieg 1556 bis zum Tod seines Ururenkels Aurangzeb im Jahr 1707, einten die Großmoguln und das »zupackende zentralisierte System«, das sie schufen, den Subkontinent, und nur wenige Teile Indiens blieben von dem »massiven Bauwerk« ihrer Herrschaft unberührt. Selbst als das Reich schon zusammengeschrumpft war, behielten Reichtum und Verfeinerung der höfischen Kultur ihren Reiz und beeinflussten weiterhin Nachfolgestaaten und gebildete Eliten in ganz Indien. Ob das gut oder schlecht war, so schließt Richards, »ist eine andere Frage«. Doch dass die Macht der Moguln »eine Realität« war und nachhaltige Auswirkungen auf ganz Indien hatte, stehe außer Frage.[80]

1. Der Aufstieg der Moguln

Der Name »Mogul« stammt von dem persischen Wort für »Mongolen« ab, doch die Abstammung der Moguln lässt sich am genauesten auf Timur zurückführen (weshalb die Moguln gelegentlich auch als »Timuriden« bezeichnet werden). Timur hegte niemals imperiale Pläne für Indien, doch er zeigte der Welt, welche Macht und welchen Ruhm seine Herrscher erwerben konnten. Durch seinen Angriff auf Delhi stellte er 1398 die Verbindung zwischen Zentralasien und Nordindien wieder her und bewies zugleich, dass die muslimischen Könige nicht vor Angriffen seitens ihrer muslimischen Nachbarn gefeit waren. 1503, ein Jahrhundert nach Timurs Tod, hörte Zahir al-Din Muhammad Babur, der väterlicherseits von Timur, mütterlicherseits von Genghis Khan abstammte, die Geschichte von Timurs Invasion und beschloss, es ihm nachzutun.

Der 1483 geborene Babur wurde nach dem Tod seines Vaters mit elf Jahren König von Ferghana in Usbekistan, doch er verlor den Thron an seine kriegerischen Onkel. Heimatlos und ins Exil getrieben, wurde er ein militärischer Abenteurer, der danach strebte, die Macht in Ferghana wiederzuerlangen oder ein neues Königreich zu gewinnen. Während seiner »thronlosen« Jahre erlernte er die Kunst des Krieges und des politischen Überlebens bei seinen Gegnern: Türken, Mongolen, Iranern und Afghanen. Er gewann und verlor Samarkand, und 1501 eroberte er Kabul, wo er den persischen Titel »Padshah« (Kaiser) statt des arabischen »Sultan« annahm, den man in Zentralasien und Indien seit Mahmud von Ghazni bevorzugte. 1522 eroberten seine Truppen Kandahar, doch Baburs Ehrgeiz war noch nicht gestillt, und er beschloss, sich nach Süden zu wenden. 1525 folgte er dem Aufruf afghanischer Dissidenten, Ibrahim, den Lodi-Herrscher von Delhi, zu stürzen. Mit einer aus Türken und Usbeken zusammengewürfelten Armee besiegte er die Truppen des Sultans bei Lahore und rückte auf Delhi vor, dessen Thron er mit Verweis auf Timur für sich beanspruchte. Mit weniger als 25 000 Mann besiegte er Ibrahim im April 1526 nochmals bei dem 130 Kilometer nördlich von Delhi gelegenen Panipat. Babur verdankte den Sieg über eine zahlenmäßig überlegene Streitmacht in hohem Maße seiner taktischen Kühnheit beim Angriff auf einen wankenden Feind wie auch den Fähigkeiten seiner schnellen Reiterei. Eine entscheidende Rolle spielte auch seine Artillerie. Zwar waren Kanonen bereits an der indischen Westküste eingesetzt worden, wo die Portugiesen sie eingeführt hatten, doch dies war ihr erster Kriegseinsatz in Nordindien. Babur hat-

Das »göttliche Licht« des Königs

te ihren Wert auf seinen Feldzügen in Zentralasien kennengelernt und deshalb einen türkischen Artilleristen eingestellt, der seine Soldaten im Gebrauch von Musketen, Mörsern und Kanonen unterrichtete.

Babur wurde in Delhi zum Kaiser ausgerufen, er sicherte Agra und besetzte Gwalior, Kanauj und Jaunpur. Nachdem er annektiert hatte, was von dem zusammenbrechenden Sultanat noch übrig war, stieß er im März 1527 in Khanua nahe Agra auf heftigeren Widerstand, als die Lodi-Armee ihn geleistet hatte. Dort traf er auf eine Rajput-Armee unter Führung von Rana Sanga von Mewar. Doch auch diesmal siegte Babur dank der Überlegenheit seiner Taktik und seiner Bewaffnung. Nach dem Sieg über eine afghanische Koalition aus den östlichen Provinzen im Mai 1529 beherrschte Babur die Gangesebene bis hin nach Patna. Auch wenn einige usbekische Gefolgsleute sich zur Heimkehr entschlossen, hatte Babur bis zu seinem Tod im Dezember 1530 die Mogulherrschaft in Indien fest verankert. Der kampferprobte Krieger Babur, der den größten Teil seines Lebens im Sattel und in Zelten verbrachte, war zugleich auch ein gebildeter Mann. Das zeigt sich am deutlichsten in seinen Lebenserinnerungen, dem *Bāburnāma*. Baburs in den letzten Jahren seines Lebens in türkischer Sprache verfasste Autobiographie erzählt nicht nur von einem aktiven und abenteuerlichen Leben, sondern zeichnet auch ein farbiges Bild Indiens aus der Sicht eines Fremden. Manchmal fällt sein staunender Blick auf die ihm unbekannte Flora und Fauna, auf exotische Elefanten, Affen, Nashörner, auf Mangos, Bananen und Jackbaumfrüchte. Doch das *Bāburnāma* ist zugleich auch das Testament eines Eroberers und markiert die Ankunft der Moguln in Indien und den Beginn ihres Aufstiegs. Trotz seiner militärischen Erfolge und seiner politischen Fähigkeiten kann Baburs Rolle als Gründer des Mogulreichs auch leicht überschätzt werden. Er verschwendete einen Großteil des Reichtums, den ihm die Eroberungen eingebracht hatten, und bei seinem Tod nur vier Jahre nach Panipat war das weitere Schicksal des Mogulreichs ungeklärt. Babur hinterließ seinem damals dreiundzwanzigjährigen Sohn Humayun ein ungefestigtes Reich und eine leere Staatskasse. Humayun folgte den Anweisungen, die sein Vater auf seinem Totenbett gegeben hatte, und übergab Kabul und den Panjab seinen Brüdern. Die größte Bedrohung für seine Herrschaft kam jedoch von den immer noch mächtigen Sultanen von Gujarat und Bihar, die beide Anspruch auf den Thron von Delhi erhoben. Humayun genießt in der Geschichtsschreibung

Abb. 14: Feier anlässlich der Geburt von Baburs Sohn Humayun am 6. März 1508 in Kabul

Das »göttliche Licht« des Königs

kein sonderliches Ansehen. Da ihm die Kraft und Rücksichtslosigkeit seines Vaters fehlten, flüchtete er sich nach manchen Darstellungen in den Genuss von Opium und Wein. Er gilt auch als »sentimental« oder gar »kindisch«, als »abergläubisch« in seinem Glauben an Astrologie und als ein allzu großer Liebhaber der Poesie und des höfischen Zeremoniells, der sich zu wenig zur Kriegskunst hingezogen fühlte.[81] Aber Humayuns Schwäche wird gerne übertrieben – und sei es nur, um Akbar, seinem ruhmvolleren Sohn, zu schmeicheln. Als junger Mann kämpfte er an der Seite seines Vaters und beteiligte sich aktiv an der Eroberung Nordindiens. Seine Vorliebe für Astrologie wie auch für Alkohol und Rauschmittel war zu seiner Zeit keineswegs ungewöhnlich. Vielleicht verstärkte sie sich später im Exil, als er sein stolzes Erbe mit seinem persönlichen Unglück zu versöhnen suchte.

Sicher schienen die Ereignisse Humayun in den ersten Jahren seiner Herrschaft zu überwältigen. Trotz eines gewissen Erfolgs gegen den Sultan von Gujarat gelang es ihm 1535 nicht, Malwa zu halten, und im Osten verlor er an Boden. Als der afghanische Häuptling Sher Khan Sur ihn 1539 und dann noch verheerender 1540 besiegte, geriet seine Herrschaft ins Wanken. Obwohl niedriger Herkunft, konnte Sher Khan erfolgreich an die von den afghanischen Lodis errungene militärische Überlegenheit anknüpfen. Im Juni 1540 bestieg er den Kaiserthron und legte sich den Titel Sher Shah zu. Humayun musste fliehen und fand schließlich Zuflucht beim Schah von Persien. Sein Aufenthalt im Iran war, wie sich noch zeigen sollte, von bleibender Bedeutung. Aus Dankbarkeit gegenüber seinen Gastgebern wechselte Humayun vom sunnitischen zum schiitischen Islam. Am Hof der Safawiden nahm er die persische Kultur in sich auf, und als er nach Indien zurückkehrte, begleitete ihn ein ganzes Gefolge aus persischen Adligen. Auch bewahrte er sich eine persönliche Vorliebe für die ziselierte persische Prosa und die Poesie, die Malerei und die Architektur des kulturell verfeinerten Nachbarn. Auf paradoxe Weise prägte Humayuns Exil Herrschaft und höfische Kultur der Moguln ebenso nachhaltig wie Baburs Eroberungen.

Sher Shah (1540-1545) nutzte Humayuns Schwierigkeiten und schuf ein Reich, das von Bengalen bis nach Afghanistan reichte. Er entwickelte auch ein neues Besteuerungssystem, von dem Akbar später profitierte. So kommt eigentlich ihm und nicht Babur oder Humayun das Verdienst zu, die administrativen und finanziellen Grundlagen geschaffen zu haben, auf denen das Mogulreich später florierte. Er verewigte die Erinnerung an seine kaiserliche Macht in zahlreichen Bauten, in Festungen, Moscheen, Rasthäusern für Reisende und in monumentalen Grabmälern für sich selbst und seine Familie. Doch Sher Shah starb schon 1545, und ihm folgte sein weniger begabter Sohn Islam Shah Sur (1545-1554). Als Islam starb und dessen noch junger Sohn den Thron bestieg, kam es erneut zu Streitigkeiten. Das gab Humayun die langersehnte Gelegenheit. Im Dezember 1554 überschritt er den Indus und eroberte Lahore. Im Juli 1555 hatte er wieder die Kontrolle über Delhi und Agra. So gewann er nach fünfzehn Jahren der Bedrängnis und des Exils den Thron zurück, doch er konnte seinen Triumph nicht lange genießen. Im Januar 1556 starb er durch einen Sturz von der Treppe seiner Bibliothek in Delhi.

2. Die Herrschaft Akbars

Auf Humayun folgte dessen Sohn Jalal al-Din Muhammad Akbar. Mit nur dreizehn Jahren bestieg er den Thron, und er regierte fast fünfzig Jahre, von 1556 bis 1605. Nach dem Urteil vieler Historiker war er der »eigentliche Gründer des Mogulreichs«, mit dem allenfalls noch der achtzehn Jahrhunderte zuvor verstorbene Ashoka um die Stellung des »größten indischen

Königs« zu konkurrieren vermochte.[82] Mit Hilfe seines Leibwächters Bairam Khan (eines Schiiten, der während Humayuns Exil in dessen Dienste getreten war) besiegte Akbar im November 1556 die unvermeidlichen afghanischen Thronprätendenten – auf dem wiederum historischen Schlachtfeld von Panipat. Innerhalb von zwei Jahren eroberten seine Armeen zahllose Städte und Festungen in ganz Nordindien, von Multan bis Jaunpur, und vernichteten die noch verbliebenen Gegner. Das von Babur und Sher Khan geschaffene Reich wurde vergrößert und konsolidiert, 1561 annektierte Akbar Malwa, und vier Jahre später folgte das waldreiche Königreich Gondwana.

Eine starke, gutgeführte Armee, gepaart mit dem Ansehen und der Beute, die der militärische Erfolg einbrachte, gehörten zu den wichtigsten Stützen des Akbar-Reiches. Wie sein Lobredner Abul Fazl bemerkte: »Ein Monarch sollte stets auf Eroberung aus sein, denn sonst erheben seine Nachbarn die Waffen gegen ihn.«[83] 1567 stieß Akbar in den Süden vor und eroberte strategisch wichtige Festungen in Rajasthan, insbesondere Chittor 1568 und Ranthambor 1569. Im Jahr 1570 hatte er fast ganz Rajasthan erobert und dessen Herrscher zu Vasallen gemacht – mit Ausnahme des Rana von Mewar, Oberhaupt des Rajput-Clans Sisodiya, der weiterhin Widerstand leistete. Mit der Eroberung Rajasthans übertrafen die militärischen Leistungen der Moguln alles, was die Sultane von Delhi jemals erreicht hatten, auch wenn die Moguln ihre Siege nicht immer durch überlegene Fähigkeiten auf dem Schlachtfeld erlangten, sondern oft auch durch hartnäckige Belagerungen, bei denen sie Minen und schwere Artillerie einsetzten, um die massiven Festungen der Rajputen einzunehmen. Zwar wurden Feuerwaffen in ganz Südasien zunehmend eingesetzt, aber die Moguln nutzten den Vorteil, als Erste über neue militärische Technologien zur Stärkung der zentralen Macht des Staats und zur Überwindung allzu mächtiger Untertanen zu verfügen. Doch der militärische Erfolg allein vermochte keinen dauerhaften

Frieden zu gewährleisten. Akbar ging über die Versöhnungspolitik der Sultane von Delhi noch hinaus und machte Rajput-Oberhäupter zu seinen Generälen (der berühmteste war Raja Man Singh von Amber), und er belohnte sie mit der Anerkennung ihrer ererbten Titel und des Rechts, an der hinduistischen Religion festzuhalten.

Mit einem seiner wichtigsten Feldzüge eroberte Akbar 1572–1573 Gujarat und brachte damit eine der reichsten Provinzen und die wichtigste Basis für den indischen Überseehandel unter die Herrschaft der Moguln. So war den Interessen des Handels wie der Frömmigkeit gedient, denn von Surat aus, dem wichtigsten Hafen in Gujarat, schickte Akbar alljährlich Schiffe mit Pilgern nach Mekka. 1581 nahm Akbar seinem Halbbruder Mirza Muhammad Hakim Kabul weg, und 1586 annektierte er Kaschmir, das seit der Mitte des 14. Jahrhunderts ein unabhängiges Sultanat gewesen war. Die Moguln entwickelten eine besondere Zuneigung zu Kaschmir, das Akbar und seine Nachfolger bei zahlreichen Gelegenheiten besuchten. Zwar lag der Hauptreiz des Landes in der Schönheit seiner Landschaft, aber es kontrollierte auch die Routen nach Zentralasien und China. In den 1590er Jahren gliederte Akbar Sind, Baluchistan und Kandahar seinem Reich ein und stieß damit bis zur Grenze des safawidischen Iran vor. Kurz vor seinem Tod im Jahr 1605 herrschte Akbar über ein Reich, das fast ganz Indien umfasste, vom Himalaya bis in den Dekkan, von Afghanistan bis nach Bengalen – ein größeres und dauerhafteres Herrschaftsgebiet, als es die Sultane von Delhi jemals regiert hatten.

Auch im Innern versuchte Akbar seine Herrschaft zu festigen. 1560, mit gerade einmal siebzehn Jahren, setzte er seinen allzu mächtigen Minister Bairam Khan ab und entzog damit jeder möglichen Revolte iranischer oder turanischer (zentralasiatischer) Adliger den Boden. Um die Rajputen enger an sein Reich zu binden, arrangierte er 1561 die erste von mehreren Ehen mit Rajput-Prinzessinnen, in der er die Tochter des Raja von Amber heiratete. Dieses Arrangement beruhte zwar nicht auf Gegenseitigkeit, denn er gab dafür keinem Rajput-König eine Mogulprinzessin zur Frau, aber es signalisierte den Beginn einer Beziehung, die das Reich gleichsam zu einer partnerschaftlichen Angelegenheit zwischen Moguln und Rajputen machte, statt zu einem alleinigen Unternehmen der Moguln. Jodh Bai wurde die Mutter seines Erben Jahangir, der seinerseits eine Rajput-Prinzessin heiratete. Zur Regierungszeit Shah Jahans war der Mogulkaiser also dem Blut, wenn vielleicht auch nicht dem Empfinden nach zu drei Vierteln Hindu.

Das Bündnis mit den Rajputen diente nicht nur der Befriedung der mächtigsten denkbaren Gegner, deren Territorien gefährlich nahe bei Delhi und Agra lagen, sondern symbolisierte auch Akbars Einsatz für ein synkretistisches Regime, in dem die Vorteile und Pflichten des Reiches Hindus und Muslimen gleichermaßen zukamen. Die Moguln wachten eifersüchtig über ihre eigene Oberherrschaft, doch das Bündnis mit den Rajputen zeigte, dass Akbar und seine Dynastie fest auf indischem Boden verwurzelt waren und ihr Staat keinen bloßen Außenposten eines zentralasiatischen Reiches darstellte. Auf politischer Ebene gewann Akbar durch das Bündnis mit den Rajputen die Loyalität des hinduistischen Adels, die er nutzen konnte, um die Ambitionen der iranischen und turanischen Faktionen am Hof zu zügeln. Den Rajputen eröffnete das Reich neue Betätigungsfelder für ihre militärischen Fähigkeiten. Es verlieh ihnen eine reichsunmittelbare Stellung und eröffnete ihnen, falls sie sich denn den Feinheiten der höfischen Etikette beugten, Möglichkeiten in ganz Indien, ohne dass sie deshalb ihre Religion, ihre Königswürde oder ihren kriegerischen Geist hätten aufgeben müssen. Selbst ihre Erblande wurden ihnen garantiert (sofern sie loyal blieben).

Akbars Versöhnungspolitik gegenüber den Hindus trug zur Befriedung der immer noch größten Bevölkerungsgruppe Indiens bei. So konnte er viele fähige Menschen in seinen Dienst nehmen, und zwar sowohl aus der Kriegerkaste (Kshatriya) als auch aus den Reihen der Gelehrten und der Kaufleute (Brahmanen und Kayastha). Dazu gehörten auch Raja Man Singh, sein Vizekönig in Kabul und Bengalen, und Todar Mal, sein oberster Finanzminister. Akbars Förderung der Künste half auch hinduistischen Malern, Dichtern, Musikern und Tänzern. In religiösen Fragen zeigte er eine neue Offenheit – vielleicht weil Toleranz ihm in einem Land mit so vielen verschiedenen Glaubensrichtungen eine kluge Politik zu sein schien. Möglicherweise stand er auch unter den sunnitischen und schiitischen Einflüssen, die er durch seine Mutter Hamida und den Regenten Bairam Khan aufgenommen hatte, oder die vergleichende Theologie entsprach seinem suchenden Geist. Obwohl er kaum lesen konnte, trug er eine Bibliothek mit mehr als 20 000 Büchern zusammen und erfreute sich an gelehrten Disputationen vor allem zu religiösen und philosophischen Themen. Die indische Streitkultur trat in eine neue Phase ein. In seiner neuen, in den 1570er Jahren erbauten Hauptstadt Fatehpur Sikri ließ Akbar eine Debattierhalle errichten, in der Jainas, Brahmanen, Zoroastrier und selbst Jesuiten aus dem portugiesischen Goa zusammenkamen, um ihre unterschiedlichen religiösen Standpunkte vorzustellen. Akbar hob 1563 die Pilgersteuer für Hindus und 1564 die *jizya*-Kopfsteuer auf. Er zwang Nichtmuslimen nicht länger die Scharia auf, mied öffentliche muslimische Rituale und nahm am hinduistischen Diwali, dem Fest des Lichts, teil. Wenn der Islam bei den Moguln »recht locker verankert« war, wie Harbans Mukhia bemerkte, dann verkörperte Akbar diese Neigung zu Eklektizismus und Agnostizismus in ganz besonderem Maße.[84] In den letzten Jahrzehnten seines Lebens fragten sich manche Beobachter, ob er überhaupt noch ein Muslim war, und spekulierten wie etwa die Jesuiten, er könne möglicherweise zum Christentum übertreten. 1579 bewies er seine unorthodoxe Haltung, indem er das Recht für sich beanspruchte, die islamische Glaubenslehre zu interpretieren, und versuchte, die Rolle der

Das »göttliche Licht« des Königs

'ulamā (der religiösen Autoritäten) in Staatsangelegenheiten zurückzudrängen.

3. »Göttliches Licht«

Akbar trug den Reichsgedanken in Indien zu neuen und ungeahnten Höhen. Größe, Reichtum und Vielfalt des Landes, die Mehrsprachigkeit des Hofes und des Adels, die Sicherheit der Moguldynastie und die herausragende Stellung gegenüber dem safawidischen Nachbarn, all das verlangte – oder erlaubte – eine über das Übliche hinausgehende Repräsentation des Königtums. Wie das *Arthaśāstra* den Mauryas einen Ratgeber der Staatskunst an die Hand gegeben hatte, so fanden Akbars Vorstellungen von Königtum ihren Ausdruck im Werk Abul Fazls, eines seiner engsten Berater und wichtigsten Ideologen der Mogulherrschaft. Zwischen 1590 und 1595 kompilierte Abul Fazl das *Ā'īn-i-Akbarī* (Grundlehren des Akbar), eine gewaltige Sammlung von Informationen und statistischen Daten über das Mogulreich und seinerseits ein Anhang zum *Akbarnāma*, den Lebenserinnerungen, die er für den kaum literaten Akbar verfasste.

Nach Abul Fazls Ausdruck war Akbar »Göttliches Licht in Menschengestalt«, ein mit göttlicher Eingebung und Anleitung gesegneter Herrscher:

»Königtum ist ein Licht, das von Gott ausgeht, und ein Strahl von der Sonne, die das Universum erhellt, der Inhalt des Buchs der Vollkommenheit und das Behältnis aller Tugenden ... Götter übermitteln es den Königen ohne Vermittlung durch andere, und die Menschen beugen in seiner Anwesenheit das preisende Haupt bis zum Boden der Unterwerfung.«[85]

Der weise Herrscher sei ein wohlwollender Vater für sein Volk, ein Monarch, der sich unablässig um das Wohl seiner Untertanen bemühe. Unter einem solcherart erleuchteten Herrscher verharrten seine Untertanen »in der Liebe zum König«, und sektiererische Differenzen vermöchten niemals »einen Anflug von Streit auszulösen«. Trotz seiner Toleranz gegenüber anderen Glaubensrichtungen sei der Herrscher doch fromm und zeige ein »täglich wachsendes Vertrauen in Gott«. Doch dieser ideale König stand zugleich weit über Adeligen und Gemeinen. Er war ein *pādshāh* im Sinne der glanzvollen persischen Tradition, die auf die vormuslimischen Herrscher des Landes und den zoroastrischen Glauben an eine königliche Macht zurückging, in der sich der göttliche Glanz von Ormuz, dem Gott des Lichtes, spiegelte. Ein Jahrhundert bevor absolutistische Herrscher in Europa das »göttliche Recht von Königen« für sich beanspruchten, führte Abul Fazl das »göttliche Licht« der Timuriden über Humayun und Babur bis auf Genghis Khan zurück.

Akbar verbesserte ständig sein kaiserliches Erscheinungsbild und erwarb schrittweise die glanzvolle, gottähnliche Präsenz, die Abul Fazl für ihn vorgesehen hatte. Täglich erschien er bei Sonnenaufgang und zeigte sich seinen Untertanen, und zwar auf einem Balkon seines Palastes, der *jharoka-i darśan* genannt wurde (*darśan* ist der hinduistische Ausdruck für die verdienstvolle Tätigkeit, einen Gott oder König anzuschauen). Bei Hofe nahm Akbar eine erhöhte Position ein, versinnbildlicht in dem hochaufragenden Thron, den er sich in der Audienzhalle in Fatehpur Sikri bauen ließ, und in seiner Erfindung des *kornish*, einer komplizierten Grußform, durch die der Höfling seine uneingeschränkte Hingabe an seinen kaiserlichen Herrn zum Ausdruck brachte. In späteren Jahren ging Akbar noch weiter und installierte eine um seine Person zentrierte Form von Gottesdienst, *dīn-i ilāhī* (»Göttlicher Glaube«) genannt. Manche zogen daraus den Schluss, Akbar sei ein Abtrünniger gewesen, der den Islam aufgeben und eine neue Religion etablieren wollte, doch in Wirk-

Das »göttliche Licht« des Königs

lichkeit war der *dīn-i ilāhī* wohl nur eines der Instrumente, mit denen er sich einen festen Kern treu ergebener Gefolgsleute zu schaffen versuchte. Mit ihren Anleihen bei den Rajput-Ritualen huldigten Akbar und sein Gefolge jedoch auch dem Licht der Sonne – der »Fackel der göttlichen Hoheit«, wie Abul Fazl dies nannte. Auf eher praktischem Gebiet versuchte Akbar außerdem, den muslimischen Mondkalender durch einen Sonnenkalender zu ersetzen, der mit seiner Thronbesteigung begann und besser zum indischen Aussaat- und Erntezyklus passen sollte. Diese »Ilahi-Zeitrechnung« überlebte nur bis zur Regierungszeit Aurangzebs; schon zu Akbars Lebzeiten lösten dessen religiöse Neuerungen Unmut bei orthodoxen Muslimen aus.

Akbars gehobener Stil der Inszenierung seines Königtums diente als Ergänzung seines »autokratischen Zentralismus«, wie man dies genannt hat. Bei dessen Ausgestaltung lernte er von seinen Vorgängern (einschließlich Sher Khan) und von seinen zentralasiatischen Vorfahren. Doch wie beim Bündnis mit den Rajputen ließ er auch hier dabei seinen eigenen Einfallsreichtum spielen. Nach Bairam Khan war Akbar nicht mehr bereit, Macht an einen Ersten Minister zu delegieren. Stattdessen unterteilte er die zentrale Verwaltung in vier Abteilungen, denen jeweils ein von ihm ernannter und ihm direkt unterstellter Minister vorstand: der Finanzminister (*dīwān* oder *wazīr*), der Zahlmeister, der Minister für rechtliche und religiöse Angelegenheiten und der für den königlichen Haushalt zuständige Minister. Der Monarch selbst behielt die Kontrolle über Diplomatie und Außenpolitik. Gegen Ende seiner Regierungszeit war das Reich in zwölf Provinzen (*ṣūba*s) unterteilt, jede (nach dem Vorbild der Zuständigkeitsverteilung im Zentrum) mit einem Statthalter, einem Finanzminister, einem Militärkommandeur und einem für das Gerichtswesen zuständigen Beamten. Die Mogulstatthalter waren oft Mitglieder der königlichen Familie, darunter auch Söhne des Kaisers, die auf diese Weise die Provinzen kennenlernten und Erfahrung in der kaiserlichen Verwaltung sammelten. Doch die Stellung des Statthalters in einer weit von Delhi oder Agra entfernten Provinz konnte auch zur Machtbasis für eine Rebellion werden, wie es in der Mogulzeit wiederholt geschah. Die ṣūbas waren in Bezirke (sarkārs) und diese wiederum in parganās unterteilt, an deren Spitze jeweils Beamte für die vier Aufgabenreiche der höheren Ebenen standen. Dieses System war weit stärker zentralisiert als unter den Sultanen von Delhi und sorgte für ein bis dahin unbekanntes Maß an Einheitlichkeit in der Verwaltung.

Den Kern des Mogulregimes bildete das manṣabdārī-System, das die wesentliche Verbindung zwischen dem Kaiser und den Provinzen, zwischen militärischer Führung und Staatseinnahmen bildete. Die manṣabdārs (Träger kaiserlicher Titel) waren dem Kaiser durch persönliche Dienste verpflichtet. Sie waren gewissermaßen »Militärsklaven«, allerdings solche, die eine Belohnung erhielten und hohes Ansehen genossen. Bezahlt wurden sie je nach Rang mit Anteilen an den Einnahmen von Landgütern oder jāgīrs, die der Kaiser ihnen zuwies. Unter Akbar waren mehr als drei Viertel der Landfläche des Reiches in dieser Weise vergeben, und nur ein Bruchteil stand dem Kaiser persönlich als Einnahmequelle zur Verfügung. Obwohl es zahlreiche Ähnlichkeiten zwischen den Jagirs des Mogulreichs und den iqṭāʿs der Sultane von Delhi gab, behielt der Kaiser doch strikt die Kontrolle über die Vergabe der Ländereien und die Macht, sie ihren Inhabern zuzuweisen. Die Jagirs waren keine persönlichen Lehen. Sie konnten nicht vom Vater an den Sohn weitergegeben werden, sondern wurden häufig von einem Adligen auf einen anderen übertragen (die Jagirs der Rajputen und anderer erblicher Oberhäupter bildeten hier eine Ausnahme, aber auch deren Ländereien konnte der Kaiser einziehen). Stieg ein Mansabdar im Rang auf, erhielt er einen neuen Status, der seinen Ausdruck auch in der Größe der ihm anvertrauten Ländereien und der Zahl der von ihm zu stellenden Reiter fand. Diese Zahl reichte von 10 bis 5000 (wobei alle, die mehr als 500 Reiter stellen muss-

Das »göttliche Licht« des Königs 249

ten, als Emire oder Adelige galten) und lag für Prinzen von königlichem Geblüt sogar noch höher. Dieses System sollte eine kaiserliche Armee von 100 000 bis 200 000 Soldaten ermöglichen. Allerdings barg das Mansabdari-System eine Quelle der Instabilität. Der persönliche Aufstieg erforderte entweder ständige Eroberungen und den Erwerb sowie die Zuweisung neuer, durch militärische Expansion erworbener Territorien, eine beständige Umverteilung der vorhandenen Jagirs oder die Degradierung von Mansabdars, die in Ungnade gefallen waren und ihre Ländereien abgeben mussten. Jede dieser Möglichkeiten hatte ihre politischen Kosten, und dennoch war das System für Akbar und seine Nachfolger von immensem Wert, da es dem Kaiser die persönliche Kontrolle über seine Beamten und Adeligen sicherte und ein System aus Belohnung und Strafe schuf, das allein seiner Verfügung unterstand. Es bot den Mansabdars keine Chance, allzu mächtig zu werden, und ermunterte sie zugleich, ihre Einnahmen und ihren Status durch treue Dienste zu erhöhen. Die Flexibilität des Systems ermöglichte es dem Kaiser, auch Außenstehende zu integrieren, ob es sich nun um ausländische militärische Abenteurer oder um Hindu-Könige aus gerade erst eroberten Provinzen handelte.

4. Das Reich unter Jahangir und Shah Jahan

Akbars lange Regierungszeit brachte Südasien Stabilität. Nach seinem Tod 1605 flammten jedoch wieder Nachfolgestreitigkeiten auf, wie Humayun sie bei seiner Thronbesteigung erlebt hatte und wie sie viele seiner Nachfolger noch erleben sollten. Der Hauptstreit entbrannte zwischen Jahangir und dessen ältestem Sohn Khusrau. Jahangir legte sich den Titel Nur al-Din (»Licht des Glaubens«) zu und knüpfte damit an die Verbindung an, die Akbar zwischen Gottheit, Königtum und dem »großen Licht«

Abb. 15: Kaiser Jahangir mit Porträt seines Vaters Akbar

der Sonne hergestellt hatte. Doch seine Herrschaft war keineswegs nur von Toleranz und Licht geprägt, vor allem wenn es um den Thron ging. Jahangir ließ Khusrau blenden und dessen Gefolgsleute auf brutale Weise bestrafen. Als Kaiser stützte Jahangir (1605–1627) sich stark auf Akbars Vermächtnis. Er hielt am Mansabdari-System und der toleranten Religionspolitik seines Vaters fest, doch zugleich versuchte er, die kaiserliche Vormachtstellung des Großmoguls auszubauen. Während Akbar sich oft inmitten seiner Höflinge hatte darstellen lassen, erschien Jahangir meist in heroischer Isolation, auf dem Erdball sitzend oder Gruß und Tribut geringerer Monarchen wie des Schahs von Persien oder des Königs von England entgegennehmend. Jahangirs Stellung wurde gefestigt, aber letztlich auch kompromittiert durch seine Ehe mit Nur Jahan (»Licht der Welt«), die er

1611 geheiratet hatte. Die Witwe eines iranischen Adligen hievte Mitglieder ihrer Familie auf hohe Posten bei Hof und in der Verwaltung, etwa ihren Vater Ghiyas Beg und ihren Bruder Asaf Khan, der kaiserlicher Finanzminister wurde. Die »begabte, aber herrische Königin« wurde so mächtig, dass sie gegen Ende des Lebens ihres Mannes fast gemeinsam mit ihm regierte.[86] Selbst Mogulmünzen trugen ihren Namen.

Trotz seiner kultivierten Förderung der Künste fehlte es Jahangir an persönlicher Autorität und Entschlossenheit. Doch bei aller scheinbaren Nachlässigkeit in politischen und finanziellen Fragen kam er seinen Pflichten hinsichtlich des kriegerischen Charakters des Mogulstaates getreulich nach und setzte Akbars Politik einer Expansion nach Süden fort. Er schickte Expeditionstruppen aus, die Amar Singh von Mewar absetzten, und 1615 willigte der widerspenstige Rana ein, Jahangir als Oberherrn anzuerkennen und ihm Tribut zu zahlen. Er musste auch rebellische Provinzen zurückerobern und dehnte das Herrschaftsgebiet der Großmoguln nach Osten aus, ins nördliche Bengalen und nach Assam hinein. Er verlegte die Mogulhauptstadt Bengalens von Rajmahal nach Dhaka ins Zentrum des östlichen Deltas. Doch 1622 verlor Jahangir Kandahar an Schah Abbas von Persien. Die Provinz wurde niemals zurückerobert, und ein Jahrhundert nach Babur begann die Präsenz der Moguln in Zentralasien zu schwinden. Im Umgang mit inneren Konflikten bewies Jahangir nicht immer eine glückliche Hand. So entfernte er sich von den Sikhs in einer frühen Phase ihrer Entwicklung zu einer religiösen Gemeinschaft, indem er den fünften Guru, Arjun, gefangen nehmen und töten ließ, weil der seinem rebellischen Sohn Khusrau 1605 seinen Segen gegeben habe. Auch den sechsten Guru, Hargobind, ließ Jahangir einkerkern, und obwohl er ihn zwei Jahre später wieder freiließ, war die Saat bitterer Konflikte zwischen Sikhs und Moguln bereits gelegt. In seinen letzten Lebensjahren musste der Kaiser gegen eine entmutigende Rebellion seines Sohnes Khurram kämpfen, der nicht hinnehmen mochte, dass Nur Jahan Jahangirs jüngsten Sohn Shahriyar bevorzugte. Als Jahangir starb, bestieg Khurram als Shah Jahan (»König der Welt«) den Thron. Er regierte von 1628 bis 1657. In der komplizierten Welt der Bündnisse und Intrigen am Mogulhof heiratete er 1612 Mumtaz Mahal, eine Tochter von Nur Jahans Bruder Asaf Khan. Die Unterstützung dieses einflussreichen Adligen half Shah Jahan, alle Versuche abzuwehren, ihn von der Thronfolge auszuschließen. Energischer als sein Vater, bemühte er sich, Glanz und Ansehen der Herrschaftszeit Akbars wiederherzustellen. In Fortsetzung der von Babur begonnenen Tradition königlicher Autobiographien war Shah Jahans *Pādshāhnāma* gleichermaßen eine Abhandlung über Staatsmacht und kaiserliche Ideologie wie auch ein Buch persönlicher Erinnerungen. Es zeigt seine Entschlossenheit, in den Annalen der Timuridenkönige eine herausragende Stellung einzunehmen. Während seiner dreißigjährigen Regierungszeit hatte Shah Jahan mit so mancher Rebellion zu kämpfen. Doch mit größerem Erfolg als sein Vater drangen seine Truppen in den Dekkan ein und eroberten 1633 Daulatabad. Auch wenn der Kriegsmaschine der Großmogul die Schnelligkeit und Wendigkeit der Babur'schen Armee fehlte, war sie doch mächtig genug, Schlachten zu gewinnen und, wichtiger noch, die langen Belagerungen durchzuhalten, die nötig waren, um Festungen einzunehmen. Drei Jahre später zog der Kaiser selbst in den Dekkan, um die Sultane von Bijapur und Golkonda zur Anerkennung seiner Oberhoheit und zur Tributzahlung an Delhi zu zwingen. Er machte seinen Sohn Aurangzeb zum Vizekönig des Dekkan, eine Stellung, die dem jungen Mann beste Möglichkeiten bot, den Süden kennenzulernen. In den 1640er Jahren schien es, als hätten die Moguln endlich ihren seit langem gehegten Wunsch verwirklicht, den Dekkan ihrem Reich einzuverleiben, wie es einst auch die Sultane von Delhi gewünscht hatten. Ansonsten eroberte Shah Jahan für kurze Zeit Kandahar zurück, doch schon zehn Jahre später fiel

Das »göttliche Licht« des Königs

es wieder an die Safawiden. Er versuchte auch Samarkand zurückzuerobern, aber der Feldzug (1646–1648) blieb erfolglos, und Shah Jahans kostspielige Zentralasienpolitik scheiterte. Niederlagen im Himalaya zeigten noch deutlicher die physischen und politischen Grenzen der Mogulherrschaft auf.

Shah Jahan herrschte über ein Reich von nicht nur ungeahnter Größe, sondern auch von unübertroffenem Reichtum. Die Kriege im Süden brachten die Beute und die zusätzlichen Tributzahlungen ein, die der Staatsschatz so dringend benötigte. Das Eintreffen der Niederländer und Engländer bescherte dem Außenhandel einen Boom, und die Einnahmen aus der Grundsteuer wuchsen dank der Ausweitung der bebauten Flächen und der Steigerung der Produktivität in der Landwirtschaft. Obwohl die Feldzüge in Zentralasien viel Geld verschlangen, nutzte Shah Jahan den Reichtum, um zum größten Förderer der Kunst und der Architektur unter allen Großmogul zu werden. Zwischen 1632 und 1648 baute er den Taj Mahal in Agra als Mausoleum für seine Frau Mumtaz Mahal. Er wurde auch seine eigene Ruhestätte. Auch ließ er Delhi wieder als große kaiserliche Hauptstadt aufbauen. Frühere Mogulherrscher hatten Agra oder Lahore den Vorzug gegeben, und in den 1570er Jahren hielt Akbar eine Zeitlang Hof in Fatehpur Sikri, doch Delhi behielt eine einzigartige religiöse und strategische Bedeutung. 1639 begann Shah Jahan mit dem Bau der aus Sandstein und Marmor errichteten Stadt Shahjahanabad, die heute den Kern von Alt-Delhi bildet. Er errichtete die Jami Masjid, eine der großartigsten Moscheen, die jemals gebaut wurden. Innerhalb des Königspalastes (heute das Rote Fort) ließ er Audienzhallen errichten, um dort über Staatsangelegenheiten zu debattieren und ausländische Würdenträger zu empfangen und zu beeindrucken. Den Höhepunkt des Diwan-i Am bildete der mit Edelsteinen übersäte Pfauenthron – ein passendes Symbol für den Glanz und die Prachtentfaltung des Mogulreichs. Für eine gewisse Zeit, unter Shah Jahan, schienen die glanzvollen Ambitionen der Großmoguln ihre Entsprechung in einem außergewöhnlichen Reichtum zu finden. Konnten solcher Reichtum und solche Macht von Dauer sein?

5. Das Zeitalter Aurangzebs

Als Shah Jahan im September 1657 erkrankte, verbreitete sich das Gerücht von seinem nahen Tode und löste einen neuen Nachfolgestreit aus, an dem diesmal vier Parteien beteiligt waren. Der Kaiser hatte beabsichtigt, den Thron an seinen ältesten Sohn Dara Shukoh zu übergeben, doch seine drei weiteren Söhne aus der Ehe mit Mumtaz Mahal, Shah Shujah, Aurangzeb und Murad Bakhsh, Statthalter der drei Provinzen Bengalen, Dekkan und Gujarat, gedachten gleichfalls den Thron zu besteigen. Shujah machte den ersten Zug. Er krönte sich selbst in Rajmahal, gab eigene Münzen heraus und rückte mit einer Armee aus Bengalen vor. Doch Dara Shukohs Truppen schlugen ihn bei Benares. Murad Bakhsh und Aurangzeb verbündeten sich und schlugen Dara im April 1658 bei Ujjain und im folgenden Monat nochmals bei Agra. Im Juni 1658 trennte sich der vierzigjährige Aurangzeb, der seine eigenen Ambitionen bisher verheimlicht hatte, von Murad Bakhsh und besiegte ihn. Dara Shukoh wurde im folgenden Jahr hingerichtet. Murad starb 1661, kurz nach Shujah, und so gab es für Aurangzeb innerhalb der Familie keine Rivalen mehr. Er ließ seinen Vater gefangen nehmen und in der Festung von Agra internieren – mit Blick auf das glanzvolle Mausoleum, das er für Mumtaz erbaut hatte. Der alte Kaiser lebte noch weitere acht Jahre und starb 1666 im Alter von 74 Jahren.

Aurangzeb, der letzte »Großmogul« (1658–1707), nahm den Titel Alamgir (»Welteroberer«) an. Er war stets eine umstrittene Gestalt. Seine bekannteste Tat ist die Abkehr von Akbars tole-

Das »göttliche Licht« des Königs

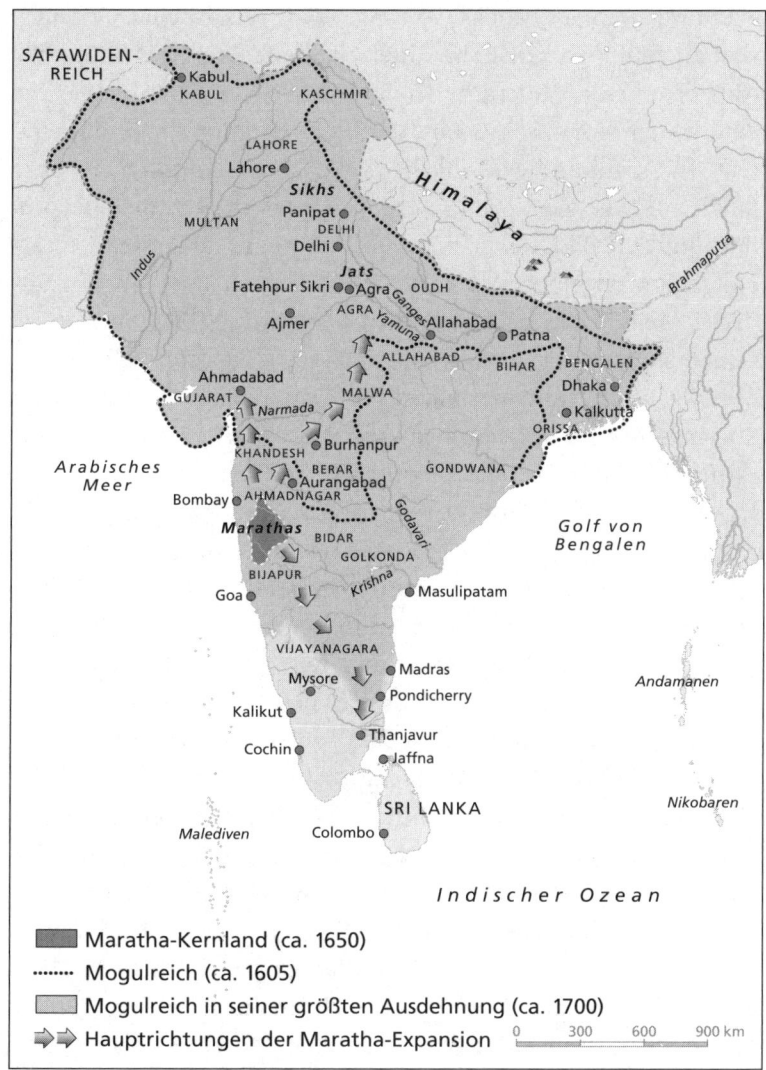

Karte 8: Das Mogulreich um 1700

ranter Religionspolitik. Er führte stattdessen ein strengeres islamisches Regime ein und verstärkte damit die Trennung zwischen Muslimen und Hindus. In der neueren Forschung ist man allerdings weniger geneigt, Aurangzeb als »fanatische« Gegengestalt zu Akbar zu zeichnen. Einerseits hatte eine Reaktion gegen Akbars religiöse Toleranz bereits unter Shah Jahan eingesetzt, dem ersten Mogul seit Babur, der keine Hindu-Prinzessin heiratete. In offenkundiger Abkehr von Akbars Politik hatte Shah Jahan 1632 die Zerstörung aller neuen Hindu-Tempel angeordnet und den Bau weiterer Tempel verboten, auch wenn er am Hof weiterhin hinduistische Künstler, Dichter und Musiker förderte. Shah Jahan gab zwar dem »liberalen« Dara Shukoh als seinem Nachfolger den Vorzug, doch nach Ansicht vieler orthodoxer Muslime und vor allem der ʿulamā zeigte der Prinz ein übermäßiges Interesse an der hinduistischen Religion und Literatur. Er übersetzte die Upaniṣhads ins Persische und stiftete einem Tempel in Mathura einen Fries. Aurangzeb benutzte die Anschuldigung, sein älterer Bruder sei ein verdeckter Hindu, als Vorwand für dessen Hinrichtung. Anders als der Ästhet Dara Shukoh verbrachte Aurangzeb nur wenig Zeit am Hofe, da er zu sehr mit dem Kriegführen und Regieren in den Provinzen beschäftigt war. Es mag sein, dass er eine »enge Persönlichkeit« besaß, der »am wenigsten gebildete« unter den Großmoguln war und wenig Lust zeigte, »sich nutzlose Gedichte« anzuhören.[87] Doch das höfische und öffentliche Leben war unter Aurangzeb künstlerisch nicht so arm und puritanisch, wie gelegentlich behauptet wird. Gewiss, er distanzierte sich von Akbars unorthodoxem Vermächtnis wie etwa dem Sonnenkalender. Und obwohl er den Angriff auf die religiösen Stätten der Hindus erneuerte, etwa indem er 1669 befahl, den Vishvanath-Tempel in Benares zu zerstören und an seiner Stelle eine Moschee zu errichten, kann man dies doch auch als Teil einer seit langem etablierten Politik verstehen, die Mittel dieser Art zur Zerschlagung der hinduistischen Opposition einsetzte.

Auch wenn Aurangzeb nicht mehr als »orthodoxer Fundamentalist« gelten kann, der einen kompromisslos islamischen Staat zu errichten versuchte, verfolgte er dennoch eine Politik, die viele nichtmuslimische Untertanen seinem Staat entfremdete. 1664 verbot er durch kaiserlichen Erlass die Witwenverbrennung (*satī*), die den Moguln immer schon ein Dorn im Auge gewesen war, von Akbars Rajput-Verbündeten jedoch praktiziert wurde. 1679 führte er, wenn auch aus rein finanziellen Gründen, die von Akbar ein Jahrhundert zuvor abgeschaffte *jizya*-Steuer für Nichtmuslime wieder ein. Gegen Ende seiner Herrschaft versuchte er auch die Scharia wieder für alle Untertanen, unabhängig von ihrer Religion, verbindlich zu machen, und verfolgte Schiiten und andere, die er für Häretiker hielt (woraus sich auch Konflikte mit den schiitischen Sultanen im Dekkan ergaben). Die religiöse Intoleranz sorgte auch für Konflikte mit den Sikhs. Guru Tegh Bahadur, der Sohn des Guru Hargobind, wurde 1675 verhaftet, wegen Blasphemie angeklagt und hingerichtet. Damit hatten die Sikhs einen zweiten Märtyrer, der durch die Hand der Moguln ums Leben gekommen war. Das war jedoch nicht alles. Teils wegen seiner religiösen Intoleranz, teils aber auch wegen der erhöhten Steuern, die der Mogulstaat benötigte, um den eskalierenden Krieg im Dekkan zu finanzieren, stieß Aurangzeb selbst in den Kernlanden des Mogulreichs auf wachsende Unruhe und Rebellion. 1669 kam es bei den Jat-Bauern nahe Mathura zu einem Aufstand, 1672 folgte eine Erhebung von Mitgliedern der Satnami-Sekte. Doch die größte Herausforderung ging nicht von solchen Unterschichtbewegungen aus, sondern von einem alten Gegner aus der Elite, den Rajputen. Als Aurangzeb den Staat Jodhpur annektierte, nahm er den Sohn des dortigen Herrschers, Ajit Singh, gefangen, offenbar in der Absicht, ihn zum Islam zu bekehren. Damit löste er eine Rebellion aus, die bis nach seinem Tod andauerte und das Bündnis zwischen Moguln und Rajputen zerstörte, das Akbar so mühsam geschmiedet hatte. Außerdem entfachte er neuerlich den Krieg mit den Ranas von Mewar.

Doch selbst diese Konflikte waren nur von minderer Bedeutung, verglichen mit dem unlösbaren Dekkan-Problem, das Aurangzeb während der letzten fünfundzwanzig Jahre seiner Herrschaft beschäftigte. Der Dekkan war seit dem 13. Jahrhundert das Verderben der in Delhi regierenden Sultane und Kaiser gewesen. Und es war ein Gebiet, das Aurangzeb aus seiner Zeit als Mogulstatthalter bestens kannte. In den mittleren Jahren seiner Regierungszeit schien er das Südproblem gelöst zu haben. 1668 hatte er Bijapur annektiert, 1687 auch Golkonda. Damit hatte er die lange gehegten Wünsche seiner Vorfahren verwirklicht, aber die Folge war eine Überdehnung des Reiches, mit gewaltigen finanziellen wie auch logistischen Problemen. Schon 1681 hatte er Aurangabad zu seiner südlichen Hauptstadt gemacht. Wie 350 Jahre zuvor Muhammad bin Tughluq mit seinem Umzug dorthin hoffte Aurangzeb, auf diese Weise die kaiserliche Kontrolle über den Dekkan zu stärken und militärische Operationen im Süden leichter selbst leiten zu können. Doch obwohl er die Dekkan-Sultane beseitigte, zeigte sich, dass deren Territorien sich nur schwer in das Reich integrieren ließen. Außerdem erwuchs der Oberherrschaft der Moguln eine neue Bedrohung in Gestalt der Marathen.

Die Revolte der Marathen ging auf deren kühnes Oberhaupt Shivaji Bhonsla (1627–1680) zurück, den Sohn eines hinduistischen Kriegerchefs, der in den Diensten der Sultanate Ahmadnagar und Bijapur gestanden hatte, bis sie von den Moguln einverleibt worden waren. In der Region Maharashtra und im Gebiet um Poona (Pune), ganz in der Nähe seiner Erblande gelegen, schuf Shivaji sich ein eigenes und durchaus bedeutendes Königreich, das er mit einer Kette von Festungen im zerklüfteten Bergland der westlichen Ghats zu sichern versuchte. Das war kein ungewöhnliches Muster bei der Ausdehnung eines Herrschaftsbereichs, doch mit wachsendem Selbstbewusstsein und dank der Unterstützung durch die verwegene Marathen-Bauernschaft begann Shivaji seine Operationen auch auf Gebiete des Mogulreichs auszudehnen und europäische Handelsstationen an der Küste anzugreifen. 1664 plünderte er bei seinem

Das »göttliche Licht« des Königs

verwegensten Raubzug die Hafenstadt Surat und brachte eine Beute im Wert von 10 Millionen Rupien an sich. In den 1660er Jahren hatte Shivaji 10 000 hochmobile Reiter unter seinem Kommando, deren Schnelligkeit und Fähigkeit, sich jeweils aus den örtlichen Quellen zu versorgen, in deutlichem Gegensatz zu den schwerfälligen Armeen des Mogulreichs standen, die von ihren schweren Belagerungsgeschützen, Ochsengespannen und einem riesigen Tross in ihrer Beweglichkeit beträchtlich eingeschränkt wurden. Versuche der Kommandeure des Kaisers unter Führung Jai Singhs von Amber, die Marathen im Zaum zu halten, hatten nur begrenzten Erfolg, auch wenn Shivaji sich 1665 angesichts der massiven Militärmacht des Großmoguls bereiterklärte, dreiundzwanzig der von ihm eroberten Festungen zu räumen und die Oberhoheit der Moguln anzuerkennen. Im Gegenzug erhielt er den Rang eines Mansabdars. Er schickte seinen Sohn Shambaji (faktisch als Geisel) an den Mogulhof und verpflichtete sich zu Wohlverhalten.

Das war eine Probe – für das Mansabdari-System ebenso wie für Shivaji. Unter Shah Jahan und Aurangzeb war das System erweitert worden und umfasste eine wachsende Zahl von Rajputen und anderen Hindus. Unter Akbar waren 70 Prozent der Mansabdars Ausländer gewesen, hauptsächlich aus Iran und Zentralasien. In den 1660er Jahren dagegen waren 75 Prozent der 179 wichtigsten Mansabdars in Indien geboren; 24 waren Rajputen, 13 Marathen und 13 Hindus aus anderen Kasten. Die Militär- und Verwaltungselite des Reiches wurde zunehmend von Indern und dazu noch von Hindus gestellt, und das ausgerechnet zu der Zeit, als Aurangzeb entschlossen schien, die muslimische Vorherrschaft zu stärken. Auch wurde es immer schwieriger, Hindus ins System zu integrieren, die nicht von der persisch geprägten Elite des Mogulhofes assimiliert worden waren. Shivaji fühlte sich als bäuerische Gestalt unter eleganten Höflingen sehr unwohl. Er hatte gehofft, denselben privilegierten Status zu erhalten wie die Ranas von Mewar, aber zu seinem

Leidwesen behandelte man ihn wie einen Adligen von sehr niedrigem Rang. Mit seinen Protesten und seinem feindseligen Gehabe machte er sich gleichfalls keine Freunde, und gänzlich ins Unrecht setzte er sich, als er heimlich aus Agra verschwand. Unerlaubte Entfernung vom Hof galt als Zeichen rebellischer Absichten. Wieder in Maharashtra, nahm Shivaji seine Angriffe und offenen Feindseligkeiten wieder auf, wiederholte auch den Raubzug nach Surat und unternahm bewaffnete Einfälle nach Khandesh und Berar. Von seinen Erfolgen bestärkt, ließ Shivaji, der inzwischen Anspruch auf eine Kshatriya-Abstammung erhob, sich selbst in seiner Festung in Rajgadh mit dem ganzen Glanz und Zeremoniell eines Hindu-Königs krönen. Das war nach Ansicht von John Richards »eine der bedeutendsten politischen Taten des 17. Jahrhunderts«.[88] Zum ersten Mal seit Generationen beanspruchte ein Regionalkönig königliche Macht, ohne dem Mogulkaiser seine Ehrerbietung zu erweisen und ohne die Konventionen indomuslimischen Königtums zu beachten. Es war eine Herausforderung, die Aurangzeb kaum ignorieren konnte, und so erneuerte er seine Angriffe auf die Marathen. Shivaji beugte sich jedoch nicht, er starb 1680 in Rajgadh.

Das hätte das Ende für Aurangzebs Sorgen sein können. Er annektierte Bijapur und Golkonda und wandte dann seine Aufmerksamkeit – und seine 170 000 Mann starke Armee – Shivajis Sohn zu. 1689 wurde Shambaji gefangen und getötet. Doch zu Aurangzebs Ärger und Enttäuschung wuchs der Widerstand der Marathen unter Shambajis Bruder Rajaram noch weiter an. Die zwanzig Jahre währenden Kriege um den Dekkan waren Aurangzebs Nemesis, und sein Reich befand sich in Auflösung. Die nahezu endlosen Feldzüge, bei denen sich eine langwierige Belagerung an die andere reihte, banden gewaltige Mengen Mogultruppen, die an anderer Stelle für den Schutz des Reiches fehlten. Sie waren demütigend für eine siegesgewohnte Armee und für ein Reich, dessen Ansehen weiterhin auf militärischen Erfolgen basierte. Die Kosten der Bekämpfung einer sehr beweglichen und nicht zu fassenden Guerillatruppe eskalierten und wurden zu einer gewaltigen Belastung für die Finanzen der Moguln wie auch für das Mansabdari-System. Nach 1682 kehrte Aurangzeb nicht mehr in den Norden zurück, sondern hielt sich lieber im Feld auf oder zog sich nach Aurangabad zurück. Die Adligen aus dem Norden hatten wenig Lust, ihre Zeit im fremdartigen, unkultivierten Süden zu verbringen. Der alte Kaiser war müde und verdrossen, ein Ende des Krieges nicht in Sicht. Als er 1707 starb, stand das Mogulreich am Rande des Zusammenbruchs. Die Marathen – ein böses Omen – blieben unbesiegt.

C Reichtum und Armut Indiens

In den Augen der Europäer wie auch der Asiaten war Indien ein Schatzhaus nahezu unvorstellbaren Reichtums – eines Reichtums, der Neid erregte und Eroberer anlockte. Doch Indiens Reichtum konnte auf verschiedene Weise verstanden werden. Für Mahmud von Ghazni, Timur oder später für Nadir Shah, der Delhi 1739 plünderte, bargen Indiens Schatzhäuser, Paläste und Tempel gewaltige Massen leicht zugänglichen Reichtums, vieles davon in Form von Gold und Edelsteinen. Die Aussicht auf Beute stand hinter zahlreichen militärischen Expeditionen der damaligen Zeit, denn ohne reichliche Sondereinnahmen dieser Art konnten die Kriegsstaaten der Zeit kaum überleben. Man war ständig auf Beutegut angewiesen, um die Armeen, die Bürokratien und das prunkvolle Leben der Herrscher und Adligen zu finanzieren. Auch war der Reichtum Indiens nicht nur den nächsten Nachbarn bekannt. Auf dem Höhepunkt der Mogulherrschaft – als das Wort »Mogul« zum Synonym für außergewöhnlichen Reichtum und höchste Macht wurde – waren Berichte über den sagenhaften Reichtum dieser Herrscher in aller Welt verbreitet. Man nahm an, die Einnahmen der Moguln reichten an die der Osmanen heran und überträfen bei weitem die der Safawiden.

Sir Thomas Roe, den König Jakob von England nach Indien sandte, um von Jahangir Handelskonzessionen zu erlangen, schenkte dem Kaiser Mercators kürzlich erschienen Atlas. »Einem großen König«, so sinnierte Roe, »bot ich die Welt, an der er so großen und reichen Anteil hatte.« Edward Terry, der Geistliche, der Roe begleitete, bemerkt weiter, Jahangir sei »der Welt größter und reichster Besitzer von Edelsteinen«.[89] Aber nicht nur der Reichtum an Gold und Edelsteinen machte Indien – und im weiteren Sinn ganz Südasien – zum Gegenstand der Bewunderung und des Neides. Indien besaß auch eine riesige Bevölkerung, weitaus größer als die des osmanischen oder des iranischen Reiches. Sein Reichtum lag auch in den Bauern, Handwerkern und Kaufleuten, deren Fertigkeiten und Mühen die Grundlage für eine der dynamischsten Ökonomien der damaligen Welt bildeten und die landwirtschaftliche Erzeugnisse wie auch handwerkliche Güter hervorbrachten, um die man den Subkontinent in aller Welt beneidete.

Allerdings erschien Indiens Überfluss vielen zeitgenössischen Beobachtern paradox. Neben dem außergewöhnlichen Reichtum, der am Kaiserhof zu bewundern und in den geschäftigen Häfen und Städten zu sehen war, und trotz der zahllosen Güter, die aus den Werkstätten quollen, gab es doch auch unvorstellbare Armut. Alle Gesellschaften des Mittelalters und der frühen Neuzeit hatten ihre Armen, doch die Quelle eines großen Teils dieses Reichtums, die indische Bauernschaft, schien von der Last der Abgaben und der Habgier der Grundherren und des Staates schier erdrückt zu werden. In den Städten standen großartige Paläste, Moscheen und Tempel, doch daneben hausten in ärmlichen Hütten halbnackte Menschen und ernährten sich von einer vegetarischen Kost, die selbst solche Reisenden schockierte, die an den Anblick von Bettlern und Armen im Nahen Osten und in Europa gewöhnt waren. Bei Hungersnöten beobachteten ausländische Reisende ein Massensterben und eine Not, wie man sie andernorts nie erlebt hatte. Angesichts solcher Armut und solchen Elends erschien einem Besucher wie Roe der Reichtum des Königs und des Hofes »nahezu verachtenswert«. Wie konnte Südasien zugleich so sagenhaft reich und so unglaublich arm sein?

1. Die Verheerungen des Krieges

In den fünfhundert Jahren zwischen der Gründung des Sultanats Delhi und dem Niedergang der Mogulherrschaft war die Wirtschaft Südasiens zwei dynamischen, zunehmend miteinander verflochtenen Kräften ausgesetzt. Die eine war das Wachstum der zentralisierten, nach Einnahmen dürstenden Kriegsstaaten samt der Auswirkungen, die das auf die Steuererhebung und den Wandel im Bereich der Wirtschaft und der Infrastruktur hatte. Das Zweite war der Einfluss des aufblühenden Binnen- und Außenhandels, der einen massiven Anreiz für das Wachstum der südasiatischen Volkswirtschaften darstellte und sie zugleich in neue (letztlich unvorteilhafte) Richtungen lenkte.

Die Macht der südasiatischen Herrscher beruhte in erheblichem Maße auf deren Fähigkeit, Reichtum zu erlangen, zur Schau zu stellen und zu verteilen. Diesen Reichtum benötigte man zur persönlichen Prachtentfaltung und zur Herstellung einer Aura nahezu göttlicher Majestät, aber auch zur Finanzierung des glanzvollen Hoflebens und eines umfangreichen ḥaram (in dem Frauen, Konkubinen und Kinder des Herrschers lebten). Man benötigte ihn für luxuriöse Bauten, Pferde und Elefanten, Kleidung, Speisen und Feste, für Dichter, Maler und Musiker, die den Monarchen verherrlichten, für die ostentative Darstellung seines kultivierten Geschmacks, seiner Frömmigkeit und seiner Stärke, die ihn in den Augen der Untertanen und der Besucher erhöhen sollte. Kritischen Geistern mag das verschwenderisch und unproduktiv erscheinen, doch politisch war es eine notwendige Investition. Prachtvolle Bauwerke von solcher Größe wie die von den Moguln errichteten Festungen, Paläste und Mausoleen bedeuteten gewaltige Ausgaben. In den 1570er und 1580er Jahren gab Akbar 3,5 Millionen Rupien für den Bau von Fatehpur Sikri aus, das schon nach fünfzehn Jahren wieder aufgegeben wurde. Ein halbes Jahrhundert später machte sein Enkel sich daran, das noch glanzvollere Shahjahanabad zu bauen, das mindestens 6 Millionen Rupien kostete. Insgesamt schätzt man die Kosten für kaiserliche Bauten in Shah Jahans Regierungszeit auf nahezu 29 Millionen Rupien. Sein glanzvoller, mit Edelsteinen überzogener Pfauenthron kostete weitere 10 Millionen.

Kostenträchtig war auch der Betrieb der staatlichen Werkstätten, die spezielle Güter höchster Qualität – Teppiche, Seide, Schwerter und Feuerwaffen – für den Kaiser und den Hof produzierten. Auch die Vizekönige und Statthalter der Provinzen unterhielten oft eigene Werkstätten und Teams von Handwerkern und Künstlern. Die Moguln importierten Luxusgüter aus dem Ausland, zum Beispiel Seide und Porzellan aus China. Aus dem Westen kamen (als Handelsgüter oder Geschenke) Bücher, Gemälde und seltene Uhren. Aus religiösem Eifer oder einfach nur zum Zweck der Selbstverherrlichung gaben die Kaiser, ihre Familien und auch Adlige viel Geld für den Bau oder Unterhalt von Moscheen, Madrasas, Grabmälern von Sufi-Heiligen und zahlreiche andere religiöse und wohltätige Einrichtungen aus. Der König erhielt kostbare Geschenke als Tributzahlung oder vergab solche Geschenke für treue Dienste. Auf diese Weise sicherte man sich die königliche Gunst oder ehrte ausländische Würdenträger. Ibn Battuta staunte am Hof Muhammad bin Tughluqs über Größe und Wert der dort ausgetauschten Geschenke, zu denen Pferde, Sklaven, Kleidung und Schmuck gehörten. Die armseligen Geschenke, die Thomas Roe drei Jahrhunderte später mitbrachte, vermochten dagegen Jahangir und einen an glanzvollere Prachtentfaltung und kostbarere Geschenke gewöhnten Hof nicht zu beeindrucken.

Die südasiatischen Staaten brauchten die Einnahmen aus Krieg, Besteuerung und Tributpflichten dringend, um ihre riesigen Armeen unterhalten zu können. Fußsoldaten kosteten nicht viel, aber die schwere Reiterei und die gepanzerten Elefanten, die von den Kaisern und Sultanen bevorzugt wurden, waren

Abb. 16: Shah Jahan auf dem Pfauenthron, Miniatur

teuer (gute Pferde mussten importiert werden, Futter und Stallungen für Elefanten waren kostspielig), und der wachsende Bedarf an Musketen und Belagerungsgeschützen trieb die Kosten weiter in die Höhe. Der Krieg, bemerkt John Richards, »war die Haupteinnahmequelle der Mogulkaiser, die den bei weitem größten Teil ihrer Einnahmen für das Militär verwendeten«.[90]

Aber sie mussten auch den Erwartungen ihrer Adligen, Generäle und hohen Beamten entsprechen. Man schätzt, dass gegen Ende der Regierungszeit Akbars gut 80 Prozent der kaiserlichen Ausgaben auf die Unterstützung der Mansabdars entfiel. Ohne solche Großzügigkeit vermochten Könige nicht die militärischen Abenteurer, die Schreiber, die Gelehrten und die technischen Spezialisten etwa für Feuerwaffen anzuziehen, die man in den Reichen Nordindiens und des Dekkan so dringend benötigte. Auch war sie unerlässlich, wenn es darum ging, rivalisierende Thronanwärter auszuschalten. Appelle an Religion und Dschihad wurden zwar gemacht, reichten aber nicht aus, um ein Reich aufzubauen oder sein Überleben zu sichern. In einer Zeit, in der es noch keinen Nationalismus gab, war selbst persönliche Loyalität gegenüber dem Souverän eher eine Seltenheit. Die Herrscher mussten sich die Unterstützung kaufen – und das ganz buchstäblich im Fall der *mamlūk*-Sklaven. Dazu benötigten sie eine ständige und zugängliche Einnahmequelle.

Das Plündern war eine anerkannte Möglichkeit der Beschaffung zusätzlicher Einnahmen. Es ist nicht sicher, welche ökonomischen Folgen die Raubzüge Mahmuds von Ghazni für Nord- und Westindien hatten – ein großer Teil der Beute stammte aus Tempeln und war daher bereits ökonomisch unproduktiv; außerdem wurde der Umfang der geraubten Schätze möglicherweise übertrieben. Doch die Zerstörung Lahores durch die Mongolen im Jahr 1241 und Timurs Brandschatzung von Delhi 1398 waren zweifellos in wirtschaftlicher wie auch politischer Hinsicht verheerend. Andererseits dürften militärische Expeditionen wie die Ala al-Dins und Muhammad bin Tughluqs im 13. und 14. Jahrhundert in den Dekkan oder die Akbars gegen Malwa 1561 oder Aurangzebs gegen Golkonda 1687 mehr als ihre Kosten eingebracht haben, zumal sich dadurch auch die Ländereien, aus denen man Einnahmen erzielen konnte, vergrößern ließen. Allein schon der Staatsschatz von Golkonda, das dank seiner Edelsteinminen und seines Überseehandels reich geworden war, soll einen Wert von 60 Millionen Rupien gehabt haben. In gewisser Weise hatten die Großmoguln es jedoch mit einem Gesetz der abnehmenden Erträge zu tun. Nachdem sie ihre Nachbarn verschlungen hatten, gab es nicht mehr viel zu holen. Shah Jahans Feldzüge nach Zentralasien, die zum Teil dem aussichtslosen Wunsche geschuldet waren, das Land der Vorfahren zurückzuerobern, kosteten weit mehr, als sie einbrachten. Und schlimmer noch, das Reichsgebiet der Moguln wurde selbst zum Ziel räuberischer Angriffe. Shivajis Raubzug nach Surat im Jahr 1664 brachte ihm eine Beute im Wert von 10 Millionen Rupien ein. Aurangzebs Kampf gegen die Marathen war dagegen sehr kostspielig und brachte kaum greifbare Ergebnisse.

Im Rahmen gewisser Vorstellungen hinsichtlich der autokratischen Macht »orientalischer Despoten« und einer entsprechenden Schwäche der Kaufleute und Landbesitzer glaubte man früher, die Mogulherrscher hätten nahezu freie Hand gehabt, wenn es darum ging, nichtmuslimischen Kaufleuten und Geldverleihern Zwangsanleihen abzupressen, Landgüter zu konfiszieren und privaten Besitz zu stehlen, wann immer es ihnen gefiel. Diese Vorstellung ging zurück auf den französischen Weltreisenden François Bernier und wurde von Montesquieu wie auch von Marx übernommen. Bernier sah in der Habgier der Kaiser und der daraus erwachsenden Unsicherheit einen der Gründe für die Armut, die er im Umfeld der königlichen Höfe und Paläste beobachtete. In Delhi, so schrieb er, »muss ein Mensch entweder von höchstem Rang sein oder in Not und Elend leben«.[91] Solche Behauptungen betrachtet man heute mit Skepsis. Es kam durchaus gelegentlich vor, dass der Großmogul jinistische und hinduistische Kaufleute und Finanziers zwang, ihm Geld zu leihen oder zu schenken, doch das konnte er nicht unbegrenzt tun, wenn er nicht Gefahr laufen wollte, sich seine reichsten und einflussreichsten Untertanen zu entfremden. Die diskriminierende *jizya*-Steuer oder die Zerstörung jinistischer und hinduistischer

Tempel konnte bei den Wohlhabenden nur Unmut erregen und lief damit den langfristigen Interessen des Mogulstaates zuwider.

2. Die Infrastruktur des Mogulreichs

Die Bedürfnisse und die Logik des »Eroberungsstaates« durchdrangen nicht das gesamte staatliche Handeln. Die südasiatischen Herrscher kannten nicht nur den Wunsch, Krieg zu führen, so einträglich und ruhmvoll dies auch sein mochte. In Übereinstimmung mit älteren Traditionen indischen Königtums, aber auch mit islamischen Idealen nutzten Monarchen in Spätmittelalter und früher Neuzeit die Staatseinnahmen auch zur Förderung der allgemeinen Wohlfahrt – oder bemühten sich zumindest, wegen ihrer Weisheit gepriesen und wegen ihrer Güte im Gedächtnis behalten zu werden. Außer Festungen, Paläste und Grabmäler zu bauen, die noch heute an die Großmoguln erinnern, versuchten sie auch, eine bessere Infrastruktur zu schaffen. So baute Sher Shah eine aus zermahlenen Ziegeln und Lehm bestehende Straße, die Bengalen mit Nordindien verband und sowohl wirtschaftliche als auch politische Bedeutung besaß. Unter den Moguln war sie lebenswichtig für den Handel, für das Nachrichtenwesen und für Truppenbewegungen. Die Briten bauten sie später zur *Grand Trunk Road* aus und stärkten so die strategische Achse zwischen Kalkutta, Delhi und dem Nordwesten.

Die Moguln bauten Straßen zwischen Zentren wie Delhi, Agra und Gwalior. Nach Abschluss ihrer Eroberungen im Süden erweiterten Akbar und seine Nachfolger dieses Straßennetz nach Rajasthan, Mittelindien und Gujarat hinein und weiter bis zur Hafenstadt Surat. Entlang größerer Straßen pflanzte man schattenspendende Bäume und setzte Meilensteine. Außerdem gab es Karawansereien, in denen müde Reisende und ihre Tiere ausruhen konnten. Doch unbefestigte Straßen erforderten einen hohen Wartungsaufwand, da die Monsunregen regelmäßig Teile davon fortschwemmten oder in Morast verwandelten. Fern von den Städten fanden sich nur selten brauchbare Bedingungen für Radfahrzeuge wie die langsamen Ochsenkarren und die zerbrechlichen, von Pferden gezogenen Kutschen. Der Überlandtransport von Salz, Getreide und anderen Massengütern – einschließlich des Nachschubs für die Mogularmeen – wurde von den Banjaras, einer Gemeinschaft reisender Händler, mit Packtieren bewerkstelligt, vor allem mit Ochsen. Außerdem waren die Moguln keine großen Brückenbauer, und die breiten Flussbette vieler nordindischer Flüsse – in der Trockenzeit Sandwüsten, in der Regenzeit breite Wasserläufe – bildeten ein kaum zu überwindendes Hindernis für Handel, Nachrichtenwesen und Truppenbewegungen (tatsächlich konnten Feldzüge fast nur in der Trockenzeit unternommen werden). Der Schiffsverkehr auf Flüssen und entlang den Küsten besaß daher entscheidende Bedeutung für den Binnen- wie auch den Überseehandel. Trotz der Gefahren, die Sandbänke und Untiefen darstellten, blieb der Ganges ein lebenswichtiger Wasserweg, der Bengalen mit dem nördlichen Kernland des Reiches verband. Über diese Lebensader wurden viele der wichtigsten und wertvollsten Güter Indiens transportiert.

Auch eine gesunde Währung und eine auf Geld bauende Wirtschaft hatten wesentliche Bedeutung. Schon vor den Moguln hatten die Sultane von Delhi mehrfach versucht, die indische Währung zu reformieren, wenn auch nicht immer mit Erfolg. Als Muhammad bin Tughluq seine finanziellen Probleme durch die Ausgabe von Messing- und Kupfermünzen zu lösen versuchte, führte das zu weitverbreiteter Fälschung und massiver Inflation, so dass er die Münzen zurückziehen musste. Ein Grund dafür dürfte im Silbermangel gelegen haben. Silbergeld war in der ganzen muslimischen Welt die Regel. Zuverlässigkeit und Ansehen dieser Währung bildeten einen Eckstein des muslimischen Handels von der iberischen Halbinsel bis nach Indonesien. Da es in Indien kaum Silbervorkommen gab, war man dort auf Importe angewiesen. Die Moguln versuchten, in ihrem Reich ein einheitliches, auf drei Metallen basierendes System einzuführen. Gold-, Silber- und Kupfermünzen hatte es auch schon im Sultanat Delhi und unter Sher Shah gegeben (der die Silberrupie einführte), doch deren Wert wurde zu Beginn der Regierungszeit Akbars standardisiert. Die Qualität der Mogulmünzen, ihr zuverlässiger Metallgehalt und die strenge Kontrolle der Prägung stärkten Ansehen und Autorität der Moguln. Eine gesunde Währung leistete einen wichtigen Beitrag zur Stärkung der Finanzkraft und zum beispiellosen Aufschwung einer Marktökonomie. Die am weitesten verbreitete Münze, der *dām*, wurde in gewaltigen Mengen aus Kupfer geprägt, das in den Vorgebirgen des Himalaya und in Rajasthan gefördert wurde – der Erzreichtum der Region unterstrich deren strategische Bedeutung. Den *dām* benutzte man für die Zahlung von Löhnen und Steuern und für alltägliche Ausgaben. Die Silberrupie war größeren Transaktionen vorbehalten, und nachdem Todar Mal die Geldform für alle Zahlungen verbindlich gemacht hatte, bildete sie auch die Grundlage für die Zahlung der Grundsteuer.

Anfangs stammte der größte Teil des Goldes und Silbers für die Mogulmünzen aus dem Umschmelzen alter Münzen und aus Kriegsbeute. Von entscheidender Bedeutung für die Moguln war jedoch die Tatsache, dass in dieser Zeit der Fernhandel blühte. Seit der Ankunft der Portugiesen 1498 hatten europäische Kaufleute Schwierigkeiten, ihre Waren, zum Beispiel Textilerzeugnisse, abzusetzen und dafür Gewürze oder andere südasiatische Produkte zu kaufen. Sie konnten nur Erfolg haben, wenn sie sich in die bestehenden indischen Überseehandelswege einschalteten und etwa Pferde vom Persischen Golf nach Indien oder Gewürze und Stoffe zwischen Indien und Indonesien transportierten oder wenn sie in Silber zahlten. Angesichts der Silberknappheit in

Europa wäre dieser transeurasische Handel vielleicht niemals richtig in Gang gekommen, wenn die Spanier nicht Süd- und Mittelamerika besetzt und große Silbervorkommen im bolivianischen Potosi oder im mexikanischen Zacatecas entdeckt hätten. So ergoss sich ein gewaltiger Strom Silber nach Europa, und ein großer Teil davon floss über Spanien und die gerade entdeckte Route um das Kap der Guten Hoffnung nach Osten ab, wo es den Bedürfnissen des asiatischen Handels diente. In geringerem Umfang floss auch Silber aus der Neuen Welt über das spanische Manila nach Süd- und Südostasien. Wahrscheinlich fand etwa ein Drittel des in Amerika geschürften Silbers zwischen 1600 und 1800 den Weg nach Asien, und der größte Teil davon dürfte auf dem indischen Subkontinent gelandet sein. Ohne größere eigene Anstrengungen wurde das Mogulreich so zum Nutznießer einer neuen globalen Ökonomie und riesiger Silberströme. Das in Gujarat und Bengalen eintreffende Silber wurde in den Münzstätten der Moguln in Silberrupien umgeprägt und rasch in die Wirtschaft des Reiches integriert.

Das für die Mogul-*muhar*s benötigte Gold stammte zum Teil aus den begrenzten Goldvorkommen Indiens. Lange Zeit hatten die südlichen Staaten leichteren Zugang zu Gold als die nördlichen. Das bei Kolar in Karnataka seit der Antike geförderte und das aus Ostafrika importierte Gold wurde in Vijayanagara zu Goldmünzen geprägt – eine der Hauptquellen für Reichtum und Prestige. Gold wurde außerdem zur Prachtentfaltung, für die Verzierung von Palästen und Tempeln, für das Vergolden religiöser Bilder und sogar für das zeremonielle Wiegen des Mogulkaisers benutzt. Zu Halsbändern und Ohrringen verarbeitet, diente es als Schmuck und selbst bei relativ armen Bevölkerungsschichten als Werthortungsmittel. Abgesehen von der Währungsfunktion benutzte man Goldmünzen auch im Gabentausch und bei Tributzahlungen. So schenkte der Statthalter des Panjab 1640 Shah Jahan eintausend *muhar*s zum Beweis seiner Loyalität und Ergebenheit.

3. Die Landwirtschaft

Zu den Zielen des Mogulregimes wie auch anderer Staaten im frühneuzeitlichen Asien gehörte es, die Einnahmen aus der Grundsteuer zu erhöhen und zu systematisieren, und zwar meist durch eine Besteuerung der Bauern. Vor dem Sultanat Delhi basierte die Besteuerung in der Regel auf dem Grundprinzip, dass der Bauer dem Herrscher einen Teil seines Ertrags abtrat, berechnet entweder nach festgelegten Mengen pro Bodeneinheit oder physikalisch durch Aufteilung der Ernte. Vormuslimische Herrscher traten dabei im Allgemeinen nicht in direkte Beziehung zu den einzelnen Bauern, sondern nur zum Dorf als Ganzem und ließen die Steuer von den Dorfältesten eintreiben. Diese wiederum bestimmten ihrerseits die Abgabepflichten der einzelnen Haushalte. Um 1300 vollzog Ala al-Din hier einen radikalen Wechsel, indem er den Anteil des Staates auf die Hälfte der Erträge festsetzte, alle Privilegien der lokalen Oberhäupter abschaffte und sämtliche Landschenkungen zurücknahm, um die Grundsteuer in seinen eigenen Händen zu zentralisieren. Dieses System scheint nicht lange überdauert zu haben; sobald die Macht der Sultane schwand, kehrte man zum alten System der Steuereintreibung zurück.

Als die Moguln die Sultane von Delhi ablösten, bemühten sie sich erstens, im ganzen Reich ein einheitliches System der Bodenbesteuerung einzuführen (auch wenn Tributzahlungen bei den Rajputen und anderen lokalen Oberhäuptern die Normalität blieben), und zweitens, die Abgaben für jeden einzelnen Bauern gemäß seinem Jahresertrag festzulegen. Hierbei sollten die jährlichen Schwankungen hinsichtlich der Menge und des Werts der Ernte berücksichtigt werden. Unter Einbeziehung der Maßnahmen, die Sher Shah getroffen hatte, führten Akbar und sein Finanzminister Todar Mal in den 1560er Jahren ein verbessertes Steuersystem ein, das auf dem Durchschnitt der Erntemengen und der preislich bewerteten Erträge der letzten zehn Jahre basierte. Welche Bedeutung dieses System für die Staatsfinanzen besaß, wird deutlich, wenn man bedenkt, dass unter den Moguln 90 Prozent der Steuereinnahmen auf die Grundsteuer entfielen und nur 10 Prozent auf die in Häfen, auf Märkten und an den Landesgrenzen erhobenen Zölle. Im Blick auf die Staatseinnahmen scheint das Mogulsystem äußerst erfolgreich gewesen zu sein. Zwischen der Regierungszeit Akbars und der Aurangzebs verdoppelten sich die Steuereinnahmen, begünstigt durch eine lange Phase relativer Ruhe und ein stetiges Wachstum der Bevölkerung (die um 1605 die 100-Millionen-Marke erreicht haben dürfte). Hinzu kamen noch die Ausweitung des Herrschaftsgebiets durch die Eroberung des Dekkan und die Vergrößerung der regelmäßig bewirtschafteten Flächen.

Das von den Moguln eingeführte System der Bodenbesteuerung konnte sich auf zwei wichtige Hilfsmittel stützen. Das eine war die bereits erwähnte stabile Währung, in der die Grundsteuern geleistet werden mussten. Das andere war ein System der Vermessung und Datenerhebung, mit dem man die Bodenflächen und deren Erträge zuverlässig erfasste. Unter Akbar legten Beamte ein Kataster an, mit dem sie Feld für Feld die bewirtschaftete Fläche ermittelten, und sie sammelten Daten über die angebaute Frucht, die Durchschnittserträge, Art und Qualität des Bodens, die jeweiligen Marktpreise, den Umfang der Bewässerung sowie über die Anzahl der jährlichen Ernten. Aus den im Feld gesammelten Daten berechneten die Beamten dann die Steuerschuld jedes Dorfes. Im Unterschied zu den von einigen Delhi-Sultanen erhobenen fünfzig Prozent – ob die auch tatsächlich erreicht wurden, ist allerdings zweifelhaft – begnügten die Moguln sich mit einem Drittel des Erntewertes bei Getreide wie Reis, Weizen oder Hirse und etwa einem Viertel bei kommerziellen Erzeugnissen wie Tabak, Opium, Zucker und Indigo. Auch Obstbäume und Vieh wurden einer Besteuerung unterworfen. Umgekehrt gewährte man steuerfreie Zeiten als Anreiz zur Urbarmachung neuer Flächen oder als Nachlass bei Dürreperioden oder sonstigen Katastrophen. Das Ergebnis scheint ein flexibles und effizientes Bodenbesteuerungssystem gewesen zu sein. Um die Grundsteuern in diesem Maßstab und so methodisch im ganzen Reich zu schätzen und einzutreiben, bedurfte es einer Unmenge an Papier und einer Armee von Beamten und Schreibern zur Erhebung und Aufzeichnung der Daten. Die Einführung und Verbreitung von Registern und Aufzeichnungen auf Papier und die Archivierung der Dokumente waren wesentliche Hilfsmittel der Zentralisierung und eines effizienten Informationsflusses. Unter den Moguln entwickelte sich (wie schon in den Dekkan-Staaten und Vijayanagara) eine große und effiziente Bürokratie, die weitaus fähiger und komplexer war als bei früheren Herrschern. In dieser Hinsicht (und auch in einigen anderen) zeigte das Mogulregime bereits viele Zielsetzungen und Fähigkeiten eines modernen Staates.

In der Realität war das Agrarsystem der Moguln allerdings weder so einheitlich noch so harmonisch, wie es an der Oberfläche erscheinen mochte. Das in einigen Aspekten hochgradig zentralisierte System konnte in anderen Bereichen auch ein beträchtliches Maß an Dezentralisierung aufweisen. Die vom Kaiser ernannten Mansabdars erhielten keine Gehälter vom zentralen Schatzamt, sondern wurden mit Jagirs belehnt, aus denen sie ihr Einkommen und die zur Unterhaltung der von ihnen zu stellenden Reitertruppe erforderlichen Mittel bezogen. Die Jagir eines Adligen konnte aus zahlreichen verstreuten Gütern bestehen. Und der Kaiser konnte es dem Inhaber ganz nach Belieben wegnehmen und einem anderen geben, wenn etwa der Betreffende im Rang auf- oder abstieg. Der häufige Wechsel der Jagirs verhinderte möglicherweise die Entstehung eines im Lande verwurzelten Adels, aber zugleich hatten die Inhaber kaum die Möglichkeit, die örtlichen Verhältnisse genauer kennenzulernen, und sie hatten kaum Anreize, vermehrt in die landwirtschaftliche Produktion zu investieren.

Die Moguln mussten auch mit den *zamīndārs* zurechtkommen, den örtlichen Grundherren, viele davon Hindus, von denen einige erbliche Bande zu den von ihnen beherrschten Dörfern besaßen (deren Zahl von einem halben Dutzend bis zu einhundert oder mehr reichen konnte). Sie konnten auf ein eigenes Verwandtschafts- und Kastennetzwerk zurückgreifen und verfügten über bewaffnete Gefolgsleute, die ihre Macht stützten und die Eintreibung der Steuern erleichterten. Da die Moguln es für unmöglich oder zumindest nicht für ratsam hielten, viele dieser lokalen Notablen abzusetzen, versuchten sie, die Zamindars in ihr Herrschaftssystem einzubinden, indem sie ihnen die Aufgabe der Steuereintreibung übertrugen. Sie gewährten jedem einzelnen Zamindar die Anerkennung seiner Rechte, indem sie ihm gegen das Versprechen einer bestimmten jährlichen Steuerzahlung einen schriftlichen Besitztitel auf sein Land zukommen ließen. Und sie sicherten ihre Oberhoheit weiter, indem sie diese Titel bei der Nachfolge eines Zamindars durch seinen Erben erneuerten und bestätigten. Zum Lohn für ihre Hilfe durften die Zamindars zehn Prozent der eingetriebenen Steuern für sich behalten, und ein Teil ihres eigenen Landes war von Abgaben befreit. So schufen die Moguln einen Apparat zur Eintreibung ihrer Steuern, der die Zamindars in ein übergeordnetes Herrschaftssystem einband, in dem aber auch ein Teil der Einnahmen auf verschiedenen Ebenen abgezweigt wurde.

Das Agrarsystem der Moguln besaß zwei Schwächen. Die eine lag in der Tatsache, dass die Kontrolle über die Zamindars unvollständig blieb. Die Zamindars achteten nicht nur auf die kaiserliche Verwaltung, sondern auch auf ihre Gefolgsleute und Bauern. Jedes Anzeichen einer Schwächung der kaiserlichen Macht und jede Bedrohung ihrer eigenen Stellung konnte sie zur Rebellion treiben. Zweitens verlieh gerade die Schaffung eines effizienten, auf den Bauern basierenden Steuersystems diesen Bauern erhöhte Bedeutung. In der Vergangenheit hatten Bauern oft versucht, sich allzu hohen Steuerlasten zu entziehen, indem sie in die Urwälder flüchteten und neues Land urbar machten. Die Ausbreitung der Landwirtschaft auf Kosten von Urwald und Weideland und der effiziente Zugriff der Mogulverwaltung erschwerten diesen Ausweg zunehmend. Zugleich kam es zu einer »Agrarkrise«, die möglicherweise den Niedergang des Reiches beschleunigte, da sie zu steigenden Steuerlasten führte. Viele Bauern dürften anfangs vom Wachstum der Marktökonomie unter den frühen Moguln profitiert haben, und manche Historiker sehen in der Anfangsphase des Mogulreichs eine Zeit beispielloser landwirtschaftlicher Prosperität. Doch gegen Ende der Regierungszeit Aurangzebs schwand dieser Wohlstand dahin, und die Wiedereinführung der *jizya*-Steuer und andere diskriminierende Maßnahmen sorgten für eine weitere Entfremdung der mehrheitlich hinduistischen Bauernschaft. Ländliche Aufstände häuften sich, als unzufriedene Bauern gemeinsame Sache mit rebellierenden Zamindars machten oder sich den Revolten der Marathen und der Sikhs anschlossen.

4. Landwirtschaft und ökologische Grenze

In den 1520er Jahren schien Babur sich nicht recht sicher hinsichtlich des Werts seiner Neuerwerbungen zu sein. Einerseits sei »Hindustan« ein Land »reich an Menschen und Schätzen«. Andererseits sei es »äußerst reizlos«, denn es besitze keine guten Pferde und Hunde, keine »ausgezeichneten Früchte«, weder kühles Wasser noch gutes Brot. »In den Ebenen wächst dorniges Dickicht, in dessen Schutz die Bewohner der *Parganna*s Aufstände und Unruhen anzetteln und dann auch keine Steuern zahlen.«[92] Der unter späteren Moguln zu verzeichnende Drang nach ökonomischer Expansion hatte tiefgreifende ökologische wie auch politische Folgen, da die ökologische Grenze sich deutlich zugunsten der kultivierten Flächen verschob. Indien war weitgehend verschont geblieben von den Einfällen der Mongolen samt der Zerstörung der Städte und des Ackerbaus, die sie über weite Teile Asiens gebracht hatten. Doch als Akbar 1556 den Thron bestieg, waren selbst große Gebiete in der Indus-Ganges-Ebene nur sehr dünn besiedelt. Es gab breite Streifen Dschungel entlang der Ostgrenze des Reiches, in denen Löwen, Tiger, Bären und Wölfe lebten, und mancherorts waren diese Raubtiere so zahlreich, dass sie die Ansiedlung von Menschen und die Ausbreitung der Landwirtschaft gefährdeten. Viele Urwälder und Bergregionen wurden von Stämmen bewohnt, die von Wanderhackbau und Jagd lebten. Der Dschungel bot *ḍākū*s (Banditen, *dacoit*s) und Räubern Unterschlupf und, wie Babur voller Ingrimm vermerkt, auch Flüchtigen und Rebellen. Schon seit Balaban im 13. Jahrhundert hatten die Sultane von Delhi versucht, die Kontrolle über das Land zu verstärken, indem sie den Urwald rodeten – in diesem Falle, um Rebellionen zu erschweren. Akbar ließ auf seinen Feldzügen große Flächen roden, um seiner Armee den Durchzug zu ermöglichen und um dem Gegner die natürliche Deckung zu nehmen.

So förderten die Moguln sowohl aus Gründen der Ordnung als auch zur Stärkung ihrer Einnahmen die Rodung der Wälder und die Kultivierung von Brachland. Über Bihar heißt es zum Beispiel:

»Seit Shah Jahans Zeiten war es üblich, dass die Truppen von Holzfällern und Landarbeitern begleitet wurden, die Wälder rodeten und den Boden kultivierten. Pflüge wurden meist vom Staat zur Verfügung gestellt ... Es gab eine allgemeine Verfügung, wonach jeder, der Wald rodete und dort Felder anlegte, diesen Boden als seine *zamīndārs* betrachten durfte ... Diese gute Behandlung ... zog Menschen aus anderen Regionen und *subas* an, die Waldgebiete und Brachland kultivierten.«[93]

Zu dieser Politik gab es im Süden zahlreiche Parallelen, wobei der Staat sich nachhaltig dafür einsetzte, dass Wälder gerodet und die landwirtschaftlich genutzten Flächen ausgedehnt wurden. Abgesehen vom verstärkten Einsatz mechanischer Wasser-Hebevorrichtungen wie dem persischen Schöpfrad gab es jedoch kaum technologische Innovationen, die diesen Prozess unterstützt hätten. Vieles basierte auf der Arbeitskraft der Bauern, auf Ochsen, die Wasser aus den Brunnen förderten, und auf einfachen Werkzeugen, die von den dörflichen Handwerkern aus Holz und Eisen gefertigt wurden. Doch in ihrer kumulativen Wirkung konnten die Wanderungsbewegungen der Bauern und die Rodung der Wälder ganz gewaltige Folgen zeitigen. Die Eingliederung Bengalens sowie der benachbarten Gebiete von Kuch Bihar und Sylhet in das Mogulreich führte zu einer dramatischen Vergrößerung der landwirtschaftlich genutzten Flächen, und entsprechend schnell expandierte der Reisanbau zwischen den 1590er und den 1650er Jahren. Die Stammesbevölkerung wurde tiefer in den Urwald hinein verdrängt oder in die unteren Ränge des Kastensystems oder der muslimischen Gesellschaft integriert. Zu ähnlichen Entwicklungen kam es auch anderwärts, ob unter dem Druck einnahmehungriger Staaten, landhungriger Bauern oder der kräftig wachsenden Nachfrage nach Baumwolle, Indigo und anderen kommerziellen Erzeugnissen.

Nicht nur Silber wurde aus Amerika importiert. Auch diverse Pflanzen fanden in der Mogulzeit ihren Weg aus der Neuen Welt nach Südasien, darunter Mais, Tabak, Paprika, Tomaten, spanischer Pfeffer und Ananas. Im 18. Jahrhundert bauten selbst Bauern in Nepal, das kaum Kontakte zu Europa besaß, Paprika, Mais und Kartoffeln an. Pflanzen aus der Neuen Welt hatten in Südasien vielleicht nicht die dramatische Wirkung auf die Erweiterung der landwirtschaftlichen Produktion und das Bevölkerungswachstum wie in China, doch auch hier leisteten sie einen bedeutenden Beitrag dazu. Selbst die Ernährung der armen Bevölkerungsschichten dürfte sich durch die Einführung von Mais verbessert haben, auch wenn die arbeitenden Klassen sich weiterhin hauptsächlich von Hirse, Weizen und Reis ernährten, ergänzt womöglich durch Gemüse und Hülsenfrüchte.

Erstaunlich ist auch das – zumindest nach den begrenzten verfügbaren Daten – hohe Niveau der landwirtschaftlichen Produktivität in der Mogulzeit. Die unter anderem von Irfan Habib gesammelten Daten lassen den Schluss zu, dass die Flächenerträge bei wichtigen Feldfrüchten wie Weizen und Reis im 17. Jahrhundert höher waren als später unter den Briten.[94] Das könnte daran liegen, dass im 19. Jahrhundert das fruchtbarste Land längst genutzt wurde und die Landwirtschaft in weniger produktive Gebiete mit geringeren Flächenerträgen und unregelmäßigeren Niederschlägen vordrang. Vielleicht erzielte man auf den um 1600 gerodeten Flächen im 19. Jahrhundert geringere Erträge, weil sie inzwischen über Generationen ohne ausreichende Düngung und ohne Fruchtwechsel genutzt worden waren. Vielleicht fiel auch der Grundwasserspiegel, weil immer mehr Brunnen gegraben wurden oder weil das Klima sich durch die Abholzung veränderte, so dass es weniger Niederschläge gab, das Frühjahr trockener ausfiel und längere Dürreperioden auftraten. Die landwirtschaftliche Prosperität der Mogulzeit hatte also möglicherweise eine zerbrechliche Grundlage, deren Verletzlichkeit erst mit der Zeit zutage trat.

Doch schon während der Mogulherrschaft dürfte das Bild nicht einheitlich gewesen sein, weil manche Gebiete prosperierten, während man in anderen um die nackte Existenz kämpfen musste. Neben den Auswirkungen der wachsenden Steuerlast beschränkten auch andere Belastungen das Wachstum der indischen Landwirtschaft und der ländlichen Bevölkerung. Wahrscheinlich kam es häufig zu Epidemien, und die Sterblichkeit dürfte hoch gewesen sein. Die Ausdehnung der Landwirtschaft in Urwäldern und Sümpfen fand ihre Grenzen nicht nur an Raubtieren und feindseligen Stämmen. Die Malaria machte Teile Mittelindiens und das Gebiet zwischen den nördlichen Tiefebenen und den Vorgebirgen des Himalaya für Fremde nahezu unbewohnbar. Muslimische Quellen sprechen voller Bewunderung von der Fruchtbarkeit des bengalischen Deltas und vergleichen

Reichtum und Armut Indiens

es mit einem irdischen Paradies, sie berichten aber auch von den dort grassierenden Fieberkrankheiten und der generellen gesundheitlichen Unzuträglichkeit der Region, vor allem für Menschen, die an das trockenere Klima des Nordwestens gewöhnt waren. Wie ein widerwilliger Einwanderer es ausdrückte, war Bengalen »ein verdorbenes, trauriges Land«.[95]

In einer Hinsicht jedoch konnte Südasien sich glücklich schätzen. Die Schwarze Pest, die den Nahen und Mittleren Osten sowie Europa von 1346 bis 1350 dezimierte und dort 20 Millionen Menschen das Leben kostete, trat in Indien nur vereinzelt auf. Es gibt zwar hier und da Hinweise auf Epidemien, die als Pestausbrüche gewertet werden können, aber kaum Hinweise auf eine sonderlich hohe Sterblichkeit. Die Gründe sind unklar. Im letzten Jahrzehnt des 19. und im ersten Jahrzehnt des 20. Jahrhunderts war die Beulenpest in Indien weitverbreitet und kostete zahlreichen Menschen das Leben. Warum geschah dies nicht im 14. Jahrhundert? Trotz der hohen Bevölkerungsdichte in den Städten wie auf dem Lande und trotz der Karawanenstraßen, die Indien mit dem Mittleren und Nahen Osten verbanden, wo die als Überträger der Pest geltenden Ratten und deren Flöhe heimisch waren, blieben die Menschen weitestgehend verschont. Doch wenn das Ausbleiben des Schwarzen Todes Indien vor einer demographischen Katastrophe bewahrte, wie sie andere Teile Eurasiens traf, so verwehrte sie dem Subkontinent möglicherweise auch einen der nachhaltigsten Auslöser sozialen und ökonomischen Wandels wie im mittelalterlichen Westen. Aber Indien hatte andere Plagen. Ob infolge ausbleibender Monsunregen oder wegen der Kriege und übermäßiger Steuerlasten – in der frühen Neuzeit kam es in Indien zu schweren Hungersnöten (Sri Lanka und Nepal blieben weitgehend verschont). So gibt es Berichte über eine Hungersnot in Nordindien zur Regierungszeit Muhammad bin Tughluqs und weitere Berichte über Hungersnöte während der Mogulzeit – im Dekkan während der 1640er Jahre, im Nordwesten während des Nachfolgekriegs 1658 und in

Gujarat 1682. In einigen dieser Fälle ließen die Moguln Suppenküchen für die Hungernden einrichten oder versuchten, den Getreidehandel durch Preiskontrollen und Embargos zu regulieren. Die Auswirkungen der Hungersnöte blieben europäischen Beobachtern nicht verborgen, und sie begannen, das Bild des natürlichen Reichtums Indiens zu korrigieren. Der Holländer Jan van Linschoten war schockiert vom Anblick hungernder Kinder, die in den 1580er Jahren in Goa zum Verkauf angeboten wurden.»Ich habe gesehen, dass Jungen von acht oder zehn Jahren für ein paar Scheffel Reis verkauft wurden«, schrieb er,»und manche kamen mit Frau und Kindern und boten sich selbst als Sklaven an, damit sie ein wenig Fleisch und Trank hätten, um ihren Körper zu ernähren.«[96] Vierzig Jahre später beobachteten englische Kaufleute in Surat die schreckliche, durch eine Dürre ausgelöste Hungersnot. Am schlimmsten waren davon die Weber betroffen, die ihnen die Tuche lieferten. Sie klagten, diese Hungersnot, der möglicherweise drei Millionen Menschen zum Opfer fielen, habe »den Garten der Welt« nahezu in eine Wüste verwandelt.

5. Städte, Handel und Außenwirtschaft

Eine der erstaunlichsten Entwicklungen Südasiens in der frühen Neuzeit – und eine der Hauptquellen seines Reichtums – waren der aufblühende Handel und die Prosperität der Städte. Ursache dafür war zu einem Teil die Einbindung Indiens und Sri Lankas in das vom Islam geförderte Netzwerk des Übersee- und Fernhandels. In späterer Zeit wurde dann Europa zum wichtigsten Partner des südasiatischen Handels und förderte die Entstehung städtischer Zentren entlang der Küsten, an denen der europäische Einfluss am stärksten war. Verantwortlich für das Wachstum dieser Städte waren mehrere politische, kulturelle und ökonomische

Faktoren. Einer davon war das Bedürfnis der Herrscher nach Hauptstädten, in denen sie ihren Reichtum und ihre Macht, ihre Frömmigkeit und ihren künstlerischen Geschmack zur Schau stellen konnten. Sie benötigten Festungen für ihre Truppen, in denen sie ihre Schätze, Waffen und die Akten ihres Staatsapparats sicher unterbringen konnten. Sie benötigten Verwaltungszentren für die wachsende Zahl der Beamten und Schreiber, für die Getreide- und Gemüsemärkte, die der Versorgung ihrer Gefolgsleute dienten, für die Münzstätten und Gießereien, in denen Münzen und Geschütze produziert wurden, für die Werkstätten der Spezialisten, die Schmuck und Kleidung herstellten. Die großen Städte Südasiens – Delhi, Agra, Lahore, Vijayanagara – hatten zu gewissen Zeiten Einwohnerzahlen von einer viertel bis zu einer halben Million Menschen. Die geschäftigen Paläste und Basare, öffentlichen Plätze und Moscheen oder Tempel gehörten zu den Sehenswürdigkeiten, die den größten Eindruck auf ausländische Besucher machten und sie zu anerkennenden Vergleichen mit Istanbul, Paris, London und Rom veranlassten. Auch wenn die große Mehrheit der indischen Bevölkerung auf dem Lande lebte, erreichte die städtische Bevölkerung in der Mogulzeit doch immerhin einen Anteil von 15 Prozent.

Die Gründung von Städten war eines der Mittel, mit denen Herrscher ihren Herrschaftsanspruch über gerade erst eroberte Territorien demonstrieren oder sich eine vorgeschobene Basis für Operationen in immer noch feindlichen Gebieten schufen. Daulatabad unter Muhammad bin Tughluq und Aurangabad unter seinem Namenspatron Aurangzeb besaßen diese Funktion im Blick auf den Dekkan, die Gründung von Dhaka zielte auf die Erweiterung der Mogulherrschaft in Richtung des bengalischen Deltas. Städte konnten ebenso politische Absichtserklärungen sein wie Ergebnis der Verstädterung, auch wenn die Landschaft Südasiens übersät ist mit Ruinen von kleineren und größeren Städten (wie Hampi, das einstige Vijayanagara), die nicht überlebt haben. In gewisser Weise führten die Moguln ein

Wanderleben, zogen von einer Stadt in die andere oder lebten in riesigen Feldlagern, ganz wie die Erfordernisse des Krieges oder der Verwaltung dies diktierten. Obwohl Delhi immer eine besondere Bedeutung für die muslimischen Dynastien behielt, verlegten die Lodi-Sultane ihre Hauptstadt nach Agra, und die Moguln wechselten zwischen Delhi, Agra und Lahore, bevor sie sich schließlich für Shahjahanabad entschieden. Die Bahmanis änderten ihr Hauptquartier drei Mal, und die Auflösung des Sultanats brachte neue Hauptstädte in Golkonda und Haiderabad hervor. Auch für die muslimischen Einwanderer hatten die Städte besondere Bedeutung, da sie sich als Neuankömmlinge meist in städtischen Gebieten sammelten. Sie gründeten in ganz Nordindien, bis nach Bengalen und in den Dekkan hinein, befestigte Städte, um die Herrschaft über die hinduistische Landbevölkerung zu stärken, und bauten dort die von ihrer Religion erforderten Moscheen und Madrasas.

Die Städte florierten jedoch auch dank des Handels. In der frühen Neuzeit erlebte der indische Binnenhandel einen beträchtlichen Aufschwung, begünstigt durch lange Friedenszeiten, eine stabile Währung und verbesserte Straßen. Ein Teil des Handels betraf Luxusgüter wie feine Textilien und exotische Heilmittel, die bei den städtischen Eliten gefragt waren. Doch auch elementarere Nahrungsmittel wie Reis, Zucker und Pflanzenöl wurden in beträchtlicher Menge von einer Region in die andere transportiert, vor allem über den Gangeskorridor zwischen Bengalen und Nordindien. Aufgrund der hohen Nachfrage wurde die Tuchherstellung zu einem der dynamischsten Wirtschaftszweige, vor allem in Gebieten wie Gujarat, Bengalen und der Koromandelküste im Südosten, wo Rohbaumwolle, pflanzliche und mineralische Farbstoffe und geschulte Arbeitskräfte in größerer Menge zur Verfügung standen. Nicht nur die Bauernschaft war in dieser Zeit von wachsender Bedeutung, sondern auch die indischen Kaufleute, Bankiers und Finanziers. Ihre Zusammensetzung – Hindus, Jainas, Muslime, Parsen, Armenier, Juden – war ebenso vielfältig wie ihre Operationen. Einige von ihnen, zum Beispiel der aus Gujarat stammende Jaina Shantidas Jhaveri (gest. 1660), waren Magnaten mit gewaltigem Reichtum und großer Macht, die eng an den Finanzen der Mogulherrscher und am Handel mit den niederländischen und englischen Handelsgesellschaften beteiligt waren. Entscheidend für die Entwicklung der Fernhandelstransaktionen waren die *huṇḍīs*, Wechsel, die zwischen Kaufleuten und Bankiers ausgetauscht wurden, wobei Agra und Surat sich in der Mogulzeit als führende Finanz- und Handelszentren etablierten.

Um 1500 war der Indische Ozean in drei einander überlappende Handelssphären unterteilt. Die erste umfasste das Rote Meer und den Westen des Indischen Ozeans, die zweite die Häfen und Seewege Indiens und Sri Lankas bis nach Malakka und die dritte die Gewässer zwischen Malaya, Indonesien und China. Im 15. Jahrhundert fuhren nur wenige Schiffe vom einen Ende dieser eng verflochtenen Seehandelszone bis zum anderen. Die Waren wurden vielmehr in Handelszentren wie Malakka und Kalikut umgeschlagen. Kaufleute aus Gujarat waren die aktivsten Akteure in der mittleren Sphäre zwischen Gujarat und Malakka sowie entlang den Küsten Ostafrikas und des Roten Meeres. Indische Schiffe besuchten den Persischen Golf, doch um 1500 wurde der Handel im westlichen Teil des Indischen Ozeans weitgehend von den Arabern beherrscht, darunter auch der Handel mit iranischen Pferden und Gewürzen aus Malabar. In der Osthälfte des Ozeans lag die Schifffahrt hauptsächlich in den Händen der Chinesen oder javanischer und malaiischer Zwischenhändler. Schon im 14. Jahrhundert fuhren chinesische Dschunken regelmäßig nach Kalikut und brachten Seide, Porzellan und andere Luxusgüter. In den frühen Jahren der Ming-Dynastie (1368 bis 1644) schickte der chinesische Kaiser mehrere Schiffsexpeditionen in den Indischen Ozean. Zwischen 1404 und 1433 befehligte Admiral Cheng Ho mindestens vier Expeditionen. Es waren gewaltige Unternehmungen – allein die erste umfasste 62 Schiffe und 28 000 Mann. Sie besuchten Sri Lanka und Kalikut, das Zentrum des indischen Gewürzhandels, bevor sie in den Persischen Golf, nach Aden und nach Afrika weiterfuhren. Bei diesen Missionen ging es in erster Linie um die Anerkennung des chinesischen Kaisers und um Tributzahlungen, aber auch um die Herstellung von Handelsbeziehungen. Die Fahrten wurden jedoch 1433, nicht einmal siebzig Jahre vor der Ankunft der Portugiesen, eingestellt, weil die Ming zu der Ansicht gelangten, die Expeditionen lohnten sich nicht mehr.

Obwohl der Überseehandel zu weiten Teilen in fremden Händen lag, war Südasien der Dreh- und Angelpunkt des Seehandels. Man schätzte den Subkontinent als Lieferanten von Gewürzen, vor allem Pfeffer, Ingwer und Gelbwurz aus Malabar und Zimt aus Sri Lanka, von Sandel- und Teakholz. Er lieferte Baumwollstoffe, hauptsächlich aus Gujarat und von der Koromandelküste, die auf den indonesischen Inseln gegen Gewürze und an der afrikanischen Ostküste gegen Sklaven und Elfenbein eingetauscht wurden. Südasien exportierte auch Diamanten und Perlen und Nahrungsmittel wie Reis und Hülsenfrüchte. Das Beispiel Kalikuts, des führenden Gewürzhandelsplatzes an der Südwestküste, einer freien Hafenstadt, die von einem unabhängigen Hindu-König, dem Zamorin, regiert wurde, hat die Vorstellung befördert, die wichtigsten Landmächte Südasiens hätten den Seehandel gemieden und ihn lieber kleinen Stadtstaaten oder Kaufmannsgesellschaften überlassen. Gewiss gab es Ausnahmen zu dem Bild, wonach indische Herrscher dem Seehandel nichts abzugewinnen vermochten, so etwa die Colas im 11. Jahrhundert. Aber die meisten kaiserlichen Hauptstädte wie Delhi oder Vijayanagara lagen viele hundert Kilometer vom Meer entfernt, und die herrschenden Eliten sahen Macht und Ansehen eher in einem Landreich begründet. Die Moguln folgten nie dem Beispiel der Osmanen, die nach der Eroberung der Türkei und der Levante zu einer mächtigen Seemacht im östlichen Mittelmeer aufstiegen.

Reichtum und Armut Indiens

Dennoch wäre es falsch, wenn man glaubte, die Herrscher Indiens hätten das Meer ignoriert und wären dem Seehandel mit Gleichgültigkeit begegnet. So strebte Vijayanagara nach Besitzungen an der West- und Ostküste der Halbinsel, um Zugang zu Gütern zu erhalten, die das Reich in Krieg und Frieden benötigte. Im 16. Jahrhundert unterstrich Kaiser Krishnadeva Raya die Vorzüge des Außenhandels und die Pflicht des Herrschers, ihn zu fördern, indem er erklärte:

»Ein König sollte die Häfen seines Landes verbessern und den Handel fördern, damit Pferde, Elefanten, Edelsteine, Sandelholz, Perlen und andere Güter frei eingeführt werden können ... Binde die Händler aus fernen Ländern, die Elefanten und gute Pferde ins Land bringen, an dich, indem du ihnen Dörfer und gute Wohnungen in der Stadt besorgst, sie täglich zur Audienz vorlässt und ihnen gute Gewinne ermöglichst und erlaubst. Dann werden diese Güter niemals an deine Feinde gehen.«[97]

Die Eroberung von Gujarat in den Jahren 1572–1573 gehörte zu den bedeutsamsten Ereignissen in der Regierungszeit Akbars, denn sie öffnete eine Verbindung zwischen dem Kernland des Mogulreichs und dem blühenden Handel am Arabischen Meer. Die Stadt Surat, die um 1600 an die 100 000 Einwohner zählte und in der sich die europäischen »Faktoreien« (Handelsniederlassungen) befanden, zugleich der wichtigste Hafen für Abfahrt und Ankunft der muslimischen Mekka-Pilger, war für die Moguln das Fenster zur Welt. Die kaiserliche Familie und einige Adlige begannen in den Seehandel und die jährlich auslaufenden Mekka-Schiffe zu investieren. So war denn auch die Plünderung der Stadt durch Shivaji im Jahr 1670 ein schwerer Schlag. In Gujarat wie in Bengalen versuchten die Moguln die nur widerstrebend akzeptierte Notwendigkeit, ausländischen Handelsgesellschaften Konzessionen zu erteilen, mit dem Wunsch in Einklang zu bringen, eine möglichst große Kontrolle über die

Küstenprovinzen auszuüben, die ihnen so greifbaren Reichtum einbrachten.

Doch schon 1498 veränderten sich mit der Ankunft der Portugiesen unter Vasco da Gama in Kalikut die Parameter für den Seehandel, auch wenn die Historiker seit langem darüber streiten, wie schnell und radikal dieser Wandel sich vollzog. So akzeptiert K. N. Chaudhuri die ältere Ansicht, wonach das Jahr 1498 einen Wendepunkt markierte, da »die Ankunft der Portugiesen im Indischen Ozean dem für diese Region bis dahin charakteristischen System eines friedlichen Seehandels ein abruptes Ende bereitete«.[98] Andere Historiker meinen dagegen, auf kurze Sicht habe der Einfluss der Portugiesen sich in Grenzen gehalten, da sie nicht über die nötigen finanziellen Ressourcen und technischen Mittel verfügt hätten, ein über Jahrhunderte gewachsenes Handelssystem zu dominieren oder zu verändern. Allerdings brachten die Portugiesen einen neuen kommerziellen und religiösen Imperativ in die Region. Sie waren entschlossen, sich mit Gewalt durchzusetzen (ihre Schiffe waren mit Kanonen bestückt, die meisten asiatischen dagegen unbewaffnet), die muslimische Vorherrschaft auf See zu brechen (indem sie zum Beispiel Pilgerschiffe auf dem Weg nach Dschidda angriffen) und sich für wichtige Güter ein Handelsmonopol zu sichern, vor allem im Pfefferhandel, der sie ursprünglich in den Orient gelockt hatte. Die portugiesische Intervention entsprach eindeutig der eines christlichen Monarchen und nicht primär der eines Kaufmanns. 1505 verkündete die portugiesische Krone ein königliches Monopol auf den Gewürzhandel und installierte ein Passsystem, mit dem sie den gesamten Schiffsverkehr unter ihre Kontrolle bringen wollte. Schiffe ohne Pass konnten angehalten, ihre Ladungen konfisziert werden.

Das war eine nahezu unmögliche Aufgabe angesichts der Weite des Meeres, der zahlreichen Häfen, über die der Handel abgewickelt wurde, und der Vielzahl der seegängigen Fahrzeuge. Um ihre Position zu stärken, eroberten die Portugiesen eine Reihe strategisch wichtiger Festungen und Häfen, von denen aus sie die Seewege zu beherrschen hofften. 1510 nahmen sie das zum Sultanat Bijapur gehörende Goa ein, gefolgt von Malakka 1511 und dem an der iranischen Küste gelegenen Ormuz 1515. Kalikut war einer der ersten indischen Häfen, die unter der portugiesischen Intervention und der Umleitung des lukrativen Gewürzhandels nach Goa, dem Hauptstützpunkt der portugiesischen Operationen im Osten, zu leiden hatten. Ähnliche Anstrengungen unternahm Portugal im Blick auf den Handel Gujarats (dessen Tuche man brauchte, um in Indonesien Gewürze einzutauschen), mit einem allerdings nur partiellen Erfolg 1535, als der Sultan von Gujarat ihnen Diu, Bassein und Bombay abtrat; 1558 folgte Daman. So sicherten die Portugiesen sich ein Jahrzehnt vor Akbars Eroberung von Gujarat an den Küsten eine Kette von Enklaven, und Akbar entschied sich aus taktischen Gründen, den Konflikt mit ihnen zu meiden. In Sri Lanka, wo die Macht der Moguln ihnen keine Grenzen setzte, nahmen die Einfälle der Portugiesen noch größere Ausmaße an. Schon 1505 setzten sie sich in Galle fest. In den 1530er Jahren eroberten sie Colombo, und danach erstreckte sich ihr Einfluss auf sämtliche Küstenregionen einschließlich der Halbinsel Jaffna im Norden, auch wenn das Binnenland sich weiterhin ihrer Kontrolle entzog.

Der Aufstieg der Portugiesen währte nicht lange, nicht einmal auf See. Sie hatten ihre Ressourcen an Schiffen, Mannschaften und Kapital überdehnt, und um 1600 forderten andere europäische Mächte einen Anteil am Südasienhandel. Die 1602 beurkundete niederländische Verenigde Oostindische Compagnie (VOC) und die 1600 gegründete englische East India Company (im Folgenden: Ost Indien Kompanie) waren die ersten Herausforderer. Die Holländer besaßen anfangs die größeren finanziellen Mittel und die bessere Organisation, so dass sie, mit doppelt so vielen Schiffen ausgestattet wie die Engländer, über die nötige Seemacht verfügten, um ihre Ziele zu verwirklichen. Sie etablierten sich in einer Reihe indischer Häfen, vor allem in Surat und Masulipatam (ein bedeutender Handelsplatz für Stoffe und Diamanten in der Nähe von Golkonda). Sie vertrieben die Portugiesen aus vielen ihrer Besitzungen, nahmen 1656 Colombo ein und zwischen 1661 und 1665 Cochin und weitere Häfen an der Malabarküste. Doch für die Niederländer, deren Hauptstützpunkt in Batavia auf Java lag, war Indien nur von zweitrangiger Bedeutung gegenüber den indonesischen Inseln, wo sie ein Monopol auf die Gewürzproduktion zu erlangen und europäische Rivalen auszuschließen versuchten. Nach dem »Massaker von Amboina«, bei dem 1623 einige englische Eindringlinge von den Holländern hingerichtet wurden, waren die Engländer gezwungen, ihre Aufmerksamkeit hauptsächlich auf Indien zu richten.

Die Engländer, die ursprünglich wie die Holländer vom Pfefferhandel in Südwestindien angelockt worden waren, begannen mit Baumwollstoffen aus Gujarat, von der Koromandelküste und aus Bengalen zu handeln. Chintz, Kaliko und Musselin waren nicht nur im Umkreis des Indischen Ozeans begehrte Handelsartikel, sondern auch in Europa und in der atlantischen Welt. Im späten 17. Jahrhundert, als das »Kaliko-Fieber« seinen Höhepunkt erreichte, stellte die Ost Indien Kompanie sich von Gewürzen auf den Handel mit Textilien um und orderte Hunderttausend Stück Tuch pro Nach einer frühen Präsenz in Surat 1613 richteten die Engländer weitere Handelsniederlassungen ein, 1639 in Madras, das schon bald Masulipatam in seiner wirtschaftlichen Bedeutung überflügelte, 1661 in Hugli und 1690 in Kalkutta. Auch in Bombay ließen sie sich 1674 nieder, nachdem sie das unattraktive Eiland von den Portugiesen erworben hatten. Anfangs klein und fern der bestehenden städtischen Zentren, gaben die europäischen Handelsniederlassungen den Moguln zunächst wenig Anlass zur Sorge. Doch mit der Zeit und dem aufblühenden Handel entstanden dort neue Städte von beträchtlichen Ausmaßen. Die Einwohnerzahl von Madras lag um 1700 bei knapp 100 000. Bombay hatte nur zehn Jahre nach der Übernahme durch die Engländer 60 000 Einwohner. Außerdem

Reichtum und Armut Indiens

waren Holländer und Engländer nicht die einzigen Eindringlinge. Auch die Franzosen begannen mit Indien zu handeln und gründeten 1674 in Pondichéry südlich von Madras eine Niederlassung. Die Dänen beteiligten sich gleichfalls an der Jagd nach Gewürzen und Kaliko. Um 1700 war unter den Europäern ein hektischer Wettkampf um Handelsanteile und Konzessionen im Gange.

Nach Ansicht vieler Historiker führte das Eintreffen der Europäer sowie der Erwerb von Küstenforts und Faktoreien nicht plötzlich oder endgültig zu einer europäischen Vorherrschaft, auch nicht im ökonomischen Sinne. Vielmehr habe es sich um ein »Zeitalter der Partnerschaft« gehandelt, in dem Europäer und Inder eng aufeinander angewiesen waren.[99] Indische Kaufleute suchten und lieferten die von den ausländischen Handelsgesellschaften gewünschten Waren. Ihre oft überlegenen finanziellen Mittel und Kreditbeziehungen wie auch ihre unschätzbaren Kenntnisse der lokalen Sprachen und Arbeitspraktiken bildeten einen unverzichtbaren Bestandteil des Handels. Der *baniyā* (Händler), der *seṭh* (Finanzier) und der *dubhāṣī* (Übersetzer und Dolmetscher) waren für den holländischen Agenten ebenso wichtig wie für den englischen Handelsvertreter, und die Gewinne aus dem boomenden Handel flossen gleichermaßen in indische und englische Kassen. Der Zustrom von Silber zur Bezahlung der Gewürze und Textilien stimulierte die lokale Wirtschaftstätigkeit und die kommerzialisierte Landwirtschaft und brachte den Moguln neuen Reichtum. Dennoch verblieb der europäische Handel zumindest bis in die 1750er Jahre hinein im Rahmen des regionalen Handels, der »durch europäische Fertigkeiten und europäischen Unternehmergeist bereichert und gestärkt«, aber nicht monopolisiert wurde.[100] Nach einer »Goldenen Zeit« im späten 17. Jahrhundert wurden die indischen Schiffseigner und Kaufleute aus vielen ihrer bisherigen Märkte verdrängt. Europäische Zwischenhändler traten an ihre Stelle, und nach dem Niedergang der einst so blühenden, von den Marathen-Kriegen jedoch heftig in Mitleidenschaft gezogenen Hafenstadt Surat fanden Holländer und Engländer sicherere Stützpunkte für ihren Handel. Die Moguln betrachteten die wachsenden Ambitionen dieser europäischen Eindringlinge mit Misstrauen und sogar mit Verachtung. Sie hatten ein Interesse daran, an dem expandierenden Handel durch Zölle und Steuereinnahmen wie auch durch den Zustrom von Silber in ihre Münzstätten und Staatskassen zu profitieren. So gewährten sie denn, wenn auch widerwillig, Handelskonzessionen. Roe erreichte durch seine Mission am Ende, dass die englische Ost Indien Kompanie die Erlaubnis erhielt, in Surat Handel zu treiben und Handelsniederlassungen in Agra und Patna zu gründen. Dennoch waren die Moguln schnell bei der Hand, gegen alles einzuschreiten, was ihre Macht bedrohte. So unterdrückten sie 1632 den wachsenden Einfluss der Portugiesen in der bengalischen Küstenregion. Als sich die englische Kompanie 1688 in einen von ihrem örtlichen Agenten angezettelten Krieg mit den Moguln verwickeln ließ, zwang man sie, sich zu entschuldigen und eine Strafe von 12 000 Pfund Sterling zu zahlen – ein Beweis, wie groß die Macht der Moguln immer noch war und wie teuer es werden konnte, wenn man ihnen ins Gehege kam. Doch viele Häfen und Handelsniederlassungen lagen – wie etwa Madras – außerhalb des Herrschaftsgebiets der Moguln und unterlagen infolgedessen keiner einschneidenden Kontrolle.

Anfang des 18. Jahrhunderts begann der Außenhandel tiefgreifende Auswirkungen auf Südasien zu zeitigen. Viele Küstenregionen waren inzwischen hochgradig abhängig vom Überseehandel, vor allem von den Textilien, die in großer Menge und nach den Wünschen der Europäer hergestellt wurden. Auch der Handel mit anderen Gütern – Indigo, Opium, Rohbaumwolle, Reis und Salpeter – ging zunehmend in europäische Hände über. Die Holländer, die nach einigen Kämpfen bestimmenden Einfluss auf fast ganz Sri Lanka erlangt hatten, festigten ihre

Herrschaft über die Zimtproduktion. Auch wenn sich die europäische Präsenz in Indien zur Zeit des Todes Kaiser Aurangzebs im Jahr 1707 nahezu vollständig auf die Küstenstreifen beschränkte, gerieten auch dort die Küstenprovinzen fast unvermeidlich immer stärker unter ausländischen Einfluss.

D Religion, Gesellschaft und Kunst

In den fünfhundert Jahren von der Gründung des Sultanats Delhi bis zum Zusammenbruch des Mogulreichs erlebte die Gesellschaft Südasiens einen gewaltigen Wandel. In gewissem Umfang war dieser Wandel die Folge der in den letzten drei Kapiteln erörterten politischen und ökonomischen Faktoren. Es war jedoch auch eine Zeit verbreiteter religiöser Gärung – durchaus vergleichbar mit jener, aus der einst der Buddhismus hervorgegangen war. Anstelle der inzwischen diskreditierten Ansicht, wonach es sich um ein »muslimisches Zeitalter« handelte, in dem einem eroberten Land eine fremde Religion aufgezwungen wurde, gilt diese Zeit vielen Historikern heute als eine geschichtliche Periode, die von Vielfalt und Synkretismus geprägt war. Der Islam brachte zahlreiche neue soziale und kulturelle Elemente auf den Subkontinent, aber er erfuhr in Asien auch seinerseits Veränderungen oder stimulierte Bewegungen und Ideen, die über die islamische Orthodoxie hinausgingen. Der Wandel erfolgte, wie man erwarten darf, in einer Vielzahl regionaler und sozialer Kontexte – innerhalb der diversifizierten Ränge der Hindus und Muslime (sie als einheitliche Gemeinschaften zu bezeichnen entspräche kaum der Realität), an den Schnittstellen zwischen Hinduismus und Islam wie auch durch das wachsende Engagement der Europäer in Südasien.

1. Der Islam und die Sufi-Orden

Viele Autoren des Mittelalters sahen eine tiefe, nahezu unüberbrückbare Kluft zwischen Islam und Hinduismus. Schließlich hatten arabische und persische Autoren die Bevölkerung des Subkontinents gerade deshalb »Hindus« genannt, um deren Anderssein hervorzuheben. Obwohl es sich ursprünglich um eine geographische Bezeichnung – für die Bewohner der Länder jenseits des Indus – handelte, war sie doch stark mit Assoziationen des Exotischen und Fremden und mit dem Gedanken an Ungläubige behaftet. Der Philosoph Alberuni (Abu Raihan), der Indien im 11. Jahrhundert mit den kritischen Augen eines zentralasiatischen Muslims betrachtete, beschrieb die zahlreichen Unterschiede, die er zwischen den Anhängern der beiden Religionen und ihren jeweilgen Gesellschaften bemerkte. Die Hindus, so schrieb er, »unterscheiden sich von uns in jeder Hinsicht und ganz besonders in Dingen, die andere Nationen gemein haben«. Die kulturelle und soziale Distanz werde noch betont durch die Weigerung der Hindus, irgend etwas mit jenen Menschen zu tun zu haben, die sie als *mlecchas* (Unreine) bezeichneten, ob nun im Blick auf die Ehe oder das Beisammensitzen, Essen und Trinken. »Das macht jede Verbindung zu ihnen ganz unmöglich und bildet die breiteste Kluft zwischen uns und ihnen.« Auch achteten sie sehr darauf, ihr Wissen für sich zu behalten »gegenüber Angehörigen anderer Kasten ihres eigenen Volkes und erst recht gegenüber jedem Fremden«. Trotz dieser Verschlossenheit hielt Alberuni es für zulässig, dass ein gebildeter Muslim Religion, Wissenschaft und Literatur der Hindus studierte und aus ihrem Wissen Nutzen zog.[101]

Auch andere muslimische Autoren waren sich der Unterschiede zwischen den Anhängern des Islam und den Reihen der »Ungläubigen« sehr wohl bewusst. Der Chronist Zia al-Din Barani, der die Hindus im 14. Jahrhundert als »Anbeter von Götzen und

Kuhdung« verunglimpfte, drängte den Sultan von Delhi nicht nur, die *jizya*-Steuer einzuführen, sondern auch, »die Ungläubigen zu besiegen und ihre Führer abzuschlachten, die in Indien die Brahmanen sind«.[102] Andererseits schenkte Ibn Battuta, der durch die gesamte muslimische Welt, von Marokko bis nach China und zurück, reiste, den »Ungläubigen« Indiens kaum Beachtung. Abgesehen von der Witwenverbrennung, die er persönlich beobachtete und die ihn sehr erschütterte, zeigte er wenig Interesse an den hinduistischen Bewohnern des Landes, in dem er mehrere Jahre lang lebte. Vielleicht war das die Folge seines abgeschlossen urbanen Lebens dort. Man hat jedoch fast den Eindruck, für einen gebildeten Muslim sei es einfach unter seiner Würde gewesen, von den Hindus Notiz zu nehmen.

Und dennoch wurden Brücken über diese Kluft gebaut. Einer der Wege, auf denen der Islam sich in Südasien fortzuentwickeln und eine neue Verbundenheit zu entdecken begann, waren die Sufi-Orden. Der Sufismus entstand schon früh in der Geschichte des Islam. Im Mittelpunkt standen Vorstellungen von Frömmigkeit und göttlicher Liebe, die Ähnlichkeit mit der hinduistischen Bhakti-Bewegung besaßen, und zwar eine so ausgeprägte, dass einige Autoren indische Einflüsse auf die Ursprünge des Sufismus für denkbar halten. Wie die Anhänger der Bhakti-Bewegung suchten die Sufis die Gotteserkenntnis eher durch persönliche Erfahrung als durch die Priesterschaft oder im Fall des Islam durch die ʿ*ulamā*, die Rechts- und Religionsgelehrten, zu erlangen. Der Sufismus erlaubte Freiheit des individuellen Ausdrucks und begünstigte Meditation, Mystik und ekstatische Frömmigkeit. Einige Sufis forderten Könige und Adel zu einem einfacheren Leben auf, doch andere fanden fromme Förderer in ihnen. Die meisten hingen jeweils einem bestimmten Sufi-Orden an und identifizierten sich mit einer Gründergestalt, die ihnen dank ihrer charismatischen Persönlichkeit und ihrer inspirierende Lehren wie die Gurus der Bhakti-Kulte als spirituelle Führer dienten.

Religion, Gesellschaft und Kunst

In der Blütezeit der Moguln gab es in Indien zahlreiche Sufi-Orden. Von denen, die aus Iran und aus Zentralasien stammten, erlangten der Naqshbandi- und der Chishti-Orden die weiteste Verbreitung und den größten Einfluss. Die Naqshbandis kamen im späten 16. Jahrhundert nach Nordindien und besaßen einigen Einfluss am Hofe Jahangirs. Die Chishtis benannten sich so nach ihrem Gründer Muin al-Din Chishti, der 1142 in Afghanistan geboren wurde, sich aber schon früh in der Sultan-Zeit in Ajmer in Rajasthan niederließ. Nach seinem Tod genoss Muin al-Din große Verehrung, und die Sultane von Malwa verwandelten sein Grab in eine wichtige Kultstätte, indem sie dort eine Moschee mit einem imposanten Torbau errichteten. Die Praxis, zu solchen Schreinen zu pilgern, die Armen mit Nahrung und Geld zu beschenken und das Grab (nach dem Vorbild der Mekkapilger) zu umrunden, fand immer größere Verbreitung. Die Verehrung der Sufi-Heiligen – im Unterschied zum Heiligen Krieg und zur Zwangsbekehrung – gehörte zu den wichtigsten Wegen, auf denen der Islam in die nichtmuslimische Gesellschaft eindrang. Akbar verehrte die Chishtis in besonderem Maße. Zwischen 1565 und 1570 besuchte er mehrere Male Muin al-Dins Schrein und pilgerte sogar von Agra aus zu Fuß dorthin. Die Chishtis strebten nach spiritueller Vereinigung mit Gott durch die Rezitation der neunundneunzig Namen Gottes sowie durch Musik und Gesang, und all das entsprach Akbars eigenem Geschmack. Er hatte noch einen weiteren Grund, sich zu dem Orden hingezogen zu fühlen. Er entwickelte höchste Achtung vor Shaikh Salim Chishti, der dem Kaiser, als der vergeblich auf einen männlichen Erben wartete, drei Söhne prophezeite – was dann auch tatsächlich eintrat. Akbar dankte Shaikh Salim, indem er seine neue Hauptstadt, Fatehpur Sikri, nicht weit von dessen Wohnort baute und für ihn ein Grabmal aus vielfach durchbrochenem, zu einer Kuppel aufragendem weißem Marmor errichtete, das seinen schimmernden Glanz in dem aus rotem Sandstein gebauten Palast entfaltet.

Während viele Sufis sich in entlegene Gebiete zurückzogen, fern von den städtischen Zentren, den Bastionen der militärischen Stärke und der politischen Macht der Muslime, wurden andere eng mit Städten und der herrschende Elite identifiziert. Einer der frühen Chishti-Shaikhs, Nizam al-Din Awliya (gest. 1325), ließ sich in Delhi nieder. Obwohl er sich von der Macht und dem Reichtum des Sultans fernhielt, sammelte er doch eine beträchtliche Anhängerschaft unter den Adligen am Hofe Ala al-Dins. Nach seinem Tod wurde das Andenken an die Frömmigkeit Nizam al-Dins verewigt in den Gesprächen, die der Höfling Amir Hasan aufschrieb, und in religiösen Liedern, die ein anderer Hofdichter, Amir Khusrau, komponierte. Durch Nizam al-Din Awliyas Schrein erhielt Delhi in den Augen der Muslime etwas von einer heiligen Stadt, doch nach der Zerstörung durch Timur verlagerte sich das Zentrum des Chishti-Ordens nach Ajmer sowie nach Gulbarga und Bijapur im Dekkan. Das Verhältnis zwischen den Bahmani-Sultanen und den Sufi-Shaikhs wurde zu einer engen und wechselseitig vorteilhaften Verbindung. Die Sultane ließen den Shaikhs Schenkungen zukommen und errichteten zum Gedenken an sie Schreine. Die Sufis verbreiteten im Gegenzug nicht nur den islamischen Glauben, sondern auch die persische Sprache (die sie statt des Arabischen in ihrer religiösen Praxis benutzten) und halfen so in Wechselwirkung mit Marathi, Kannada und Telugu eine für den Dekkan typische Form von Urdu zu schaffen. Durch Sufis und gebildete Herrscher wie Muhammad Quli Qutb Shah von Golkonda (1581–1612) wurde das Urdu so zu einer höchst ausdrucksstarken Sprache und einem geeigneten Medium für Dichtung, Religion, Philosophie und Naturwissenschaft.

2. Architektur und höfische Kunst[103]

In einer von vielen kulturellen Innovationen brachten die muslimischen Herrscher ein ganzes Repertoire architektonischer Formen – Bögen, Kuppeln, Minarette – und eine neuartige dynamische Nutzung des architektonischen Raumes nach Indien, mit riesigen Gebetshallen, eindrucksvollen Moscheen und stattlichen Mausoleen. Diese neue religiöse Architektur war in stilistischer Hinsicht von Bauwerken im Iran und in Westasien inspiriert, und dennoch verzierte Südasien die importierten Formen nach eigenem Geschmack und eigenen Einflüssen. Eines der frühesten von Muslimen in Indien errichteten Bauwerke war der Qutb Minar, dessen Bau Qutb al-Din 1199 zur Erinnerung an die Siege der Ghuriden in Auftrag gab. Obwohl es ähnliche freistehende Minarette auch im Iran gab, diente dieser riesige Turm aus rotem Sandstein weniger als herkömmliches Minarett, von dem aus man die Gläubigen zum Gebet rief (mit 83 Metern Höhe war er für diesen Zweck unnötig hoch), denn als Wachturm eines immer noch unsicheren Regimes und als emphatisches Emblem der Macht über ein gerade erst erobertes Land.

Andere Bauwerke aus der Frühzeit des Sultanats in und um Delhi – massive Festungen, Grabmäler und Moscheen – vermitteln einen ähnlichen Eindruck unbeugsamer Macht und verweisen auf die »Festungsmentalität« einer winzigen Elite, die zum Überleben immer noch auf die Demonstration »rücksichtsloser militärischer Stärke« angewiesen ist. Auch die Quwwat-al-Islam-Moschee in der Nähe des Qutb Minar wurde zur Verherrlichung der ghuridischen Eroberungen erbaut, wobei man auf Säulen eines früheren Hindu-Tempels zurückgriff. Doch die Erfordernisse des islamischen Gottesdienstes – Minarette, von denen man die Gläubigen zum Gebet rief; große Hallen, in denen sie sich zum Freitagsgebet versammeln konnten – verlangten größere

Bauten, äußere Formen und Innenräume, wie es sie in der hinduistischen, buddhistischen und jinistischen Architektur nicht gegeben hatte. Zur Zeit Ala al-Dins bauten Khalji-Sultane Moscheen mit echten Kuppeln, eleganten Torbögen und gitterförmig durchbrochenen Fenstern, die das grelle Tageslicht filterten und für ein sanftes Halbdunkel in den Innenräumen sorgten, dramatisch verziert mit den Bändern aus abwechselnd rotem und weißem Stein, die zum charakteristischen Merkmal der Bauwerke aus der Zeit der Sultanate und später vielfach auch der Moguln wurde. Wo die Buddhisten Stupas zu Ehren der sterblichen Überreste ihrer berühmten Toten erbaut hatten, da errichteten die Muslime große und zunehmend verzierte Grabmäler zum Gedenken an ihre Herrscher oder als Pilger- und Verehrungsstätten für ihre Sufi-Heiligen. Gegen Ende des Sultanats bauten die afghanischen Lodis in partiellem Rückgriff auf frühere Stile für ihre Toten die kahlen, schmucklosen Grabmäler, die heute noch die Lodi-Gärten in Delhi beherrschen. Andernorts, außerhalb von Delhi und seinem kaiserlichen Hinterland, nahm die islamische Architektur andere Formen an, die einheimische Idiome spiegelten und auf lokale Baustoffe zurückgriffen. In Bengalen, wo Stein eine Seltenheit darstellte, wurden die Moscheen wie die Hindu-Tempel oft aus Ziegeln errichtet und mit Einsätzen und Friesen aus Terrakotta verziert, so dass sie in der Form den einstöckigen strohgedeckten Hütten der Region ähnelten. In Malabar dagegen waren die Moscheen oft mehrstöckige Gebäude aus Holz, die in ihrem Stil an die großen Wohnhäuser der hinduistischen Angehörigen hoher Kasten erinnerten.

Ihren künstlerischen Höhepunkt erreichte die islamische Architektur jedoch erst unter den Moguln. Die von Babur zur Erinnerung an seinen Sieg über die Lodis in Panipat errichtete Moschee und diejenige in Ayodhya (die 1992 von Hindu-Fanatikern zerstört wurde) zeigten noch viele Elemente eines strengen und minimalistischen zentralasiatischen Stils. Doch Babur ließ auch formal gestaltete Gärten anlegen – als Gegengewicht zur

Hitze und zum Staub Hindustans und zur Erinnerung an die Blütenpracht und die kühlen Bäche seiner Heimat, aber auch als symbolische Darstellungen des Paradieses. Er trug zur Verbreitung eines Geschmacks bei, der Gartenbau und Architektur, religiöse Kontemplation und sinnliche Freuden miteinander verband und auf seine timuridischen Vorfahren zurückging, aber auch die Gärten, Pavillons und Sommerhäuser vorwegnahm, die seine Nachfolger in Kaschmir bauten. Mit Humayun erreichte die Mogularchitektur eine neue Kreativität und Kühnheit. Schon früh in seiner von zahlreichen Problemen geprägten Regierungszeit begann er mit dem Bau einer neuen Zitadelle in Delhi (dem Purana Qila oder »Alten Fort«), in der sich auch eine Moschee im Stil der Khalji-Sultane befand. Die Arbeit an dieser Festung wurde später von seinem Usurpator Sher Shah abgeschlossen. Viele der von Sher Shah errichteten Bauwerke waren reine Nutzbauten, doch die Grabmäler, die er für sich selbst, seinen Vater und seinen Großvater bauen ließ, zeugten in ihrer Größe und Massivität von einem politischen Ehrgeiz, der alles bisher von den Mogulen in Angriff Genommene übertraf. Seine Mausoleen waren stolze dynastische Demonstrationen wie auch religiöse Bauwerke monumentalen Ausmaßes. Sie hatten keine hinduistischen Vorläufer, griffen aber auch nicht einfach auf zentralasiatische Vorbilder zurück. Sher Shahs riesiges, 1545 in Sasaram in Bihar errichtetes Grabmal war damals das größte in ganz Indien, umgeben von einem künstlichen See, der seine erdrückende Präsenz und grandiose Isolation noch verstärkte. Das Grabmal, das Humayuns Witwe (und ihr iranischer Architekt) von 1564 bis 1573 für den verstorbenen Kaiser errichtete, zeigt die persischen Einflüsse, die Humayun und sein Hof im Exil aufgenommen hatten. Dort findet sich zum ersten Mal in großem Maßstab die Kombination aus rotem Sandstein und weißem Marmor. Der von einem kunstvoll angelegten Garten umgebene Bau mit seinen bogenförmigen Alkoven und geometrisch untergliederten Mauern wurde von einer strahlend weißen Kuppel gekrönt, die viele spätere Mogul-Grabmäler vorwegnahm, nicht zuletzt den von Shah Jahan geschaffenen Taj Mahal. Akbar war in der Architektur wie auch auf vielen anderen Gebieten ein Erneuerer. Er leistete einen Betrag zur Profanarchitektur, indem er eine Reihe von Festungen bauen ließ, darunter auch das massive Sandsteinbauwerk der Festung von Agra (die Shah Jahan später mit Marmor verkleiden ließ). Auch zur religiösen Architektur leistete er einen bemerkenswerten Beitrag in Gestalt des Grabmals für Shaikh Salim Chishti in Fatehpur Sikri – zugleich ein Tribut an den Geist des Sufismus. Auch dort experimentierte Akbar, getreu seiner auf Versöhnung bedachten Haltung gegenüber den Hindus im Allgemeinen und den Rajputen im Besonderen, mit Formen und Motiven aus der Rajput-Architektur. Die von Raja Man Singh Tomar in Gwalior erbaute Festung, die zahlreiche Elemente der »hinduistischen« Architektur zeigte, machte großen Eindruck auf Akbar, und einige davon verwandte er auch bei Bauten in Fatehpur Sikri, etwa die von schweren Kragsteinen getragenen Dachüberhänge und die *chatrīs* (kleine, helmartige Kuppeln auf offenen Säulen). Besonders deutlich traten hinduistische Einflüsse im Panj Mahal zutage, dem fünfstöckigen Frauenhaus (die von Muslimen und Hindus aus hohen Kasten gleichermaßen praktizierte Absonderung der Frauen erforderte neue architektonische und soziale Räume). Für seine politischen Zwecke baute Akbar in Fatehpur Sikri einen Balkon, auf dem er sich seinen Untertanen täglich zeigte, und einen Audienzsaal, in dem sein Thron auf einer reich verzierten Sandsteinsäule stand, der an die schmuckvolle Jaina-Architektur des Berges Abu erinnerte und seine eigene politische Oberhoheit symbolisierte. Nach dem Tod des Kaisers setzte sein Grabmal – in Sikandra, fünfzehn Kilometer von Agra entfernt in einem kunstvollen Garten gelegen – diese Experimente eines architektonischen Eklektizismus fort, wobei der islamische Stil des ornamentalen Torbogens und des Alkovens an dessen Fassade bruchlos in die oberen Stockwerke und *chatrīs* eines hinduistisch anmutenden Palastes überging.

Die Kaiser waren nicht die einzigen Förderer und Neuerer. In einer ihrer zahlreichen Rollen gab Jahangirs Ehefrau Nur Jahan den Auftrag zum Bau des mit kunstvollen Intarsien und Mustern verzierten Grabmals ihrer Eltern in Agra, eines der schönsten vor dem Taj Mahal errichteten Mogul-Monumente (das 1528 fertiggestellt wurde und heute nach ihrem Vater Itimad al-Daula benannt ist). Auch eine Reihe von Moscheen und anderer religiöser, der Bildung oder wohltätigen Zwecken dienender Bauwerke in Delhi wurden von Frauen in Auftrag gegeben und finanziert. In der von Sandstein und Marmor geprägten Stadt, die seinen Namen trägt, übertraf Shah Jahan sogar noch die architektonischen Leistungen früherer Moguln. Der Ehrgeiz der Großmoguln, »Könige der Welt« zu sein, zeigt sich besonders eindrucksvoll in der riesigen, aber eleganten Jami Masjid (1650– 1656), doch die Kaiser bauten auch – außerhalb von Delhi – den Taj Mahal (1632–1653), eine der ganz großen Sehenswürdigkeiten der Zeit und für Millionen von Menschen, die es seither besucht haben. Nach Shah Jahans Regierungszeit verlor die Mogularchitektur vor allem unter Aurangzeb viel von ihrer Originalität und Meisterschaft. Die Moschee, die er in Benares bauen ließ (und deren hohe Minarette diese heiligste aller Hindu-Städte gebieterisch überragen), lässt einen machtvolleren, weniger versöhnlichen Stil erkennen. Doch selbst in ihrem langsamen Niedergang entfaltete die außergewöhnlich reiche Architektur der Moguln noch Wirkung auf andere Höfe und Kulturen, etwa der Rajput-Könige und Dekkan-Sultane, vielfach unter erfinderischen Rückgriffen auf iranische und hinduistische Idiome.

Die Architektur war zwar der sichtbarste Ausdruck der Kreativität und des Eklektizismus des indisch-muslimischen Zeitalters, aber durchaus keine isolierte Erscheinung. In der Malerei und insbesondere in der Miniaturenmalerei brachte die Mogulzeit – mit Anleihen im Iran, in Indien und im Westen – einen eigenen,

Abb. 17: Das Taj Mahal

lebendigen Stil hervor. Wiederum im Dienste der politischen Ziele der Moguln (und ohne Rücksicht auf das islamische Verbot der Darstellung von Menschen) malten die Hofmaler in größter Detailtreue und leuchtenden Farben die Kaiser, die versammelten und prachtvoll gekleideten Höflinge, ihre Feste und Jagden, ihre Frauen und verehrten Shaikhs. Viele der schönsten Bilder zeigen Episoden aus den Lebenserinnerungen Akbars und Shah Jahans, insbesondere das wunderschön illuminierte *Padshānāma* des Letzteren. Manche Gemälde waren explizit politisch-propagandistischen Charakters, vor allem unter Jahangir, und zeigten den Kaiser als Herrn der Welt, mit anderen Monarchen, die ihm demütig ihre Aufwartung machten, oder den Kopf des aus dem

Dekkan stammenden Sklavengenerals Malik Ambar, der von einem wohlgezielten Pfeil des Kaisers durchbohrt wird. In einer weiteren Abwandlung des Themas »göttliches Licht« begannen Mogulmaler den Kopf Jahangirs und Shah Jahans von einem goldenen Strahlenschein umgeben zu malen. Dabei handelte es sich um ein im Osten schon in der Antike benutztes Mittel zur Darstellung von Königtum und Gottheit, das im Westen von den Christen übernommen worden war und nun mit den Jesuiten nach Indien zurückkehrte, gemeinsam mit Bildern der Madonna, christlicher Heiliger und italianisierter Engel, die von der Mogulkunst eklektisch aufgenommen wurden. Andere, gleichfalls von Mogul-Auftraggebern bevorzugte Sujets verwiesen weniger direkt auf deren Macht und zeugen wie etwa die Darstellungen in Baburs Lebenserinnerungen von einem Interesse an seltsamen und farbenprächtigen Hervorbringungen der Natur wie Zebras, Truthähnen, Antilopen oder Elefanten. Aber auch sie waren vielfach Ausdruck der ausgedehnten kommerziellen und diplomatischen Kontakte der Moguln. Der Mogulstil inspirierte auch die Malerei in weniger mächtigen oder späteren Hindu-, Muslim- und Sikh-Königreichen und Fürstentümern in ganz Nordindien und im Dekkan, wo er mit einheimischen Stilen verschmolz und bei einer Vielzahl königlicher und höfischer Geschmacksrichtungen Anklang fand. Während die Bildhauerei, die einst zu den glanzvollsten Erzeugnissen südasiatischer Kunst gehört hatte, dahinsiechte und die Keramik niemals das Niveau West- und Ostasiens erreichte (obwohl die Moguln chinesisches Porzellan sehr zu schätzen wussten), blühten Dichtung, Musik und Tanz an den Höfen und in deren Umkreis und entwickelten viele neue und synkretistische Formen.

Auch die Naturwissenschaft erlebte eine Blüte. Kaum ein Hof, an dem es keine Astronomen gab, von denen mehrere über eigene Observatorien verfügten. Viele Fürsten hielten auch Astrologen, hinduistische wie muslimische, die sich mit Planeten und Fixsternen auskannten und ängstlichen Herrschern wie Humayun sagen konnten, welches Schicksal die himmlischen Zeichen verkündeten. Die Medizin wurde von Königen und Höfen gleichfalls gefördert, und zu den Werken des hinduistischen Ayurveda-Systems, die ursprünglich in Sanskrit geschrieben waren, aber dann auch in die Regionalsprachen übersetzt und in schönen Ausgaben kopiert wurden, traten die der Unani-Tradition hinzu. Die Unani-Medizin, die ihren Ursprung in der »ionischen« Medizin des Hippokrates und Galens hatte und mit den Herrschern der Delhi-Sultanate und der Dekkan-Staaten nach Südasien gekommen war, nahm Elemente der hinduistischen Diagnostik und Therapeutik auf und leistete einen eigenen Beitrag zur ayurvedischen Praxis, etwa durch den Gebrauch von Opium und diversen mineralischen Stoffen. Die Unani-Texte beschränkten sich nicht auf medizinische Fragen im engeren Sinne, sondern behandelten auch Elixire und Aphrodisiaka und gehörten damit zu den zahlreichen Wegen, auf denen Geschmack und Empfinden verfeinerter persischer Art Eingang in die höfische Kultur und den Lebensstil der Elite fanden.

3. Zwischen Eklektizismus und Intoleranz

Auf dem gesamten Subkontinent verbanden die herrschenden Klassen unterschiedliche Grade religiöser Orthodoxie, die zuweilen in offene Intoleranz ausartete, mit einzigartiger Offenheit. Ein ausgezeichnetes Beispiel dafür war Akbar, der in einer einzigen, allerdings sehr langen Regierungszeit Sufi-Heilige verehrte, in Fatehpur Sikri Gespräche zwischen verschiedenen Religionen arrangierte und an seinem Hof den »göttlichen Glauben« propagierte. Sein Urenkel Dara Shukoh (1615–1659) war noch eklektischer. Er ging von der Sufi-Mystik über zu einer tiefen Liebe zur hinduistisch-religiösen Literatur, übersetzte einige Sanskrittexte ins Persische und entwickelte eine pantheistische Auffassung. Sie kann durchaus als Ergebnis der von Akbar unternommenen Versuche gelten. Doch Dara Shukohs unorthodoxe Vorstellungen schockierten viele Muslime. Bei dem Machtkampf, der einsetzte, als Shah Jahan erkrankte, wurde er von seinem Bruder ausmanövriert und wegen Apostasie hingerichtet. Sein Tod war eine von vielen Episoden im ständig wiederkehrenden dynastischen Streit, aber auch ein Zeichen drohender Spaltung und einer Abkehr vom indisch-muslimischen Synkretismus.

Dennoch zeigten viele Könige und Höfe der frühen Neuzeit ein ähnliches Interesse an dem Versuch, sich auf hinduistische und muslimische Kultur gleichermaßen einzulassen, auch wenn der Herrscher im engeren Bereich der religiösen Praxis jeweils nur einem Glauben anhing. Die Dekkan-Sultane und die muslimischen Herrscher von Gujarat und Bengalen waren besonders auffällige Beispiele für diese Einstellung. Sie ließen die *Bhagavadgītā* und das *Rāmāyaṇa* ins Persische übersetzen, förderten hinduistische Musiker und Künstler, schätzten die einheimische Dichtung und leiteten hinduistische Feste wie Dussera, Diwali und Holi. In gewissem Umfang war das Engagement muslimischer Sultane für die hinduistische Kultur eine politische Geste, mit der sie die Mitglieder der Mehrheitsreligion zu versöhnen trachteten. Es war aber auch Ausdruck des kulturellen Geschmacks dieser Herrscher, die gerne Ragas hörten, den Erzählungen von Ramas Abenteuern lauschten und sich am Trubel des Holi-Festes beteiligten, ohne deshalb aufzuhören, fromme Muslime zu sein.

Andererseits kam es in dieser Zeit zu einer Verschärfung der religiösen Spaltungen und einem Zuwachs an religiöser Heterogenität. Für Letztes gibt es zahlreiche Beispiele. So hatte die Eroberung des Iran durch Muslime im 8. Jahrhundert eine neue Gruppe religiöser Flüchtlinge geschaffen. Um der Verfolgung durch die Muslime zu entgehen und ihren zoroastrischen Glauben zu bewahren, ließen die Parsen sich an der indischen Westküste nieder, wo sie sich in Surat und Bombay als Handwerker, Kaufleute und Unternehmer betätigten. Sie übernahmen zwar die einheimische Sprache, das Gujarati, hielten aber an ihren eigenen Riten und Bräuchen fest, etwa an den Feuertempeln, in denen sie ihren Gottesdienst abhielten, und an den »Türmen des Schweigens«, auf denen sie ihre Toten aufbahrten.

Nepal im Norden wurde dagegen zum Schauplatz von Kämpfen zwischen drei Religionen. Bis zum 13. Jahrhundert war im mittleren Kathmandu-Tal der Buddhismus die vorherrschende Religion gewesen, gestärkt durch den Kontakt zu den buddhistischen Pala-Herrschern von Bengalen. Doch die Ablösung der Palas durch die hinduistischen Senas und das nachfolgende Gemetzel unter den Ghuriden bereiteten der Verbindung zwischen Buddhisten und Bengalen ein abruptes Ende und erhöhten die Anfälligkeit Nepals für Invasionen. 1350 fiel der Sultan von Bengalen, Shams al-Din Ilyas, in Nepal ein und zerstörte Tempel und Paläste. Unter Jayasthiti Malla (Regierungszeit 1382–1395) setzte sich jedoch im südlichen und mittleren Nepal wieder der Hinduismus durch und stärkte seine Stellung, indem er etwa südindische Brahmanen ins Land holte und ihnen die Leitung des Tempels von Pashupatinath übergab. In einer Stimmung wachsender religiöser Konfrontation drang Jaya Yaksha Malla (Regierungszeit 1428–1480) kurzzeitig in das nordindische Tiefland ein und forderte die muslimischen Lodis heraus. Etwa um dieselbe Zeit wurde Westnepal von den Khas erobert, die den Anspruch erhoben, exilierte Rajputen aus Rajasthan und Nordindien zu sein, und den Buddhismus durch den Hinduismus zu ersetzen versuchten. So erlangte die hinduistische Religion eine neue Vorherrschaft in Nepal, auch wenn viele Nepalesen Buddhisten blieben, darunter auch die Newars.

Außer bei den im Küstenhandel tätigen, als »Mauren« bezeichneten Kaufleuten hatte der Islam nur geringen Einfluss auf Sri Lanka, aber in mancherlei Hinsicht befand die Insel sich in einer ähnlichen Situation wie Nepal. Auch dort war der Bud-

Religion, Gesellschaft und Kunst 309

dhismus in der Defensive. Die Invasionen der Colas hatten den Zusammenbruch Anuradhapuras und den Niedergang des Landwirtschaftssystems beschleunigt, das der Stadt seit Jahrhunderten als Grundlage gedient hatte. Der Norden geriet in den Herrschaftsbereich von Madurai und später dann von Vijayanagara. Beide gaben dem Hinduismus den Vorzug. Während der Norden hinduisiert wurde und weite Teile der nördlichen Zentralregion wegen der zunehmend grassierenden Malaria keine größere Bevölkerung mehr zu ernähren vermochten, wichen die Buddhisten in den Südwesten aus. Dort erwuchs ihnen ab dem frühen 16. Jahrhundert eine neue Bedrohung in Gestalt der Portugiesen, die nicht nur auf der Suche nach Gewürzen waren, sondern sich auch der Ausbreitung des Christentums verschrieben hatten. Sie brachten Franziskanermissionare ins Land und versuchten, das im Hinterland des heutigen Colombo gelegene Königreich Kotte zu einem christlichen Vasallenstaat zu machen. Ihre Pläne wurden teilweise von dem im sicheren Hochland gelegenen buddhistischen Königreich Kandy vereitelt, doch im Norden vertrieben die Portugiesen die tamilischen Könige von Jaffna und bekehrten die Bevölkerung zum Christentum. Obwohl die calvinistischen Holländer, die in den 1640er Jahren die Portugiesen verdrängten, ausschließlich am Zimthandel interessiert waren und keinerlei missionarischen Eifer an den Tag legten, blieb das Christentum im Norden verwurzelt. Im Süden stärkte der fortdauernde Kampf zwischen den Holländern und Kandy, der mit Unterbrechungen von den 1670er bis in die 1760er Jahre währte, die Identifizierung der Bevölkerung mit dem singhalesischen Buddhismus. Religiös und kulturell war Sri Lanka damit in drei Teile gespalten.

Der portugiesische Katholizismus hatte auch Einfluss auf andere Teile des Subkontinents. Die Angriffe der Portugiesen auf muslimische Schiffe an der Westküste, darunter auch Pilgerschiffe auf dem Weg nach Dschidda, zeugten von einer neuen Intoleranz. Im Gefolge der Gegenreformation in Europa trafen 1542 die Jesuiten in Goa ein. Mit der Verschärfung der Inquisition intensivierten wenig später auch die Portugiesen ihre Bemühungen, hinduistische Riten und Bräuche zu unterdrücken. Aus Goa schickte man Jesuiten an den Hof Akbars, in der Hoffnung, er und sein Reich würden das Christentum annehmen. Sie gingen auch nach Nepal, wo sie als erste Europäer Kathmandu besuchten. Mitte des 17. Jahrhunderts befanden sich mehr als 400 Jesuiten in Indien. In der Praxis übten die Portugiesen allerdings eine pragmatische Toleranz, da sie auf Bündnisse mit Hindus und sogar Muslimen angewiesen waren, wenn sie ihre kommerziellen und politischen Ziele verwirklichen wollten. Der Verlust vieler ihrer südasiatischen Enklaven an die Holländer beschnitt ihre religiösen Ambitionen ebenso wie ihre geschäftlichen Möglichkeiten. Und obwohl die Jesuiten im nördlichen Teil Sri Lankas und bei den Fischern Südindiens einige zu ihrem Glauben bekehren konnten, gelang es ihnen doch nie, in nennenswertem Umfang Zugang zu den höheren Kasten zu finden. Der Jesuitenpater Roberto Nobili kleidete sich in Madurai sogar wie ein südindischer Brahmane und vertiefte sich in den Hinduismus, um dessen Lehren besser widerlegen zu können, aber auch das brachte ihm nichts ein. Auch wenn Südasien den Jesuiten weitgehend verschlossen blieb, besaßen sie dennoch einige Bedeutung. Sie brachten die erste Druckerpresse nach Indien; sie waren die ersten Europäer, die den systematischen Versuch unternahmen, indische Sprachen aufzuzeichnen und zu übersetzen; und sie hinterließen ethnographische Beschreibungen der von ihnen beobachteten Gesellschaften.

4. Bhakti

Der Hinduismus vermochte dem Christentum und dem Islam unter anderem deshalb zu widerstehen, weil er selbst gerade wieder erstarkte. Die im 9. Jahrhundert in Tamil Nadu entstandenen Bhakti-Kulte hatten im 13. und 14. Jahrhundert bereits weite Teile des Subkontinents durchdrungen. Sie gaben all jenen Mut, die von den hinduistischen Ritualen und religiösen Praktiken bislang ausgeschlossen oder an den Rand gedrängt worden waren. Tatsächlich stammten viele Führer der Bhakti-Bewegung aus Gruppen niederen sozialen Rangs, etwa aus den Reihen der Weber, Schneider und Töpfer oder sogar der als »unberührbar« eingestuften Lederarbeiter, und ihre Predigten hatten egalitäre Untertöne. Umgekehrt zeigte sich die soziale Vielfalt der Bewegung und die typische Vermischung von Unterschichten- und Elitekultur in der Tatsache, dass einige der beliebtesten Dichterheiligen aus den Reihen der Brahmanen und Kshatriyas kamen, also aus den obersten Schichten der Kastenhierarchie. Wie die Sufi-Bewegung, so ermöglichte auch die Bhakti eine radikale Veränderung der etablierten Religion, doch ihre kulturellen und sozialen Einflüsse gingen keineswegs nur in eine Richtung.

Großen Einfluss erlangte die Bhakti zum Beispiel in Westindien. In Maharashtra spielten die in Marathi verfassten Gesänge und Gebete des aus der Schneiderkaste stammenden Namadeva, der zwischen 1310 und 1350 predigte, eine grundlegende Rolle. Da viele Bhakti-Heilige wie auch deren Anhänger nicht lesen und schreiben konnten, waren die in kleinen Gruppen von Gläubigen gesungenen Lieder ein wichtiges Instrument gemeinsamen religiösen Empfindens. Namadeva lehnte es ab, die Kastenzugehörigkeit als Hindernis für die spirituelle Entwicklung zu sehen; er war gegen das Verbot für Angehörige niederer Kasten, die Tempel zu betreten, und er rief zu Wallfahrten in das religiöse Zentrum Pandharpur auf. Religiöse Erneuerungsbewegungen konnten radikale Veränderungen der Lebensweise – in Kleidung, Ernährung und Sprache – herbeiführen und die Vorstellung von Identität und Gemeinschaft nachhaltig beeinflussen. Obwohl manche Bhakti-Prediger die Gegensätze zwischen Hindus und Muslimen herausstellten, traten die meisten doch für einen Dialog ein und suchten nach einer gemeinsamen Glaubensgrundlage. Namadeva würzte seine Sprache mit persischen und arabischen Wörtern, und Tukaram, einer der berühmtesten Marathi-Dichterheiligen des 17. Jahrhunderts, respektierte ganz eindeutig den Islam. Das Streben nach wechselseitiger Anerkennung fand sich sowohl bei Muslimen als auch bei Hindus. Im Dekkan, wo die eklektischen Traditionen der Sufis und der Sultane einflussreich waren, gehörten dazu etwa Shah Muntoji Bahmani und Husain Ambarkhan, der einen Kommentar zur *Bhagavadgītā* schrieb, die vielen Sufis als Kern des hinduistischen Glaubens galt.

In Maharashtra leistete die Bhakti auch einen Beitrag zur Vereinigung der in Entstehung begriffenen Volksgruppe der Marathen. Shivaji war möglicherweise kein so entschiedener Gegner der Muslime, wie manche Autoren behaupten, und ganz sicher war er nicht das Urbild des Hindu-Nationalisten, als das man ihn bezeichnet hat. Doch bei allem Pragmatismus, den seine Beziehungen zu Bijapur und den Moguln auszeichneten, verstand Shivaji sich – in einem der vielen Stränge seiner komplexen Persönlichkeit – durchaus als Verteidiger des hinduistischen Glaubens. So machte er den Hinduismus bei den Marathen gewissermaßen zur Staatsreligion, zu einem Zentrum des Widerstands nicht nur gegen die Moguln, sondern auch gegen die synkretistische höfische Kultur, für die Akbar und seine Nachfolger sich einsetzten. Mit langfristig ganz beträchtlichen Folgen – für den Hinduismus wie für Maharashtra – verband Shivaji die Frömmigkeit der Bhakti mit der hinduistischen Kriegertradition. Diese Strategie war Ausdruck seines persönlichen Bestrebens, als Kshatriya anerkannt zu werden, auch wenn er ganz offensichtlich für sein Königtum auch die Anerkennung durch die Brahmanen suchte, die seine Krönungsfeier leiteten und ihn in ihren Sanskritriten und Lobpreisungen segneten.

Weiter nördlich, in Rajasthan, war eine der führenden Bhakti-Gestalten Mira Bai, eine Rajput-Prinzessin des 16. Jahrhunderts, die auf ihre Familienbande und einen königlichen Lebensstil verzichtete. Nach der Hagiographie, die sich um ihre Gestalt bildete, entfloh sie ihrem Zuhause und ihrem Schwiegervater, dem Rana von Mewar, da sie der Überzeugung war, nicht ihr Ehemann, sondern Krishna sei ihr wahrer »Herr«. Sie führte das Leben einer Bhakti-Heiligen und ging nach Vrindavan, dem Zentrum des Krishna-Kults. Ihre Gedichte und Lieder waren voll leidenschaftlicher Sehnsucht nach ihrer »teuren dunklen Liebe«. Rajasthan und das benachbarte Gujarat brachten viele weitere Bhakti-Dichterheilige hervor. Dazu gehörte etwa Narasimha Mehta, ein Brahmane aus Saurashtra, der in seinen Gedichten volkstümliche Erzählungen von Hindu-Göttern mit Episoden aus dem *Mahābhārata* und dem *Rāmāyaṇa* verband. Eine von Vallabhacarya, einem Telugu-Brahmanen, gegründete vishnuitische Sekte fand weite Verbreitung in Gujarat, vor allem unter den Kaufleuten.

Diese Sekte rückte statt der erotischen, vor allem auf Radha und die Gopis ausgerichteten Mystik vieler Bhakti-Dichter Krishnas Kindheit und dessen Pflegemutter Yashoda in den Mittelpunkt.

Eine ähnliche religiöse Bewegung mit starken regionalen Wurzeln entstand in Bengalen, wo der bedeutsamste Dichterheilige der Brahmane Caitanya (um 1485–1533) war. Wie Bhakti-Dichter andernorts zur Entwicklung der Volkssprachen und einer Volksliteratur beitrugen, so förderte Caitanyas Dichtung die Entstehung einer neuen Ausdruckskraft in Bengali. Er gehörte zu den Pionieren des *kīrtan*, einer Gattung frommer Lieder, die von Zimbeln und anderen Instrumenten begleitet gesungen wurden und gewisse Ähnlichkeiten mit den inbrünstigen Hymnen der Sufis besaßen. Die Bildwelt war jedoch oft völlig anderer Art und zeugte eher von einem ganz auf sich selbst (statt auf einen Dialog mit dem Islam) gerichteten Glauben. In der Lobpreisung Krishnas als der höchsten Manifestation des Göttlichen schwelgen Caitanyas Gedichte in eindringlichen erotischen Bildern – Radha, die sich nach der Vereinigung mit ihrem Herrn sehnt; die Gopis, die seine Gegenwart herbeisehnen. Auf der Suche nach dem Erotisch-Göttlichen entnahmen Caitanya und andere bengalische Dichter ihre Bilder auch der Natur und knüpften damit an das häufig wiederkehrende Naturdenken in der südasiatischen Kunst und Literatur an, verliehen ihm aber eine neue religiöse Intensität. So heißt es in einem Vidyapati zugeschriebenen Gedicht:

»O mein Freund, mein Kummer ist endlos.
Es ist Regenzeit, und mein Haus ist leer.
Der Himmel ist voll brodelnder Wolken,
Die Erde getränkt von Regen, und meine Liebe ist fern.
Der grausame Kama [Begehren] durchbohrt mich mit scharfen Pfeilen:
Der Blitz zuckt, Pfauen tanzen,
Frösche und Wasservögel rufen ohne Unterlass,
Trunken von Lust. Und mein Herz zerreißt.
Dunkelheit erfüllt die Erde;
Unermüdlich erhellen Blitze den Himmel.
Vidyapati sagt: Wie willst du diese Nacht überstehen ohne deinen
 Herrn?«[104]

Die Bhakti-Bewegung übte auch in ganz Nordindien einen tiefgreifenden Einfluss aus. Durch die Verbindung mit Krishna wurden Vrindavan und Mathura zu bedeutenden Wallfahrtsorten und Zentren religiöser Literatur. Auch die seit langem bestehende Verehrung für Benares nahm zu. Caitanya, obwohl in Bengalen geboren, verbrachte große Teile seines Lebens in Puri in Orissa und später in Benares. Der wiedererstarkende Hinduismus führte reiche Gönner nach Benares. Viele der im 17. und 18. Jahrhundert entstandenen Paläste und Tempel, die heute noch die *ghāṭ*s säumen, wurden für Marathen- und Rajput-Fürsten und Fürstinnen gebaut. Auch Pilger und *paṇḍ*s sammelten sich in großer Zahl. Der Rama-Kult wurde im 14. und 15. Jahrhundert von Ramanand in Nordindien populär gemacht, doch der größte Dichter der Rama-Tradition war Tulsidas (1532–

1623), Autor eines berühmten, in Hindi verfassten *Rāmāyaṇa*. Tulsidas, der zu den bekanntesten Hindi-Dichtern gehört, lebte und wirkte in Benares, wo ein ruhiger, fern vom Getriebe der Stadt gelegener *ghāṭ* an seinen Namen erinnert. Die Bhakti-Bewegung förderte und inspirierte jedoch nicht nur regionale Kulturen. Die Wanderung von Gurus, Heiligen und Sekten aus einem Sprachgebiet ins andere, die gemeinsame Verehrung für Rama, Krishna und die um sie entstandenen Legenden, die Konzentration auf so weit verstreute heilige Stätten wie Vrindavan und Dwarka, all das unterstrich den ganz Indien umspannenden Charakter der Bhakti-Bewegung und den Widerhall, den sie auf dem gesamten Subkontinent fand (darin vergleichbar allenfalls noch mit dem späteren Nationalismus).

5. Der Aufstieg des Sikhismus

Neben dem religiösen und kulturellen Synkretismus der Eliten gab es noch viele andere Wege, auf denen Islam und Hinduismus sich auf Volksebene miteinander vermischten. Dazu gehörten etwa die nordindischen *sant*s (Dichterheiligen), die Reinkarnationslehre und Bilderverehrung zugunsten eines Gottes ohne Form oder sonstige Attribute aufgaben. Einer der bedeutendsten *sant*s war Kabir (1440–1518), ein muslimischer Weber, dessen holzschnittartige Couplets die Prätentionen von Hindus und Muslimen gleichermaßen demolierten. Er bestritt die Heiligkeit des Koran und der Veden, *mullā*s und *paṇḍit*s waren in seinen Augen »Töpfe aus dem gleichen Ton« und führten die Gläubigen gleichermaßen in die Irre. Er brandmarkte Wallfahrten, Tempelbilder, Reinigungsbäder, rituelles Fasten und die Anbetung der Vishnu-Avatare. So löste er sich von vielen Aspekten der Bhakti-Bewegung und verstand die Gottsuche stattdessen als ein ganz persönliches, inneres Streben.

Noch größere Wirkung entfaltete die Entstehung des Sikhismus, einer Religion, die sowohl die Stärken als auch die Grenzen des religiösen Synkretismus verdeutlicht. Der Gründer des Sikhismus war Guru Nanak (1469–1539), dessen Lebenszeit die letzten Jahre der Lodi-Sultane und die ersten Jahrzehnte der Mogulherrschaft umspannt. Kindheit und Jugend verbrachte er im Panjab, dessen ethnische und religiöse Vielfalt einen fruchtbaren Boden für religiöse Experimente und religiösen Eklektizismus bildeten: Lahore und Multan waren seit langem schon Zentren des Sufismus. Als Sohn eines Dorfbuchhalters kam Nanak aus der Khatri-Kaste der Ladenbesitzer und Kleinhändler. Wie Gandhi, einer der späteren geistigen Führer und Sozialreformer Indiens, stammte er nicht aus der traditionellen Bildungsschicht, sondern aus der städtischen Kaufmannschaft. Vielleicht sorgte bei beiden Männern, obwohl Jahrhunderte zwischen ihnen lagen, der den Kaufleuten eigene Pragmatismus dafür, dass sie wenig von extremer Askese hielten und stattdessen eine »disziplinierte Weltlichkeit« schätzten, in der Heilssuche und alltägliche Arbeit einander nicht ausschlossen. Um 1500 machte Nanak eine tiefgreifende spirituelle Erfahrung, die sein Leben veränderte und ihren Ausdruck in der Offenbarung fand: »Es gibt in Wirklichkeit weder Hindus noch Muslime.« Er begab sich auf die Reise, wanderte durch ganz Indien (nach manchen Behauptungen auch ins Ausland) und verkehrte mit Menschen verschiedener Religionszugehörigkeit. Um einen Raum zu schaffen, in dem sich Spiritualität entwickeln und eine eigene religiöse Gemeinschaft entstehen konnte, baute er in Kartarpur am Ufer des Ravi-Flusses eine Siedlung. Dort lebte er mit seiner Frau und seinen Söhnen und wurde ein beliebter Prediger, der seine Schüler (»Sikhs«) unterrichtete und sich mit ihnen zu gemeinsamen Abendgebeten traf.

Nanak wurde von der Bhakti und vom Sufismus beeinflusst, doch wie Kabir und die radikalen *sant*s lehnte er den Anspruch der Hindus wie auch der Muslime ab, den einzigen Weg zum

Heil zu besitzen. Statt den Versuch zu machen, beide Religionen miteinander zu vereinigen, sah er sich als Verkünder oder Sänger der göttlichen Wahrheit. Er stellte die Autorität der Brahmanen und der Mullahs gleichermaßen in Frage, lehnte deren Heilige Schriften ab und formulierte seine religiösen Überzeugungen in Gedichten, die später in den *Ādi Granth*, das heilige Buch der Sikhs, aufgenommen wurden. Nanak lehnte jegliche Kastenunterscheidung und die Befolgung jeglicher Kastenregel ab. Eine seiner Neuerungen war eine Gemeinschaftsküche, mit der er gegen die Regel verstieß, die es Hindus unterschiedlicher Kastenzugehörigkeit untersagte, gemeinsam zu speisen. Die größte Anziehungskraft besaß er für Städter, vor allem Khatris, aber er begann auch Jats anzuziehen, die den Großteil der örtlichen Bauernschaft bildeten, sowie Hindus aus niederen Kasten und Muslime niedriger gesellschaftlicher Stellung. »Wir sind nicht niedrig oder hoch oder in der Mitte«, erklärte er. »Wir suchen unsere Zuflucht bei Gott und sind sein Volk.«[105]

Nanak betonte die Bedeutung des Gurus als eines spirituellen Führers, ohne den die Schüler nicht der Dunkelheit ihrer Unwissenheit zu entkommen vermochten. Vor seinem Tod bestimmte er unter Umgehung seiner Söhne einen seiner Gefolgsleute, Angad, zum Nachfolger als Guru. Dadurch erhielt die Stellung des Guru bei den Sikhs eine herausragende Bedeutung. Dies trug dazu bei, dass die gerade erst entstandene Religion zu überleben vermochte und nicht das Schicksal anderer Sekten teilte, die sich um einen einzelnen charismatischen Führer gesammelt hatten und nach dessen Tod wieder zerfielen. Obwohl die Nachfolge immer wieder umstritten war, verlieh die durch nahezu zwei Jahrhunderte bis zum Tod des zehnten Gurus Gobind Singh im Jahr 1708 fortgesetzte Linie der Gurus den Sikhs eine gewisse Führung. Dennoch bildete sich die Identität der Sikh-Gemeinschaft erst mit der Zeit heraus. Zwischen dem zweiten und dem fünften Guru (von 1539 bis 1606) wurde das Zentrum der Sikh-Religion mehrfach verlegt, bis es eine dauerhafte Heimat in Amritsar fand, wo man einen heiligen Teich anlegte (den »Nektar der Unsterblichkeit«, der Amritsar seinen Namen gab). Als Akbar 1605 starb, waren die Sikhs im Panjab bereits eine bedeutsame Kraft, aber man fand sie auch in entfernteren Regionen wie Kaschmir und Bihar. Bis dahin hatten die Sikhs in einem herzlichen Verhältnis zum Mogulreich gestanden, doch unter den letzten fünf Gurus, von 1606 bis 1708, verschlechterte sich dieses Verhältnis. Da die Sikhs niemals der weltabgewandten Askese anhingen, bestand schon immer die Gefahr, dass sie mit den Moguln in Konflikt gerieten. Sie stellten deren politische Macht und Bereitschaft zu religiöser Toleranz auf die Probe. Akbar hatte die frühen Gurus aufgesucht und ihnen Geschenke in Form von Land oder Geld gemacht. Doch in dem Thronfolgekrieg, der nach seinem Tod ausbrach, floh Jahangirs Sohn Khusrau in den Panjab und suchte den Segen des Gurus Arjun. Jahangir wertete das als Beweis, dass der Guru sich gegen ihn gestellt hatte, und forderte eine hohe Bußzahlung von ihm. Als Arjun dies ablehnte, wurde er gefoltert und hingerichtet. Mit zunehmender Verfolgung durch den Kaiser wuchs auch die Feindseligkeit der Sikhs. Der sechste Guru, Hargobind, wurde von Jahangir eingekerkert, später aber wieder freigelassen. 1629 gerieten Gefolgsleute Shah Jahans mit Anhängern des Gurus aneinander, und sieben Jahre später floh der Sikh-Führer aus Furcht vor Repressalien des Großmoguls in das Bergland des Panjab. Unter Aurangzeb kam es zu weiteren Konflikten, die den Sikhs wegen ihrer Unterstützung Dara Shukohs erneute Verfolgungen einbrachten. Als der neunte Guru, Tegh Bahadur, sich weigerte, zum Islam überzutreten, wurde er enthauptet.

Mit dem zehnten Guru trat der Sikhismus in eine neue Phase. Der 1666 geborene Gobind Singh war erst neun Jahre alt, als er zum Guru ernannt wurde. Die ersten Jahre seiner Guruschaft vergingen ohne besondere Ereignisse, doch die Gefahr neuer Konflikte mit den Moguln war niemals fern. Gobind Singh beschloss, dass es nach seinem Tod keine weiteren Gurus geben sollte; stattdessen gab er den Sikhs auf, den *Ādi Granth* zu ihrer Richtschnur zu machen. Angesichts interner Zwistigkeiten und aufgrund äußeren Drucks schuf er 1699 einen inneren Kern von Anhängern (die Khalsa- oder »reinen« Sikhs), deren männliche Mitglieder durch eine Taufe und ein Disziplingelöbnis initiiert wurden. Die Angehörigen dieses halbmilitärischen Ordens erhielten den Namen »Singh« (Löwe) – ursprünglich ein Rajput-Titel. Wie in Shivajis Krönung zeigte sich auch darin eine wachsende Neigung, sich mit der hinduistischen Kriegertradition zu identifizieren. In einer weiteren Bemühung, die Sikhs zu einen und gegenüber anderen abzugrenzen, legten Gobind Singhs Gefolgsleute sich fünf Erkennungszeichen zu, die nach ihren Panjabi-Initialen die fünf »Ks« genannt werden: ungeschnittenes Haupt- und Barthaar, einen Kamm, Kniehosen, ein stählernes Armband und einen Dolch.

Gobind Singh wurde 1708, ein Jahr nach Aurangzebs Tod, ermordet. Inzwischen befanden sich große Teile Nordindiens im Aufruhr. Im Panjab kam es 1709–1710 zu einem Bauernaufstand, der von Banda Bahadur, einem ehemaligen Asketen, angeführt wurde. Mit einer Streitmacht von 80 000 Mann plünderten Bandas Gefolgsleute Städte und bedrohten zur wachsenden Beunruhigung der Moguln sogar Delhi. Doch 1715 musste Banda sich ergeben. Er wurde, als viele seiner Gefolgsleute ihn im Stich ließen, hingerichtet. Die Feindseligkeit der Sikhs gegenüber den Moguln – und gegen die Muslime schlechthin – nahm weiter zu. Sie zogen sich in das Bergland des Panjab zurück, von wo aus bewaffnete Banden Raubzüge in die Ebenen unternahmen. Der Niedergang des Mogulreichs hinterließ im Nordwesten ein Machtvakuum, doch die Sikhs waren zunächst nicht in der Lage, es zu füllen. Nach Bandas Tod trat für Jahrzehnte kein weiterer charismatischer Sikh-Führer auf. Die Sikhs hatten sich einem schlimmeren Feind zu stellen als den Moguln – afghanischen Abenteurern, die auf der Suche nach Land und Beute wieder nach Nordindien einzudringen begannen und auf einem ihrer Raubzüge 1762 den Goldenen Tempel in Amritsar zerstörten. Trotzdem wuchs die Sikh-Gemeinschaft auch weiter an Zahl, vor allem in der Jat-Bauernschaft, und baute neue *gurdvārā*s (Tempel). Nur schrittweise entstand eine neue politische Macht unter Ranjit Singh (1780–1839), der 1799 Lahore, 1805 dann auch Amritsar eroberte und zum ersten Sikh-Herrscher des Panjab wurde.

III Südasien in der Kolonialzeit:
   1750–1947

A Die Herrschaft der Ost Indien Kompanie

In den letzten Jahren der Regierungszeit Aurangzebs erreichte das Mogulreich seine größte Ausdehnung, von Kaschmir und Assam im Norden bis zu den südlichen Rändern des Dekkan. Gleichwohl sehen die Historiker in Aurangzeb den letzten »Großmogul«. Sein Tod markierte in ihren Augen den Beginn einer abwärtsführenden Spirale, von der die Timuriden sich niemals erholten. Über die Ursachen des Niedergangs der Moguln ist lange gestritten worden, doch von den vielen Faktoren, die zu ihrer Abdankung führten, dürften ausländische Invasionen bis Mitte des 18. Jahrhunderts nur von sekundärer Bedeutung gewesen sein. Nadir Shah, Herrscher des Iran, hatte 1739 mit der Plünderung Delhis bereits aufgezeigt, wie schwach die Moguln inzwischen waren. Erneute Einfälle aus Afghanistan demonstrierten gleichfalls die Anfälligkeit des Regimes. Das Schicksal der Moguln und ihres Reiches wirft auch grundsätzliche Fragen nach dem Charakter des 18. Jahrhunderts auf: ob es, wie die Historiker einstmals behaupteten, eine Zeit des Abgleitens in Anarchie gewesen sei, ein »Dunkles Zeitalter«, aus dem die britische Herrschaft Indien in der Folge herausführte; oder ob es sich um eine Zeit florierender Regionalstaaten handelte, in der das wirtschaftliche und kulturelle Leben blühte und sich in neue Richtungen entwickelte. Neuere Historiker haben diese Sicht revidiert und vertreten die These, das Ende des Mogulreichs habe keineswegs den Absturz ins Chaos bedeutet und auch keinen radikalen, zerstörerischen Bruch mit der jüngeren Vergangenheit. Der Untergang der Moguln war danach weniger eine langanhaltende Tragödie als eine Chance für eine neue regionale Dynamik.

1. Vom Niedergang der Moguln bis zum Aufstieg der Marathen

Unter Akbar und seinen unmittelbaren Nachfolgern war das Mansabdari-System von zentraler Bedeutung für das Dreiecksverhältnis zwischen dem Kaiser, dem Adel und den Provinzen gewesen. Doch das System wurde nicht weiterentwickelt, als das Reich wuchs. Die Zahl der Mansabdars stieg, weil Söhne und Neffen von Lehensinhabern einen erblichen Anspruch auf Reichsdienste zu erlangen suchten. Neue Eliten mussten eingebunden werden – einschließlich der Marathen-Oberhäupter und des Dekkan-Adels, denen Aurangzeb *manṣab*s gewährte. Diese Neuankömmlinge, die gegen Ende seiner Regierungszeit ein Viertel des gesamten Adels ausmachten, waren dem alten Adel ein Dorn im Auge, weil die eigenen Karriereaussichten darunter litten. Außerdem behielt Aurangzeb einen Großteil des im Dekkan gewonnenen Landes unter seiner eigenen Kontrolle. Aus diesem Grund gab es zu wenig Jagirs für eine wachsende Zahl von Anwärtern. Nach 150 Jahren begann das System, das Akbar so gute Dienste erwiesen und dem Reich viel von seinem Zusammenhalt gesichert hatte, von innen her zu zerbröckeln.

Langlebigkeit war – neben großem Geschick im Kampf ums politische Überleben – eine weitere Stärke der vier »Großmoguln«. Zusammen regierten sie 150 Jahre, was einem Durchschnitt von fast 38 Jahren entspricht. Doch statt Persönlichkeiten von der Statur eines Akbar, Jahangir, Shah Jahan oder Aurangzeb sah das frühe 18. Jahrhundert eine rasche Folge weniger fähiger Herrscher. Das schwächte die Monarchie und die staatlichen Institutionen und sorgte bei den Staatsdienern für eine gespaltene Loyalität, da sie ihr Fortkommen eher in den Provinzen als im Zentrum suchten. Zwischen Aurangzebs Tod 1707 und Muhammad Shahs Thronbesteigung 1719 kamen und gingen in rascher Folge neun Kaiser. Nur wenige von ihnen hatten Format. Als Marionetten in den Händen ehrgeiziger Adliger vermochten sie den hektischen Wirbel der Ereignisse nicht zu steuern. Die lange Regierungszeit Muhammad Shahs (1719–1748) brachte einen Anschein von Stabilität, setzte aber dem stetigen Verfall der Mogulmacht kein Ende. Anfangs war Muhammad Shah nur eine Puppe in den Händen zweier ehrgeiziger Brüder, der Sayyiden, gewesen, und gerettet wurde er von einem anderen mächtigen Adligen, Nizamal-Mulk. Der iranische Schiit Nizamal-Mulk war 1713 zum Vizekönig der Mogulprovinz Dekkan ernannt worden. 1715 rief man ihn nach Delhi zurück, wo er kaiserlicher *wazīr* wurde, doch er kehrte desillusioniert in den Dekkan zurück, dem er als sicherer regionaler Machtbasis den Vorzug gab. Unter Anerkennung der fortbestehenden Oberhoheit Delhis regierte er den Dekkan von 1724 bis zu seinem Tod im Jahr 1748. Er schuf in Haiderabad eine Verwaltung nach dem Vorbild der Moguln und begründete eine dynastische Linie, die bis 1948 Bestand hatte.

Zu ähnlichen Dezentralisierungsbewegungen kam es auch andernorts. Schon 1707 hatten die Mogul-Statthalter von Karnataka sich zu Nawabs von Arcot ausgerufen und regierten seither die südöstlichen Küstenebenen. Näher bei Delhi wurde Saadat Khan, gleichfalls ein iranischer Schiit, 1722 zum Statthalter von Avadh ernannt. Auch er erkannte die Oberhoheit des Kaisers an, doch er gewährte eigene Jagirs (womit er einen ihm ergebenen Adel schuf), stellte die Steuerzahlungen an Delhi ein und erweiterte sein Territorium ostwärts, indem er Benares und Jaunpur annektierte. Angesichts der Schwäche Delhis konnte Saadat Khan die Unabhängigkeit erlangen und seinen Schwiegersohn Safdar Jang zu seinem Nachfolger machen. Safdar Jang

(Regierungszeit 1739–1754) erbte einen Staatsschatz im Wert von 100 Millionen Rupien und ein Heer von 50 000 Mann. Als es ihm gelang, sich von Muhammad Shah zum kaiserlichen *wazīr* ernennen zu lassen, war er eine Zeitlang der mächtigste Mann Nordindiens. Sein Grabmal, das nicht in seiner Hauptstadt Lakhnau, sondern in Delhi liegt, zeugt von seiner persönlichen Größe. Doch als er in Delhi in Ungnade fiel, zog er sich nach Lakhnau zurück, wie der Nizam einst in den Dekkan, wo seine Stellung sicherer war. Seine Dynastie beherrschte Avadh bis zur britischen Annexion im Jahr 1856. Mit seiner eklektischen Architektur, seiner lebendigen Musik und Dichtung wurde Lakhnau zu einer der kultiviertesten Hauptstädte im Indien des späten 18. und frühen 19. Jahrhunderts.

Ein dritter Nachfolgestaat entstand im Osten, wo Bengalen unter seinem Statthalter Murshid Quli Khan (Regierungszeit 1703–1727) einen nahezu autonomen Status erlangte, auch wenn weiterhin ein Tribut in Höhe von 10 Millionen Rupien jährlich an Delhi gezahlt wurde. Murshid Quli Khan gab Dhaka auf und baute eine neue Hauptstadt in Murshidabad. Als 1740 Alivardi Khan die Stellung des Statthalters usurpierte (die Nachfolgestaaten waren ebenso wenig gefeit vor Palastrevolten und Nachfolgestreitigkeiten wie ihre Mentoren, die Moguln), ließ er sich gegen das Versprechen, die Tributzahlungen fortzusetzen, zum Nawab von Delhi ernennen. Doch die Zahlungen gingen schon bald zurück. In den 1750er Jahren betrugen die jährlichen Einnahmen des Nawab mehr als 15 Millionen Rupien, von denen er nicht einmal eine halbe Million nach Delhi abführte. Angesichts der florierenden Wirtschaft war die Unabhängigkeit Bengalens für Delhi ein großer finanzieller wie auch politischer Verlust.

So zerfiel der Mogulstaat zwar im Zentrum, doch die Nachfolgestaaten kopierten ihn. Trotz wiederholten Verrats und diverser Abspaltungen hielt sich die Vorstellung, dass der Mogul der oberste Herrscher sei, bemerkenswert lange. Selbst in Nepal,

Die Herrschaft der Ost Indien Kompanie

das nie zum Mogulreich gehört hatte, erstrebte und erhielt der Gurkha-König Prithvi Narayan Shah (1743–1775), der das Kathmandu-Tal erobert hatte, einen förmlichen Königstitel vom Kaiser in Delhi. Andererseits war das Überleben der Nachfolgestaaten stets gefährdet, war abhängig von militärischem Erfolg und diplomatischem Geschick, von der Kontrolle über die Einnahmen aus Grundbesitz und Handel wie auch vom Deckmantel der Legitimität, den ein schwächlicher Kaiser verschaffte. Angesichts der Ausrichtung des Staates am Vorbild der Moguln waren diese Regime vielfach exotisch, dem Leben der bäuerlichen Massen und der Hindu-Oberhäupter vollkommen fremd. An einigen dieser Höfe, insbesondere dem von Avadh und dem von Haiderabad, entstand zwar ein gewisser Patriotismus, doch in der Regel fehlte es an den sozialen, religiösen und ideologischen Bindungen, die ihnen eine tiefere Loyalität der Untertanen hätten sichern können. Manche Historiker sehen in den Nachfolgestaaten eher einen Beweis für institutionelle Kontinuität als für die einstmals behauptete zügellose Anarchie. Doch viele dieser Regime und ihre auf großem Fuß lebenden Eliten zeigten weder die Kraft der Moguln noch auch sonderliches Interesse an den verarmten Massen, denen sie ihre luxuriöse Lebensführung verdankten.

Nur wenig scheint dem überstürzten Niedergang des Mogulreichs Einhalt geboten zu haben. Als Reichtum, Macht und Autorität sich zunehmend in den Regionen sammelten, verfügte die Zentralregierung nur noch über wenige Ressourcen und hatte kaum die Mittel, Angriffe abzuwehren. Die Nemesis kam 1739, als der Herrscher des Iran, Nadir Shah, den Indus überquerte, Lahore überwältigte und weiter nach Delhi marschierte, wo er 20 000 bis 30 000 Einwohner abschlachtete. Mit Beute beladen, darunter auch der Pfauenthron, zog er wieder ab. Der Einfall traumatisierte Muhammad Shah, der angesichts des nahenden Nadir Shah in unbekümmerter Fehleinschätzung der Lage gemeint hatte: »Delhi ist weit weg.« Seine Bemerkung zeugt von der Realitätsferne und Unfähigkeit, die inzwischen die Moguln umgab. Eine noch unmittelbarere Bedrohung kam indessen nicht aus dem Norden, sondern aus dem Süden. In der zweiten Hälfte des 17. Jahrhunderts hatten die Bemühungen Aurangzebs und seiner Generäle, die Mogulmacht in den Dekkan hinein auszuweiten, vom Zusammenbruch Bijapurs und Golkondas profitiert, waren aber auch durch den Aufstieg Shivajis und der Marathen behindert worden. Anfangs stützten die Marathen ihre Kampfkraft auf die Bauernsoldaten des westlichen Dekkan, doch im frühen 18. Jahrhundert waren sie auch als Militärmacht herangereift und bauten in den von ihnen eroberten Gebieten eine effiziente Verwaltung auf. Trotz Shivajis Tod 1680 und der Hinrichtung seines Sohnes Shambhaji neun Jahre später war der Widerstand der Marathen nicht zu brechen. In seinem Mittelpunkt standen Shambhajis Nachfolger Rajaram und Shambhajis Sohn Shahu, der 1707, nach achtzehn Jahren als Geisel am Mogulhof, freigelassen wurde. Man hoffte, Shahu hätte in seiner langen Gefangenschaft die Wertvorstellungen der Moguln so weit verinnerlicht, dass er dem Reich zu Hilfe käme. Man versprach ihm den *svarājya*, die Heimat der Marathen, und dazu ein Viertel der Einnahmen aus dem Dekkan, und so scheint es, dass er nicht die Absicht hatte, das Mogulreich zu zerstören, sondern sich neben ihm ein autonomes Herrschaftsgebiet zu sichern. Doch unmittelbar nach Shahus Krönung kam es zu Streitigkeiten. Rajarams Witwe Tara Bai machte ihm das Recht auf den Thron streitig und beanspruchte es für ihren Sohn. Dieser Konflikt währte bis 1714, als es Shahu gelang, alle Marathen-Oberhäupter auf seine Seite zu ziehen. Allerdings teilte er die Macht mit seinem Ersten Minister oder *peśvā*, Balaji Vishvanath, was zur Folge hatte, dass ein Jahrhundert lang brahmanische Peshwas die Politik der Marathen beherrschten. Nach einer 1719 mit den Moguln getroffenen Vereinbarung wurde Shahu als Herrscher aller von den Marathen unter Shivaji gehaltenen Territorien so-

Die Herrschaft der Ost Indien Kompanie

wie der neueroberten Gebiete im Dekkan und in Zentralindien anerkannt. Als Gegenleistung dafür und für 180 Millionen Rupien versprachen die Marathen, dem Mogulkaiser zu dienen, ihm 16 000 Reiter zu stellen und einen jährlichen Tribut von einer Million Rupien zu zahlen. Die Dienste der Marathen als Hilfstruppen des von ihnen bis dahin bekämpften Reiches wurden auch sogleich in Anspruch genommen. Eine vereinigte Streitmacht aus Marathen- und Mogul-Truppen rückte auf Delhi vor, setzte Farrukhsiyar (Regierungszeit 1713–1719) ab und hob Muhammad Shah auf den Thron. So waren die Marathen zu wichtigen Akteuren bei der Absetzung und Inthronisierung von Kaisern geworden. Gleichzeitig erhoben sie keine eigenen Ansprüche auf die Kaiserwürde.

Nachdem Balaji Vishvanath für sich und die Marathen erfolgreich die Rolle des Kaisermachers erlangt hatte, kehrte er im Triumph nach Hause zurück, wo er jedoch wenig später starb. Der Hauptarchitekt des Marathen-Staates baute dabei auf den Fundamenten auf, die Shivaji ein halbes Jahrhundert zuvor gelegt hatte. Das Staatsgebiet der Marathen wurde aufgeteilt in das Kernland, den *svarājya*, in dem die Marathen Grundsteuern erhoben und für die Verwaltung sorgten, sowie in die eroberten Territorien, in denen nur Tributzahlungen eingefordert wurden und die Marathen keine Verantwortung für das Wohlergehen der Bevölkerung übernahmen. Auf Balaji Vishvanath folgte dessen Sohn Baji Rao (Amtszeit als Peshwa 1720–1740), der seinen Vater als Militärkommandeur, Diplomat und Administrator noch übertraf. Er machte aus der hochmobilen leichten Reiterei der Marathen reguläre Verbände, die eine offene Feldschlacht zu schlagen vermochten. Seine unmittelbare Sorge galt einer neuen Lage, die durch den Niedergang des Mogulreichs entstanden war: dem Aufstieg des Nizamal-Mulk als eines Rivalen im Kampf um die Macht im Dekkan. Der Nizam bestritt das den Marathen 1719 eingeräumte Recht, in den von ihnen beherrschten Provinzen Tribute einzuziehen. Anfangs war er auch erfolgreich, doch 1728 unterlagen seine Truppen bei Aurangabad, und er musste die Herrschaft der Marathen über den westlichen Dekkan anerkennen. Als Nächstes wandte Baji Rao sich gegen die Moguln und eroberte Malwa, Bundelkhand und Gujarat, reiche Provinzen, die einem Vorstoß der Marathen nach Nord- und Zentralindien den Weg öffneten. Durch diese Manöver gelangten die Marathen innerhalb von drei Jahrzehnten nach Aurangzebs Tod bis nahe an das Herz des wankenden Reiches. 1737 erreichte Baji Rao Delhi, fegte die kaiserlichen Truppen hinweg und verursachte eine Panik am Mogulhof. In einer Art Dreierwettstreit bat der Kaiser den Nizam um Unterstützung, in der Hoffnung, seine und die Armeen Haiderabads könnten die Marathen in die Zange nehmen. Doch auch diesmal verlor der Nizam den Kampf. Malwa wurde an die Marathen abgetreten, und der Nizam musste eine riesige Kriegsentschädigung zahlen.

Als Baji Rao 1740 starb, befanden die Marathen sich auf dem Gipfel der Macht. Ihm folgte sein Sohn Balaji Baji Rao, dessen zwei Jahrzehnte als Peshwa (1740–1761) einen Wendepunkt markierten, denn sie zeigten, dass die Marathen nicht fähig – oder nicht willens – waren, auf den früheren Erfolgen aufzubauen und das Erbe der Mogulkaiser anzutreten. Statt ihre Herrschaft zu festigen, spalteten sie sich in mehrere bewaffnete Lager – die Gaikwars in Gujarat, die Holkars in Malwa und Indore, die Sindhias in Gwalior und die Bhonsles in Nagpur und Orissa. Die in Pune im westlichen Maharashtra residierenden Peshwas versuchten, das Marathen-Kernland zu regieren und einen Anschein von Einheit zwischen den Oberhäuptern der Marathen-Konföderation aufrechtzuerhalten. Der Nordwesten war nach Nadir Shahs Invasion anfällig für weitere Angriffe, diesmal durch Afghanen, die Delhi erneut plünderten. Zwei Jahre später trafen bei Panipat – dem Ort, an dem Babur einst triumphiert hatte – afghanische und marathische Truppen in einer offenen Feldschlacht aufeinander, in der die Marathen 30 000 Mann verloren. Balaji Raos Tod wenig später ließ sie in Verwirrung zurück, und obwohl ihre Macht sich unter Madhava Rao (1761– 1772) erholte, unterstützten sie weiterhin die Mogulkaiser, darunter auch Shah Alam II. (Regierungszeit 1760–1806). Zu dieser Zeit jedoch gerieten sie unter den wachsenden Druck eines neuen Gegners, der Briten. 1772 begann der erste von drei Kriegen zwischen den Marathen und den Briten, an deren Ende im Jahr 1818 die Macht der Marathen gebrochen war.

2. Neue Staaten, neue Herausforderungen

Der Prozess, in dem die Mogulstatthalter zu autonomen Nizams und Nawabs wurden, war nicht der einzige, der sich im 18. Jahrhundert bemerkbar machte. Zur Bildung weiterer Staaten und damit zur Verstärkung des heterogenen Charakters Südasiens am Vorabend der europäischen Machtübernahme kam es auch durch den meteorhaften Aufstieg neuer Militärstaaten und den radikalen Umbau bestehender politischer Einheiten. Die wichtigsten Beispiele dafür waren Haider Ali und Tipu Sultan in Mysore, die Gurkhas in Nepal sowie die Sikhs im Panjab. Sie alle entwickelten effiziente Kriegsapparate und nutzten die Einnahmen aus Ländereien, Handel und Tributen zum Aufbau hochentwickelter Armeen, Bürokratien und Höfe. Auch wenn sie gelegentlich Anleihen in Delhi machten, folgten sie doch in wesentlichen Aspekten nicht dem Vorbild der Mogulverwaltung. Sie stützten sich auf die Stärke einer militarisierten Bauernschaft und bezogen ihre Inspiration aus religiösen und kulturellen Werten (dem Islam in Mysore, dem Hinduismus in Nepal, dem Sikhismus im Panjab), die sich von denen der indopersischen Höfe in Delhi, Haiderabad, Lakhnau und Murshidabad unterschieden.

In Nepal schuf Prithvi Narayan Shah, Herrscher eines kleinen Fürstentums 130 Kilometer westlich von Kathmandu, eine Armee, die stark genug war, um das Land erstmals seit Jahrhunderten unter einem einzigen Herrscher zu vereinen. Mit einer Armee, deren Rückgrat eine aus Gurkha-Bauern bestehende Infanterie bildete, wehrte Prithvi Narayan 1763 geschickt einen Angriff Mir Qasims, des Nawab von Bengalen, ab und vier Jahre später eine militärische Intervention der englischen Ost Indien Kompanie. Als er 1775 starb, hatten seine Truppen Ostnepal und Sikkim erobert. Sein Neffe Rana Bahadur Shah (Regierungszeit 1777–1799) annektierte Kumaon und Garhwal, doch 1792 wurden die Expansionsbestrebungen der Gurkhas von den Chinesen gestoppt, und Bahadur Shah war gezwungen, sich formell dem chinesischen Kaiser zu unterwerfen. Die Briten nutzten die Gelegenheit und trotzten ihm einen Handelsvertrag und eine diplomatische Vertretung in Kathmandu ab. Dennoch hielt der Expansionsdrang der Gurkhas an, bis Ranjit Singh 1809–1810 an den Ufern des Satluj und 1814–1816 dann die Briten der nepalesischen Armee Einhalt geboten.

Am anderen Ende des Subkontinents, in Mysore, stürzte 1761 ein muslimischer Kavallerieoffizier namens Haidar Ali die Hindu-Herrscher und schuf einen mächtigen eigenen Staat. Haidar (Regierungszeit 1761–1782) modernisierte mit französischer Hilfe nicht nur die Armee, sondern hegte auch ehrgeizige Pläne zu einer Reform der Wirtschaft von Mysore. Er und sein Sohn Tipu Sultan (Regierungszeit 1782–1799) drangen westwärts vor in die Gewürzanbaugebiete Malabars und Kanaras und bedrohten den Hindu-Staat Travancore. Während Haidar die Expansion noch mit den Einnahmen aus der Grundsteuer und dem Handel finanziert hatte, ging Tipu weiter, indem er staatseigene Werkstätten einrichtete und das Steuersystem bis hinab auf die Ebene des Dorfes unter seine Kontrolle brachte. Obwohl es im Mysore-Staat auch Nichtmuslime gab, war vor allem Tipu ein entschiedener Anhänger des Islam. Doch die politischen und wirtschaftlichen Ambitionen brachten Mysore in eine direkte Konfrontation mit den Briten, die von 1780 bis 1799 zu nahezu ständigen kriegerischen Auseinandersetzungen führte. Im ersten der drei Kriege fügte Mysore den britischen Truppen bei Madras eine schwere Niederlage zu. Im zweiten Krieg wurde Tipu jedoch gezwungen, einen beträchtlichen Teil der eroberten Gebiete an die Briten abzutreten. Im Dritten schließlich fiel die Hauptstadt Seringapatam an die britischen Truppen, und Tipu wurde getötet. Um weitere Gebiete verkleinert, gaben die Briten Mysore an die früheren Hindu-Fürsten zurück.

Der dritte neue Staat dieser Art entstand sehr viel näher beim alten kaiserlichen Kernland. Der durch Handel und Landwirtschaft potentiell reiche Panjab lag an den Einfallswegen aus dem Iran und Afghanistan. Als die Herrschaft der Moguln schwächer wurde, kam es dort erneut zu Wirren, und auf Nadir Shahs Invasion folgten wiederholt afghanische Einfälle. Die Sikhs, die sich durch den Konflikt mit den Moguln immer stärker militarisiert hatten, bildeten militärische Banden, die aus den benachbarten Bergländern Raubzüge ins Tiefland unternahmen. Die afghanischen Invasionen ermunterten sie zu gemeinschaftlicher Aktion. 1765 nahmen sie Lahore ein und stießen innerhalb weniger Jahre bis in die Außenbezirke Delhis vor. Doch sie waren alles andere als vereint, bis in Gestalt Ranjit Singhs ein dynamischer Führer auftrat, der 1799, mit gerade erst neunzehn Jahren, Lahore eroberte und seine Rivalen unter den Sikhs besiegte. Er ließ sich 1802 in Amritsar zum Maharaja krönen, und als er 1839 starb, umfasste sein Reich sowohl Kaschmir (aus dem die damals in Europa beliebten Wollschals kamen) als auch die fruchtbaren Ebenen der fünf Flüsse des Panjab.

Außer auf militärischen Fähigkeiten beruhte Ranjit Singhs Position auf drei Faktoren. Erstens auf der Stärke seiner effizienten und gutorganisierten Armee, die aus den unabhängigen Kriegerbanden der Sikhs einen kohärenten, aus Infanterie, Kavallerie und Artillerie bestehenden Kampfverband formte. Wie die Sultane von Mysore lernte Ranjit Singh von den europäischen Armeen, die inzwischen in Indien operierten. Er nahm europäische Offiziere und Artillerieexperten in seine Dienste, um Disziplin und Ausrüstung seiner Truppen zu verbessern. Zweitens erkannte Ranjit Singh, wie die Herrscher von Mysore, den Wert einer Förderung des Handels und des Aufbaus eines effizienten Steuersystems. Dadurch konnte er die für den Staat nötigen Mittel eintreiben, ohne die Ansprüche so hoch zu stellen, dass die Bauernschaft revoltierte. Drittens widerstand er der Versuchung, einen reinen Sikh-Staat zu schaffen, obwohl er sich in beträchtlichem Maße auf die Sikh-Elite stützte. Die Sikhs bildeten nur ein Zehntel der Bevölkerung (wenn auch einen beträchtlich höheren Anteil der Militärs), doch in seine Armee und seine Verwaltung nahm er auch Hindus und Muslime auf.

Diese drei Staaten – Nepal, Mysore und der Panjab – unterschieden sich in mancherlei Hinsicht und insbesondere in der Religionszugehörigkeit ihrer Herrscher, doch sie hatten auch manches gemeinsam. Sie waren keine Abkömmlinge des zerfallenden Mogulreichs, auch wenn sie in unterschiedlichem Maße von dessen Zusammenbruch profitierten und Anleihen bei den institutionellen Praktiken der Moguln machten. Alle drei wurden von Emporkömmlingen gegründet, von charismatischen militärischen Führern, die das durch den Verfall des Mogulreichs geschaffene Vakuum wie auch die neuen militärtechnischen und organisatorischen Möglichkeiten nutzten, um dynamische, auf Expansion ausgerichtete Staaten aufzubauen. Ihre Herrscher erkannten die Notwendigkeit, mehr als nur plündernde Kriegsherren zu sein und stattdessen eine effiziente Verwaltung aufzubauen, den Handel zu fördern und für eine sichere agrarische Basis zu sorgen. Auch wenn ihre Regime sich jeweils auf eine spezielle religiöse oder ethnische Gemeinschaft stützten, mussten sie sich doch dem Problem stellen, dass ihre Untertanen unterschiedlichen Gemeinschaften dieser Art angehörten. Sie versuchten das Problem zu lösen, indem sie entweder allen eine einzige Religion aufzwangen, wie Tipu es in Mysore tat, oder indem sie wie Ranjit Singh flexibler reagierten und der religiösen Vielfalt ihrer Unter-

Die Herrschaft der Ost Indien Kompanie

tanen in Armee und Bürokratie Rechnung trugen. Es waren in vielerlei Hinsicht moderne Staaten, die der Herausforderung durch die Europäer mindestens ebenso viel verdankten wie dem Vorbild der Moguln – oder sogar noch mehr. Sie strebten nach Expansion und blieben dennoch regionale Mächte. Ein ganz Indien umfassendes Reich gehörte nicht zu ihren Zielen. So ist es denn auch aufschlussreich, dass sie alle im Inneren des Subkontinents lagen und nicht in den Küstengebieten, den wichtigsten Berührungszonen zu den Europäern. Zu Beginn ihrer Expansionsbestrebungen hatten sie andere asiatische Mächte zu überwinden, doch in ihrer weiteren Entwicklung mussten sie sich einem Eindringling stellen, den sie weder besiegen noch ignorieren konnten: der englischen Ost Indien Kompanie.

Während die Historiker früher die Ankunft der Portugiesen im Jahr 1498 für den Beginn eines Zeitalters europäischer Vorherrschaft hielten, betonen sie heute doch eher den begrenzten Charakter des europäischen Einflusses auf Asien bis Mitte des 18. Jahrhunderts oder das Ausmaß des Nutzens, den die südasiatische Wirtschaft aus dem Kontakt mit den Europäern zog. Die fragile maritime Vorherrschaft, die zunächst von den Portugiesen erkämpft und später von Holländern und Engländern gefestigt wurde, fand kein Gegenstück an Land. Trotz wachsender Herrschaft über die Küstenregionen Sri Lankas blieben die europäischen Truppen auf dem Festland gering. Militärische Schwäche und kommerzielle Interessen diktierten gleichermaßen die Notwendigkeit, eher mit den Moguln und den übrigen Staaten zusammenzuarbeiten, als die Konfrontation mit ihnen zu suchen. Zweihundertfünfzig Jahre lang, von 1498 bis in die 1740er Jahre hinein, blieben die Europäer in erster Linie Bittsteller. Als Farrukhsiyar den Engländern 1717 durch einen kaiserlichen *farmān* (Dekret) den Handel mit Bengalen erlaubte, war das »ein großer Coup für die Kompanie« und eines der ersten Anzeichen kaiserlicher Schwäche. Dennoch war es eine Konzession und nichts, was man den Moguln gewaltsam abgetrotzt hätte.[106]

Eine Veränderung dieser Lage zeigte sich erstmals an den Rändern des Mogulreichs. Seit dem Fall von Vijayanagara war der Süden stärker zersplittert und instabiler als der Norden. 1703 erklärte der Mogulstatthalter des Dekkan sich zum Nawab von Arcot, einer 100 Kilometer südlich von Madras gelegenen Stadt, und seine Nachfolger festigten diese Herrschaft. Doch 1748 kam es zu Auseinandersetzungen zwischen rivalisierenden Anwärtern auf den Thron von Arcot, und Briten wie auch Franzosen wurden in den Streit hineingezogen. Die französische Handelsgesellschaft, die ihre Aktivitäten seit den 1720er Jahren rasch ausgebaut hatte, begünstigte einen der Anwärter, die Briten einen anderen. Der weltweit ausgetragene Konflikt zwischen beiden Ländern verstärkte die Konkurrenz ihrer Vertreter im lokalen Wettstreit um Handel und Einfluss. Während des Österreichischen Erbfolgekriegs (1740–1748) und des Siebenjährigen Kriegs (1756–1763) gewannen die Briten nach und nach die Oberhand über Franzosen und Holländer. Obwohl die Franzosen 1746 Madras eroberten, besiegten britische Truppen sie 1760 bei Wandiwash und besetzten 1761 vorübergehend das französische Hauptquartier Pondichéry. Zwar erhielten die Franzosen Pondichéry im Friedensvertrag von 1763 wieder zurück, doch die französischen Ambitionen in Indien waren damit nachhaltig gebrochen. Arcot wurde ein britischer Vasallenstaat, bevor das Land 1801 annektiert und in die Präsidentschaft Madras integriert wurde.

Zu weiteren Konflikten und Interessengegensätzen kam es in Bengalen. Hier hatte der Überseehandel seit dem frühen 18. Jahrhundert gewaltig zugenommen, weil die von den Nawabs geschaffene politische Stabilität für sicherere Regime sorgte, als die Europäer im Südosten antrafen. Als Alivardi Khan 1756 starb, versuchte der neue Nawab Sirajal-Daula seine Herrschaft zu stärken, indem er die Handelsaktivitäten und den wachsenden Einfluss der Briten bedrohte. Er besetzte Kalkutta, und in einem Akt, der bei den Briten große Empörung auslöste, wurde eine

Die Herrschaft der Ost Indien Kompanie

unbekannte Zahl europäischer Gefangener in einem fensterlosen Raum zusammengepfercht, in dem viele über Nacht an Luftmangel und Durst starben. Dieses für die Mythenbildung des Empire so zentrale Ereignis trug zur Auslösung der britischen Vergeltung bei. Eine zum Entsatz aus Madras herangeführte, von Robert Clive befehligte Streitmacht besiegte Sirajal-Daula mit Unterstützung einiger Abtrünniger aus dem Lager des Nawabs im Juni 1757 in der Schlacht von Plassey und machte Mir Qasim zum neuen Nawab von Bengalen. Dadurch wurde Indiens reichste Provinz in kürzester Zeit *de facto* zu einem britischen Protektorat. Qasims Nachfolger Mir Jafir (Regierungszeit 1763–1765) versuchte vergeblich, den britischen Handel einzuschränken und die Kontrolle über die Einnahmen zurückzugewinnen. Er wurde zusammen mit seinem Verbündeten, dem Nawab von Avadh, 1764 in der Schlacht von Buxar besiegt, die mehr noch als die Schlacht von Plassey sieben Jahre zuvor den Briten das Tor zur Herrschaft über Ostindien öffnete. Im folgenden Jahr wurde der Ost Indien Kompanie die Steuer- und Zivilverwaltung (*dīwānī*) für Bengalen und Bihar übertragen. Nominell war sie damit ein Vasall des Großmoguls, doch in der Praxis erhielten die Briten so die Lizenz, den Reichtum der Provinz auszubeuten. Auf diese Weise wurde Bengalen zu einem »Brückenkopf«, von dem aus die Briten ihre Herrschaft Schritt für Schritt ausbauten.[107]

Mehrere Faktoren begünstigten diesen Expansionsdrang und die Umwandlung der Kompanie von einer Handelsgesellschaft in eine Territorialmacht. Einer davon waren, wie bereits erwähnt, die internationalen Rivalitäten, die auch auf Südasien übersprangen und dafür sorgten, dass Briten, Franzosen und Holländer (die im späten 18. Jahrhundert immer noch Niederlassungen in Südindien, Bengalen und Sri Lanka besaßen) um ihre lukrativen Handelsinteressen bangten. Da Anweisungen aus der Londoner Zentrale der Kompanie Monate brauchten, um nach Indien zu gelangen, ergriffen ehrgeizige und entschlossene Vertreter wie Clive vor Ort eigenmächtig die Initiative. In dem raschen Veränderungen unterworfenen Konflikt hatten die Briten den Vorteil der überlegenen Seemacht, die zudem in weniger kriegerische und diplomatische Auseinandersetzungen auf dem europäischen Kontinent verwickelt war als die Franzosen und die Holländer. Größe und Beweglichkeit ihrer Flotte ermöglichte es den Briten, Truppen ganz nach Bedarf zwischen Madras und Bengalen zu verschieben. Der Landkrieg war allerdings eine andere Sache. Weder die Briten noch die Franzosen hatten in Indien eine größere Zahl europäischer Soldaten stationiert, doch ab den frühen 1740er Jahren begannen sie, ihre Einheiten durch indische Soldaten, die sogenannten Sepoys, zu ergänzen. Diese von europäischen Offizieren befehligten Infanterieregimenter wurden nach europäischer Art ausgebildet, ausgerüstet und eingekleidet, und obwohl es sich zunächst nur um eine geringe Zahl handelte, halfen sie den Briten, Siege über ihre europäischen und indischen Gegner zu erringen. 1746 hatten die Briten in ganz Indien nur 2000 Sepoys in ihren Diensten, doch schon 1768 waren es 25 000 allein in Bengalen, und ihre Zahl stieg danach rasch weiter – auf 40 000 im Jahr 1784 und auf 65 000 im Jahr 1814. Der Aufbau dieser disziplinierten Armeen, gestützt von der britischen Seemacht, und weniger die Überlegenheit europäischer Waffen, erlaubte es den Briten, ihre Herrschaft aufzubauen.[108]

Noch größere Bedeutung als die militärische Organisation dürften allerdings eine aggressive Diplomatie und die Ausbeutung der indischen Reichtümer besessen haben. Unter Ausnutzung der innerindischen politischen Spaltungen, die nach Aurangzebs Tod beträchtlich zunahmen, schufen die Briten ein System aus »Hilfsbündnissen«, in denen sie indischen Staaten durch die Stationierung von Truppen der Kompanie auf deren Territorium Schutz boten und als Gegenleistung die Unterstützung ihrer eigenen Interessen verlangten. Durch Bündnisse mit Haiderabad und Avadh erlangten die Briten den finanziellen Rückhalt und die militärische Stärke, die sie benötigten, um ihre

Die Herrschaft der Ost Indien Kompanie

hartnäckigsten Gegner – die Marathen und Mysore – zu bezwingen. Indem die Briten zwischen 1756 und 1765 die Macht in Bengalen übernahmen und 1765 die Nördlichen Sarkars (den Küstenstreifen nördlich der Godavari-Mündung) vom Nizam sowie 1775 Benares und Ghazipur vom Nawab von Avadh erwarben, nutzten sie die gewaltigen Ressourcen des Subkontinents an Reichtümern und Menschen, um Indien zu erobern. Schrittweise isolierten sie ihre Gegner und sicherten sich Territorien, die ihnen als Sprungbrett für weitere Annexionen dienten. Dabei erging es ihren Verbündeten kaum besser als ihren Feinden. Nachdem sie Mysore 1792 den südlichen Dekkan abgenommen hatten, eigneten sie sich 1799 Thanjavur an und annektierten 1801 die restlichen Territorien des Nawab von Arcot. Nach Tipus Niederlage gab es im Süden niemanden mehr, der den Briten Widerstand leisten konnte. Orissa und andere von den Marathen gehaltene Gebiete folgten 1803. Die Kompanie riss weite Teile von Avadh an sich, so dass dem Nawab nur noch der Rumpf seines einstigen Königreichs blieb. 1803 zwangen die Briten den Kaiser, Shah Alam, ihren Schutz zu akzeptieren. Sein Herrschaftsgebiet schrumpfte bis zur Unkenntlichkeit zusammen, und schließlich war er kaum mehr als der »König von Delhi«. Mit dem neuen Jahrhundert wurde die Herrschaft der Kompanie rasch unumstößlich.

3. Das expandierende Empire

Die britische Herrschaft über Südasien ging in mehrerlei Hinsicht über das Mogulreich hinaus. So gehörte auch Sri Lanka dazu. Angesichts der französisch-holländischen Allianz, die eine Bedrohung für die britische Seeherrschaft im Indischen Ozean darstellte, besetzten die Briten 1795 die gesamte Insel bis auf das ganz im Binnenland befindliche Königreich Kandy.

1802 wurde die Insel auch formell an die Briten abgetreten. Indische Truppen halfen bei der britischen Machtübernahme, und anfangs beteiligte sich auch die Ost Indien Kompanie an

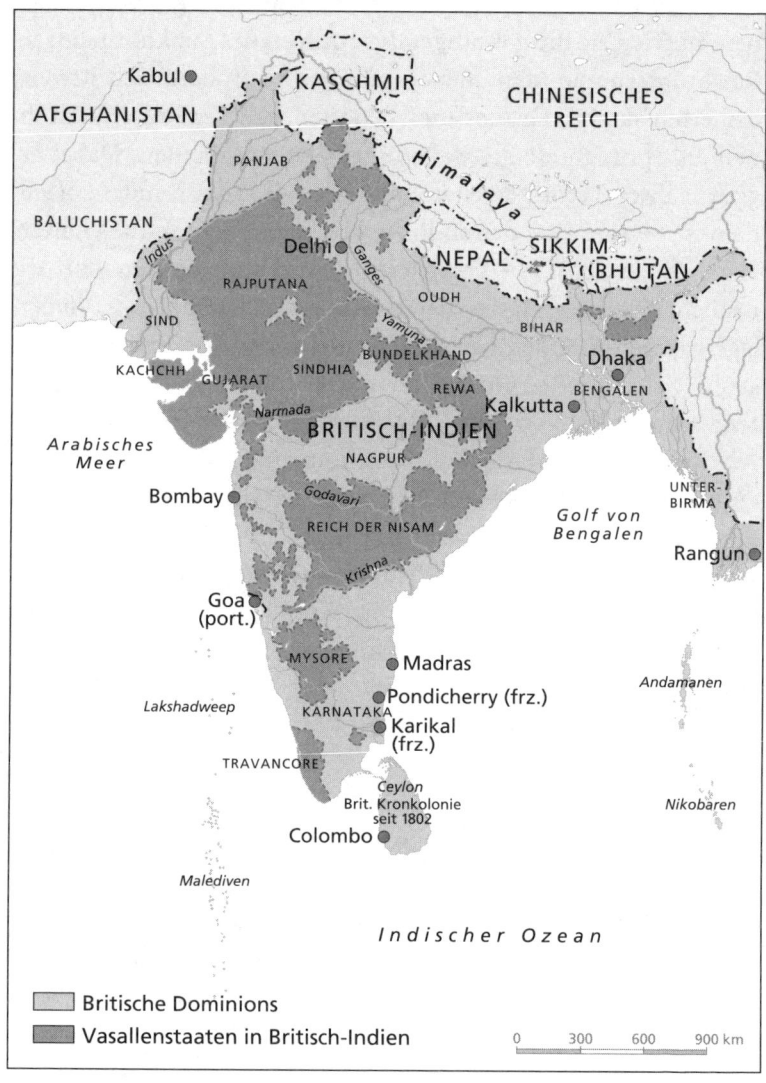

Karte 9: Die Expansion der britischen Macht in Südasien 1765–1857

Die Herrschaft der Ost Indien Kompanie

der Verwaltung des Landes. Doch 1802 wurde Sri Lanka unter dem Namen Ceylon britische Kronkolonie. Sie wurde von Whitehall aus regiert und war unabhängig von der Kompanie. Zwar hatte Kandy seine Unabhängigkeit gegenüber den Holländern bewahrt und 1803 auch einen britischen Angriff abgewehrt, doch endlos konnte das Reich der europäischen Macht nicht widerstehen. 1815 eroberten die Briten das Königreich und setzten den König ab. 1817 kam es zu einer Revolte mit dem Ziel der Wiedereinsetzung des Königs, doch das Reich war ausgelöscht, und sein Staatsgebiet wurde in eine neue Provinzialverwaltung integriert.

Ein halbes Jahrhundert lang, bis zur Meuterei und Rebellion von 1857, wuchs das von der Ost Indien Kompanie kontrollierte Gebiet weiter und umfasste schließlich zwei Drittel der Landfläche und drei Viertel der Bevölkerung Indiens. Die Kompanie beschnitt die Macht der noch bestehenden »Landmächte« oder vernichtete sie und dehnte das britische Empire in Südasien bis zu den Grenzen aus, die viele Briten für die »natürlichen« hielten – den Ozean und den Himalaya. Hoch im Norden stießen die Briten auf die wachsende Macht Nepals. Konflikte um Grenzgebiete eskalierten zum Krieg von 1814–1816. Britische und indische Truppen vertrieben die Gurkhas aus Kumaon und Garhwal, und durch den Friedensvertrag von Sagauli verlor Nepal ein Drittel seines vormaligen Staatsgebiets, doch es wurde nicht annektiert. Das zerklüftete Königreich im Himalaya erschien allzu unwirtlich und unproduktiv, als dass eine Annexion sich gelohnt hätte, aber Britisch-Indien übernahm die Bergregionen von Garhwal und Kumaon, die den Großmogul widerstanden hatten. Und schon bald nutzte man Simla, Darjeeling und andere Bergstädte als Erholungsorte für Europäer.

Zur selben Zeit wie der Krieg gegen die Gurkhas trat auch der lange Kampf gegen die Marathen in seine Endphase. Nach dem zweiten Krieg mit den Briten (1803–1805) lag das verbliebene Territorium der Marathen über ganz Indien verstreut, von Gujarat bis nach Orissa, doch im dritten und letzten Marathen-Krieg (1816–1818) fügten die Briten dem Peshwa und seinen Verbündeten eine verheerende Niederlage zu, und die Marathen-Föderation wurde ausgelöscht. Zwar blieben zahlreiche isolierte Maratha-Staaten erhalten, doch der Peshwa wurde entlassen und in Pension geschickt. Die Konsolidierung der britischen Macht im Westen des Subkontinents durch eine Erweiterung der Präsidentschaft Bombay beseitigte eine der letzten verbliebenen Bedrohungen für die Hegemonie des Empire und brachte eines der landwirtschaftlich produktivsten Gebiete Indiens unter britische Kontrolle. Bombay wurde zu einer Drehscheibe des indischen Überseehandels. Nachdem die Halbinsel und Nordindien gesichert waren, setzten die Briten ihren Expansionskurs fort, und zwar in ein Gebiet hinein, das stets außerhalb des Herrschaftsbereichs der Moguln geblieben war. Im ersten Anglo-Birmanischen Krieg (1824–1826) brachte die Kompanie Arakan und Tenasserim unter ihre Kontrolle und in einem zweiten Krieg 1852 dann den gesamten Süden Birmas einschließlich des Irrawaddy-Deltas, das sie zügig in ein Reisanbaugebiet umwandelte. Abgeschlossen wurde die Einverleibung Birmas durch Britisch-Indien mit der Annexion Nordbirmas im Jahr 1885. Im Nordosten bemächtigten die Briten sich 1826 auch Assams, doch ihr Vorstoß im Nordwesten war weit weniger erfolgreich. Der verheerende Erste Afghanistankrieg von 1838 bis 1842, der für die Wiedereinsetzung eines abgesetzten Monarchen geführt wurde, zeigte die Grenzen britischer Waffen und britischer Diplomatie auf. Allerdings annektierten die Briten 1843 Sind, übernahmen die Kontrolle über das untere Industal und integrierten diese zwischen Indien und seinen westlichen Nachbarn so oft umkämpfte Grenzregion in Britisch-Indien. Im benachbarten Panjab hatte Ranjit Singh einen stabilen Staat geschaffen und eine mächtige Armee aufgebaut. Jedoch nach seinem Tod 1839 wurde das Land von drei Nachfolgern regiert, die nur kurze Zeit lebten und weder sein diplomatisches Geschick noch seine militärischen Fähigkeiten

Die Herrschaft der Ost Indien Kompanie

besaßen. Es folgte ein Krieg gegen die Briten. Die erste Runde der kriegerischen Auseinandersetzungen endete 1846 mit dem Vertrag von Lahore. Die Briten übernahmen Kaschmir und die zugehörigen Gebiete sowie den Osten des Panjab (Kaschmir, das sie wegen treuer Dienste für die Briten an einen Hindu-Fürsten weitergaben, blieb ein Jahrhundert lang ein halbautonomer Fürstenstaat). 1848 kam es erneut zum Krieg. Die Briten erlitten auf dem Schlachtfeld erhebliche Verluste, bis sie dank überlegener Feuerkraft die Oberhand gewannen und den Panjab 1848 zu Britisch-Indien schlugen. Unter dem Generalgouverneur Lord Dalhousie (1848–1856) annektierte die Kompanie schließlich noch mehrere kleinere Staaten, darunter die Marathen-Fürstentümer Satara, Nagpur und Jhansi. Außerdem legte sie sich mit Avadh an, setzte dessen König ab und brachte eine der landwirtschaftlich reichsten Regionen des Gangestals unter britische Kontrolle. Ende 1856 hatte die britische Herrschaft weitgehend die Grenzen erreicht, die sie bis zur Unabhängigkeit neunzig Jahre später behalten sollte.

Die britische Übernahme Südasiens war nicht das Ergebnis eines vorgefassten Planes, sondern eher einer zufälligen Folge von Ereignissen. Zwar spricht man den Briten gelegentlich das Verdienst zu, Indien »geeint« zu haben, doch dabei handelte es sich allenfalls um eine einseitige Vereinigung. Gut ein Drittel des Subkontinents blieb außerhalb des britischen Machtbereichs: ein Flickenteppich »einheimischer« Staaten unterschiedlichster Größe und Prägung. Manche von ihnen, zum Beispiel Mysore, Haiderabad und Kaschmir, waren so groß und bevölkerungsreich wie viele europäische Staaten, während es sich bei anderen um winzige Bruchstücke der alten Feudalordnung handelte. Die nominell unabhängigen Fürstenstaaten standen in Wirklichkeit in beträchtlichem Maße unter britischer Kontrolle. Ceylon wurde getrennt von Britisch-Indien verwaltet; Nepal und Bhutan blieben dank der Abgeschiedenheit des Himalaya autonom. Franzosen und Portugiesen behielten ihre Küstenenklaven Pondichéry und Goa. Birma, das Britisch-Indien nur zwangsweise zugeschlagen worden war, wurde dort niemals heimisch, und 1936 löste man es wieder heraus und machte es zu einer gesonderten Kolonie. Während auf dem Land Afghanistan hartnäckig seine Unabhängigkeit bewahrte, integrierten die Briten auf dem Meer Schritt für Schritt die benachbarten Inseln – die Malediven, die Lakkadiven, die Andamanen und die Nikobaren – in ihr indisches Empire. In diesem Punkt unterschied sich die geopolitische Orientierung der Briten deutlich von den Bestrebungen der Großmoguln, die ihre Verbindungen nach Zentralasien gepflegt, aber sich kaum für die dem Subkontinent vorgelagerten Inseln interessiert hatten. In gewisser Weise sorgten die Briten weniger für eine Vereinigung Südasiens als für dessen Aufteilung und für die Schaffung von Grenzen im Norden und Nordwesten, die Indien von seinen historischen Nachbarn isolierten.

Die britische Annexion betonte die maritime Ausrichtung Südasiens. Die Eroberung des Subkontinents nahm ihren Ausgang nicht von alten Zentren des Reiches wie Delhi, Lahore oder Vijayanagara, sondern von Küstenstädten wie Kalkutta, Madras und Bombay, die selbst europäische Gründungen waren. Zu einer ähnlichen Neuausrichtung kam es in Sri Lanka, wo Anuradhapura und Kandy durch Colombo ersetzt wurden. Man hat schon oft die Frage gestellt, inwieweit die britischen Annexionen auf wirtschaftlichen oder auf anderen Erwägungen basierten. Klar ist indessen, dass die Briten sich auf die Regionen mit der größten strategischen und ökonomischen Bedeutung konzentrierten und andere, weniger wertvoll erscheinende Gebiete außer Acht ließen. Die beiden wichtigsten strategischen Achsen Indiens, der Ganges und der Indus, befanden sich 1857 nahezu vollständig in britischer Hand, während viele der größeren Staaten in Rajasthan, im Himalaya und in Zentralindien wegen der Gebirge, der Trockenheit oder der Urwälder keine sonderlichen Profite versprachen. Obwohl die meisten dieser Annexionen vor der Eisenbahnrevolution Mitte des 19. Jahrhunderts erfolgten, erleichterte die Verfügung über die wichtigsten Handels- und Kommunikationswege doch auch damals schon beträchtlich den Aufbau einer Kolonialwirtschaft.

4. Indien regieren

Anders als in Nordamerika, Australien und Neuseeland und in gewissem Maße auch in Südafrika basierte das Empire in Südasien nicht auf einer Besiedlung durch Weiße. Die Ost Indien Kompanie fühlte sich verpflichtet, Indien in britischem Interesse zu verwalten; aber das ging nicht so weit, dass sie den Indern ihr altes Recht auf den Boden streitig gemacht hätte. Die Inder konnten nicht beiseitegedrängt werden wie die amerikanischen Indianer oder die australischen Ureinwohner. In den Augen der Briten hatte die Kompanie das Recht, Indien zu beherrschen, den Indern Steuern aufzuerlegen und Gesetze für sie zu erlassen, aber sie hatte nicht das Recht, ihr Land an Fremde zu verteilen. Bis Mitte der 1830er Jahre hielten die Vertreter der Kompanie es für ihre Pflicht, die Gesetze der Hindus und Muslime einzuhalten und sogar Tempel, Moscheen und Feste zu fördern. Hinter der Distanzierung der Briten von ihren kolonialen Untertanen standen andere Erwägungen. Eine davon war die Befürchtung, Europäer, die nicht im Dienst des Kolonialstaates standen, könnten in den Dienst von Fürstenstaaten treten oder eigene Fürstentümer aufbauen. Eine weitere Erwägung betraf die Rasse. Die Briten befürchteten, ein ungeregelter Zustrom »armer Europäer«, der Trunksucht verfallen und liederlich, werde die Inder abstoßen und vielleicht sogar offenen Widerstand provozieren.[109] Man wusste, dass Inder hohen Standes die Europäer verachteten – wegen ihrer schlechten Beherrschung der indischen Sprachen und Bräuche und ihres unheiligen Appetits auf Rind- und Schweinefleisch. Man fürchtete, das Ansehen der Europäer werde noch tiefer sinken, wenn weiße Vagabunden umherschweiften. Die Duldung, auf der die britische Herrschaft beruhte, sollte nicht untergraben werden.

In ihren Einstellungen zur Rassenfrage unterschieden die Briten sich deutlich von früheren Herrschern – und zwar so deutlich, dass der Rassenunterschied als einer der Ecksteine der Kolonialherrschaft gilt. Über die Jahrhunderte waren Türken, Moguln, Iraner und Afghanen in unterschiedlichem Maße von der indischen Gesellschaft assimiliert worden. Sie wurden Teil der Bevölkerung, heirateten in einheimische Familien ein, übernahmen deren Lebensweisen, Sitten und Gebräuche. Bei den Briten kam es zu keiner vergleichbaren Assimilation. Die meisten gingen nach Indien, um in Militär oder Verwaltung Dienst zu tun. Eine geringere Anzahl arbeitete als Kaufmann, Pflanzer, Unternehmer, Anwalt oder Arzt. Viele starben in Indien, aber nur wenige fassten den Entschluss, auch nach Beendigung ihrer Arbeit dort zu bleiben. Sie heirateten Partner aus anderen britischen Familien und schickten ihre Kinder zur Ausbildung »nach Hause«. Was immer sie über die Dauerhaftigkeit des Empire denken mochten, als Einzelne empfanden sie ihren Aufenthalt als vorübergehend.

Bis zum frühen 19. Jahrhundert, in einer Zeit, in der nur wenige weiße Frauen nach Indien reisten, war es nicht ungewöhnlich, dass britische Offiziere und Beamte der Ost Indien Kompanie indische Mätressen oder (seltener) indische Ehefrauen hatten und indische Lebens- oder Kleidungsgewohnheiten übernahmen. Es gab eine gewisse Neigung, die Verbindung solcher »weißen Moguln« mit indischen Frauen als »Beispiele« rassischer Harmonie und kultureller Offenheit zu romantisieren, die dann jedoch durch den wachsenden Rassismus im viktorianischen Zeitalter hinweggefegt wurde.[110] Doch viele indische Mätressen kamen nicht aus angesehenen Familien, sondern aus der Klasse der Dienstboten und wurden kaum besser behandelt als Sexualobjekte. Selbst von den indischen Ehefrauen britischer

Die Herrschaft der Ost Indien Kompanie

Männer gingen nur wenige mit nach Großbritannien, wenn ihre Männer dorthin zurückkehrten. Ihre Kinder erlitten unterschiedliche Schicksale. Manche, deren helle Haut ihnen eine »europäische« Erscheinung verlieh, wurden vielleicht zur Ausbildung nach Großbritannien geschickt und fanden dort Zugang zur westlichen Gesellschaft; doch viele andere, die verächtlich als »half-castes« bezeichnet wurden, blieben in Indien zurück, dienten als Trommler oder Pfeifer in der Armee oder arbeiteten als Dienstmädchen, Kanzlisten oder Apotheker. In den 1830er Jahren gab es ca. 20 000 gemischtrassische Eurasier oder »Anglo-Inder«, hauptsächlich in Kalkutta, Madras und Bombay. Damals verhärtete sich das Denken hinsichtlich Rasse und Empire, so dass die Eurasier auf wachsende Verachtung stießen. Nach ihrer Einstufung als »eingeborene Inder« im Jahr 1791 kamen sie für Ämter in Verwaltung und Militär nicht mehr in Frage. Sie wurden zunehmend aus der weißen Gesellschaft und dem höheren Verwaltungsdienst verbannt.[111] Das wachsende Bewusstsein für Rassenzugehörigkeit und gesellschaftliche Exklusivität innerhalb der britischen Elite führte zu einer verschärften Unterscheidung zwischen Herrschern und Beherrschten. So blieb denn Indien ein riesiges, in überwältigendem Maße indisches Reich, das von einer winzigen weißen Minderheit regiert wurde. Auf dem Höhepunkt des Empire im Jahr 1901 hatte Indien eine Bevölkerung von nahezu 300 Millionen Menschen, ein Fünftel der Weltbevölkerung. Doch nicht einmal 170 000 davon waren Europäer und weniger als 90 000 Eurasier.

Da es sowohl an einer weißen Besiedlung und einer größeren Kreolbevölkerung als auch an sozialen Institutionen fehlte, die ein gemeinsames Band zwischen Herrschern und Beherrschten hätten schaffen können, blieb die Armee ein unverzichtbares Instrument der frühen Kolonialherrschaft. Sie war nicht nur das Hauptinstrument, durch das die Briten ihren Herrschaftsbereich erweiterten, sondern spielte auch für den internen Kontrollapparat eine wesentliche Rolle. In Ceylon besaß die Armee nach dem Fall Kandys nur noch relativ wenig Bedeutung. Anders in Indien. Mit wachsender britischer Macht fiel der Armee verstärkt die Aufgabe zu, die Ordnung innerhalb der von der Kompanie verwalteten Gebiete aufrecht zu erhalten und deren Grenzen zu verteidigen (oder zu erweitern). Ab den 1780er Jahren schickte die britische Armee Kontingente nach Indien, die den Auftrag hatten, die Truppen der Kompanie in Kalkutta, Madras und Bombay zu unterstützen. In den 1830er Jahren waren dort bereits 30 000 königliche Soldaten stationiert. Die Truppen der Kompanie, zu denen auch einige weiße Regimenter gehörten, wurden gleichfalls aufgestockt, von 150 000 im Jahr 1805 auf 300 000 im Jahr 1820. Die größte Einheit, die Bengal Army, rekrutierte ihre Mitglieder unter den Brahmanen und Rajputen in Bihar und Nordindien und umfasste auch ein großes Kontingent aus Avadh. Nach der Annexion des Panjab 1849 nahm sie Tausende von Sikh-Soldaten auf, die Ranjit Singh gedient hatten und kurz zuvor noch gegen die Briten gekämpft hatten.

Ein von der Kompanie geführter Staat entstand nur schrittweise. Die Einverleibung Bengalens 1765 führte nicht sogleich zum Aufbau eines Kolonialstaates. Die Provinz blieb Privatbesitz des Kompanie-Diwan, und ihre Verwaltung unterschied sich anfangs kaum von der anderer Nachfolgestaaten des Mogulreichs. Doch trotz ihrer finanziellen Stärke und ihres kommerziellen Erfolges (die Einverleibung Bengalens brachte der Kompanie zusätzliche Einnahmen von jährlich 4 Millionen Pfund), war sie nur schlecht auf die Führung eines Empire vorbereitet. Bevor Robert Clive Kalkutta 1767 verließ, installierte er ein System staatlicher »Doppelverwaltung«. In der Schwebe zwischen einer Verwaltung im Stile der Moguln und einer offenen Fremdherrschaft arbeiteten britische Beamte neben hochrangigen Indern, darunter auch Muhammad Reza Khan, der stellvertretende Diwan, der die Eintreibung der Abgaben zugunsten der Kompanie beaufsichtigte. Europäer waren jedoch nicht vom privaten Handel ausgeschlossen, und sie nutzten die Gelegenheit, um sich zu

Die Herrschaft der Ost Indien Kompanie

bereichern und ein »ostindisches Vermögen« aufzubauen, das ihnen ebenso zugute kam wie der Kompanie.[112] Solche Männer wurden *Nabobs* genannt. In Großbritannien beneidete man sie wegen ihres unglaublichen Reichtums, und zugleich verachtete man sie wegen ihrer Dekadenz und ihrer schamlosen Bemühungen, sich in Landadel und Parlament einzukaufen. Ein Paradebeispiel für einen solchen raschen Aufstieg zu Ruhm und Vermögen war Robert Clive. Nachdem er Mir Jafar 1757 zum Nawab von Bengalen gemacht hatte, erhielt er zum Dank eine Jagir im Wert von 34 657 Pfund jährlich. Die Größe dieses Geschenks und des persönlichen Vermögens von 300 000 Pfund, das Clive in Indien angesammelt hatte, löste in Großbritannien Empörung aus – auch wenn er sich selbst als »maßvoll« ansah. Seine Gier weckte Zweifel an Moral und Legitimität der Kompanie-Herrschaft in Bengalen, verstärkt noch durch die Nachrichten über die Hungersnot im Jahr 1770, der ein Drittel der bengalischen Bevölkerung zum Opfer fiel. Das Entsetzen über die Hungersnot, die zum Teil durch die Habgier von Vertretern der Kompanie verursacht wurde, war einer der Gründe, weshalb man sie zwang, eine Aufsicht durch das Parlament zu akzeptieren.

In der ersten Hälfte des 18. Jahrhunderts zahlte die Kompanie, die von gewählten Direktoren geführt wurde, ihren Aktionären eine Dividende von 10 Prozent. Nach der Einverleibung Bengalens schoss die Dividende auf 12,5 Prozent hinauf. Da die laufenden Kosten und die Zahlungen an die Anteilseigner nun die Einnahmen weit überstiegen, musste die Kompanie das Parlament 1772 um einen Kredit von 1 Million Pfund bitten, um den Bankrott abzuwenden. 1773 gewährte ihr die Regierung von Lord North einen weiteren Kredit in Höhe von 1,4 Millionen Pfund, ließ im Gegenzug jedoch einen Regulation Act verabschieden, der die jährliche Dividende auf 6 Prozent beschränkte, bis alle Schulden zurückgezahlt waren. Aufgrund dieses Gesetzes erhielt Warren Hastings, der 1772 zum Gouverneur von Bengalen ernannt worden war, das Amt des Generalgouverneurs von Indien – als Erster in einer langen Reihe britischer Repräsentanten, die ihm in diesem Amt folgten. Als dem Verantwortlichen für die Verwaltung Bengalens oblag ihm zugleich die Oberaufsicht über die Verwaltung der Präsidentschaften Madras und Bombay. Das Gesetz von 1773 war der erste Schritt eines langen Prozesses, in dem die Kontrolle von der Kompanie auf eine stärker anglisierte Verwaltung überging. Doch kurzfristig geriet Hastings mit seiner Tätigkeit verstärkt in das Feuer der Kritik. Nach einem langen Absetzungsverfahren, das man in Britannien wegen seiner angeblichen Untaten gegen ihn angestrengt hatte, wurde er schließlich freigesprochen, doch die heftigen Vorwürfe seines Hauptgegners Edmund Burke verstärkten noch den Eindruck, die Herrschaft der Kompanie sei unmoralisch, willkürlich und korrupt. Außerdem stand sie wieder kurz vor dem Bankrott.

1784 brachte Premierminister William Pitt ein indisches Gesetz durchs Parlament, das ein System doppelter Kontrolle durch Parlament und Kompanie einführte und bis 1858 Bestand hatte. Der Vorstand der Kompanie behielt die Zuständigkeit für die kommerziellen und politischen Aktivitäten, doch er wurde der Aufsicht durch einen vom Parlament bestimmten Aufsichtsrat unterstellt.

Pitt war sehr darauf bedacht, die territoriale Expansion in Indien und die dadurch verursachten steigenden Kosten einzudämmen. Er erklärte:»Das Bestreben, Einfluss in Indien zu gewinnen und zu erweitern, widerspricht den Wünschen, der Würde und der Politik unseres Landes.«[113] Mit ihren Bemühungen blieben Pitt und seine Nachfolger allerdings weitgehend erfolglos, und die Territorien der Kompanie wuchsen weiter. Lord Wellesley, der das Amt des Generalgouverneurs von 1798 bis 1805 bekleidete, verfolgte in Indien eine aggressiv expansionistische Politik, die den Sieg über Mysore und die Marathen brachte, aber die Schulden der Kompanie auf 32 Millionen Pfund anwachsen ließen. Als Bedingung für ihren Fortbestand musste sie

Die Herrschaft der Ost Indien Kompanie

sich in ihrer Satzung bereit erklären, ihre Geschäftstätigkeit alle zwanzig Jahre vom Parlament überprüfen zu lassen. 1813 musste sie sich dem Druck des Parlaments beugen und zulassen, dass christliche Missionare ihre Tätigkeit in Indien aufnahmen. Außerdem verlor sie das Handelsmonopol für Indien, bis auf den lukrativen Chinahandel. 1833 gab sie auch dieses Monopol auf, und 1853 verlor sie den wichtigsten Teil ihrer Patronage (über die ihre Direktoren die Stellenvergabe in Indien in der Hand hatten), als sie Aufnahmeprüfungen für Beamte einführen musste. In den 1850er Jahren waren die Tage der Kompanie eindeutig gezählt. Aber sie hatte gut achtzig Jahre als Stellvertreterinstitution gedient, über die Großbritannien sein asiatisches Empire regierte.

Es gab keine plötzliche Revolution in der Staatsverwaltung oder der Gesellschaft, die von der Kompanie regiert wurde, wohl aber weitreichende Veränderungen. Lord Cornwallis, der das Amt des Generalgouverneurs von 1786 bis 1793 innehatte, machte sich daran, die indische Verwaltung von innen her zu reformieren. Die alte Verbindung zwischen Staatsdienst und Landbesitz in Gestalt der Jagirs wurde aufgelöst. Privatgeschäfte, an denen die Nabobs sich bereichert hatten, wurden den Beamten der Kompanie verboten. Man versuchte, der Korruption Herr zu werden, indem man den Beschäftigten regelmäßige Gehälter zahlte, die hoch genug waren, um Bestechlichkeit und Unterschlagung einzudämmen. Da Cornwallis alle Inder für korrupt hielt, beschränkte er Posten mit mehr als 500 Pfund Jahresgehalt auf Briten, so dass Inder (und die als »Inder« eingestuften Eurasier) nur noch in untergeordneter Stellung beschäftigt werden konnten. Dies war keine »Doppelverwaltung« mehr, in der Inder und Europäer Seite an Seite gearbeitet hätten, sondern eine Ämterhierarchie, die auf der Rassenzugehörigkeit basierte. Nach Cornwallis wurden die oberen Ränge der Kolonialverwaltung für mehr als ein Jahrhundert nahezu ausschließlich mit Europäern besetzt. Den Bezirken, in die man die Provinzen unterteilte, standen nun britische Bezirksleiter vor, die sowohl die Amtsgewalt als auch die Fiskalgewalt ausübten. Zwar blieben Spuren des vorkolonialen Rechts erhalten, doch zunehmend handelten die Briten auch in der Justiz nach ihren eigenen Überzeugungen. Unter Lord William Bentinck (1828–1835) erreichte der Reformeifer einen neuen Höhepunkt. Der Kompanie-Staat machte sich daran, einheimische Praktiken wie das als barbarisch empfundene, 1829 verbotene Sati-Ritual auszumerzen und stattdessen westliche Bildung, Technologie und Wissenschaft zu fördern, die als Ausdruck einer fortschrittlicheren Zivilisation galten. Das Englische ersetzte das Persische als Verwaltungssprache, wodurch sich die Distanz zum Volk noch vergrößerte. Die britische Herrschaft bezog ihre moralische Autorität zunehmend aus dem Mutterland und nicht mehr aus indischen Legitimationsquellen. Diese Reformen trugen zwar zur Festigung der britischen Herrschaft bei, doch die Kompanie konnten sie nicht retten. In einer jener ironischen Wendungen, die so typisch für die indische Geschichte sind, überlebte die Kompanie das Ende der Moguldynastie nur um wenige Monate.

5. Meuterei, Rebellion und das Ende der Kompanie-Herrschaft

Den Kern der stürmischen Ereignisse von 1857–1858 bildete eine militärische Meuterei. Am 10. Mai 1857 befreiten indische Soldaten in einer Garnison im nordindischen Mirat Kameraden, die inhaftiert worden waren, weil sie sich geweigert hatten, die mit dem neuen Enfield-Gewehr ausgegebenen Patronen zu akzeptieren. Sie töteten oder verwundeten mehrere britische Offiziere, bevor ein Kavallerietrupp sich auf den Weg in das 65 Kilometer entfernte Delhi machte. Die Rebellen stießen nur auf geringen Widerstand, übernahmen die Herrschaft in der alten

Die Herrschaft der Ost Indien Kompanie

Mogulhauptstadt und riefen Bahadur Shah Zafar, den betagten König von Delhi, zum Kaiser aus. Nach der Einnahme Delhis und angesichts der Verwirrung der Briten breitete der Aufstand sich rasch in Nord- und Mittelindien aus. Innerhalb von zwei Monaten nahmen die Aufständischen mehr als zwanzig Stützpunkte ein und beschränkten den britischen Herrschaftsbereich auf Niederbengalen und den Panjab.

Was verursachte diese heftige Erhebung? Den unmittelbaren Anlass bildete die Einführung »gefetteter Patronen« für die Enfield-Gewehre der Armee. Das als Schutz um die Patronen gelegte Papier musste aufgebissen werden, bevor man die Patronen in das Gewehr einlegte. Es ging das Gerücht, das Papier sei mit dem Fett von Schweinen oder Rindern imprägniert – wobei Schweine von den Muslimen als ekelhaft empfunden wurden, während Rinder den Hindus als heilige Tiere galten. Die Armee hatte versucht, dieses Gerücht zu zerstreuen, und sie hatte auf das beanstandete Fett verzichtet. Es war jedoch zu spät, um die Unzufriedenheit einzudämmen, die in der bengalischen Armee entstanden war, wo Kastensolidarität und religiöse Empfindungen am stärksten ausgeprägt waren. Seit den 1850er Jahren wurde die bengalische Armee von Brahmanen und Rajputen dominiert. Aus Rücksicht auf diese Angehörigen hoher Kasten hatten die britischen Offiziere die Armee zu einer Heimstatt für Menschen gemacht, deren Loyalität gegenüber der Kompanie durch Bindungen an Religion, Kaste und Familie geschwächt wurde. Manche Sepoys waren unzufrieden, weil sie in immer ferneren Teilen des Reiches Dienst tun mussten. Andere waren unzufrieden, weil sie als Sepoys nicht über den Rang eines Unteroffiziers hinauskommen konnten – unabhängig davon, wie lange sie dienten und wie groß ihre Verdienste waren. Und schlimmer noch, oft hatten sie unter weißen Offizieren zu dienen, die jünger waren und weniger Erfahrung besaßen als sie und kaum etwas von ihrer Sprache und ihren Sitten verstanden. Für Verbitterung sorgte auch der spärliche Sold bei Einsätzen im Ausland, und Sepoys aus Avadh verloren den Zusatzsold, den sie erhalten hatten, bevor ihr Heimatland 1856 annektiert worden war. Außerdem bestand der Verdacht, die Briten mitsamt ihren unmittelbar vorgesetzten Offizieren hätten die Absicht, die Kastenregeln abzuschaffen und sie zum Christentum zu bekehren. Doch Ressentiments und Misstrauen gab es nicht nur in der Armee. Soziale Reformen und solche des Bildungswesens wie auch die verstärkte Missionstätigkeit sorgten für eine allgemeine Stimmung des Unbehagens. Die Aussicht auf einen Religionskrieg gegen die Ungläubigen, die von muslimischen Wanderpredigern wie dem Maulvi von Faizabad genährt wurde, fiel mit einer weithin bekannten Prophezeiung zusammen, wonach die britische Herrschaft am hundertsten Jahrestag der Schlacht von Plassey enden sollte. Zum Widerstand reizte auch die expansionistische Politik Lord Dalhousies, der unter wechselnden Vorwänden Nagpur, Satara, Jhansi und Avadh annektierte. Andere Fürsten befürchteten gleichfalls einen baldigen Verlust ihrer Macht und ihrer Stellung. Nana Saheb, der letzte Erbe der Peshwas, ließ sich in den Aufruhr hineinziehen, weil er glaubte, die Rebellion könne den verlorenen Ruhm der Marathen wiederherstellen. Doch die Revolte gründete durchaus nicht nur in der eigennützigen Unzufriedenheit einer abgehalfterten Elite, sondern stützte sich auch auf eine mächtige Strömung in den unteren Schichten des Volkes. Bauern und kleine Landbesitzer hatten die Veränderungen zu spüren bekommen, welche die Briten im Bodenrecht und in der Festsetzung der Grundsteuern vorgenommen hatten. Während manche prosperierten, litten viele unter erhöhten Abgaben und einem Rechtssystem, das ihnen das Land wegnahm, wenn sie nicht zahlen konnten. Auf der anderen Seite schienen die Briten kaum etwas von der wachsenden Gefahr zu bemerken. Die Rebellion von 1857 war ein grandioser Misserfolg der britischen Aufklärung.[114] Meutereien hatte es auch zuvor schon gegeben, aber man hatte sie relativ leicht niedergeschlagen, und die britischen Offiziere glaubten weiterhin an die Loyalität der Sepoys. Als dann der Aufstand ausbrach und die Soldaten ihre Treuepflicht aufkündigten, war die in Garnisonen und zivilen Quartieren isolierte weiße Gesellschaft bewaffneten Angriffen wehrlos ausgeliefert, wie im Sommer 1857 eine Reihe von Massakern in Mirat, Delhi und Kanpur bewies.

Die Rebellion lässt sich in drei Phasen unterteilen. In der ersten, von Mai bis September 1857, verloren die Briten die Kontrolle über Delhi und andere Städte, darunter auch Allahabad. Dagegen hielten sie sich mit grimmiger Entschlossenheit in der britischen Residenz von Lakhnau. Eine Weile schien es, als könnten die Unruhen auch auf Bengalen übergreifen, wo Kalkutta sich in größter Aufregung befand, sowie auf den Süden des Landes. In den Rebellengebieten übernahmen lokale Fürsten und Zamindars die Macht, doch erstaunlicherweise ging aus den Reihen der meuternden Soldaten keine erkennbare Führung hervor. Die lag stattdessen hauptsächlich in den Händen der alten feudalen Klassen, bei Mitgliedern der königlichen Marathen-Familien, der Moguln und Avadhs. Entscheidende Bedeutung für das Wiedererstarken der Briten besaß das Panjab, wo 10 000 britische Soldaten stationiert waren. Hätten die Briten die Kontrolle über diese Provinz verloren, wäre ihre Stellung in Nordindien nachhaltig geschwächt worden, was eine Rückeroberung sehr viel schwieriger gemacht hätte. Aber sie erfreuten sich der Unterstützung durch die Sikhs, deren historische Gegnerschaft zu den Moguln sie zu bereitwilligen Verbündeten machte. Nach einem vertrauten Muster, das einen Teil Südasiens gegen den anderen ausspielte, konnten die Briten auch auf Verstärkung aus Madras und aus Nepal zurückgreifen, dessen Premierminister Jang Bahadur erkannte, wie wertvoll eine Unterstützung der Briten für die Bewahrung der nepalesischen Unabhängigkeit sein konnte.

In der zweiten Phase der Revolte, die im September 1857 begann, eroberten die Briten Delhi zurück und nahmen den Kaiser gefangen, doch an anderen Fronten kam die Offensive nur langsam voran. General Neill und seine Füsiliere aus Madras nahmen Allahabad ein und töteten alle Rebellen, derer sie habhaft werden konnten, ob es sich nun um wirkliche oder nur angebliche handelte. Zahlreiche Meuterer wurden summarisch exekutiert. Andere kamen vor ein Kriegsgericht und wurden erschossen oder auf die Andamanen geschickt. Im Juli 1857 eroberte ein britisches Entsatzheer Kanpur zurück und erreichte im September die britische Residenz in Lakhnau, wurde dann aber seinerseits belagert. Die in Trümmern liegende Stadt fiel endgültig erst im März des folgenden Jahres. Um diese Zeit war die Rebellion in ihre Endphase eingetreten. Zwar konzentrierten die Aufstände sich anfangs auf Städte und Garnisonen, doch mit der Zeit verlagerte die Revolte sich zunehmend aufs Land, und dort trafen die Briten auf den zähesten Widerstand. In Avadh hatten sie gegen die Talluqedars zu kämpfen, den Landadel, der vor der Annexion 1856 weite Teile des Landes kontrolliert hatte und unter britischer Herrschaft weitere Land- und Statusverluste befürchtete. Da viele Talluqedars wehrhafte Festungen besaßen, fanden die Briten es ratsam, mit einigen weniger entschiedenen Talluqedars Kompromisse zu schließen, indem sie ihre Herrschaft anerkannten und ihnen Belohnungen versprachen, wenn sie ihnen gegen die Rebellen beistanden. Die Briten hatten auch mit der Rani von Jhansi zu kämpfen (deren Staat sie 1853 annektiert hatten) und mit ihrem General Tantia Topi, der entschlossen gegen die Briten vorging und verwegen westwärts nach Gwalior vorstieß. Als die Königin auf dem Schlachtfeld starb, führte Tantia noch mehrere Monate lang einen beweglichen Krieg fort. Nach der Rückeroberung Gwaliors durch die Briten waren die Kämpfe weitgehend beendet, doch ihr Rachedurst war noch nicht gestillt. In Szenen des Leidens, des Exils, die an die Teilung neunzig Jahre später denken lassen, vertrieben sie die muslimische Bevölkerung aus Delhi und verhinderten monatelang ihre Rückkehr. Ein Teil der Altstadt wurde zerstört,

Die Herrschaft der Ost Indien Kompanie

um der Armee ein freies Schussfeld zu sichern, und man sprach sogar davon, die Jami Masjid in die Luft zu sprengen. Blieb noch der König von Delhi. Er hatte die Revolte nicht angezettelt, auch wenn er durchaus auf ausländische Hilfe hoffte, um die Timuriden vor der Auslöschung zu bewahren. Von Mai bis September 1857, als die Briten aus Delhi vertrieben waren, nahm der König den Kaisertitel wieder an und gab unter diesem Titel Proklamationen heraus, in denen er Hindus und Muslime dazu aufrief, ihren Glauben zu verteidigen und die alte soziale Ordnung wiederherzustellen. Doch der König hatte nicht die Macht, das Geschehen zu steuern, und nicht einmal die Autorität, die Sepoys im Zaum zu halten, die gegen jedes Zeremoniell zu ihm drängten und ihren Sold forderten. Nach der Rück-

Abb. 18: Einnahme Delhis durch britische Truppen

eroberung der Stadt stellten die Briten den König vor Gericht. Man beschuldigte ihn, er habe sich an einer Konspiration zum Sturz der Briten beteiligt und die Massaker an Europäern autorisiert. Er wurde für schuldig befunden und nach Mandalay geschickt, wo er 1862 starb. Mehr als 300 Jahre nach Babur war damit die Moguldynastie ausgelöscht.

Für die Briten bedeutete die Meuterei einen wichtigen Wendepunkt. Die Niederschlagung des Aufstands hatte Hunderten von Soldaten das Leben gekostet und Ausgaben von 50 Millionen Pfund verursacht. Das entsprach den Einnahmen eines ganzen Jahres. Angesichts eines gewaltigen Drucks, die Schuld für die Aufstände der Kompanie anzulasten, wurde diese im August 1858 aufgelöst und die Zuständigkeit für Indien der Krone übertragen. Den Titel des Generalgouverneurs behielt man bei, ergänzte ihn jedoch um den eines Vizekönigs. In London wurde Indien nicht mehr durch Vorstand und Aufsichtsrat der Kompanie, sondern durch einen Staatssekretär mit Kabinettsrang vertreten. Im November 1858 wandte sich Königin Victoria in einer Erklärung an die »Fürsten, Oberhäupter und Völker Indiens«. Darin hieß es, der Konflikt sei beendet. Die Königin versprach, die Annexion von Fürstenstaaten zu beenden und sich nicht in religiöse und soziale Fragen einzumischen.

Das Militär, um das solche Kontroversen entstanden waren, blieb in eine britische und eine indische Armee geteilt, doch aus Sicherheitsgründen erhöhte man das Verhältnis zwischen britischen und indischen Truppen von 1:5 auf 1:2. Im Jahr 1863 gab es in Indien 65 000 britische und 140 000 indische Soldaten. Die indische Armee verlor nahezu ihre gesamte Artillerie – eine der Vorsichtsmaßnahmen, die sicherstellen sollten, dass sie niemals mehr eine ähnliche Kampfkraft erreichte wie britische Regimenter. In einer weiteren Schutzmaßnahme wurde die indische Armee in der Weise umorganisiert, dass man dort nun Kasten- und Religionsunterschiede betonte. Der zuständige Staatssekretär schrieb 1861:

»Ich möchte niemals mehr eine große, in ihren Gefühlen, Vorurteilen und Bindungen weitgehend einheitliche Armee sehen, die auf ihre Stärke vertraut und sich gemeinschaftlich zu einer Rebellion zusammenzufinden vermag. Wenn ein Regiment rebelliert, soll das nächste ihm so fremd sein, dass es bereit ist, auf ersteres zu schießen.«[115]

Bei der Rekrutierung wandte man sich zunehmend von Brahmanen und Rajputen ab und konzentrierte sich stattdessen auf Sikhs und Muslime aus dem Panjab und der North-West Frontier Province sowie auf Gurkhas aus Nepal. Stärke und Loyalität der Armee blieben für den Kolonialstaat von erstrangiger Bedeutung. In den Jahrzehnten nach der Meuterei floss ein Drittel der staatlichen Ausgaben in die Armee, weit mehr als in jeden anderen Bereich. Der durch die wechselseitigen Gemetzel 1857 verursachte Schaden ließ sich nicht leicht beheben. Die Abhängigkeit der britischen Herrschaft von bewaffneter Gewalt war auf brutale Weise bestätigt worden, die rassebedingten Antipathien nahmen zu, und das Misstrauen der Briten gegenüber Indern nahezu sämtlicher Schichten vertiefte sich beträchtlich.

B Eine fremde Herrschaft

1. Definition des Raj

Der Ausdruck »Raj« im Sinne von »Reich« oder »Herrschaft« wurde von den Briten für ihr eigenes imperiales Regime nur selten verwendet. Sie sprachen lieber von »British India« oder vom »Indian Empire«. Doch seit den 1940er Jahren wurde »Raj« zu einer immer vertrauteren Bezeichnung für das Gebilde, das man in viktorianischer Zeit als eines der »Weltwunder« gepriesen hatte, und jüngeren Historikern gilt es als das »spektakulärste Beispiel von Imperialismus in der Moderne«.[116] Indien war im technischen Sinne keine Kolonie (wie Ceylon), sondern stellte in der imperialen Vorstellungswelt etwas Größeres und Exotischeres dar. Der »Raj« stand für die britische Herrschaft über eine Rasse. Sein zentrales ideologisches Moment war nicht die Erkundung einer Verwandtschaft, sondern die Betonung des Unterschieds.[117] Doch auch wenn die Briten sich in mancherlei Hinsicht von ihren einheimischen Untertanen zu distanzieren versuchten, bemühten sie sich in anderer Hinsicht doch auch um die Bewahrung eines indischen Erbes. Das Wort »Raj«, das auf hinduistische Vorstellungen von Königtum verweist, legt den Gedanken nahe, dass die wahrgenommene Kontinuität sich eher auf die Hindus als auf die Muslime bezog. Es lässt an ein Regime denken, das trotz seines Anspruchs auf Modernität und Fortschrittlichkeit tatsächlich oft rückwärts schaute, mit dem Feudalismus liebäugelte und das Kastenwesen mit Nachsicht betrachtete – und in diesem eher »traditionsorientierten« Licht sehen viele Historiker Britisch-Indien heute.

Doch das Wesen Indiens unter britischer Herrschaft ist wei-

Eine fremde Herrschaft

terhin heftig umstritten. Nach Ansicht mancher Wissenschaftler war die britische Herrschaft oberflächlich. Indische Bürokraten, ländliche Magnaten und städtische Bosse hätten sich stets eine Macht bewahrt, die für die Briten nicht zu fassen war.[118] Nach diesem Bild war Indien unter den Briten in gewisser Weise ein Partner, so asymmetrisch diese Partnerschaft zu Zeiten auch erscheinen mochte. Das Indian Empire, eher ein englisch-indisches Unternehmen als ein imperiales Zwangsgebilde, habe nur marginal auf Zwang und Intoleranz basiert. In einem bedeutsameren Sinne sei es ein Vehikel für indische Bestrebungen und Ambitionen gewesen, ein Ort, an dem Inder ihre Vergangenheit überdenken und ihre Zukunft gestalten konnten, eine Plattform für eine Moderne, die weder rein westlich noch zeitlos östlich geprägt sein sollte. Für manche Historiker war es unvorstellbar, dass Indien jemals seine alles durchdringende Präsenz, seine intellektuelle Herausforderung und seine kulturelle Vitalität verlieren könnte.[119] Und als ebenso illusorisch empfanden sie die Vorstellung, die Briten hätten Indien jemals wirklich regieren oder nach ihrem Bilde formen können. Doch das ist nur eine Interpretationsmöglichkeit. Andere Wissenschaftler sind ebenso leidenschaftlich der Überzeugung, der Kolonialismus sei untrennbar mit Ausbeutung und Unterdrückung verbunden gewesen. Wer Britisch-Indien als eine Art Partnerschaft darstelle, verleugne die Gewalt, die Enteignung und den Rassismus der Kolonialherrschaft – und lasse die Inder als Komplizen ihrer eigenen Unterjochung erscheinen.[120]

2. Das orientalische Indien

Der Schock der Meuterei und Rebellion weckte bei den Briten erneut den Wunsch, Indien »kennenzulernen« – nicht aus Neugier, sondern im Interesse des Empire und der Sicherheit. Natürlich wussten Briten und andere Europäer schon vor der Kolonialzeit manches über Südasien. Dieses Wissen entlehnte man bei antiken Autoren wie Megasthenes, bei mittelalterlichen Reisenden wie Marco Polo und in neuerer Zeit bei Reisenden wie François Bernier, dessen Beobachtungen aus Aurangzebs Reich zur Entstehug der Vorstellung eines »orientalischen Despotismus« beigetragen hatten. Auch andere – phantasievolle und phantastische – Bilder des Orients fanden im Westen weite Verbreitung und sorgten wie die *Geschichten aus tausendundeiner Nacht* oder Thomas Moores romantisches Gedicht *Lalla Rookh* (1817) für eine weitere exotische Einfärbung des europäischen Indienbildes. Anfang des 19. Jahrhunderts gab es bereits eine umfangreiche, in Englisch und anderen europäischen Sprachen verfasste Literatur über Geschichte, Geographie, Religionen und Ethnographie Südasiens und dazu zahlreiche bildliche wie auch poetische Darstellungen. Die pittoresken »Szenen aus dem Orient«, die William Hodges oder Thomas und William Daniell schon zu Kompanie-Zeiten zeichneten, hinterließen auch bei solchen Menschen bleibende Eindrücke von den Landschaften, Monumenten und Stadtansichten Indiens, die selbst niemals im Orient gewesen waren. Landkarten Südasiens waren weit verbreitet, ebenso die vielfältigen Erzeugnisse indischer Kunst und Industrie – Chintz, Kaliko, Kaschmirschals, Miniaturmalereien, Elfenbeinschnitzereien, Messinggeschirr und Schmuck.

Betrachten wir dagegen nicht diese fernen Impressionen, sondern das am Ort gewonnene Verständnis, können wir für das späte 18. Jahrhundert, als die Ost Indien Kompanie von der Handelsgesellschaft zur Territorialmacht wurde, eine beträchtliche Veränderung erkennen. In dieser Zeit wurde aus der Eroberung Indiens erstmals auch eine Eroberung von Wissen. Wie ihr militärisches Gegenstück kannte die Wissenseroberung diverse Feldzüge und Strategien. Eine dieser Strategien war das Erlernen indischer Sprachen. In gewisser Weise war dies ein Prozess, der nur schrittweise vorankam, eher durch individuelle Initiative

Eine fremde Herrschaft

oder dank einiger Gruppen von Wissenssuchern als nach einem großangelegten Plan. Angestellte der Kompanie erlernten bei *munśīs* (Sprachlehrern) die Verwaltungssprachen (vor allem Persisch, Urdu und Marathi) oder erwarben durch den Umgang mit Soldaten, Dienstpersonal oder Mätressen bruchstückhafte Kenntnisse in den Volkssprachen. Um die Jahrhundertwende wurde die Erforschung der Sprachen zu einer systematischeren Unternehmung. So gründete Lord Wellesley 1800 in Kalkutta das Fort William College, in dem neu eintreffende Beamte der Kompanie eine Sprachschulung erhielten. 1805 verlagerte sich der Schwerpunkt dieser Bemühungen ins Haileybury College in England, wo man Anwärtern auf den Dienst bei der Kompanie indische Sprachen beibrachte und sie in den Grundlagen der Geschichte, des Rechts, der Geographie und der Ökonomie Indiens unterrichtete.

Doch schon zuvor hatte Warren Hastings sich in den 1770er Jahren bemüht, die Erforschung der indischen Sprachen und Kulturen zu fördern. Man schuf Grammatiken und Wörterbücher südasiatischer Sprachen wie des Sanskrit und des Persischen und druckte sie für den europäischen Gebrauch, teils zu wissenschaftlichen Zwecken, aber auch in der Überzeugung, ein informiertes Verständnis des Rechts, der Sitten und der Verwaltungspraxis des Subkontinents könne dem Empire von Nutzen sein. In diesem Geiste informierte Hastings die Direktoren der Kompanie 1772:»Wir haben uns bemüht, unsere Regeln an die Sitten und Denkweisen der Menschen und die Erfordernisse des Landes anzupassen und soweit wie möglich Rücksicht auf ihre alten Bräuche und Institutionen zu nehmen.«[121] Mit der Zeit jedoch wuchs bei den britischen Verwaltern die Unzufriedenheit mit dem, was sie bei Pandits und Munshis über die indischen »Sitten und Gebräuche« erfuhren. Sie befürchteten, von eigennützigen Personen mit Halbwahrheiten abgespeist zu werden. So wuchs das Bedürfnis nach einem direkten Zugang zu authentischen Quellen. Dazu bedurfte es beträchtlicher britischer Investitionen in das Erlernen von Sprachen und Schriften sowie in das Auffinden und Übersetzen von Texten.

Dieses Bestreben war, wie man leicht erkennt, Teil eines politischen und pragmatischen Verständnisses des Werts der Sprachen als eines der Mittel, mit denen die Briten ihre Herrschaft über neue Untertanen festigen konnten. Die praktische Absicht zeigte sich bereits 1776 in der Publikation eines *Code of Gentoo Laws* von H. B. Halhed, den Hastings mit der Erforschung des Hindu-Rechtssystems beauftragt hatte. Es folgten weitere Werke von praktischem Wert für britische Beamte, Richter und Offiziere: Halheds *Grammar of the Bengal Language*, J. A. Gilchrists *English-Hindustani Dictionnary* und George Hadleys Führer zum *Practical and Vulgar Dialect of the Indostan Language*. 1785 veröffentlichte ein weiterer Angestellter der Kompanie, Charles Wilkins, die erste europäische Übersetzung der *Bhagavadgītā*, eines Textes, dem man zentrale Bedeutung für das Verständnis des hinduistischen Glaubens beimaß. Das Übersetzen war indessen keine Einbahnstraße. Neben indischen Texten, die man ins Englische übertrug, übersetzte man auch eine wachsende Zahl englischer Texte in indische Sprachen. Und nicht nur Angehörige der Kompanie waren an dieser Arbeit beteiligt. William Carey, ein baptistischer Missionar, der in Serampore unweit von Kalkutta arbeitete, begann christliche Texte ins Bengali und andere Volkssprachen zu übersetzen. Der Buchdruck, der von den Portugiesen nach Indien gebracht worden war, aber dort bislang kaum genutzt wurde, erlangte bald wesentliche Bedeutung für die Verbreitung profaner wie auch religiöser Schriften. Zwischen 1801 und 1812 wurden im Fort William College 88 orientalische Werke aus dem Persischen, dem Arabischen und dem Sanskrit übersetzt und im Druck herausgegeben.

Das Erlernen der Sprache war unerlässlich für die Kommunikation in einem fremden Land, aber es wurde ergänzt durch andere Nachforschungen, die den Briten das Gefühl vermitteln konnten, Indien zu besitzen. In den 1770er Jahren gehörte Ale-

Eine fremde Herrschaft

xander Dow zu den ersten britischen Gelehrten, die sich bemühten, Indien durch die Kenntnis seiner Geschichte zu begreifen. Zu diesem Zweck übersetzte er die persischen Chroniken des Firishta, brachte sie auf den neuesten Stand und stellte sie in den historischen Kontext Europas. Auch andere bemühten sich um eine Aneignung der indischen Geschichte, darunter Robert Orme, der in den 1770er und 1780er Jahren Geschichten des Mogulreichs und des Aufstiegs der britischen Herrschaft verfasste. Anfang des 19. Jahrhunderts war die Entdeckung der vorkolonialen Geschichte Indiens bereits weit gediehen und erstreckte sich auch auf andere Regionen Südasiens, von Nepal bis nach Sri Lanka. Eines der einflussreichsten Werke dieser Art waren die *Annals and Antiquities of Rajasthan*, erstmals erschienen 1829, in denen James Tod die Geschichte der Rajput-Dynastien beschrieb und ein heroisches Bild der feudalen indischen Vergangenheit zeichnete.

Unter all diesen gelehrten Vorstößen in Geschichte und Literatur behielt indessen die Erforschung der Sprachen die größte Bedeutung für das Streben nach einer informierten Herrschaft über Indien und den Versuch, den Subkontinent in den umfassenden Rahmen westlichen Wissens einzufügen. Auf ein neues Bedeutungsniveau hob diese Aufgabe Sir William Jones. Er war bereits ein anerkannter Kenner der persischen Sprache und Literatur, als er 1783 nach Indien ging und Richter am Obersten Gericht in Kalkutta wurde. Er erkannte eine einzigartige Chance, das westliche Wissen über orientalische Sprachen und Kulturen zu erweitern. Jones war entschlossen, einen direkten Zugang zu den Grundlagen des Hindu-Rechts zu suchen statt sich mit der »Meinung einheimischer Anwälte« zufriedenzugeben, die möglicherweise ein Interesse daran hatten, das Gericht »in die Irre zu führen«.[122] Er lernte Sanskrit und veröffentlichte 1794 die erste englische Übersetzung des *Mānavadharmaśāstra*. 1784 gründete Jones die »Asiatic Society of Calcutta«, die Sprachen, Kulturen und Erzeugnisse Indiens (und ganz Asiens) sowie deren Geschichte und Geographie erforschen sollte. Seine denkwürdigste »Entdeckung« machte er 1786, als er die enge Verwandtschaft zwischen Sanskrit, Griechisch und Latein aufwies, was ihn zu der Hypothese veranlasste, die drei Sprachen müssten gemeinsam auf eine ältere unbekannte Sprache zurückgehen. Diese Beobachtung hatte weitreichende Folgen. Sie regte eine vergleichende Erforschung der Sprachen, Literaturen und Religionen an und nährte letztlich auch Spekulationen über gemeinsame »arische« Vorfahren. So entstand eine Art Affinität zwischen Europa und Südasien – außer dass in dieser Sichtweise das alte Indien nach einer Blütephase in Stagnation verfallen war, während Europa trotz der Unterbrechung durch das »dunkle Mittelalter« von den ruhmreichen Zeiten des klassischen Griechenland und Roms weiter vorangeschritten war und die künstlerischen, wissenschaftlichen und technologischen Leistungen zu neuen Höhen geführt hatte. Jones, der durchaus kein unkritischer Verehrer Indiens oder des Hinduismus war, trug dazu bei, die Orientalistik als wissenschaftliche und weithin von Wertschätzung geprägte Erforschung der alten Geschichte und Kultur Indiens zu etablieren.[123]

Mit seinen orientalistischen Bestrebungen stand Jones nicht allein. Die Asiatic Society brachte eine Reihe bemerkenswerter Studien zu Geschichte und Münzkunde, Philologie, Astronomie und Medizin hervor, die den Europäern erstmals die außergewöhnliche Vielfalt und Verfeinerung der indischen Zivilisation vor Augen führten. Die Arbeit der Orientalisten zielte in erster Linie auf die Wiederentdeckung der antiken Vergangenheit des hinduistischen und buddhistischen Südasien (so war es weitgehend der Erforschung des Buddhismus zu verdanken, dass die Orientalisten ihre Aufmerksamkeit auf Sri Lanka und Nepal richteten). Die »muslimische Zeit« galt dagegen weithin als unwillkommene Unterbrechung, als gewaltsames Erwachen aus der hinduistischen Traumzeit, als Barbareneinfall, der einer ruhmreichen alten Zivilisation ein ruhmloses Ende bereitet hatte. Diese

Eine fremde Herrschaft

von Vorurteilen und westlicher Verachtung für den Islam geprägte Sicht stellte die angeblich wesensmäßigen und unüberwindlichen Unterschiede zwischen Muslimen und Hindus in den Vordergrund. Die wegweisenden Arbeiten von Jones wurden in den 1820er und 1830er Jahren fortgeführt. Ihren Höhepunkt erreichte diese zweite Phase wissenschaftlicher Auseinandersetzung mit der Entschlüsselung der Brahmi-Schrift durch James Prinsep, die es erstmals ermöglichte, die Edikte des seit langem vergessenen Ashoka zu übersetzen.

3. Koloniales Wissen

Die Orientalistik interpretierte die Dinge nicht gänzlich nach ihrem Geschmack, und sie war auch nicht das einzige Modell, nach dem der Westen Wissen über Indien sammelte. Sie passte zu einer Phase in der Geschichte der Kolonisierung Indiens, in der die Briten sich ihres Rechts, den Subkontinent zu beherrschen, noch nicht sicher waren. Als die britische Herrschaft sich festigte und die auf Wissenschaft, Technologie sowie den Glauben an die Überlegenheit der westlichen Zivilisation und einer herrschenden weißen Rasse gestützte Autorität zunahm, schien selbst die in der Orientalistik gezeigte eingeschränkte Hochachtung unnötig und fehl am Platz. Tatsächlich stieß die von Jones und seinen Kollegen empfundene, wenn auch bedingte Wertschätzung von Anfang an auf skeptische Ablehnung, und zwar bei solchen, die Zweifel an den Leistungen der indischen Antike hegten und den Wert ihres Vermächtnisses in Frage stellten. Diese Kritik kam aus mehreren Quellen, deren einflussreichste die Utilitarier und die Evangelikalen darstellten.

Im Gefolge führender utilitaristischer Reformer in Großbritannien wie etwa Jeremy Bentham waren viele Kolonialverwalter des frühen 19. Jahrhunderts der Ansicht, Indien brauche dringend Reformen. In ihren Augen litt die indische Gesellschaft unter grausamen Bräuchen und Unterdrückung und war im Aberglauben gefangen. Es bedürfe einer westlichen Intervention und aufgeklärter Herrschaft, um das Land in ein neues Zeitalter der Rationalität und der Ordnung zu führen. 1817 veröffentlichte James Mill, ein in London tätiger Angestellter der Kompanie, seine provozierende *History of British India*. Mills Buch basierte nicht auf einer persönlichen Kenntnis Indiens. Tatsächlich verachtete er eine solche Erfahrung. Doch in scharfem Gegensatz zu Jones und den Befürwortern eines geistigen und kulturellen Dialogs mit dem Osten prangerte er Indien – und insbesondere das hinduistische Indien – unermüdlich wegen seiner angeblichen Barbarei und Rückständigkeit an. Er brandmarkte die hinduistischen Darstellungen der Geschichte, in denen »die Taten von Menschen und die von Göttern in einer Reihe von Legenden miteinander vermengt werden, die absurder und extravaganter sind und die Grenzen der Natur und der Vernunft deutlich weiter übersteigen ..., als die Geschichtsfabeln aller anderen Nationen dies tun«. Die Hindus mochten »in ihrer persönlichen Erscheinung und ihrem Benehmen eine feminine Weichheit besitzen«, doch in Mills Augen gehörte das zu der für diese Rasse typischen Schwäche und Falschheit. Vehement attackierte er die »grausamen« Gesetze und brutalen Strafen der Hindus. Er verdammte die »selbst auferlegten Qualen«, die »Marter und den Tod«, die der Hinduismus seinen Gläubigen aufzwinge. Er war entsetzt über die Riten der Witwenverbrennung, der Selbstopferung und der Menschenopfer, die der Hinduismus zu fordern schien. Das Kastensystem sei »ein schändliches und verderbliches System der Unterwürfigkeit« und habe dazu beigetragen, dass die Hindus »der am stärksten versklavte Teil der Menschheit« seien. Als besonders verwerflich empfand Mill den niedrigen Status der Frauen. »Man kann sich keine größere Verachtung vorstellen, als die Hindus sie gegenüber ihren Frauen an den Tag legen«, schrieb er. Und der Hochachtung für tierisches

Eine fremde Herrschaft

Leben stellte er jene »Unempfindlichkeit für das Leiden anderer« und jene »aktive Grausamkeit« entgegen, »die sich hinter dem lächelnden Äußeren des Hindu verbirgt«.[124] Mills Ausfälle blieben nicht ohne Widerspruch. Autoren stärker orientalistischer Prägung, Männer wie H. H. Wilson und Mountstuart Elphinstone, die über umfangreiche persönliche Kenntnisse Indiens verfügten, bemühten sich um eine ausgewogenere Darstellung des Subkontinents und warfen Mills vorurteilsbeladener *History* vor, sie wolle »jegliche Sympathie zwischen Herrschern und Beherrschten zerstören«.[125] Doch das Buch galt schon bald als eines der maßgeblichen Werke über Indien und als Aufruf zur Reform. Am Haileybury College machte man es sogar zur Pflichtlektüre für die angehenden Beamten der Kompanie. Schon das nachdrückliche »British India« im Titel lässt die *History* als Plädoyer für eine Reinigung Indiens von seiner dekadenten Vergangenheit erscheinen, die das Land erst der britischen Herrschaft würdig mache. In Indien selbst wurden diese utilitaristischen Vorstellungen zumindest offiziell nur selten mit solcher Deutlichkeit wie bei Mill zum Ausdruck gebracht. Doch seine Rhetorik trug gemeinsam mit Benthams maßvoller formulierter Philosophie zu den Bemühungen bei, dem Land ein neues, auf rationalen Prinzipien statt auf Religion und Sitte basierendes Recht zu geben und Praktiken auszumerzen, die in den Augen der Briten nicht mit Menschlichkeit und Vernunft zu vereinbaren waren. Obwohl in Großbritannien zu diesen Zeiten ein barbarisches Recht noch kaum überwunden war, versuchte man, die Tötung weiblicher Säuglinge zu verhindern, körperliche Verstümmelungen zu untersagen und ein modernes Gefängniswesen einzurichten. Und 1829 unternahm der reformorientierte Generalgouverneur Lord Bentinck den wohl symbolträchtigsten Schritt und verbot die Witwenverbrennung.

Der utilitaristische Drang nach einer Reform des Rechts, der Verwaltung und der Gesellschaft fand seine Stütze in der Überzeugung, dass der Westen für eine höhere Moral und überlegene Rationalität stehe. T. B. Macaulay, juristischer Berater des Generalgouverneurs, gehörte zu jenen, die solche Überzeugungen am entschiedensten äußerten. Er entwarf nicht nur ein Strafgesetzbuch (das erst 1860 eingeführt wurde), sondern zeichnete auch verantwortlich für ein berühmtes (inzwischen berüchtigtes) »Memorandum zum Bildungswesen«. Darin pries Macaulay für Indien die Vorteile eines in englischer Sprache gehaltenen Unterrichts und verwarf jeglichen Text asiatischen Ursprungs. Obwohl er keinerlei orientalistische Ausbildung oder Sprachkenntnisse besaß, behauptete er, noch nie einem Orientalisten begegnet zu sein, der bestritten hätte, dass »ein einziges Werk einer guten europäischen Bibliothek die gesamte einheimische Literatur Indiens und Arabiens aufwiegt«. Auf den Gebieten der Geschichte, der Naturwissenschaft, der Medizin und der Philosophie sei »die Überlegenheit der Europäer ... absolut unermesslich«. Er erklärte, als Herrscher über Indien müssten die Briten »alles daransetzen, eine Klasse heranzubilden, die als Dolmetscher zwischen uns und den Millionen von uns Regierten dienen kann – eine Klasse von Menschen, die nach Geblüt und Hautfarbe indisch, aber nach Geschmack, Meinung, Moral und Verstand englisch sind«. Diese Mittelsleute sollten »braune Engländer« werden, der Sauerteig in der Masse ihrer Landsleute, deren Bildung und Erziehung »unsere begrenzten Mittel« übersteigt.[126] Obwohl oft geschmäht, war Macaulays Vorstellung anglisierter Inder als »brauner Engländer« doch folgenreich, denn sie stand für die Schaffung einer Schicht von Indern, die nicht als Gleiche, sondern als willige koloniale Untertanen verstanden wurden und die Aufgabe haben sollten, zwischen ihren Kolonialherren und den indischen Massen zu vermitteln.

Die Vorstellungen der Utilitaristen überschnitten sich mit denen der Evangelikalen, auch wenn Erstere an einer weltlichen Orientierung festhielten und den Staat für den geeigneten Träger der Reform hielten, während Letztere darauf bedacht waren,

Eine fremde Herrschaft

den christlichen Glauben zu verbreiten, und über die »gottlose« Kompanie klagten. Christliche Missionare wurden in Indien offiziell erst 1813 zugelassen, als das britische Parlament die Kompanie zwang, ihre religiöse Neutralität aufzugeben und die Förderung hinduistischer Feste und religiöser Einrichtungen einzuschränken. Charles Grant, ein führender Evangelikaler und ehemaliger Beamter der Kompanie, verdammte 1797 nicht nur Indiens Religionen, sondern »alles, was einen zivilisierten Status für dessen Völker zu beanspruchen vermöchte«.[127] Schon vor 1813 hatten Evangelikale, darunter auch die baptistischen Missionare mit Sitz in Serampore, das Christentum in Indien zu verbreiten versucht. Die britische Herrschaft empfanden sie als eine von der Vorsehung bereitgestellte Chance, eine der auf »widerwärtigste Weise heidnischen« Gesellschaften der Erde umzugestalten. In ihren Augen war der Hinduismus ein Abgrund des Aberglaubens und der Grausamkeit, während sie den Islam für den Inbegriff des Glaubenseifers und Fanatismus hielten. Sie drängten die Regierung, sich von diesen Religionen zu distanzieren und sich offen mit dem Christentum zu identifizieren. Sie brandmarkten den Tod von Pilgern, die unter den Rädern des Tempelwagens des Gottes Jagannath in Puri zermalmt wurden, als grausame Folge heidnischen Aberglaubens. Sie verurteilten die Opferung von Kindern auf der Insel Saugor vor der Mündung der Hugli. Sie verdammten die Tötung weiblicher Säuglinge und die Witwenverbrennung als unmenschlich und barbarisch. Sie beklagten, dass man in Schulen, Gefängnissen und Armee auf die Kastenzugehörigkeit Rücksicht nahm, und forderten staatliche Unterstützung bei der Abschaffung hinduistischer und muslimischer Einrichtungen. Auf manchen dieser Gebiete gelang es ihnen mit der Zeit, Einfluss auf den Staat zu gewinnen und dafür zu sorgen, dass er sich von den Patronagetraditionen zugunsten des Hinduismus abwandte, die er von früheren Herrschern übernommen hatte, und zunehmend auf direkte Sozialreformen und religiöse Interventionen setzte. Das

Verbot der Witwenverbrennung war ein Ergebnis dieser Entwicklung. Das Auftreten der Utilitaristen und Evangelikalen in Indien hatte außerdem zur Folge, dass die einst von den Orientalisten an den Tag gelegte Sympathie und Toleranz gegenüber der indischen Gesellschaft und Kultur in Frage gestellt wurde. Auch wenn man die Schärfe des Konflikts zwischen Orientalisten und Anglizisten übertrieben dargestellt hat (es gab durchaus Gemeinsamkeiten), bestanden doch beträchtliche Meinungsunterschiede zwischen jenen, die der Ansicht waren, die Briten müssten die indischen Sitten und Glaubensüberzeugungen respektieren, und jenen, die auf umfassende Reformen drängten. Wie diese Divergenzen beschaffen waren, lässt sich am Beispiel der medizinischen Ausbildung illustrieren. Anfangs hatten britische Ärzte in Indien ein gewisses Interesse an den Traditionen der Ayurveda- und Unani-Medizin gezeigt und sogar einige Medikamente und therapeutische Verfahren daraus übernommen. Doch diese auf Anpassung bedachte Einstellung schwand mit der Zeit und wich in den 1830er Jahren der Überzeugung, dass die westliche Medizin diesen Traditionen überlegen sei. Diese Entwicklung führte zum Beispiel dazu, dass man die Native Medical Institution in Kalkutta, in der neben dem westlichen System auch die einheimische Medizin in den Volkssprachen gelehrt worden war, nur wenige Jahre nach ihrer Gründung wieder schloss. Das Experiment einer multikulturellen Medizin wurde 1835 abrupt beendet, als man die Native Medical Institution durch das Calcutta Medical College ersetzte, an dem hauptsächlich in englischer Sprache unterrichtet wurde und die westliche Medizin ihre östlichen Rivalen verdrängte. Die gleichfalls 1835 erfolgte Einführung des Englischen als Verwaltungssprache anstelle des Persischen war ein weiteres Indiz für den Wechsel von einer Auseinandersetzung mit Indien im Medium seiner eigenen Sprachen und Kulturen hin zu einem englischsprachigen Raj. Die 1857 – dem Jahr der Meuterei – erfolgte Gründung englischsprachiger Universitäten in Kalkutta, Bombay und Madras beschleunigte den Prozess der Anglisierung und brachte Macaulays Forderung nach der Schaffung einer Klasse »brauner Engländer« ihrer Verwirklichung einen Schritt näher.

4. Die Vermessung Indiens

Jahrzehnte nach der Etablierung der britischen Herrschaft bestand immer noch das Problem einer präzisen Kenntnis des Landes. So klagte Lord Bentinck 1807, damals Gouverneur von Madras:

»Europäer wissen im Allgemeinen wenig oder gar nichts über die Sitten und Gebräuche der Hindus ... Wir haben keinen engeren Kontakt zu den Einheimischen und können dies auch gar nicht. Wir können sie nicht zu Hause in ihren Familien besuchen. Wir sind wegen der Hitze weitestgehend auf unsere eigenen Häuser beschränkt. Alles, was wir benötigen und zu erledigen haben und was uns in einen engeren Kontakt zu den Einheimischen bringen könnte, wird für uns erledigt, so dass wir letztlich Fremde in diesem Land bleiben.«[128]

Es war eine alte Klage, die sich schon in Alberunis Bemerkungen zur Geheimniskrämerei der Hindus achthundert Jahre zuvor fand. Doch für die Briten war verlässliches Wissen zu einer politischen Notwendigkeit geworden, und zugleich machten die dem modernen Staat zur Verfügung stehenden Technologien die Aufgabe des Wissenserwerbs plausibler und anspruchsvoller. Ab den 1830er und – nach der Ersetzung der Kompanie durch die Krone – ab den späten 1850er Jahren nahm die Suche nach kolonial verwertbarem Wissen neue Formen an, die sowohl die Kolonialherrschaft als auch die indische Gesellschaft tiefgreifend veränderten. Das lässt sich an drei Beispielen verdeutlichen: an der

Vermessung und Kartierung des Subkontinents, an den Volkszählungsberichten und Ortsbeschreibungen sowie an Maßnahmen zur Bekämpfung des Verbrechens und der Kriminalität. Auch vor dem Beginn des Kolonialismus gab es Landkarten Südasiens, die von Indern oder Europäern stammten, aber diese Karten dienten jeweils spezifischen religiösen, kommerziellen oder administrativen Zwecken. Eine systematische Vermessung und Kartierung begann erst im späten 18. Jahrhundert, als die Briten zunächst die Küsten Indiens kartographisch zu erfassen begannen, um das für den Seehandel und die Kriegsmarine nötige Kartenmaterial zu erhalten, und dann auch die im Binnenland liegenden Provinzen, die sie eroberten oder die an den Linien ihrer militärischen Expansion lagen. Die Kolonialherrschaft und die zugehörigen Prozesse der Steuereintreibung und der administrativen Kontrolle erforderten neue Möglichkeiten, den physikalischen Raum Indiens zu kartieren und dadurch zu kontrollieren. Ceylon, das militärisch und politisch weit weniger Probleme bereitete, unterzog man niemals einer so intensiven Vermessung. 1767 wurde James Rennell zum ersten Generalvermesser Indiens ernannt, und in den folgenden zwanzig Jahren schuf er eine Reihe sorgfältig gearbeiteter Karten, so etwa den *Bengal Atlas* von 1780 und *A Map of Hindustan* von 1783. In der Folgezeit entstanden immer detailliertere Karten Indiens.

Anfangs benutzte man dazu elementare Vermessungsverfahren, bei denen die Landmesser die wichtigsten Straßen, Orte und physikalischen Besonderheiten verzeichneten, die an ihrem Weg lagen. Doch schon bald verwandte man verfeinerte Methoden der Entfernungsmessung mit Stangen und Ketten und mit dem trigonometrischen Verfahren der Triangulation. Der Armeeoffizier William Lambton benutzte 30 Meter lange Ketten, um die Entfernung zwischen Madras und der Westküste zu bestimmen – eine gewaltige Arbeit, die er 1817 abschloss. Der Erfolg dieser Technik veranlasste die Regierung Indiens im folgenden Jahr, mit dem Projekt eines »Trigonometrical Survey« zu

Eine fremde Herrschaft

beginnen: Man verbesserte die von Lambton benutzten Methoden und dehnte die trigonometrische Vermessung mit größter Sorgfalt nordwärts nach Zentralindien aus. Als Lambton 1823 starb, hatte man Berar erreicht. Sein Nachfolger George Everest unterzog Lambdons Grundlinie einer neuerlichen Vermessung mit Hilfe stählerner Messlatten (die zuverlässiger waren als die flexiblen Ketten) und trieb die Triangulation bis zum Himalaya voran. Als er 1843 in Pension ging, war die Erdoberfläche von Kanniyakumari an der Südspitze Indiens bis nach Dehra Dun am Fuß des Himalaya vermessen. In der Folgezeit erweiterte man dieses Gitternetz ost- und westwärts über ganz Nordindien. Auch wenn man die Berge (die physisch meist unzugänglich blieben) nicht bestieg, benutzten die Landmesser trigonometrische Verfahren, um die Höhe der wichtigsten Gipfel des Himalaya zu bestimmen. Ihre bemerkenswert genauen Berechnungen bestätigten die Vermutung, dass der Himalaya das höchste Gebirge der Welt war, und im Rahmen einer frechen Enteignung, die keine Rücksicht auf den tibetischen und nepalesischen Namen nahm, ehrte man Everest, indem man den höchsten Berg nach ihm benannte.

Auch wenn die trigonometrische Vermessung nicht ganz Indien erfasste, gilt Everests Arbeit – selbst in einer Zeit, die viele der einst unumstrittenen Leistungen des Empire mit Skepsis betrachtet – als eine der eindrucksvollsten Taten der Kolonialherrschaft. Rein technisch betrachtet, erreichte die Vermessung Indiens eine Größenordnung und ein Maß an Genauigkeit, an die im 19. Jahrhundert selbst in Europa nur wenige Staaten heranreichten. Obwohl Wissenschaft und Technik im kolonialen Indien vielfach unter schwierigen Bedingungen arbeiten mussten, waren sie dort keineswegs zweitrangig. Das Empire bot gelegentlich die Möglichkeit, technologische Projekte und wissenschaftliche Experimente in einer Größenordnung durchzuführen, die in Europa unvorstellbar gewesen wäre. Die britischen Vermessungs- und Kartierungsbemühungen gingen weit über alles hinaus, was Moguln und Marathen jemals in Angriff genommen hatten, und sie erlaubten es den britischen Herren, die materiellen Ressourcen Indiens weitaus systematischer auszubeuten. Karten waren äußerst wichtig für militärische Operationen und die Bestimmung von Landesgrenzen. Die Vermessung machte es den Briten möglich, Indien mit den Straßen, Eisenbahnstrecken, Telegraphenlinien und Bewässerungskanälen zu durchziehen, die für die politische und ökonomische Herrschaft über den Subkontinent unerlässlich waren. In ideologischer Hinsicht trug die umfassende und detaillierte Kartierung auch dazu bei, der britischen Herrschaft eine gewisse Legitimität zu verleihen – weil diese Herrschaft darin als wissenschaftliches Projekt erschien und nicht, wie Kritiker sie sehen mochten, als reine Ausbeutung und zynischer Landraub. Während des 19. Jahrhunderts, insbesondere zwischen den 1850er und den 1870er Jahren, traten neben die trigonometrische Vermessung viele andere staatliche Aktivitäten wissenschaftlicher und technologischer Art im Bereich der Infrastruktur, der Geologie, der Meteorologie, der Botanik und der Ethnographie, die das Bild der britischen Herrschaft als eines technisch-wissenschaftlichen Raj verstärkten.

Die traumatischen Ereignisse von 1857–1858 zeigten, wie wenig die Briten über das von ihnen beherrschte Volk wussten, doch anders als in der ersten Phase einer orientalistischen Erforschung mit ihrem Schwerpunkt auf Literatur und Sprache nahm man Meuterei und Rebellion zum Anlass, Indien nun auf einer eher wissenschaftlich-technischen Grundlage zu erforschen. Schon in früheren Jahrzehnten hatte man bruchstückhaft Daten zu einer Vielzahl von Gegenständen gesammelt, darunter auch zu Bevölkerungszahl und Sterblichkeit. Nun ging es darum, dieses Material präziser, systematischer und zugänglicher zu machen. 1867 schlug der im Staatsdienst tätige W. W. Hunter vor, eine Folge von Handbüchern herauszugeben, die zuverlässige Daten über Britisch-Indien, seine Verwaltung, seine Ressourcen und seine Einwohner bereitstellen sollten, denn, so erklärte er,

»nichts kommt einen Staat teurer zu stehen als Unwissenheit«. Er sah in diesem Werk ein Hilfsmittel für eine bessere Regierung und ein dauerhaftes Denkmal britischer Herrschaft.[129] Die Regierung akzeptierte Hunters Plan, und 1881 erschien die erste Ausgabe des *Imperial Gazetteer*. Überarbeitete Ausgaben erschienen 1885 und nochmals 1907 (zu dieser Zeit war das Werk auf 26 Bände angewachsen). Auch für die einzelnen Bezirke Britisch-Indiens wurden solche Handbücher erstellt. Sie enthielten in alphabetischer Ordnung Einträge zu allen Distrikten, Städten und größeren Orten und boten in Worten und Zahlen eine ebenso methodische und umfassende »Kartierung« Indiens wie die trigonometrische Vermessung. Damit waren die Europäer nicht mehr auf »einheimische Informanten« angewiesen, sondern konnten auf eine definitive Darstellung Indiens, die Enzyklopädie eines ganzen Subkontinents, zurückgreifen.

Zwar wusste Hunter von Vorläufern wie Abul Fazls *Āʾīn-i-Akbarī*, doch die Handbücher bildeten ein vollständigeres Kompendium des Wissens als alles, was vorkoloniale Regime jemals geschaffen hatten. Außerdem zeugten sie vom wissenschaftlichen Geist der Zeit. Die Bände begannen mit den physikalischen Daten (Geologie, Meteorologie, Botanik), gingen dann über zum humanwissenschaftlichen Wissen (Ethnographie, Sprache und Religion) und endeten bei der staatlichen Verwaltung (Einnahmen, Polizei, Gesundheitswesen, lokale Regierung), so dass der Eindruck eines gleichermaßen geordneten wie allmächtigen Raj entstand. Außerdem boten der *Imperial Gazetteer* und die zahlreichen übrigen Handbücher, die daneben herausgegeben wurden (etwa über die verschiedenen »Kriegerrassen«, aus denen die Armee ihr Personal rekrutierte), eine riesige Datenbasis, der die Verwaltungsbeamten praktische Informationen zu entnehmen vermochten. So konnten sie das Gefühl haben, den Distrikt, in den man sie schickte, ohne sonderlich viel weitere Vorbereitung zu kennen und zu verstehen.

Nicht weniger wichtig – und aus indischer Sicht noch einflussreicher – waren die alle zehn Jahre durchgeführten Volkszählungen. Auch dafür hatte es Vorläufer gegeben. Die Moguln und die Marathen hatten versucht, Daten über die Zahl der Haushalte in den Dörfern zu erheben, um sie besser besteuern zu können, doch nur selten zählten sie die Einwohner, und die Unberührbaren wie auch die Angehörigen der Stämme blieben meist vollkommen unberücksichtigt. Bereits Anfang des 19. Jahrhunderts wurden einige lokale Volkszählungen durchgeführt, aber erst 1871 veranstaltete man einen ganz Indien umfassenden Zensus. Diese Volkszählung wurde alle zehn Jahre wiederholt, nur 1941 entfiel sie wegen des Krieges. Angesichts der Größe Indiens und seiner Bevölkerung waren die Volkszählungen, die sich auch auf die Fürstenstaaten und deren abhängige Territorien erstreckten, eine gewaltige administrative Unternehmung, die von den politischen Ambitionen und der administrativen Reichweite eines modernen Staates zeugte. Die auch heute noch als Quellen für die soziale, ökonomische und demographische Geschichte Indiens äußerst wertvollen Berichte enthielten ein höchst detailliertes Datenmaterial. Sie gliederten die Bevölkerung nicht nur nach Religion, sondern auch nach Rasse und Kaste auf und untermauerten so mit scheinbar statistischer Genauigkeit das Bild einer hochgradig fragmentierten Gesellschaft, die in eine Vielzahl präzise identifizier- und aufzählbarer Kasten und Volksgruppen zerfiel. Wie die Handbücher, so beschränkten sich auch die Zensusberichte nicht auf rein statistische Daten. Die mit der Aufsicht über die Volkszählung betrauten britischen Verwaltungsbeamten schrieben auch ausführliche Berichte über Aspekte der indischen Gesellschaft, die ihnen besonders ins Auge fielen. Ihr majestätischer, auf eine Überfülle scheinbar unbestreitbarer Daten gestützter Tonfall beeinflusste das Indienbild der Briten, aber auch das Selbstbild der Inder.

Wenn wir uns anschauen, wie die Briten Wissen über Indien erwarben, um das Land zu regieren, können wir uns schließlich einem dritten Beispiel zuwenden – der Kriminalität und ihrer

Bekämpfung. Anfangs verstanden die Briten die Kriminalität in Indien weitgehend auf ähnliche Weise wie in ihrem eigenen Land – als natürliche, wenn auch verabscheuenswürdige Folge von Hunger und Armut, als Frucht menschlicher Leidenschaft oder als Tat rebellischer Einzelner. Doch in den 1820er und 1830er Jahren begannen die Briten Verbrechen und Kriminalität ganz anders zu interpretieren, indem sie für bestimmte Morde einen finsteren, als *ṭhagī* bezeichneten Kult verantwortlich machten. Nach Captain William Sleeman, dem britischen Offizier, dem die Entdeckung der Thugs zugeschrieben wird, handelte es sich um eine alte, fanatische Sekte religiös motivierter Mörder, Anhänger der Göttin Kali, die ihre Opfer täuschten und auf rituelle Weise töteten, indem sie sie erdrosselten und anschließend begruben. In den Augen vieler Briten war *ṭhagī* etwas typisch Indisches, »die abscheulichste und absonderlichste unter jenen seltsamen religiösen Perversionen, die das Wesen Indiens ausmachen – und es fremd, bösartig, unverständlich und höchst erschreckend erscheinen lassen«.[130] Wie Sleeman behauptete, trieben Tausende von Mitgliedern dieser Sekte in ganz Zentral- und Nordindien ihr Unwesen, und angeblich fielen ihrer Mordlust jährlich nahezu 30 000 Menschen zum Opfer. Nachdem er diese Sekte identifiziert hatte, erhielt er den Auftrag, sie zu bekämpfen und auszumerzen. Heute herrscht unter Historikern eher Skepsis hinsichtlich der Thugs. Sie bezweifeln, dass es eine Sekte der von Sleeman beschriebenen Art jemals gegeben hat oder dass sie für einen derartigen Massenmord verantwortlich war (von 1826 bis 1835 wurden nur 1562 Personen wegen Zugehörigkeit zu den Thugs vor Gericht gestellt). Möglicherweise identifizierte Sleeman Mitglieder gewöhnlicher Verbrecherbanden als Thugs – und sorgte damit für eine Sensation. Und wenn er diese Sekte schließlich auslöschte, so wahrscheinlich nur, weil er sie selbst erst erfunden hatte.

Dennoch lieferte die angebliche Existenz dieses »sonderbaren und abscheulichen« Kults eine weitere Rechtfertigung für die britische Herrschaft und stützte das – von den Ereignisses des Jahres 1857 scheinbar bestätigte – Bild Indiens als eines Landes der Grausamkeit und des Aberglaubens, des Betrugs und des Mordens. Die endgültige »Ausmerzung« der Thugs in den 1850er Jahren brachte daher auch nicht das Ende der Vorstellung einer spezifisch indischen Kriminalität. Nach dieser Vorstellung gab es in Indien eine eigentümliche Kriminalität, deren Ursachen weniger in Habgier oder Leidenschaft lagen als in einem ererbten Hang zu kasten- und volksgruppenbezogenen Verbrechen. Ab 1871 führten die Briten Sondergesetze zur Bekämpfung und Besserung der Mitglieder dieser »kriminellen Stämme« ein. Die noch 1923 novellierten »Criminal Tribes Acts« gehörten zu den drakonischsten Maßnahmen, welche die Briten jemals in Indien beschlossen und zur Ausführung brachten. Sie sahen strenge Einschränkungen der Bewegungsfreiheit für ausgewiesene Mitglieder »krimineller Stämme« und sogar für ganze Gemeinschaften vor und unterwarfen sie intensiver polizeilicher Aufsicht und richterlicher Kontrolle. Manche durften ihre Ansiedlungen nicht verlassen, andere wurden verpflichtet, in Fabriken und auf Plantagen zu arbeiten. 1947 fielen 3,5 Millionen Menschen unter dieses Gesetz, fast die Hälfte davon in den Vereinten Provinzen. Das erklärte Ziel dieser Maßnahmen war die Verbrechensbekämpfung. Sie sollten Raubüberfälle, Einbrüche und Diebstähle eindämmen. Doch sie enthielten auch ein ausgeprägt moralisches Moment. Den Mitgliedern »krimineller Stämme«, viele davon Landfahrer und »Zigeuner«, warf man vor, sie seien schmutzig, faul und unmoralisch. Sie dazu zu bewegen, auf den Feldern zu arbeiten, sich ordentlich zu kleiden, sich in gehöriger Weise zu ernähren und eine anerkannte Religion auszuüben, galt als wichtiger Schritt zu ihrer Besserung. Die Gesetze wurden erst 1952 aufgehoben.

Eine fremde Herrschaft 381

5. Stählerne Rahmen und Zeremonien

Die britische Herrschaft über Indien beruhte nicht allein auf der Macht des Wissens, sondern, wie die Niederschlagung der Meuterei gezeigt hatte, auch auf der gelegentlichen Demonstration militärischer Macht, auf der Indienstnahme von Indern aus unterschiedlichen Klassen und Gruppen wie auch auf der Ausbildung von Verwaltungsstrukturen, die für die Konzentration der administrativen Macht in den Händen einer europäischen Elite sorgten. Sie entfalteten eine Autokratie, die nur selten durch Zustimmung gemildert wurde. Im späten 19. Jahrhundert waren 90 Prozent der Verwaltungsbeamten Inder, doch die tatsächliche Kontrolle blieb in den Händen der gut 1000 Mitglieder des Indian Civil Service (ICS) und der 3000 übrigen Europäer, die in anderen Bereichen der Staatsverwaltung arbeiteten, etwa in Polizei und Justiz. Ab der Mitte des neunzehnten Jahrhunderts bildete der ICS den »stählernen Rahmen« des indischen Empire, wie der britische Premierminister David Lloyd George einmal sagte. Die kleine Gruppe wurde ab 1854 durch Aufnahmeprüfungen an britischen Public Schools und Universitäten rekrutiert. Die Prüfungen wurden in London abgehalten, und obwohl Queen Victoria 1858 größere Partizipationschancen versprach, gelang nur wenigen Indern der Eintritt in den Dienst. 1887 zählte der ICS 890 Mitglieder; nur 16 davon waren Inder. Der ICS stellte die Distriktbeamten, auf die sich die gesamte Verwaltung stützte, sowie die oberen Ränge der Provinzialverwaltungen und der Zentralverwaltung. In Provinzen wie dem Panjab kam auch der Gouverneur aus den Reihen des ICS. Die Gouverneure von Madras und Bombay waren dagegen Politiker aus Großbritannien, die kaum Erfahrung mit Indien besaßen und deshalb sehr auf ihre Berater aus dem ICS angewiesen waren. Mitglieder des ICS leiteten staatliche Untersuchungskommissionen und Forschungsausschüsse und übten nicht nur eine gewaltige administrative Macht aus, sondern genossen auch höchstes Ansehen als Creme der weißen Gesellschaft in Indien. In den Augen vieler Beobachter waren sie der britische Raj.

Es liegt auf der Hand, dass man den ICS oft mit der Mansabdari-Elite des Mogulreichs verglichen hat. Doch die Unterschiede fallen deutlicher ins Auge als die Übereinstimmungen. Zwar besaßen die Moguln wie auch die Briten eine zentralisierte, streng hierarchisch aufgebaute Verwaltung, die es ermöglichen sollte, ganz Indien zu regieren. Doch die Mansabdars verbanden militärische Pflichten mit solchen der Steuereintreibung. Unter den Briten dagegen waren Militär und Zivilverwaltung streng getrennt und besaßen gesonderte Befehlsketten. Nach 1857 beschränkte man die Armee weitgehend auf Kasernen. Ihre Offiziere besaßen niemals ein ähnliches soziales Ansehen und eine ähnliche administrative Macht wie die Mitglieder des ICS. Während die Moguln Steuereintreibung und Gerichtsgewalt voneinander zu trennen versuchten, waren beide in Britisch-Indien miteinander verbunden – der Steuereinnehmer eines Distrikts war in der Regel auch der oberste Richter. In der Praxis galt indessen: Wie die Beamten der Moguln ständig in Bewegung waren, weil Jagirs von einem Inhaber an den nächsten gingen oder weil die Erfordernisse des Krieges und eines höchst mobilen Hofes dies verlangten, so wechselten auch die Beamten des ICS oft von einem Distrikt in den anderen oder von einem Amt ins andere und verbrachten viel Zeit auf Reisen durch ihren jeweiligen Distrikt. Während das Mogulsystem auf kaiserlicher Patronage basierte, war der ICS den Regeln und Vorschriften des Dienstes und nicht der Königin verantwortlich. Britische Beamte waren niemals an Grund und Boden gebunden wie die der Moguln und strebten auch keine Belohnung dieser Art an. Sie heirateten nicht in die lokalen Eliten ein; ein enger oder gar sexueller Kontakt mit Inderinnen stieß auf tiefe Missbilligung. ICS-Beamte verließen Indien in aller Regel, wenn sie in Pension gingen, auch wenn in manchen Familien der Dienst im ICS

Eine fremde Herrschaft

über Generationen zu einer Tradition wurde. Außerdem war das Mansabdari-System auf Integration ausgerichtet. Die Moguln rekrutierten talentierte und ehrgeizige Ausländer aus Iran und Zentralasien wie auch Muslime und Hindus aus Indien. Das britische System basierte dagegen auf Ausschließung; seine Mitglieder stammten aus den britischen Mittelschichten, und nur wenige Inder wurden eingestellt. Bis ins erste Jahrzehnt des 20. Jahrhunderts hinein besaß der ICS ein rassisch nahezu exklusives Monopol auf administrative Macht.

Der ICS bildete zwar den obersten Rang des Staatsdienstes in Britisch-Indien, aber es gab noch weitere Dienste wie den medizinischen Dienst, die Polizei, den Schuldienst und die Forstbehörden, die ähnlich aufgebaut waren wie der ICS (mit Eingangsprüfungen, hierarchischer Organisationsweise und weißer Dominanz), allerdings nicht dasselbe Ansehen und dieselbe Autorität besaßen. Der Indian Police Service ging aus den nach der Meuterei durchgeführten Polizeireformen der späten 1850er und frühen 1860er Jahre hervor, als man auf der Ebene der Provinzen Polizeieinheiten aufstellte, die unter der Führung weißer Polizeioffiziere standen. Er rekrutierte sein Personal gleichfalls in Großbritannien und bestand bis in die 1920er Jahre hinein nahezu ausschließlich aus Europäern. Die anfangs im Rang deutlich niedriger eingestuften Generalinspektoren der Polizeibehörden in den Provinzen erlangten aufgrund veränderter politischer Umstände eine beträchtliche administrative Macht und öffentliche Bekanntheit. Im Gefolge der Polizei-Kommission von 1902 erweiterte man die Polizei, so dass ihr neben der Ermittlungsarbeit im Bereich der Kriminalität auch Aufgaben der geheimdienstlichen politischen Aufklärung zufielen. Man schuf paramilitärische Einheiten, die statt der Armee für die Aufrechterhaltung der öffentlichen Ordnung und die Bekämpfung von Aufständen zuständig waren. Anfang der 1940er Jahre gehörte knapp über ein Drittel der 300 000 Polizisten in Indien zu diesen bewaffneten Einheiten. Britisch-Indien war jedoch niemals ein

Polizeistaat im üblichen Sinne, auch wenn der Vorwurf oft erhoben wurde. Allerdings gewann die Polizei mit der Zeit so große Bedeutung, dass sie neben Armee und ICS zu einer der Hauptstützen der Kolonialherrschaft wurde.

Bei unserer Betrachtung des Raj, wie es sich nach der Meuterei herausbildete, dürfen wir indessen einen Aspekt nicht übersehen, der an frühere Regime anknüpfte. Trotz seiner modernen bürokratischen Organisation und trotz des Einsatzes von Wissenschaft und Technologie zur Stützung und Rechtfertigung der britischen Herrschaft hielt der Raj in hohem Maße an einer zeremoniellen Ordnung fest, die gleichermaßen selbstbewusstfeudalen wie ausgeprägt imperialen Charakter besaß. Die weiße Mittelklasse in Indien nutzte die Gelegenheit und übernahm zahlreiche Statussymbole und Verhaltensweisen der in Großbritannien selbst zunehmend anachronistisch wirkenden britischen Aristokratie. Die Beamten des ICS und deren Familien pflegten einen Lebensstil, den nur wenige Mitglieder ihrer Klasse daheim erreicht hätten, mit geräumigen Bungalows und einem kleinen Heer von Hausangestellten. Fern der Heimat und weitgehend geschützt vor einer Kontrolle durch die Öffentlichkeit, vermochten sie in Indien den Aufstieg der parlamentarischen Demokratie als westliche Belanglosigkeit abzutun. In ihren Augen blieben Paternalismus und eine segensreiche Autokratie natürliche und unverzichtbare Bestandteile der orientalischen Gesellschaft.

In der britischen Verwaltung glaubte man auch, die Untertanen des Empire schätzten Pomp und Zeremoniell und respektierten eher ein Regime, das zumindest einige Insignien indischer Souveränität beibehielt, als eines, das dem Parlamentarismus Vorschub leistete. Die Ausrufung Königin Victorias zur Kaiserin von Indien im Jahr 1876 stärkte diese Verbindung zwischen britischer Herrschaft und indischem Feudaladel und schuf eine Möglichkeit, die immer machtloseren indischen Fürsten in die zeremonielle Ordnung des Empire einzubeziehen. Die Mitglieder des indischen Adels erhielten wohlklingende Titel und glitzernde Or-

Eine fremde Herrschaft

den. Selbst die Maharajas von Nepal, das formell außerhalb des Empire stand, wurden mit dem *Star of India* ausgezeichnet und zu *Knight Commanders* ernannt. Zu einer Zeit, als man Indern verantwortungsvolle Positionen im Staatsdienst verwehrte, bot ihre neuerliche Erhebung zu verspäteten Baronen und mittelalterlichen Grundherren eine weniger umstrittene Möglichkeit, sie ins Empire zu integrieren. Eine Reihe immer pompöserer *durbars* – angefangen bei dem von Lord Lytton 1877 ausgerichteten Fest zu Ehren der gerade proklamierten Kaiserin, gefolgt von anderen wie den Feierlichkeiten zur Einführung des Vizekönigs Lord Curzon 1901 oder zehn Jahre später anlässlich des Indienbesuchs Georgs V. nach dessen Krönung zum englischen König – markierten den zeremoniellen Höhepunkt des Empire. Diese öffentlichen Feierlichkeiten mit ihren Umzügen festlich geschmückter Elefanten und zahlreicher indischer Fürsten und Adliger stellten die Macht der alten indischen Herrscherhäuser zur Schau, wenn auch zu Ehren der Kaiserin (oder des Kaisers) und des Vizekönigs. Es ist eine Ironie der Geschichte, dass zu der Zeit, als diese theatralischen Demonstrationen imperialer Macht und Majestät ihren Höhepunkt erreichten, die tatsächliche Macht der Briten bereits substantiell in Frage gestellt wurde.

C Kolonialwirtschaft

Die Kolonialherrschaft hatte unbestreitbar tiefgreifende Auswirkungen auf die Wirtschaft Südasiens. Dennoch wird immer wieder die Frage gestellt, ob Politik und Praxis der Briten einen produktiven Beitrag zur wirtschaftlichen Entwicklung Südasiens leisteten oder insgesamt eine eher negative und destruktive Wirkung zeitigten – und falls das zutrifft, wie sich diese Wirkung erfassen lässt. Wurde die Wirtschaft Südasiens vollständig den Bedürfnissen der Briten unterworfen, oder besaß sie ein gewisses Maß an Autonomie? Förderte die Kolonialherrschaft die wirtschaftliche Entwicklung, oder war sie allzu kurz und machtlos, als dass sie eine ansonsten als fremd, widerspenstig und zutiefst konservativ empfundene Gesellschaft hätte beeinflussen können?

1. Grund und Boden[131]

Es liegt nahe, bei der Beurteilung der wirtschaftlichen Auswirkungen des Kolonialismus mit Grund und Boden zu beginnen. Die Kontrolle über den Boden war von zentraler Bedeutung für das Kolonialregime in Indien, wie sie es schon für Moguln und Marathen gewesen war. Angesichts des Reichtums, den das Land in Gestalt von Abgaben und Tributen lieferte, durch die für Subsistenz und Handel erzeugten landwirtschaftlichen Produkte und schließlich auch angesichts der sozialen Kontrolle und der politi-

Kolonialwirtschaft

schen Macht, die daran gebunden waren, besaßen Grund und Boden entscheidende Bedeutung für die Herrschaft über Indien. Die Gewährung der *dīwānī*, des Rechts auf die Steuereintreibung in Bengalen, das der Ost Indien Kompanie 1765 gewährt wurde, bildete einen der Ecksteine für den ökonomischen und politischen Aufstieg der Briten und bot den Nabobs der Kompanie die Möglichkeit, rasch große Vermögen aufzuhäufen. Doch der Übergang von der Handelsgesellschaft zu einem auf der Ausbeutung von Grund und Boden basierenden Empire war nicht unproblematisch. Die Eintreibung der Grundsteuern in Bengalen erfolgte kurzfristig mit solcher Gier, dass sie fast schon auf eine Ausplünderung des Landes hinauslief. Sie verstärkte die katastrophale Hungersnot von 1770, der ein Drittel der Bevölkerung zum Opfer fiel. Abgesehen von der verheerenden Zahl der Toten, ließ die Hungersnot die landwirtschaftliche Produktivität für Jahrzehnte sinken, und viele ehemals bebaute Flächen fielen zurück an den Dschungel.

In einem Versuch, die Landwirtschaft wiederzubeleben und die Effizienz der Verwaltung zu verbessern, erlaubte der Generalgouverneur, Lord Cornwallis, die »Permanent Settlement« genannte dauerhafte Festlegung der Grundsteuer. Damit verlagerte er die Verantwortung für die Eintreibung der Bodenabgaben in Bengalen, Bihar und Orissa auf indische Grundherren, die als Zamindars bezeichnet wurden (auch wenn sie sich beträchtlich von den gleichnamigen erblichen Oberhäuptern aus Mogulzeiten unterschieden). Als Gegenleistung für die aus ihren Grundherrschaften bezogenen Renten zahlten die Zamindars dem Staat eine feste Summe, die sich auf 26,8 Millionen Rupien belief (was damals einem Wert von 3 Millionen Pfund entsprach). Die Zamindars galten als Besitzer ihrer Landgüter samt der auf ihrem Territorium befindlichen Wälder, Wasserläufe und Brachflächen und wurden damit faktisch zu Eigentümern des Bodens. Man erwartete, dass sie Nutzen aus dem Wertzuwachs ihres Besitzes und aus den steigenden Preisen landwirtschaftlicher Erzeugnisse zogen, doch wenn sie ihren jährlichen Zahlungsverpflichtungen nicht nachzukommen vermochten, konnte die Regierung ihren Besitz konfiszieren und an den Meistbietenden versteigern (so dass der Staat das letzte Recht auf das Eigentum an Grund und Boden behielt). Indem die Briten den Zamindars die Doppelrolle des Steuereintreibers und Landbesitzers zuwiesen, gingen sie auf Distanz zu den Menschen, die das Land tatsächlich bebauten, und schufen eine Klasse von Mittelsleuten zwischen dem Staat und den Bauern, die damit der Willkür der Zamindars überantwortet wurden. Die Zamindars durften sich missliebiger Pächter entledigen, ohne dass diese sich auf rechtlichem Wege dagegen hätten wehren können.

Cornwallis erwartete, dass die Zamindars sich als loyale Schicht und als Stütze der britischen Herrschaft erweisen würden, und in der Regel traf das auch zu. Doch das »Permanent Settlement« gründete auch in der Erwartung, die solcherart privilegierten Grundherren würden sich nach Art aufgeklärter britischer Aristokraten und Gentlemen-Farmer um eine Verbesserung der Landwirtschaft bemühen und ihren Reichtum in die weitere Entwicklung ihrer Güter investieren – indem sie Sümpfe trockenlegten, Dschungel rodeten, neue Kulturpflanzen einführten, die Viehzucht verbesserten und dadurch das Wachstum der kapitalistischen Landwirtschaft stimulierten. Die Landwirtschaft Bengalens, deren Produktivität in früheren Zeiten gerühmt worden war, galt im späten 18. Jahrhundert und insbesondere nach der Hungersnot von 1770 als technologisch rückständig und als unterkapitalisiert. Doch die von Cornwallis angestrebte »Verbesserung« erwies sich als vergebliche Hoffnung. Wie die Erfahrung zeigte, hatte es keinen Sinn, eine elitäre Schicht von Grundbesitzern zu schaffen, die nur wenig positives Interesse an ihrem Grund und Boden zeigten. Viele Zamindars der ersten Generation forderten Bodenabgaben, die von den Bauern nicht erwirtschaftet werden konnten, und verloren ihren Besitz, weil sie die an den Staat abzuführenden Grundsteuern nicht aufzubringen vermochten. Von 1793 bis 1820 wechselte ein Drittel aller Zamindari-Güter den Besitzer. Aber auch nachdem man die Abgaben gesenkt und das System stabilisiert hatte, blieben die Zamindars eine parasitäre, halbfeudale Klasse von Grundherren, die sich nur selten auf ihren Besitzungen sehen ließen. Da sie kaum soziale Bindungen an das Land und die dort arbeitenden Menschen besaßen, nutzten sie ihre Einnahmen für ein luxuriöses Leben in Kalkutta, wo sie prachtvolle Häuser bauten, eine westliche Bildung erwarben, westliche Berufe wie den des Anwalts ausübten oder – seltener – anderen wirtschaftlichen Tätigkeiten nachgingen. Die Stagnation der Landwirtschaft in Ostindien und die wachsende Zahl der Mittelsleute zwischen dem Zamindar und den Bauern, die sämtlich einen Anteil an den erwirtschafteten Einnahmen beanspruchten, gehörten zu den unheilvollen Folgen des »Permanent Settlement«.

Das erstmals in Bengalen eingeführte Zamindari-System galt auch in anderen Teilen Indiens als Vorbild für die Gestaltung der Grundherrschaft und die Eintreibung der Grundsteuern. So wurde es 1798 in der Präsidentschaft Madras eingeführt, wo man ähnliche Zamindari-Güter schuf. Doch bald kamen Zweifel an den Vorzügen und der praktischen Umsetzbarkeit des Systems auf. Thomas Munro, ein erfahrener Verwalter, der später Gouverneur von Madras wurde, misstraute den künstlich geschaffenen Landgütern und den Großgrundbesitzern. Außerdem hatte er Schwierigkeiten, in seinem Verwaltungsbereich eine für die Rolle der Zamindars geeignete Schicht von Grundbesitzern zu finden. Er meinte, die Briten sollten besser ein System entwickeln, das stärker mit den lokalen Traditionen des Landbesitzes übereinstimmte. Nach Experimenten, mit denen er in den 1790er Jahren begann, schuf er ein neues System der Bodenabgaben, das als »Ryotwari« oder »bauernbezogene« Festsetzung bezeichnet wurde und das er, als er 1820 zum Gouverneur ernannt wurde, auf weite Teile der Präsidentschaft ausdehnte.

In diesem System gab es keine Zamindars, keine Mittelsleute zwischen Bauern und Staat und keine endgültig festgelegten Grundsteuern. Nach Munros Ansicht war es besser, das Eigentum an Grund und Boden »in die Hände von vierzig- bis fünfzigtausend Kleineigentümern statt in die von vier- oder fünfhundert Großgrundbesitzern« zu legen.[132] Die Bauern (»Ryots«) zahlten ihre Abgaben direkt an den Staat, der den Wert ihrer Ernte jährlich schätzte. Etwa alle dreißig Jahre sollten die Steuersätze den Veränderungen des Bodenwerts und der Preise landwirtschaftlicher Erzeugnisse angepasst werden. In der Zwischenzeit konnte der bäuerliche Eigentümer (und nicht ein weit weg lebender Grundherr) von Verbesserungen des Bodens und Steigerungen des Marktwerts der Produkte profitieren. So hoffte man, dem Ryotwari-System werde gelingen, was das Zamindari-System nicht erreicht hatte: den ländlichen Regionen echten und wachsenden Wohlstand zu bringen. Anfangs hatte das Ryotwari-System ähnlich verunsichernde Auswirkungen auf die ländlichen Regionen der Präsidentschaft Madras, wie das »Permanent Settlement« sie in Bengalen gezeitigt hatte. Auf lange Sicht jedoch und vor allem ab den 1860er Jahren, als die ländliche Wirtschaft nach langer, fast vollständiger Stagnation wieder zu wachsen begann, erleichterte das Ryotwari-System die Entstehung einer »reichen Bauernschaft« aus relativ wohlhabenden bäuerlichen Eigentümern, die aus den mittleren Kasten kamen. Sie verfügten über den Boden und die Arbeitskraft in den Dörfern und hatten eine hinreichend sichere ökonomische Basis, um ihre Aktivitäten in die Produktion für den Markt, das Verleihen von Geld und schließlich in den Handel und die Industrie hinein ausdehnen zu können.

Während in Bengalen das Zamindari-System fortbestand, wurde das Ryotwari-System in der gesamten Präsidentschaft Madras und ab 1803 auch in der Präsidentschaft Bombay eingeführt, ebenso in den Distrikten, die man der Marathen-Herrschaft entriss. Wie bei den Zamindars, so stand auch hinter dem

Ryotwari-System ein politisches Argument: dass nämlich der britischen Herrschaft am besten gedient sei, wenn man eine enge und konstruktive Beziehung zur Bauernschaft als Grundlage der indischen Gesellschaft und Hauptstütze der ländlichen Ökonomie herstellte. Anders als in Bengalen, wo der Staat eine ferne Realität war, spielte er in Madras und Bombay eine aktivere und deutlicher sichtbare Rolle. Allein schon die Festsetzung und Eintreibung der Grundsteuern bei Tausenden bäuerlichen Eigentümern erforderte eine größere und komplexere Verwaltung als die Aufsicht über einige Dutzend Zamindars. Das Ryotwari-System wurde allerdings nicht einheitlich eingeführt, so dass beträchtliche lokale Varianten bestehen blieben. In Teilen der Präsidentschaft Madras, etwa im Distrikt Thanjavur, einem äußerst fruchtbaren Reisanbaugebiet, gab es weiterhin eine Klasse von Grundbesitzern (*mirāsidārs*) aus den Kasten der Brahmanen und der Vellalas, deren aus den niederen Kasten und der Gruppe der Unberührbaren stammende Arbeiter in einem Untertanenverhältnis und einer Abhängigkeit lebten, die an Leibeigenschaft grenzten. Außerdem schien das Ryotwari-System, das schließlich für die Hälfte der gesamten Anbaufläche Indiens Geltung besaß, sich eben sowenig für alle Gebiete Indiens zu eignen wie das Zamindari-System. Als die Briten ihre Herrschaft nach Nord- und Zentralindien ausdehnten, entwickelten sie zwei weitere Varianten der beiden älteren Systeme, um sich der lokalen Praxis oder auch grundbesitzenden Eliten (wie den Talluqedars in Avadh) anzupassen, die allzu mächtig waren, als dass man sie einfach hätte enteignen können. Die Vielfalt der steuerlichen Veranlagungssysteme war Ausdruck der inneren Heterogenität Indiens und verstärkte sie noch.

Für eine gewisse Zeit wurden die Grundsteuern auf eine unrealistische Höhe geschraubt, zum Beispiel in Bombay, wo sie in den 1820er Jahren bei 55 Prozent des Erntewerts lagen, wobei zu bedenken ist, dass die Landwirtschaft sich in der ersten Hälfte des 19. Jahrhunderts an sich schon in einem desolaten Zustand befand. Das führte zu einer wachsenden Verschuldung der Bauern, zur Aufgabe abgelegener Felder und solcher Flächen, auf denen der Anbau zu teuer war, und zur Enteignung von Grund und Boden, wenn die Grundsteuern nicht gezahlt oder Schulden nicht beglichen werden konnten. Obwohl man die Steuerforderungen bis zu den 1850er Jahren bereits etwas gesenkt hatte, gehörten der reale Verlust von Grund und Boden bei den Bauern oder auch die Angst, Geldverleiher könnten sich den Boden zum Ausgleich für ihre Forderungen aneignen, zu den Faktoren, die als Gründe für die Rebellion von 1857 genannt werden. Die Last der Steuerforderungen wurde noch verschärft durch die Zwangsmittel, die man bei deren Eintreibung einsetzte. Die Madras Torture Commission enthüllte 1855 einen ganzen Katalog von Foltertechniken, die Beamte der Steuerbehörde und der Polizei einsetzten, um Ryots zur Zahlung ausstehender Steuern zu zwingen. So ließ man Delinquenten den ganzen Tag lang mit Gewichten auf dem Kopf in der Sonne stehen, quetschte Hände und Füße zwischen Stangen ein oder sorgte dafür, dass Käfer sich in den Nabel bohrten. Misshandlungen durch einheimische – indische – Beamte waren wahrscheinlich noch weiter verbreitet, als die Erkenntnisse der Kommission dies belegen. Auch wenn es weiterhin Probleme bei Veranlagung und Steuereintreibung gab, gehörte die Einziehung der Grundsteuern zu den obersten Prioritäten des Staates. Im Jahr 1900 beliefen sich die Gesamteinnahmen der indischen Zentralregierung auf nahezu 30 Millionen Pfund, und etwa drei Viertel davon entfielen auf die Grundsteuern (weitere wichtige Quellen waren die Opiumsteuer, die Salzsteuer sowie Zollabgaben). Das beweist, in welchem Maße die Briten, wie schon frühere Regime, auf die Einnahmen aus den Bodenabgaben angewiesen waren, aber auch, wie anfällig der Staat für große Einnahmeverluste aufgrund von Dürren oder Hungersnöten oder für antikolonialistische Steuerrebellionen und Steuerstreiks sein konnte.

Kolonialwirtschaft 393

2. Motoren des Wandels

Von den zahlreichen technischen Innovationen, die im 19. Jahrhundert für eine Umgestaltung der südasiatischen Wirtschaft sorgten, besaßen zwei besonderes Gewicht: die Bewässerungskanäle und die Eisenbahn. Wie bereits angemerkt, hatte man in Indien wie auch in Sri Lanka schon im Spätmittelalter umfangreiche Bewässerungssysteme angelegt, und einige davon, etwa die am Kaveri-Fluss in Südindien oder die im Umland von Anuradhapura in Sri Lanka, waren von fundamentaler Bedeutung für die Wirtschaft der Region und die davon getragenen politischen Systeme. Die Briten erkannten rasch, welchen wirtschaftlichen Wert diese Bauwerke besaßen. Im frühen 19. Jahrhundert begannen Ingenieure der Armee wie Arthur Cotton, einige dieser verfallenden Systeme in Südasien zu reparieren – so etwa den Grand Anicut an der Kaveri und den Gangeskanal, der auf den Sultan von Delhi, Firoz Shah, zurückging. Doch in ihrem Bestreben, die Landwirtschaft wieder in Schwung zu bringen, die Einnahmen zu erhöhen und die Hungersnöte zu bekämpfen (wie sie etwa Madras und die Nordwestprovinzen in den 1830er Jahren heimsuchten), gingen sie bald von der Reparatur bestehender zum Bau neuer Bewässerungssysteme über, die in Größe, finanziellem Aufwand und technologischem Niveau alle vorkolonialen Bewässerungsbauten in den Schatten stellten.

Einige dieser Systeme wurden im Südosten, im Mündungsgebiet der Kistna und der Godavari gebaut, einer Region, die 1833 von einer schweren Hungersnot heimgesucht worden war. Ein noch umfangreicheres Kanalsystem baute man zwischen den 1830er und den 1850er Jahren an Ganges und Yamuna. So zweigte man das Wasser dieser beiden Ströme ab, das von den Schneefeldern und Gletschern des Himalaya stammte, und bewässerte damit weite Teile der oberen und mittleren Gangesebene. Die Bewässerung verlieh der landwirtschaftlichen Produktion einen gewaltigen Aufschwung und ermöglichte mehrfache Getreideernten sowie den Anbau kommerzieller Erzeugnisse wie Zucker. Obwohl man beim Kanalbau weitgehend traditionelle Verfahren einsetzte, nämlich Heere von Arbeitern mit Spitzhacken, Brecheisen und Transportkörben, waren die neuen Kanäle durchaus innovative Leistungen auf dem Gebiet des Wasserbaus. Als der Gangeskanal 1854 eröffnet wurde, war dies das größte Bewässerungssystem seiner Art auf der ganzen Erde. Abgesehen von der steinernen Einfassung der Kanäle, hatte man für die Bewässerungssysteme auch Brücken, Staudämme, Wehre und Aquädukte zu bauen. Die Erfordernisse dieser gewaltigen Bauprojekte führten 1847 zur Gründung einer Technischen Hochschule in Roorkee und 1854 zur Schaffung eines Ministeriums für staatliche Bauten.

Als der Panjab 1849 annektiert wurde, waren weite Teile der Provinz von Gestrüpp und dornigen Sträuchern bewachsen und insgesamt nur dünn besiedelt. Hier sorgten Kanäle für die größten Veränderungen. Dank des Baus von Bewässerungssystemen, mit dem man 1851 begonnen hatte, besaß der Panjab in den 1890er Jahren bereits mehr als 40 000 Hektar bewässerter Flächen. Die Kanäle machten die Provinz zu einer der produktivsten und reichsten in ganz Indien. Die Bodenpreise stiegen rasch (sie verzehnfachten sich von 1870 bis 1900), während man einstmals dürre Flächen in Felder mit Weizen, Zuckerrohr und Ölsaaten verwandelte. Die Briten gründeten »Kanalkolonien« und vergaben wertvolles Land unter anderem an Soldaten – denn der Panjab war auch zu einem wichtigen Rekrutierungsgebiet für die Armee geworden. Durch die Kombination aus Beschäftigung in der Armee und Zuweisung von Land profitierten in erster Linie Sikhs von der Erweiterung der landwirtschaftlichen Anbauflächen, auch wenn die Armut blieb und die Verschuldung weiter zunahm. Vor allem an den ländlichen Panjab dachte ein hoher britischer Kolonialbeamter, als er Anfang der 1920er Jahre

Kolonialwirtschaft

schrieb: »Das Erstaunlichste an Indien ist die Tatsache, dass der Boden reich und das Volk arm ist.«[133] Viele frühere Bewohner, darunter auch Hirten, wurden von dem Land vertrieben, auf dem sie einst Rinder, Ziegen und Schafe hatten weiden lassen. Manche wurden Bauern, andere fielen in die von der britischen Kolonialverwaltung sogenannte Kategorie der »kriminellen und landfahrenden Stämme« (der Panjab gehörte zu den indischen Provinzen mit der größten Zahl »krimineller Stämme« und Ansiedlungen). Die »Entwicklung« konnte mit hohen menschlichen Kosten verbunden sein. Während die Bewässerungskanäle den Panjab wohlhabend machten und weitgehend vor Hungersnöten bewahrten, hatten andere Regionen weniger Glück. Als Reaktion auf die massiven Hungersnöte der 1870er und 1890er Jahre forcierte man den Kanalbau im späten 19. Jahrhundert noch einmal beträchtlich, so dass die gesamte bewässerte Fläche von 1,9 Millionen Hektar 1878/1879 auf 4,4 Millionen Hektar 1901/1902 stieg. 1940 wurden gut 20 Millionen Hektar – ein Fünftel der gesamten Anbaufläche Britisch-Indiens – bewässert, wenn auch zu einem erheblichen Teil nicht mit Kanälen, sondern mit traditionelleren Methoden wie Brunnen und Zisternen.

Im Kanalbau stand die Bewässerung eindeutig im Vordergrund. Zwar hatten Ingenieure wie Arthur Cotton in Madras vorgeschlagen, Kanäle auch für den Transport von Massengütern zu nutzen (wie man es in Großbritannien getan hatte), doch in Indien geschah das nur selten. Die Bekämpfung der Hungersnöte galt hier als vordringlichste Aufgabe, und als Transportmittel erhielt schon bald die Eisenbahn den Vorzug, da man die Fracht (und Passagiere) damit schneller und effizienter transportieren konnte als auf Kanälen. Anfangs wandten die Briten sich allerdings dem Straßenbau zu. Ingenieure planten und bauten Allwetterstraßen, die von Kalkutta, Madras und Bombay ausgingen und diese politischen und kommerziellen Zentren mit ihrem Hinterland verbanden. Die wichtigste Fernstraße war die Grand Trunk Road, die der alten, durch das Gangestal führenden Achse von Bengalen bis zum Panjab folgte und dazu beitrug, die Herrschaft Kalkuttas über Ost- und Nordindien zu festigen. Bis zu den 1850er Jahren waren gut 48 000 Kilometer Straßen gebaut. Nicht alle hatten strategische oder ökonomische Bedeutung. Straßen eröffneten Europäern auch den Zugang zu den Urlaubsorten in den Bergen, die in den Vorgebirgen des Himalaya und in anderen Gebieten mit gemäßigtem Klima, etwa in den Nilgiri-Bergen, entstanden. Mit einem ähnlichen Straßenbauprogramm (wenn auch geringeren Umfangs) begann man 1815 in Ceylon, wodurch man die Isolation Kandys beendete und das Innere der Insel für europäische Kaffee- und Teeplantagen erschloss.

Das Transportproblem löste man allerdings hauptsächlich mit anderen Mitteln, vor allem durch den revolutionären Einsatz der Dampfkraft. Schon früh im 19. Jahrhundert fuhren Dampfschiffe von Großbritannien nach Indien. Die meisten wurden in britischen Werften gebaut, einige jedoch auch in Kalkutta und Bombay. Als regelmäßige Dampfschifflinien eingerichtet wurden, gewannen die wichtigsten Häfen Südasiens – Bombay, Madras, Kalkutta und später Karatschi, neben Colombo und Galle in Sri Lanka – an Größe und strategischer Bedeutung, oft auf Kosten weniger günstig gelegener Hafenstädte wie Surat. Die Eröffnung des Suezkanals 1869 verkürzte die Verbindung zwischen Europa und Südasien und reduzierte deutlich die Transportkosten für Fracht und Passagiere. Anfang der 1870er Jahre waren die beiden Hauptnutznießer des expandierenden Seehandels – Kalkutta und Bombay – zu unverzichtbaren Drehscheiben der Indienseefahrt geworden, die Südasien nicht nur mit Europa, sondern auch mit Afrika, Südostasien, China und Australien verbanden. In den 1840er Jahren begann man von der Küste aus auch auf einigen ins Binnenland führenden Wasserwegen Dampfschiffe einzusetzen. Auf dem Ganges wurde ein Dampferdienst eingerichtet, der Passagiere (statt Fracht) von Kalkutta stromaufwärts nach Mirzapur beförderte, wodurch man gegenüber einer Landreise mit Sänfte oder Pferd mehrere Tage und

Kolonialwirtschaft

einiges an Komfort gewann. Raddampfer wurden auch auf dem Indus zwischen Karatschi und dem Panjab eingesetzt wie auch auf dem Brahmaputra, wo sie Wanderarbeiter stromaufwärts nach Assam und Tee stromabwärts nach Kalkutta beförderten. Diese Raddampfer brachten zwar einen gewissen Mississippi-Flair nach Südasien, doch in der Praxis erlangten sie nur begrenzte Bedeutung. Die meisten indischen Flüsse waren nicht breit genug oder führten nicht ganzjährig ausreichend Wasser, um die Einrichtung einer regelmäßigen Dampfschifflinie zu erlauben. Sandbänke und Untiefen erschwerten die Durchfahrt, und die Betriebskosten waren hoch. Doch die Dampfschiffe waren Vorboten des kommenden Zeitalters der Dampfkraft.

Während des 19. Jahrhunderts fand die Dampfkraft zahlreiche Anwendungen – von Jute- und Baumwollfabriken über die staatliche Münze bis hin zu den Druckerpressen. Es gab sogar (erfolglose) Versuche, Dampfpflüge einzuführen. Doch nirgendwo spielte die Dampfkraft eine so herausragende Rolle wie bei der Eisenbahn. Ihr Bau war lange vorbereitet worden. In den 1830er und 1840er Jahren gab es eine intensive Debatte über die Frage, ob die Eisenbahn für die Bedingungen in Indien geeignet war, und man spekulierte über den Beitrag, den sie zum sozialen und wirtschaftlichen Wandel leisten konnte. Doch es geschah nur wenig, bis Lord Dalhousie 1848 zum Generalgouverneur ernannt wurde. Da er der Überzeugung war, dass Indien einen raschen technologischen Wandel benötige, gab er die Genehmigung zum Bau eines Telegraphennetzes, das den Subkontinent zu überspannen begann (1880 umfasste das Netz bereits 32 000 Kilometer Telegraphenleitungen). Er ließ einen zuverlässigen Postdienst aufbauen und drängte aus militärischen und ökonomischen Gründen auf den Bau von Eisenbahnen. Die erste Versuchsstrecke, 34 Kilometer von Bombay nach Tannah, wurde 1853 eröffnet, achtzehn Monate vor der 60 Kilometer langen Strecke zwischen Kalkutta und Burdwan. Aufgrund der durch die Meuterei von 1857 bedingten Unterbrechung (auch Telegraphenleitungen

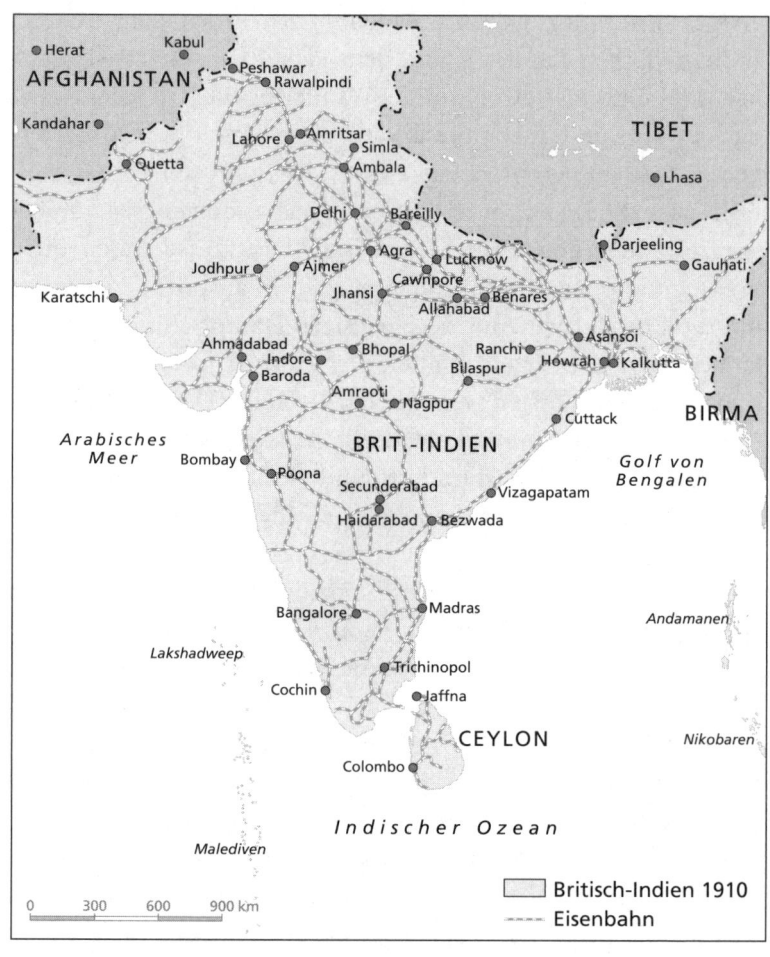

Karte 10: Das Eisenbahnnetz in Südasien um 1910

und Eisenbahnbaustellen wurden damals angegriffen) gab es 1858 kaum mehr als 300 Kilometer Eisenbahnstrecke. Es folgte eine Phase hektischer Bautätigkeit, mit Spitzen in den 1870er und 1890er Jahren. Von 2554 Kilometern im Jahr 1861 wuchs das Eisenbahnnetz auf eine Gesamtstreckenlänge von 15 647 Kilometern 1881 und von 38 921 Kilometern im Jahr 1901. Auf dem Gipfel des Baubooms in den späten 1890er Jahren wurde das

Kolonialwirtschaft

Netz jährlich um mehr als 4500 Kilometer erweitert. Ausgehend von Kalkutta, Bombay und Madras verband das Eisenbahnnetz zunächst die wichtigsten Städte Indiens untereinander oder jeweils mit deren Hinterland. Gegen Ende des Jahrhunderts gab es jedoch bereits auch eine wachsende Zahl von Zubringerstrecken, die militärischen und kommerziellen Bedürfnissen oder der Bekämpfung von Hungersnöten dienten. 1914 besaß Indien eines der größten Eisenbahnnetze der Welt, auch wenn bis in die 1920er Jahre hinein die Frage gestellt wurde, inwieweit das System auch den Interessen der ländlichen Regionen und der landwirtschaftlichen Produzenten gerecht werde. Ceylon erlebte eine ähnliche Phase des Eisenbahnbaus, wenn auch geringeren Umfangs. 1867 wurde die Eisenbahnstrecke zwischen Colombo und Kandy fertiggestellt, Verbindungen in den Norden und Osten der Insel folgten wenig später. Nepal dagegen, das sich außerhalb der kolonialen Sphäre befand und in weiten Teilen ein äußerst schwieriges Gelände darstellte, blieb bis auf eine Kopfstation in Birganj vom Eisenbahnbau nahezu vollständig unberührt. Da jedoch mehrere indische Eisenbahnstrecken in der Nähe der nepalesischen Grenze verliefen, zog auch die Wirtschaft dieses Landes Nutzen daraus.

Der Eisenbahnbau erforderte noch größere technische Leistungen als der Bau der Bewässerungskanäle. Auf manchen Strecken musste man tiefe Einschnitte und Tunnel durch harten Fels sprengen, etwa auf demjenigen zwischen Bombay und Poona durch den Bhore Ghat, einen zerklüfteten Gebirgszug. Insgesamt wurden beim Bau dieser Trasse nahezu 5 Millionen Kubikmeter Erde und Fels bewegt. Wie die Kanäle, so wurden auch die Eisenbahntrassen weitgehend in Handarbeit gebaut, von unzähligen Männern, Frauen und Kindern mit Brechstangen und Körben. Unfälle und Krankheiten kosteten Hunderten indischer Arbeiter das Leben. Allein im Bhore Ghat – diesem »Feuerofen des Leidens« – starben täglich bis zu zehn indische Arbeiter und insgesamt ein Viertel der europäischen Aufseher an der Cholera.[134]

Anfangs verfolgte man mit dem Eisenbahnbau nur begrenzte Ziele. Die Eisenbahn erleichterte Truppenbewegungen, da sie den Soldaten lange, erschöpfende Märsche ersparte. Das blieb auch nach der Meuterei das vorrangige Ziel der Regierung, vor allem im Nordwesten, wo es weiterhin sporadisch zu militärischen Auseinandersetzungen mit Angehörigen der dort lebenden Stämme kam und wo man eine (in Wirklichkeit unwahrscheinliche) russische Invasion befürchtete. Der Personenverkehr nahm – in Indien wie in Europa – rasch zu und erlangte bald größere Bedeutung als der Frachtverkehr. Schon 1857 beförderten die indischen Eisenbahnen jährlich zwei Millionen Passagiere, aber nur 257 000 Tonnen Fracht. Die Begeisterung der Inder für die Eisenbahn überraschte viele Europäer, die angenommen hatten, die Einheimischen würden der technologischen Innovation mit Antipathie begegnen. Schon 1855 hieß es, die Fahrt mit der Eisenbahn sei »fast zu einer nationalen Leidenschaft bei den Mitgliedern niederer Stände« geworden.[135] In den 1890er Jahren war die Zahl der beförderten Personen auf jährlich 123 Millionen Passagiere, das Frachtaufkommen auf mehr als 25,5 Millionen Tonnen gestiegen. Abgesehen von ihrer militärischen und wirtschaftlichen Bedeutung galt die Eisenbahn den Briten als ein Motor des Wandels, der Indien in eine wissenschaftliche und technologische Moderne katapultierte und die indische Gesellschaft revolutionierte, ja in gewisser Weise sogar europäisierte. Da sie die freie Bewegung auf dem ganzen Subkontinent ermöglichte, meinten manche auch, sie habe ein neues Gefühl nationaler Identität geschaffen. Ganz sicher leistete sie im späten 19. und frühen 20. Jahrhundert einen Beitrag zu einer erhöhten physischen Mobilität gerade auch indischer Arbeitskräfte, doch sie untergrub weder Kastenwesen noch Religionen in einer Weise, wie viele britische Beobachter dies erwartet hatten. In gewisser Hinsicht stärkte sie sogar die bestehenden Religionen – die Eisenbahn machte es für hinduistische Pilger leichter und billiger, in Wallfahrtsorte wie Hardwar oder Puri zu reisen, wie auch

Kolonialwirtschaft

die Dampfschiffe den muslimischen Pilgern die Fahrt nach Mekka erleichterten. Weit davon entfernt, als Emblem westlicher Überlegenheit zu gelten, wurde die Eisenbahn rasch vom sozialen Leben Südasiens absorbiert.

Andererseits besaß die Eisenbahn eine gewaltige wirtschaftliche Bedeutung, die sich etwa im wachsenden Import britischer Erzeugnisse und im gleichermaßen wachsenden Export von Baumwolle, Ölsaaten und Getreide manifestierte. Sie erhöhte den Bedarf an den Erzeugnissen bestimmter Industriezweige, zum Beispiel des Kohlebergbaus. Eine der ersten Eisenbahnstrecken verband Kalkutta mit dem Kohlerevier Raniganj. Trotz primitiver Abbauverfahren stieg die indische Kohleförderung von 500 000 Tonnen in den späten 1860er Jahren auf 20 Millionen Tonnen um 1920.

Über die wirtschaftlichen Vorteile der Eisenbahnen ist viel gestritten worden. Positiv betrachtet halfen sie der indischen Wirtschaft, die Stagnation zu überwinden, in die sie Anfang des 19. Jahrhunderts geraten war. Ihre wichtigste Wirkung war die Öffnung indischer Märkte für britische Industrieprodukte und die Erleichterung des Exports von Rohstoffen, nicht dagegen die Förderung der Entwicklung Indiens. Nur kurze Zeit, nämlich in den 1870er Jahren, wurden die Eisenbahnen direkt von der indischen Zentralregierung gebaut und betrieben. In der Hauptsache lagen Finanzierung, Bau und Betrieb der Bahnen in privaten Händen, wobei der Staat allerdings eine Mindestrendite von 5 Prozent garantierte (die später auf 4 Prozent gesenkt wurde). Die Eisenbahn hätte zwar unmöglich ohne indische Arbeitskräfte gebaut werden können, doch unter den Investoren fanden sich nur wenige Inder. Die Masse des Kapitals kam aus Großbritannien. Von den 150 Millionen Pfund, die bis 1869 in Indien investiert wurden, das meiste davon aus Großbritannien, floss nahezu die Hälfte in Eisenbahnaktien. Bis 1911 waren die ausländischen Investitionen in Indien auf 360 Millionen Pfund gestiegen, von denen 137 Millionen Pfund für die Eisenbahn bestimmt waren. Außerdem profitierte Indien hier kaum von einem Technologietransfer. Lokomotiven, Waggons und selbst die Schienen wurden fast vollständig aus Großbritannien importiert – ein Beispiel für die Tatsache, dass der ökonomische Imperialismus den Briten mehr nutzte als den Indern, auch wenn in den 1890er Jahren drei Viertel der verbrauchten Kohle aus indischen Gruben stammten.

Außerdem hatten Eisenbahnen und Kanäle negative Auswirkungen auf die Umwelt. Die mangelnde Erfahrung mit den Verhältnissen in Indien und falsche Konstruktionen führten bei den Kanälen zu undichten Stellen, die den Boden aufweichten, das Pflanzenwachstum behinderten und Brutstätten für Moskitos schufen. Die Ausbreitung der Malaria gehörte zu den verheerendsten Folgen des Kanalbaus, aber auch des Eisenbahnbaus, da die Dämme den Wasserabfluss behinderten, so dass Lebensräume entstanden, in denen die Anopheles-Mücke sich vermehren konnte. In manchen Gebieten sorgte die Bewässerung auch dafür, dass unterirdische Salze an die Oberfläche stiegen. Die solcherart versalzten Flächen waren dann für die landwirtschaftliche Nutzung ungeeignet. Die durch Eisenbahnen und Dampfschiffe bewirkte wachsende Integration Indiens in die internationalen Netzwerke des Handels und der Migration brachten auch ansteckende Krankheiten nach Südasien. Sowohl die Pocken von 1896 als auch die Grippe von 1918 wurden von Dampfschiffen nach Indien gebracht und breiteten sich entlang den Eisenbahnstrecken aus. Die Auswirkungen des Eisenbahnbaus auf die einstmals riesigen Wälder Indiens haben einige kritische Bemerkungen von Umwelthistorikern auf sich gezogen. Eine gewaltige Zahl von Bäumen wurde gefällt, um Eisenbahnschwellen daraus herzustellen. Pro Kilometer Strecke benötigte man mehr als 500 Schwellen, die nach einem Dutzend Jahren ausgewechselt werden mussten. Holz war auch für den Bau von Brücken und Gebäuden erforderlich. In den 1850er und 1860er Jahren, als noch nicht genug Kohle zur Verfügung stand, verfeuerte man Holz

Kolonialwirtschaft

auch in den Lokomotiven. So kann es nicht überraschen, wenn der Bau der indischen Eisenbahnen sogar schon damals als die »weitaus wichtigste und schlimmste« Ursache für die Abholzung der Wälder galt, die dringende Schutzmaßnahmen erforderlich machte. Das Zeitalter der Eisenbahnen gilt entsprechend auch als »ökologische Wasserscheide« und als eine Zeit, in der die Umwelt in Indien eine bis dahin unbekannte und nicht umkehrbare Veränderung erfuhr.[136]

3. Handel und Industrie

Bis ins späte 18. Jahrhundert war Indien ein geschätzter Lieferant von Textilien gewesen, vor allem in Gestalt diverser Baumwolltuche, die in Großbritannien, Europa, Asien und Afrika gerne gekauft wurden. In einer der dramatischsten Wenden der indischen Wirtschaftsgeschichte versiegte dieser Exporthandel gegen Ende der Napoleonischen Kriege 1815 nahezu vollständig, und an seine Stelle trat der massenhafte Import maschinell hergestellter britischer Tuche. Damit war die industrielle Revolution in Indien angekommen – nur war es die britische und nicht die indische Textilindustrie, die hier eine Revolution erlebte, obwohl Indien ironischerweise Großbritannien zuerst die vielfältige Nutzbarkeit und die weltweite Attraktivität der Baumwolle gezeigt hatte. Weber, Färber und andere Textilarbeiter verloren ihre Arbeit oder waren gezwungen, ihren Lebensunterhalt wieder in der Landwirtschaft zu verdienen. Zwar wurden auch weiterhin Saris und Dhotis in Handarbeit gefertigt (meist für den Binnenmarkt oder für indische Arbeiter im Ausland), doch insgesamt ging eine einstmals florierende Branche zugrunde. Es handelte sich um eine De-Industrialisierung in großem Maßstab. Bengalen (wo Dhaka wegen seiner feinen Musseline berühmt gewesen war) und die Koromandelküste gehörten zu den

Gebieten, die am schlimmsten von der schwindenden Nachfrage nach Tuchen getroffen wurden. Dieser Verlust in Handel und Produktion Indiens trug gemeinsam mit der hohen steuerlichen Belastung von Grund und Boden zur allgemeinen Depression der indischen Wirtschaft im frühen 19. Jahrhundert bei. Umgekehrt erreichte der britische Export nach Indien gewaltige Ausmaße. 1835 war Indien zu einem der wichtigsten britischen Absatzmärkte geworden, allein ein Viertel der indischen Baumwollprodukte wurde dorthin verkauft. 1813 entsprachen die indischen Importe britischer Baumwolltextilien einem Wert von 100 000 Pfund. 1850 lag der Gesamtwert bereits bei 5,2 Millionen Pfund. Auch in der Folgezeit wuchs er weiter und erreichte mit 40 Millionen Pfund seinen höchsten Stand im Jahr 1913. Bei anderen Industriegütern wie Eisen und Stahl sowie Maschinen zeigte sich eine ähnliche Steigerung, auch wenn das Volumen niemals an das der Textilimporte heranreichte.[137] Auf der anderen Seite schossen die Baumwollexporte in die Höhe. Die Nachfrage nach Rohbaumwolle erlebte einen gewaltigen Schub, als die Nordstaaten während des Amerikanischen Bürgerkriegs die Ausfuhr von Baumwolle aus den Südstaaten durch ihre Blockade verhinderten, so dass die Textilfabriken in Lancashire mit einer »Baumwollhungersnot« zu kämpfen hatten. Auf dem Höhepunkt des Bürgerkriegs exportierte Indien 400 Millionen Kilogramm Baumwolle (nach 180 Millionen Kilogramm 1861–1862). Die für den Baumwollanbau genutzte Fläche – vor allem in den Distrikten des westlichen Dekkan mit leichtem Zugang zum Hafen von Bombay – verdoppelte sich von 1861 bis 1865, und der Preis der indischen Baumwolle, der bis dahin wegen der geringen Qualität recht niedrig gelegen hatte, vervierfachte sich von 1859 bis 1864. Das führte zu beträchtlichen Veränderungen. Innerhalb weniger Jahrzehnte war Indien von einem der führenden Produzenten von Baumwollerzeugnissen zu einem der Hauptlieferanten von Rohbaumwolle und einem der wichtigsten Absatzmärkte für britische Textilien geworden. Die

Rolle als Hauptproduzent wurde unterstrichen durch die Tatsache, dass 1870, als die Rohbaumwolle einen Anteil von 35 Prozent am Gesamtvolumen der indischen Exporte besaß (während auf Opium, das hauptsächlich nach China verkauft wurde, 20 Prozent entfielen), Baumwollerzeugnisse weniger als 3 Prozent des Gesamtvolumens ausmachten. Die rasche Steigerung der Baumwollproduktion zeigt, wie schnell die bäuerlichen Produzenten auf die internationalen Märkte reagieren konnten. Doch als der Amerikanische Bürgerkrieg 1865 endete und Großbritannien die Importe aus den Südstaaten wieder aufnahm, kam es bei indischer Baumwolle zu einem rapiden Preisverfall, unter dem zahlreiche Bauern sehr zu leiden hatten. Die Verschuldung vieler bäuerlicher Baumwollproduzenten gehörte zu den Faktoren, die zum Ausbruch der als Deccan Riots von 1875 bekannten Unruhen beitrugen. Doch auch dieser Rückschlag vermochte den Trend zur Erweiterung der Anbauflächen für Baumwolle und andere landwirtschaftliche Exporterzeugnisse wie Indigo, Zucker, Ölsaaten und Jute nicht zu brechen. Dieser Trend hielt auch in den mittleren und späten Jahrzehnten des 19. Jahrhunderts an.

Der Textilhandel ist das am häufigsten zitierte Beispiel für die radikalen Veränderungen, die Indien aufgrund der Kolonialherrschaft erlebte. Ein weiteres Beispiel ist der Schiffbau. Bis ins frühe 19. Jahrhundert hinein war Indien ein wichtiger Hersteller von Schiffen für die Küstenschifffahrt und den Ozeanhandel. Handels- und Kriegsschiffe, die auf indischen Werften aus indischem Teakholz gebaut wurden, stießen bis in die 1820er Jahre auf rege Nachfrage. Doch ein oder zwei Jahrzehnte später wurden aufgrund der britischen Konkurrenz sowie des Aufkommens von Dampfschiffen und eisernen Schiffsrümpfen nur noch sehr wenige seegängige Schiffe gebaut. Auch bei Erzen kam es zu großen Veränderungen. So hatte man Kupfererz in Indien seit Jahrhunderten abgebaut und daraus den Rohstoff für Münzen, für die Bronze- und Messingläufe von Kanonen und eine Vielzahl anderer industrieller und handwerklicher Verwendungen gewonnen. Der Abbau wurde jedoch innerhalb kurzer Zeit eingestellt, weil billigeres Importkupfer das heimische Erzeugnis verdrängte. Metallwaren jeglicher Art, darunter auch Feuerwaffen und landwirtschaftliche Geräte, wurden weitgehend durch Importe aus Europa ersetzt. Selbst die Dorfschmiede arbeiteten vielfach mit importiertem Eisen. Ähnlich war es bei Mineralien. Salz, für das es in Flachwassergebieten an der Küste und in Salzseen natürliche Vorkommen gab, wurde zum staatlichen Monopol, wobei man es in großen Mengen aus entferntesten Weltregionen wie dem englischen Cheshire importierte. Einer der Gründe für diesen dramatischen Wandel in Handel und Industrie war der Vorteil, den Großbritannien aus seiner industriellen Revolution und den billigen, in Massenproduktion erzeugten Waren zog, die man in großen Mengen nach Übersee verschiffte. Die britische Kontrolle über den Indienhandel ließ Indien kaum Chancen, seine eigene Wirtschaft zu schützen oder erfolgreich als Wettbewerber aufzutreten. Großbritannien diktierte die wirtschaftlichen Außenbeziehungen Indiens einschließlich der Zolltarife und der *Terms of Trade*. 1870 gingen fast 55 Prozent der gesamten indischen Exporte direkt nach Großbritannien, und 85 Prozent der indischen Importe stammten von dort. Fast alle diese Güter wurden auf dem Seeweg transportiert, auf Schiffen, die sich in britischem Besitz befanden. Die alten Fernhandelsstraßen, die Indien mit Iran und Zentralasien oder mit China und Tibet verbanden, sanken dagegen fast zur Bedeutungslosigkeit herab.

Allerdings entstanden auch neue Wirtschaftszweige, und sie begannen, die kolonialen Volkswirtschaften Südasiens zu verändern oder sogar wiederzubeleben. Die Plantagen sind ein besonders gutes Beispiel dafür und unterstreichen eine Entwicklung, die sowohl in Indien als auch in Ceylon anzutreffen war. Anfang des 19. Jahrhunderts kam es aufgrund wachsender internationaler Konkurrenz und eines veränderten kulinarischen Geschmacks zu einem Preisverfall bei Zimt, der zu den begehrtesten Exportgütern Sri Lankas gehört hatte. Auf der Suche nach einer Alternative, die der wirtschaftlichen Stagnation auf der Insel ein Ende bereiten konnte, entschieden die Briten sich für Kaffee. Unterstützt durch Straßen- und Eisenbahnbau und gefördert durch Landschenkungen der Krone, rodeten Europäer Wälder im zentralen Hochland und legten dort Kaffeeplantagen an. Mitte der 1840er Jahre gab es 600 Plantagen mit einer Anbaufläche von 20 000 Hektar. Ein Jahrzehnt später war die Fläche auf 32 000 Hektar angewachsen. Fast alle Plantagen befanden sich im Besitz von Europäern, doch der größte Teil der Arbeit bei Rodung und Ernte wurde von südindischen Wanderarbeitern erledigt, die Armut und Hunger vom Festland auf die Insel getrieben hatten. Die ceylonesische Bevölkerung hatte wenig Anteil an diesem Wirtschaftszweig. Doch Ende der 1860er Jahre, als der Kaffee eine aufblühende Wirtschaft zu stützen begann, wurden die Kaffeepflanzen von einer Blattkrankheit befallen. Die Plantagen verfielen, und die Kaffeeproduktion sank ins Bodenlose. Die Plantagenbesitzer wandten sich anderen Kulturpflanzen zu – Tee, Chinarindenbaum (aus dem das Malariamittel Chinin gewonnen wurde) und Gummi (dessen Bedeutung wegen seiner Verwendung in Verkehrswesen und Industrie ständig zunahm). Die ceylonesischen Unternehmen konzentrierten sich auf einen anderen Exportartikel, die Kokospalme, aus der Fasern für Taue und Matten gefertigt wurden. Von all diesen Erzeugnissen erwies der Tee sich als das kommerziell interessanteste Produkt. In den 1890er Jahren lag die Anbaufläche bei 8000 Hektar, der Wert der Exporte erreichte 54 Millionen Rupien und entsprach damit fast der Hälfte des Gesamtexports der Insel. Wie zuvor schon beim Kaffee stellten Tamilen den Großteil der Arbeitskräfte. 1911 lag ihre Zahl bei einer halben Million, das entsprach einem Achtel der Gesamtbevölkerung.

Europäisches Kapital und Management, Wanderarbeiter und eine starke Exportorientierung kennzeichneten auch die indische Teeindustrie. Export und Verkauf von Tee war eines der wichtigsten Geschäftsfelder der Ost Indien Kompanie gewesen, bis diese 1833 ihre Handelsrechte verloren hatte. Dadurch wurde die Entwicklung einer konkurrierenden Teeindustrie in Indien zu einer attraktiven Alternative. Botaniker fanden in Assam zwar schon Mitte der 1830er Jahre geeignete Teepflanzen, doch erst in den 1850er Jahren wurden die ersten Teeplantagen angelegt. Da für die harte, ungesunde Arbeit des Rodens der Urwälder und der Anlage der Plantagen wie auch für Pflege und Ernte der Teesträucher kaum einheimische Arbeitskräfte zu finden waren, holten die europäischen Pflanzer Arbeiter aus den Stammesregionen, und zwar hauptsächlich aus den mittelindischen Provinzen. Wie in Sri Lanka und trotz gewisser Bedenken seitens der Regierung (die sich gelegentlich besorgt über Gesundheit und Wohlbefinden der auf den Teeplantagen Beschäftigten äußerte) genossen die Plantagenbesitzer ein außergewöhnliches Maß an rechtlicher Kontrolle über ihre Arbeitskräfte. 1871 gab es fast 300 Teeplantagen in Assam und weiter westlich in den Duars und in Darjeeling, mit einer Gesamtanbaufläche von 12 000 Hektar und einer Gesamtproduktion von 2500 Tonnen jährlich. Im Jahr 1900 exportierte Indien 62 000 Tonnen Tee, das entsprach im Wert 9 Prozent des Gesamtexports, und das meiste davon ging zur Verpackung und zum Export nach Kalkutta. Als der indische Tee den chinesischen auf dem Weltmarkt verdrängte, fand er auch international beträchtlichen Absatz, zunächst bei indischen Soldaten (die das Teetrinken von ihren britischen Offizieren übernahmen) und dann auch bei Konsumenten aus Mittelschichten und Arbeiterklasse. Der Tee behielt zwar seine Vorrangstellung in Indien, doch es wurden auch Kaffeeplantagen angelegt. 1911 arbeiteten 58 000 Inder auf den Kaffeeplantagen des Landes, gegenüber fast einer Dreiviertelmillion auf den Teeplantagen.

Der Plantagensektor in Südasien gehörte seinerseits zu einer umfassenden Mobilisierung indischer Arbeitskräfte während der Kolonialherrschaft. Mit der Aufhebung der Sklaverei im briti-

Kolonialwirtschaft

schen Empire in den 1830er Jahren wurde Indien zu einer alternativen Quelle von Arbeitskraft. Indische Vertragsarbeiter – »Kulis« genannt, nach dem tamilischen Wort für »Lohnarbeiter« – wurden in die zuckerproduzierenden Kolonien Mauritius, Natal, Trinidad und Guyana in Westindien und auf die Fidschi-Inseln im Pazifik geschickt, ebenso auf die Tee- und Kaffeeplantagen in Ceylon und nach Malaya, wo sie auf den Kautschukplantagen arbeiteten. Inder zogen nach Birma, um dort Reis anzupflanzen, und nach Ostafrika, um die Eisenbahn nach Nairobi zu bauen (und andere folgten ihnen als Kaufleute, Kleinhändler und Geldverleiher). Die meisten dieser Wanderarbeiter kamen aus dem Norden und Nordosten Indiens. Bis 1870 hatte bereits eine Million von ihnen Indien verlassen. Von denen, die heimkehrten, brachten viele genug Kapital mit, um etwas Land zu kaufen oder ein kleines Geschäft zu gründen. Andere schickten per Post Geld nach Hause, um dort ihre Familien zu unterstützen. Trotz der hohen Sterblichkeit, der harten Lebensbedingungen und der geringen Bezahlung, aufgrund deren das System der indischen Vertragsarbeiter gelegentlich als »neue Form von Sklaverei« bezeichnet wurde, zogen viele Migranten es vor, in ihrer neuen Heimat zu bleiben und sich dort niederzulassen.[138] Der Beitrag, den indische Arbeitskräfte für das Empire und dessen Wirtschaft leisteten, war gewaltig.

Auch andere Bereiche des Handels und der Industrie wurden von Europäern dominiert. Einer davon war die Juteindustrie, die in den 1850er Jahren entstand, als russischer Hanf wegen des Krimkriegs knapp wurde. Die von Bauern in Bengalen angebaute Jute wurde anfangs zur Weiterverarbeitung nach Dundee geschickt, doch Ende der 1850er Jahre entstanden auch in der Umgebung von Kalkutta erste Jutefabriken. 1863 gab es in Bengalen nur zwei davon, zwei Jahrzehnte später standen an den Ufern der Hugli bereits zwanzig Jutefabriken, die 20 000 Arbeitskräfte beschäftigten. 1914 waren es 69, mit fast einer Viertelmillion Beschäftigten, viele davon Wanderarbeiter aus Nordindien, darunter auch zahlreiche Frauen und Kinder. Im Jahr 1900 hatte Rohjute einen Anteil von 10 Prozent am indischen Gesamtexport, und weitere 7 Prozent entfielen auf Juteprodukte wie Säcke. Es gab allerdings auch Geschäftszweige, in denen Inder den Ton angaben. Einer davon war der Opiumhandel mit China, den erst die erzwungene Öffnung des Landes für den Außenhandel in den 1830er Jahren ermöglicht hatte. Zu den indischen Nutznießern dieses Handels gehörte eine Reihe von Parsen, darunter Jamshedji Jeejeebhoy, der einer der reichsten Männer von Bombay wurde. Parsen betätigten sich auch in anderen Wirtschaftszweigen als Pioniere, vor allem in den 1870er Jahren, als J. N. Tata mit seiner »Empress Mill« in Nagpur die indische Baumwollverarbeitung auf den Weg brachte.

Indische Unternehmer aus diversen Kasten und Volksgruppen – neben Parsen auch Hindus, Muslime und Juden – sorgten in der Folgezeit für den Aufstieg der Textilindustrie in Bombay. Mit Maschinen, die sie in Europa kauften, nutzten diese Fabriken die einheimische Baumwolle und die billige Arbeitskraft aus der ländlichen Umgebung, um sich als erfolgreiche Konkurrenten gegen die Briten zu behaupten. 1915 gab es bereits 86 solcher Textilfabriken mit insgesamt 112 000 Beschäftigten. Anfangs produzierten sie hauptsächlich Garne für den chinesischen, dann auch zunehmend Tuche für den heimischen Markt. Schon bald entstanden weitere Textilzentren, deren Fabriken sich wie in Bombay meist in indischem Besitz befanden, so etwa Ahmedabad in Gujarat und Coimbatore in Tamil Nadu, auch wenn die großen Buckingham and Carnatic Mills sich in britischen Händen befanden. Die Beschäftigten der Jute- und Baumwollindustrie bildeten einen großen Teil der indischen Fabrikarbeiter, deren Zahl von 421 000 im Jahr 1897 auf 870 000 im Jahr 1912 und dann noch einmal unter dem Einfluss der kriegsbedingten Nachfrage auf über eine Million im Jahr 1917 stieg. Damit war eine neue Klasse entstanden: das Industrieproletariat.

Kolonialwirtschaft

4. Hunger, Krankheit und Bevölkerungsentwicklung

Trotz des Wachstums der Industrie und der Städte – Kalkutta und Bombay erreichten um 1900 Einwohnerzahlen von einer Dreiviertelmillion – war Indien auch weiterhin hochgradig abhängig von der Landwirtschaft als Grundlage für Ernährung und Beschäftigung. Im späten 19. Jahrhundert lebte weniger als ein Zehntel der Bevölkerung in Städten, der Rest auf dem Land. Die Indian Famine Commission erklärte in ihrem Bericht von 1880: »Die Wurzel für die Armut der indischen Bevölkerung und für die Gefahren, denen die Menschen in Zeiten der Knappheit ausgesetzt sind, liegt weitgehend in dem unglücklichen Umstand, dass die Landwirtschaft für die Masse der Bevölkerung die einzige Beschäftigungsmöglichkeit darstellt.«[139] Die immer wieder auftretenden Hungersnöte und die verheerenden Seuchen, die in deren Gefolge wüteten, gehörten zu den schlimmsten Merkmalen der indischen Geschichte des 19. Jahrhunderts.

Hungersnöte waren in Indien nichts Neues. Schon in Mittelalter und früher Neuzeit hatte es Zeiten der Dürre und des Hungers gegeben, auch wenn sich das Ausmaß des Leidens und Sterbens mangels genauerer Daten nur schwer abschätzen lässt. Doch unter britischer Herrschaft wurden Hungersnöte zu einer verbreiteten und hartnäckigen Erscheinung. Die schreckliche Serie, die mit der bengalischen Hungersnot von 1770 begann, setzte sich in den 1830er Jahren mit größeren Hungersnöten in Nordindien und Madras fort, denen zahlreiche Menschen zum Opfer fielen. Besonders schlimm waren die 1860er und 1870er Jahre, mit schweren Hungersnöten in Orissa 1866, im Nordosten 1874, im größten Teil Süd-, West- und Zentralindiens in den späten 1870er Jahren und dann wieder in den 1890er Jahren sowie kurz nach der Jahrhundertwende. Ab etwa 1907 verschwanden die Hungersnöte fast vollständig aus den offiziellen Aufzeichnungen (wenngleich sie 1943 mit verheerender Wucht

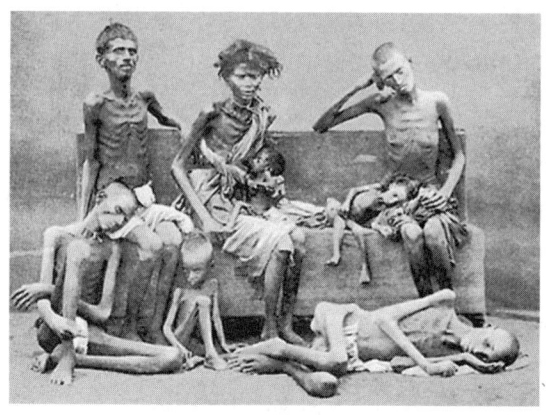

Abb. 19: Opfer einer Hungersnot in Madras 1877

in Bengalen wiederkehrten), doch lokale Hungersnöte gab es weiterhin, auch wenn sie keine offizielle Aufmerksamkeit erregten und die durch Mangelernährung verursachte Sterblichkeit immer noch hoch war. Nach Schätzungen fielen von 1860 bis 1910 20 Millionen Menschen solchen Hungersnöten zum Opfer. Viele dieser Todesfälle gingen wahrscheinlich eher auf Begleit- oder Folgekrankheiten des Hungers wie Cholera und Malaria zurück als auf die Unterernährung als solche, doch die Auswirkungen des Hungers auf die Sterblichkeit sollten nicht unterschätzt werden.

Warum war der Hunger in diesen Zeiten so weit verbreitet, und warum hatte er so verheerende Folgen für das menschliche Leben? Darüber ist unter Historikern viel debattiert worden, vor allem seit die Hungersnöte als unumstößlichster Beweis für die negative Wirkung der britischen Herrschaft angeführt werden. Man hat behauptet, die Kolonialherrschaft habe die Abhängigkeit von der Landwirtschaft verstärkt, weil sie es versäumte, wie die Famine Commission durchaus eingestand, die indische Wirtschaft zu diversifizieren und andere Beschäftigungsmöglichkeiten bereitzustellen. Das Steuersystem mit seinen vor allem in den ersten Jahrzehnten unrealistisch hohen Abgabeforderungen raubte den Bauern jeden finanziellen Überschuss und die Nah-

Kolonialwirtschaft

rungsmittelreserven, die sie benötigten, um über schwierige Jahre hinwegzukommen. In seiner Anfang des 20. Jahrhunderts erschienenen *Economic History of India* zeichnete R. C. Dutt ein von bitteren Vorwürfen geprägtes Bild der indischen Wirtschaft unter britischer Herrschaft und rechnete vor, während der Nawab von Bengalen 1764 den Gegenwert von 817 553 Pfund an Grundsteuern erhoben habe, hätten die Briten diesen Betrag innerhalb von dreißig Jahren auf überzogene 2,7 Millionen Pfund erhöht. Und in den Marathen-Territorien Westindiens, wo die Summe der Bodenabgaben 1818 bei 800 000 Pfund gelegen habe, sei sie nach der Übernahme durch die Briten auf 1,5 Millionen Pfund gestiegen. Die hohe Steuerlast und die mangelnde Bereitschaft des Staates, in schlechten Zeiten Steuern zu stunden, hätten die Bauern in die Verschuldung getrieben und dazu ermuntert, Pflanzen wie Baumwolle anzubauen, die nur verkauft, aber nicht verzehrt werden konnten. Die Praxis, Getreidevorräte für Notzeiten anzulegen, sei mit zunehmender Ausbreitung der Marktwirtschaft geschwunden. Straßen und Eisenbahnen hätten den Export von Reis, Weizen und anderen Getreidesorten erleichtert, die 10 Prozent und mehr der indischen Exporte ausmachten und im Hungerjahrzehnt der 1890er Jahre sogar einen Anteil von 20 Prozent erreichten.

Doch die Kolonialwirtschaft findet auch Verteidiger. Gegen so leidenschaftlich antikolonialistische Thesen wie die von Dutt führte die Wirtschaftshistorikerin Michelle McAlpin in einer Studie über Westindien im 19. Jahrhundert das Argument ins Feld, die Briten hätten in Wirklichkeit nicht mehr aus dem Land herausgezogen als die Marathen, und die Steuerlast der Bauern sei ab der Mitte des 19. Jahrhunderts dank steigender Preise und Einkommen sogar gesunken. Auch die Eisenbahn sei nicht der Bösewicht in diesem Stück gewesen. Sie habe im Gegenteil zur Erweiterung der Märkte beigetragen, einen Anreiz zu wirtschaftlichem Wachstum geboten und eine unverzichtbare Rolle in der Modernisierung der indischen Wirtschaft gespielt. Die Bauern hätten sich weit stärker an die Marktbedingungen angepasst, als Dutt und andere dies behaupteten. Stattdessen führte McAlpin die Hungersnöte auf klimatische Faktoren zurück, auf die Unzuverlässigkeit der Monsune und auf Zeiten abnormer Niederschläge. Zugleich verwies sie auf Verbesserungen in der Vorsorge für Hungerzeiten und auf den wachsenden Wohlstand der Bauern in den 1890er Jahren.[140] Klimatische Faktoren dürfen gewiss nicht unberücksichtigt bleiben, und tatsächlich gibt es in weiten Teile der Erde Hinweise auf einen Rückgang der Niederschläge vor allem in den späten 1870er Jahren. Dennoch lassen die Intensität der Hungersnöte in Indien über mehrere Jahrzehnte hinweg und die hohe Zahl der Opfer darauf schließen, dass auch menschliche Faktoren und nicht nur die Launen des Monsuns für die massiven Episoden des Hungerns und Sterbens verantwortlich waren.

Ein Element, das mit Sicherheit dazu beitrug, war die Politik der Kolonialregierung. Seit den 1830er Jahren hatten die Briten sich dem Prinzip des Laisser-faire und der Überzeugung verschrieben, es sei nicht Aufgabe des Staates, die Nahrungsmittelpreise festzulegen oder den Getreidehandel zu regulieren, auch nicht in Notzeiten – eine Politik, die im Gegensatz zu den (durchaus nicht immer erfolgreichen) Versuchen früherer Regime stand, die Auswirkungen von Dürre und Knappheit zu mildern. Zwar revidierte man diese Haltung in Teilen nach dem Bericht der Famine Commission von 1880 und der Verabschiedung eines indischen Hungersnotgesetzes, doch sie beeinflusste die britische Politik bis ins 20 Jahrhundert hinein. Außerdem hegten viele Beamte die malthusianische Überzeugung, wonach die nächstliegende Ursache für das Elend, wenn schon nicht beim Klima, so bei den Indern selbst liege. Ein Distriktbeamter drückte das so aus:»Armut, Unwissenheit, Apathie, Sorglosigkeit, Fatalismus, tropische Fortpflanzungsraten aufseiten der Menschen sowie die Armut der Böden und der Mangel an Niederschlägen aufseiten der Natur sind die Ursachen, die den Fortschritt verhindern und Hungersnöte hervorbringen.«[141]

Kolonialwirtschaft

Neben der staatlichen Politik und dem Wandel der indischen Wirtschaft während der Kolonialherrschaft sind noch weitere Faktoren zu bedenken. Die Hungersnöte des 19. Jahrhunderts hatten gewiss viel mit der Habgier und dem Fehlverhalten von Menschen zu tun (habsüchtige Geldverleiher und spekulierende Getreidehändler hatten ihren Anteil an der Schuld), doch das waren nicht die einzigen Ursachen des massenhaften Sterbens. Das 19. Jahrhundert war eine Zeit außergewöhnlich verheerender Seuchen. Die Zunahme moderner Verkehrs- und Kommunikationsmittel, die Ausbreitung der Marktwirtschaft, die Entstehung dichtbevölkerter Städte und unhygienischer Slums, die bis in die 1920er Jahre begrenzten Wirkungen der Medizin und der Hygiene, all das trug dazu bei, dass Krankheiten und Hunger zahlreiche Menschenleben forderten. In Notzeiten tranken hungernde, verzweifelte Menschen verschmutztes Wasser, aßen völlig unverdauliche »Ersatznahrungsmittel« und drängten sich in ungesunden Städten und Auffanglagern zusammen, in denen Ruhr, Pocken, Cholera und Pest sich leicht ausbreiten konnten. Solche Seuchen verstärkten die Auswirkungen des Hungers noch beträchtlich und bescherten Indien von 1871 bis 1921 ein »grauenhaftes Crescendo des Todes«.[142]

Hunger und Seuchen gehörten zu den wichtigsten Gründen für die demographische Stagnation Indiens im späten 19. und frühen 20. Jahrhundert. Zur Zeit der ersten ganz Indien umfassenden Volkszählung berechnete man die Bevölkerung Indiens auf etwa 255 Millionen Menschen. Die Hungersnöte der folgenden drei Jahrzehnte bremsten das Bevölkerungswachstum und kehrten es in einigen besonders hart getroffenen Gebieten sogar um. 1891 war die indische Bevölkerung auf 282 Millionen Menschen angewachsen, doch unter dem kombinierten Einfluss der Hungersnöte und Seuchen stieg die Zahl bis 1901 gerade einmal auf 285 Millionen. Erst danach begann die Bevölkerung Indiens tatsächlich zu wachsen, zunächst langsam von 303 Millionen im Jahr 1911 auf 305 Millionen im Jahr 1921 (Ausdruck der Tatsache, dass 12 Millionen Inder ihr Leben in der Grippe-Pandemie von 1918–1919 verloren) und dann beschleunigt auf 338 Millionen im Jahr 1931. Es war das erste Jahrzehnt seit der ersten indischen Volkszählung 1871, in dem das Zehnjahreswachstum über 1 Prozent lag. Noch aufschlussreicher ist allerdings die Tatsache, dass die durchschnittliche Lebenserwartung der Neugeborenen erst 1921 den Wert von 25 Jahren überstieg. Zu Beginn des 20. Jahrhunderts war Indien immer noch in mancherlei Hinsicht ein »Land des Todes«.

D Sozialer Wandel und indische Moderne

1. Eine neue Mittelschicht

Zur selben Zeit, als viele westliche Kommentatoren Indien als »zeitlos« und seine Bewohner als »traditionsverhaftet« und »unwandelbar« beschrieben, erfuhren die Gesellschaften Südasiens einen tiefgreifenden Wandel. Der Anstoß zu diesem Wandel kam aus mehreren Quellen. Er stammte zum Teil aus sozialen Veränderungsprozessen, die schon vor dem Kolonialismus in Gang gekommen oder latent vorhanden waren, von der britischen Herrschaft aber vielfach beschleunigt oder konsolidiert wurden. Wirtschaftswachstum und technologische Innovation begünstigten den Aufstieg neuer Klassen wie der in den freien Berufen tätigen, westlich gebildeten Mittelschicht oder des städtischen Industrieproletariats, beschleunigte aber zugleich den Niedergang vieler anderer Gruppen, von den noch am Handwebstuhl arbeitenden Webern und den wandernden Hirten bis hin zu Schreibern, Chronisten und Unterhaltungskünstlern an den Höfen. Die staatliche Politik, die Einfluss auf Ausbildung und Handel, auf Beschäftigung in Militär und Verwaltung, auf die Ordnung der ländlichen Regionen und die Agrarverfassung nahm, half den einen, während sie andere benachteiligte oder sogar kriminalisierte. Der Anstoß zum Wandel kam jedoch auch aus dem Innern der südasiatischen Gesellschaften – durch Bewegungen für Sozialreformen und kommunale Selbstverwaltung, durch die Übernahme und Veränderung westlicher Werte und Überzeugungen, durch die Umgestaltung vorhandener Identitäten oder durch das Streben nach einer Moderne, die annehmbarer erschien als die den kolonialen Untertanen gebotene.

Zu den dynamischsten Entwicklungen der Zeit gehörte der Aufstieg einer neuen Mittelschicht, einer kolonialen Bourgeoisie. Zum Teil war das eine direkte Reaktion auf die kolonialen Bedürfnisse. Da in Indien (wie auch in Ceylon) nur eine geringe Zahl von Europäern lebte, war die britische Herrschaft auf Menschen aus der einheimischen Bevölkerung angewiesen, die ihnen als gebildete und Englisch sprechende Mittelsleute dienen konnten. Obwohl die oberen Ränge der Verwaltung und anderer staatlicher Dienste bis zum Ersten Weltkrieg nahezu vollständig ein Monopol der Europäer blieben, brauchten die Briten die von Macaulay sogenannten »braunen Engländer«, wenn sie die administrativen Aufgaben und kulturellen Ziele der Kolonialherren verwirklichen wollten. Nur »*natives*«, wie die Briten gewöhnlich die Mitglieder der einheimischen Bevölkerung nannten, standen in hinreichender Zahl, zu niedrigen Kosten und mit den nötigen Kenntnissen der Sprachen und Gebräuche zur Verfügung, um die mittleren Ränge der Verwaltung zu füllen und die untergeordneten Polizeibeamten oder die Hilfsärzte zu stellen. Vor 1900 hatte nur eine Handvoll Inder Spitzenpositionen in der Staatsverwaltung inne, während sie insgesamt in Verwaltung und Justiz 90 Prozent des Personals stellten. Auch von den Teilen der westlich gebildeten Elite, die nicht formell in die Ordnung des Kolonialstaates eingebunden war, erwartete man ideologische wie auch politische Unterstützung.

Die Umgestaltung der Gesellschaft war jedoch nicht nur ein koloniales Projekt. Die indische Beteiligung an der Kolonialherrschaft war ebenso vielfältig wie komplex. In gewissem Umfang erlaubte es die Suche der Briten nach Verbündeten und nach Information etablierten Eliten, ihre »traditionelle« Macht zu festigen. Gruppen, die eine hohe gesellschaftliche Stellung und intellektuelle Führung gewohnt waren oder danach strebten, suchten ihren Vorteil in einer Verbindung mit den Briten. Nirgendwo trat diese anfängliche Übereinstimmung deutlicher zutage als im Bengalen des späten 18. und frühen 19. Jahrhunderts. Zuvor an

Sozialer Wandel und indische Moderne

den Rändern nordindischer Reiche gelegen, bot die von den Briten beherrschte Region mit ihrem politischen, kommerziellen und kulturellen Zentrum Kalkutta beruflich mobilen Indern unvergleichliche Chancen. Die drei oberen Kasten – Brahmanen, Kayasthas (eine Kaste von Schreibern) und Baidyas (Heilpraktiker), gemeinsam auch als Bhadralok (»respektable Leute«) bezeichnet – nutzten die neuen Möglichkeiten, die sich ihnen in Verwaltung und Bildungswesen boten. Manche wurden Zamindars oder dienten ihnen als Agenten und Steuereintreiber. Wer in diesen Funktionen zu Wohlstand gelangte, lebte komfortabel und stilvoll in Kalkutta, einer »Stadt der Paläste« für Inder wie für Europäer. Andere verdankten ihren Aufstieg einer Tätigkeit im Staatsdienst oder im Geschäftsleben. Eine der führenden Bhadralok-Familien war die der Tagore. Dwarkanath Tagore, ein 1794 geborener bengalischer Brahmane, arbeitete zunächst in der staatlichen Salz- und Zollbehörde. Als er genug Kapital angesammelt hatte, gründete er gemeinsam mit europäischen Partnern eine Firma namens Carr, Tagore and Co., die Investitionen in den Bereichen Kohle, Tee, Indigo, Dampfschiffe und Zucker tätigte und das Geschäftsleben Kalkuttas in den 1830er und 1840er Jahren dominierte. Mitte des Jahrhunderts jedoch – ob nun infolge des Zusammenbruchs der Union Bank 1848, von der viele Joint-Venture-Unternehmen abhingen, oder weil die europäischen Geschäftsleute verstärkten Wert auf rassische Exklusivität Wert legten – verlagerte sich der Tätigkeitsbereich der Bhadralok vom Geschäftsleben auf den öffentlichen Dienst, das Rechtswesen, die Medizin, das Schulwesen und den Journalismus. Ein Enkel Dwarkanaths, Satyendranath Tagore, war der erste Inder, der nach der Einführung der Aufnahmeprüfungen 1854 in den ICS aufgenommen wurde.

Die Bhadralok nutzten auch die Chancen, die sich aus der Gründung englischsprachiger Schulen und Colleges ergaben, etwa des 1816 von hinduistischen Einwohnern der Stadt gegründeten Hindu College (aus dem später das angesehene Presidency

College wurde) und des Medical College, das 1835 seine Tore öffnete und dessen Absolventen in den staatlichen Gesundheitsdienst gingen oder Privatpraxen eröffneten. Gekrönt wurde die Entstehung dieser englischsprachigen Bildungseinrichtungen durch die Gründung der University of Calcutta im Jahr 1857. Bildung und die Beherrschung der englischen Sprache wurden in der Folgezeit fast schon zu einer Obsession. In den 1830er Jahren erklärte Lal Behari De, Autor von Bengal Peasant Life, seinem Sohn: »Für ein ordentliches Auskommen ist die englische Sprache absolut unerlässlich.«[143] Damals bedeutete westliche Bildung nahezu ausschließlich eine Ausbildung westlichen Stils in indischen Schulen und Colleges, bis zum späten 19. Jahrhundert dagegen nur selten eine Ausbildung im Westen. Abgesehen von den Kosten, hielten sich viele Hindus aus hohen Kasten weiterhin an das überkommene Verbot, »das schwarze Wasser« (kālāpānī), also den Ozean, zu überqueren. Mit westlicher Bildung, einem dank ihrer Kastenzugehörigkeit hohen gesellschaftlichen Status und zumindest einem gewissen Wohlstand ausgerüstet, wurden die Bhadralok zur neuen Intelligenz, zur Speerspitze der »bengalischen Renaissance«. So nannte man sie im Blick auf die bemerkenswerte Blüte des geistigen und kulturellen Lebens im Bengalen des frühen 19. Jahrhunderts und den Beitrag des Bhadralok zur »Modernisierung Indiens«.[144] Ihre Führer schöpften aus der indischen und der europäischen Kultur gleichermaßen und begeisterten sich für Religion, Kunst, Literatur, Philosophie und Naturwissenschaft. Diese Explosion der Kreativität fand eine Stütze in der gleichzeitigen Zunahme der Druckerzeugnisse in Englisch und Bengali wie auch in der Gründung von Tageszeitungen und Zeitschriften, von Presseorganen in der Volkssprache und von Verlagen. Aus den Druckerpressen strömten Abhandlungen über politische und soziale Reformen, religiöse Bücher, Handbücher zur Führung landwirtschaftlicher Güter und zur Verbesserung der landwirtschaftlichen Methoden, Geschichtsdarstellungen, Romane, Theaterstücke und Gedichtbände.

Sozialer Wandel und indische Moderne

Bengalen – oder genauer: Kalkutta, denn ein Großteil der Provinz hinkte der brodelnden Metropole hinterher – war vielleicht Vorreiter in der Herausbildung einer westlich gebildeten indischen Mittelschicht, stand darin aber nicht allein da. In Bombay, Madras und später auch in einer Reihe weiterer Provinzhauptstädte wie Lakhnau, Allahabad und Lahore kam es zu einer ähnlichen Entwicklung. Allein in Bombay gab es 1855 fast fünfzig englischsprachige Schulen. Das Elphinstone Institute, 1825 gegründet und nach dem Gouverneur der Provinz benannt, wurde 1834 zum College und bot wie das Presidency College einer englischsprachigen Elite eine höhere Bildung. In Pune, der Hauptstadt der Peshwas, dauerte es länger, bis man das neue Ausbildungswesen übernahm. In Übereinstimmung mit der ursprünglichen Absicht der Ost Indien Kompanie, das einheimische Bildungswesen zu fördern, entstand 1821 in Pune ein Sanskrit College. Doch als die Briten sich 1836 von der Politik einer Unterstützung der Sanskritschulen und der muslimischen Madrasas abwandten, vollzog die Regierung in Bombay eine Kehrtwendung und erklärte, sie werde in Zukunft nur noch »nützliche Bildungseinrichtungen« fördern. So erhielt Pune stattdessen zwei Institute westlichen Stils, das Deccan und das Fergusson College.

In ganz Indien begünstigte und stärkte die westliche Bildung (samt den Berufsgruppen, zu denen sie den Zugang ermöglichte) in erster Linie die bestehenden Eliten – zumindest bei den Hindus. Muslime passten sich in der Regel nicht so rasch wie Hindus aus den höheren Kasten an die Ersetzung des Persischen durch das Englische als Verwaltungssprache an. Sie spürten sehr viel deutlicher ihre Verdrängung aus den oberen Rängen der herrschenden Gruppen und der Bildungselite, vor allem nach der Annexion Avadhs 1856 und der Auslöschung Mogul-Delhis kaum ein Jahr später. In Städten wie Lakhnau war es vor allem die Hindu-Elite, die im Staatsdienst und den freien Berufen zu florieren begann und ein neues Gefühl öffentlicher Kultur entwickelte. In Bombay waren Brahmanen die Hauptnutznießer der neuen Bildungseinrichtungen. Im späten 19. Jahrhundert kamen etwas mehr als 90 Prozent der Hindu-Schüler am Deccan College aus der Kaste der Brahmanen, und am Elphinstone College war es fast die Hälfte (dort gab es in geringerer Zahl auch Muslime und hinduistische Studenten aus den Kaufmannskasten). Während in der Präsidentschaft Bombay Teile der führenden Kaufmannsschichten, darunter die der Marwaris, sich weiterhin reserviert verhielten und westlicher Bildung kaum materiellen Nutzen oder kulturellen Wert abzugewinnen vermochten, verbanden die Parsen ihre Tätigkeit als Geschäftsleute und Unternehmer mit einem scheinbar unersättlichen Hunger nach westlicher Bildung. 1891 besaßen drei Viertel der männlichen Parsen eine Schulbildung, davon ein Viertel in englischer Sprache. Sie verschrieben sich den neuen freien Berufen und betätigten sich als Förderer wie auch als führende Vertreter der Kunst, der Bildung, der Medizin und der Sozialreform. In Madras übernahmen vor allem die tamilischen Brahmanen aus den alten Bildungseliten und Grundbesitzerschichten die westliche Bildung und suchten ihre Tätigkeitsfelder im Staatsdienst und in den freien Berufen – und dies in solchem Ausmaß, dass ihre nahezu vollständige Vorherrschaft in diesen Bereichen zu Beginn des 20. Jahrhunderts ausgeprägte Ressentiments bei den übrigen Kasten auslöste und der nichtbrahmanischen Bewegung Auftrieb verlieh. Nur sehr langsam fanden in größerer Zahl auch Mitglieder der mittleren und unteren Kasten sowie Christen und (angesichts ihrer geringen finanziellen Möglichkeiten und ihrer fortbestehenden Diskriminierung) sogar Unberührbare den Weg in englischsprachige Schulen und Colleges, in den Staatsdienst und die freien Berufe.

2. Die Erneuerung des Hinduismus

Auch wenn der Hinduismus die Autorität einer bis zu den Veden zurückreichenden Tradition betonte, war er doch nicht unveränderbar. Seine Geschichte war geprägt von langen Phasen ruhiger Entwicklung, die gelegentlich von Augenblicken rascher Veränderung unterbrochen wurden. Mit dem Aufstieg der Bhakti-Kulte sowie der Assimilation des Buddhismus und des Jinismus hatte es durchaus eine echte Hindu-Renaissance gegeben. Doch das 19. Jahrhundert erlebte eine der radikalsten und nachhaltigsten Umbauphasen der hinduistischen Religion.

Eine der führenden Gestalten war der 1772 in einer bengalischen Brahmanenfamilie geborene Ram Mohan Roy. Er arbeitete neun Jahre in der Steuerabteilung der Ost Indien Kompanie, bevor er 1814 aus dem Dienst schied und sein bescheidenes Vermögen in ein Zamindari-Landgut investierte. Roy gehörte zu den Nutznießern des »Permanent Settlement« und der von der Kolonialherrschaft gebotenen Chancen. Er wird nicht nur als »Vater des modernen Indien« gepriesen, sondern gilt auch als »der erste Inder, dessen Denken zutiefst durch den Kontakt mit der modernen westlichen Kultur geprägt war«.[145] Genauer müsste man vielleicht sagen, Roy steht für die komplexe Mischung von Einstellungen, die man bei den Mitgliedern der neuen Mittelschicht fand, und für die vielfältigen Formen, in denen indische Untertanen des Kolonialregimes sich auf kulturellem, sozialem und politischem Gebiet engagierten. In Kleidung und Gebaren hielt er am Stil eines aus einer hohen Kaste stammenden Bengalen fest. Er schrieb und sprach fließend Englisch, doch als jemand, der auch Persisch, Sanskrit und Bengali beherrschte, war er zugleich Bürger anderer, außerwestlicher kultureller Welten. Da Roy sich für eine wissenschaftlich-technische Ausbildung westlicher Prägung einsetzte, betrachtete er mit Skepsis die Förderung der traditionellen Bildung, wie sie ihren Ausdruck 1823 in der Gründung des Sanskrit College in Kalkutta fand. Dagegen brachte er der Idee weißer Siedler größere Sympathie entgegen als viele Amtsträger der Kompanie, weil er glaubte, ihre Anwesenheit werde eine zivilisierende Wirkung auf Indien haben und einen Beitrag zur Wiederbelebung des wirtschaftlichen und sozialen Lebens leisten. Obwohl er als Verteidiger der Frauenrechte gilt, weil er für die Abschaffung der Witwenverbrennung eintrat (ohne seine Unterstützung und die einflussreiche Abhandlung, die er zu diesem Thema publizierte, hätte Bentincks Regierung diese Praxis 1829 vielleicht nicht verboten), heißt es von Roys Verhältnis zu seiner Mutter und seinen drei Ehefrauen, es sei »keineswegs ideal« gewesen.[146]

Nach der 1813 vorgenommenen Erneuerung der Satzung der Kompanie kam Roy wie viele andere gebildete Hindus aus den oberen Kasten mit dem Christentum in Berührung, da die Missionare nun offen in Indien agieren durften. Angesichts der kompromisslosen Art, in der viele Missionare ihre Anschauungen vortrugen und die Glaubensüberzeugungen wie auch die Praktiken der Hindus verdammten, war diese Begegnung oft eher verstörend. Die Missionare, die Roy zu bekehren versuchten, bewirkten jedenfalls das Gegenteil und regten ihn dazu an, sich die Grundlagen seiner hinduistischen Religion genauer anzusehen. Er ging zurück zu den vedischen Wurzeln des Hinduismus, untersuchte die schriftlichen Quellen seines Glaubens und schuf sich selbst so das geistige Rüstzeug, um dem Anspruch der Missionare entgegenzutreten, ihre Religion sei von Grund auf überlegen. Er suchte stattdessen nach einem monotheistischen, in seiner alten Reinheit wiedererstandenen, der Moderne gewachsenen Hinduismus und gründete 1828 den Brahmo Samaj (»Gemeinschaft der Brahmananbeter«). Die Vereinigung, die nicht als religiöse Volksbewegung und nicht einmal als Bewegung innerhalb der Intelligenz gedacht war, fand weitgehend nur bei Brahmanen Anklang. Die Zeiten, da der Glaube als Brücke zwischen Eliten und Massen gelten konnte, waren noch fern.

Brahmo Samaj verkörperte eine bewusste Distanzierung des sozialen und spirituellen Lebens Indiens gegenüber dem kolonialen Christentum. Er löste aber auch heftige Reaktionen bei eher orthodoxen Bengalen aus, die 1830 die Hindu Dharma Sabha gründeten, um den Brahmos entgegenzutreten, die Witwenverbrennung zu verteidigen und dem Eindringen des Westens in das indischen Leben Einhalt zu gebieten.

Nach Roys Tod 1833 war der Brahmo Samaj zunächst führungslos, bis Debendranath Tagore, Dwarkanaths ältester Sohn, die Organisation wiederbelebte. Debendranath, der seine eigenen Kämpfe mit den christlichen Missionaren ausfocht, gab den Brahmos eine neue Organisationsstruktur und ein Buch mit Schriften zur Anleitung im Gottesdienst. Doch obwohl der Samaj neue Anhänger fand, gewann er einen stärker konventionell-hinduistischen Charakter, als Roy dies beabsichtigt hatte. Der Samaj erlebte eine weitere Revitalisierung unter der charismatischen Führung Keshab Chandra Sens. Der aus der Baidya-Kaste stammende Sen brachte einen neuen Reformeifer in den Samaj und widersprach der hinduistischen Orthodoxie in Fragen wie der Eheschließung zwischen Angehörigen verschiedener Kasten und der Wiederverheiratung von Witwen. Dadurch geriet Sen auch in einen Konflikt mit Debendranath, der den Samaj als religiöse Organisation und nicht als Instrument der Sozialreform verstand. Nach dem Vorbild der Christen gründete Sen 1866 einen all-indischen Brahmo Samaj, dessen Missionare und Lehrer seine Gedanken in ganz Ost- und Nordindien verbreiteten. 1872 wurde ein Brahmo Marriage Act verabschiedet, der den Brahmo-Ehen rechtliche Anerkennung verschaffte und die Brahmos zu einer Gemeinschaft neben und außerhalb der rechtlichen Bestimmungen der Hindu-Gesellschaft machte. Sen bewegte sich in Richtung einer ekstatischen Version hinduistischer Frömmigkeit, in deren Mittelpunkt die Shakti-Verehrung (die Anbetung göttlicher Kraft in weiblicher Gestalt) stand, und sorgte damit für eine Entfremdung vieler seiner rationalistischer gesonnenen Anhänger. Zum Bruch kam es 1878, als er seine Hochzeit mit der dreizehnjährigen Tochter des Maharaja von Kuch Bihar bekannt gab. Ihr sehr junges Alter und der Rückgriff auf »götzendienerische« Hochzeitsrituale schienen in vollkommenem Widerspruch zu den Bemühungen um eine Verbesserung der Lage der Frauen zu stehen, für die Sen sich bis dahin eingesetzt hatte. Als er 1884 starb, hatte der Brahmo Samaj sich in mehrere Faktionen aufgespaltet. Dennoch hatte der Samaj einen Weg zur Revitalisierung des Hinduismus beschritten, der intellektuell und emotional gleichermaßen reizvoll erschien und sich einer Erneuerungsstrategie verschrieb, die den Blick zurück auf die Heiligkeit und Reinheit der Veden richtete, aber als selbstbewusste monotheistische und missionierende Religion auch eine gewisse Nähe zum Christentum besaß.

In der zweiten Hälfte des 19. Jahrhunderts entwickelte die hinduistische Erneuerungsbewegung eine Reihe ineinander verwobener Stränge. Ramakrishna Paramahansa gehörte nicht zu den anglisierten Bhadraloks Kalkuttas, sondern kam aus einer armen ländlich-bengalischen Brahmanenfamilie. Als Priester der Göttin Kali ließ er sich im Dakshineshvar-Tempel unmittelbar nördlich der Stadt nieder. Durch seine religiösen Visionen und Trancezustände und durch seine Identifikation mit Krishnas Frau Radha wurde der »gotttrunkene« Ramakrishna zu einer bekannten heiligen Gestalt, die eine Verbindung zwischen dem rationalistischen Hinduismus der Brahmos und älteren Formen ekstatischer Bhakti-Frömmigkeit herstellte. Keshab Chandra Sen geriet unter Ramakrishnas Einfluss, als er ihm 1875 begegnete, und trug dazu bei, seinen Ruhm in der gebildeten Elite zu verbreiten. Als Ramakrishna 1886 starb, hatte er eine neue Generation in der Mittelschicht Kalkuttas inspiriert, die mit den wachsenden Anforderungen und schwindenden Vorteilen westlicher Bildung und eines westlich geprägten Lebensstils unzufrieden waren.

Eine herausragende Stellung unter Ramakrishnas Anhängern

besaß ein junger Mann namens Narendranath Datta, Sohn eines Rechtsanwalts und gleichfalls bekannt unter dem Namen Swami Vivekananda. Obwohl er Ramakrishna schon 1882 als Neunzehnjähriger begegnet war, wurde er erst in den letzten Lebensjahren des Heiligen sein Schüler. Der Wendepunkt in seiner Laufbahn kam 1893, als er das World Parliament of Religions in Chicago besuchte, wo er mit seiner Eloquenz und Spiritualität großen Eindruck auf das Publikum machte. Nachdem er im Westen Ansehen erworben hatte (er kehrte erst 1897 nach Indien zurück), schuf Vivekananda sich eine Plattform, auf der er seine religiösen Vorstellungen entfalten konnte. Er räumte ein, dass der Westen zwar auf gewissen Gebieten – in Naturwissenschaft, Technik und Medizin, in seiner Arbeitsethik und in der Behandlung der Frauen – dem Osten überlegen sei, doch in mancherlei Hinsicht sei er der spirituellen Weisheit des Ostens unterlegen, vor allem wie sie im Hinduismus zum Ausdruck komme. Vor einem New Yorker Publikum erklärte er, »wenn der Orientale etwas über Maschinenbau lernen will«, sei es angemessen, »dass er zu Füßen des Okzidentalen sitzt und von ihm lernt«. Doch »wenn der Okzident etwas über das Geistige, über Gott, über die Seele, über Sinn und Geheimnis dieser Welt erfahren will, muss er zu Füßen des Orients sitzen und von ihm lernen«.[147]

In einer Zeit wachsender Zweifel am moralischen Wert des Materialismus wandte Vivekananda sich an einen Westen, dessen Begeisterung für die eigene Modernität bereits der Ernüchterung wich, und bot zugleich seinen Landsleuten mit dem wiedererwachenden Hinduismus einen geistigen Ort, an dem sie sich sammeln konnten. Gerade als der westliche Imperialismus in Asien seinen Höhepunkt erreichte, schien Vivekananda die moralische Gleichung umzukehren, und das nicht, indem er zu einem politischen Kampf gegen die Briten aufrief, sondern indem er den Menschen vor Augen führte, dass Indien eine spirituelle und moralische Überlegenheit besitze, auf die das Land zu Recht stolz sein könne. Mit dem Status eines »prominenten Hindu« und mit Geldern ausgestattet, die er im Westen gesammelt hatte, kehrte Vivekananda 1897 nach Kalkutta zurück. Zur Verwirklichung seiner sozialpolitischen Ziele gründete er dort die Ramakrishna-Mission. Sie war eine von vielen sozialreformerischen Vereinigungen, die um die Jahrhundertwende, teils mit religiösen, teils mit weltlichen Zielsetzungen gegründet wurden und in Konkurrenz zu den christlichen Missionsgesellschaften traten, um Armut und Leiden der indischen Massen zu bekämpfen und sie von Übeln wie Trunksucht und Prostitution zu befreien. Sie versuchten, eine bessere Gesellschaft zu schaffen und im Gegensatz zum kolonialistischen Laisser-faire eine paternalistische Sorge um das Wohlergehen des Landes zu entfalten. Doch Vivekanandas Gesundheit war bereits angeschlagen, und er starb 1902 im Alter von vierzig Jahren. Sein Leben und seine Lehren inspirierten viele indische Nationalisten, halfen aber auch, den Hinduismus international als dynamische, moderne Weltreligion zu etablieren.

Viele andere leisteten einen Beitrag zur Wiederbelebung und Erneuerung des Hinduismus. Eine weitere herausragende Gestalt war Swami Dayananda Saraswati. Der aus Gujarat stammende Brahmane lehnte den orthodox-shivaitischen Hinduismus ab und lebte fünfzehn Jahre lang als wandernder Bettelmönch. Das Leben eines *saṃnyāsī* erlaubte es Dayananda, die Orthodoxie hinter sich zu lassen und sich mit neuen Ideen und neuen Erfahrungen auseinanderzusetzen. Dies und nicht der Kontakt mit westlicher Bildung war die Quelle seiner religiösen Ideale. In den 1860er Jahren gelangte er zu der Überzeugung, dass alle Wahrheit in den Veden zu finden sei, aber der spätere Hinduismus habe sich von dem ursprünglichen wahren Wissen abgewandt. Andere Religionen und Sekten (einschließlich der Brahmos) und die von ihnen angebotenen Wege lehnte er ab. Er begann in Hindi zu predigen, weil er hoffte, auf diese Weise ein breiteres Hindu-Publikum zu erreichen. 1875 gründete Dayananda in Bombay des Landes bemühte. Trotz dieses Rückschlags gewann die Bewegung weiterhin Anhänger in Arabien wie auch auf dem indischen Subkontinent, wo sie mit ihren Idealen eine Reihe von Reform- und Erweckungsbewegungen beeinflusste (auch wenn direkte Verbindungen zu den Wahhabiten oft nur schwer nachzuweisen sind, zumal die Briten die Bezeichnung häufig benutzten, um Bewegungen oder Einzelne zu brandmarken, die sie für fanatisch oder gefährlich hielten). Dazu gehörten etwa die Faraizis in Bengalen. Der Gründer dieser Bewegung war Haji Shariat Ullah, ein vom Lande stammender Gelehrter, der nur über eine elementare Bildung verfügte. Er pilgerte 1799 nach Mekka und reiste später nach Kairo. Als er 1818 nach Bengalen zurückkehrte, versuchte er dort die Reformlehren zu verbreiten, die er im Nahen und Mittleren Osten aufgegriffen hatte. Er rief zu einer Wiederherstellung der *farā'iḍ* (der obligatorischen Pflichten des Islam) auf, zu denen die täglichen Gebete, das Fasten während des Ramadan und die Pilgerfahrt nach Mekka gehörten. Shariat Ullah wandte sich entschieden gegen alle unislamischen Glaubensinhalte und Praktiken, die in Bengalen in den Islam eingedrungen waren (dort stammten viele Muslime aus hinduistischen, buddhistischen und animistischen Gemeinschaften, die seit dem 13. Jahrhundert zum Islam übergetreten waren). Er verdammte die Verehrung hinduistischer Gottheiten wie Shitala, der Göttin, zu der man bei Pockenepidemien betete, und islamischer Heiliger, deren Grabmäler und Schreine beliebte Objekte volkstümlicher Verehrung darstellten. Er drängte die Muslime, sich in Sitten und Kleidung deutlicher von ihren hinduistischen Nachbarn abzugrenzen.

Obwohl Shariat Ullah die Sufi-Orden nicht direkt angriff, die im Spätmittelalter und in der frühen Neuzeit dazu beigetragen hatten, den Islam im Osten Indiens zu etablieren, standen seine Reformen doch eindeutig im Widerspruch zu deren eher eklektischen Ansichten. Allerdings machte er eine wichtige Konzession, indem er nicht das Persische oder Arabische, sondern Bengali benutzte, um sich an die islamischen Massen zu wenden. Obwohl er der islamischen Elite, die er für einen Teil der Grundherrenklasse hielt, kritisch gegenüberstand, betonte er die Notwendigkeit einer Solidarität unter den Muslimen ohne Ansehung der gesellschaftlichen Stellung und der Kastenherkunft. In dieser Region hatte westliche Bildung damals noch kaum Einzug gehalten, und seine Botschaft, die heute fundamentalistisch erscheinen mag, entfaltete besondere Anziehungskraft in den östlichen Teilen und den Küstenregionen Bengalens, wo die Muslime mehr als ein Drittel der Bevölkerung ausmachten, und dort vor allem bei den Bauern und Handwerkern auf den Dörfern, die unter den Abgaben an ihre meist hinduistischen Grundherren zu leiden hatten. In dieser Unterschichtbewegung verbanden sich Religion und ökonomischer Protest. Man zerstörte Indigofabriken, verweigerte die Zahlung von Grundrenten und hielt Abgaben zurück, die von den Grundherren zur Förderung des hinduistischen Durga-Puja-Festes erhoben wurden.

Trotz solcher Anzeichen einer wachsenden Militanz nahm die Faraizi-Bewegung erst nach Shariat Ullahs Tod 1840 unter seinem Sohn Dudu Miyan einen selbstbewussten und offen populistischen Charakter an. Er verschaffte der Bewegung eine breite ländliche Basis und versuchte, das staatliche Rechtswesen (das die Grundherren begünstigte) durch Dorfgerichte zu ersetzen. Er erklärte die Grundabgaben für ungesetzlich, weil aller Boden Gott gehöre, und er organisierte seine Anhänger in bewaffneten Banden, die sich mit *lāṭhī*s (Knüppeln) gegen die hinduistischen Zamindars und deren Gefolgsleute wehrten. Nach bewaffneten Zusammenstößen 1841–1842 wurde Dudu Miyan von den Briten verhaftet und zu einer Gefängnisstrafe verurteilt. Nachdem ein Revisionsprozess ihn wieder auf freien Fuß gesetzt hatte, nahm sein Rückhalt in der Bevölkerung zeitweilig noch zu. Jedoch beobachteten die Kolonialbehörden seinen Einfluss auf die Landbevölkerung und seine radikalen Ansichten mit Misstrauen. Er wurde 1857 erneut festgenommen, später wieder freigelassen, nochmals verhaftet und 1860 wieder auf freien Fuß gesetzt. Zwei Jahre später starb er. Sein Sohn, Naya Miyan, sorgte noch einmal für eine Verschärfung der ländlichen Konflikte, bis die Briten sich schließlich offener für die Klagen der Bauern zeigten (in diesem Sinne war die Bewegung nicht gänzlich erfolglos). Danach verlor die Bewegung viel von ihrem ökonomischen Radikalismus und konzentrierte sich wieder auf religiöse Reformen; doch die Faraizis hatten das Gefühl einer gemeinsamen Identität innerhalb der Bauernschaft Ostbengalens gestärkt.

Andere Reformbewegungen entwickelten eine ähnliche Militanz, ohne jedoch eine vergleichbare Basis im Volk zu finden. Ein Beispiel dafür ist die Bewegung, die Sayyid Ahmad Barelwi (1786–1831) in Nordwestindien gründete. Er hatte in Delhi bei einem islamischen Lehrer gelernt und trat in die Armee Amir Khans ein, eines afghanischen Abenteurers, der sich in Tonk in Rajasthan ein eigenes Fürstentum geschaffen hatte, aber 1815 Frieden mit den Briten schloss. Sayyid Ahmad war jedoch weiterhin der Überzeugung, Britisch-Indien sei eine *dār al-ḥarb*, ein Land, in dem wahre Muslime die Ungläubigen bekämpfen müssten. Er kehrte nach Delhi zurück und gründete dort einen eigenen religiösen Orden namens Tariqa-i Muhammadiyya, der seine Botschaft einer Rückkehr zur ursprünglichen Reinheit und Schlichtheit des frühen Islam, zu Hadsch und Dschihad verbreiten sollte. Er ging nach Nordwestindien und predigte gegen heidnische Riten, die Verehrung von Heiligen und die Beteiligung an hinduistischen Festen. Er pilgerte nach Mekka und kehrte 1825 nach Indien zurück, um mit seinen »Mudschaheddin« (Religionskriegern) einen heiligen Krieg gegen die Sikhs zu führen. Für kurze Zeit hielt er Peshawar, doch 1831 kam er in einer Schlacht ums Leben. Sein Traum eines islamischen Staates scheiterte (womit er die Gründung Pakistans um mehr als ein Jahrhundert vorwegnahm, wie auch die Faraizis in Ostbengalen die Grundlage für das moderne Bangladesh legten), doch das

Ideal des Dschihad starb nicht mit ihm, sondern trat von Zeit zu Zeit wieder zutage, etwa bei einigen muslimischen Rebellen von 1857.

Das soziale Spektrum der muslimischen Reformbewegungen reichte von den (an den Faraizis orientierten) Bauern Ostbengalens bis zu den Überresten alter religiöser oder weltlicher Eliten in Nordindien. Die Ulama, die Schicht der Religionslehrer und Theologen, die sich gegen den Synkretismus der frühen Moguln ausgesprochen hatten, gehörten zu jenen, die den durch die britische Vorherrschaft und den Einfluss der westlichen Kultur verursachten Status- und Autoritätsverlust zu spüren bekamen. Ihre Unzufriedenheit mit der neuen sozialen und politischen Ordnung trat besonders deutlich in der Deoband-Bewegung zutage. Deren Gründer waren Muhammad Qasim Nanautawi und Rashid Ahmad Gangohi. Beide kamen aus Ulama-Familien im Doab, dem Gebiet zwischen Ganges und Yamuna, das zum Kernland des nordindischen Islam geworden war. Sie waren Schüler eines Sufi-Pir (Lehrers) in Delhi, bevor sie sich in der Stadt Deoband niederließen, wo sie eine Madrasa gründeten. Sie boten ihren Schülern eine islamische Ausbildung, die auf dem Koran, den Aussprüchen des Propheten, dem islamischen Recht, der Autorität der Ulama und auf »Tariqa« (dem Pfad der religiösen Erfahrung) basierte. Sie lehnten das Gebet an den Gräbern muslimischer Heiliger ab, warnten vor einer übertriebenen Verehrung der Pirs und versuchten, den islamischen Glauben von hinduistischen Einflüssen zu reinigen. Sie mieden das Englische und unterrichteten lieber in arabischer Sprache, aber zunehmend auch in Urdu, der Muttersprache der meisten nordindischen Muslime. Dennoch übernahmen die Deobandis vieles aus dem westlichen Bildungswesen, darunter einen festen Lehrplan, jährliche Prüfungen, eine dem College nachempfundene Verwaltung sowie strenge Disziplin. Die Madrasa von Deoband wurde zu einem Zentrum der religiösen und schulischen Reformen in ganz Nordindien (ihr Einfluss lebt heute noch in den pakistanischen Madrasas fort) und zum Vorbild für zahlreiche andere Schulen und Colleges. Die Aktivitäten der Deobandis beschränkten sich jedoch nicht auf die Madrasas. Vielmehr versuchten sie wie viele andere Reformer, ihren Ansichten eine möglichst weite Verbreitung zu sichern – wozu sie sich auch auf Debatten mit christlichen Missionaren und Arya-Samaj-Hindus einließen. Durch Verbindung traditioneller Glaubensinhalte, einer islamischen Erziehung und der Autorität der Ulama mit Elementen des westlichen Bildungswesens und öffentlichen Debatten tat die Deoband-Bewegung viel für die Wiederbelebung und Erneuerung des südasiatischen Islam und förderte wie bei den Hindus der Arya Samaj eine eigenständige religiöse Identität der indischen Muslime.

Die Reformbestrebungen und die Bemühungen um eine Neuausrichtung der muslimischen Gesellschaft unter britischer Kolonialherrschaft konnten auch eher weltliche Formen annehmen. Auf diesem Gebiet ragte besonders eine Persönlichkeit heraus: Sayyid Ahmad Khan. Der 1817 geborene Spross einer hochrangigen Familie aus Delhi, die in enger Verbindung zum Mogulhof stand, besaß noch etwas vom ökumenischen Bewusstsein des alten Regimes und von dessen Verantwortungsgefühl für das Wohlergehen der Muslime. Obwohl er eine traditionelle Ausbildung in Arabisch und Persisch erhielt, interessierte er sich für die westliche Wissenschaft. Nahezu vierzig Jahre, von 1838 bis 1877, arbeitete er im Staatsdienst und bewahrte den Briten auch 1857 die Treue, als die Rebellion ganz Nordindien überschwemmte. Sayyid Ahmad Khan erschrak über das Ausmaß, in dem die Briten den Muslimen die Schuld am Ausbruch der Revolte gaben – und sie aus einflussreichen Positionen vertrieben. Aufgrund seiner persönlichen Erfahrungen während der Revolte setzte er sich dafür ein, dass die muslimische Gemeinschaft (*qaum*) sich aus ihrer wachsenden Isolierung befreite. Er meinte, die Muslime sollten die britische Herrschaft unterstützen, statt ihr aus dem Weg zu gehen, und ihre eigenen Interessen innerhalb dieses Rahmens verfolgen, indem sie die schulischen, wissenschaftlichen und sozialen Vorteile nutzten, die der Kontakt mit dem Westen bot. Er gründete eine Scientific Society (eine von vielen ähnlichen Organisationen im Indien des 19. Jahrhunderts, die sich der Übersetzung und Verbreitung wissenschaftlicher Literatur aus dem Westen verschrieben), und 1866 dann eine British-Asian Association zur Förderung engerer Beziehungen zwischen Europäern und Indern in den Nordwestprovinzen. Ein 1869–1870 unternommener Besuch in England bestärkte ihn in der Überzeugung, dass Indien viel vom Westen lernen könne.

Seinen wichtigsten Reformbeitrag leistete Sayyid Ahmad Khan wenig später, nämlich 1875, mit der Gründung des Muhammadan Anglo-Oriental College in Aligarh. Anders als die religiösen Madrasas der Deobandis versuchte das MAO College westliche Bildungseinrichtungen nachzuahmen (es besaß sogar einen englischen Direktor) und dies mit den besten Elementen islamischer Bildung zu verbinden, etwa dem Koranstudium sowie Arabisch- und Persischunterricht. Sayyid Ahmad Khan strebte nicht wie viele andere muslimische Reformer danach, den Islam zu »reinigen« oder die Einflüsse des Westens zurückzudrängen. Das College sollte in erster Linie Muslime auf eine Tätigkeit im Staatsdienst und eine Partnerschaft mit den Briten vorbereiten. In seinen letzten Lebensjahren, als der Hindu-Nationalismus immer offensiver auftrat, hoffte Sayyid Ahmad, das Muhammadan Anglo-Oriental College werde zur Schaffung einer ausgeprägteren muslimischen Identität beitragen. Es brachte eine neue muslimische Elite hervor, war aber auch stets der Kritik ausgesetzt, allzu »Anglo« und zu wenig »Muhammadan« zu sein.

4. Die Umgestaltung der Kasten und Volksgruppen

Die Religion war zwar wohl die einflussreichste, nicht aber die einzige Form, die das Streben nach einer neuen oder veränderten Identität annahm. Eine weitere war die Klassenzugehörigkeit, auch wenn nur wenige Bewegungen im Bereich der Mittelschicht oder der Arbeiterklasse gänzlich frei von religiösen – oder in einem eher pejorativen Sinne betrachtet: volksgruppenbezogenen – Untertönen war. Einer der Vorwürfe, die man mit einiger Berechtigung gegen die Briten erhoben hat, besagt, dass sie die Spaltung der südasiatischen Gesellschaft in Volksgruppen und Kasten verstärkt und bislang eher fließende oder unscharfe Unterschiede zu streng gesonderten und exakt benennbaren sozialen Unterteilungen verfestigt haben. Eine extreme Version dieses Vorwurfs lautet, erst die Kolonialherrschaft habe die modernen Vorstellungen von Kasten und Volksgruppen hervorgebracht. Nach einer ausgewogeneren Sicht übten Wahrnehmung und Politik der Briten zwar beträchtlichen Einfluss auf die Veränderung des Kastengedankens aus, doch auch die Inder beteiligten sich aktiv an der Umgestaltung der Kastenidentität. Kastenbewegungen und Kastenorganisation spielten eine zentrale Rolle in den intern vorangetriebenen Reformprozessen und waren zugleich Teil der Reaktion auf die von der Kolonialherrschaft geschaffenen Herausforderungen und Chancen.

Zu ihrer Vorstellung von einer zentralen Bedeutung der Kaste gelangten die Briten auf mehreren Wegen. Einer davon war die Tatsache, dass sie in beträchtlichem Maße auf Informanten aus höheren Kasten, vor allem Brahmanen, zurückgriffen, um Informationen über die Sozialordnung der Hindus sowie die damit verbundenen Gesetze, Rechte und Sitten zu erlangen. Dadurch erhielten sie ein von den Brahmanen geprägtes Bild der Gesellschaft und übernahmen, was man ihnen über die Autorität der oberen Kasten und die Unveränderlichkeit der Kastenhierarchie sagte. So konnte der Eindruck entstehen, die Briten hätten eine neue Orthodoxie, ein neues, in Recht und Staat verkörpertes Brahmanentum geschaffen. Die Entwicklung einer Kolonialethnographie, ein Aspekt kolonialen Erkenntnisstrebens, an dem sich bis Ende des 19. Jahrhunderts viele Beamte des Indian Civil Service beteiligten, verstärkte in der Folgezeit noch die Ansicht, die indische Gesellschaft lasse sich systematisch in eine Vielzahl gesonderter Volksgruppen mit unterschiedlichen physischen und sozialen Merkmalen unterteilen. Herbert Risleys 1908 publiziertes Buch *The People of India* fasste diesen Trend zusammen, indem es auf der Grundlage ethnographischen Materials behauptete, Indien besitze keinen einzelnen »Nationaltypus« und daher auch »keine Nation oder Nationalität im üblichen Sinne dieser Worte«.[148]

In einer, wie vielfach behauptet wird, bewussten Politik des »Teile und herrsche!« passte es den Briten ins Konzept, die Bevölkerung in ihres Erachtens homogene und in sich geschlossene Gruppen mit je eigener Herkunft und eigenen Merkmalen zu unterteilen. Das sprach gegen jede nationale Gemeinsamkeit, erleichterte aber auch das Bestreben, sich bei der Lenkung der Gesellschaft derer zu bedienen, die man für deren »natürliche Führer« hielt, und jene beruflichen wie auch religiösen Unterschiede, durch die sich die Kasten oder Gruppen angeblich voneinander unterschieden, für die eigenen Zwecke zu nutzen. So glaubte man, bestimmte Kasten (oder Gruppen von Nichthindus wie die Pathanen oder die panjabischen Muslime) besäßen eine besondere Eignung als Soldaten, während andere gute Kanzlisten oder »Kulis« abgäben und wieder andere in besonderen Maße zur Kriminalität neigten, so dass man sie absondern, einsperren und bessern müsse. Besonders ausgeprägt war dieses »Sortieren«[149] in der Armee. Als die Briten sich nach der Meuterei von den Brahmanen und Rajputen der alten Bengal Army abwandten, entwickelten sie ein zunehmend verfeinertes und vorurteilsbeladenes Bild jener »kriegerischen Rassen«, die sich für die Aufnahme in die indische Armee eigneten, und aller übrigen, deren Mangel an »Kriegsgeist« ihren Ausschluss rechtfertigte. Während manche Kasten und Volksgruppen wie die Sikhs oder die Pathanen wegen ihres militärischen Mutes und ihrer »männlichen Unabhängigkeit« gelobt wurden, hieß es von anderen und insbesondere von der Masse der Südinder, sie hätten kein »Rückgrat« und seien »zu nachgiebig ... und zu weich«.[150] Es ist aufschlussreich, dass die Muslime zwar in vielen anderen Bereichen des Kolonialregimes an den Rand gedrängt wurden, in der Armee jedoch ihr »Fanatismus« und ihre »kriegerischen« Traditionen sehr geschätzt wurden, so dass nordindische Muslime neben Sikhs, Gurkhas und Rajputen eines der größten Kontingente stellten. Die Armee war nicht der einzige Teil des kolonialen Staates, in dem die angeblichen Eigenheiten verschiedener Kasten und Volksgruppen geschätzt und genutzt wurden, aber sie war der größte, angesehenste und bei den auf solche Art Ausgeschlossenen und Herabgewürdigten zugleich der verhassteste.

Den größten Einfluss auf die Stellung der Inder in der Gesellschaft übte in der Kolonialzeit neben der Armee die Volkszählung aus. Die alle zehn Jahre wiederholte Volkszählung erhob nicht nur allgemeine demographische Daten, sondern bestimmte auch die zahlenmäßige Stärke der einzelnen Kasten und Volksgruppen und ordnete zu diesem Zweck die Menschen den verschiedenen Varna-Kategorien zu. Selbst Muslime und indische Christen wurden in dieser Weise eingeteilt. Diese Praxis bestätigte gleichsam offiziell die Vorstellung, wonach Kaste und Volksgruppe die wesentlichen Merkmale der hochgradig fragmentierten und stratifizierten indischen Gesellschaft darstellten, und förderte so den Prozess, den sie angeblich nur beschrieb. Doch die den einzelnen Kasten zugewiesene Rangstellung, die in der Volkszählung enthaltenen Angaben über Beruf und Status und selbst noch die Bezeichnungen der verschiedenen Volksgruppen konnten zu Streitigkeiten und zur Forderung nach offizieller Anerkennung eines neuen Namens, eines neuen Status und einer neuen Identität führen.

Ein Beispiel für Wechselwirkungen zwischen kolonialen Kastenkategorien und Prozessen des wirtschaftlichen und sozialen Wandels innerhalb der indischen Gesellschaft bieten die Shanars, die in den südlichen Tamilendistrikten der Präsidentschaft Madras und im benachbarten Travancore lebten. Die Hauptbeschäftigung dieser traditionell niedrig, nicht weit über dem Niveau der Unberührbaren eingestuften Kaste hatte darin bestanden, auf Palmyrapalmen zu klettern und deren Saft zu ernten, aus dem Palmwein und Arrak hergestellt wurden. Die schwere Arbeit des Besteigens der Bäume und die Assoziation mit Alkohol waren besonders verheerend für den Status der Shanars, doch zwei Faktoren begünstigten hier einen Wandel. Der erste war die Ankunft christlicher Missionare Anfang des 19. Jahrhunderts. Sie begannen die hinduistischen Shanars zu missionieren, und eine Massenbekehrung führte dem christlichen Glauben im Distrikt Tirunelveli in den 1840er Jahren 60 000 Shanars zu. Eine weitere Bekehrungswelle folgte in den 1870er Jahren, und um 1900 gab es in Tirunelveli mehr indische Christen als in allen anderen Distrikten der Präsidentschaft Madras. Die Missionare bestritten den niedrigen Status ihrer Konvertiten und errangen in Travancore für die Shanar-Frauen das Recht, ein »Brusttuch« zu tragen, ein Stück Oberbekleidung, das traditionell den Frauen aus höheren Kasten vorbehalten war, das die Missionare jedoch aus Gründen weiblichen Anstands für unverzichtbar hielten. Die Missionare brachten auch Schulen, Krankenhäuser und neue Beschäftigungsmöglichkeiten. Der zweite wichtige Faktor war die Existenz einer kleinen Shanar-Elite aus Kaufleuten, Händlern und Grundbesitzern, die den geringen Status ihrer Volksgruppe für unerträglich hielten und nach einer Verbesserung ihrer materiellen Bedingungen und ihres gesellschaftlichen Ansehens strebten. Ab den 1860er Jahren übernahmen gebildete und wohlhabende Shanars, die nicht zum Christentum übergetreten waren, den weniger vorurteilsbeladenen Namen »Nadar« und ahmten Sitten und Gebräuche der höheren Kasten nach (ein Reformprozess, zu dem auch die Übernahme einer vegetarischen Ernährung, der Verzicht auf Alkohol und das Verbot der Wiederverheiratung von Witwen gehörte und der heute als »Sanskritisierung« bezeichnet wird). Sie behaupteten auch, einst keine Shudras, sondern Kshatriyas gewesen zu sein. 1910 wurde eine Kastenvereinigung namens Nadar Mahajana Sabha gegründet, die solchen Forderungen Nachdruck verleihen und Bildung, Wohlfahrt und gesellschaftliche Anerkennung der Volksgruppe fördern sollte. Gemeinschaftliches Handeln galt hier als Hauptinstrument zur Herbeiführung eines Wandels bei den Nadars, und dieses Muster wiederholte sich bei vielen anderen Kasten und Teilkasten in ganz Indien. Als die Volkszählungen ihre Forderungen ignorierten, protestierten die Nadars und erreichten schließlich, dass sie in der Volkszählung von 1921 unter ihrem neuen Namen geführt wurden. Andere Kasten waren nicht so leicht zu überzeugen, vor allem die Maravars und Kallars, die traditionell den Süden Tamil Nadus dominiert hatten und die Shanars für Emporkömmlinge hielten. 1891 kam es in Sivakasi, einer im Süden der Region gelegenen Stadt, zu einem gewalttätigen Zusammenstoß zwischen Maravars und Shanars. Der Aufruhr, der daraus folgte, musste von Soldaten niedergeschlagen werden. In den 1920er Jahren erlangten die Nadars, wie sie nun fast überall genannt wurden, dank der Bemühungen der Missionare und aufgrund des sozio-ökonomischen Wandels einen neuen Status und entwickelten eine neue Kastenidentität und eine neues Zusammengehörigkeitsgefühl.

Viele Volksgruppen verfolgten im späten 19. und frühen 20. Jahrhundert eine ähnliche Strategie, doch die dazu eingeschlagenen Wege und der Erfolg variierten beträchtlich. Für die Kasten der Unberührbaren war der soziale Wandel am problematischsten angesichts der extremen – oft in Gewalttätigkeiten ausartenden – Vorurteile gegen sie, angesichts ihres mangelnden

Zugangs zu Bildung und Reichtum wie auch angesichts ihres Ausschlusses aus Armee und Verwaltung. Doch selbst bei den Unberührbaren wie den Mahars in Westindien zeigte sich der Wandel – in Gestalt der wachsenden, von den Missionaren bereitgestellten Bildungsmöglichkeiten, in Gestalt einer veränderten Rekrutierungspolitik des Staates und in Gestalt neuer Beschäftigungsmöglichkeiten, etwa in der Textilindustrie von Madras und Bombay. Vor allem aber ging der Veränderungsdruck von entschlossenen Einzelnen aus, von Mitgliedern der unberührbaren Intelligenz, von Männern wie Jotirao Phule in Maharashtra, der einen verbesserten Zugang zu Bildung und Arbeit forderte, sich für soziale Gerechtigkeit einsetzte und beißende Kritik an der Vorherrschaft der Brahmanen und der Unterdrückung durch die höheren Kasten übte.

5. Geschlecht und Identität

Neben Kaste, Klasse und Religion bildete das Geschlecht eine der Hauptachsen, um die sich der lange Kampf zwischen Konservatismus und Reform drehte. Die Verwendung geschlechtsbezogener Klischees bei der Identifizierung »kriegerischer Rassen« für die Armee oder bei der pauschalen Unterscheidung zwischen englischer »Männlichkeit« und bengalischer »Weibischkeit« wurde nicht nur zu einem integralen Bestandteil der britischen Vorstellung von der eigenen rassischen Überlegenheit und zur Grundlage der Kolonialherrschaft, sondern hatte auch tiefgreifenden Einfluss auf das Bild der Inder von ihrer physischen und sozialen Identität. Zu den Punkten, die bei europäischen Kommentatoren immer wieder auftauchen, gehört die Kritik an der niedrigen gesellschaftlichen Stellung und Unterdrückung der Frauen wie auch der Hinweis darauf, was dies für den Zivilisationsanspruch solcher Gesellschaften bedeute. So schrieb Mill in seiner *History of British India*: »Bei ungesitteten Völkern werden Frauen generell erniedrigt, bei zivilisierten Völkern dagegen erhöht«, wobei er keinen Zweifel daran ließ, dass Indien eindeutig der ersten Gruppe zuzuordnen sei.[151] Und noch 1908 schrieb Risley: »Eine Gesellschaft, die geistige Leere und moralische Stagnation als natürlichen Zustand ihrer Frauen akzeptiert, kann nicht darauf hoffen, die hohen Tugenden des Mutes, der Hingabe und der Aufopferung zu entwickeln, die zur Bildung von Nationen beitragen.«[152]

Doch trotz aller Rhetorik zeigte das Kolonialregime – weitgehend aus politischen Gründen – keine sonderliche Neigung zu Eingriffen in die indische Gesellschaft. Erst nach langem Zögern verbot Lord Bentincks Regierung 1829 die Witwenverbrennung, und auch andere Sozialreformen erhielten nur vorsichtig oder verspätet staatliche Unterstützung. Die im britischen Empire 1834 erfolgte Aufhebung der Sklaverei fand in Indien keine Anwendung, so dass dort zahlreiche Formen von Knechtschaft bestehen blieben, die weibliche Bedienstete oder Konkubinen betrafen. Erst unter dem Druck indischer Sozialreformer erließ die Regierung Indiens 1856 den *Hindu Widow's Remarriage Act*, der es Hindu-Witwen erlaubte, wieder zu heiraten, wobei sie jedoch jeden Anspruch auf das Vermögen ihres verstorbenen Ehemannes verloren. Nach jahrzehntelangen Untersuchungen und Überzeugungsversuchen verabschiedete die Regierung 1870 endlich ein Gesetz, das die Tötung weiblicher Säuglinge untersagte – eine Praxis, die hauptsächlich mit Rajput-Haushalten in Nordindien assoziiert wurde. Hinsichtlich einiger Maßnahmen und im Blick auf das Verbot der Tötung weiblicher Säuglinge war die Gesetzgebung eine »Maßnahme ... gigantischen Ausmaßes«, »die das Privatleben des Einzelnen direkt berührte«, auch wenn sie nicht auf eine »Revolutionierung der Hindu-Gesellschaft« zielte.[153] Gewiss dürfen wir die Auswirkungen kolonialer Eingriffe nicht ignorieren, und solche Maßnahmen können als

Korrektiv zu der Ansicht dienen, die britische Herrschaft sei weitgehend machtlos im Blick auf die Herbeiführung sozialen Wandels gewesen, doch man wird sich dennoch fragen müssen, inwieweit sie das Leben und Denken der Menschen tatsächlich veränderte. Verdeckte Formen der Tötung weiblicher Säuglinge (etwa durch Vernachlässigung oder bewusste Unterernährung) gab es weiterhin. Nur wenige Witwen heirateten erneut, und selbst die Witwenverbrennung verschwand nicht vollständig, auch wenn ihre Zahl deutlich zurückging.

Es gab durchaus Reformen, doch sie führten vielfach weniger zu einer Befreiung der Frauen (die weiterhin als passive Objekte der Reform statt als deren aktive und für sich selbst sprechende Subjekte galten) als zur Etablierung neuer Formen des Patriarchats. Meredith Borthwick bemerkte mit Blick auf die Frauen der bengalischen Bhadralok-Klasse: »In der Hindu-Gesellschaft war die Stellung der Frauen immer schon ein Symbol der männlichen Ehre, die durch eine sorgfältige Kontrolle der weiblichen Sexualität bewahrt werden musste.«[154] So prägte denn eine gewisse Widersprüchlichkeit die Haltung vieler Reformer, die auf die koloniale Kritik reagierten, aber an der Macht der Männer über das Leben der Frauen festhielten. Bei manchen Reformern wie Ram Mohan Roy und Ishwar Chandra Vidyasagar bildete die Verbesserung der rechtlichen und sozialen Stellung der Frauen einen integralen Bestandteil ihrer Modernisierungsbestrebungen, und sie forderten oder unterstützten Maßnahmen wie das Verbot der Witwenverbrennung und der Kinderheirat oder die Aufhebung des in den oberen Kasten üblichen Verbots der Wiederverheiratung von Witwen. Zu den umstrittensten Problemen dieser Art gehörte die Kinderheirat. Die Reformer argumentierten, dass Mädchen mit acht oder zehn Jahren emotional und körperlich noch nicht reif für die Ehe seien und Versuche eines vorzeitigen Geschlechtsverkehrs verheerende psychische und physische Folgen haben mussten. Selbst wenn es nicht vor der Pubertät zum Geschlechtsverkehr komme, besäßen so junge

Mütter noch nicht die nötige Reife, um selbst Kinder aufzuziehen, zumal ihre eigene Gesundheit, ihre Bildung und ihre moralische Entwicklung darunter leide. Auch hier verspürten die Briten bei aller verbalen Verurteilung der Kinderheirat kaum Neigung zum Handeln. 1880 sorgte Vidyasagar für die Verabschiedung eines Age of Consent Act, der das Mindestalter eines Geschlechtsverkehrs mit Mädchen auf zehn Jahre festlegte.

Der Streit um diese Fragen ging weiter, und 1884 löste der Parse Behramji Malabari eine in ganz Indien geführte Debatte aus, indem er die Kinderheirat und die frühe erzwungene Witwenschaft, zu der sie meist führte, leidenschaftlich verdammte. Seine Argumente fanden Unterstützung durch den Fall einer Frau namens Rukhmabai, der große Aufmerksamkeit in der Öffentlichkeit erregte. Sie war als Kind verheiratet worden, doch die Ehe war nie vollzogen worden, und nachdem sie elf Jahre von ihrem Ehemann getrennt gelebt hatte, weigerte sie sich, seine ehelichen Rechte über sie anzuerkennen. Der Tod eines elfjährigen Mädchens namens Phulmoni, die von ihrem vierzigjährigen Ehemann sexuell missbraucht worden war, heizte die Debatte weiter an. Die Kinderheirat wurde zu einem Schlachtfeld zwischen Reformern wie Malabari und orthodoxen Hindus, die dem Staat das Recht zu Eingriffen in die Hindu-Tradition und den geheiligten Raum der Familie absprachen. Aus einer übergeordneten Perspektive betrachtet, gilt die Kontroverse indessen als eine Bühne, auf der alle drei männlichen Akteure – der Kolonialherr, der Reformer und der Erneuerer der Tradition – ihre patriarchalische Herrschaft über die weibliche Sexualität zu sichern versuchten. 1891 wurde ein Age of Consent Act verabschiedet, der das Mindestalter auf zwölf Jahre anhob. Die Wirkung dürfte wie schon bei dem früheren Gesetz gering gewesen sein – die Kinderheirat blieb eine verbreitete Erscheinung. Doch es trug dazu bei, in gebildeten Kreisen eine Praxis in Misskredit zu bringen, die in den höheren Kasten einst als Norm gegolten hatte, und begünstigte dadurch weitere Reformen.

Während die öffentliche Debatte über die rechtliche und soziale Stellung der Frauen hauptsächlich von Männern geführt wurde, die darin ihre eigene Identität und ihren Status zu beweisen versuchten, wurden zunehmend auch Frauen zu wichtigen Fürsprecherinnen und Akteurinnen des Wandels. Hier sei nur ein prominentes Beispiel genannt. Pandita Ramabai stammte aus einer Brahmanenfamilie und wurde von ihrem Vater in Sanskrit unterrichtet (daher der Titel »Pandita«). Sie entschloss sich (sehr ungewöhnlich für ihre Zeit), einen Mann aus einer anderen Kaste, nämlich einen Shudra zu heiraten. Nach seinem Tod engagierte sie sich in der Frauenbildung und der Verbesserung der Lage der Frauen. 1883 reiste sie nach England, um dort Medizin zu studieren (einer der Tätigkeitsbereiche, in denen indische Mittelschichtfrauen im späten 19. Jahrhundert zunehmend aktiv wurden). Sie trat zwar zum Christentum über, bewahrte sich jedoch auch in den Ansichten ihres neuen Glaubens ein hohes Maß an geistiger Unabhängigkeit. Ihr Buch *The High Caste Hindu Woman*, in dem sie ein äußerst kritisches Bild der Frau in der Hindu-Gesellschaft zeichnet, fand großen Anklang im Westen und insbesondere in den Vereinigten Staaten, wohin sie 1886 reiste, um Geldmittel für ihre Arbeit zu sammeln.

Als sie 1888 nach Indien zurückkehrte, gründete sie in Bombay eine Schule für Witwen (ein wegweisendes Vorbild für viele andere Wohlfahrtseinrichtungen zugunsten mittelloser und verwitweter Frauen im Indien des späten 19. und frühen 20. Jahrhunderts). Die Schule zog zwar einige Schülerinnen aus höheren Kasten an, doch Ramabais Bekehrung zum Christentum sorgte weithin für Misstrauen gegenüber ihren Methoden und Motiven. Die Verlegung der Schule nach Pune brachte die Kritik nicht zum Verstummen, doch Ramabai bildete erfolgreich achtzig Frauen für Laufbahnen in Schule und Krankenpflege aus. Nach der Hungersnot von 1897 gründete sie eine zweite Schule in Kedgaon, fünfzig Kilometer von Pune entfernt, wo sie Frauen Unterkunft, Nahrung und Unterricht bot, deren Leben durch Hunger und Krankheit zerstört worden war. Bis zum Jahr 1900 hatten 2000 Frauen diese Schule absolviert. Trotz aller persönlichen Schmähungen blieb Ramabai eine unerschrockene Kritikerin der Hindu-Gesellschaft, der Kasten und des niederen Status der Frauen. Zudem lehnte sie die stillschweigende Unterstützung der männlichen Vorherrschaft durch die britische Regierung ab. Kaste und Kolonialherrschaft verbündeten sich miteinander, so schrieb sie, um die Frauen zu völliger Bedeutungslosigkeit zu verdammen. »Wir können der englischen Regierung keinen Vorwurf daraus machen, dass sie hilflosen Frauen den Schutz verweigert. Sie handelt nur gemäß der Übereinkunft, die sie mit der männlichen Bevölkerung Indiens getroffen hat.«[155]

Pandita Ramabai, eine der mutigsten und freimütigsten Frauen ihrer Zeit, war keine einsame Stimme und kein vereinzeltes Beispiel. In der zweiten Hälfte des 19. Jahrhunderts betrat eine kleine, aber wachsende Zahl von Frauen die Bühne des öffentlichen Lebens in Indien. Sie besuchten Schulen und Colleges und verschafften sich trotz starken männlichen Widerstands Zutritt zum höheren Bildungswesen einschließlich der Medical Schools und Colleges. Frauen wurden Krankenschwestern und Lehrerinnen oder schrieben und sprachen öffentlich über schulische und soziale Fragen. Nur wenige fanden Zutritt zum Rechtswesen, das eine ausschließlich männliche Domäne blieb. Während am einen Ende der sozialen Stufenleiter Frauen aus höheren Kasten oder aus christlichen und muslimischen Eliten sich Zugang zum höheren Bildungswesen und zu den freien Berufen verschafften, drängten Frauen vom anderen Ende der Stufenleiter, aus niederen Kasten und aus den Schichten der Unberührbaren, in die städtische Industriearbeiterschaft. Beide erlebten auf unterschiedliche Weise den Wandel, doch oft ließ dieser Wandel ihre untergeordnete Stellung und Ausbeutung in Arbeitswelt und Familie im Wesentlichen unverändert.

E Der Aufstieg des Nationalismus

1. Auf dem Weg zur Nation

Der Nationalismus nahm in Südasien viele Formen an und diente vielen verschiedenen Zielen. Ein wichtiger Argumentationsstrang war ökonomischer Art, und in Indien stand hier im Mittelpunkt eine Kritik, wonach der Kolonialismus seinem Wesen nach ausbeuterischer Natur war, weil er ein einstmals wohlhabendes Land ausplünderte und die Bevölkerung zu Hunger und Elend verdammte. Entfaltet wurde diese Argumentation mit großer Leidenschaft und einer Fülle statistischen Beweismaterials von führenden Gestalten wie Dadabhai Naoroji, der schon 1871 ein Buch über *Poverty and Un-British Rule in India* schrieb, und R. C. Dutt, dessen *Economic History of India* Anfang des 20. Jahrhunderts erschien. Sie zeigten ein Indien, das unter der Kolonialherrschaft systematisch ausgeplündert wurde – durch maßlose Grundsteuern und die schwere finanzielle Bürde der Indian Army und des Indian Civil Service, durch diskriminierende Zölle und unfaire Handelsarrangements. In Dutts Augen trugen die Briten auch die Schuld an den Hungersnöten und dem Massensterben, die Indien im 19. Jahrhundert heimgesucht hatten. Viele Inder hielten die »Ausplünderungstheorie«, wonach sich die Briten des Reichtums in Indien bemächtigt hatten, für unabweislich. So war die Forderung nach einer Wiederherstellung der indischen Kontrolle über die Wirtschaft und nach einem Ende der ausländischen Ausbeutung für die meisten Nationalisten von zentraler Bedeutung.

Der Nationalismus war zugleich auch ein soziales und kulturelles Phänomen. Anlässe zur Empörung fand er in diskriminierenden Praktiken der Kolonialherrschaft – im Ausschluss von den oberen Rängen der Staatsverwaltung, der Rassentrennung in den Städten, den verbalen Kränkungen und physischen Misshandlungen durch Europäer. Auch wenn einige dieser Missstände gemildert wurden, als der Kolonialismus in seine Endphase trat, blieb der Rassismus ein Stachel im Fleisch. Die britische Verachtung – ob nun real oder nur unterstellt – war eine schwärende Wunde. Die Entschlossenheit der Europäer, an ihrer überlegenen Stellung festzuhalten, prägte leidenschaftliche politische Kampagnen wie die 1883 um die Ilbert Bill entfachte, in der Europäer gegen den Vorschlag Sturm liefen, dass indische Richter auch über Weiße zu Gericht sitzen konnten. Als die Regierung vor dieser »weißen Meuterei« kapitulierte, sorgte das bei vielen Indern für eine weitere Entfremdung. Selbst am Vorabend des Ersten Weltkriegs sprachen die Briten in äußerst vorurteilsbeladener Weise über die Inder, etwa wenn ein hoher Beamter die Bengalen, die besonders oft zur Zielscheibe verächtlicher Bemerkungen gemacht wurden, als »verweichlicht, träge und feige« beschrieb.[156] Bitterkeit löste auch die Tatsache aus, dass man den Einheimischen nach Ansicht vieler Inder die Grundrechte und Grundfreiheiten verweigerte, etwa mit den Zensurbestimmungen, die 1878 für die einheimische Presse erlassen wurden. Das Gefühl gerade auch vieler gebildeter Inder, dass man ihnen den verdienten Respekt versagte, verlieh dem Nationalismus beträchtlichen Auftrieb und schuf einen einflussreichen, sprachgewaltigen Widerstand gegen die Kolonialherrschaft.

Früher galt die Ausbreitung der westlichen Bildung und der englischen Sprache als Voraussetzung für den Aufstieg des Nationalismus in Südasien, doch deren Einfluss wird oft überschätzt. Gewiss trug das Bildungswesen zur Schaffung einer Klasse bei, die im Englischen eine auf dem ganzen Subkontinent verwendbare *lingua franca* fand und dadurch auch zum Teil die kongenialen Ideen des Liberalismus, der Demokratie und des Nationalismus entdeckte. Doch die Anziehungskraft des Nationalismus ging weit über die 250 000 Inder hinaus, die in den 1890er Jahren die englisch erzogene indische Mittelschicht ausmachten. Mehr als in Ceylon erreichte der Nationalismus in Indien auch Grundbesitzer, Kaufleute und Bauern, und das in einer Weise, die nicht allein von westlicher Bildung und der Beherrschung des Englischen abhing. Der Nationalismus florierte nicht nur in englischsprachigen Medien, sondern gerade auch im Bereich der Regionalkulturen und der einheimischen Sprachen – in deren Presse und Öffentlichkeit, in Romanen, Dichtung und Theaterstücken.

Einen weiteren mächtigen Strang bildeten die Religionen. In Ceylon diente die buddhistische Erneuerung, die ähnlichen Entwicklungen im Hinduismus und Islam auf dem Festland entsprach, als eine der Hauptstützen des singhalesischen Nationalismus. In Indien leistete die Bewegung zum Schutz der Kühe (die das von den Hindus verehrte Tier vor dem Schlachten bewahren wollte) wie auch hinduistische Feste und Ausstellungen, gepaart mit einer Erneuerungsideologie, einen Beitrag zur Verbreitung nationalistischer Gefühle und Symbole. So wuchs die Überzeugung, dass die Religion ebenso wie die Rasse einen fundamentalen Unterschied zwischen Herrschern und Beherrschten markiere, wodurch sie zu einer wesentlichen Grundlage der indischen oder srilankischen Identität wurde. Erst auf dem Weg über die Religion (und als Reaktion auf wirtschaftliche Not) brachten vielfach Bauern und Stammesbewegungen einen eigenen Unterschicht-Antikolonialismus hervor. In den Eliten wuchs die Überzeugung, wonach das inzwischen verarmte Südasien einst die Heimat einer alten Zivilisation gewesen war, deren spirituelle, künstlerische und kriegerische Leistungen in deutlichem Gegensatz zur Unterdrückung, Degeneration und Sterilität des aktuellen Kolonialzeitalters standen. Ironischerweise trugen die Lobpreisungen vieler westlicher Orientalisten zu dieser Gefühlsverbindung aus Rassenstolz und kulturellem Verlust bei. Gestärkt wurde der Glaube an die angeborene Überlegenheit des Ostens ab den 1880er Jahren von Persönlichkeiten wie Vivekananda und einer neuen Generation westlicher Bewunderer, von Theosophen wie Annie Besant in Indien und H. S. Olcott in Ceylon, die Spiritualität und Weisheit der alten *ārya*s priesen. Nicht nur die ferne Vergangenheit stellte man in den Dienst eines neuen Nationalismus. Auch Rajputen und Marathen galten als Helden eines frühen hinduistischen Nationalismus, und selbst die Revolte von 1857 war ein halbes Jahrhundert nach deren Niederschlagung für Nationalisten wie V. D. Savarkar eine Quelle der Inspiration und der Zuversicht. Der Hindu-Nationalismus identifizierte sich mit einer vorislamischen Vergangenheit oder sah in den Muslimen eine frühere Welle von Invasoren, die wie die Briten überwunden werden mussten, notfalls mit Gewalt. Doch die Verknüpfung des Nationalismus mit einer einzelnen Religion fand ihr Gegenstück auch bei anderen Glaubensrichtungen, etwa im indischen Islam und im srilankischen Buddhismus, die gleichfalls gegen die Briten mobilisiert wurden. Die Instrumentalisierung der Religion für die Erweckung nationaler Gefühle und die Erweiterung der politischen Partizipation konnte auch zu tiefen Spaltungen führen.

2. Die Organisation des Nationalismus

Petitionen als Mittel der Einflussnahme auf die britische Politik in Indien hatten eine lange Geschichte. Im Vorfeld der Erneuerung der Satzung der Ost Indien Kompanie 1833 verfassten Eurasier wie auch andere Gruppen oder Einzelpersonen Petitionen, versuchten Einfluss auf das Parlament zu nehmen oder schickten Vertreter nach England, die Zeugnis für sie ablegen sollten.

Zwanzig Jahre später, bei den Bemühungen um die nächste (und, wie sich zeigen sollte, letzte) Erweiterung der Satzung, schickten Organisationen wie die Madras Native Association und die British Indian Association of Bengal Petitionen nach London, in denen sie ihre Forderungen vortrugen. Als Teil einer immer selbstbewussteren öffentlichen Kultur brachten in der zweiten Hälfte des Jahrhunderts auch andere Organisationen – von Kaufleuten, Zamindars, Stadtbewohnern und westlich Gebildeten – ihre Beschwerden in öffentlichen Resolutionen und Petitionen gegenüber den Regierungen in Indien zum Ausdruck. Eine der prominentesten Vereinigungen dieser Art war die 1870 gegründete Poona Sarvajanik Sabha, die zahlreiche Probleme aufgriff, darunter auch die Armut und Überschuldung der Bauern.

Den ersten Schritt von lokalen oder regionalen Organisationen zu einer ganz Indien umspannenden Vereinigung unternahm in den frühen 1880er Jahren der Bengale Surendranath Banerji. Nachdem er seine Stellung im Indian Civil Service aus weitgehend rassistischen Gründen verloren hatte, stellte er seine Talente in den Dienst der nationalistischen Opposition und organisierte eine Indische Nationalkonferenz, die 1883 und 1885 zusammentraf. Anfangs fand er hauptsächlich in Bengalen Unterstützung, doch schon bald näherte er sich seinem Ziel einer ganz Indien umfassenden Organisation. Im Dezember 1885 trat in Bombay der Indische Nationalkongress zusammen – der Beginn jener Partei, die Indien 62 Jahre später in die Unabhängigkeit führte und in der indischen Politik auch heute noch in der ersten Reihe steht. Doch 1885 war dies alles andere als eine Massenorganisation. Die Delegierten waren in der überwiegenden Mehrzahl Hindus aus hohen Kasten, vor allem Brahmanen, die aus Eliten mit westlicher Bildung und aus den Hauptstädten der Präsidentschaften kamen. Mehr als die Hälfte waren Juristen (einer der wenigen Berufsstände, in denen Inder, die sprachgewandtesten und wohlhabendsten ihrer Klasse, die Europäer weitgehend verdrängt hatten). Anfangs war der Nationalkon-

Der Aufstieg des Nationalismus

gress eine gemäßigte Organisation, die einem liberalen Konstitutionalismus anhing. Er kam nur einmal im Jahr auf seiner Jahreskonferenz zusammen, um zu debattieren und Resolutionen zu verabschieden, in denen er zum Beispiel die Rücknahme unpopulärer Gesetze oder die Rekrutierung von mehr Indern zum ICS verlangte. Nationale Unabhängigkeit gehörte noch nicht zu seinen Zielen, und der Kongress verwandte einen großen Teil seiner Energie auf den Versuch, Einfluss auf die Regierung in London statt auf die in Indien zu nehmen, weil man glaubte, das Parlament sei zugänglicher als der Vizekönig und seine »von der Sonne vertrockneten« Bürokraten. Die Partei unterhielt eine Vertretung in London, gab eine Zeitschrift heraus und unterstützte 1892 Naorojis erfolgreiche Kandidatur für einen Sitz im britischen Parlament als Mitglied der Liberalen Partei. Erstaunlich für eine nationalistische Organisation war die Tatsache, dass in der Frühzeit des Nationalkongresses auch Europäer beträchtlichen Anteil an seiner Arbeit hatten. A. O. Hume, ein früherer Beamter, spielte in den ersten Jahren eine so wichtige Rolle, dass gelegentlich behauptet wird, er habe den Nationalkongress mit Billigung der Regierung gleichsam als Sicherheitsventil aufgebaut, um extreme Forderungen zu verhindern. Das ist zwar unwahrscheinlich, doch die Beteiligung von Europäern ist dennoch auffällig. Von 1888 bis 1910 hatten fünf Mal Europäer die Präsidentschaft inne, als letzte Annie Besant im Jahr 1917.

In den späten 1890er Jahren wurde der Nationalkongress militanter. Die wiederholten Hungersnöte und das Elend auf dem Lande verstärkten die Unzufriedenheit mit der britischen Steuerpolitik, und die drakonischen Maßnahmen der Regierung anlässlich der Beulenpestepidemie, die weite Teile West- und Nordindiens heimsuchte, verschärften diese Unzufriedenheit noch weiter. Als der staatliche Pestbeauftragte von Pune 1897 ermordet wurde, fiel der Verdacht auf Bal Gangadhar Tilak, einen Brahmanen aus Maharashtra und Hindu-Nationalisten, der die von der Regierung getroffenen Maßnahmen in der Presse scharf attackiert hatte. Man steckte ihn anderthalb Jahre ins Gefängnis – der erste von vielen Fällen, in denen die Briten Freiheitsstrafen als Abschreckungsmittel gegen nationalistischen Widerstand benutzten. Ein Flügel der Kongresspartei, der »die Extremisten« genannt wurde und sich von einer hindu-nationalistischen Ideologie leiten ließ, propagierte nun offenen Widerstand gegen die britische Herrschaft. Die Militanz des Nationalkongresses war umgekehrt einer der Faktoren, die den erzimperialistischen Vizekönig Lord Curzon 1905 zu einer Teilung Bengalens veranlassten. Das geschah zwar im Namen einer effizienten Verwaltung (die Provinz war riesig und hatte eine Bevölkerung von 85 Millionen), doch dahinter stand auch der bewusste Versuch, eine der politisch widerspenstigsten Provinzen durch die Teilung in ein überwiegend muslimisches Ostbengalen und ein vornehmlich hinduistisches Westbengalen zu spalten. Die Teilung Bengalens, ein Wendepunkt in der Geschichte des indischen Nationalismus, gab einen bitteren Vorgeschmack darauf, was geschehen sollte, als die Provinz 1947 im Rahmen der Entlassung des Subkontinents in die Unabhängigkeit auf Dauer geteilt wurde. Die Hindu-Intelligenz forderte die Wiedervereinigung der Provinz und unterstrich diese Forderung mit einem Boykott britischer Textilien und anderer ausländischer Erzeugnisse. Man startete eine Kampagne zum Ersatz britischer Industrieprodukte durch indische Erzeugnisse (svadeśī), und es wurden Unternehmen gegründet, die ein breites Spektrum solcher Ersatzgüter und Dienstleistungen anboten – von Textilien und Streichhölzern bis hin zu Dampfschifflinien und Pharmazeutika. In dieser ersten indienweiten Agitation breitete sich die Svadeshi-Bewegung über weite Teile Indiens aus – nach Maharashtra, Nordindien, dem Panjab und Madras. Manche Nationalisten sprachen nun offen von swaraj (»Selbstherrschaft«), und Tilak erklärte: »Svarāj ist mein Geburtsrecht – und ich werde es bekommen.«

Der Aufstieg des Nationalismus

Der hinduistische Geist, der diese Bewegung prägte, zeigte sich auch in deren Hymne *Bande Mātaram* (»Heil dem Mutterland«), deren Text einem bengalischen Gedicht von Bankim Chandra Chatterjee entnommen war. »Mutterland« stand ursprünglich für Bengalen, doch in der neuen Stimmung nationaler Leidenschaft bezeichnete es nun ganz Indien, symbolisiert in Gestalt einer Muttergöttin, die vollkommene Hingabe an die Nation forderte:

> »Mutter, ich verbeuge mich vor Dir.
> Reich an dahineilenden Strömen,
> Voll von hell schimmernden Gärten,
> Von kühlen, erfrischenden Winden
> Und dunkel wogenden Feldern.
> Mächtige Mutter, freie Mutter.«[157]

Bande Mātaram war eine Hymne an die Schönheit Indiens, aber auch ein nationalistischer Aufruf zum Kampf. Im Kontext des ursprünglichen Romans ging es eher um die Vertreibung der Muslime als der Briten, doch die Worte des Textes antworteten auch auf britische Behauptungen hinsichtlich bengalischer Schwäche und »Verweichlichung« mit aufrüttelnden Bildern bewaffneter Macht und eines trotzigen Patriotismus.

Angesichts wachsenden Widerstands beim hinduistisch dominierten Nationalkongress suchten die Briten Unterstützung bei den Muslimen. Sie fanden sie in der Gründung der Muslimliga 1906 in Dhaka. Die hauptsächlich von Aristokraten und Grundherren getragene Liga verfolgte nach eigenen Angaben das Ziel, »die Loyalität der Muslime Indiens gegenüber der britischen Regierung zu stärken …, ihre eigenen politischen Rechte und Interessen zu schützen und zu fördern« und der Regierung die »Bedürfnisse und Wünsche« der Muslime »respektvoll vorzutragen«.[158] Die Briten nutzten nicht nur Unterschiede zwischen den Volksgruppen und loyale Gefühle. Sie reagierten auf die wachsende Militanz der Nationalisten – die vom Boykott britischer

Waren zur Ermordung weißer Vertreter des Staates übergegangen waren – auch mit harter Repression und schickten viele wegen terroristischer Aktivitäten Verurteilte in das berüchtigte Cellular Jail auf den Andamanen. Die harte Reaktion brachte die Agitation schließlich zum Schweigen, allerdings um den Preis einer Entfremdung weiter Teile der Mittelschicht. So waren die Briten gezwungen, Kompromisse einzugehen, um sich wieder eine größere Unterstützung zu sichern. 1911 wurde Bengalen wiedervereinigt, wobei man jedoch aus der westlichen Flanke eine neue Provinz, Bihar und Orissa, herausschnitt. Eine weitere Schwächung seiner Stellung musste Bengalen hinnehmen, als man die Regierung Britisch-Indiens von Kalkutta nach Delhi verlegte und im Süden der alten Stadt eine neue Verwaltungshauptstadt baute.

Schon zuvor, im Jahr 1909, hatten der Staatssekretär für Indien, Lord Morley, und der Vizekönig Lord Minto eine Reihe konstitutioneller Reformen eingeleitet, die zu einer weiteren Veränderung der politischen Landschaft führten. Sie erweiterten das Prinzip der beratenden Versammlungen, das man in begrenztem Umfang bereits kurz nach der Meuterei mit dem Councils Act von 1861 eingeführt hatte, und bauten es 1892 aus. Neugeschaffene Provinzial- und Zentralversammlungen mit erweiterter Wählerschaft und teilweise gewählten Mitgliedern durften nun über geplante Gesetze debattieren und ihre Ansicht dazu äußern. Die nationalistische Agitation hatte zwar nicht die von vielen geforderte Selbstverwaltung erreicht, doch die konstitutionellen Elemente waren in der Kolonialregierung deutlich gestärkt worden. Andererseits führten die Morley-Minto-Reformen den Grundsatz der gesonderten Vertretung unterschiedlicher Volksgruppen ein. Die muslimische Unterstützung (wie auch der britische Glaube an die prinzipielle Unversöhnlichkeit von Hindus und Muslimen) wurde mit der Schaffung getrennter Wählerschaften und Sitze in den Vertretungskörperschaften belohnt. Das Prinzip der getrennten Vertretung, das damit zu einem

Der Aufstieg des Nationalismus

Kernstück der britischen Politik wurde, sollte noch tiefgreifende und nachhaltige Folgen zeitigen.

3. Der Erste Weltkrieg und seine Folgen

Kurzfristig trug die von den Briten eingesetzte Mischung aus Repression und Beschwichtigung Früchte, und die auf Loslösung drängende Agitation verstummte. Auf der Jahresversammlung des Nationalkongresses von 1907 gelang es den »Extremisten« nicht, den »Gemäßigten«, die weiter an einem konstitutionellen Vorgehen festhielten, die Kontrolle über die Organisation aus den Händen zu nehmen. Immer noch waren mehrere Extremistenführer im Gefängnis, darunter auch Tilak, der von 1908 bis 1914 im Gefängnis von Mandalay festgehalten wurde. Der herausragende Gemäßigte Gopal Krishna Gokhale beklagte die gewalttätige Rhetorik und den religiösen Eifer der Extremisten und glaubte, der mit den Morley-Minto-Reformen beschrittene konstitutionelle Weg werde am Ende eher zur politischen Selbstbestimmung führen. Sein Tod im Jahr 1915 beraubte die Gemäßigten ihres angesehensten Führers.

Zu diesem Zeitpunkt begann der Erste Weltkrieg die Politik in Südasien zu beeinflussen. Obwohl viele tausend Kilometer entfernt, hatte der Krieg doch Auswirkungen auf die meisten Teile des Subkontinents. Indien leistete einen beträchtlichen Beitrag zu den britischen Kriegsanstrengungen und schickte eine Million Soldaten wie auch Tausende von Nichtkombattanten in den Krieg. Inder kämpften in Ostafrika, im Irak und an der Westfront. Mehr als 36 000 fielen. Auch Nepal, obwohl außerhalb des Empire, stellte eine große Zahl von Soldaten. Bei einer Bevölkerung von kaum fünf Millionen Menschen traten 100 000 Gurkhas in die indische Armee ein, davon wurden 10 000 getötet und 14 000 verwundet. Die indischen Fürsten steuerten gewalti-

Abb. 20: »England schafft indische Hilfstruppen nach Europa«, Karikatur 1914

ge finanzielle Mittel bei und stellten sogar Ambulanzen und Lazarettschiffe für die Verwundeten zur Verfügung. Zum Teil gewährte man diese Unterstützung aus Loyalität gegenüber den Briten, zum Teil aber auch im Vertrauen auf ein politisches Entgegenkommen. Man hoffte, wenn man den Briten in schweren Zeiten beistand, werde Großbritannien Indien danach dasselbe

Maß an Selbstverwaltung zugestehen, das die »*white dominions*« Australien, Neuseeland und Kanada bereits genossen. Doch als der Krieg sich in die Länge zog, machte sich Ernüchterung breit. Die Speerspitze bei den Forderungen nach britischen Konzessionen bildeten zwei »Home Rule Leagues«, deren eine nach dessen Freilassung von Tilak geführt wurde, während die andere unter Führung Annie Besants stand, einer ehemaligen Gewerkschaftsführerin aus London, die sich zur Theosophie bekehrt hatte, nach Madras gegangen und zu einer glühenden Anhängerin des Hindu-Nationalismus geworden war. Die beiden aus dem Nationalkongress hervorgegangenen Vereinigungen fanden breitere Unterstützung als die Kongresspartei. Sie setzten sich für die Freiheit Indiens ein und attackierten die Unnachgiebigkeit der Briten. Besant wurde 1917 für kurze Zeit inhaftiert, doch das vergrößerte nur ihre Popularität und sicherte ihr die Wahl zur ersten Präsidentin des Nationalkongresses.

Erneut sahen die Briten sich zu Kompromissen gezwungen – einerseits wegen der nationalistischen Agitation in Indien, andererseits weil sie angesichts großer Verluste und schwerer Rückschläge an der Westfront weiterhin auf indische Unterstützung angewiesen waren. Im August 1917 sagte der Staatssekretär für Indien, Edwin Montagu, vor dem Unterhaus, die Regierung werde in Zukunft eine Politik »wachsender Beteiligung der Inder in allen Bereichen der Verwaltung« verfolgen, eine Politik »der schrittweisen Entwicklung autonomer Institutionen im Blick auf die fortschreitende Verwirklichung einer selbstverantwortlichen Regierung in Indien als integralem Bestandteil des britischen Empire«.[159] Damit schien er anzudeuten, dass Indien sich auf demselben Weg zur autonomen Selbstverwaltung befand wie die weißen Dominions. Doch das (von den Indern als solches verstandene) Versprechen wurde nicht eingelöst. Montagu und der Vizekönig, Lord Chelmsford, ließen 1918 einen Bericht erstellen, der weit weniger anbot, als der Staatssekretär ein Jahr zuvor versprochen zu haben schien. Das Government of India Act von 1919 erweiterte die Morley-Minto-Reformen nur vorsichtig und verstärkte die indische Vertretung in den legislativen Provinzial- und Zentralversammlungen, wobei er die gesonderte Vertretung auf einige nichtmuslimische Volks- und Interessengruppen ausdehnte. Inder durften nun in den Provinzialregierungen Ministerämter bekleiden, doch zugleich schuf man ein als »Dyarchie« bezeichnetes System konstitutioneller Gewaltenteilung, welches die Regierungsgeschäfte in der Weise aufteilte, dass indische Minister weniger sensible und weniger wichtige Ressorts (wie Bildungswesen und Lokalverwaltung) übernahmen, während der Gouverneur für die Schlüsselministerien (Justiz, Finanzen und Polizei) Ressortchefs (europäischer oder auch indischer Herkunft) bestellte. Das Wahlrecht wurde erweitert, blieb aber immer noch auf westlich gebildete und wohlhabende Schichten beschränkt. Weniger als fünf Millionen Inder durften sich an den Wahlen beteiligen. Die Dyarchie blieb weit hinter dem Status der Dominions zurück.

Die wirtschaftlichen und politischen Folgen des Krieges waren in ganz Südasien zu spüren. In Ceylon verstärkte sich die nationalistische Stimmung vor allem bei den buddhistischen Singhalesen, und als im Mai 1915 Unruhen ausbrachen, die sich gegen muslimische Händler richteten, sahen die Briten dies als Teil einer antikolonialistischen Verschwörung. Wie in Indien führten die Repressionen jedoch nur zur Stärkung der nationalistischen Gefühle. Sie ebneten den Weg für die zwei Jahre später erfolgende Gründung des Ceylonesischen Nationalkongresses, der zu dieser Zeit etwas gemäßigter war als sein indischer Namensvetter. In Indien führten Preissteigerungen und der kriegsbedingte Mangel an Lebensmitteln, Kleidung und Brennstoffen allenthalben zu Unruhen. In Madras kam es 1918 zu einer ganzen Reihe von Hungeraufständen. Auch im Norden gärte es. Der Panjab war das wichtigste Rekrutierungsgebiet der Armee gewesen. Bis 1918 hatten sich dort 100 000 Sikhs zum Kriegsdienst gemeldet. Die Soldaten und ihre Familien gerieten unter starken Druck, die Rekrutierungsziele zu erreichen, und angesichts steigender

Der Aufstieg des Nationalismus

Preise und verschärfter Knappheit in den Jahren 1918–1919 war auch der Panjab reif für erneute Agitation. Als Gandhi, inzwischen eine der führenden Gestalten in der nationalistischen Bewegung, im April 1919 zu Demonstrationen gegen den Rowlatt Act aufrief (der öffentliche und politische Versammlungen einschränken sollte), gehörte der Panjab zu den Gebieten, die mit der größten Begeisterung darauf reagierten. Nach mehrtägigen Unruhen in Amritsar eröffneten Soldaten unter General Dyers Kommando am 13. April das Feuer auf eine unbewaffnete Menge von 10 000 Männern, Frauen und Kindern, die sich auf einem Platz namens Jallianwala Bagh versammelt hatten. Das Feuer wurde ohne Vorwarnung eröffnet und dauerte zehn Minuten. Mindestens 400 Zivilisten wurden getötet, 1200 weitere verletzt. Das Massaker von Amritsar erschütterte ganz Indien. Obwohl Dyer seine Entscheidung als notwendig zur Erhaltung der britischen Herrschaft verteidigte, brachte das Gemetzel an wehrlosen

Abb. 21: Das Massaker von Amritsar am 13. April 1919; zeitgenössisches indisches Gemälde

Zivilisten die Regierung in große Verlegenheit, und Dyer wurde des Kommandos enthoben. Die Empörung über das Massaker verschärfte die Ablehnung der Kolonialherrschaft und löste eine Woge aus, auf der Gandhi zum Führer ganz Indiens aufstieg.

4. Gandhi und der zivile Ungehorsam

Mohandas Karamchand Gandhi leistete als Einzelner den größten Beitrag zum indischen Nationalismus und zur Unabhängigkeit des Landes. Er wurde 1869 in Porbandar, einer Kleinstadt in Gujarat, geboren und stammte damit aus einer kaum von der kolonialen Moderne berührten Region. Sein Leben veränderte sich beträchtlich, als er 1888 nach London ging, wo er drei Jahre lang Jura studierte. Da er nach seiner Rückkehr in Indien keine passende Anstellung fand, reiste er 1893 nach Südafrika, um dort einen muslimischen Kaufmann aus Gujarat vor Gericht zu vertreten. Seine ersten Erfahrungen mit Rassendiskriminierung, darunter der Hinauswurf aus einem Erste-Klasse-Abteil eines Zuges, veranlassten ihn zu bleiben und für die Rechte der Inder zu kämpfen. Die Jahre, die er in Südafrika verbrachte (1893–1914), zunächst als Anwalt und dann als Führer des Kampfes gegen weißen Rassismus und diskriminierende Gesetze, waren von entscheidender Bedeutung für seine persönliche Entwicklung und die Entstehung seiner politischen Philosophie. In Südafrika las Gandhi westliche Autoren wie John Ruskin, Henry Thoreau und Leo Tolstoi, die großen Eindruck auf ihn machten, und er vertiefte auch sein Verständnis des Christentums und des Hinduismus. 1904 gründete er eine Siedlung in der Umgebung von Durban, der sechs Jahre später eine Tolstoi-Farm in der Nähe von Johannesburg folgte. Dort konnte er mit seinen Experimenten auf dem Gebiet des Gemeinschaftslebens, der Erziehung, der Ernährung und der Sozialreform beginnen.

Als der Kampf gegen die Rassendiskriminierung sich zwischen 1906 und 1913 intensivierte, machte Gandhi in seinem persönlichen Leben wie auch in seinen politischen Ansichten eine rasche Entwicklung durch, in deren Verlauf er ein Ehelosigkeitsgelübde ablegte, westliche Kleidung verwarf und seine juristische Tätigkeit aufgab. Seine erste Erfahrung mit dem Gefängnis 1908 stärkte sein Engagement für ein einfaches Leben und seine politische Entschlossenheit. Bis dahin war er ein loyaler Anhänger des Empire gewesen, doch nach zwei Besuchen in London, wo er für die Rechte der Inder in Südafrika eingetreten war, begann er nach einem neuen Radikalismus zu suchen, der die Inder stärken und sie aus der Abhängigkeit heraus führen konnte. Zur Kennzeichnung seiner neuen gewaltfreien Technik wählte Gandhi den Ausdruck *satyāgraha* (im Sinne einer »Kraft der Wahrheit«), der den Schwerpunkt auf das Beharren (*āgraha*) und die Bekehrung des Gegners durch Selbstaufopferung und Überzeugung statt durch den Einsatz von Gewalt legte. 1909 schrieb Gandhi eine Abhandlung, die ursprünglich in Gujarati unter dem Titel *Hind Svarāj* veröffentlicht und später unter dem Titel »Indian Home Rule« ins Englische übersetzt wurde. Darin machte er deutlich, dass die Stellung der Inder in Südafrika seines Erachtens unlösbar mit ihrer Stellung in Indien verbunden war. Die Abhandlung vereinte mehrere Stränge in der Entwicklung seines Denkens: eine Kritik der »modernen« (westlichen) Zivilisation und ihrer Übel; das Bild eines alten Indien als fortgeschrittener Zivilisation, deren Leistungen eher auf geistigem als auf materiellem Gebiet lagen; und die »Ausplünderungstheorie«, welche die Armut Indiens auf den Kolonialismus zurückführte und den Missständen der Industriegesellschaft ein idealisiertes Bild dörflichen Lebens entgegenstellte. Doch obwohl Gandhi eine Rückkehr zu ländlicher Selbstversorgung forderte, wandte sein Aufruf sich unmittelbar an die Mittelschichten, die er aufforderte, ihren westlichen Lebensstil und ihr Streben nach englischer Bildung, englischer Medizin und englischem Rechtsverständnis aufzugeben. Gandhis Botschaft galt also nicht allein dem Ziel der politischen Unabhängigkeit, sondern appellierte an die Inder, sich physisch und moralisch selbst zu regieren, ihre egoistischen Wünsche zurückzustellen und sich von dem ausländischen Geschmack zu befreien, der sie zu Sklaven der Kolonialherrschaft mache.

So wichtig *Hind Svarāj* im Rückblick erscheinen mag, weil Gandhi darin den Kern seiner Überzeugungen darlegte – der Einfluss des Buches war zu seiner Zeit doch eher gering. In Indien galt Gandhi weniger als Stratege der nationalistischen Bewegung denn als Vorkämpfer indischer Interessen im Ausland. Als er 1915 nach Indien zurückkehrte, pries man ihn als »Mahatma« (»großer Geist«), vor allem wegen seiner Kampagne in Südafrika. Als Außenseiter des politischen Establishments in Indien musste er seinen Führungsanspruch innerhalb der nationalistischen Bewegung erst durchsetzen. In den Jahren 1917 und 1918 unternahm er eine Reihe lokaler Agitationsversuche, die seine eigentliche Lehrzeit in Indien darstellten und ihm die Möglichkeit boten, viele Ideen und Techniken zu erproben, die später zu zentralen Elementen seiner landesweiten Kampagnen wurden. Die erste Station lag in Champaran, einem verarmten Distrikt im Norden Bihars, wohin man Gandhi einlud, um die harten Bedingungen zu untersuchen, unter denen die Bauern Indigo anbauten. Gandhi sammelte die Klagen der Bauern und rang den europäischen Pflanzern einige Konzessionen ab. In Champaran erwarb er den Ruf eines Führers, der sich um die Armen auf dem Lande kümmerte. Er wurde von den Bauern fast wie ein Gott verehrt, begann aber auch Mitglieder der Mittelschichten für sich zu gewinnen, die von den Briten ebenso enttäuscht waren wie von den übrigen Führern der nationalistischen Bewegung.

Eine zweite Kampagne, 1918 im Distrikt Kaira in Gujarat durchgeführt, galt gleichfalls den Problemen der Bauern, doch diesmal ging es um die Höhe der Bodenabgaben. Gandhi arbeitete hauptsächlich mit Bauern aus der Patidar-Kaste zusammen, und unter Einsatz von Satyagraha-Gelöbnissen, die Steuerzahlungen zurückzuhalten, mobilisierte er erfolgreich den Widerstand der Bauern und erreichte bei der Regierung eine Reduzierung der Steuerlast. Während Champaran ihm die Notwendigkeit vor Augen geführt hatte, das Leben in den Dörfern durch »konstruktive Programme« zur Hebung der sanitären Verhältnisse und der schulischen Bildung, zur Wiederbelebung der Hausindustrie sowie zur Aufwertung der Frauen und der Unberührbaren zu verbessern, zeigte Kaira ihm, welch enormes Potential für die Mobilisierung der Bauern gegen die britische Herrschaft in der Steueragitation lag. Die dritte Kampagne nahm eine andere Form an. Sie betraf nicht Bauern, sondern Fabrikarbeiter in Ahmedabad. Es ging um die Reduzierung der während des Krieges den Arbeitern in den von Indern geführten Baumwollfabriken gewährten Sonderzahlungen. Zu einer Zeit, da die Gewerkschaftsbewegung in Indien Wurzeln fasste, ging Gandhi behutsam vor und setzte das Fasten als Mittel ein, um die Streikbereitschaft der Arbeiter zu stärken. Der Streit wurde teilweise zugunsten der Arbeiter beigelegt und stärkte Gandhis Ruf als Anwalt der Armen. Es ist jedoch aufschlussreich, dass er sich nie mehr auf solche Konflikte im industriellen Bereich einließ, weil er die in der Industriegesellschaft weitverbreiteten Klassenkonflikte nicht mochte, im Unterschied zur Harmonie und zur wechselseitigen Abhängigkeit, die er mit dem dörflichen Leben verband.

Gandhis »Aufstieg zur Macht« wurde beträchtlich beschleunigt durch die verbreitete Empörung über das Massaker von Amritsar und eine wachsende Ablehnung des Government of India Act von 1919. Gandhi nutzte beides, indem er einen radikaleren Weg anbot als die gemäßigten Nationalisten, zugleich aber die von den Extremisten befürwortete Gewalt vermied. Noch ein weiterer Streitpunkt wirkte sich zu seinen Gunsten aus. Am Ende des Ersten Weltkriegs beschlossen die Alliierten, das besiegte Osmanische Reich zu zerschlagen. Indische Muslime befürchteten, das könne zu einem vollständigen Machtverlust des Sultans führen, der als Kalif zugleich das anerkannte Oberhaupt des Islam war. Dies beschwor die Gefahr herauf, dass die heiligen Stätten in Mekka und Medina in die Hand von Ungläubigen gerieten. Die Khilafat-Bewegung wurde lanciert, um die Briten dazu zu bringen, diese Entscheidung zurückzunehmen und die Stellung des Kalifen beizubehalten. Bis 1920 hatte sie bei indischen Muslimen beträchtlichen Rückhalt gewonnen, und um den Druck auf die Briten zu erhöhen, entschloss Gandhi sich, das »Khilafat-Unrecht« mit dem »Panjab-Unrecht« zu verknüpfen und so eine gemeinsame Plattform für Hindus und Muslime zu schaffen. Er schlug ein Programm der Kooperationsverweigerung und des zivilen Ungehorsams vor, mit dem Ziel, entweder das »Unrecht« in beiden Fällen rückgängig zu machen, oder, falls dem kein Erfolg beschieden war, Svaraj für Indien zu gewinnen. Sein Plan, der auf einer Sondersitzung des Nationalkongresses im September 1920 in Kalkutta gebilligt wurde, bestand aus einer Reihe abgestufter Maßnahmen, angefangen bei der Rückgabe von Titeln und Orden, die von den Briten verliehen worden waren, über den Boykott von Gerichten, staatlichen Schulen und Colleges sowie der Wahlen zu den Vertretungsorganen bis hin, falls die Briten sich unzugänglich erwiesen, zur Demission von Staatsbediensteten, Polizisten und Soldaten. Als letzte Stufe war ziviler Ungehorsam gegen repressive Gesetze und die Verweigerung der Grundsteuern und sonstiger Steuerzahlungen vorgesehen. Spätestens dann, so glaubte Gandhi, werde man Svaraj errungen haben – entweder weil die Briten angesichts fehlender Soldaten, ausbleibender Steuereinnahmen und überfüllter Gefängnisse ihre Herrschaft nicht länger aufrechterhalten könnten oder weil die Inder das Joch der Kolonialherrschaft abgeworfen und ihre Freiheit erlangt hätten. Darin war Gandhi sich so sicher, dass er im Dezember 1920 versprach, man werde Svaraj innerhalb eines Jahres verwirklichen. Doch die Kampagne verlief nicht wie geplant. Trotz des Boykotts blieben viele Schulen und Colleges gut besucht, und nur wenige Anwälte schlossen ihre Kanzleien. Bei den Wahlen von 1920 war zwar eine niedrige Wahlbeteiligung zu verzeichnen, doch alle Sitze wurden besetzt, und die Vertretungskörperschaften behielten ihre Funktionsfähigkeit. Nur sehr wenige Staatsbedienstete quittierten den Dienst, Polizei und Armee blieben bemerkenswert loyal. Andererseits war die Kampagne nicht gänzlich erfolglos. Der Boykott ausländischer Textilien und des Alkoholverkaufs fand einige Unterstützung, und der Rückgang des Alkoholabsatzes beeinträchtigte die Staatseinnahmen. Nach dem Massaker von Amritsar bemühten die Briten sich um einen gewaltlosen Umgang mit Demonstrationen und setzten statt der Armee lieber die Polizei ein, doch es kam unvermeidlich auch zu Situationen, in denen der Polizeieinsatz allzu massiv und gewalttätig erschien, was wiederum der nationalistischen Propaganda nutzte und den Demonstranten einen moralischen Vorteil bescherte. Anfang 1922 befanden sich 17 000 Anhänger Ghandis in den Gefängnissen, und die Bereitschaft, ins Gefängnis zu gehen, wurde zu einem machtvollen Symbol des Mutes und der Opferbereitschaft der Nationalisten.

Zugleich wuchs jedoch auch die Gefahr ernsthafter Unruhen. Im August 1921 kam es in Malabar zu einer Rebellion, in deren Verlauf muslimische Bauern hinduistische Grundbesitzer angriffen, wobei sie viele von ihnen töteten und andere zwangen, zum Islam überzutreten. Britische und indische Truppen brauchten mehrere Monate, um den Aufstand niederzuschlagen. Dabei wurden 2000 Rebellen getötet und 45 000 gefangen genommen. Ende 1921 und Anfang 1922 gab es in mehreren Städten, darunter Madras und Bombay, gewalttätige Demonstrationen. Der aus Gandhis Sicht schlimmste Vorfall ereignete sich im Februar 1922, als zweiundzwanzig Polizisten in Chauri Chaura in den United Provinces von einem Mob eingeschlossen und verbrannt wurden. Die Briten, die bis dahin vor einer Verhaftung Gandhis zurückgescheut waren, um ihn nicht zum Märtyrer zu machen, nahmen ihn nun fest und stellten ihn wegen Aufwiegelung zum Aufruhr vor Gericht. Gandhi verteidigte sich mit dem Recht auf Widerstand gegen ungerechte Gesetze und ein »satanisches« Regime, doch im März 1922 wurde er zu sechs Jahren Gefängnis verurteilt. Die Unterstützung für die Bewegung schwand zu dieser Zeit bereits, und in den Mittelschichten wuchs die Angst vor der zunehmenden Unordnung. Die erste große Welle der von Gandhi ausgelösten Agitation war vorüber.

Im Gefängnis verschlechterte sich Gandhis Gesundheitszustand, und nach zwei Jahren wurde er ohne Auflagen entlassen. 1924 wurde er das erste und einzige Mal zum Präsidenten des Nationalkongresses gewählt, doch er verbrachte seine Zeit mit Handspinnen und Rundreisen durch Indien, auf denen er Spendengelder sammelte. Er besuchte auch Ceylon, ein Hinweis darauf, wie genau man andernorts die nationalistische Bewegung in Indien beobachtete. Mitte der 1920er Jahre wurde die Politik des Nationalkongresses von Svarajisten, konstitutionell gesinnten Nationalisten, beherrscht. Die Führung lag bei C. R. Das aus Bengalen und Motilal Nehru aus den United Provinces. Beide waren der Ansicht, durch obstruktives Verhalten der Vertretungskörperschaften werde man die Regierung weder zu weiteren Konzessionen zwingen, noch den Marsch in die Freiheit beschleunigen können. Trotz einiger Wahlerfolge erreichten die Svarajisten nur sehr wenig, und die Stimmung begann wieder zugunsten Gandhis umzuschlagen.

Im Jahr 1927 gab die konservative Regierung in London die Einsetzung einer Kommission bekannt, die unter Leitung von Sir John Simon die Fortschritte der Verfassungsreform in Indien untersuchen und Empfehlungen für die Zukunft ausarbeiten sollte. Zur Empörung vieler Inder bestand die Simon-Kommission ausschließlich aus weißen Mitgliedern, von denen manche keinerlei Erfahrungen mit Indien hatten. So entstand der Eindruck, die Briten hielten die Inder immer noch für unfähig, selbst über ihr politisches Schicksal zu bestimmen. Die Besuche der Kommission in Indien waren von großen Demonstrationen begleitet. Studenten trugen schwarze Fahnen und Schilder mit der an Simon gerichteten Aufschrift »Go home«. Bei einem von mehreren Zusammenstößen zwischen Demonstranten und Polizei wurde Motilal Nehrus Sohn Jawaharlal von der Polizei mit Knüppeln geschlagen. Bei einem anderen Vorfall in Lahore wurde Lajpat Rai, ein Veteran der Kongresspartei, gleichfalls geschlagen und starb wenig später, angeblich an den Folgen seiner Verletzungen. Getrieben vom Zorn über die Simon-Kommission, reagierte eine parteiübergreifende Gruppe von Politikern unter Führung Motilal Nehrus mit einem eigenen Verfassungsentwurf, der allerdings keine vollständige Unabhängigkeit forderte. Auch konnte man sich nicht auf die notwendige Berücksichtigung der Interessen der indischen Muslime einigen. Eine radikalere Politik bestand in dem Versuch, den Druck auf die Briten zu erhöhen, indem man ihnen mit einer Rückkehr zum zivilen Ungehorsam drohte.

Zur selben Zeit nahm die Entwicklung in Ceylon einen ganz anderen und in ihrer Andersartigkeit aufschlussreichen Verlauf. Dort hatte die nationalistische Bewegung niemals einen ähnlichen Grad an Militanz erreicht wie in Indien und fand kaum Unterstützung bei den Massen. Da die Briten jedoch die Entstehung einer Bewegung im Stile Gandhis verhindern wollten, setzten sie 1927 die Donoughmore-Kommission ein, die nach Möglichkeiten einer Verfassungsreform suchen sollte. In der Folge erhielten in Ceylon alle Männer und Frauen ab 21 Jahren das Wahlrecht, und obwohl man der Insel den Status eines Dominion verwehrte, gewährte man ihr doch ein hohes Maß an Selbstverwaltung, und das zwanzig Jahre bevor Indien seine Unabhängigkeit erlangte. Trotz ihrer geographischen Nähe gingen die beiden Kolonialgebiete in politischer Hinsicht ganz unterschiedliche Wege.

Während die britische Regierung noch auf die Ergebnisse der

Simon-Kommission wartete, suchte der Vizekönig Lord Irwin vergeblich nach einem Kompromiss, mit dem er den drohenden zivilen Ungehorsam abwenden konnte. Die Kongresspartei beschloss, Gandhi mit der Führung einer neuerlichen Bewegung zivilen Ungehorsams zu betrauen, falls die Briten Indien nicht bis Ende 1929 den Status eines Dominion gewähren sollten. Anfangs war Gandhi sich nicht sicher, welche Form die neue Bewegung annehmen sollte, doch dann kam ihm der Gedanke, sie auf ein einziges Ziel zu konzentrieren: die Abschaffung der Salzsteuer. Die in den 1870er Jahren eingeführte Salzsteuer untersagte es den Indern, ihr eigenes Salz zu produzieren, obwohl es in vielen Teilen des Landes natürliche Salzvorkommen gab. Für Gandhi symbolisierte die Salzsteuer den ausbeuterischen Charakter der britischen Herrschaft. Sie stellte für die Armen ein besonderes Problem dar, doch jedermann brauchte Salz und empfand es als Verletzung patriotischer Gefühle, dass man dafür Steuern zahlen musste. Am 12. März 1930 begann Gandhi mit 78 Satyagrahis aus seinem Ashram in Ahmedabad einen Marsch durch das ländliche Gujarat, und mit jedem Dorf, durch das sie zogen, gewannen sie an öffentlichem Beifall und internationaler Aufmerksamkeit. Am 5. April, nach einem Marsch von fast 400 Kilometern, erreichten Gandhi und seine Gefolgsleute bei Dandi die Küste, und am folgenden Tag verstieß er demonstrativ gegen das Gesetz, indem er aus Meerwasser Salz herstellte. »Damit werde ich die Grundfesten des Britischen Empire erschüttern«, erklärte er.[160] Ähnliche Aktionen folgten schon bald in ganz Indien. Man stellte Salz her und verkaufte es, man organisierte Märsche und Versammlungen, und auch der Boykott der Alkoholverkaufsstellen wurde wieder aufgenommen. Spektakuläre Angriffe unbewaffneter Satyagrahis auf staatliche Salzsiedereien wurden von knüppelschwingenden Polizisten brutal abgewehrt.

1921 hatten die Briten sich noch gescheut, Gandhi festzunehmen, 1930 jedoch zögerten sie nicht lange. Sie ließen ihn verhaf-

Der Aufstieg des Nationalismus

ten und ohne Prozess einsperren. Im Juni hatte die Bewegung jedoch bereits außergewöhnlichen Schwung erreicht. Obwohl man 60 000 Demonstranten verhaftet und zahllose weitere mit Schlägen auseinandergetrieben hatte, war dies Gandhis wirkungsvollste nationale Kampagne. Der Nationalkongress erfuhr eine massenhafte Unterstützung, wie er sie noch nie erlebt hatte, und zum ersten Mal schlossen sich auch viele Frauen, hauptsächlich aus den Mittelschichten, der Bewegung an und riskierten damit ihre Verhaftung. 1921 hatte Gandhi versprochen, die Autonomie werde in einem Jahr Wirklichkeit werden, doch die Bewegung war verebbt. Diesmal war er sich sicherer. Als er im Januar 1931 aus der Haft entlassen wurde, nahm er Gespräche mit Lord Irwin auf. Diese Vier-Augen-Gespräche erzürnten den konservativen Politiker Winston Churchill, der sich heftig darüber entrüstete, dass hier ein »Vertreter des Königs und Kaisers« mit diesem »halbnackten Fakir auf dem Fuß der Gleichberechtigung verhandelt«.[161] Doch obwohl Irwin nach außen hin zuvorkommend erschien, gab er in Wirklichkeit kaum nach. Gandhi hatte durch seinen Salzmarsch und die Kampagne des zivilen Ungehorsams einen großen Propagandasieg errungen, aber die britische Herrschaft war nicht zusammengebrochen. Polizei und Armee blieben loyal, und manche Kreise innerhalb der Kongresspartei und ihrer Sympathisanten waren gar nicht glücklich über die Aussicht auf endlose Feindseligkeiten. Am 4. Mai kam es zu einer als Gandhi-Irwin-Pakt bezeichneten Übereinkunft, in der Gandhi mehr Zugeständnisse zu machen schien, als er gewann. Die Forderung nach dem Dominion-Status blieb unerfüllt. Die Regierung, die eine Abschaffung der Salzsteuer ablehnte, machte nur kleine Konzessionen. Sie erlaubte den Menschen, die in der Nähe von Salzvorkommen lebten, Salz für den eigenen Verbrauch zu sammeln.

Gandhi erklärte sich im Gegenzug bereit, die Kampagne des zivilen Ungehorsams zu unterbrechen und – angesichts seines Desinteresses an Verfassungsfragen durchaus bemerkenswert –

nach London zu reisen, um dort an der Konferenz am Runden Tisch teilzunehmen. An den von der britischen Regierung zur Erörterung der zukünftigen Stellung Indiens im Gefolge der Simon-Kommission einberufenen Konferenzen am Runden Tisch waren hauptsächlich Loyalisten, Abgesandte der indischen Fürsten und Mitglieder religiöser und sonstiger Minderheiten vertreten, die darauf bedacht waren, ihre eigenen Interessen zu schützen. Gandhi traf im September 1931 in London ein, es war sein erster Besuch seit 1914. Als einziger Vertreter der Kongresspartei fühlte er sich isoliert und fehl am Platze. Schon bevor er Indien verließ, hatte er erklärt, er bezweifle, dass irgendetwas Brauchbares bei den Gesprächen herauskommen werde, aber er wolle dennoch die Gelegenheit nutzen, um dem britischen Volk die Ziele der Nationalisten vorzustellen und deutlich zu machen, dass er nichts gegen die Briten, sondern nur etwas gegen das Empire habe. Als er im Januar 1932 nach Indien zurückkehrte, hatte der neue Vizekönig Lord Willingdon bereits beschlossen, eine harte Linie einzuschlagen, und bevor der zivile Ungehorsam wieder einsetzen konnte, wurden Gandhi und andere führende Mitglieder der Kongresspartei festgenommen und auf der Basis von Notstandsverordnungen inhaftiert. Aufgrund der Schnelligkeit der Repressionsmaßnahmen der Regierung war der Nationalkongress nun amputiert, und der zivile Ungehorsam brach erneut zusammen.

Während Gandhi im Gefängnis saß, kündigte der britische Premierminister Ramsay MacDonald im August 1932 einen Schiedsspruch (*communal award*) an, der den Unberührbaren gesonderte Wahlkreise zugestand. Das Prinzip der getrennten Vertretung, erstmals in den Morley-Minto-Reformen auf die Muslime angewandt, war bereits auf andere Gruppen wie die Christen und die Sikhs ausgedehnt worden – woraus deutlich wurde, dass die Briten Indien nicht für eine Nation, sondern für eine Ansammlung von Volksgruppen hielten. Aber auch die Führer vieler Volksgruppen bevorzugten diesen Weg. Schon auf der Konferenz am Runden Tisch hatte Bhimrao Ramji Ambedkar, ein westlich gebildeter Anwalt aus der Unberührbarenkaste der Mahars, den Vorschlag einer getrennten Vertretung der Unberührbaren unterstützt und damit Gandhi erzürnt, der befürchtete, damit würde auf ewig ein Keil zwischen die Unberührbaren und die übrigen Hindus getrieben. Als Gandhi von der Entscheidung der britischen Regierung erfuhr, kündigte er an, er werde »bis zum Tode fasten«, falls der Beschluss nicht zurückgenommen werde. Die Angst um Gandhis Leben sorgte dafür, dass die öffentliche Meinung sich hinter ihm sammelte, und Ambedkar war gezwungen, den Rückzug anzutreten. Gemeinsam mit führenden Vertretern anderer Unberührbarengruppen und hinduistischer Kasten schloss er mit Gandhi (gleichsam ein Echo auf dessen Pakt mit Irwin ein Jahr zuvor) eine Vereinbarung, in der dieser sich bereiterklärte, seinen Hungerstreik gegen den Verzicht auf eine gesonderte Vertretung der Unberührbaren aufzugeben – ein, wie manche meinen, doppelter Triumph für Gandhi, weil er der britischen Regierung seinen Willen aufzwang und zugleich einen Frontalangriff auf die Ausgrenzung der Unberührbaren startete. Nach diesem Triumph begann er mit einer Kampagne zugunsten der Unberührbaren, die er nun Harijans oder »Leute Gottes« nannte. Nach seiner Haftentlassung im August 1933 machte er sich auf eine Rundreise durch ganz Indien, auf der er um Unterstützung für seine Bemühungen um eine Verbesserung der Lage der Unberührbaren warb.

Gandhis Hungerstreik und seine Harijan-Kampagne waren in zweierlei Hinsicht aufschlussreich. Das »Fasten bis zum Tode« zeigte seine wachsende Bereitschaft, alleine zu handeln (statt die Massen zu mobilisieren), um seine sozialen und politischen Ziele zu erreichen. Als er die Harijan-Frage aufgriff, handelte er als Hindu-Führer, der seine Volksgruppe vor weiteren Verlusten zu bewahren versuchte, denn viele Unberührbare hatten sich dem Christentum oder dem Islam zugewandt. Er bekräftigte seinen

Glauben an die Eingliederung der Unberührbaren in die »respektable« Hindu-Gemeinschaft durch soziale und kulturelle Reformen, die sie den »reinen« Hindus ähnlicher machen sollten. Doch Gandhis Taktik trug nichts zur Versöhnung Ambedkars und vieler anderer Unberührbarer bei, die der Ansicht waren, nur gesetzliche Rechte und ein konstitutioneller Wandel könnten ihren Schutz und ihr Fortkommen sichern. Sie empfanden Gandhis Haltung als gönnerhaft und glaubten, seine Politik nutze weit mehr den Kasten-Hindus als ihnen selbst.

5. Von der Sackgasse zum Zweiten Weltkrieg

Als der zivile Ungehorsam 1932 in eine Sackgasse geriet, zog Gandhi sich aus der Führung des Nationalkongresses zurück und trat sogar aus der Kongresspartei aus. Er ging nach Sevagram in Zentralindien, baute dort eine ländliche Gemeinschaft auf und widmete sich ganz den praktischen Aufgaben sozialer und wirtschaftlicher Reformen, beobachtete aber auch weiterhin aufmerksam die politische Szene. Der Nationalkongress war einerseits das wichtigste Instrument der nationalistischen Bewegung Indiens und andererseits eine Partei mit eigenen Organisationsproblemen. In den 1930er Jahren kam es zu einer Spaltung zwischen älteren, eher konservativen Vertretern, zu denen Vallabhbhai Patel aus Gujarat, Rajendra Prasad aus Bihar und C. Rajagopalachari aus Madras gehörten, die Gandhi seit 1917–1918 gefolgt waren, und der Parteilinken, zu der Jayaprakash Narayan und andere Führer der 1934 gegründeten Sozialistischen Kongresspartei zählten. Trotz seiner persönlichen Verbindung zu Gandhi stand Jawaharlal Nehru ideologisch der Sozialistischen Kongresspartei näher, auch wenn er nicht in sie eintrat, weil er befürchtete, es könne dadurch zu einer irreparablen Spaltung kommen. Nehru wurde die radikalste Kraft innerhalb der Führung der Kongresspartei und forderte eine stärker internationalistische Ausrichtung und ein sozialistischeres Programm, als die »alte Garde« wünschte. Nehru war indessen nicht die einzige radikale Stimme. Nach dem Tod von C. R. Das im Jahr 1924 war der dynamischste Politiker, der aus Bengalen kam, Subhas Chandra Bose. Bengalen verfolgte eigene politische Ziele. Obwohl die Teilung der Provinz rückgängig gemacht worden war, empfand man den Verlust der Hauptstadtfunktion an Delhi als Beleidigung für die traditionelle Vorrangstellung Kalkuttas. Die hinduistischen Bhadralok beobachteten aufmerksam den wachsenden Bevölkerungsanteil der Muslime vor allem in Ostbengalen, und Kulturnationalisten wie C. R. Das sahen mit Widerwillen, dass die gesamtindische Führung an Politiker fiel, die wie Gandhi aus bis dahin als rückständig geltenden Gebieten stammten. Bose versprach, die Vorrangstellung Bengalens wiederherzustellen, doch es gelang ihm nie, die Zuneigung und Ermutigung zu erlangen, die Gandhi seinem jungen Schützling Nehru zukommen ließ. 1938 löste Bose Nehru als Präsident des Nationalkongresses ab, doch er erwies sich als eine umstrittene Gestalt, die einen stärker demagogischen und militaristischen Führungsstil in die Partei einführte, einen Stil, der wie ein Echo auf den Aufstieg des Faschismus in Europa wirkte. Gandhi war äußerst unglücklich über diese Entwicklung, und als Bose 1939 erneut zum Präsidenten gewählt wurde, brachte er eine Mehrheit des Arbeitsausschusses der Partei dazu, nicht mit ihm zusammenzuarbeiten. Bose hatte keine andere Wahl als zurückzutreten und gründete seine eigene Organisation, den Vorwärtsblock. Gandhis Charme und Charisma sind zu Recht gerühmt worden, doch seine Fähigkeit, sich Menschen zu entfremden, um die er durchaus mit Nutzen hätten werben können, etwa Ambedkar, Bose und vielleicht auch Jinnah, war ein wichtiger Faktor bei der Spaltung der nationalistischen Bewegung und der Bildung von Bewegungen, die dem Nationalkongress feindlich gegenüberstanden.

Die 1930er Jahre waren auch von anderen Entwicklungen geprägt. Die Gewerkschaftsbewegung war seit ihren Anfängen Ende des Ersten Weltkriegs gewaltig angewachsen und hatte Phasen intensiver Aktivitäten durchlaufen, darunter auch eine Reihe langer Streiks, die jedoch keine substantiellen Zugeständnisse an die Arbeiter eingebracht hatten. In den 1930er Jahren gewann die Bewegung wieder an Schwung, was sowohl die Briten als auch konservativere Kreise der Kongresspartei sowie Geschäftsleute und Industrielle alarmierte, die den Nationalkongress finanziell unterstützten. Gestärkt durch die Auswirkungen der Weltwirtschaftskrise auf Indien, fand der Sozialismus zunehmend auch Zuspruch auf dem Lande. In den späten 1930er Jahren kam es immer häufiger zu Bauerndemonstrationen und verbalen (aber auch physischen) Angriffen auf Grundherren. Auch Nehru wandte sich scharf gegen die Zamindars. Die wachsende Militanz im Volk verstärkte die Angst konservativer Kräfte vor einer drohenden Revolution und ließ die Befreiung von der Kolonialherrschaft und den Übergang der Macht an gemäßigte Nationalisten umso dringlicher erscheinen.

Teils aus Furcht vor der wachsenden Radikalisierung begann der Nationalkongress über eine Rückkehr zu Verfassungsreformen nachzudenken. 1935 trat schließlich ein neuer Government of India Act in Kraft – das lange erwartete Ergebnis der acht Jahre zuvor begonnenen Verfassungsdiskussionen. Zwar brachte das Gesetz nicht die von nationalistischen Führern geforderte Unabhängigkeit, doch es stellte einen beträchtlichen Fortschritt gegenüber früheren Verhältnissen dar. Die Provinzen erhielten eine weitgehende Autonomie, die es ihren gewählten Regierungen erlaubte, nahezu selbständig über alle innenpolitischen Fragen zu bestimmen. Das Wahlrecht wurde erheblich erweitert und umfasste nun erstmals einen beträchtlichen Teil der indischen Bevölkerung, insgesamt 30 Millionen Menschen. Auf der anderen Seite behielt die Zentralregierung weitgehend die Kontrolle über die Bürokratie, die Armee und die Außenpolitik, und es gab Pläne, die Fürsten in eine ganz Indien umfassende Föderation einzubinden (die allerdings niemals verwirklicht wurde). Hinzu kamen einige weitere politische Veränderungen. 1936 wurde Birma von Britisch-Indien abgespalten, die 1911 geschaffene Provinz Bihar und Orissa wurde in zwei Provinzen aufgeteilt, und Sind wurde aus der Präsidentschaft Madras herausgelöst. Trotz anfänglicher Skepsis gegenüber dem Gesetz beschloss die Kongresspartei, sich an den für 1936 und Anfang 1937 angesetzten Wahlen zu beteiligen. Sie wurden zu einem überwältigenden Erfolg für die Partei. Der Nationalkongress gewann nahezu die Hälfte der Sitze in den elf Landtagen und in fünf von ihnen (den United Provinces, Madras, Bihar, den Central Provinces und Orissa) sogar die absolute Mehrheit. Auch in Bombay war er die größte Partei. Sein nächster Rivale, die Muslimliga, erhielt weniger als ein Viertel der 482 den Muslimen vorbehaltenen Sitze und erlangte nicht einmal in den vorwiegend muslimischen Provinzen die Mehrheit. Die Kongresspartei übernahm in acht Provinzen die Regierung, nur im Panjab, in Sind und in Bengalen blieb ihr dieser Erfolg versagt.

Die Zeit der vom Nationalkongress gestellten Regierungen, von Juli 1937 bis September 1939, stärkte das Engagement der Parteiführung für den konstitutionellen Weg. Man nutzte die Staatsmacht, um Teile des von Gandhi formulierten Programms zu verwirklichen, darunter das Handspinnen und das Alkoholverbot. Doch die Provinzialregierungen enttäuschten viele Anhänger, weil sie eine harte Linie gegen die Unruhen in der Arbeiterschaft einschlugen und das Zamindari-System unangetastet ließen. Auch die Beziehungen zu den Muslimen verschlechterten sich, da die Liga den »Kongress-Raj« als Bedrohung für die muslimische Minderheit denunzierte. Die nationalistische Hymne *Bande Mātaram*, die von Abgeordneten der Kongresspartei in den Landtagen angestimmt wurde, galt als muslimfeindliche Provokation, während Bestrebungen zur Förderung des Hindi, dem Gandhi den Vorzug als indische Nationalsprache gab, im

Norden als Angriff auf Urdu, die Sprache der meisten nordindischen Muslime, und im tamilischen Süden als unerträgliche Bevormundung durch den Norden empfunden wurden. Der Ausbruch des Zweiten Weltkriegs im September 1939 stellte die Provinzialregierungen der Kongresspartei vor ein schwieriges Problem. Der Vizekönig Lord Linlithgow erklärte, da Großbritannien sich im Krieg befinde, sei Indien automatisch gleichfalls davon betroffen. Manche Führer der Kongresspartei, vor allem Nehru, waren bereit, einen Krieg gegen den Faschismus zu unterstützen, während andere darin eine neue Chance erblickten, Druck auf einen geschwächten Raj auszuüben. Außerdem hatte die Herrschaft der Kongresspartei in vielen Kreisen Besorgnisse ausgelöst. Gandhi selbst gehörte zu denen, die eine Zeit in der Opposition für eine Möglichkeit hielten, die Partei von den Kompromissen zu reinigen, die sie während der Regierungsbeteiligung eingegangen war. Im Oktober 1939 traten die von der Kongresspartei geführten Regierungen zurück, und die von ihnen regierten Provinzen fielen wieder unter die Kontrolle der Briten. Anfangs hatte Gandhi keinen klaren Plan. Seine Versuche, erneut eine auf Satyagraha einzelner Führer der Kongresspartei gestützte Kampagne zivilen Ungehorsams zu starten, fanden kaum Beachtung in der Öffentlichkeit und bereiteten den Briten nur wenig Sorgen.

Die Verwicklung Südasiens in den Zweiten Weltkrieg übertraf die Einbindung des Subkontinents in den Ersten Weltkrieg um ein Vielfaches. Wieder wurde eine gewaltige Zahl indischer und nepalesischer Soldaten für die Verteidigung des Empire mobilisiert und auf die Kriegsschauplätze Südostasiens, des Mittleren Ostens, Nordafrikas und Westeuropas geschickt. Doch diesmal rückte die Front sehr viel näher. Nach dem Angriff auf Pearl Harbour im Dezember 1941 rückten die japanischen Streitkräfte durch Südostasien hindurch vor. Malaya wurde überrannt, Singapur fiel am 15. Februar 1942. Im Mai hatten die Japaner die Andamanen eingenommen und stießen durch Birma vor. Als ihre Flugzeuge Colombo, Kalkutta und andere Städte an der Ostküste bombardierten, glaubte man, eine Invasion stehe kurz bevor. Inzwischen kämpften sich Tausende indischer Flüchtlinge aus Südostasien nach Indien durch und berichteten vom Zusammenbruch der Briten und auch davon, dass diese sie ihrem Schicksal überlassen hatten. Nie war das Ansehen des Empire so tief gesunken.

Gandhi und die Führung der Kongresspartei glaubten, die britische Herrschaft in Indien stehe vor ihrem Ende und könne dem japanischen Angriff nicht standhalten. Die britische Regierung, inzwischen unter Winston Churchill, einem Gegner der indischen Unabhängigkeit, der nun aber unter dem Druck stand, die Loyalität der Inder zu bewahren, suchte nach einem Kompromiss. Sie schickte im März 1942 eine Delegation unter Leitung von Stafford Cripps nach Indien, die für die Dauer des Krieges die indische Unterstützung mit dem Versprechen sichern sollte, nach dem Krieg werde eine gewählte Versammlung eine neue indische Verfassung ausarbeiten dürfen und auch das Recht haben, sich vom Empire loszulösen. Doch angesichts des britischen Verrats während des Ersten Weltkriegs lehnten nationalistische Politiker es ab, sich erneut täuschen zu lassen, und Gandhi bezeichnete Cripps' Angebot verächtlich als »nachdatierten Scheck einer vor dem Bankrott stehenden Bank«. Da der Verfassungsprozess blockiert war, stellte der Nationalkongress am 8. August 1942 ein eigenes Ultimatum, in dem er die Briten aufforderte, »Indien freizugeben«, und einen »massenhaften Kampf ... größtmöglichen Ausmaßes« zur Sicherung des »unveräußerlichen Rechtes auf Freiheit und Unabhängigkeit« androhte.[162] Gandhi, inzwischen 72 Jahre alt, aber wieder zu einem Führer ganz Indiens aufgestiegen, rief die Inder dazu auf, diesen letzten Kampf »zu kämpfen oder zu sterben«. Trotz seines Einsatzes für Gewaltlosigkeit schien er damit sagen zu wollen, die Umstände erforderten es, alles zu tun, um die Briten zu vertreiben. Prompt wurden führende Nationalisten festgenommen und für den Rest des Krieges in Haft gehalten, doch die Parteibasis entfesselte eine Rebellion, wie man sie in solcher Heftigkeit seit 1857 nicht mehr erlebt hatte. Polizeiwachen und staatliche Behörden wurden verwüstet, Brücken und Bahnhöfe zerstört, Geleise wurden herausgerissen, und Polizisten quittierten ihren Dienst. Die Briten reagierten mit Machtdemonstrationen, wie man sie gleichfalls seit der Meuterei nicht mehr erlebt hatte. In nahezu 700 Fällen eröffneten Polizisten und Soldaten das Feuer, wobei sie mehr als tausend Menschen töteten und viele Hunderte verletzten. Saboteure wurden aus der Luft beschossen, und Dörfer, die man der Sabotage und Zerstörung für schuldig hielt, wurden mit hohen Geldstrafen belegt. Die Zahl der Verhaftungen erreichte 92 000. Die Rebellion wurde niedergeschlagen, doch es war klar, dass die Briten nicht mehr lange mit der Loyalität oder auch nur dem Stillhalten der Inder rechnen konnten.

Als Singapur 1942 von den Japanern eingenommen wurde, gerieten mehr als 40 000 indische Soldaten in Gefangenschaft. Obwohl sie bis dahin bekannt für ihre Loyalität gegenüber den Briten gewesen waren, ließen viele sich dazu überreden, zu den Japanern überzulaufen und sich einer Armee zur Befreiung Indiens anzuschließen. Subhas Chandra Bose, der aus Kalkutta nach Deutschland geflohen war, wurde von den Deutschen auf ein japanisches U-Boot gebracht, das ihn nach Singapur brachte. Nach seiner Ankunft im April 1943 übernahm er dort die Führung der Indischen Nationalarmee, die Indien nicht durch Gewaltlosigkeit im Sinne Gandhis, sondern durch militärische Gewalt befreien sollte. Einheiten der Indischen Nationalarmee kämpften gemeinsam mit den Japanern in Nordbirma und erreichten Anfang 1944 Nordostindien. Doch das Kriegsglück hatte sich gewendet, und der triumphale »Marsch auf Delhi«, den Bose optimistisch angekündigt hatte, fand niemals statt. Er starb bei einem Flugzeugabsturz im August 1945, als der Krieg im Osten endlich sein Ende fand.

Unter zusätzlichen Druck geriet die britische Herrschaft

durch die bengalische Hungersnot von 1943. Trotz einer Dürre und schlechter Ernten lag die Hauptursache in der britischen Politik, Schiffe zu zerstören, um den Vormarsch der Japaner zu erschweren, wodurch auch der Transport von Nahrungsmitteln eingeschränkt wurde. Außerdem zweigte man das vorhandene Getreide ausgerechnet zu einem Zeitpunkt für militärische Zwecke ab, als der Reisimport aus Birma unterbrochen wurde. Die ländlichen Regionen Bengalens wurden dadurch schwer getroffen, und drei Millionen Menschen starben. Die britische Herrschaft hatte 1770 mit einer gewaltigen Hungersnot in Bengalen begonnen, und nun, 170 Jahre später, ging sie mit einer weiteren Hungersnot zu Ende.

6. Eine Nation – oder zwei?

In seinem Buch *Hind Svarāj* hatte Gandhi sich 1909 gegen die Auffassung gewandt, bei der Ankunft der Briten habe es keine indische Nation gegeben, und es werde Jahrhunderte dauern, bis eine solche entstehen werde. Diese Behauptung, so schrieb er, »entbehrt jeglicher Grundlage«. »Wir waren eine Nation, bevor sie nach Indien kamen. Ein Gedanke durchdrang uns. Unsere Lebensweise war dieselbe. Nur weil wir eine Nation waren, konnten sie ein Reich errichten. Danach«, so schloss er, »haben sie uns geteilt.«[163] Doch als die Unabhängigkeit näherrückte, mochten viele Gandhis Analyse nicht folgen und meinten stattdessen, die Gegensätze zwischen Hindus und Muslimen seien alt und unüberbrückbar. Der Dichter und Philosoph Muhammad Iqbal erklärte 1930 auf einer Konferenz der Muslimliga, Indien sei »ein Kontinent, dessen Menschen verschiedenen Rassen angehören, verschiedene Sprachen sprechen und sich zu verschiedenen Religionen bekennen«. Da es kein »gemeinsames Rassebewusstsein« gebe, hätten die Muslime das Recht auf die »volle

und freie Entwicklung« ihrer eigenen Kultur und Tradition, falls nötig durch die Schaffung eines »muslimischen Indiens innerhalb Indiens«.[164]
Während des Zweiten Weltkriegs hatte die Feindschaft zwischen der Kongresspartei und der Muslimliga zugenommen. Als die vom Nationalkongress geführten Provinzialregierungen im Oktober 1939 zurücktraten, erklärte der Führer der Liga, Muhammad Ali Jinnah dieses Datum zu einem »Tag der Befreiung«. Unter der Parole »Der Islam ist in Gefahr« begann die Liga, die Massen gegen die Kongresspartei zu mobilisieren, und Jinnah versuchte, den Einfluss seiner Partei auf Provinzen mit einem großen muslimischen Bevölkerungsanteil (Panjab, Bengalen und die North-West Frontier Province) auszudehnen, die der Liga bislang weitgehend gleichgültig gegenübergestanden hatten. Die von Iqbal und anderen geäußerte Überzeugung, wonach die muslimische Minderheit, die immerhin viele Millionen Menschen zählte, in einem hinduistischen Kongress-Raj niemals sicher sein könne, hatte bereits zu dem Vorschlag geführt, es solle nicht nur autonome Provinzen mit muslimischer Bevölkerungsmehrheit geben, sondern einen eigenen muslimischen Staat: Pakistan (»das Land der Reinen«). Als die Liga im März 1940 in Lahore zusammenkam, verabschiedete sie eine Resolution, in der sie die Forderung aufstellte, Gebiete mit muslimischer Bevölkerungsmehrheit sollten zu »unabhängigen Staaten« zusammengefasst werden.

An diesem Punkt verschärfte Jinnah die Rhetorik, indem er erklärte, Hindus und Muslime bildeten nicht eine, sondern »zwei Nationen«, und er begründete diese These nicht nur mit der Religion, sondern auch mit der gesonderten Geschichte, Sprache und Kultur der indischen Muslime. Diese Forderungen versuchte er bei seinen Gesprächen mit Cripps im März 1942 durchzusetzen, wie auch gegenüber der Führung der Kongresspartei, etwa als Gandhi im September 1944, kurz nach seiner Entlassung aus dem Gefängnis, mit ihm zu einem Gespräch zu-

Abb. 22: Gandhi und Mohammed Ali Jinnah, 1944

sammentraf. Um einen Ausweg aus der zunehmend ausweglos erscheinenden Situation zu finden, lud der Vizekönig Lord Wavell die politischen Führer Indiens im Juni 1945 zu einem Treffen in Simla ein, doch die Vertreter der Kongresspartei und der Liga konnten sich nicht darauf einigen, wie die indischen Mitglieder des vom Vizekönig vorgeschlagenen Exekutivrats bestimmt werden sollten. Jinnah erklärte, die Liga habe das alleinige Recht, die muslimischen Mitglieder zu nominieren. Wavell hielt Jinnahs Unnachgiebigkeit für einen taktischen Schachzug und glaubte, er benutze die Forderung nach einem eigenen Staat nur als Mittel, um bei den Briten die bestmöglichen Bedingungen für die Muslime herauszuholen, aber er habe nicht wirklich die Absicht, die Einheit Indiens zu zerstören. Wie dem auch gewesen sein mag (und es ist viel über Jinnahs wahre Absichten spekuliert worden), das Ergebnis war jedenfalls, dass die Forderung nach einem eigenständigen Pakistan nahezu unabweisbar wurde und Jinnah fast schon ein Vetorecht hinsichtlich der Bedingungen erhielt, unter denen die Briten abziehen sollten. Nun überschlugen sich die Ereignisse. Im Juli 1945 wurde Churchills Kriegskoalition bei den Parlamentswahlen in Großbritannien abgewählt, und die Labour Party errang unter Clement Attlees Führung einen erdrutschartigen Sieg. In Indien führten die Wahlen im Dezember 1945 und im Januar 1946 zu völlig anderen Ergebnissen als 1937. Diesmal errang die Liga nahezu 90 Prozent der den Muslimen vorbehaltenen Sitze. Die Kongresspartei blieb allerdings stark genug, um in acht Provinzen die Macht zu stellen, während die Liga nur in Sind und Bengalen an die Regierung kam. Doch Jinnah übte beträchtlichen Druck auf muslimische Politiker anderer Provinzen aus, sich der Liga anzuschließen, vor allem im Panjab, wo die volksgruppenübergreifende Unionist Party immer noch die Macht innehatte. Im März 1946 schickte die Londoner Regierung eine Kabinettsdelegation nach Indien, der es jedoch nicht gelang, die sich zuspitzende Krise zu entschärfen, da die Liga auf einem eigenständigen Pakistan beharrte. Der seit den 1920er Jahren ständig angewachsene Konflikt zwischen den verschiedenen Volksgruppen geriet nun außer Kontrolle. Als die Liga für den 16. August 1946 zu einem »Aktionstag« aufrief, löste sie damit zwar weithin Solidaritätskundgebungen, aber auch blutige Zusammenstöße zwischen Hindus und Muslimen aus. In Kalkutta kamen mehr als 4000 Menschen ums Leben, und 15 000 wurden verletzt, so dass sich der Druck auf die Kongresspartei und die Briten erhöhte, den Forderungen der Liga nachzugeben.

Im Februar 1947 erklärte Attlee vor dem britischen Parlament, seine Regierung habe die Absicht, die Macht spätestens bis Juni 1948 in »verantwortungsbewusste indische Hände« zu geben, und zur Durchführung dieser Machtübergabe ernannte er einen neuen Vizekönig, Lord Mountbatten. Als der in Delhi eintraf, gelangte er zu der Einschätzung, das Ziel einer Machtübergabe an ein geeintes Indien sei nicht zu verwirklichen, so dass kein Weg an einer Teilung vorbeiführe. Er entschloss sich, das Datum für die Unabhängigkeit vom Juni 1948 auf den 15. August 1947 vorzuverlegen, so dass nur wenige Wochen blieben, um die Bedingungen des britischen Rückzugs auszuhandeln und die neuen Staatsgrenzen festzulegen. Während Gandhi die »Vivisektion« Indiens beklagte und alles tat, was in seiner persönlichen Macht stand, um die ständig tiefer werdende und zunehmend gewalttätige Spaltung zu verhindern, stimmten die Verhandlungsführer der Kongresspartei, Nehru und Patel, der Teilung widerwillig zu, da sie ihnen als unvermeidlicher Preis der Unabhängigkeit erschien. Vorschläge zu irgendeiner Form von Föderation oder zur Schaffung weiterer unabhängiger Staaten für die Sikhs oder den dravidischen Süden wurden beiseitegeschoben. Als der Tag der Unabhängigkeit nahte, war die Bühne bereitet für die Bildung zweier Nachfolgestaaten: Indien und Pakistan.

Weshalb gaben die Briten Indien auf? Ihr Abzug verdankte sich einer Kombination aus lang- und kurzfristig wirksamen Faktoren. Gandhi und dem Nationalkongress war es zwar nicht gelungen, die Briten mit einer einzigen Kampagne zu vertreiben, doch der ständige Druck ihrer Agitation und der Bemühungen um Verfassungsreformen untergrub nach und nach die Stellung der Briten, entfremdete ihnen die meisten ihrer früheren Verbündeten und veranlasste sie zu einem schrittweisen Rückzug aus den Provinzialregierungen. Ende der 1930er Jahre war die Indisierung der staatlichen Verwaltung, der Polizei und der Armee so weit fortgeschritten, dass die Briten selbst in den hohen Posten und Ämtern nur noch eine Minderheit darstellten. Der Zweite Weltkrieg beschleunigte den Prozess noch und machte ihn nahezu unumkehrbar. Der Krieg schwächte die Entschlossenheit der Briten, an ihrem Empire festzuhalten, und sorgte für eine drastische Verringerung der menschlichen und materiellen Ressourcen, die sie einsetzen konnten, um Indien zu halten, falls nötig auch mit Gewalt. Das Ende des Krieges, die Wahl einer freundlich gesonnenen Labourregierung und die Aussicht auf erneute Unruhen in Indien ließen den Abzug der Briten nur noch als eine Frage der Zeit erscheinen. Außerdem war der wirtschaftliche Wert Indiens für die Briten seit der Weltwirtschaftskrise der 1930er Jahre gesunken. Indien war nicht mehr der sichere Absatzmarkt für britische Waren, der er einmal gewesen war, und bedeutende Wirtschaftssektoren, darunter auch wichtige Teile der Industrie, befanden sich in indischen Händen. Die Briten hofften, die Macht an relativ gemäßigte Nationalisten übergeben zu können, die dem Kommunismus entgegentreten und Indien innerhalb des westlichen Lagers halten würden. Die Forderung nach einem eigenständigen Pakistan war zwar eine weitere Komplikation, doch die Briten hatten 25 Jahre zuvor schon Irland geteilt. Da sie sich nicht mit einem anscheinend unlösbaren Konflikt herumschlagen wollten, waren sie bereit, eher eine Zweiteilung Indiens hinzunehmen, als zu bleiben, um den Frieden zu wahren, oder zuzuschauen, wie das Land »balkanisiert« wurde.

IV Südasien seit 1947

A Neue Nationen

Die ersten Jahrzehnte nach dem Ende der Kolonialherrschaft gehörten zu den turbulentesten und dynamischsten in der langen Geschichte Südasiens. Obwohl die Briten Indien 1947 und Ceylon ein Jahr später verließen, waren die Folgen des Kolonialismus und insbesondere der Teilung, welche die Unabhängigkeit begleitete, noch lange zu spüren. Zugleich führten neue Veränderungskräfte, die großenteils 1947–1948 noch gar nicht abzusehen waren, zu einem politischen, ökonomischen und sozialen Wandel, der aus internen Entwicklungen, aus Konflikten zwischen den Staaten Südasiens wie auch aus globalen Kräften resultierte, die den Subkontinent beeinflussten und seine Beziehungen zur Außenwelt umgestalteten.

1. Das Erbe der Unabhängigkeit und der Teilung

Nach Jahrzehnten des Kampfes, der Konfrontation und des Kompromisses erfolgte der Abzug der Briten aus Südasien dann letztlich doch erstaunlich überhastet. Kaum fünf Monate lagen zwischen der Ankunft des letzten Vizekönigs, Lord Mountbatten, im März 1947 und der Unabhängigkeit Indiens und Pakistans am 14. und 15. August desselben Jahres. Ceylon hatte nur wenig länger zu warten. Im Juni 1947 versprach man dem Land eine »voll eigenverantwortliche Stellung innerhalb des britischen Commonwealth of Nations«, und die Unabhängigkeit folgte im Februar 1948, doch wie Indien und Pakistan blieb auch Ceylon Mitglied des Commonwealth. Zur Überraschung vieler beschloss selbst Indien unter Jawaharlal Nehru, dem ersten Premierminister des Landes und einer von denen, die sich am leidenschaftlichsten für *purna swaraj,* vollständige Unabhängigkeit, eingesetzt hatte, im postimperialen Dunstkreis des Commonwealth zu verbleiben. Doch Veränderung lag in der Luft, und selbst kleinere Staaten Südasiens spürten deren Atem. 1923 erkannte Großbritannien formell die Unabhängigkeit Nepals an. 1951 wurde die Rana-Familie entmachtet, die das Land seit der Machtergreifung durch Jang Bahadur im Jahr 1846 beherrscht hatte. Damit war der Weg frei für die Wiederherstellung der Monarchie. Selbst in Bhutan, das sich seine Unabhängigkeit bewahrt hatte, auch wenn das Land die britische Kontrolle über seine Außenpolitik hatte akzeptieren müssen, wurde 1953 eine Nationalversammlung geschaffen. Die Malediven, seit 1857 britisches Protektorat, wurden zur Republik und erklärten sich 1965 für frei von äußerer Kontrolle. Doch die Folgen des Abzugs der Briten (oder des Endes britischen Einflusses) machten sich auf dem Subkontinent in ganz unterschiedlicher Weise bemerkbar. Ceylon, das keinen verletzenden Unabhängigkeitskampf hinter sich hatte, das sich als Insel seine Integrität hatte bewahren können und keine neuen Grenzen verteidigen musste, erlebte den sanftesten Übergang. Die wachsende Kluft zwischen Singhalesen und Tamilen entwickelte sich erst nach und nach zu einer Gefahr für die gerade gewonnene Eigenstaatlichkeit.

Für Indien und Pakistan stellte sich die Situation ganz anders dar. Die Teilung hatte das alte Indien zerrissen und zwei der bevölkerungsreichsten Provinzen abgetrennt: den Panjab und, zum zweiten Mal innerhalb von fünfzig Jahren, Bengalen. Nach der Mitte August 1947 erfolgten Ankündigung der Grenzvereinbarung, die von Sir Cyril Radcliffe, dem eigens für die Festlegung der Grenze eingeflogenen britischen Anwalt, vorgelegt worden war, wurden die Provinzen mit mehrheitlich muslimischer Bevölkerung sowie Sind, Baluchistan und die North-West Frontier Province Pakistan zugeschlagen. Doch keine noch so sorgfältig vorgenommene Grenzziehung konnte der sozialen Wirklichkeit Südasiens gerecht werden, wo Muslime und Hindus (sowie Sikhs und andere Minderheiten) Seite an Seite in Städten und Dörfern lebten; wo heilige Stätten der einen Religion in Gebieten lagen, die der anderen Seite zugesprochen wurden; wo gemeinsame Kulturen und Sprachgemeinschaften die Unterschiede der Religionszugehörigkeit überspannten und eine beträchtliche Anzahl von Glaubensbrüdern (etwa die Muslime in den United Provinces) weit entfernt von jenen Gebieten lebten, in denen die betreffende Religionsgemeinschaft die Bevölkerungsmehrheit stellte. Falls Jinnah das Ziel verfolgt hatte, die Rechte und Interessen aller Muslime zu schützen, war diese Strategie offensichtlich gescheitert, denn etwa ein Drittel der im ungeteilten Indien lebenden 95 Millionen Muslime blieb in einem Land gefangen, das nun noch stärker von den Hindus dominiert wurde als einst das alte Indien.

Die Massaker in Bengalen und im Panjab, die der Unabhängigkeit vorausgingen und deren Verwirklichung beschleunigten, endeten nicht im August 1947, sondern gingen weiter und nahmen danach sogar besonders erschreckende Ausmaße an. Muslime und Hindus (ebenso wie die Sikhs, für die keine speziellen Regelungen getroffen worden waren und von denen viele sich plötzlich auf der »falschen« Seite der Panjab-Linie, in den Pakistan zugesprochenen Gebieten, befanden) kämpften gegeneinander oder nahmen Rache wegen vergangener Gewaltakte. Es war der Genozid Südasiens. Eine unbekannte Zahl von Menschen – insgesamt vielleicht eine Million – kam bei Massakern, Angriffen und Vergeltungsaktionen ums Leben. Ganze Dörfer, ganze Eisenbahnzüge voller Menschen wurden abgeschlachtet. Männer wurden verstümmelt und ermordet, Frauen vergewaltigt, verschleppt und verbrannt. Um nicht der »anderen« Seite in die

Hände zu fallen, begingen manche Frauen Selbstmord, indem sie in einen Brunnen sprangen, oder sie wurden von männlichen Mitgliedern der eigenen Gruppe erschlagen. Über die neuen Grenzen im Nordwesten und Osten ergossen sich Ströme von Menschen, Hunderttausende, die plötzlich heimatlos geworden waren und zu ihren Religionsbrüdern flohen oder vor der Verfolgung in Städten und Dörfern flüchteten, die von jeher ihre Heimat gewesen waren. Welch unermessliches Leid die Teilung über die Menschen und insbesondere über die Frauen brachte, ist erst in jüngster Zeit erforscht worden. Heute schätzt man, dass 12 Millionen Menschen im Gefolge der Teilung flüchten mussten, davon 10 Millionen über die neue Panjab-Grenze. 850 000 überquerten zu Fuß die Grenze in Richtung Indien allein in den sechs Wochen zwischen Mitte September und Ende Oktober, weitere 2,3 Millionen von August bis November per Bahn. Bis November 1947 hatten schätzungsweise 8 Millionen Menschen die Grenze zwischen Pakistan und Indien in der einen oder anderen Richtung überquert. Die Flucht von Hindus aus Ostbengalen dauerte noch mehrere Jahre an. Bis 1962 hatten vier Millionen Hindus das Land verlassen.[165]

Die Massaker und die Massenflucht im Gefolge der Teilung hatten gewaltige Konsequenzen. Eine davon bestand darin, dass sie von Anfang an auf persönlicher wie auf politischer Ebene zu einer erbitterten Feindschaft zwischen den beiden Nachfolgestaaten führte. Sollten Nehru und andere geglaubt haben, die Teilung werde sich nach der Unabhängigkeit wieder rückgängig machen lassen, wenn die Muslime erst ihre Befürchtungen als unbegründet erkannt hätten, ging dieser Gedanke in einem Strudel ständig vertiefter Feindseligkeit unter. Flüchtlinge, viele davon aus ländlichen Regionen, drängten in die Notaufnahmelager an den Rändern Kalkuttas, Delhis, Dhakas, Karatschis und Lahores, die planlos weiterwuchsen und zu ungesunden Slums wurden, wobei sie die kulturelle und demographische Zusammensetzung ganzer Städte veränderten. Zur Zeit der ersten pakistanischen Volkszählung 1951 bestand ein Zehntel der Bevölkerung aus Flüchtlingen, und in den zwölf größten Städten des Landes stellten sie nahezu die Hälfte der Einwohner. In Westpakistan erlangten die Einwanderer, *muhājir* genannt, sehr rasch großen politischen Einfluss. Dort machten sie ein Fünftel der Bevölkerung aus. Doch auf kurze Sicht hatten sowohl Indien als auch Pakistan erheblich mit dem Flüchtlingsproblem und damit zusammenhängenden Fragen wie dem Problem der Verschleppung von Frauen und dem Status des von Flüchtlingen zurückgelassenen Besitzes zu kämpfen.

Die Teilung trennte nicht nur Menschen, sondern spaltete auch den Verwaltungs- und Militärapparat, der zuvor die Macht des Empire gesichert hatte. Die Staatsverwaltung war seit den 1930er Jahren in großem Ausmaß indisiert worden, und nach August 1947 blieben nur sehr wenige Briten in Verwaltung, Armee und Polizei Pakistans und Indiens. Die Indisierung ermöglichte eine relativ glatte »Machtübertragung«, ohne die Brüche, unter denen in den 1950er und 1960er Jahren die sehr rasch in die Unabhängigkeit entlassenen Staaten in Asien und Afrika zu leiden hatten, in denen keine einheimische Beamtenschicht bereitstand, um die abziehenden Europäer zu ersetzen. Sie sicherte aber auch, vor allem in Indien, ein hohes Maß an Kontinuität in der Einstellung der Administration und der Verwaltungspraxis zwischen dem kolonialen und dem postkolonialen Staat. Die Teilung bedeutete außerdem, dass staatliche Dienste und Institutionen, in denen Hindus, Muslime, Sikhs und Angehörige anderer Volksgruppen gearbeitet hatten, gleichfalls geteilt werden mussten. Insgesamt kam Indien beim Erbe des Empire besser weg als Pakistan, für das nur ein Drittel der Staatsbediensteten optierten. Die administrative Schwäche Pakistans in den ersten Jahren seines Bestehens hatte ihre Ursache zum Teil in dieser Lücke. Das Land erhielt auch einen kleineren Anteil an der Armee und deren Offizieren. Außerdem war Pakistan ein Staat ohne Hauptstadt. Karatschi, das vorübergehend diese Funktion übernahm, wurde von Rawalpindi abgelöst, bis man in den 1960er Jahren in Islamabad eine neue Hauptstadt baute. Indien erbte dagegen Neu-Delhi, das die Briten seit 1912 eigens zu diesem Zweck auf- und ausgebaut hatten, mit großen Verwaltungs- und Parlamentsgebäuden und dem Palast des Vizekönigs, der zum Sitz des Präsidenten wurde.

Es gab noch weitere drängende Probleme. Das Pakistan, das durch die Teilung so überhastet zustande kam, bedeckte etwa ein Viertel der Fläche des ungeteilten Indien, doch die beiden Landesteile – Ost- und Westpakistan – waren durch 1600 Kilometer indischen Staatsgebiets voneinander getrennt. Schon vor dem Verlust Ostpakistans und der Gründung eines unabhängigen Bangladesh im Jahr 1971 galt Pakistan vielen als ein »künstliches Gebilde«.[166] Abgesehen von der Religion gab es wenig, was die beiden Hälften des neugeschaffenen Staates einte. Im Westen sprach man Urdu, Panjabi und Pashto, im Osten Bengali. Es gab keine erkennbare Nationalsprache, die beide Teile geeint hätte. Außerdem hatten die Briten Indien verlassen, ohne den Status mehrerer hundert Fürstenstaaten zu klären, die über den ganzen Subkontinent verstreut lagen. Viele davon wurden rasch in das Staatsgebiet der beiden Nationalstaaten integriert (wie Indien auch die britischen Inselterritorien der Andamanen und Nikobaren übernahm), auch wenn diese Integration in Pakistan längere Zeit beanspruchte als in Indien. Bahawalpur wurde erst 1955 vollständig integriert, die North-West Frontier Province erst 1969. Mehrere Fürstenstaaten bereiteten besondere Probleme. Das im Dekkan gelegene Haiderabad, einer der größten und erfolgreichsten Nachfolgestaaten des Mogulreichs, wurde vom Nizam und einer muslimischen Elite regiert, doch die 16 Millionen Einwohner waren in der Mehrzahl Hindus. Der Nizam, angeblich einer der reichsten Männer der Welt, spielte mit dem Gedanken, einen unabhängigen Staat zu schaffen oder sich Pakistan anzuschließen, doch ein Aufstand militanter Muslime, der Razakars, lieferte Nehrus Regierung den Vorwand, im September

Neue Nationen

1949 zu intervenieren und Truppen sowie bewaffnete Polizeikräfte dorthin zu schicken. Zwei Monate später trat Haiderabad der Indischen Union bei. Ein ähnliches Angebot, das der Herrscher von Kalat in Baluchistan 1947 den Indern unterbreitete, wurde von der pakistanischen Regierung zunichte gemacht, mit der Folge, dass die dortige Unabhängigkeitsbewegung zu den Separatistenbewegungen gehörte, mit denen Pakistan auch nach 1971 zu kämpfen hatte.

Noch verwickelter war die Lage in Kaschmir. Die große Mehrzahl der vier Millionen Einwohner waren Muslime, doch im südlichen Teil des Landes, in Jammu, lebten sehr viele Hindus unter der Herrschaft eines hinduistischen Maharajas. Da der Maharaja nicht wollte, dass sein mehrheitlich von Muslimen bewohnter Staat an Pakistan ging, zögerte er, bis ihn Stammesangehörige aus Pakistan (möglicherweise mit Rückendeckung durch die Regierung) im Oktober 1947 zwangen, nach Delhi zu fliehen, wo er einseitig den Beitritt Kaschmirs zur Indischen Union erklärte. So kam es, dass nur wenige Monate nach der Unabhängigkeit die Streitkräfte Indiens und Pakistans in einem nicht erklärten Krieg aneinandergerieten. Durch Vermittlung der Vereinten Nationen wurde im Januar 1949 ein Waffenstillstandsabkommen unterzeichnet, das Srinagar und das Kaschmirtal bei Indien beließ, aber den gebirgigen Norden und Westen des Landes Pakistan zuschlug. Kaschmir, einst das »irdische Paradies« der Moguln, ist bis heute der umstrittenste Zankapfel zwischen Indien und Pakistan geblieben. Das Land war die unmittelbare Ursache für zwei Kriege und diverse Pattsituationen, und seit 1989 ist es Schauplatz eines bewaffneten Aufstands. Viele Kaschmiris sehen ihr Ziel in der Unabhängigkeit und nicht in einem Anschluss an einen der beiden Nachbarstaaten. Dennoch bedeutete die Integration der Fürstenstaaten – die vor der Teilung nahezu ein Drittel der Gesamtfläche Indiens einnahmen – eine radikale Umgestaltung der Landkarte und das Ende für Herrscherdynastien, deren Ursprünge bis zu den Moguln, zu den Marathen oder,

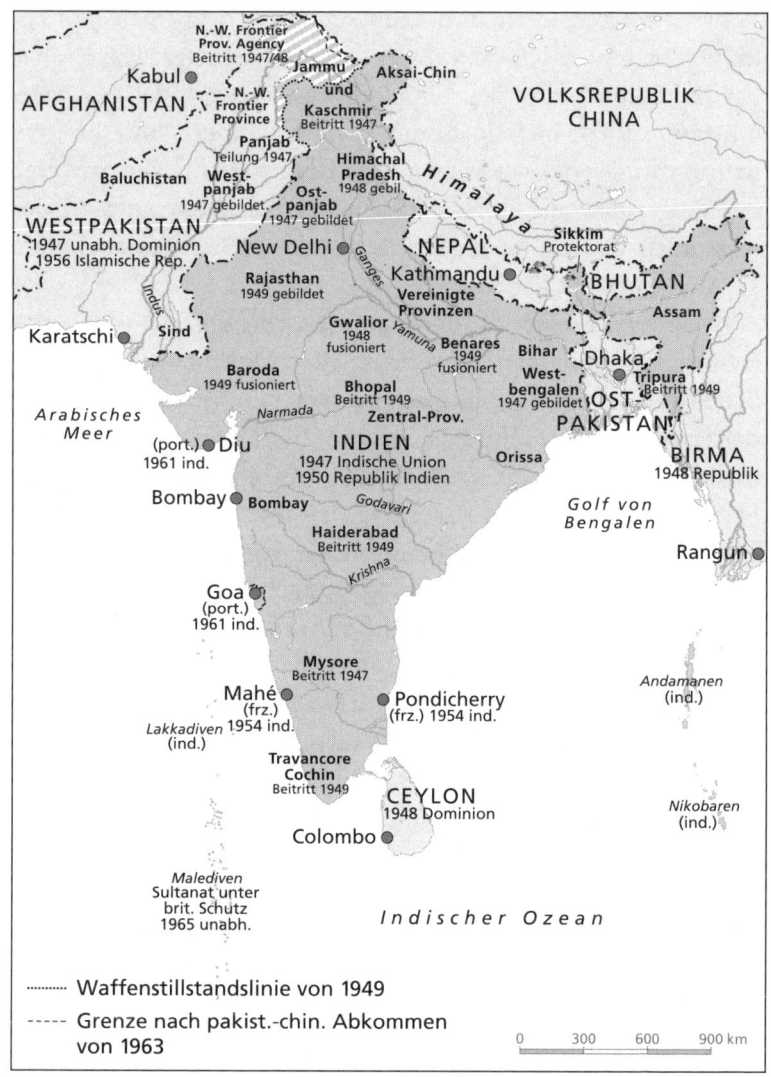

Karte 11: Die Karte Südasiens wird neu gezeichnet: 1947–1965

wie im Fall der Fürsten von Rajasthan, in noch frühere Zeiten zurückreichen.

Auch nach der Einverleibung der Fürstenstaaten blieben viele

Neue Nationen

Territorialfragen ungelöst. Die Briten waren nicht die einzigen Kolonialmächte in Südasien gewesen. Franzosen und Portugiesen hielten an ihren Enklaven fest. Durch den Krieg in Indochina geschwächt, gaben die Franzosen 1954 ihre indischen Besitzungen auf, doch die Portugiesen, die Goa seit dem 16. Jahrhundert in Besitz hatten, hielten hartnäckig an diesem imperialen Rest fest und waren entschlossen, zu bleiben. Als diplomatischer Druck und gewaltloser Protest nichts brachten, drangen Armee und Luftwaffe Indiens nach Goa ein und überwältigten die kleine Garnison. Doch das war noch nicht das Ende der Arrondierung des indischen Staatsgebiets. Der Krieg mit China 1962 (auf den noch eingegangen wird) weckte neue Besorgnisse hinsichtlich der indischen Nordgrenze. Sikkim, das unter indischen Schutz gestellt wurde, als die Briten abzogen, wurde 1974 der Indischen Union einverleibt. Nepal und Bhutan (deren Souveränität die Vereinten Nationen 1971 anerkannten) sind bis heute unabhängig, doch ihre wirtschaftliche und politische Abhängigkeit von Indien hat zugenommen.

2. Der Aufbau einer Nation[167]

Nationen müssen aufgebaut werden, der bloße Wille reicht nicht. Nach einer langen, vierzig Jahre zurückreichenden Phase konstitutioneller Entwicklung wurde vor der Unabhängigkeit eine verfassunggebende Versammlung einberufen. Sie hatte die Aufgabe, eine indische Verfassung auszuarbeiten, und führte diese Arbeit auch nach dem August 1947 weiter, als die meisten muslimischen Abgeordneten sich zurückzogen. Die neue Verfassung, die schließlich im Januar 1950 in Kraft trat, umfaßte 400 Artikel, was sie zu einer der längsten und kompliziertesten unter den schriftlich niedergelegten Verfassungen der Welt machte. Zum Teil an der amerikanischen Verfassung, zum Teil an der britischen parlamentarischen Demokratie, aber doch auch an eigenen indischen Zielsetzungen und Traditionen ausgerichtet, machte die Verfassung Indien zu einem säkularen demokratischen Staat, mit einer recht asymmetrischen Aufteilung der Macht zwischen der Zentralregierung (die den Löwenanteil der Finanzmittel und der administrativen Zuständigkeiten an sich zog) und den Teilstaaten. In dieser Republik, an deren Spitze ein gewählter Präsident als Staatsoberhaupt steht, liegt unterdessen die Macht weitgehend in den Händen des Premierministers oder der Premierministerin und seines bzw. ihres Kabinetts, wobei die Bundesstaaten, die über eigene Regierungen und Landtage verfügen, eine bedeutende Verhandlungsmacht gegenüber der Zentralregierung und ein hohes Maß an Autonomie im Bereich der Lokalpolitik einschließlich des Bildungswesens besitzen.

Es war ein schwerer Schlag für Indien, als am 30. Januar 1948 Gandhi von einem fanatischen Hindu namens Nathuram Godse ermordet wurde, der ihn allzu großer Sympathien für Pakistan und die Muslime bezichtigte. Der Schock über Gandhis Ermordung, zumal durch die Hand eines Hindus, löste große Trauer aus und trug in gewisser Weise zur Dämpfung der gewalttätigen Auseinandersetzungen bei, unter denen Indien seit der Teilung gelitten hatte. Statt Indien weiter zu spalten, stärkte Gandhis Tod das Gefühl nationaler Einheit. Außerdem besaß Indien 1948 bereits eine starke und erfahrene Führung in Gestalt seines Premierministers Jawaharlal Nehru und des Innenministers Vallabhbhai Patel (der am meisten für die Integration der Fürstenstaaten getan hatte). Wäre Gandhi nicht ermordet worden, hätte er möglicherweise unangenehme Kritik an der Politik der Regierung geübt. So hatte er gefordert, den Nationalkongress nach dem Erreichen der Unabhängigkeit aufzulösen, und er hatte es als schmerzlich bezeichnet, dass die Regierung nicht genug zur Lösung des Konflikts zwischen Hindus und Muslimen getan habe. Letztlich kam sein Tod Nehru zugute, dessen dominierende

Abb. 23: Jawaharlal Nehru mit seiner Tochter Indira Gandhi

Stellung in Politik, Partei und Staat durch Patels Tod 1950 noch weiter gestärkt wurde.

Nehru hatte das Amt des Premierministers von 1947 bis zu seinem Tod im Jahr 1964 inne. Seine Stellung wurde wie die seiner unmittelbaren Nachfolger gestärkt durch die fortdauernde Vorherrschaft der Kongresspartei auf nationaler Ebene. Trotz des Bedeutungszuwachses einiger Regionalparteien und der Wahlerfolge der Kommunisten in Kerala und Westbengalen vereinigte keine andere Partei bei den gesamtindischen Wahlen bis 1977 auch nur halb so viele Stimmen auf sich. Unter den Briten hatten nur wenige Inder das Wahlrecht besessen, doch 1951 fanden die ersten allgemeinen Wahlen mit einem uneingeschränkten Erwachsenenwahlrecht statt, und fast die Hälfte der 173 Millionen Stimmberechtigten beteiligte sich daran. Bei den achten allgemeinen Wahlen 1984 war die Zahl der Wahlberechtigten auf 238 Millionen angewachsen, von denen 60 Prozent ihre Stimme abgaben. Die etwa alle fünf Jahre abgehaltenen allgemeinen Wahlen sind (trotz Stimmenkauf und Korruption) der wichtigste Beweis für eine funktionierende Demokratie in Indien und besaßen zentrale Bedeutung für viele wichtige politische Veränderungen nach der Unabhängigkeit, etwa für die Absetzung mehrerer Premierminister und einiger in Bundesstaaten amtierender Ministerpräsidenten. Im Gegensatz zum Premierminister besitzt der indische Staatspräsident nur begrenzte Kompetenzen, die sich jedoch nicht nur auf die Repräsentation beschränken. Der Präsident wurde stets von der Regierungspartei nominiert, angefangen bei Rajendra Prasad, dem Veteran aus der Gandhi-Bewegung im Jahr 1950; doch auch Muslime, Sikhs und ehemalige Unberührbare wurden gewählt (der Status der Unberührbaren wurde durch die Verfassung abgeschafft). Als erste Frau übernahm 2007 Pratibha Patel das Präsidentenamt. Ein aus den südlichen Gliedstaaten stammender Präsident gilt vielfach, zumindest in den Augen der Öffentlichkeit, als Gegengewicht zu einem aus dem Norden kommenden Premierminister (und die meisten Premierminister stammten aus dem Norden). Vor allem aber verleiht die Verfassung dem Präsidenten die Vollmacht zu direkten Eingriffen in die Politik der Bundesstaaten und zur Ausschreibung von Neuwahlen, wenn es offenkundig zum Zusammenbruch von Recht und Ordnung kommt. In mehreren Fällen war diese Macht (oder die Drohung, sie anzuwenden) von entscheidender Bedeutung für die Ausübung zentraler Kontrolle. Von dieser Notstandsvollmacht, der sogenannten »*president's rule*«, wurde allein von 1947 bis 1977 vierzig Mal Gebrauch gemacht, am unrühmlichsten 1959, als der Präsident die gewählte kommunistische Regierung in Kerala absetzte, weil sie eine radikale Landreform vorbereitete. Unter normalen Umständen beruht die Macht im Zentrum, in Neu Delhi, jedoch darauf, dass die Regierung über eine Mehrheit in der Lok Sabha, dem aus all-indischen Wahlen hervorgegangenen »Haus des Volkes«, verfügt (in der Regel mit den Stimmen der regierenden Parteien oder, wie es seit den 1980er Jahren zunehmend der Fall ist, einer Parteienkoalition).

Obwohl Indien oft – und in deutlichem Gegensatz zu seinen

Neue Nationen

Nachbarn – als »größte Demokratie der Welt« bezeichnet wird, schien die Demokratie gelegentlich auch bedroht oder unsicher. So griff man (etwa in Haiderabad) auch zum Mittel der Gewalt, um Ende der 1940er und Anfang der 1950er Jahre die Integration Indiens zu verwirklichen, um 1961 Goa einzugliedern und um die wiederkehrende Gefahr von Aufständen und Sezessionsbestrebungen abzuwehren. Nehrus Tochter Indira Gandhi, die 1966 nach dem Tod von Nehrus Nachfolger Lal Bahadur Shastri das Amt der Premierministerin übernahm, schien sich der Demokratie weniger verpflichtet zu fühlen als ihr Vater. Ursprünglich von den Bossen der Kongresspartei in dem Glauben ausgewählt, sie werde sich willfährig ihren Wünschen beugen, bewies sie schon bald einen selbstbewussten und gelegentlich auch autokratischen Führungsstil. Um ihren persönlichen politischen Rückhalt zu stärken, ging sie 1971 mit dem populistischen Slogan »Garībī haṭāo« (»Nieder mit der Armut!«) in die Wahlen. Dies und der erstaunliche Sieg der indischen Streitkräfte im Bangladesh-Krieg verliehen ihr eine ungeahnte Autorität, und eine Zeitlang galt sie als die mächtigste Frau der Welt. Doch angesichts wachsender Kritik an ihrem Führungsstil, an der Korruption und an der von ihrem Sohn Sanjay betriebenen Vetternwirtschaft brach sie im Juni 1975 mit der demokratischen Tradition und suchte bei »Notstandsmaßnahmen« nach Art der verhassten Verordnungen Zuflucht, die einst die Briten gegen den Nationalkongress eingesetzt hatten. Sie legte dem Parlament einen Maulkorb an, zensierte die Presse und ließ 36 000 Gegner, darunter den Oppositionsführer Jayaprakash Narayan, ohne Gerichtsprozess in Haft halten.

Die Diktatur währte nur kurze Zeit, doch die Erfahrung mit der grassierenden Korruption und der staatlichen Unterdrückung stärkte das zugrundeliegende Engagement für die Demokratie. Der Notstand endete 1977 unerwartet mit der Ankündigung allgemeiner Wahlen, von denen Indira Gandhi sich eine Bestätigung ihrer Politik erhoffte. Das Ergebnis war jedoch eine erdrutschartige Niederlage, bei der die Kongresspartei kaum ein Viertel der Unterhaussitze zu erobern vermochte. Die dreißigjährige Vorherrschaft einer einzigen Partei war damit zu Ende. Doch die Janata-Regierung unter Führung von Morarji Desai und anschließend von Charan Singh erwies sich als unfähig und instabil, und 1980, nur drei Jahre nach ihrer verheerenden Niederlage, kehrte Indira Gandhi als Siegerin der Parlamentswahlen an die Macht zurück. Nach ihrer Ermordung im Oktober 1984 wurde ihr ältester Sohn Rajiv Gandhi Premierminister – die dritte Generation der Nehru-Gandhi-Dynastie, die dieses Amt innehatte. Seither wechselt die politische Macht in Neu-Delhi zwischen verschiedenen Parteien. Die Ablösung einer von der Bharatiya Janata Party geführten hinduistisch-nationalistischen Regierung durch eine von der Kongresspartei angeführte Koalition im Jahr 2004 gilt als Beweis für die Vitalität der indischen Demokratie.

Als Premierminister bemühte Nehru sich um eine Politik der nationalen Einheit und hielt dabei an seiner persönlichen Überzeugung fest, dass Indien ein fortschrittlicher säkularer Staat sein solle. Eine der Herausforderungen, denen er und seine Nachfolger sich zu stellen hatten, war der Nachweis, dass Indien bei aller Vielfalt der Sprachen, Religionen und Kulturen dennoch seinen Zusammenhalt zu bewahren vermochte. Als Gandhi 1920 die Führung des Nationalkongresses übernahm, reformierte er die Organisation der Partei und ersetzte die bestehenden Provinzen, wie sie auf willkürliche Weise durch die Abfolge der britischen Annexionen entstanden waren, durch »Provinzen«, die in sinnvollerer Weise auf den Verbreitungsgebieten der wichtigsten Sprachen und auf der geographischen Einteilung Indiens basierten. So schuf er jeweils eigene Parteiuntergliederungen für Gujarat, Maharashtra und Sind, obwohl sie sämtlich (zumindest im Wesentlichen) in einer einzigen Provinz, nämlich Bombay, lagen, wie auch für die sprachlich definierten »Provinzen« Tamil Nadu, Andhra, Karnataka und Kerala, die teils zu der riesigen

Präsidentschaft Madras, teils aber auch zu den Nachbarstaaten Haiderabad (soweit es Andhra und Karnataka betraf) oder Travancore und Cochin gehörten (die zusammen mit dem zu Madras gehörenden Distrikt Malabar die Malayalam sprechende »Provinz« Kerala bildeten). Diese Reorganisation war Ausdruck und zugleich wirkungsvolles institutionelles Gerüst der entschiedenen Abwendung von einer um die englischsprachigen Eliten und die Präsidentschaftshauptstädte Kalkutta, Madras und Bombay zentrierten Politik. Die indische Politik wurde stärker auf die Regionen ausgerichtet, und das nicht allein durch den bereits vollzogenen Wechsel zu einer vermehrten Verwendung der Regionalsprachen in Presse und Öffentlichkeit, sondern auch indem man größeres Gewicht auf regionale Identitäten und die Wünsche des Volkes legte, sowohl innerhalb des nationalen Rahmens der Kongresspartei als auch in regionalen Parteien sowie klassen- oder kastengestützten Bewegungen, die sich von den all-indischen Zielsetzungen des Nationalkongresses distanzierten.

Nehru sorgte (gemeinsam mit seinem Innenminister Patel) für die Integration der Fürstenstaaten und die nachfolgende Anpassung der Provinzgrenzen, doch er wollte nicht, dass Indien entlang den Sprachgrenzen in ein Dutzend oder mehr Staaten unterteilt (oder, wie der pejorative Ausdruck lautete: »balkanisiert«) wurde, weil er befürchtete, das könne zu Rivalität und Uneinigkeit führen. Doch er war in seiner Politik starkem Druck aus den Regionen ausgesetzt. 1951 verabschiedete das Andhra Congress Committee eine Resolution mit der Forderung, aus den Telugu sprechenden Teilen von Madras und Haiderabad einen eigenständigen Gliedstaat Andhra zu schaffen. Nehru ignorierte diese Forderung zunächst, doch im folgenden Oktober begann ein Aktivist namens Potti Sriamulu für das Ziel eines eigenständigen Andhra einen Hungerstreik im Stile Gandhis. Als er starb, musste Nehru nachgeben, und so entstand 1953 der Bundesstaat Andhra. In der Folgezeit setzte die Regierung die

Empfehlungen des States Reorganization Committee von 1955 um und wandte das Prinzip des an der Sprache orientierten Zuschnitts der Bundesstaaten auf weite Teile Indiens an. Dennoch blieben einige Anomalien bestehen. Nehru hielt an einem gemischten Staat Bombay mit dem sowohl von Marathi- als auch Gujaratisprechern bewohnten Bombay City als Hauptstadt fest. Aufgrund der wachsenden Unruhen, bei denen im Januar 1956 in Bombay acht Menschen getötet wurden, entstanden 1960 die beiden neuen Bundesstaaten Maharashtra und Gujarat. Bombay City (heute Mumbai) überließ man den Marathisprechern, während Gujarat sich eine neue Hauptstadt suchen musste. Ein weiterer Zankapfel war der Panjab, wo der Streit zwischen Hindi- und Panjabisprechern noch durch die – nicht aus sprachlichen, sondern religiösen Gründen erhobene – Forderung der Sikhs nach einem Staat kompliziert wurde, in dem sie die Bevölkerungsmehrheit stellten. Auch als man die Grenzen 1956 neu gezogen hatte, lebten die Sikhs weiterhin in einem vorherrschend hindisprachigen Land. 1966 wurde der Panjab nochmals umorganisiert und diesmal in drei Staaten unterteilt: einen hauptsächlich von Sikhs bewohnten Panjab und die beiden hindisprachigen Bundesstaaten Haryana und Himachal Pradesh. Unter dem Druck des Sprachenproblems und sezessionistischer Bedrohungen (aber auch aus pragmatischeren, auf Stimmenfang ausgerichteten Erwägungen heraus) wurde der Prozess der Untergliederung fortgesetzt mit der Schaffung mehrerer Bundesstaaten im Nordosten, darunter Nagaland, Mizoram und Arunachal Pradesh. 1998 wurden aus Bihar und Orissa zwei weitere neue Bundesstaaten mit einem hohen Anteil Stammesbevölkerung herausgeschnitten und aus Uttar Pradesh (ehemals die United Provinces) ein neuer Bundesstaat Uttaranchal.

Für den größten innerstaatlichen Konflikt sorgte die separatistische Bewegung der Sikhs. Die Sikhs waren von der Teilung 1947 hart getroffen worden. Ein großer Teil des bis dahin von

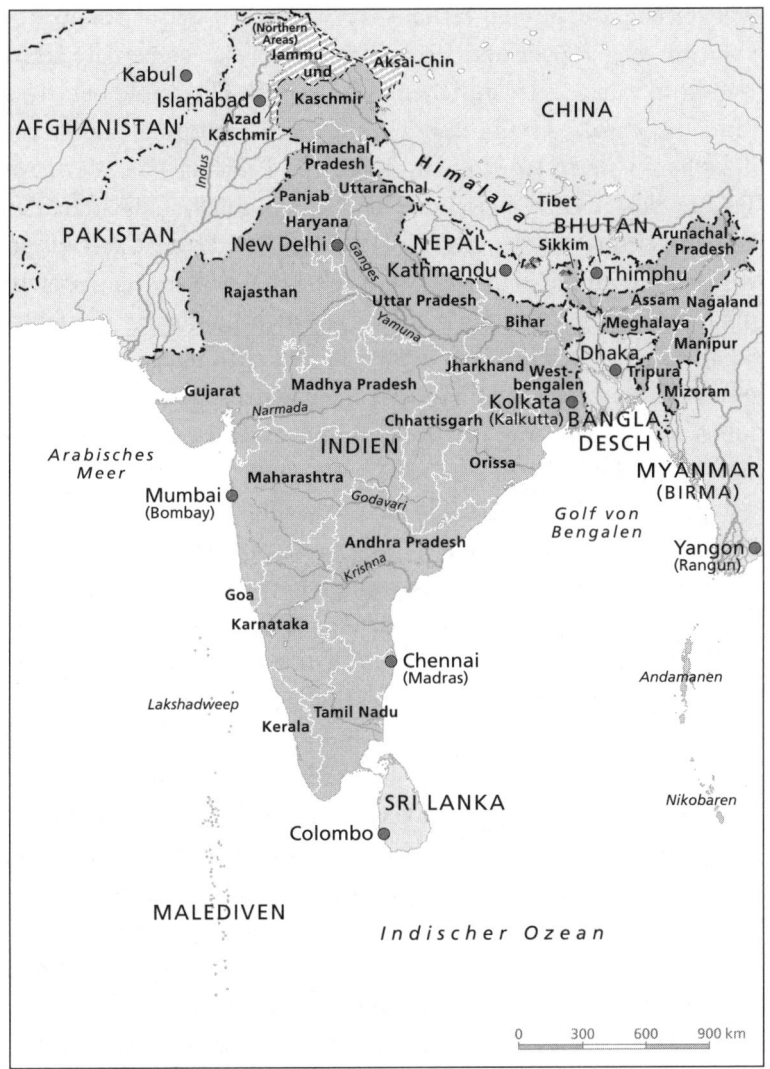

Karte 12: Indien und seine Nachbarn im Jahr 2000

ihnen bebauten Landes und viele ihrer heiligen Stätten lagen nun auf der pakistanischen Seite der neuen Grenze. Dennoch gehört der Panjab seit den 1950er Jahren zu den landwirtschaftlich reichsten Regionen Indiens, vor allem seit der »Grünen Revolution« der 1960er und 1970er Jahre. Zugleich stellen die Sikhs weiterhin einen beträchtlichen Teil der indischen Soldaten, was ihnen zusätzliches politisches Gewicht verleiht, zumal angesichts ihrer herausragenden Rolle im Krieg mit Pakistan 1965, der zum Teil an der Grenze zwischen den beiden geteilten Hälften des Panjab geführt wurde. Obwohl 1966 ein Bundesstaat geschaffen wurde, in dem die Sikhs die Mehrheit der Bevölkerung bildeten, nahmen Forderungen nach einem gänzlich unabhängigen Sikh-Staat weiter zu. Anfang der 1980er Jahre begannen gewisse Kräfte, die Bewegung für einen Sikh-Staat Khalistan mit terroristischen Angriffen und der Androhung eines bewaffneten Aufstands Nachdruck zu verleihen. Im Juni 1984 setzte Indira Ghandi die indische Armee ein, um militante Sikhs zu vertreiben, die sich im Goldenen Tempel in Amritsar verschanzt hatten, einer Stadt, deren Name immer noch an das von General Dyer 1919 befohlene Massaker denken ließ. Obwohl die »Operation Bluestar« ihr Ziel erreichte, führte sie doch zu hohen Verlusten an Menschenleben und erheblichen Schäden an dem Tempel. Zur Vergeltung wurde Indira Gandhi im November desselben Jahres von zweien ihrer Sikh-Leibwächter ermordet. In den nun folgenden Massakern verloren Tausende von Sikhs, vor allem in Delhi, ihr Leben. Die fortdauernde Gewalt und Zusammenstöße zwischen militanten Sikhs und paramilitärischen Polizeikräften führten 1987 zur Verhängung der *»president's rule«* über das Bundesland. Erst in den 1990er Jahren wurde die zivile Regierung vollständig wiederhergestellt.

Ein ähnliches Problem der Integration und der Identität betrifft die Nationalsprache. Die Sprache gilt seit langem als wesentliches Merkmal nationaler Identität, auch wenn in der Praxis viele Länder erst nach der Verwirklichung der nationalen Einheit zu einer echten, von der großen Mehrheit der Bevölkerung gesprochenen Nationalsprache fanden. Seit *Hind Svarāj* drängte Gandhi die Inder, sich aus der Abhängigkeit vom Englischen, der Sprache der Kolonialherren, zu lösen. Stattdessen sollte eine eigene Nationalsprache bestimmt werden, in seinen Augen Hindi, ohne deshalb Regionalsprachen wie Gujarati und Tamil aufzugeben, wo diese die Muttersprache waren. Da das Hindi nach Gandhis weitem Verständnis (und trotz anderer Schrift) auch Hindustani und Urdu umfasste, glaubte er, die Annahme einer Nationalsprache werde dazu beitragen, Hindus und Muslime einander näherzubringen. In Wirklichkeit zeigte sich, dass in der Sprachenfrage ein hohes Spaltpotential steckte, und das sowohl vor als auch nach der Unabhängigkeit. Anhänger der Muslimliga gaben dem Urdu den Vorzug, in dem sie eine vom Hindi und den Hindus bedrohte muslimische Sprache erblickten, während der Versuch, dem Süden das Hindi »aufzuzwingen«, in Tamil Nadu in den späten 1930er und dann wieder in den 1960er Jahren verbreitet Proteste auslöste. Die verfassunggebende Versammlung Indiens beschloss, Hindi, in der Devanagari-Schrift geschrieben, solle die offizielle Sprache Indiens sein, wobei das Englische daneben noch für fünfzehn Jahre beibehalten werden durfte. 1963 verabschiedete die Lok Sabha den Official Languages Act, wonach Hindi ab 1965 die einzige offizielle Sprache sein sollte, erlaubte aber gleichfalls ersatzweise die Verwendung des Englischen. Hindi und Englisch blieben die Hauptsprachen der gesamtindischen Politik (allerdings stärkte die Globalisierung den Gebrauch des Englischen im öffentlichen und privaten Leben), während in den Bundesstaaten, in denen Hindi nicht die Sprache der Bevölkerungsmehrheit bildet, ein gutes Dutzend Regionalsprachen florieren. Dieser lebendige Pluralismus versetzt Außenstehende immer noch in Erstaunen, doch er hat sich in der Praxis bewährt und keineswegs zu jener »Balkanisierung« geführt, die viele Kritiker Indiens einst vorausgesagt hatten. Indien hat seine »gefährlichsten Jahrzehnte« weitgehend unbeschädigt überstanden.

3. Pakistan, Sri Lanka und Bangladesh

Während Indien Gandhi verlor, war M. A. Jinnah, der Gründer und erste Generalgouverneur Pakistans, bei der Teilung bereits schwer krank und starb im September 1948. Die Arbeit am Aufbau der Nation hatte gerade erst begonnen. Als Premierminister übernahm Liaquat Ali Khan die Verantwortung für die Ausarbeitung einer Verfassung, doch er war ein Muhajir, ein Flüchtling aus Nordindien, und besaß keine sichere Machtbasis bei den Bengalen und Panjabis, welche die Mehrheit der neuen Nation bildeten. Auf der Suche nach Unterstützung wandte er sich an die religiösen Führer, die Ulama, und im Gegensatz zu Indiens entschiedenem, wenn auch nicht mehr ganz makellosem

Abb. 24: M. A. Jinnah, erster Generalgouverneur Pakistans

Neue Nationen

Säkularismus gab er eine Erklärung zu den Grundzügen der Verfassung heraus, die islamische Werte betonte und mit dem feierlichen Bekenntnis beginnt: »Die Souveränität über das ganze Universum kommt allein Allah dem Allmächtigen zu.« Bevor Liaquat Ali sonderliche Fortschritt erzielen konnte, wurde er im Oktober 1951 ermordet, und Khwaja Nazamuddin, ein Aristokrat aus Dhaka, übernahm das Amt des Premierministers. Der Panjabi Ghulam Muhammad wurde Generalgouverneur. Diese Kombination zwischen Politikern aus dem Osten und dem Westen sicherte dem Land eine gewisse Stabilität, doch die Macht der militanten Muslime nahm weiter zu. Sie forderten die Einlösung des von ihnen so verstandenen Versprechens, dass die Schaffung Pakistans die Bildung eines wahrhaft islamischen und nicht nur vornehmlich muslimisch geprägten Staates bedeuten müsse. Als die Krise sich mit Unruhen in Lahore und andernorts verschärfte, beschloss Ghulam Muhammad, Nazamuddin zu entlassen, obwohl der Premierminister über eine Mehrheit in der verfassunggebenden Versammlung verfügte, die sechs Jahre nach der Teilung immer noch um die Ausarbeitung einer Verfassung rang. Der Konflikt zwischen Generalgouverneur und verfassunggebender Versammlung, eine Reihe kurzlebiger Premierminister und wachsende Spannungen zwischen Ost- und Westpakistan machten das Regieren in Pakistan zu einer immer schwierigeren Aufgabe. Als das Urdu zur Hauptverwaltungssprache erhoben wurde, fühlte der Bengali sprechende Osten sich, obwohl er die Bevölkerungsmehrheit stellte, an den Rand gedrängt und unterdrückt, ganz so, als lebte er noch unter dem Joch des Kolonialismus.

Eine neue Verfassung, die Pakistan zu einer islamischen Republik erklärte, wurde 1956 in Kraft gesetzt. Doch bevor allgemeine Wahlen stattfinden konnten, verkündete der neue Präsident General Iskander Mirza die zeitweilige Aufhebung aller Parteien und verhängte das Kriegsrecht unter dem Kriegsrechtsadministrator Ayub Khan. Als Mirza 1958 ins Exil getrieben wurde, übernahm Ayub Khan das Präsidentenamt. Er und die von ihm befehligte Armee übten elf Jahre lang die Macht in Pakistan aus. 1969 übergab er die Macht an General Yahya Khan, der das Amt des Präsidenten bis 1971 innehatte. Zu dieser Zeit war das durchgängige Muster der pakistanischen Politik, gefangen zwischen der weltlich orientierten Armee auf der einen und der Ulama sowie den militant-islamischen Kräften auf der anderen Seite, fest etabliert und ließ der Demokratie nur wenig Spielraum.

In Indien konnte die Demokratie sich dagegen trotz Indira Gandhis Liebäugeln mit einer autokratischen Herrschaft auf Parlament und regelmäßige Wahlen, eine weitgehend unabhängige Justiz, eine kritische Presse und eine gebildete öffentliche Meinung stützen. Obwohl die Armee (mit mehr als einer Million Soldaten Mitte der 1980er Jahre) sehr groß war, hielt sie sich doch nahezu vollständig aus der Politik heraus. Nur bei einem offenen Aufstand wie in den 1980er Jahren im Panjab und bei andauernden Unruhen übertrug man die Aufgabe der Sicherung des inneren Friedens paramilitärischen Einsatzkräften wie der Border Security Force und den Assam Rifles, die man unter strikter ziviler Kontrolle halten konnte. Zu einer Militarisierung der indischen Politik kam es niemals, auch wenn dies gelegentlich befürchtet wurde. In Pakistan dagegen (und in gewissem Umfang auch in Bangladesh nach dessen Abspaltung 1971) spielte die Armee eine weitaus aktivere Rolle. Sie übernahm in Gestalt ihrer Generäle selbst die Herrschaft oder drohte, wenn sie nicht an der Macht war, mit einer Intervention und gerierte sich als Schiedsrichter über die Geschicke des Landes. In dieser wie in mancherlei anderer Hinsicht zeigen die unterschiedlichen Wege, die Indien und Pakistan seit der Unabhängigkeit eingeschlagen haben, wie schwierig es ist, ein bestimmtes politisches Erbe auf die Kolonialherrschaft zurückzuführen. In Pakistan wurden die ersten nationalen Wahlen 1970 abgehalten, achtzehn Jahre später als in Indien. Nach dem Zwischenspiel einer zivilen

Regierung und zunehmender Islamisierung unter Zulfikar Ali Bhutto (von 1971 bis 1977) und einer weiteren allgemeinen Wahl im Jahr 1977 übernahm das Militär unter General Zia ul-Haq 1978 erneut die Macht und behielt sie für die nächsten zehn Jahre. Seit 1988 wechselte die Regierungsgewalt zwischen Zivilisten (Bhuttos Tochter Benazir und ihrem Erzrivalen Nawaz Sharif) und dem Militär unter General Pervez Musharraf, der 1999 die Macht ergriff und daran festhielt, bis er 2008 nach Benazir Bhuttos Ermordung zum Rücktritt gezwungen wurde.

Wie Indien hatte auch Pakistan von Anfang an mit separatistischen und sezessionistischen Bewegungen zu kämpfen, und die Bemühungen um deren Eindämmung wurden immer verzweifelter. Die Einheit eines Landes, das kaum historische Wurzeln besaß und seine Entstehung vor allem der Furcht vor der Verfolgung durch die Hindus und dem Wunsch nach einer Verteidigung des Islam verdankte, war zu schwach, als dass sie die gewaltige – kulturelle wie auch geographische – Entfernung zwischen dem westlichen und dem östlichen Landesteil hätte überwinden können. Fast von Anfang an hatten die Bengali sprechenden Bewohner Ostpakistans das Gefühl, im eigenen Land als Bürger zweiter Klasse behandelt zu werden, obwohl sie eigentlich die Mehrheit bildeten (1951 sprachen 56 Prozent aller Pakistanis Bengali). Der Osten steuerte einen größeren Anteil der Exporte bei als der Westen (im Wert von 13 Milliarden gegenüber 10 Milliarden Rupien), erhielt aber nur halb so viel von den Importen (im Wert von 8 Milliarden gegenüber fast 20 Milliarden Rupien). Von den Schlüsselstellungen in Armee und Staatsverwaltung war der Bengali sprechende Osten nahezu vollständig ausgeschlossen. Als handelte es sich um eine postkoloniale Neuauflage der Theorie von den »kriegerischen Rassen«, kamen 1955 nur 2 Prozent der höheren Offiziere in Heer und Marine und weniger als 9 Prozent der Luftwaffenoffiziere aus Ostpakistan. Trotz interner Differenzen und politischer Rivalitäten und trotz der Spannungen zwischen Panjabis, Pathanen,

Sindis und Muhajirs wurden die Provinzen Westpakistans und der einstigen Fürstenstaaten 1965 zu einer administrativen Einheit zusammengefasst und aus politischen Gründen zu einem einzigen Block verschmolzen, so dass der Osten isoliert dastand. In den späten 1960er Jahren fanden Politiker in Ostpakistan in der Awami-Liga, einer von Sheik Mujibur Rahman geführten bengalischen Partei, einen Weg, ihren Forderungen Ausdruck zu verleihen. Bei den ersten nationalen Wahlen im Dezember 1970 gewann die Liga 160 der 162 Ostpakistan vorbehaltenen Parlamentssitze. Als Yahya Khan die Wahlen zu annullieren versuchte, rief Rahman das Volk Ostpakistans zum Widerstand auf und organisierte eine Bewegung zur Verweigerung der Zusammenarbeit, die seinen Forderungen Nachdruck verleihen sollte. Auch wenn Rahman möglicherweise keinen festen Plan zur Loslösung von Pakistan[168] hatte, setzte das eskalierende Wechselspiel zwischen Widerstand im Volk und militärischer Vergeltung die Frage schon bald auf die Tagesordnung. Als Heer und Luftwaffe Pakistans Ende März 1971 Dhaka angriffen, verstärkte sich der nationale Widerstand. Fast zehn Millionen Menschen flohen nach Indien, um den Kämpfen und den militärischen Vergeltungsaktionen zu entgehen. Die 100 000 Mann starke Guerillatruppe Mukti Bahini leistete der pakistanischen Armee wirksamen Widerstand. Doch die Wende kam Ende November, als Indien in das Geschehen eingriff und sich hinter die Bangladeshis stellte. Innerhalb von elf Tagen wurde die pakistanische Armee besiegt, und es entstand ein unabhängiges Bangladesh. Es war die erste größere Revision der Grenzen in Südasien seit 1947. Nach vierundzwanzig Jahren hatte Pakistan in seiner ursprünglichen Form aufgehört zu existieren. Seither steht der Name Pakistan nur noch für die westliche Hälfte.

Trotz der vielen Unterschiede, die erst die Trennung erzwangen und aufrechterhielten, besaß Bangladesh doch auch einige Ähnlichkeiten mit seinem früheren Oberherrn. Nachdem das Land zunächst Schutz unter der schirmenden Hand Indiens ge-

Neue Nationen

sucht hatte, wurde es schon bald seines mächtigen und zuweilen anmaßenden Nachbarn überdrüssig. 1975 wurde der Befreiungsheld Sheik Mujibur Rahman bei einem Militärputsch getötet. Es folgte eine Reihe von Kämpfen, bis die politische Führung sich 1983 wie in Pakistan auf der Basis einer Militärherrschaft konsolidierte, die von den Generälen Zia-ur-Rahman und Hussain Muhammad Ershad repräsentiert wurde. Wie schon mehrfach in ganz Südasien seit Mitte der 1940er Jahre erhielten oder erlangten in Indien, Sri Lanka und Pakistan Witwen oder Töchter verstorbener Politiker (die Nehrus, Bandaranaikes, Bhuttos und andere) eine privilegierte Stellung in der Nachfolge. In Bangladesh übernahmen Khaleda Zia, Witwe des ehemaligen Militärdiktators, und Hasina Wajed, Tochter Sheik Mujibur Rahmans, die Macht.

Ceylon schien anfangs gefestigter zu sein und größeren inneren Zusammenhalt zu besitzen als seine Nachbarn im Norden. Das 1948 in die Unabhängigkeit entlassene Land erbte eine am englischen Vorbild orientierte Verfassung, die es nach und nach den eigenen Bedürfnissen anpasste. Von 1947 bis 1977 wurden acht allgemeine Wahlen abgehalten, wobei die Macht innerhalb eines von starker Konkurrenz geprägten Parteiensystems immer wieder zwischen den beiden größten Parteien wechselte, der United National Party, die von 1947 bis 1956, von 1965 bis 1970 und von 1977 bis 1994 regierte, und der 1951 gegründeten Sri Lanka Freedom Party, die erstmals 1956 und dann wieder 1960, 1970 und 1995 die Regierung bildete. Die United National Party wurde von der Familie Senanayake-Wijewardena geführt (ähnlich der Nehru-Gandhi-Dynastie, die nach 1947 die indische Politik bestimmte) und verfolgte in den ersten Jahrzehnten eine liberal-nationalistische und antikommunistische Politik. Die von der Familie Bandaranaike beherrschte Sri Lanka Freedom Party vertrat dagegen stärker nationalistische Positionen und versuchte, den Buddhismus wie auch die singhalesische Kultur zu schützen. Doch im September 1959 – ein Zeichen wachsender Spannungen zwischen den verschiedenen Volksgruppen und Religionen – wurde Ceylons vierter Premierminister S. W. E. D. Bandaranaike von einem buddhistischen Mönch ermordet, der meinte, der Premierminister tue zu wenig für die buddhistisch-singhalesischen Interessen. Seit dem Tod Gandhis im Januar 1948, der sich für die gewaltlose Lösung von Konflikten eingesetzt hatte, ist es in Sri Lanka wie auch in Pakistan, Indien und Bangladesh zur Ermordung hochrangiger Persönlichkeiten gekommen, was vielfach zu starken politischen Erschütterungen führte. Der politische Mord wurde zu einem fast ebenso einflussreichen Faktor im politischen Prozess Südasiens wie allgemeine Wahlen und Militärputsche. In Ceylon folgte dem ermordeten Premierminister Bandaranaike dessen Witwe Sirimavo Bandaranaike im Parteivorsitz wie auch im Amt der Regierungschefin. Sie war die erste von mehreren Frauen, die in Südasien hohe politische Ämter bekleideten.

Anfang der 1970er Jahre erlebte Ceylon einen radikalen Wandel. 1971 wurde Bandaranaikes sozialistisch-nationalistische Regierung von einem marxistischen Aufstand der »Volksbefreiungsfront« Janata Vimukti Peramuna erschüttert. Obwohl die Organisation scheinbar zerschlagen wurde, unternahm sie 1988–1989 einen zweiten Aufstandsversuch, der jedoch gleichfalls scheiterte. Unter Sirimavo Bandaranaike erhielt das Land eine neue Verfassung und einen neuen Namen: Sri Lanka. Das Amt des Generalgouverneurs wurde durch das eines Staatspräsidenten ersetzt, das Oberhaus wurde abgeschafft, und man löschte die letzten Spuren des bisherigen Dominion-Status – und damit der kolonialen Vergangenheit. Doch das Hauptproblem in den ersten Jahrzehnten der Unabhängigkeit war die Frage, in welchem Maße Ceylon seine säkulare Verfassung ablegen und zu einem buddhistisch-singhalesischen Staat werden sollte. Ein Aspekt dieser heftig umstrittenen Frage war die Stellung der indischen Tamilen, deren Vorfahren von den Briten ins Land geholt worden waren, damit sie auf den Kaffee- und Teeplantagen arbeiteten (im Unterschied zu denjenigen, die seit langem im Norden und Osten der Insel lebten). In einem Ausbruch singhalesischen Nationalismus verweigerte das Staatsbürgerrechtsgesetz von 1948 den 800 000 indischen Tamilen die Staatsbürgerschaft, doch die indische Regierung war nicht bereit, ihnen die Rückkehr nach Indien zu erlauben. 1964 willigte sie in die Repatriierung etwa der Hälfte dieser Tamilen ein, doch der Status der übrigen blieb ungeklärt, bis endlich 1986 100 000 Tamilen die srilankische Staatsbürgerschaft erhielten.

Wie in Indien und Pakistan waren Probleme der nationalen Identität auch hier eng mit Fragen der Sprache und der Religion verbunden. 1956 erhob die SLFP-Regierung S. W. R. D. Bandaranaikes das Singhalesische zur Staatssprache und setzte damit das Englische zurück, in dem die Tamilen Sri Lankas (die ein Zehntel der Bevölkerung stellten) ein wesentliches Element zur Aufrechterhaltung ihrer Identität und ihrer Interessen erblickten. Als die UNP 1965 an die Macht zurückkehrte, schien auch sie zunächst nicht geneigt, etwas an der einseitigen Bevorzugung der Singhalesen zu ändern. Staatliche Maßnahmen gegen christliche Schulen und Feiertage verstärkten in der Folgezeit noch den Eindruck, dass Ceylon sich zu einem buddhistisch-singalesischen Staatswesen entwickelte, in dem die Tamilen immer stärker an den Rand gedrängt und entmachtet wurden. Die republikanische Verfassung von 1972 entfernte Sri Lanka nicht nur vom englischen Vorbild. Da sie dem Staat ausdrücklich die Pflicht auferlegte,»den Buddhismus zu schützen und zu fördern«, markierte sie »die entscheidende Wende zu einer neuen Phase des Konflikts zwischen den verschiedenen Volksgruppen auf der Insel«.[169] Sri Lanka war zwar nicht der theokratische Staat geworden, den viele glühende Anhänger des Buddhismus forderten, doch die Vorherrschaft des Buddhismus und der singhalesischen Sprache schien nun unangreifbar. In Teilen wurde diese Politik zurückgenommen, als die UNP-Regierung J. R. Jayawardenes einen Zusatz in die Verfassung einfügte, wonach das Singhalesische zwar Staatssprache blieb, das Tamilische jedoch als »Nationalsprache« anerkannt wurde. Dadurch ließen sich jedoch weite Teile der srilankischen Tamilen nicht besänftigen, die sich dem Land durch die wachsende singhalesisch-buddhistische Vorherrschaft zunehmend entfremdet fühlten, von der demokratischen Politik enttäuscht waren und von 1977 bis 1983 unter einer Reihe antitamilischer Auseinandersetzungen zu leiden hatten. Bei den Ausschreitungen von 1983 versuchten singhalesische Extremisten, die Tamilen aus dem Süden der Insel zu vertreiben.

Die wachsende Unzufriedenheit fand ihren Niederschlag in der – vor allem von der Tamil United Liberation Front erhobenen – Forderung nach einer Sezession der im Norden und Osten der Insel gelegenen Regionen mit tamilischer Bevölkerungsmehrheit. Fünfzehn Jahre nach der erfolgreichen Abspaltung Bangladeshs von Pakistan griffen bewaffnete Guerillas die Forderung nach einem eigenen tamilischen Staat »Tamil Eelam« auf, und 1986 hatten die »Tamil Tigers« die Halbinsel Jaffna unter ihre Kontrolle gebracht. Zwischen Repression und Diplomatie wechselnd, weigert sich die Regierung in Colombo, den Forderungen der Sezessionisten nachzukommen, und obwohl immer wieder Verhandlungen aufgenommen und Waffenstillstandsabkommen geschlossen wurden, ist der brutale und blutige Bürgerkrieg in Sri Lanka bis heute nicht beendet.

4. Internationale Beziehungen

Solange Großbritannien Indien und Ceylon regierte und die Kontrolle über die benachbarten Territorien, von den Malediven bis nach Birma und Bhutan, ausübte, waren die Beziehungen zwischen Südasien und der restlichen Welt ein Monopol des britischen Empire. Die französische Herausforderung war längst Vergangenheit, die Portugiesen waren nur noch eine Randerscheinung, die vielbeschworene Gefahr einer russischen Invasion materialisierte sich nie, und die Chinesen der späten Kaiserzeit und der frühen Republik schienen allzu machtlos, als dass sie Einfluss auf das Geschehen südlich des Himalaya hätten nehmen können. Iran, Afghanistan und Tibet waren allenfalls schwache Nachbarn oder selbst vom Empire vereinnahmt. Die britische Vorherrschaft in Südasien verschwand nicht wie durch Zauberkraft mit den Ereignissen von 1947 und 1948. Zumindest symbolisch entsprach die fortbestehende Mitgliedschaft Indiens, Pakistans und Ceylons im Commonwealth dem Wunsch dieser Staaten, eine vorteilhafte Verbindung mit Großbritannien aufrechtzuerhalten. Selbst Nepal, ein armes Land, das kaum Beschäftigungsmöglichkeiten zu bieten hatte, erlaubte es weiterhin, dass Gurkhas als Soldaten in die britische Armee eintraten. Doch das Ende der Kolonialherrschaft bedeutete, dass die neuen Staaten Südasiens in der Lage – oder gezwungen – waren, neue Beziehungen untereinander und mit der übrigen Welt zu entwickeln.

Soweit es Indien betraf, waren diese neuen Beziehungen weniger von der Bindung an das Commonwealth als durch die Politik der Blockfreiheit bestimmt. Nehru, seit langem ein Verfechter des Antiimperialismus, sah in der indischen Freiheitsbewegung ein Vorbild für andere asiatische und afrikanische Länder, die nach Unabhängigkeit strebten. Indien war in seinen Augen dank seiner Größe, seiner Ressourcen und seiner Geschichte als fortgeschrittener Zivilisation, die Einfluss auf viele ihrer Nachbarn ausgeübt hatte, ein natürlicher Führer unter den neuentstehenden Nationen. Er war der Überzeugung, die gerade erst unabhängig gewordenen Länder sollten sich nicht nur von ihren einstigen Kolonialherren befreien, sondern auch eine wechselseitige Hilfe und Zusammenarbeit entwickeln, um nicht in den Kalten Krieg hineingezogen zu werden, der die Welt der Nachkriegszeit zwischen dem kommunistischen Osten und dem kapitalistischen Westen zu polarisieren drohte. Nach einer Konferenz von 29 afrikanischen und asiatischen Ländern (darunter Indien, Pakistan, Ceylon und Nepal), die im April 1955 in Bandung auf Java stattfand, wurde die Bewegung der »Blockfreien Staaten«, die 1961 in Belgrad und 1964 in Kairo weitere Konferenzen abhielt, zu einer wichtigen Kraft in der Weltpolitik. Angesichts des zwischen ihnen herrschenden Misstrauens war es nicht einmal für die südasiatischen Länder leicht, die Ideale wechselseitiger Zusammenarbeit zu realisieren. 1954 formulierte Nehru die *pañc śīl*, die »Fünf Prinzipien«, auf denen die indische Außenpolitik basieren sollte. Dazu gehörte die wechselseitige Beachtung der Souveränität und der territorialen Integrität, die Nichteinmischung in die inneren Angelegenheiten anderer Staaten, gegenseitige Hilfe und friedliche Koexistenz. Diese Prinzipien können als Ausweitung der Gandhi'schen Grundsätze der Gewaltlosigkeit auf die Außenpolitik verstanden werden. In der Praxis verfolgten Nehru und die Premierminister, die ihm in diesem Amt folgten, allerdings eine Politik, die der Sowjetunion näherstand als dem Westen. Anders als die Briten hielten die neuen Führer Indiens die Sowjetunion nicht für eine Bedrohung für ihre territoriale Integrität oder ihre Interessen und sahen in ihr eine Alternative zu den Vereinigten Staaten und Großbritannien als Quelle technischer (und ab 1963 auch militärischer) Hilfe. Gute Beziehungen zur Sowjetunion mochten zugleich auch die moskaufreundlichen Kommunisten von allzu großer Konfliktbereitschaft in der Innenpolitik Indiens abhalten. Dagegen neigten Nehru und sein umtriebiger Vertreter bei den Vereinten Nationen, V. K. Krishna Menon, zu einer äußerst kritischen Einstellung gegenüber den Vereinigten Staaten und Großbritannien und geißelten sie wegen des Koreakriegs und der Suezkrise, während sie sich weit weniger deutlich zur sowjetischen Niederschlagung des Ungarnaufstands von 1956 äußerten. Umgekehrt bewahrte ein sowjetisches Veto Nehrus Regierung 1961 vor einer Verurteilung durch den Weltsicherheitsrat wegen der Besetzung Goas. Die prosowjetische Politik Indiens

Neue Nationen

erreichte ihren Höhepunkt 1971, als Indira Gandhi gegen den Willen der USA und Chinas im Bangladesh-Krieg gegen Pakistan intervenierte und einen auf 21 Jahre angelegten Freundschaftsvertrag mit der Sowjetunion abschloss.

Bis in die frühen 1960er Jahre hinein hatten auch die Vereinigten Staaten Indien Waffen geliefert und Wirtschaftshilfe gewährt, doch auf dem Höhepunkt des Kalten Krieges betrachteten sie Nehrus Sozialismus und die Politik der Blockfreiheit mit Unwillen und Misstrauen. Die amerikanische Regierung wandte sich stärker Pakistan zu, obwohl dort ein Militärmachthaber den anderen ablöste und die Demokratie nur halbherzig entwickelt wurde. Sie schlossen 1954 ein gegenseitiges militärisches Beistandsabkommen mit der pakistanischen Regierung, unterstützten 1971 Islamabad gegenüber Neu-Delhi während des Krieges um Bangladesh und unterzeichneten 1981 ein Abkommen über Waffenkäufe, das in Indien große Besorgnisse auslöste. Obwohl auch Pakistan dem Commonwealth beitrat (um dann mehrfach ausgeschlossen und wieder aufgenommen zu werden), wandte das Land sich tendenziell von postimperialen Bündnissen und subkontinentalen Übereinkommen ab. Pakistan unterzeichnete zwar 1950 den Colombo-Pakt der süd- und südostasiatischen Staaten und schickte 1955 Delegierte zur Bandung-Konferenz, doch an den Konferenzen der blockfreien Staaten in Belgrad und Kairo nahm das Land nicht mehr teil. Auf der Suche nach Verbündeten und Hilfe identifizierte Pakistan sich mit den muslimischen Staaten des Nahen und Mittleren Ostens und trat der Organisation der Islamischen Konferenz bei, die 1970 gegründet wurde und ihr zweites Treffen 1973 in Pakistan abhielt. 1971 zog Pakistan sich aus der von Amerikanern und Briten gestützten Südostasienpakt-Organisation (SEATO) zurück. Als Indien und Russland einander näherrückten, suchte Pakistan bei der anderen kommunistischen Großmacht, China, politische Unterstützung und technische Hilfe.

Das Vermächtnis des Empire hatte jedoch auch weiterhin einen gewissen Einfluss auf die Außenpolitik Südasiens. Die drei Kriege zwischen Indien und Pakistan – 1947–1948, 1965 und 1971 – vertieften den aus der Teilung erwachsenen Hass und ließen die beiden Staaten ängstlich nach Verbündeten suchen. Noch größere Bedeutung besaß indessen die Position Chinas. Um die Sicherheit des Empire zu gewährleisten, hatten die Briten versucht, ihre Kontrolle auf Grenzregionen wie Assam auszudehnen, während sie Nepal als autonomen Staat fortbestehen ließen und in Tibet einen praktischen Puffer zwischen ihrem Empire und China erblickten. Anfang des 20. Jahrhunderts zogen britische Landvermesser Grenzlinien zur Demarkation der langen und fast unzugänglichen Grenze zwischen Britisch-Indien und China, doch dieser Grenzverlauf wurde von China nie offiziell anerkannt. Nehru betrachtete China – mit einer gewissen Herablassung – als Partner oder eher vielleicht als Juniorpartner beim Aufbau des modernen Asien. Er unterhielt enge Beziehungen zu Chiang Kai-shek, bis die Kommunisten 1949 die Macht übernahmen. Sein Verhältnis zu Mao Tse-tungs China war dagegen niemals so eng. Die chinesische Besetzung Tibets und die Flucht des Dalai Lama nach Indien sorgten 1959 für Aufruhr in den Beziehungen zwischen beiden Staaten. Nehru erwartete von den Chinesen, dass sie die von den Briten festgelegte Grenze akzeptierten oder zumindest bereit waren, sie zur Grundlage von Verhandlungen zu machen, während er in den Augen der Chinesen trotz seines Engagements für die Bewegung der blockfreien Staaten in allen praktischen Fragen nur ein Handlanger des kapitalistischen Lagers war. Ab 1959 kam es an der Grenze immer wieder zu Scharmützeln, als chinesische Truppen Teile Aksai Chins östlich von Kaschmir und am Nordrand des Brahmaputratals besetzten, das China für sich beanspruchte oder über das die Theokratie in Lhasa einst ein minimales Maß an Autorität ausgeübt hatte. 1961 löste Nepal seine Grenzstreitigkeiten mit China, doch die mit Indien blieben ungelöst.

In der Folge verschlechterten sich die Beziehungen zwischen den beiden Staaten rapide. Im Oktober 1962 griffen die Chinesen in beiden umstrittenen Gebieten mit überlegenen Kräften an. Die indische Armee war auf einen Krieg im Himalaya schlecht vorbereitet und verfügte kaum über Soldaten, die in solchen Höhen zu kämpfen vermochten. Innerhalb weniger Tage drangen die Chinesen bis nach Assam vor, und ihr rasches Vorrücken den Brahmaputra hinab Richtung Tezpur ließ die Befürchtung aufkommen, sie könnten sich schon bald Kalkuttas bemächtigen. Verzweifelt wandte Nehru sich an Briten und Amerikaner und bat sie um militärische Hilfe. Doch nach einem Monat Kampf zogen sich die siegreichen Chinesen einseitig hinter die von ihnen als Grenzverlauf akzeptierte Linie zurück. Nach dieser Invasion lagen Nehrus »Fünf Prinzipien« samt der Blockfreiheit in Trümmern, und sein Anspruch auf die Führungsrolle in Asien erschien nur noch wie eine hohle Phrase. Die verheerende militärische und diplomatische Niederlage demoralisierte Nehru zutiefst. Sein Gesundheitszustand verschlechterte sich, und weniger als zwei Jahre später (1964) starb er.

Der Krieg zwischen Indien und China hatte weitreichende innen- und außenpolitische Folgen. Die indische Regierung sah sich gezwungen, der Nordgrenze größere Beachtung zu schenken (einer der Gründe, weshalb sie sich um eine Aussöhnung mit den sezessionistischen Bewegungen im Nordosten und mit den Sikhs bemühte). Der Krieg zwang die Regierung, ihre Verteidigungspolitik radikal zu überdenken. Unter Nehru hatte man im Vertrauen auf die Diplomatie und das Prinzip der Gewaltlosigkeit die Streitkräfte vernachlässigt. Nun steckte man hastig viel Geld in Armee, Luftwaffe und Marine. Auf kurze Sicht schien die Niederlage im Krieg von 1962 das militärische und politische Gleichgewicht in Südasien deutlich zu Ungunsten Indiens zu verschieben. Obwohl Indien der größte Staat in der Region war, schien das Land militärisch eines der schwächsten zu sein. Gleichwohl wehrte 1965 Nehrus Nachfolger Shastri eine pakistanische Invasion ab, und 1971 fügte Indien Pakistan im Bangladesh-Krieg eine verheerende Niederlage zu. Im folgenden Jahrzehnt schien Indien angesichts der Demütigung und Verkleinerung Pakistans immer stärker zu werden und zu einer regionalen Supermacht aufzusteigen. Das zeigte sich am deutlichsten in Rajiv Gandhis Entscheidung, indische Truppen nach Sri Lanka zu entsenden, die dort für Frieden zwischen Singhalesen und Tamil Tigers sorgen sollten. Insgesamt 48 000 Soldaten schickte Indien auf die Insel, deren Rolle allerdings zwischen Vermittlung und Aufstandsbekämpfung schwankte. Doch in der Praxis markierte dieser Einsatz eine Art Wende, denn er machte Indien äußerst unbeliebt und kostete zahlreiche Menschenleben, ohne dem Konflikt ein Ende zu setzen. Bevor Sri Lanka zum »Vietnam Indiens«[170] zu werden drohte, beschloss man 1989, alle indischen Truppen abzuziehen. Wenig später, im Mai 1991, wurde Rajiv Gandhi, inzwischen nicht mehr im Amt, aber für tamilische Separatisten weiterhin eine verhasste Gestalt, von einer Selbstmordattentäterin ermordet.

5. Indien seit den 1980er Jahren

Zu Beginn seiner nur widerstrebend aufgenommenen politischen Karriere stand Rajiv Gandhi im Ruf eines »Saubermanns«, frei vom Makel der Korruption und der Intrigen, von denen die indische Politik befallen war. Nach dem Tod seiner Mutter Indira Gandhi 1984 zum Premierminister gewählt, schien er neuen Optimismus auszustrahlen und für Fortschritt und Reformen zu stehen. Doch auch er wurde schon bald in Skandale verwickelt und bei den Wahlen im November 1989 abgewählt. Das war ein bedeutender Wendepunkt in der modernen Geschichte Südasiens. Zum ersten Mal seit vier Jahrzehnten, sofern man von dem kurzen Zwischenspiel der Janata-Regierung 1977–1980 absieht, verlor die Kongresspartei die Macht in Neu-Delhi, und die Nehru-Gandhi-Dynastie, die die indische Politik so lange bestimmt hatte, verlor zumindest zeitweilig ihre gewohnte Vormachtstellung. Die neue, von V. P. Singh geführte Koalitionsregierung der Nationalen Front stützte sich in beträchtlichem Maße auf die Bharatiya Janata Party (BJP), eine rechtsgerichtete Hindu-Partei, deren Ansichten sich erheblich von den säkularen Vorstellungen früherer, von der Kongresspartei geführter Regierungen unterschieden.

Der rechtsgerichtete Hindu-Nationalismus hatte eine lange Geschichte. Er lässt sich bis auf Tilak in den 1890er Jahren und vor allem auf die Schriften des ebenfalls aus Maharashtra stammenden V. D. Savarkar zurückführen. 1923 publizierte Savarkar ein Pamphlet mit dem Titel *Hindutva* (»Hindutum«), das – von zeitgenössischen westlichen Vorstellungen hinsichtlich des Zusammenhangs zwischen Rasse und Nation inspiriert – die Besonderheit des Hinduismus und der Hindu-Identität hervorkehrte. Savarkar wies die kolonialistische These zurück, wonach Indien keinerlei nationale Einheit besaß, und setzte dagegen die Behauptung, die Hindus bildeten historisch und rassisch eine einzige Nation. Er pries die rassische und kulturelle Überlegenheit der Hindus, bezeichnete Indien als deren geheiligte Heimat und hielt die Muslime wie auch die Anhänger anderer Religionen für Fremde, die die Überlegenheit der Hindus anerkennen und sich ihr fügen müssten. Diese extreme Sicht des Hindu-Nationalismus fand ihren organisatorischen Ausdruck in der Hindu Mahasabha, die 1923 als eine rechts von der Kongresspartei stehende politische Vereinigung gegründet wurde. Einige führende Gestalten der Kongresspartei waren daran beteiligt, so dass der Unterschied zwischen beiden verwischt wurde und der Eindruck entstand, der indische Nationalismus sei im Kern ein Hindu-Nationalismus. Zwei Jahre später, 1925, entstand die paramilitärische Hindu-Organisation Rashtriya Swayamsevak Sangh (RSS). Von Savarkar und den Ideologen der hinduistischen

Rechten stammte das Gedankengut, von dem der Gandhi-Attentäter Godse sich anregen ließ, und obwohl die Reaktion auf die Ermordung des Mahatma den RSS zwang, seine Aktivitäten zu mäßigen, fand die hinduistische Rechte in den 1970er Jahren ein neues Vehikel im Jana Sangh, der 1980 in die Bharatiya Janata Party (BJP) umgewandelt wurde. Ende der 1980er Jahre unterstützte die BJP die Minderheitsregierung der Nationalen Front. In den 1990er Jahren stärkte sie ihre politische Stellung stetig und bildete 1998 schließlich ihre eigene Koalitionsregierung unter Atal Bihari Vajpayee. Die von der BJP geführte Regierung wurde 1999 wiedergewählt und schien auf einer neuen hindunationalistischen – und antimuslimischen – Welle zu reiten.

Der meteorhafte Aufstieg der hinduistischen Rechten hatte weitreichende politische Folgen. Er rückte Fragen nach dem Verhältnis zwischen Religion und nationaler Identität in den Vordergrund, die zuvor schon in Sri Lanka und Pakistan so große (und problematische) Bedeutung erlangt hatten und die mehrere Jahrzehnte Nehru-Sozialismus und politische Säkularisierung in Indien selbst nicht beantwortet hatten. Auf außenpolitischem Gebiet führte die hindu-nationalistische Rhetorik der BJP zu einer Verschlechterung der Beziehungen mit Pakistan – eine Entwicklung, die 1998 noch durch den Beschluss der Regierung zur Durchführung von Atomwaffentests (als Abschluss einer von Indira Gandhi 1974 begonnenen Atompolitik) und durch den Aufstieg Pakistans zur Atommacht verschärft wurde. Der Konflikt um Kaschmir eskalierte erneut, als Indien den seit einem Jahrzehnt dort schwelenden Aufstand niederzuschlagen versuchte. 1999 standen beide Staaten am Rande der ersten bewaffneten Auseinandersetzung seit 1971; diesmal ging es um die Kontrolle des entlegenen Kargil-Gletschers – ein Konflikt, in dem Indien zur Freude vieler BJP-Anhänger am Ende obsiegte.

Auch im Inneren versuchte die BJP, ob in der Opposition oder in der Regierung, die Ziele des Hindutva zu fördern. 1987 startete ihre Schwesterorganisation Vishva Hindu Parishad eine auch vom BJP-Führer L. K. Advani an prominenter Stelle unterstützte Kampagne zum Wiederaufbau des Rama-Tempels. Dieser hatte angeblich in der Stadt Ayodhya gestanden, bis Babur ihn 1528 hatte zerstören lassen, um an dessen Stelle eine Moschee zu errichten. Die Agitation erreichte ihren gewalttätigen Höhepunkt am 6. Dezember 1992, als ein erregter Mob die Polizeikette durchbrach und die Babri Masjid mit Brechstangen und bloßen Händen dem Erdboden gleichmachte. Auf dem ganzen Subkontinent kam es daraufhin zu gewalttätigen Ausschreitungen, bei denen 1700 Menschen getötet und 5000 verletzt wurden. Im Zuge wachsender Spannungen zwischen verschiedenen Volksgruppen und zum Entsetzen vieler indischer Intellektueller schienen die BJP und ihre Verbündeten (darunter auch die Landesregierungen in Uttar Pradesh und Gujarat) entschlossen zu sein, Indien explizit zu einem Hindu-Staat zu machen und die muslimische Minderheit der Verfolgung auszusetzen, indem sie zuließen, dass Moscheen zerstört und Gewalt gegen Muslime geübt wurde. Es folgte eine abscheuliche Flut gewalttätiger Auseinandersetzungen, darunter auch das Pogrom in Gujarat im März 2002, bei dem fast 2000 Muslime getötet, Hunderte verstümmelt und zahllose Frauen vergewaltigt wurden. Obwohl diese Bewegung bei den Hindus auf überwältigende Zustimmung zu stoßen schien, setzte doch eine Reaktion auf diesen eklatanten Ausbruch von Hass und Mordlust ein. Bei den allgemeinen Wahlen im Mai 2004 wurde die von der BJP geführte Regierung abgewählt, und die Kongresspartei kehrte zur Überraschung ihrer eigenen Führung an die Macht zurück. Für den Augenblick schien Indien den Weg des religiösen Extremismus verworfen zu haben.

B Wirtschaft und Gesellschaft im Zeitalter der Globalisierung

Die Länder Südasiens gehörten am Ende des Kolonialzeitalters zu den ärmsten der Welt. Im Großen und Ganzen hat sich daran trotz einiger Nischen mit erstaunlichem Reichtum auch ein halbes Jahrhundert nach der Erlangung der Unabhängigkeit kaum etwas geändert. Alle postkolonialen Regime Südasiens standen vor der Notwendigkeit, mit der Massenarmut und der geringen Produktivität in Landwirtschaft und Industrie fertigzuwerden, und auch wenn es keine übereinstimmende Auffassung hinsichtlich der Lösung dieser Probleme gab, war man doch einhellig der Ansicht, die ökonomische Abhängigkeit von Großbritannien müsse verringert und durch gerechtere Bedingungen für Handel, Investitionen und Austausch ersetzt werden. Während Religion und Sprache – Identitätsfragen – seit 1947/1948 zu den wichtigsten Faktoren der politischen und sozialen Mobilisierung gehörten, waren doch auch Klassenkonflikte sowie der Kampf gegen ökonomische Ausbeutung und soziale Diskriminierung stets allgegenwärtig. Die neuen Staaten Südasiens übernahmen in unterschiedlichem Maße die Verantwortung für ökonomische Reformen und Modernisierung, auch wenn keiner von ihnen so weit ging wie China und sich für eine Staatswirtschaft entschied. Und trotz der Kritik an der kolonialen Vernachlässigung übernahmen die südasiatischen Staaten ebenso wenig das in Großbritannien und anderen westlichen Ländern nach dem Zweiten Weltkrieg realisierte Modell des Wohlfahrtsstaates.

1. Agrarrevolte und Wirtschaftsreform

Eines der drängendsten Probleme war die Frage des Besitzes und der Verteilung von Grund und Boden. In ganz Südasien gehörte die Frage, wer über den Grund und Boden verfügte (und zu wessen Nutzen), zu den zentralen Problemen der Kolonialzeit. Die Einnahmen aus Grundbesitz waren eine der Hauptstützen der Kolonialwirtschaft gewesen, und Bemühungen, die landwirtschaftliche Produktivität (durch den Bau von Straßen und Eisenbahnen, durch Bewässerungssysteme und Plantagenwirtschaft) zu erhöhen oder die bäuerlichen Schichten (durch Hungerhilfe, landwirtschaftliche Genossenschaften und Maßnahmen zur Bekämpfung der Verschuldung) zu unterstützen, hatten bei den Kolonialregierungen Indiens und Ceylons hohe Priorität genossen. Die Lebensbedingungen auf dem Lande waren durch die Weltwirtschaftskrise noch weiter gesunken, weil die Preise für viele marktgängige Erzeugnisse wie Reis, Ölsaaten, Rohbaumwolle, Kokosfaser und dergleichen, von deren Anbau und Verkauf Bauern und kleine Landbesitzer lebten, gesunken waren. Die Mechanisierung der Landwirtschaft war in Südasien nur langsam vorangekommen. In den 1930er Jahren nutzten einige wohlhabende Bauern Motorpumpen zur Bewässerung ihrer Felder, und der vermehrte Einsatz von Bussen und Lastkraftwagen eröffnete den ländlichen Gemeinden in Indien und Ceylon einen besseren Zugang zu den Märkten. Doch Traktoren waren immer noch eine Seltenheit, und das Pflügen wurde mit den traditionellen Mitteln bewerkstelligt.

Eine wichtige Veränderung hatte jedoch zumindest in Indien schon vor der Unabhängigkeit eingesetzt. In den 1930er Jahren gerieten die Zamindars, die von den Briten nahezu 150 Jahre zuvor eingesetzt worden waren und in Bengalen und Bihar immer noch 40 Prozent des Bodens kontrollierten, zunehmend unter Beschuss, und im Nationalkongress wie auch in linksgerich-

Abb. 25: Ein indischer Bauer beim Pflügen

teten Organisationen wurden Rufe laut, das Zamindari-System abzuschaffen. Auch das auf bäuerlichem Besitz basierende Ryotwari-System befand sich in der Krise. In den Ryotwari-Gebieten bereitete es den Briten aus politischen Gründen immer größere Schwierigkeiten, die Grundsteuern einzutreiben (und gelegentlich zu erhöhen), weil der Widerstand der Bauern zunahm, vor allem seit Gandhi begonnen hatte, das System der Grundsteuern durch ländliche Steuerstreiks zu attackieren. Die Mobilisierung der Bauern gegen die Briten verlieh den Forderungen nach einer Landreform zusätzlichen Auftrieb.

Das Problem des Landbesitzes und der Bodenbesteuerung trat schon früh in der postkolonialen Phase in den Vordergrund. In Indien führte eine Reihe gesetzlicher Maßnahmen auf der Ebene der Bundesstaaten 1956 zur Abschaffung des Zamindari-Systems, auch wenn dies nicht so revolutionär war, wie es einst erschienen sein mochte. Man zahlte den ehemaligen Zamindars eine Entschädigung, und obwohl in mehreren Bundesstaaten für den Landbesitz Obergrenzen zwischen 8 und 20 Hektar eingeführt wurden, um den Landbesitz einzelner Personen einzuschränken, schafften es viele Zamindars, die fruchtbarsten und oft am besten bewässerten Böden für sich zu behalten, oder sie umgingen die Obergrenzen (zum Beispiel indem sie Land auf den Namen von Familienmitgliedern eintragen ließen oder Konzessionen erwarben, etwa zum Betrieb von Fabriken auf einem Teil des Landes). Auf diese Weise wurden die Effekte der Abschaffung des Zamindari-Systems verwässert, und weite Teile der ländlichen Bevölkerung blieben ohne Land oder erhielten nur kleine Flächen, die sich nicht ökonomisch oder mit mechanisierten Mitteln bewirtschaften ließen. Nach Berechnungen aus dem Jahr 1953 waren 23 Prozent der Landbevölkerung weiterhin landlos, weitere 38 Prozent besaßen weniger als einen Hektar, 26 Prozent zwischen einem und 10 Hektar, und 13 Prozent verfügten über eine (für indische Verhältnisse beträchtliche) Fläche von mehr als 10 Hektar, was einem Anteil von 65 Prozent an der gesamten Anbaufläche entsprach. Wie ein Kritiker meinte, hatte man lediglich die oberste Schicht der Grundbesitzer entfernt, so dass die dörfliche Hierarchie »mehr oder weniger dieselbe wie in der Mogulzeit« blieb.[171]

In einigen Bundesstaaten versuchte man es mit radikaleren Maßnahmen. 1959 verabschiedete die neugewählte kommunistische Regierung in Kerala eine *Agrarian Relations Bill*, die der Masse der Kleinbauern, welche den Boden abwesender Grundherren bewirtschafteten, durch eine Beschränkung der Kündigungsmöglichkeiten größere Pachtsicherheit geben sollte und eine Obergrenze für den Grundbesitz einführte, um das so frei gewordene Land neu zu verteilen. Die Landesregierung konnte das Gesetz nicht mehr voll umsetzen, weil die Zentralregierung angesichts zunehmender Zusammenstöße zwischen Grundherren und Bauern die »president's rule« verhängte. So führten die Abschaffung des Zamindari-Systems und die Landreformen letztlich zu einer maßvollen und kontrollierten Kulaken-Revolution, die die obere Schicht der Bauernschaft stärkte, deren Macht über die Armen und Landlosen festigte und ihnen die Möglichkeit bot, ihre wirtschaftlichen Interessen zu diversifizieren. Die Vorherrschaft der wohlhabenden Bauern auf dem Lande und die zahlenmäßige Bedeutung ihres Stimmverhaltens für die politischen Parteien fanden ihren Ausdruck in dem wirtschaftspolitischen Konservatismus, den die Kongresspartei in den ersten drei bis vier Jahrzehnten nach der Unabhängigkeit trotz der Nehru'schen Rhetorik an den Tag legte. Zugleich gingen die staatlichen Einnahmen aus den Grundsteuern zurück, so dass der Staat gezwungen war, sich nach anderen Einnahmequellen umzusehen und andere Wege ökonomischer Modernisierung zu beschreiten.

In den frühen Jahren standen die von der Kongresspartei geführten Regierungen in Neu-Delhi und den Bundesstaaten in der Frage der Landreform unter dem Druck der Kommunisten. Die Kommunistische Partei Indiens war Anfang der 1920er Jahre gegründet worden, fand aber erst in den 1930er Jahren eine Massenbasis, vor allem in Bengalen, Andhra und Kerala. Schrittweise vergrößerten die Kommunisten ihren Rückhalt bei armen Bauern und Landarbeitern wie auch bei der wachsenden Zahl der städtischen Industriearbeiter. In Teilen von Madras entfesselten sie 1946–1947 einen Volksaufstand gegen Grundherren, Kapitalisten und Imperialisten, doch Anfang 1948 hatte die Polizei Versuche zu einer ländlichen Revolte in Malabar und andernorts erfolgreich unterdrückt. In der von außergewöhnlichen wirtschaftlichen Belastungen und politischen Turbulenzen geprägten Nachkriegszeit kam es zu zwei weiteren bedeutsamen Kampagnen. Eine davon, die Tebhaga-Bewegung von 1946–1947, hatte ihr Zentrum in Bengalen, wo Pächter in Konflikt mit der dortigen Grundherrenelite, den *Jotedars*, gerieten, weil diese nun zwei Drittel der Ernte für sich verlangten, während sie sich bis dahin mit der Hälfte oder weniger hatten begnügen müssen. Da die Bauern keine bewaffnete Unterstützung fanden, schwand ihr Widerstand zunehmend und ging schließlich in den Wirren der Teilung unter. Das zweite Konfliktgebiet war

Telengana, das telugusprachige Gebiet in Osthaiderabad. Im Juli 1946 griffen hinduistische Bauern die dortigen Grundherren und deren Besitzungen an. Als die Polizei die Unruhen zu ersticken versuchte, kam es zu einer offenen Revolte, an der Ende des Monats bereits 300 Dörfer beteiligt waren. Obwohl die Regierung des Nizam versuchte, die Kommunistische Partei zu verbieten, gelang es den Kommunisten, die den Aufstand anfangs nicht unterstützt hatten, (angesichts der Ungewissheit hinsichtlich der Zukunft Haiderabads und des Zusammenbruchs der staatlichen Kontrolle) Rückhalt bei den Bauern zu finden und die Erhebung auszuweiten. »Dorfsowjets« wurden geschaffen, bewaffnete Bauern patrouillierten in der Region, und man verteilte das den Grundherren abgenommene Land an Arme und Landlose. Auf ihrem Höhepunkt im August 1948 hatte die Telengana-Bewegung 10 000 Bauern, Studenten und Parteiaktivisten, sowohl Frauen als auch Männer, mobilisiert und kontrollierte 4000 Dörfer. Doch im September 1948 schickte die indische Regierung Truppen ins Land, um die Razakars, muslimische Milizen, zu bekämpfen und Haiderabad der Union einzuverleiben. Die Regierung des Nizam kapitulierte zwar bald, doch es folgte ein langer, schmutziger Krieg zwischen indischen Soldaten und Polizisten auf der einen und bewaffneten Bauern und Kommunisten auf der anderen Seite. Nach manchen Darstellungen wurden mehr als 50 000 Aufständische verhaftet und mehr als 2000 getötet. Überwältigt von der staatlichen Machtentfaltung und angesichts eines Strategiewechsels der Kommunistischen Partei weg von bewaffneten Aufständen brach der Widerstand der Guerilla schließlich im Oktober 1951 zusammen.

Dass es überhaupt so verbreitet zu derart heftigen Bauernrevolten kam, zeigt, in welch hohem Maße arme Bauern und landlose Arbeiter bereit waren, für die Verbesserung ihrer wirtschaftlichen und sozialen Lage zu kämpfen – und das zur Not auch mit Waffengewalt. Diese von unten ausgehenden Kämpfe blieben, äußerlich betrachtet, erfolglos, was angesichts des Umfangs der gegen sie eingesetzten staatlichen Gewalt kaum verwundern kann, doch sie trugen dazu bei, dass die Regierungen in Neu-Delhi und in den Bundesstaaten sich gezwungen sahen, zumindest minimale Reformen – wie die Abschaffung des Zamindari-Systems und die Stärkung der rechtlichen Stellung von Pächtern – einzuleiten, auch wenn diese Maßnahmen kaum ausreichten, um die herrschende Armut zu bekämpfen und dem Landhunger der ländlichen Massen gerecht zu werden. In Indien wie in ganz Südasien (wo bis in die 1980er Jahre hinein drei Viertel der Bevölkerung von der Landwirtschaft abhingen) blieb die Landlosigkeit weiterhin eine wichtige Ursache von Unzufriedenheit.

Es ist aufschlussreich, dass viele dieser Kämpfe trotz des Gandhi'schen Vermächtnisses der Gewaltlosigkeit in Gewalt ausarteten – in die Gewalt der Armen gegen die des Staates. Zum Teil hatte dies seine Ursache in den Aufstandsstrategien, die marxistische und maoistische Parteien damals vertraten. Die Naxaliten verfolgten diesen Kurs während der 1960er und 1970er Jahre in ländlichen Gebieten Indiens; in jüngerer Zeit wurde dieser Weg von maoistischen Aufständischen in Nepal in größerem Ausmaß gegangen. Doch der reziproke Charakter dieser Gewalt verweist auch auf die Unterdrückung in der ländlichen Gesellschaft und das Scheitern von Bemühungen, ihr mit maßvolleren Mitteln abzuhelfen. Ab den frühen 1950er Jahren führte der Gandhi-Veteran Vinoba Bhave eine teils von den Ereignissen in Telengana angeregte und als Bhoodan-Bewegung (»Landschenkungsbewegung«) bezeichnete Kampagne, die Grundbesitzer dazu bewegen sollte, einen Teil ihres Bodens aufzugeben und den Armen auf dem Lande zu überlassen. Anfangs fand Bhaves Kampagne mit ihren moralisch begründeten Forderungen breite Unterstützung, doch letztlich wechselte trotz mancher Versprechungen nur wenig brauchbares Land den Besitzer. Bis 1957 wurden etwa 1,6 Millionen Hektar zur Verfügung gestellt, aber ein großer Teil davon war zu unfruchtbar oder zu trocken für eine Bewirtschaftung oder wurde niemals verteilt. Gandhis Methoden waren offenbar nicht geeignet, die bestehende Ungleichheit zu vermindern oder gar eine »gewaltlose Revolution« auf dem Lande herbeizuführen.[172] Dagegen entstand 1967 eine offen gewalttätige Bewegung im Naxalbari-Teil von Darjeeling im Norden Westbengalens. Gestützt von den örtlichen Kommunisten und inspiriert von maoistischer Taktik, unternahmen die Naxaliten mörderische Angriffe auf Grundherren und Polizei und versuchten eine Guerillabewegung aufzubauen, die sich für die Belange der armen Landbevölkerung einsetzte. Die Kämpfe breiteten sich auch auf andere Landesteile aus, etwa die Stammesgebiete Westbengalens und Nordandhras. Eine Zeitlang fand die Bewegung auch Anklang bei unzufriedenen Studenten in Kalkutta, wo sie 1969 ihren Höhepunkt in zahlreichen Terroranschlägen und polizeilichen Gegenschlägen fand. Indira Gandhi bezwang die Bewegung durch das Versprechen, »die Armut abzuschaffen«, das sie vor den Wahlen 1971 abgab und das sich später als Betrugsmanöver erwies.

In den Fragen der Landreform folgten die übrigen Länder Südasiens dem Vorbild Indiens. Auch nach der Unabhängigkeit im Jahr 1948 entfiel in Ceylon mehr als die Hälfte der Anbaufläche auf die Plantagenwirtschaft (den Anbau von Tee, Kautschuk und Kokosnüssen), während der Rest von einer auf Reisanbau und Pachtsystem basierenden Subsistenzwirtschaft geprägt war. 1948 verabschiedete die ceylonesische Regierung einen *Paddy Lands Act*, der den Reisbauern einen festen Pachtzins und Rechtssicherheit in ihren Pachtverhältnissen sichern sollte, doch das Gesetz erwies sich als weitgehend wirkungslos, so dass es 1972 nachgebessert werden musste. In Pakistan wurde 1959 eine Obergrenze für den Landbesitz eingeführt, die jedoch sehr hoch lag – 200 Hektar bei bewässerten und nahezu 500 Hektar bei nicht bewässerten Flächen. Z. A. Bhutto senkte die Obergrenzen in zwei Schritten 1972 und 1977 auf 40 Hektar für bewässertes und 80 Hektar für nicht bewässertes Land. Obwohl die Landreform den »Feudalismus« in Pakistan abschaffen sollte (der Ausdruck geistert bis heute in ganz Südasien durch die Diskussionen über Landbesitz und die sozialen Beziehungen auf dem Lande), blieb vor allem in den großen Weizenanbaugebieten des Landes ein überproportional hoher Anteil des Bodens in den Händen einer winzigen Grundbesitzerelite, die auch die Politik Pakistans dominierte. 1960 verfügten in Pakistan 9 Prozent der Grundbesitzer über mehr als 40 Prozent des Bodens. In Bangladesh entwickelte sich nach der Ablösung vom alten Pakistan eine völlig andere Agrarstruktur. Dort bestand das Problem nicht in der Existenz einer kleinen Zahl von Großgrundbesitzern, sondern in der Vielzahl kleiner bäuerlicher Parzellen bei einer gleichzeitig hohen Zahl von Landlosen.

Nepal schaffte 1964 mit einem Landreformgesetz das Zamindari-System ab (das man dort ursprünglich übernommen hatte). In einem Land mit vorwiegend kleinen bäuerlichen Parzellen und einer großen Knappheit an kultivierbaren Flächen ist die Bodenfrage bis heute eine wichtige Quelle politischer Konflikte. Sie gab auch der maoistischen Guerillabewegung Auftrieb, die 1996 in den entlegenen westlichen Landesteilen ihren Anfang nahm und inzwischen sogar die nationale Regierung stellt. Die Ausrottung der Malaria in der Terai während der 1950er und 1960er Jahre (durch den großflächigen Einsatz von DDT) ermöglichte im Süden des Landes die Ausweitung der landwirtschaftlichen Anbauflächen über das Kathmandutal hinaus. Doch über Jahrzehnte wanderten auch zahlreiche Menschen in die benachbarten Teile Indiens aus, vor allem nach Darjeeling und in den Norden Westbengalens. Da die Industrialisierung zu gering war, um die wachsende Bevölkerung aufzunehmen, die zu 90 Prozent von der Landwirtschaft lebte, wurden die ländlichen Einkommen durch den Dienst in der britischen und in der indischen Armee aufgestockt. In ganz Südasien führten Landlosigkeit, Armut und soziale Unterdrückung auf dem Lande zu Migrationsbewegungen, ob nun in Städte wie Bombay oder Dhaka und die Slums in ihrer Umgebung oder über nationale Grenzen hinweg (aus Nepal nach Westbengalen und Sikkim, aus Bangladesh nach Assam), was wiederum ethnische Konflikte und einen heftigen Konkurrenzkampf um Land und Arbeitsplätze auslöste.

Eine weitere Folge war die Arbeitsemigration in entfernte Weltgegenden, vor allem in die ölreichen Golfstaaten. In den 1980er Jahren waren schätzungsweise eine Million Pakistanis im Nahen und Mittleren Osten beschäftigt, gut 10 Prozent der ökonomisch aktiven Bevölkerung des Landes arbeiteten im Ausland. Indien und Sri Lanka erlebten einen ähnlichen Exodus. Schätzungsweise 4 Millionen Inder sind heute in den Golfstaaten tätig, etwa die Hälfte davon kommt aus Kerala. Ähnlich den Vertragsarbeitern zu Zeiten des Raj arbeiten viele dieser Migranten unter harten Bedingungen für relativ niedrige Löhne, aber dennoch ist das von ihnen nach Hause geschickte oder angesparte und bei der Heimkehr mitgebrachte Geld von größter Bedeutung für viele lokale Ökonomien, vor allem in ländlichen Regionen Südasiens. Diese Migrationsbewegungen haben vielfach auch beträchtliche soziale Folgen, etwa weil Familien dadurch die Möglichkeit erhalten, Bildung oder Konsumgüter zu erwerben, die ihnen sonst verwehrt blieben, und manche muslimische Arbeiter aus Kerala entwickeln auf diesem Weg ein stärkeres Bewusstsein für islamisches Verhalten und muslimische Identität.

2. Die Planung des Wandels

In den späten 1940er und frühen 1950er Jahren standen die neuen Staaten Südasiens vor der Frage, wie sie mit dem Erbe der Kolonialwirtschaft umgehen und – im Falle Indiens und Pakistans – wie sie die Folgen der Teilung bewältigen sollten. Die Nationalisierung der südasiatischen Volkswirtschaften ist ein komplexes Problem. Nach Ansicht B. R. Tomlinsons fand ein beträchtlicher Teil der »ökonomischen Entkolonisierung« bereits vor der Unabhängigkeit statt. Während der britische Anteil am Export von Textilien und Maschinen nach Indien sank, gingen industrielle Schlüsselbereiche wie die Juteverarbeitung in Kalkutta in indische Hände über.[173] Die Weltwirtschaftskrise schwächte den britischen Zugriff auf Indien und beschleunigte wahrscheinlich die Entkolonisierung. Doch in anderen Regionen und Wirtschaftssektoren Südasiens wie der Plantagenwirtschaft in Indien und Ceylon waren Fremdkontrolle und externe Investitionen auch am Vorabend der Unabhängigkeit noch hoch.

Gemessen am Umfang der Produktion von Baumwolltextilien, Kohle, Eisen und Stahl war Indien bis 1947 bereits zu einer Volkswirtschaft mit Weltklasse aufgestiegen, doch in vielen anderen Bereichen waren die Verhältnisse immer noch rückständig und veraltet. Viele industrielle Grunderzeugnisse und Konsumgüter mussten importiert werden oder waren kaum zu haben. Fahrräder zum Beispiel hatte man in Indien seit den 1890er Jahren zum Vergnügen und zu Arbeitszwecken benutzt, doch auch wenn sie in den 1970er Jahren auf indischen Straßen allgegenwärtig zu sein schienen, wurden bis in die späten 1940er Jahre hinein nur sehr wenige in Indien selbst produziert. Ende des Zweiten Weltkriegs gab es weltweit schätzungsweise 70 Millionen Fahrräder, davon 1,5 Millionen in Indien, meist aus britischer Fertigung, verglichen mit 12 Millionen in Großbritannien und 4 Millionen in den Niederlanden. Nicht einmal vier von tausend Indern besaßen ein Fahrrad. Obwohl die einheimische Produktion in den 1930er Jahren mit kleinen Stückzahlen begann, fehlte es an Kapital und an geeignetem Qualitätsstahl, so dass wichtige Bauteile wie Ketten und Kugellager eingeführt werden mussten.[174] Noch Jahrzehnte nach dem Beginn der Svadeshi-Bewegung und trotz einer ähnlichen Bedeutung für Geschäftsleben, Verwaltung und private Haushalte zeigte sich bei

Nähmaschinen und Schreibmaschinen dasselbe Bild einer Abhängigkeit vom Import und einer um ihre Existenz kämpfenden einheimischen Produktion.

Indien ging in seinem Streben nach industriellem Wachstum und ökonomischer Selbständigkeit einen eigenständigen Weg. 1938 schuf der Nationalkongress einen Nationalen Planungsausschuss, der Vorschläge für größere Veränderungen in der indischen Wirtschaft machte. Auch nach dem Krieg verfolgte eine von Geschäftsleuten unter Führung des Industriellen Purshottamdas Thakurdas 1947 erarbeitete Denkschrift den Gedanken eines Anreizes für ein rasches, durch langfristige staatliche Planung gelenktes Wirtschaftswachstum weiter. Diese Leitlinien für eine staatliche Wirtschaftsplanung schenkten zwar auch Gandhis Sorgen um dörfliche Handwerke wie das Handspinnen eine gewisse Beachtung, doch sie legten das Schwergewicht eher auf Industrialisierung als Schlüssel zu nationaler Selbstversorgung. Nehrus Regierung suchte dann nach einer radikaleren Lösung für die wirtschaftlichen Probleme Indiens. 1950 schuf er unter dem Eindruck der sowjetischen Fünfjahrespläne eine staatliche Planungskommission und erteilte dem Statistiker P. C. Mahalanobis den Auftrag zur Entwicklung künftiger Pläne. Die zentrale staatliche Planung wurde zu einem der Hauptinstrumente für die Allokation knapper Ressourcen und für eine von Vetternwirtschaft nicht ganz freie Kontrolle der Bundesstaaten durch die Zentralregierung.

Während der ersten drei Fünfjahrespläne (1951–1965) verzeichnete die indische Wirtschaft ein bescheidenes Wachstum, mit jährlichen Wachstumsraten von 8–10 Prozent für die Industrieproduktion und von 1,75 Prozent für das Prokopfeinkommen. Die ersten Fünfjahrespläne konzentrierten sich auf die Schwerindustrie, weil man glaubte, sie besitze entscheidende Bedeutung für die Selbstversorgung und sei ein Motor für das weitere wirtschaftliche Wachstum. Mit technischer und finanzieller Hilfe aus Großbritannien, aus der Sowjetunion sowie

Ost- und Westdeutschland baute man Stahlwerke und große Staudämme zur Stromerzeugung und zur Erweiterung der Bewässerungssysteme. Nehru, der an die Modernisierung und die Vorzüge moderner Wissenschaft und Technologie glaubte, pries die Staudämme als »Tempel« des modernen Indien – ein Ausdruck, der später oft zitiert wurde, um Nehrus technologische Naivität und seine mangelnde Einsicht in die schädlichen Folgen der Technik für Gesellschaft und Umwelt zu belegen. Man führte Importzölle zum Schutz der indischen Industrie vor ausländischer Konkurrenz und zur Förderung einheimischer Unternehmen ein (wodurch sich zum Beispiel importierte Singer-Nähmaschinen und Hercules-Fahrräder prohibitiv verteuerten). Ausländisches Kapital durfte in Indien nur über dort registrierte Unternehmen tätig werden, und die ausländischen Geschäftsanteile waren auf maximal 40 Prozent begrenzt. In mancher Hinsicht schienen diese staatlich regulierten Bemühungen um eine ökonomische Entkolonisierung zu funktionieren. 1931 stammte ein Drittel der nach Indien importierten Güter aus Großbritannien; Anfang der 1960er Jahre war dieser Anteil auf weniger als ein Fünftel gesunken. Die indische Tee-Industrie, die weitgehend unter britischem Management gestanden hatte, ging rasch in einheimische Hände über.

Bei allem sozialistischen Idealismus versuchte Nehru niemals, die staatliche Planung in Indien am sowjetischen Zwangsmodell auszurichten oder privates Kapitel auszuschließen. Er und seine Berater waren der Ansicht, Indien brauche eine gemischte Ökonomie, in der staatlicher und privater Sektor einander ergänzten. In gewisser Hinsicht war das oft kritisierte indische Entwicklungsmodell ein Ersatz für einen rigoroseren und umfassenderen Staatssozialismus. Wie der schwedische Ökonom Gunnar Myrdal es ausdrückte, war Nehrus wirtschaftspolitische Strategie »im Prinzip radikal und in der Praxis konservativ«.[175] Wie die Landreformen, so stellte auch die indische Industrialisierungspolitik im Wesentlichen keine Gefahr für bestehende einheimische Interessen dar, aber sie versandete in ähnlicher Weise in Rechtsstreitigkeiten, übermäßiger Bürokratie und einem Mangel an technologischer Innovation. In seiner Politik der Blockfreiheit wie auch in seinem Streben nach wirtschaftlicher Autarkie versuchte Nehru, den britischen Einfluss und britische Investitionen zurückzudrängen. Er konnte jedoch nicht gänzlich auf ausländische Hilfe verzichten, ob nun in Gestalt von Krediten, Nahrungsmittelimporten oder technischer Hilfe. Von den Vereinigten Staaten erhielt Indien erstmals 1951 Wirtschaftshilfe, von der Sowjetunion drei Jahre später. Die Abhängigkeit von solcher Hilfe war Teil eines umfassenderen Musters. Von 1951 bis 1965 flossen 16 Milliarden Dollar US-Hilfe nach Südasien, der weitaus größte Teil, nämlich 12 Milliarden Dollar nach Indien, verglichen mit 4 Milliarden Dollar, die an Pakistan gingen. Mehr als die Hälfte der Indien in diesem Zeitraum gewährten Hilfe kam aus den Vereinigten Staaten, wobei der bescheidene Beitrag Großbritanniens sogar noch von der Sowjetunion überboten wurde. Doch auf die Bevölkerung umgerechnet, erhielt das kleinere Pakistan 40 Dollar pro Kopf der Bevölkerung gegenüber 28 Dollar für Indien.[176]

Die von Indien unter den ersten Fünfjahresplänen verfolgte Wirtschaftspolitik bescherte der einheimischen Industrie zwar die Vorherrschaft auf den Binnenmärkten, tat jedoch kaum etwas, um die Innovation und die Konkurrenzfähigkeit auf ausländischen Märkten zu fördern. Nach dem Umfang der Industrieproduktion gehörte Indien mit seinen mehr als drei Millionen Beschäftigten im industriellen Sektor zu den fünfzehn größten Industrienationen der Erde. Doch wie bei anderen südasiatischen Ländern mit weitaus geringerer industrieller Kapazität und kleinerer Fabrikarbeiterschaft wurden weiterhin wie in der Kolonialzeit hauptsächlich Rohstoffe und Roherzeugnisse gegen industriell gefertigte Güter eingetauscht, auch wenn nicht mehr Baumwolle, sondern Textilien an der Spitze der indischen Exportgüter standen. In einem ehrgeizigen Programm baute Indien seine Stromerzeugung aus, und zwar sowohl aus Kohlekraftwerken als auch aus Wasserkraft. Das im Vergleich zu den Nachbarstaaten an Kohle und Erzen reiche Land erhöhte die Kohle- und Eisenerzförderung und entwickelte seine chemische, metallurgische und pharmazeutische Industrie. Ganz im Geiste Nehrus und seines Glaubens an moderne Wissenschaft und Technik begann Indien auch Strom aus Kernenergie zu gewinnen und baute in Trombay bei Bombay einen futuristisch anmutenden Reaktor. Es gab Fortschritte im Verkehrs- und Kommunikationswesen, die teilweise erforderlich geworden waren, weil die bei der Teilung gezogenen neuen Grenzen alte Verbindungen unterbrochen hatten. 1961 verfügte Indien über 70 000 Kilometer Eisenbahnstrecken, doch die meisten Lokomotiven und Waggons stammten noch aus der Kolonialzeit. Nur langsam wurden Dampfloks durch Dieselloks ersetzt. Dagegen gab es 1961 im ganzen Land nur 665 000 Kraftfahrzeuge (immer noch deutlich mehr als in Pakistan mit seinen 123 000 Kraftfahrzeugen). Im Luftverkehr war Südasien mit der Außenwelt verbunden, seit die Imperial Airways 1929 eine Verbindung von London nach Karatschi und Delhi aufgenommen hatte. Wenig später eröffnete Tata Airlines eine Reihe von Inlandsverbindungen. Nach der Entkolonisierung wurden Fluggesellschaften zu hoch geschätzten Symbolen des Nationalstolzes und der nationalen Unabhängigkeit. Air Ceylon nahm 1947 den Betrieb auf, Air India 1953, gefolgt von den Pakistan International Airlines 1954 und den Royal Nepal Airlines 1957. Die Zahl der Passagiere auf nationalen und internationalen Flügen nahm rasch zu, doch wie bei den Lokomotiven der Kolonialzeit wurden die meisten Zivil- und Militärflugzeuge entweder importiert oder in Lizenz nachgebaut.

Angesichts der Bevorzugung der Schwerindustrie in den ersten indischen Fünfjahresplänen kamen die Probleme der allzu geringen landwirtschaftlichen Produktivität zu kurz. Obwohl es während des ersten Fünfjahresplanes gelang, die Produktivität um 25 Prozent und während des zweiten nochmals um 20 Prozent zu steigern, hatte die stark vom Monsun abhängige indische Landwirtschaft große Schwierigkeiten, die Nation zu ernähren. Die Dürre von 1964–1966 brachte das Land an den Rand einer Hungersnot, so dass gewaltige Mengen Weizen aus Amerika eingeführt werden mussten. Ihren Gipfel erreichten diese Einfuhren Mitte der 1970er Jahre mit 120 Millionen Tonnen pro Jahr. In den letzten Jahren der Regierung Nehrus und den ersten Jahren Indira Gandhis schlingerte Indien noch tiefer in die Krise, da die Nahrungsmittelproduktion stagnierte oder sogar zurückging und die Kriege mit China und Pakistan der um ihre Existenz kämpfenden Wirtschaft neue finanzielle Lasten auferlegten. Von 1962 bis 1970 wurde die Truppenstärke der indischen Armee von eine halben auf eine ganze Million Soldaten verdoppelt, und der Anteil der Militärausgaben stieg auf ein Viertel des Gesamthaushalts (während er in Pakistan unter den Generälen bei einem Drittel lag). 1966 sah sich Indira Gandhi gezwungen, die Rupie um 36,5 Prozent abzuwerten, um den Export anzukurbeln. Der vierte Fünfjahresplan, der eigentlich den Zeitraum von 1966 bis 1971 umfassen sollte, wurde verschoben. 1973 traf eine weitere Krise Indien (und andere Staaten Südasiens): der steile Anstieg der Ölpreise. Das ließ die Verbraucherpreise in die Höhe schießen und löste die städtischen Unruhen aus, die Indira Gandhis Regierung bedrohten und sie 1975 veranlassten, den Notstand zu erklären. Auch Bangladesh versank tief in der Krise. Die Anfälligkeit seiner Wirtschaft mit ihrer hohen Abhängigkeit vom Reis (dessen Anbau 80 Prozent der gesamten Anbaufläche des Landes in Anspruch nahm) führte 1975 zur schlimmsten Hungersnot in Südasien seit dreißig Jahren. Ein ähnliches Schicksal konnte 1984 nur durch massive Getreideimporte verhindert werden.

Nur schrittweise erhöhte sich die landwirtschaftliche Produktion. In Indien wuchs die Getreideerzeugung von 1950 bis 1965 um 50 Prozent, zum Teil aufgrund der durch die Abschaffung des Zamindari-Systems zusätzlich verfügbaren Anbauflächen. Die bewässerte Anbaufläche stieg von 19 Millionen Hektar im Jahr 1948 auf 27,5 Millionen Hektar 1966. Ein wichtiger Grund für diesen Anstieg lag in der Vermehrung der benzin- oder stromgetriebenen Motorpumpen, deren Zahl sich von nicht einmal 3500 im Jahr 1950 auf 376 000 im Jahr 1969 verhundertfachte. Anfang der 1970er Jahre machten sich in Indien auch die Folgen der »Grünen Revolution« positiv bemerkbar, als man mit dem Anbau neuer, ertragsstarker Getreidesorten – zunächst Weizen, dann auch Reis – begann, vor allem in Gebieten mit hoher Fruchtbarkeit wie dem Panjab und Haryana im Norden und Tamil Nadu im Süden. Die neuen Sorten erforderten einen verstärkten Einsatz von Düngemitteln und Insektiziden wie auch von Wasser und Arbeitskraft und begünstigten daher jene Bauern, die am ehesten in der Lage waren, die zusätzlichen Kosten aufzubringen. Schon 1977 gehörten drei Viertel des ausgesäten Weizens zu den neuen Sorten, während der Anteil beim Reis noch deutlich niedriger bei etwa einem Viertel lag. Die indischen Getreidearten – vor allem Hirse und Mais, die auf weniger fruchtbaren, nicht bewässerten Flächen angebaut wurden – zogen kaum Nutzen aus der Technologie der Grünen Revolution und setzten ihren schon in der Kolonialzeit begonnenen Niedergang zugunsten der prestigereichen Getreidearten Weizen und Reis fort.

Trotz der wachsenden sozialen Differenzierung, für die viele Kommentatoren die Grüne Revolution verantwortlich machten, und trotz der umweltschädigenden Einflüsse des verstärkten Einsatzes von Düngemitteln, Pestiziden und Wasser führte der Anbau der neuen Sorten zu einer beträchtlichen Ausweitung der Nahrungsmittelproduktion und verwirklichte damit, was die Landreform weitgehend verfehlt hatte. Im Zeitraum von 1950 bis 1985 stieg die Getreideproduktion in Indien von 50 auf 154 Millionen Tonnen, beim Weizen erhöhte sie sich von 12 auf 38 Millionen Tonnen, beim Reis von 33 auf 55 Millionen Tonnen. Ein großer Teil des Zuwachses entfiel auf den Zeitraum von der Mitte der 1960er bis zur Mitte der 1980er Jahre, und zu diesem Zeitpunkt, vierzig Jahre nach der Unabhängigkeit, hatte Indien endlich das lange angestrebte Ziel der Selbstversorgung erreicht. Auch Pakistan profitierte von der Grünen Revolution, vor allem im Westpanjab, wo sich Anfang der 1980er Jahre mehr als 80 Prozent der Bohrbrunnen und Traktoren befanden. Selbst wo die Grüne Revolution nicht zu einer Verstärkung der lokalen Klassenunterschiede führte, trug sie doch zur Ausbildung ausgeprägter Unterschiede im Reichtum der verschiedenen Regionen bei.

3. Globalisierung

Die Volkswirtschaften Südasiens sind seit Jahrhunderten in das Netz des Welthandels eingebunden. Seit der Harappa-Zeit zeugen die Fernhandelswege von der großen Vielfalt – und Beliebtheit – der auf dem Subkontinent produzierten Güter, den Fertigkeiten seiner Handwerker, dem Unternehmergeist seiner Kaufleute und Finanziers. Mit der Erweiterung der kommerziellen Welt im 16. und 17. Jahrhundert wurde Südasien zu einem führenden Teilnehmer des weltweiten Handels und Finanzwesens, den der westliche Kolonialismus sich aneignete und für seine eigenen Zwecke nutzte. In diesem Sinne ist die »Globalisierung« mit ihren Auswirkungen auf Südasien eigentlich nichts Neues. Doch die in aller Welt seit den 1970er Jahren zu beobachtenden Veränderungen hatten und haben beträchtlichen Einfluss auf alle Teile des Subkontinents, von den Malediven bis zum Himalaya.

Erzeugnisse wie die der Bekleidungsindustrie in Indien und Bangladesh werden heute in Massenproduktion für die Bedürfnisse und Moden der Weltmärkte hergestellt. Diese in hohem

Maße auf Frauen- und Kinderarbeit angewiesene Branche bietet Löhne und Arbeitsbedingungen, die in der westlichen Welt völlig inakzeptabel wären, aber in Südasien wegen unzureichender politischer Regulierung möglich sind. Es gibt noch weitere florierende Branchen, in denen niedrige Löhne und die Geschicklichkeit südasiatischer Arbeitskräfte entscheidende Bedeutung für deren internationalen Erfolg besitzen. Das reicht von den Diamanten, die in Antwerpen gehandelt, aber in Hinterhofwerkstätten in Surat geschnitten und geschliffen werden, bis hin zu den Callcentern in Städten wie Bangalore und Mumbai (Bombay), in denen gut ausgebildete Südasiaten zu den ungünstigsten Zeiten arbeiten, um Kunden in Europa und Nordamerika zu betreuen. In den letzten zwanzig Jahren kam es zu einem sprunghaften Aufstieg von Software- und IT-Unternehmen, vor allem in südindischen Städten wie Bangalore, Haiderabad und Chennai (Madras), aber auch von anderen global agierenden Unternehmen wie Blutbanken und Organtransplantationsagenturen. Es ist auffällig, dass viele dieser Unternehmen, abgesehen von Mumbai mit seiner aus dem 19. Jahrhundert stammenden industriellen Basis, in rasch wachsenden Städten entstehen, die von der Vergangenheit relativ unberührt erscheinen. Dagegen fiel es weiten Teilen Nord- und Ostindiens und vielen alten Handels- und Industriestädten wie Kolkata (Kalkutta) deutlich schwerer, sich an die neuen Verhältnisse anzupassen und im Wettbewerb um globale Märkte zu bestehen.

Das extreme Nebeneinander von Reichtum und Armut, Privilegien und Unterdrückung sorgt weiterhin für eine Polarisierung und wird von vielen zeitgenössischen Beobachtern als verblüffend oder verwirrend empfunden. Wie soll man die glitzernde Bollywood-Welt Mumbais oder den Reichtum der Elite in Neu-Delhi mit der unerhörten Ausbeutung der Näherinnen und der fortbestehenden Gewalt gegen (unberührbare) Dalit-Tagelöhner vereinbaren? Manche scheinen nur zu sehen, was Politiker der hinduistischen Rechten mit vollem Ernst als den »Glanz Indiens«

Wirtschaft und Gesellschaft im Zeitalter der Globalisierung

Abb. 26: Gemüsestand. An der Wand Poster von Bollywood-Filmen

bezeichnen, während andere in Massenarmut, Analphabetentum und der unerhört hohen Kinder- und Müttersterblichkeit die eigentlichen Kennzeichen der heutigen Realität Südasiens erblicken. Auf die Globalisierung kann man sowohl die Freisetzung indischen Reichtums und indischer Erfindungsgabe als auch den wachsenden Druck auf arme Bauern und die Slumbewohner in der Megastädten Südasiens zurückführen. Im Rückblick mögen die ersten Jahrzehnte der Unabhängigkeit vor allem in Indien, aber auch in ganz Südasien als eine Zeit der Not, des Mangels und der Introspektion erscheinen. Der Zusammenbruch der von Nehru verfolgten Politik der Blockfreiheit, das Erbe der von Gandhi propagierten Abneigung gegen die moderne Konsum- und Industriegesellschaft, die exzessive Bürokratisierung, die Massenarmut, die andauernde Unterernährung und die akuten Hungersnöte – all das trug zur Entstehung einer puritanischen Strömung im öffentlichen Leben Indiens bei. Trotz aller Probleme, unter denen die gesamte Region weiterhin zu leiden hat und auf die zahlreiche kritische Beobachter die Aufmerksamkeit lenken, scheint es in Indien heute eine sehr viel größere Dynamik und einen stärkeren Sinn für die weltweite Vernetzung zu geben. Das Wiedererstarken der Mittelschicht, das zügellose Konsumdenken, die aktive nationale wie internationale indische Beteiligung an einem neuen Zeitalter technologischer Innovation und kapitalistischen Unternehmergeistes sowie der Abbau vieler früherer Hindernisse für die Schaffung von Wohlstand haben Indien in den Augen der Welt zu einem Kraftzentrum der Weltwirtschaft im 21. Jahrhundert gemacht. Indien ist zu einer »asiatischen Weltmacht« geworden, deren rasanter Aufstieg sich allenfalls mit dem des nachmaoistischen China vergleichen lässt.[177]

Abgesehen von Veränderungen auf den Weltmärkten, von der internationalen Mobilität des Personals in der Finanz- und Geschäftswelt und ganz generell von der raschen Veränderung der Kommunikationssysteme, wurden diese Entwicklungen auch von einigen für die Region spezifischen Faktoren angetrieben. Dazu gehört die in den 1990er Jahren erfolgte Abkehr von der alten Wirtschaftspolitik, die den Binnenmarkt vor ausländischen Herstellern zu schützen und ausländische Investitionen zu begrenzen versuchte. Der daraus resultierende Mangel an Innovation und Wettbewerb und die Verzögerungen, die sich aus dem schwerfälligen und korrupten Funktionieren des von Kritikern sogenannten Genehmigungs-Raj ergaben, behinderten die Entwicklung der indischen Wirtschaft und sorgten dafür, dass sie weder die Binnennachfrage zu befriedigen noch den modernen Effizienzstandards zu entsprechen vermochte. Ab 1991 begann die indische Regierung unter Federführung ihres Finanzministers Manmohan Singh mit einer Politik der »ökonomischen Liberalisierung«, in deren Rahmen sie das Dickicht der staatlichen Genehmigungen, Importkontrollen und Ausfuhrsubventionen lichtete, den staatlichen Sektor im Bereich der Industrie beschnitt und das Steuersystem rationalisierte. Die von der Kongresspartei und ihrer Regierung unter P. V. Narasimha Rao (1991–1996) getragene und vom Weltwährungsfonds mit einem Kredit von 1,4 Milliarden Dollar unterstützte Politik wurde auch von der nachfolgenden BJP-Regierung weitergeführt. Die Liberalisierung stimulierte nicht nur das indische Wirtschaftswachstum, sondern auch das phänomenale Wachstum der indischen Mittelschicht und machte deren Mitglieder zu autofahrenden, fernsehliebenden, modebewussten Konsumenten.

Der Abbau der ökonomischen Kontrollen war nicht der einzige Faktor. Der Überschuss an billigen qualifizierten wie auch unqualifizierten Arbeitskräften macht Südasien weiterhin zu einem wirtschaftlich attraktiven Standort für die Produktion von Textilien oder die Einrichtung rund um die Uhr besetzter Callcenter. Dank einer großen Zahl des Englischen mächtiger Personen, einem Erbe der Kolonialzeit wie auch einer Folge der Globalisierung, fällt es den Südasiaten vergleichsweise leicht, an einer globalisierten Wirtschaft und an globalen Wissensnetzen teilzunehmen. Allerdings erleichtert derselbe Umstand auch die Abwanderung vieler gebildeter und qualifizierter Südasiaten in andere, reichere Teile der englischsprachigen Welt, wodurch dem Subkontinent ohne Zweifel ein beträchtlicher Schaden entsteht. Der Aufstieg der globalen Märkte hat viele Bauern, deren Einkommen von den Weltmarktpreisen abhängt, in eine gefährliche Abhängigkeit und Verschuldung getrieben, ähnlich jener Lage, in die sie durch den »freien Handel« unter der Kolonialherrschaft gerieten, wenn nicht sogar schlimmer als damals. Die Vorteile des seit den frühen 1990er Jahren zu verzeichnenden außergewöhnlichen Wirtschaftswachstums sind sehr ungleich über die Regionen und sozialen Schichten verteilt. Von 2003 bis 2007 wuchs die indische Volkswirtschaft um durchschnittlich 8 Prozent im Jahr, doch schätzungsweise 25 Prozent der Bevölkerung müssen immer noch von weniger als einem Dollar pro Tag leben. Ein großer Teil der Südasiaten lebt weiterhin in Armut und

Elend, ein Zustand, der noch durch staatliche Vernachlässigung, Naturkatastrophen, Krankheiten und eine hohe Sterblichkeit verschärft wird.

4. Gesundheit, Demographie und Ökologie

Auf die Unabhängigkeit in den 1940er Jahren folgte ein rapides Bevölkerungswachstum. Trotz der durch den Krieg und kurz darauf durch die Teilung verursachten Sterblichkeit und des Zusammenbruchs des Gesundheitswesens führte eine rasche Verbesserung der medizinischen Versorgung und der sanitären Zustände zu einem enormen Rückgang der Sterblichkeit. Die Malaria, eine der Haupttodesursachen in ganz Südasien, konnte durch den Einsatz von DDT gegen die den Malariaerreger übertragenden Mücken beträchtlich eingedämmt werden. Gebiete wie der Norden Zentralceylons und die Grenzregion zwischen Indien und Nepal, in denen die Malaria lange Zeit endemisch gewesen war, konnten zum ersten Mal seit vielen Generationen besiedelt werden. Impfungen und Hygienekontrollen verringerten das Vorkommen der Cholera, einer weiteren wichtigen Todesursache im 19. und frühen 20. Jahrhundert, und die unter Leitung der Weltgesundheitsorganisation durchgeführten Massenimpfungen zur Ausrottung der Pocken führten dazu, dass Indien und Pakistan Anfang der 1970er Jahre fast frei von dieser weitverbreiteten und äußerst gefürchteten Infektionskrankheit waren. Noch um die Jahrhundertwende lag in Indien die Lebenserwartung der Menschen auf einem erschreckend niedrigen Niveau. Die Lebenserwartung der Männer steig nun von nur 26 Jahren 1891 auf nahezu 37 Jahre 1961, und für Frauen im selben Zeitraum von 27 auf nahezu 37 Jahre.[178] Zehn Jahre später, 1971, war die Lebenserwartung der Männer auf 47, die der Frauen auf fast 46 Jahre gestiegen. Die Kinder- und Müttersterblichkeit lag zwar auch weiterhin deutlich höher als in westlichen Ländern, aber auch sie ging zurück. Diese bedeutsamen Veränderungen in Gesundheit und Sterblichkeit hatten Auswirkungen auf das Bevölkerungswachstum. 1951, kurz nach der Teilung, hatte Indien 361 Millionen Einwohner. 1961 war die Zahl auf 439 Millionen gestiegen. Bis 1971 wuchs sie weiter auf 548 Millionen und erreichte 1981 schließlich 684 Millionen. Somit hatte sich die Einwohnerzahl seit 1951 in nur 30 Jahren fast verdoppelt. 2001 überstieg die Bevölkerung Indiens die Marke von einer Milliarde Menschen. Eine ähnliche Entwicklung findet sich in Sri Lanka, dessen Bevölkerung von 6 Millionen im Jahr 1941 auf 8 Millionen 1953 und fast 11 Millionen im Jahr 1963 anwuchs. 2001 betrug die Einwohnerzahl Sri Lankas 19,4 Millionen. Selbst Nepal verzeichnete trotz der Armut und der schlechten medizinischen Versorgung einen Anstieg der Bevölkerung von 6 Millionen im Jahr 1941 auf über 8 Millionen 1951 und mehr als 9 Millionen im Jahr 1961. Im Jahr 2001 war die Bevölkerung auf nahezu 26 Millionen Menschen angewachsen. Ein so schnelles Bevölkerungswachstum, für das sich in der Geschichte keine Parallelen finden, ließ bei vielen – vornehmlich westlichen – Beobachtern das Gespenst eines »malthusianischen Albtraums« aufkommen, wonach die rasche Vervielfachung der Bevölkerungszahlen weit über jede Möglichkeit hinausging, diese Menschen zu ernähren. In Wirklichkeit vermochte Indien die Nahrungsmittelproduktion in den 1970er und 1980er Jahren zu steigern und bei Getreide sogar die lange vergeblich angestrebte Selbstversorgung zu erreichen. Dennoch wandte die indische Regierung, zum Teil aufgrund des Druckes ausländischer Regierungen und Geldgeber, im vierten und fünften Fünfjahresplan ihre Aufmerksamkeit der Geburtenkontrolle oder, wie man stets sagte, der »Familienplanung« zu. Trotz religiöser Einwände und festverwurzelter Normen wie der Erwartung, jede Familie müsse mindestens einen Sohn haben, sorgte man dafür, dass Kondome überall leicht erhältlich waren. Der

Staat betonte öffentlich die Notwendigkeit, die Zahl der Kinder pro Familie nicht über zwei steigen zu lassen. Diese Kampagnen hatten einen gewissen Erfolg bei der Verringerung der Geburtenrate, doch als Indira Gandhi während des Notstands 1975–1977 auch zwangsweise Vasektomien und Sterilisationen durchführen ließ, kam es zu heftigen Reaktionen in der Öffentlichkeit. Seither sind indische Regierungen vorsichtig bei »Planungsexzessen« dieser Art.

Das Bevölkerungswachstum hat auch Auswirkungen auf die städtische Umwelt. Städte sind in der Geschichte Südasiens nichts Neues, doch in den letzten Jahrzehnten haben sie sich mit phänomenaler Geschwindigkeit ausgedehnt. Städte wie Mumbai und Kolkata, die 1947 kaum mehr als eine Million Einwohner zählten, haben heute mehr als zehn Mal so viele Einwohner, und inzwischen gibt es daneben noch weitere Riesenstädte wie Delhi, Dhaka und Karatschi. In diesen Städten – und den Slums der Umgebung – leben Millionen Menschen, die zu den ärmsten des Landes gehören. Medizinische Versorgung, Schulen und Arbeitsstellen sind knapp, Umweltverschmutzung, Krankheiten und Korruption dagegen im Überfluss vorhanden, und zwischen den regionalen und ethnischen Gruppen, die in einer Megalopolis wie Mumbai zusammenleben, kommt es zu Konflikten um Religion, Sprache und politische Zugehörigkeit.

Das Bevölkerungswachstum hat beträchtliche Auswirkungen auf die Umwelt. Die Wasserreserven für Haushalte, Landwirtschaft und Industrie geraten unter erheblichen Druck. Große Flüsse wie der Ganges sind durch die Abwässer aus Industrie und Haushalten stark verschmutzt, und da man die Brunnen ständig vertiefen musste, um ans Grundwasser zu gelangen, hat sich die Qualität des Trinkwassers wie auch die verfügbare Menge ständig verringert, was in manchen Regionen wie etwa in Bangladesh zu Arsenvergiftungen geführt hat. Erbitterten Streit um Wasser für Bewässerungszwecke und Energieerzeugung hat es nicht nur zwischen verschiedenen Nationalstaaten wie Indien und Bangladesh gegeben, die sich dasselbe (Ganges-Brahmaputra-)Flusssystem teilen, sondern auch zwischen benachbarten Bundesstaaten (wie Karnataka und Tamil Nadu in Südindien), die lange darüber stritten, wem das Wasser aus dem Kaveri-Fluss zustand. Der Bau großer Staudämme für Zwecke der Stromerzeugung und der Bewässerung, etwa entlang dem Narmada-Fluss, durch den 200 000 Menschen, hauptsächlich aus der Stammesbevölkerung, ihre Heimat zu verlieren drohten, hat Nehrus optimistischen Glauben an die materiellen Vorteile dieser Symbole der technologischen Moderne erschüttert und erhebliche Proteste ausgelöst. Bewegungen zum Schutz der lokalen Umwelt und der Erhaltung der Ressourcen – Boden, Brennstoffe, Nahrung, Wasser – für die lokale Nutzung gehörten in den letzten Jahrzehnten zu den auffälligsten Formen politischer Aktionen von unten. Doch diese Proteste wurden von den Regierungen oft ignoriert oder übergangen, während der Bau von Staudämmen und die damit einhergehende Überflutung zahlreiche Menschen, meist aus der Stammesbevölkerung, heimatlos gemacht haben. Die alte ökologische Grenze zwischen den offenen Ebenen und den Urwäldern ist gnadenlos durchlöchert und zurückgedrängt worden.

Seit den 1950er Jahren haben Industrialisierung, Urbanisierung und Bevölkerungswachstum die Waldfläche und andere natürliche Lebensräume, die einst weite Teile Südasiens bedeckten, beträchtlich verkleinert. Der Rückgang des Waldes durch großflächige Abholzung und das Vordringen des Ackerlandes hat auch den Zugang der ländlichen Bevölkerung zu Brennholz, Baumaterial, Tierfutter, zusätzlicher Nahrung und Heilkräutern erschwert. Lokale Protestbewegungen wie der Chipkotandolan im Westhimalaya, der seit den frühen 1970er Jahren versucht, die Abholzung durch externe Holzfirmen zu verhindern, konnten diese Entwicklung nur teilweise eindämmen. Die Entwaldung trägt zur Bodenerosion und zum Klimawandel bei – Faktoren, die nicht nur die Lebensbedingungen der Menschen, sondern auch die Tierwelt beeinträchtigen. Die Tiger, die noch vor einem Jahrhundert durch die Hochländer und Urwälder ganz Südasiens streiften, sind durch Jagd, Wilderei und Zerstörung ihres Lebensraums heute fast vollständig ausgerottet. Und wo überhaupt noch Wildelefanten vorkommen, geraten sie zunehmend in Konflikt mit den Lebensräumen der Menschen, die sich bemühen, ihre Häuser, ihre Felder und ihre Lebensgrundlagen vor ihnen zu schützen.

Südasien zieht weiterhin zahlreiche Touristen aus dem In- und Ausland an. Sie unternehmen Bergtouren in Nepal, machen Strandurlaub auf den Malediven oder in Goa, besichtigen Sehenswürdigkeiten wie den Taj Mahal oder besuchen einige der zahllosen Tempel, Schreine und Paläste. Der Tourismus hat Südasien zweifellos einigen ökonomischen Nutzen gebracht, einem großen Land wie Indien ebenso wie den kleineren Staaten Nepal, Bhutan und den Malediven. 1981 verzeichnete allein Indien 1,3 Millionen ausländische Besucher, die zusammen 810 Millionen Dollar ausgaben, und die Zahl der Besucher wie auch die damit verbundenen Einnahmen haben sich seither beträchtlich erhöht. Doch der Tourismus bringt auch erhebliche Umweltbelastungen mit sich: durch den Bau von immer mehr Hotels, Straßen und Flughäfen, durch den erhöhten Wasserbedarf, durch die Zerstörung fragiler Land- und Meeresökologien und durch die Ausrottung von Pflanzen und Tieren, die einst die Landschaft belebten und verschönerten.

5. Gesellschaften im Wandel

In ganz Südasien ist seit den späten 1940er Jahren ein rascher sozialer Wandel zu verzeichnen, der allerdings nicht nur in eine einzige Richtung zielt. Trotz der schnellen Urbanisierung lebt die Mehrzahl der Menschen immer noch auf dem Lande, und obwohl eine neue Mittelschicht entstanden ist, haben viele alte Eliten und viele alten Identitäten auch in moderner Zeit noch einigen Einfluss, selbst wenn sie von der Moderne nicht gänzlich unberührt geblieben sind. Der Ausdruck »Feudalismus« hat nicht in allen Teilen Südasiens seine Bedeutung verloren. Während die Stellung mancher Frauen oder bestimmter ethnischer und sozialer Minderheiten sich verbessert hat, zeigt sich bei anderen eine Stagnation oder gar Verschlechterung. Einige wenige Beispiele mögen hier genügen.

Um eine Vielzahl von Benachteiligungen aufzuheben, gewährte die indische Verfassung 1950 den Frauen das Wahlrecht und untersagte jede Diskriminierung auf der Grundlage des Geschlechts. Gegen den Widerstand hinduistischer Konservativer ließ Nehrus Regierung 1954–1955 eine Reihe von Gesetzen (unter der Sammelbezeichnung Hindu Marriage Act) verabschieden, die die Polygamie verboten und eine Scheidung im gegenseitigen Einvernehmen legalisierten. Doch da die Muslime nicht einem einheitlichen bürgerlichen Gesetzbuch unterworfen wurden, sondern an ihrem eigenen Recht festhalten durften, fielen muslimische Frauen weiterhin unter koranisches recht. Der Fall Shah Bano hob diese anomale Situation 1985 ins Licht der Öffentlichkeit. Eine muslimische Frau namens Shah Bano verklagte ihren früheren Ehemann nach dem indischen Strafgesetzbuch auf Unterhalt und erhielt zunächst bis zum Obersten Gerichtshof Indiens hinauf recht. Doch angesichts der Proteste religiöser muslimischer Führer und aus Angst vor dem Verlust muslimischer Wähler brachte die von der Kongresspartei getragene Regierung Rajiv Gandhis eine Gesetzesänderung ein, die es muslimischen Frauen verwehrte, sich auf das indische Strafrecht zu berufen. Die hinduistische Rechte sah in dieser Entscheidung ein »Zurückweichen« vor muslimischen Interessen auf Kosten der hinduistischen Mehrheit. Realistischer dürfte jedoch die Einschätzung sein, dass darin die fortbestehende Trennung der Muslime vom Mainstream des öffentlichen Lebens in Indien nach der Unabhängigkeit zum Ausdruck kommt, ein Zustand, der noch durch die mangelnden Bildungs- und Beschäftigungschancen verschärft wird, unter denen die muslimische Volksgruppe nach jüngsten Forschungen zu leiden hat. Politisch marginalisiert und sozial benachteiligt, sind die indischen Muslime zu Bürgern zweiter Klasse geworden. Doch dasselbe dürfte auch für andere Minderheiten gelten, die durch die Teilung ins Hintertreffen gerieten und wie die Hindus und Christen in Pakistan unter der feindseligen Politik der Mehrheitsreligion zu leiden haben.

Frauen nehmen im öffentlichen Leben Indiens viele wichtige Positionen ein, wie das Beispiel Indira Gandhis zeigt, die viele Jahre mit starker Hand die Kongresspartei führte und als Premierministerin in der Innen- wie auch Außenpolitik zwei Jahrzehnte lang, von Mitte der 1960er bis Mitte der 1980er Jahre, eine bedeutende Rolle spielte. Dennoch sind Ungleichheit der Geschlechter und Diskriminierung der Frauen in Indien und ganz Südasien weiterhin endemisch. Wie die Volkszählungen nach 1947 wiederholt gezeigt haben, ist das zahlenmäßige Verhältnis zwischen Männern und Frauen in Indien und vor allem in den nördlichen Bundesstaaten deutlich und in unnatürlicher Weise zugunsten der Männer verzerrt. 1991 kamen auf 1000 Männer nur 929 Frauen. Darin kommt die seit langem bestehende Bevorzugung von Söhnen gegenüber Töchtern zum Ausdruck, durch die Töchter in höherem Maße unter Mangelernährung und Vernachlässigung zu leiden haben und eine geringere Schulbildung erwerben als Söhne. Aber auch die immer noch hohe Müttersterblichkeit spielt hier eine Rolle. Seit das Geschlecht des ungeborenen Kindes durch eine Fruchtwasseruntersuchung bestimmt werden kann, haben Eltern die Möglichkeit, die Diskriminierung selbst auf weibliche Föten auszudehnen. Es gibt Schätzungen, wonach in manchen Teilen Indiens 99 Prozent aller Abtreibungen weibliche Föten betreffen. Weitverbreitet und nicht weniger abscheulich ist die Praxis des »Mitgiftmordes«. Obwohl die Mitgift 1961 durch den Dowry Prohibition Act verboten wurde, ist diese Praxis keineswegs verschwunden, sondern weiterhin ein wichtiges Kennzeichen des realen oder angestrebten sozialen Status und ein Mittel zum Erwerb von Vermögen und Konsumgütern. Wenn die Familie der Braut die erwartete Mitgift schuldig bleibt oder die Familie des Ehemanns nach einem weiteren Vermögenszuwachs strebt, kann es geschehen, dass die Ehefrau verbrennt, angeblich etwa weil ihr Sari an einem überhitzten Ofen Feuer gefangen hat, so dass nun eine zweite Heirat mit einer weiteren Mitgift möglich wird. Manche schätzen, dass in Indien jährlich 15 000 Frauen auf diese schreckliche Weise ums Leben kommen. Doch wie hoch die Zahlen auch sein mögen, das Vorkommen solcher Morde zeigt eine vollkommene Gleichgültigkeit gegenüber dem Leben der Frau, die auf die bloße Funktion der Beschaffung von Konsum- und Statusgütern reduziert wird.

Unter dem Gesichtspunkt des geringen Werts, der dem Leben einer Frau beigemessen wird, ist es vielleicht nur ein kleiner Schritt vom »Mitgiftmord« zur Witwenverbrennung. Obwohl diese Praxis 1829 verboten wurde, ist das Ideal der »tugendhaften Frau«, die ihr Leben auf dem Scheiterhaufen des verstorbenen Ehemannes opfert, in manchen Teilen der hinduistischen Bevölkerung immer noch verwurzelt. In einem inzwischen berüchtigten Fall wurde im September 1987 in Rajasthan die achtzehnjährige Witwe Roop Kanwar neben ihrem toten Ehemann verbrannt, ohne dass die Polizei einschritt, obwohl 10 000 Menschen Zeuge des Geschehens wurden. Der Aufstieg des Hindu-Extremismus verstärkte das patriarchalische Denken und verschärfte den Druck auf die Frauen, sich an die in diesen Kreisen als verbindlich geltenden Maßstäbe der Moral, des Verhaltens und der Kleidung anzupassen. Die Islamisierung der pakistanischen Gesellschaft und die Verhängung brutaler Strafen gegen Frauen, die (oft allein aufgrund der Aussagen von Männern) des Ehebruchs bezichtigt wurden, sind weitere Beispiele für die negativen Einflüsse religiöser Erneuerungsbewegungen auf das

Leben der Frauen. Obwohl die Solidarität unter den Frauen selten ausreichte, um Einfluss auf die Regierungen auszuüben oder um kastenbedingte Unterdrückung und die Diskriminierung von Volksgruppen abzuschaffen, sind sie in Südasien seit den 1970er Jahren aktiv geworden, um gegen geschlechtliche Diskriminierung zu protestieren und ihre Stimme in Fragen der Frauenrechte (wie im Fall Shah Bano) oder auch der Arbeit, der Umwelt und der Sicherung der Lebensgrundlagen zu erheben (so spielen die Frauen eine besonders herausragende Rolle in der auf den Schutz der Wälder zielenden Chipko-Bewegung oder in den Protesten gegen den Bau von Staudämmen).

Neben der Diskriminierung aufgrund des Geschlechtes untersagte die indische Verfassung, zu deren Hauptarchitekten B. R. Ambedkar gehörte, auch die Unberührbarkeit. In der Praxis sind allerdings weder das Phänomen der Unberührbarkeit noch das Kastendenken aus Indien verschwunden. Die Diskriminierung der einstigen Unberührbaren, die heute Dalits (Unterdrückte) genannt werden, ist im gesellschaftlichen Verkehr, im Bildungswesen und in der Arbeitswelt immer noch stark verbreitet und wird von Zeit zu Zeit durch gewalttätige Einschüchterungs- und Vergeltungsaktionen von Kasten-Hindus und ihren Helfershelfern erzwungen. Bei einem dieser Vorfälle, zu dem es 1969 im Distrikt Thanjavur des Bundesstaates Tamil Nadu im Kontext von Arbeitskonflikten und Einschüchterungsversuchen kam, sperrte eine Gruppe von Grundbesitzern, die aus hohen Kasten stammten, 42 unberührbare Landarbeiter in eine Hütte, die sie anschließend anzündeten, so dass die darin Gefangenen den Tod fanden. Ambedkar selbst versuchte gegen Ende seines Lebens (er starb 1956), der Diskriminierung und Verfolgung zu entgehen, indem er die in seinen Augen unlösbar mit der Kastenunterdrückung verbundene Volksgruppe der Hindus verließ und sich den Buddhisten anschloss, womit er die von den Buddhisten Jahrhunderte zuvor demonstrierte Ablehnung der Kasten nachvollzog. Obwohl viele Tausende seinem Beispiel folgten, vor allem Landsleute aus seinem Heimatstaat Maharashtra, versuchen viele andere, eine Besserstellung nicht durch religiöse Konversion zu erreichen, sondern durch die Mitarbeit in kastenbasierten Organisationen und politischen Parteien.

Die indische Regierung bemühte sich, die Lage der einstigen Unberührbaren und anderer »rückständiger« oder »registrierter« Kasten durch ein System positiver Diskriminierung oder Quotierung zu verbessern, bei dem jeweils eine bestimmte Zahl von Studienplätzen an Colleges, Universitäten und Medizinischen Hochschulen, von Arbeitsplätzen im Staatsdienst und von Sitzen in den Parlamenten den Mitgliedern bestimmter Volksgruppen vorbehalten ist. Verstärkt wurde diese Politik durch den lange hinausgeschobenen Beschluss der Regierung, die zwölf Jahre zuvor von der Mandal-Kommission im Rahmen des »Kampfes gegen soziale Rückständigkeit« vorgelegten Empfehlungen umzusetzen und weitere 27 Prozent aller Arbeitsstellen im Bereich der Zentralregierung Angehörigen der »registrierten Kasten und Stämme« vorzubehalten, und zwar zusätzlich zu den 22,5 Prozent, die bereits für diese Zwecke reserviert waren. Die höheren Kasten befürchteten, dass diese Regelung äußerst schädlich für ihre eigenen Interessen sein könne, und leisteten lange Widerstand dagegen. Doch zum Teil aufgrund dieser Politik ist der Anteil der Dalits an den Staatsbediensteten seit den 1970er Jahren langsam angestiegen. Der wirtschaftliche Erfolg, den Indien in den letzten Jahrzehnten verzeichnen konnte, ist im Großen und Ganzen nicht in größere Chancengleichheit, eine bessere gesellschaftliche Stellung und höhere Einkommen für Frauen und Dalits umgesetzt worden. Doch obwohl die Lage der einstigen Unberührbaren in Indien, die fast ein Fünftel der Bevölkerung ausmachen, immer noch von extremer Diskriminierung geprägt ist, gibt es auch leichte Anzeichen eines Wandels. Die Wahl des als Dalit geborenen K. R. Narayan zum indischen Staatspräsidenten im Jahr 1997, fünfzig Jahre nach der Erlangung der Unabhängigkeit, gilt vielen als Symbol für eine wachsende Anerkennung ihrer politischen Bedeutung und ihrer politischen Rechte, auch wenn zwischen dieser politischen Geste und der sozialen Realität der meisten ehemaligen Unberührbaren immer noch ein deutliches Missverhältnis besteht.

Die Kasten sind nicht verschwunden. Wie man an den arrangierten Heiraten und der Kastenunterteilung in den Heiratsanzeigen der Wochenendausgaben indischer Tageszeitungen erkennt, bilden sie immer noch ein zentrales Element der gesamten indischen Gesellschaft. Heiraten zwischen Angehörigen verschiedener Kasten oder verschiedener Volksgruppen (oder, wie man hinzufügen könnte, verschiedener Rassen) sind immer noch eine Seltenheit. Tatsächlich hat sich die Bedeutung der Kastenzugehörigkeit noch verstärkt durch die Gründung regionaler politischer Parteien, die im Wesentlichen die Interessen einer einzelnen Kaste oder einer Koalition einander nahestehender Kasten vertreten. Da das Wahlverhalten weitgehend durch die Kastenzugehörigkeit bestimmt wird, hoffen Politiker, bei den Wahlen einen großen Teil der Stimmen von Angehörigen der eigenen Kaste auf sich vereinigen zu können. In jüngster Zeit konnte deshalb eine Gruppe mit relativ niedrigem sozialen Status wie die der Yadavs (traditionell eine Kaste von Rinderhirten) die Regierungsgewalt in Bihar übernehmen. Und in Uttar Pradesh konnte eine ehemalige Unberührbare wie Mayawati, eine Dalit-Politikerin und Führerin der Bahujan Samaj Party (der Angehörige »rückständiger« Kasten wie auch Dalits und Muslime angehören), Ministerpräsidentin werden. Das zeigt, welche Bedeutung der demokratische Prozess und eine populistische Politik für einige der am stärksten benachteiligten Gruppen der Gesellschaft besitzen, auch wenn das Ausmaß des sozialen Wandels für die Masse der Bevölkerung in den Städten wie auf dem Lande sehr begrenzt bleibt.

Schluss

Blickt man zurück auf 4500 Jahre südasiatischer Geschichte, von der Induskultur bis in die jüngste Gegenwart, so fällt es vielleicht schwer, einen durchgängigen Entwicklungstrend und unbestreitbare Kontinuitäten zu erkennen. Südasien ist und war schon immer eine von gewaltiger innerer Vielfalt – physikalischer, sozialer, kultureller und ökonomischer Art – geprägte Weltregion. Diese Vielfalt hat sich in jüngerer Zeit noch vergrößert durch die Gründung mehrerer Nationalstaaten mit jeweils eigenen nationalen Grenzen und durch eine faktische Aufteilung des Subkontinents in Staaten, in denen jeweils eine bestimmte Religion die Vorherrschaft besitzt, so dass fast der Eindruck entstehen könnte, diese Länder stünden jeweils für eine ganz andere Geschichte und für vollkommen getrennte Kulturen. Eine der wichtigsten Lehren, die wir aus der viereinhalbtausendjährigen Geschichte Südasiens ziehen können, ist die Erkenntnis, dass diese Aufteilung des Subkontinents in verschiedene Nationalstaaten mit jeweils »nationalen« Religionen und Sprachen relativ neuen Datums ist und im Gegensatz zu einer langen, komplizierten Geschichte der wechselseitigen Durchdringung unterschiedlicher Kulturen und der Überlappung verschiedener Machtbereiche steht.

Auch wenn manche Regionen wie Nepal und Sri Lanka sich aus vornehmlich geographischen Gründen lange Zeit ein wenig abseits des übrigen Subkontinents gehalten haben, wurden sie doch tiefgreifend von Entwicklungen im Norden oder Süden Indiens beeinflusst und geprägt – wie etwa von der Ausbreitung der indoarischen Kultur, dem Aufstieg des Buddhismus, der Gründung und dem Zusammenbruch von Großreichen durch die Jahrtausende. Erst in den letzten zwei Jahrhunderten hat sich dieses Muster wechselseitiger Verbundenheit radikal verändert: mit dem Aufstieg des europäischen Kolonialismus und der nachfolgenden Spaltung Südasiens in Britisch-Indien (einschließlich der Fürstenstaaten), das koloniale Ceylon und das unabhängige Nepal, wie auch mit der Entstehung nationalistischer Eliten, die sich zunehmend als Erben einer gesonderten Nation empfanden, deren jede ihre eigene, in Religion, Sprache und Rasse gründende Geschichte und Identität besaß. Die Aufspaltung Britisch-Indiens, die Neuverteilung der Staatsgebiete und die nachfolgende Teilung, der Einsatz der postkolonialen Staatsmacht für eine auf Religion und Sprache ausgerichtete Politik und für die Diskriminierung von Minderheiten – all das trug dazu bei, dass das Ideal der Nation zu neuen und beherrschenden Höhen aufstieg.

Der Triumph der Nation ist keine spezifisch südasiatische Erscheinung. Historiker haben in ganz ähnlicher Weise beschrieben, wie die Einwohner Frankreichs, Deutschlands, Italiens und der Vereinigten Staaten von Amerika (unter anderen) zu Bürgern ihrer jeweiligen Nation wurden. Durch Erziehung und Propaganda, durch Veränderungen im Kommunikations- und Verkehrswesen, durch die Verfolgung religiöser, ethnischer und sprachlicher Minderheiten wurden die politischen Grenzen umgedeutet in die Grenzen und Definitionsmerkmale genuin soziokultureller Entitäten, die als gleichermaßen »natürlich« und »modern« galten. Südasien ist also kein Ausnahmefall. Wir dürfen jedoch nicht verkennen, wie künstlich dieser Prozess der Nationwerdung war, einerseits weil die Logik des Nationalstaats hier so unglücklich und unpassend der Vergangenheit eines Subkontinents aufgepfropft wurde, der ganz wesentlich von Vielfalt und Pluralität geprägt war, und andererseits weil die Verwirklichung dieses Ziels so viel Gewalt, Hass und Intoleranz in diesen Teil Eurasiens gebracht hat. Die übereilte und auf falschen britischen

Vorstellungen beruhende Teilung Indiens im Jahr 1947 führte zu unfassbarem menschlichen Leid, unter dessen unheilvollen Folgen die Region heute noch leidet. Doch das Problem des Nationalstaates ist noch größer als jene traumatische Episode und ihre bitteren, blutigen Konsequenzen. Entlang jenen postkolonialen Verwerfungslinien kommt es auch weiterhin zu internationalen Konflikten, und innerhalb einzelner Länder – in Indien, in Pakistan, in Sri Lanka – kämpfen viele ethnische, sprachliche und religiöse Minderheiten um ein höheres Maß an Autonomie, als die gegenwärtigen Vorstellungen von nationalstaatlicher Hegemonie dies zugestehen wollen. Nur Bangladesh hat dieses Muster erfolgreich durchbrochen, um dann jedoch wieder ein Nationalstaat zu werden, der inneren Zwistigkeiten und der eigenen inneren Vielfalt mit derselben Intoleranz begegnet wie die übrigen Staaten. Für den Augenblick fällt es schwer, sich eine praktische Alternative zum Nationalstaat vorzustellen. Weder eine Rückkehr zu einem den ganzen Subkontinent umfassenden Reich noch eine Welt aus autonomen Dorfrepubliken wären brauchbare Lösungen. Das ist jedoch kein Grund, die menschlichen Kosten des Nationalismus zu übersehen oder die historischen Prozesse zu ignorieren, aus denen er hervorgegangen ist. Zumindest sollte man den Gedanken in Frage stellen, die Geschichte Südasiens finde ihre natürliche Erfüllung und unvermeidliche Kulmination im modernen Nationalstaat und bestehe nur zu dessen Lob und Preis.

Während die Zeit der Nationen die Geschichte des modernen Südasien gegenüber ihren frühneuzeitlichen, mittelalterlichen und antiken Vorläufern abzugrenzen scheint, dürften wir das höchste Maß an Kontinuität, aber auch die durchgängigste Veränderungsdynamik vielleicht in der Umweltgeschichte des Subkontinents finden. Die Geschichte Südasiens wurde in weiten Teilen von den klimatischen und geographischen Besonderheiten der Region geprägt und in kaum geringerem Maße von dem gewaltigem Kampf, diese Umwelt zu kontrollieren und den Bedürfnissen der Menschen anzupassen. Seit geregelter Ackerbau betrieben wird, sind die Monsunregen ein wesentliches, wenn auch unsicheres Element, und das Bestreben, ihre erratische Fülle zu kontrollieren oder zu erhöhen, hat ausgeklügelte Mechanismen zum sparsamen Umgang mit Wasser und zu dessen Einsatz für Bewässerungszwecke hervorgebracht. Der jahreszeitliche Wechsel des Monsuns ließ stabile Muster des Handels, der Pilgerfahrten und der Kriegführung entstehen. Er beeinflusste den Aufstieg und Niedergang epidemischer wie auch endemischer Krankheiten. Auch wenn der Himalaya niemals eine absolute Barriere darstellte, weder für militärische Invasionen noch für Handel oder kulturelle Infiltration, trug er doch (zusammen mit Flüssen, Meeren, Urwäldern und Wüsten, welche die historischen Grenzen Südasiens markieren) zur eigentümlichen Identität des Subkontinents bei, zu der auch ein Gefühl der Trennung von der Weite des übrigen Eurasien gehört. Vieles hat sich jedoch auch verändert. Mit der Ausbreitung der Landwirtschaft schrumpften die Urwälder, und die Tierwelt der einstigen Wildnis geriet an den Rand der Ausrottung. Neben alte Kulturpflanzen wie Weizen, Reis und Baumwolle traten neue, für die unmittelbare Subsistenz oder zu kommerziellen Zwecken angebaute Pflanzen; die Plantagenwirtschaft entstand; man durchzog das Land mit Straßen und Eisenbahnlinien; Flüsse wurden kanalisiert und (teilweise) gezähmt; Städte, die es in der Geschichte Südasien fast stets gegeben hatte, wuchsen in bislang unbekanntem Ausmaß an Zahl und Größe. Innerhalb der von der Natur gesetzten Grenzen führten die Menschen monumentale Veränderungen herbei. In einem Zeitalter der Globalisierung, mit dem eine neue Phase der Industrialisierung, Urbanisierung und Kommerzialisierung beginnt, treten die negativen Folgen dieses Umgangs mit der Natur umso deutlicher zutage.

Schon sehr früh war Südasien eine stark bevölkerte Region – zumindest in den großen Flusstälern und fruchtbaren Ebenen, die das Zentrum der neuen Zivilisation bildeten. Die Anzahl der Menschen war eine der Hauptquellen des Reichtums dieser Gebiete und sicher auch eine Quelle ihrer Armut. Der Reichtum bildete die Grundlage der Zivilisation. Der Fleiß der Einwohner, die Geschicklichkeit der Handwerker, der Unternehmergeist der Kaufleute ermöglichten komplexe hierarchische Gesellschaften, in denen spezialisierte Handwerke und Handelszweige, Philosophen und Priester, Höfe und Könige, Kaiser und Armeen existieren konnten. Doch der Reichtum stammte auch aus der Ausbeutung anderer. Über Jahrhunderte war extreme Armut die Kehrseite der Prachtentfaltung. Neben dem Reichtum, der dank der landwirtschaftlichen Produktivität, dank der Gewürze, der Erze und des Holzes im eigenen Land erzeugt wurde, zog Südasien auch die Reichtümer anderer Weltgegenden an: Gold und Elfenbein aus Afrika, Silber aus Amerika. Die Entschlossenheit, durch Handel, Landwirtschaft und Raubzüge Vermögen anzusammeln, ließ subkontinentale Reiche wie das der Mauryas oder der Colas, das von Vijayanagara und das der Moguln entstehen – ganz wie die Zerstreuung oder die Verschwendung jener Reichtümer an Invasoren oder Sezessionisten bestehende Reiche unterminierte und ihren Niedergang beschleunigte. Die in Märchen und Legenden besungenen Schätze Südasiens zogen auch Fremde an: aus den Steppen verdrängte Nomaden, Abenteurer aus Zentralasien, Handelsgesellschaften und Imperialisten aus dem Westen. Die Ausbeutung dieser Reichtümer durch die Briten auf dem Höhepunkt des Empire nährte den Unwillen der Nationalisten gegenüber der Kolonialherrschaft, wie die Umverteilung des Reichtums und der Kampf gegen die Armut zu den politischen Idealen des postkolonialen Zeitalters gehörte. Indiens heutige Stellung als »asiatische Weltmacht« ist nur der jüngste Ausdruck seiner langen Beschäftigung mit Handel, Finanzwesen und Unternehmertum, und die Armut der Slumbewohner und der Landarbeiter gleicht einem Echo auf die Armut vergangener Jahrhunderte.

Der Bevölkerungsreichtum Südasiens ermöglichte auch schon

früh eine hochgradig differenzierte Gesellschaft mit strengen Kastenregeln und religiösen Geboten, in der Reichtum und gesellschaftliche Macht höchst ungleich verteilt waren – zwischen glanzvollen, gottgleichen Königen und reichen Kaufleuten an der Spitze und Menschen mit dem Status von Sklaven oder Leibeigenen und Unberührbaren am unteren Ende der sozialen Hierarchie. Weder der Buddhismus noch der Islam taten sonderlich viel, um diese Ungleichheit abzubauen. Sie arrangierten sich in der Regel damit. Wenn die Unberechenbarkeit des Monsuns eine der Ursachen für Not, Verschuldung und Hungersnöte bildete, so menschliche Habgier und Geiz eine andere. Die polaren Gegensätze von außergewöhnlichem Reichtum und extremer Armut, die so lange ein Kennzeichen Südasiens darstellten, haben ihre Ursache nicht allein in der Umwelt, sondern auch in sozialen und kulturellen Faktoren. Gewiss haben kastenbezogene Praktiken und Vorstellungen hinsichtlich der Zugehörigkeit zu bestimmten Volksgruppen sich über die Jahrhunderte erheblich verändert – sie sind keineswegs zeitlos. Doch sie besitzen auch ein bemerkenswertes Beharrungsvermögen. Obwohl es immer wieder offen politische oder subtil religiöse Bewegungen gab, die das Ziel verfolgten, eine stärker egalitäre Gesellschaft zu formen, die Kasten abzuschaffen, die Macht der Priester zu brechen, das Land den Hirten und Bauern zurückzugeben, war das soziale und moralische Ethos doch vornehmlich von Pflichten statt von Rechten, von sozialem Rang statt von Gemeinschaft, von patriarchalischem Denken und Unterwürfigkeit geprägt.

Und das alles ist auch keine Frage des Ethos allein. Obwohl Südasien vor allem im Westen oft mit einer zweitausendjährigen Tradition der Gewaltlosigkeit assoziiert wird, die vom Buddha (Gautama) bis zum Mahatma (Gandhi) reichte, scheiterte die Ahimsa-Lehre doch immer wieder mit dem Versuch, die sozialen und ökonomischen Veränderungen und den Einstellungswandel herbeizuführen. Diese wären erforderlich gewesen, um die extreme soziale Differenzierung zu überwinden und der Gewalt ein Ende zu setzen, die aus der Unterdrückung der niederen Kasten, den Auseinandersetzungen zwischen verschiedenen Volksgruppen, den Klassenkonflikten und der Unterdrückung der Frauen resultierte. Gandhis gewaltsamer Tod von der Hand eines Attentäters scheint hier eher das treffende Sinnbild zu sein als das friedliche, selbstgewählte Ableben des Buddha in hohem Alter. Die politischen Morde wie auch die Militärputsche, die den Gang der Geschichte Südasiens seit 1947 in beträchtlichem Umfang bestimmt haben, scheinen diesen Trend zu bestätigen.

Südasien war immer schon mehr als es selbst. Es dürfte in der heutigen Welt (wie schon in vergangenen Jahrhunderten) nur wenige Menschen geben, die noch nie von »Indien« gehört hätten oder deren Leben noch nicht in der einen oder anderen Weise von irgendeinem Teil oder irgendwelchen Manifestationen Südasiens berührt worden wäre – von dem erfundenen Indien der Phantasie und der Märchen, von den Erzeugnissen seiner Werkstätten, Fabriken oder Bergwerken, von den vielen in der Diaspora lebenden Indern, von seinen Romanschriftstellern und Filmemachern, von seiner Nahrung und Kleidung, seiner Kunst und Philosophie. Trotz der gewaltigen inneren Vielfalt hat Südasien sich dennoch etwas von einer gemeinsamen Zivilisation bewahrt, die über viele Jahrhunderte Einfluss auf große Teile der Weltgeschichte genommen hat. Die Globalisierung ist für Südasien nichts Neues. Diese Geschichte gab es dort schon lange: in der Ausbreitung des Buddhismus, in den Netzwerken des indischen Überseehandels, im Ehrgeiz der Moguln, das »Licht der Welt« zu sein, im weltweiten Einsatz indischer Soldaten und Händler, Kulis und Kanzlisten während der Kolonialzeit, in Nehrus Politik der Blockfreiheit. Doch in einem Zeitalter der massenhaften Migration und des kulturellen Pluralismus, des transkontinentalen Tourismus und der Weitergabe von Atomwaffen hat Südasien eine neue und höhere Stellung im Bewusstsein der Welt erlangt. Dieser Subkontinent hat seinen eigenen Beitrag zu allen Bereichen unserer Moderne geleistet.

Anhang

Dank

Die Geschichte Südasiens begleitet mich seit langem – und ganz bewusst spätestens seit 1968, als ich Indien erstmals besuchte, um in Madras (heute Chennai) zu studieren. Ich hoffe, dieses Buch und mein Versuch, die Geschichte dieses großartigen Kontinents auf packende und kohärente Weise zu erzählen, vermitteln auch etwas von den Gefühlen, die ich dieser Region und ihrer Vergangenheit entgegenbringe, wie auch von den Einsichten, die ich durch häufige Besuche, ausgedehnte Aufenthalte und intensive Kontakte mit Studenten, Forschern und akademischen Kollegen in mehr als vier Jahrzehnten gewonnen habe.

Die Anregung, dieses Buch für die Neue Fischer Weltgeschichte zu schreiben, verdanke ich Jörg Fisch, und ich danke ihm für seine fortgesetzte Hilfe und Ermutigung und die sorgfältige Lektüre eines ersten Entwurfs zu diesem Buch. Danken möchte ich auch meinen ehemaligen südasiatischen Kollegen an der *School of Oriental and African Studies* in London, von denen ich über die Jahre so viel gelernt habe, Avril Powell und Daud Ali für ihre hilfreichen Kommentare zu Kapitelentwürfen und meinen Kollegen an der *University of Warwick*, David Hardiman und Sarah Hodges, für ihre unermüdliche Unterstützung und ihre Begeisterung. Zu größtem Dank verpflichtet bin ich auch vielen indischen Kollegen, nicht zuletzt den Vertretern der Schule der *Subaltern Studies* Ranajit Guha, Shahid Amin, Gautam Bhadra, Partha Chatterjee, Sudipta Kaviraj und Gyan Pandey sowie Neeladri Bhattacharya, Ramachandra Guha, Sumit Sarkar, Tanika Sarkar und Romila Thapar wie auch meinen ehemaligen

Doktoranden Padma Anagol, Guy Attewell, Tithi Bhattacharya, Indrani Chatterjee, Indira Chowdhury, Rosemary Fitzgerald, Christopher Hawes, Varsha Joshi, Shruti Kapila und Projit Mukharji, deren Arbeit meine Vorstellungen von Südasien erweitert hat (ohne dass sie natürlich in irgendeiner Weise für die vorgetragenen Inhalte verantwortlich wären).

Ein weiteres Mal sei hier in Liebe und Dankbarkeit Juliet Miller genannt, die ein weiteres Buch auf ihre angenehme Art begleitet und letztlich erst möglich gemacht hat.

Widmen möchte ich dieses Buch Hannah Disselbeck und Alexander Green in der Hoffnung, dass es ihnen und ihrer Generation von Nutzen sein wird.

Bemerkungen zur Transkription und Aussprache

Wörter in der Kursive wie erörterte quellensprachliche Termini und Werknamen werden in diesem Band zwecks besserer Auffindbarkeit in Lexika und Bibliothekskatalogen in wissenschaftlicher Umschrift wiedergegeben. Einige der für die indischen Sprachen verwendeten Buchstaben weichen dabei bezüglich der Aussprache von der deutschen Konvention ab. Es sind dies die Konsonanten c (palatales, d.h. am vorderen Gaumen zu artikulierendes »tsch«) und j (palatales »dsch«) mit ihren aspirierten Varianten (ch, jh) sowie der Halbvokal y (»j«). Bei anderen wird die Fremdsprachlichkeit des Lautes durch diakritische Zeichen markiert, so beim Vokal r̥ (gerolltes »r« mit nachklingendem »i«, z.B. »Rigveda«), den Konsonanten ṭ und ḍ (retroflex, d.h. mit zurückgebogener Zungenspitze zu artikulieren) und ihren aspirierten Varianten (ṭh, ḍh), den Sibilanten ś (palatales »sch«) und ṣ (retroflexes »sch«) sowie den Nasalen ṅ (velar, d.h. am hinteren Gaumen zu artikulieren), ñ (palatal) und ṇ (retroflex). Ein Langvokal unterscheidet sich von seiner kurzen Variante rein quantitativ (doppelte Zeitdauer der Artikulation bei ī und ū) oder auch qualitativ (ā ist ein offener Vokal gegenüber dem geschlossenen a). Für das Arabische werden folgende Diakritika mit abweichender Lautzuordnung verwendet: ṣ, ḍ und ṭ (alle emphatisch und velarisiert), zudem ḥ (stimmloser Kehlpresslaut), ʿ (stimmhafter Kehlpresslaut), ʾ (fester Stimmeinsatz) sowie ġ (schnarrender Kehllaut). Der Laut z wird als weiches, stimmhaftes »s« artikuliert.

Im nicht-kursiven Text folgt die Transkription international verbreiteten Konventionen, wenn sich nicht auch im wissenschaftlichen Sprachgebrauch eingedeutschte Formen etabliert haben. Dies bedeutet, dass in indischen Wörtern immer c als »tsch« (ermöglicht beim klassischen Sanskrit-Vokabular eine gut lesbare Abgrenzung vom aspirierten ch) und j als »dsch« auszusprechen ist (Letzteres gilt auch für j in arabischen und persischen Wörtern). Für moderne indische Personennamen wurde die in einschlägigen Publikationen verbreitete Transkription gewählt.

Anmerkungen

Einleitung

1 Romila Thapar, *Early India: From the Origins to AD 1300*, London 2002, S. 18.
2 André Wink, *Al-Hind: The Making of the Indo-Islamic World*, Bd. 1, Leiden 1996, S. 225.
3 Kumkum Roy, *The Emergence of Monarchy in North India, Eighths–Forth Centuries BC*, Delhi 1994, S. 5.
4 Amartya Sen, *The Argumentative Indian: Writings on Indian History, Culture and Identity*, London 2005, S. ix.
5 Der Ausdruck »*subaltern*« zur Beschreibung des Volksglaubens und subversiver Praktiken ist heute in der Geschichtsschreibung Südasiens weit verbreitet; siehe Vinayak Chaturvedi (Hg.), *Mapping Subaltern Studies and the Postcolonial*, London 2000.
6 Vincent A. Smith, *The Oxford History of India*, Oxford 1923, S. xi.
7 T. H. Holdich, *India*, London 1904, S. 348.
8 Ebenda.
9 Smith, *Oxford History* (Anm. 6), S. 80.
10 Robert Eric Frykenberg, *Guntur District, 1788–1848: A History of Local Influence and Central Authority in South India*, Oxford 1965, S. 230; Anand A. Yang, *The Limited Raj: Agrarian Relations in Colonial India, Saran District, 1793–1920*, Berkeley 1989.
11 Smith, *Oxford History* (Anm. 6), S. iii.

I Die Grundlagen der südasiatischen Kultur: um 2500–1200 v. Chr.

12 Bridget und Raymond Allchin, *Origins of a Civilization: The Prehistory and Early Archaeology of South Asia*, Neu-Delhi 1997.

13 Sir Mortimer Wheeler, *The Indus Civilization*, 3. Ausg., London 1968, S. 135.
14 Shereen Ratnagar, *The End of the Great Harappan Tradition*, Neu-Delhi 2000, S. 32.
15 Wheeler, *Indus Civilization* (Anm. 13), S. 54.
16 Ebd., S. 72.
17 Ratnagar, *Great Harappan Tradition* (Anm. 14), S. 69–73.
18 Wheeler, *Indus Civilization* (Anm. 13), S. 55.
19 Ratnagar, *Great Harappan Tradition* (Anm. 14); Nayanjot Lahiri (Hg.), *The Decline and Fall of the Indus Civilization*, Delhi 2000.
20 Jawaharlal Nehru, *Die Entdeckung von Indien*, Berlin 1959, S. 84.
21 Edwin Bryant, *The Quest for the Origins of Vedic Culture: The Indo-Aryan Migration Debate*, New York 2001; George Erdosy (Hg.), *The Indo-Aryans of Ancient South Asia: Language, Material Culture and Ethnicity*, Delhi 1995.
22 Thomas R. Trautmann, *Aryans and British India*, Berkeley 1997, S. 38.
23 Max Müller, »On the relation of the Bengali to the Arian and Aboriginal languages of India«, in: *Report of the Seventh Meeting of the British Association for the Advancement of Science*, London 1848, S. xxix-xli.
24 Smith, *Oxford History* (Anm. 6), S. 2, S. 32.
25 Thapar, *Early India* (Anm. 1), S. 85.
26 *Der Rig-Veda*, aus dem Sanskrit ins Deutsche übersetzt von K. F. Geldner, *Harvard Oriental Series* 33–36, Cambridge 1951, 1.164.33.
27 Geldner, *Rig-Veda* (Anm. 26), 1.92.4–15.
28 Ebd., 4.38.5–8.
29 Karen Armstrong, *Buddha*, Berlin 2004, S. 8–19.
30 *Upanishaden. Altindische Weisheit aus Brâhmanas und Upanishaden*, Düsseldorf und Köln 1958, S. 201.
31 Trevor Ling, *The Buddha: Buddhist Civilization in India and Ceylon*, London 1973, S. 109.
32 Ebd., S. 16–17, S. 107 f.
33 Stanley Wolpert, *A New History of India*, New York 1982, S. 50.
34 D. D. Kosambi, *The Culture and Civilization of Ancient India in Historical Outline*, Delhi 1970.
35 Ling, *The Buddha* (Anm. 31), S. 106.
36 T. W. Rhys Davids, *Buddhist India*, London 1903, S. 190–194.
37 Ebd., S. 263.
38 Smith, *The Oxford History* (Anm. 6), S. 80.
39 Romila Thapar, *Aśoka and the Decline of the Mauryas*, Oxford 1961, S. 256; dt. zit. nach *Die Edikte des Kaisers Aśoka*, übers. von W. Schu-

Anmerkungen

macher, Konstanz 1948 (13. Felsen-Edikt); der vollständige Text ist zugänglich unter www.palikanon.de/diverses/asoka/asok_ndx.html.
40 Jawaharlal Nehru, Die Entdeckung von Indien, Berlin 1959, S. 163.
41 Smith, Oxford History (Anm. 6), S. 77.
42 Thapar, Aśoka (Anm. 39), S. 266.
43 Thapar, Early India (Anm. 1), S. 353.
44 Burton Stein, A History of India, Oxford 1998, S. 121.
45 Hermann Kulke/Dietmar Rothermund, Geschichte Indiens. Von der Induskultur bis heute, München 1998, S. 110.
46 Catherine B. Asher/Cynthia Talbot, India Before Europe, Cambridge 2006, S. 9.
47 S. Arasaratnam, Ceylon, Englewood Cliffs 1964, S. 52.
48 Wink, Al-Hind (Anm. 2), S. 226.
49 K. M. de Silva, A History of Sri Lanka, Neu-Delhi 2005, S. 40–42.
50 K. A. Wittfogel, Die orientalische Despotie: eine vergleichende Untersuchung totaler Macht, Köln 1962.
51 K. N. Chaudhuri, Trade and Civilisation in the Indian Ocean: An Economic History from the Rise of Islam to 1750, Cambridge 1985, S. 29.
52 Brajadulal Chattopadhyaya, The Making of Early Medieval India, Delhi, 1994, S. 61.
53 Romila Thapar, A History of India, Bd. 1, Harmondsworth 1966, 6. Kapitel.
54 R. S. Sharma, Indian Feudalism, Neu-Delhi 1965; Wink, Al-Hind (Anm. 2), Bd. 1, S. 221 f.
55 A. L. Basham, The Wonder that was India, Neu-Delhi 1981, S. 69.
56 Paul Dundas, The Jains, 2. Aufl., London 2002, S. 1, S. 127.
57 Bhagavadgītā II, S. 22–24; dt. zit. nach: Die Bhagavadgîtâ, übers. und hg. von Richard Garbe, Darmstadt 1978, S. 86.
58 Bhagavadgītā X, S. 32, S. 39, S. 40; dt. zit. nach: Die Bhagavadgîtâ (Anm. 57), S. 128 f.
59 R. C. Zaehner, Hinduism, Oxford 1966, S. 10.
60 Richard Lannoy, The Speaking Tree: A Study of Indian Culture and Society, London 1971, S. 206.
61 Zaehner, Hinduism (Anm. 59), S. 44 f., 46; dt. zit. nach Die Gesetze des Manu, übers. von J. Ch. Hüttner, Husum 1981, S. 44.
62 Zaehner, Hinduism (Anm. 59), S. 197 f.; dt. zit. nach Die Gesetze des Manu (Anm. 61), S. 120, S. 212.
63 Die Gesetze des Manu (Anm. 61), S. 43.
64 Basham, The Wonder (Anm. 55), S. 419; dt. zit. nach Kalidasa, Werke, übers. von J. Mehlig, Leipzig 1983, S. 234 f.
65 Valmiki, Rāmāyaṇa, München 1994 (gekürzte Übertragung); eine

vollständige dt. Übertragung findet sich unter www.ramayana.pushpak.de; siehe dort Buch 3: Buch des Waldes.
66 Basham, *The Wonder* (Anm. 55), S. 428; dt. zit. nach Jayadeva, *Gītagovinda. Lieder zum Lob Govindas*, übers. von E. Steinbach, Frankfurt am Main 2008, S. 33.
67 Dominik Wuyastyk, *The Roots of Āyurveda*, Neu-Delhi 2001, S. 1 f.
68 A. L. Basham, »The Practice of Medicine in Ancient and Medieval India«, in: Charles Leslie (Hg.), *Asian Medical Systems: A Contemporary Study*, Berkeley 1976, S. 23.
69 Wuyastyk, *The Roots of Āyurveda* (Anm. 67), S. 23.

II Spätmittelalter und frühe Neuzeit: 1200–1750

70 Romila Thapar, *Somanatha: The Many Voices of a History*, Neu-Delhi 2004.
71 Smith, *The Oxford History* (Anm. 6), S. 223, S. 256.
72 H. A. R. Gibb (Hg.), *Ibn Battuta: Travels in Asia and Africa, 1325–1354*, London 1929, S. 22.
73 Richard M. Eaton, »Temple Desecration and Indo-Muslim States«, in: Ders., *Essays on Islam and Indian History*, Neu-Delhi 2000, 4. Kapitel.
74 Henry M. Elliot/John Dowson, *The History of India as Told by Its Historians*, Bd. 3, Cambridge 1931, S. 332.
75 Peter Jackson, *The Delhi Sultanate: A Political and Military History*, Cambridge 1999, S. 295.
76 Ibn Battuta, *Reisen ans Ende der Welt. 1325–1353*, hg. von H. D. Leicht, Stuttgart 1985, S. 84.
77 Ibn Battuta, *Reisen* (Anm. 76), S. 85 f.
78 Phillip B. Waggoner, »›Sultan among Hindu Kings‹: Dress, Titles, and the Islamicization of Hindu Culture at Vijayanagara«, in: *Journal of Asian Studies* 55 (1996), S. 851–880.
79 Burton Stein, *Vijayanagara*, Cambridge 1989; Asher/Talbot, *India Before Europe* (Anm. 46) 3. Kapitel.
80 John F. Richards, *The Mughal Empire* (Cambridge 1993), S. xv, S. 1; John F. Richards, *The Unending Frontier: An Environmental History of the Early Modern World*, Berkeley 2003, S. 30.
81 Bamber Gascoigne, *The Great Moghuls*, Neu-Delhi 1971, 2. Kapitel.
82 Ira M. Lapidus, *A History of Islamic Societies*, Cambridge 1988, S. 441; S. M. Ikram, *Muslim Civilization in India*, New York 1964, S. 143.
83 Abul Fazl, *Ā'īn-i-Akbarī*, Kalkutta 1927, Bd. 3, S. 399.

84 Harbans Mukhia, *The Mughals of India*, Oxford 2001, S. 45.
85 Abul Fazl, *Ā'īn-i-Akbarī* (Anm. 14), Bd. 1, S. 3.
86 Ikram, *Muslim Civilization* (Anm. 13), S. 176.
87 Stephen P. Blake, *Shahjahanabad: The Sovereign City in Mughal India, 1639–1739*, Cambridge 1991, S. 136.
88 Richards, *Mughal Empire* (Anm. 80), S. 213.
89 Gascoigne, *The Great Moghuls*, Delhi 1971, S. 149, S. 192.
90 Richards, *Mughal Empire* (Anm. 80), S. xv.
91 François Bernier, *Travels in the Mughal Empire, AD 1656–1668*, Westminster 1891, S. 252.
92 Z. M. Babur, *Die Erinnerungen des ersten Großmoguls von Indien: das Babur-nama*, Zürich 1988, S. 682, S. 689.
93 Richard M. Eaton, *The Rise of Islam and the Bengal Frontier, 1204–1760*, Berkeley 1993, S. 228 f.
94 Irfan Habib, »Agrarian Economy«, in: Tapan Raychaudhuri/Irfan Habib (Hg.), *The Cambridge Economic History of India*, Bd. 1, *c. 1200 – c. 1750*, Cambridge 1982, S. 48–53.
95 Eaton, *Rise of Islam* (Anm. 93), S. 169; vgl. Bernier, *Travels* (Anm. 22), S. 437–443.
96 Donald F. Lach, *India in the Eyes of Europe: The Sixteenth Century*, Chicago 1965, S. 487.
97 Asher/Talbot, *India Before Europe* (Anm. 46), S. 77.
98 K. N. Chaudhuri, *Trade and Civilization in the Indian Ocean: An Economic History from the Rise of Islam to 1750*, Cambridge 1985, S. 63.
99 B. B. Kling und M. N. Pearson, *The Age of Partnership: Europeans in Asia before Dominion*, Honolulu 1979.
100 A. Dasgupta, »Indian Merchants and the Trade in the Indian Ocean, c. 1500–1750«, in: Raychaudhuri/Habib, *Cambridge Economic History*, Bd. 1, (Anm. 94), S. 408, S. 432 f.
101 Edward C. Sachau (Hg.), *Alberuni's India*, London 1910, S. 7, 17, S. 19–20, S. 22–23.
102 Richard M. Eaton, »Islam«, in Francis Robinson (Hg.), *The Cambridge Encyclopedia of India, Pakistan, Bangladesh, Sri Lanka, Nepal, Bhutan and the Maledives*, Cambridge 1989, S. 342 f.
103 Robinson, *Cambridge Encyclopedia* (Anm. 102), S. 340; Richard Lannoy, *The Speaking Tree: A Study of Indian Culture and Society*, London 1971, S. 71.
104 Edward C. Dimock Jr., »Doctrine and Practice among the Vaiṣṇavas of Bengal«, in: Milton Singer (Hg.), *Krishna: Myths, Rites and Attitudes*, Chicago 1966, S. 61.
105 J. S. Grewal, *The Sikhs of the Punjab*, Cambridge 1990, S. 40.

III Südasien in der Kolonialzeit: 1750–1947

106 Philip Lawson, *The East India Company: A History*, London 1993, S. 69.
107 P. J. Marshall, *Bengal: The British Bridgehead. Eastern India, 1740–1828*, Cambridge 1987.
108 P. J. Marshall, »Western arms in maritime Asia in the early phases of expansion«, in: *Modern Asian Studies* 14 (1980), S. 13–28.
109 David Arnold, »European orphans and vagrants in India in the nineteenth century«, in: *Journal of Imperial and Commonwealth History* 7 (1979), S. 104–127.
110 William Dalrymple, *White Mughals: Love and Betrayal in Eighteenth-Century India*, London 2002.
111 Christopher Hawes, *Poor Relations: The Making of a Reluctant Community in British India, 1773–1833*, Richmond 1996.
112 P. J. Marshall, *East Indian Fortunes: The British in Bengal in the Eighteenth Century*, Oxford 1976.
113 Lawson, *The East India Company* (Anm. 106), S. 128.
114 C. A. Bayly, *Empire and Information: Intelligence Gathering and Social Communication in India, 1780–1870*, Cambridge 1996.
115 Thomas R. Metcalf, *The Aftermath of Revolt: India, 1857, 1870*, Princeton 1965, S. 297 f.
116 James Sykes (1853), zit. in Robert Eric Frykenberg, *Guntur District, 1788–1848: A History of Local Influence and Central Authority in South India*, Oxford 1965, S. 233; Anil Seal, *The Emergence of Indian Nationalism: Competition and Collaboration in the Later Nineteenth Century*, Cambridge 1968, S. 1.
117 Thomas R. Metcalf, *Ideologies of the Raj*, Cambridge 1994.
118 Anand A. Yang, *The Limited Raj: Agrarian Relations in Colonial India. Saran District, 1793–1920*, Berkeley 1989, S. 3 f.
119 Bayly, *Empire and Information* (Anm. 114), S. 314.
120 Dipesh Chakrabarty, »Foreword« zu: *The Bernard Cohn Omnibus*, Neu-Delhi 2004, S. xv.
121 Bernard S. Cohn, »The command of language and the language of command«, in: Ranajit Guha (Hg.), *Subaltern Studies* IV, Delhi 1985, S. 289.
122 Ebd., S. 294.
123 Die Orientalistik als wissenschaftliche Fachdisziplin ist zu unterscheiden vom »Orientalismus«, den etwa Edward Said in seinem Buch *Orientalism*, London 1978, kritisiert hat; dt. siehe Neuübersetzung: *Orientalismus*, Frankfurt am Main 2009.

124 James Mill, *The History of British India*, London 1858, Bd. 1, S. 116 f., S. 176, S. 284–289, S. 296, S. 311, S. 323, S. 326; Bd. 2, S. 131 f.
125 Wilsons »Preface« ebendort (Anm. 124), Bd. 1, S. xii.
126 Lynn Zastoupil/Martin Moir (Hg.), *The Great Indian Education Debate*, Richmond 1999, S. 165, S. 171.
127 Eric Stokes, *The English Utilitarians and India*, Oxford 1959, S. 29, S. 31.
128 Nicholas B. Dirks, *Castes of Mind: Colonialism and the Making of Modern India*, Princeton 2001, S. 22.
129 W. W. Hunter, »Preface to the First Edition«, *The Imperial Gazetteer of India*, London 1885, S. xxxi f.
130 Stewart N. Gordon, »Scarf and Sword: Thugs, marauders, and state-formation in 18th century Malwa«, in: *Indian Economic and Social History Review* 6 (1969), S. 403.
131 Frank Perlin, »Proto-industrialization and pre-colonial South Asia«, in: *Past & Present* 98 (1983), S. 52.
132 T. H. Beaglehole, *Thomas Munro and the Development of the Administrative Policy in Madras, 1792–1818*, Cambridge 1966, S. 8.
133 Malcolm Lyall Darling, *The Punjab Peasant in Prosperity and Debt*, London 1925, S. 73.
134 Ian J. Kerr, *Building the Railways of the Raj, 1850–1900*, Delhi 1995, S. 162 f.
135 M. N. Das, *Studies in the Economic and Social Development of Modern India, 1848–1856*, Kalkutta 1959, S. 96.
136 Madhav Gadgil/Ramachandra Guha, *This Fissured Land: An Ecological History of India*, Delhi 1992, S. 116–135.
137 W. Schlote, *British Overseas Trade from 1700 to the 1930s*, Oxford 1952, S. 170–172.
138 Hugh Tinker, *A New System of Slavery: The Export of Indian Labour Overseas, 1830–1920*, London 1974.
139 *Report of the Indian Famine Commission*, London 1880, Teil 2, S. 175.
140 Michelle Burge McAlpin, *Subject to Famine: Food Crises and Economic Change in Western India, 1860–1920*, Princeton 1983.
141 F. A. Nicholson, *Manual of the Coimbatore District*, Madras 1887, S. 276.
142 Ira Klein, »Death in India«, in: *Journal of Asian Studies* 32 (1973), S. 639–659.
143 Anil Seal, *The Emergence of Indian Nationalism: Competition and Collaboration in the Later Nineteenth Century*, Cambridge 1968, S. 17.
144 David Kopf, *British Orientalism and the Bengal Renaissance: The Dynamics of Indian Modernization, 1773–1835*, Berkeley 1969.

145 William T. de Bary, *Sources of Indian Tradition*, Bd. 2, New York 1958, S. 20.
146 Geraldine Forbes, *Women in Modern India*, Cambridge 1996, S. 10.
147 de Bary, *Sources*, Bd. 2 (Anm. 145), S 99.
148 Herbert Risley, *The People of India*, London 1915, S. 26.
149 Thomas R. Metcalfe, *Ideologies of the Raj*, Cambridge 1994, Kap. 4.
150 P. D. Bonarjee, *A Handbook of the Fighting Races of India*, 1889, S. 12, S. 125.
151 James Mill, *The History of India*, London [1817] 1858, S. 309.
152 Risley, *People of India* (Anm. 148), S. 171.
153 Lalita Panigrahi, *British Social Policy and Female Infanticide in India*, Neu-Delhi 1972, S. 155.
154 Meredith Borthwick, *The Changing Role of Women in Bengal, 1849–1905*, Princeton 1984, S. 6.
155 Forbes, *Women in Modern India* (Anm. 146), S. 49.
156 T. H. Holdich, *India*, London 1904, S. 225.
157 de Bary, *Sources*, Bd. 2 (Anm. 145) S. 159.
158 C. H. Philips (Hg.), *The Evolution of India and Pakistan, 1858–1947: Select Documents*, London 1962, S. 194.
159 Ebd., S. 264.
160 Francis Watson, *The Trial of Mr Gandhi*, London 1969, S. 115.
161 David Arnold, *Gandhi*, Harlow 2001, S. 153.
162 Philips (Hg.), *Evolution* (Anm. 158), S. 342.
163 Anthony J. Parel, *M. K. Gandhi: Hind Swaraj and other Writings*, Cambridge 1997, S. 48 f.
164 de Bary, *Sources*, Bd. 2. (Anm. 145), S. 215.

IV Südasien seit 1947

165 Urvashi Butalia, *The Other Side of Silence: Voices from the Partition of India*, Neu-Delhi 1998, S. 3; Joya Chatterji, »Right or charity? The debate over relief and rehabilitation in West Bengal, 1947–50«, in: Suvir Kaul (Hg.), *The Partition of Memory: The Afterlife of the Division of India*, Delhi 2001, S. 102–103.
166 »Introduction«, in: Christophe Jaffrelot (Hg.), *A History of Pakistan and Its Origins*, London 2002, S. 2–5.
167 Selig S. Harrison, *India: The Most Dangerous Decades*, Princeton 1960.
168 »East Bengal«, in: Jaffrelot (Hg.), *History of Pakistan* (Anm. 166), S. 55.

169 de Silva, *A History of Sri Lanka* (Anm. 49), S. 673.
170 Ramachandra Guha, *India after Gandhi: The History of the World's Largest Democracy*, London 2007, S. 594.
171 Angus Maddison, *Class Structure and Economic Growth: India and Pakistan since the Moghuls*, London 1972, S. 105.
172 Geoffrey Ostergaard, *Non-Violent Revolution in India*, Neu-Delhi 1985.
173 B. R. Tomlinson, *The Political Economy of the Raj, 1914–1947: The Economics of Decolonization in India*, London 1979.
174 *Report of the Indian Tariff Board on the Bicycle Industry*, Bombay 1946.
175 Gunnar Myrdal, *Asiatisches Drama. Eine Untersuchung über die Armut der Nationen*, Frankfurt am Main 1973.
176 Joseph E. Schwartzberg (Hg.), *A Historical Atlas of South Asia*, New York 1992, S. 129.
177 Dietmar Rothermund, *Indien: Aufstieg einer asiatischen Weltmacht*, München 2008.
178 Tim Dyson, »Indian historical demography: developments and prospects«, in: Ders. (Hg.), *India's Historical Demography: Studies in Famine, Disease and Society*, London 1989, S. 6.

Ausgewählte Literatur

Allgemeine Literatur

Äußerst nützlicher Überblick über die Geschichte Südasiens seit der Mogulzeit.
Bose, Sugata und Jalal, Ayesha, *Modern South Asia*, London 2005

Sehr gut lesbare Darstellung.
Keay, John *India: A History*, London 2000

Übersichtliche Darstellung der älteren indischen Geschichte, die sich in einem separaten Teil eingehend mit aktuellen Forschungsfragen (Periodisierung, Geschichtsschreibung, Arya-Debatte, Staatsdefinition, Urbanisierung, Indian Ocean Studies) beschäftigt und über eine reichhaltige Bibliographie verfügt, die als Studiengrundlage dienen kann.
Kulke, Hermann, *Indische Geschichte bis 1750*, München 2005

Besonders nützlich für einen Einblick in die Antike und das Mittelalter in Indien.
Kulke, Hermann/Rothermund, Dietmar, *Geschichte Indiens*, 2. verb. und aktual. Aufl., München 1998

Eindrucksvoller Überblick über die Geschichte Indiens seit der Mogulzeit.
Metcalf Thomas R./Metcalf, Barbara D., *A Concise History of India*, 2. Aufl., Cambridge 2006

Guter Ausgangspunkt für einen allgemeinen Überblick zur Region in sieben Teilen, die sich mit den Themen Umwelt und Bevölkerung, Geschichte und Gesellschaft, Religionsgemeinschaften, Literatur und Künste, Bildung und Gesundheitswesen, Forschung und Technologie sowie Staat und Wirtschaft befassen.
Rothermund, Dietmar (Hg.), *Indien: Kultur, Geschichte, Politik, Wirtschaft, Umwelt: Ein Handbuch*, München 1995
de Silva, K. M., *A History of Sri Lanka*, Neu-Delhi 2005

Eine der besten interpretierenden Darstellungen der indischen Geschichte.
Stein, Burton, *A History of India*, Oxford 1998

Nützliche Überblicksdarstellungen.
Talbot, Ian, *Pakistan: A Modern History*, 2. Aufl., London 2008
John Whelpton, *A History of Nepal*, Cambridge 2005

Immer noch die beste Gesamtdarstellung der überlieferten Literatur in Sanskrit und Mittelindisch, die zu den wichtigsten Quellen einer Rekonstruktion der indischen Geistes- und Kulturgeschichte zählt.
Winternitz, Moriz, *Geschichte der indischen Litteratur* (3 Bände), Leipzig 1920 (Die Litteraturen des Ostens in Einzeldarstellungen, bearb. v. G. Alexici/A. Bertholet u.a., 9.1–3)

I Die Grundlagen der südasiatischen Kultur: um 2500–1200 v. Chr.

Gesellschaft und Kultur

Maßgebliche Darstellung der antiken Zivilisation in Südasien.
Allchin, Bridget/Allchin, Raymond, *Origins of a Civilization: The Prehistory and Early Archaeology of South Asia*, Neu-Delhi 1997

Inzwischen etwas veraltet, aber immer noch die eloquenteste und einflussreichste Darstellung des alten Indien.
Basham, A. L., *The Wonder that was India*, Neu-Delhi 1967

Eine nützliche Zusammenstellung von Ergebnissen und Positionen der Arbeiten zu diesem Medium, in dem die oft erst oral überlieferten indischen Texte Gegenstand der Forschung sind.
Falk, Harry, *Schrift im alten Indien: Ein Forschungsbericht mit Anmerkungen*, Tübingen 1993

Breitgefächerter und reich bebilderter Sammelband mit guten einführenden Beiträgen insbesondere zur Kulturgeschichte Indiens.
Franz, Heinrich Gerhard, *Das alte Indien: Geschichte und Kultur des indischen Subkontinents*, München 1990

Tagungsband mit methodisch reflektierten, quellennahen Beiträgen zur Rekonstruktion der politischen und rechtlichen Infrastrukturen der klassischen Zeit.
Kölver, Bernhard (Hg.), *Recht, Staat und Verwaltung im klassischen Indien*, München 1997

Das Werk eines der führenden Historiker der indischen Geistesgeschichte.
Kosambi, D. D., *Das alte Indien*, Berlin 1969

Versuch einer Rekonstruktion des Textes, der in der Inschriftenserie der großen Felsenedikte überliefert ist, mit synoptischer Wiedergabe von Quelle und Übersetzung.
Schneider, Ulrich, *Die großen Felsen-Edikte Aśokas: Kritische Ausgabe, Übersetzung und Analyse der Texte*, Wiesbaden 1978

Eine meisterhafte Darstellung der Zeit.
Thapar, Romila, *Early India: From the Origins to AD 1300*, London 2002

Studie auf breiter Quellenbasis zur funktionalen Verankerung dieser wichtigen Zentralmacht des klassischen Indien in den Regionen ihres Reiches.
Virkus, Fred, *Politische Strukturen im Guptareich (300–550 n. Chr.)*, Wiesbaden 2004

Knappe, aber sehr konzise Darstellung der altindischen Geschichte bis zur Zeit des Gupta-Reiches, auf vergleichsweise aktuellem Forschungsstand.
Witzel, Michael, *Das alte Indien*, München 2003

Wirtschaft

Einflussreiche Arbeit, die Südasien in den umfassenden Kontext des See- und Überlandhandels stellt.
Chaudhuri, K. N., *Trade and Civilisation in the Indian Ocean: An Economic History from the Rise of Islam to 1750*, Cambridge 1985

Einführung in eine wichtige Frage der Geschichtsschreibung.
Mukhia, Harbans, »Was there Feudalism in Indian History?«, *Journal of Peasant Studies* 8 (1981), S. 228–251

Von zentraler Bedeutung für die Feudalismusdebatte.
R. S. Sharma, *Indian Feudalism*, Neu-Delhi 1965

Überzeugende Argumentation für eine Betrachtung Indiens im Rahmen der islamischen Welt.
Wink, André, *Al-Hind: The Making of the Indo-Muslim World*, Bd. 1: *Early Medieval India and the Expansion of Islam*, Leiden 1991

II Spätmittelalter und frühe Neuzeit: 1200–1750

Staat und Politik

Maßgebliche Aufsatzsammlung.
Alam, Muzaffar und Subrahmanyam, Sanjay (Hg.), *The Mughal State, 1526–1750*, Neu-Delhi 1998

Ein Buch, das zahlreiche Stränge der mittelalterlichen und frühneuzeitlichen Geschichte Indiens zusammenfügt.
Asher, Catherine B./Talbot, Cynthia, *India Before Europe*, Cambridge 2006

Eine ausgezeichnete Untersuchung.
Gordon, Stewart, *The Marathas, 1600–1818*, Cambridge 1993

Mit dem Gegenstand der Region als gemeinsamem Nenner befassen sich die Beiträge unter den Gesichtspunkten der politischen Geschichte, der Geistes- und Kulturgeschichte sowie der Sozial- und Umweltgeschichte mit Südasien in einer Neuzeit, die als überregionale Kategorie selbst problematisiert wird.
Preisendanz, Karin/Rothermund, Dietmar (Hg.), *Südasien in der »Neuzeit«: Geschichte und Gesellschaft, 1500–2000*, Wien 2003

Die beste einbändige Darstellung des Mogulreichs.
Richards, John F., *The Mughal Empire*, Cambridge 1996

Wirtschaft

Klassische Darstellung der Wirtschaft des Mogulreichs und ihrer Mängel.
Habib, Irfan, *The Agrarian System of Mughal India, 1556–1707*, Bombay 1963

Wichtige Synthese.
Raychaudhuri, Tapan/Habib, Irfan (Hg.), *The Cambridge Economic History of India*, Bd. 1, c. 1200 – c. 1750, Cambridge 1982

Über das erste europäische Kolonialreich in Asien.
Subrahmanyam, Sanjay, *The Portuguese Empire in Asia, 1500–1700: A Political and Economic History*, Harlow 1993

Gesellschaft, Religion und Kunst

Ausgezeichnete Einführung.
Asher, Catherine, *Architecture of Mughal India*, Cambridge 1992

Enthält wichtige Aufsätze zu einem revidierten Bild.
Gilmartin, David/Lawrence, Bruce B. (Hg.), *Beyond Turk and Hindu: Rethinking Religious identities in Islamicate South Asia*, Gainesville, Florida, 2000

Zeichnet den Aufstieg der Sikhs und ihrer Religion nach.
Grewal, J. S., *The Sikhs in the Punjab*, Cambridge 1990

Bietet einen guten Überblick über ein sehr umfangreiches Gebiet.
Guy, John und Swallow, Deborah (Hg.), *Arts of India, 1500–1900*, London 1990

III Südasien in der Kolonialzeit: 1750–1947

Staat und Politik

Darstellung des Jahrhunderts und seiner Bedeutung.
Alavi, Seema (Hg.), *The Eighteenth Century in India*, Neu-Delhi, 2002

Stellt Südasien in den Rahmen einer wachsenden kolonialen Welt.
Bayly, C. A., *Indian Society and the Making of the British Empire*, Cambridge 1988

Eine von Sympathie getragene Darstellung des Lebens Gandhis.
Brown, Judith M., *Gandhi: Prisoner of Hope*, New Haven 1989

Wichtige Sammlung von Aufsätzen zu Unterschichtrevolten.
Hardiman, David (Hg.) *Peasant Resistance in India, 1858–1914*, Delhi 1992

Kritische Neubewertung des Mannes, der als der »Vater Pakistans« gilt.
Jalal, Ayesha, *The Sole Spokesman: Jinnah, the Muslim League and the Demand for Pakistan*, Cambridge 1985

Lebendige Darstellung der Teilung und ihrer Folgen.
Khan, Yasmin, *The Great Partition: The Making of India and Pakistan*, New Haven 2007

Der Aufstieg der britischen Herrschaft in Indien, dargestellt im breiteren Rahmen des Kolonialismus.
Marshall, P. J., *The Making and Unmaking of Empires: Britain, India, and America, c. 1750–1783*, Oxford 2005

Einer der besten Versuche, die ideologischen Aspekte der britischen Herrschaft in Indien aufzuzeigen.
Metcalf, Thomas R., *Ideologies of the Raj*, Cambridge 1994

Wirtschaft und Umwelt

Aufsatz über Krankheiten und Empire.
Klein, Ira, »Death in India, 1871–1921«, in: *Journal of Asian Studies* 32 (1973), S. 639–659

Wegweisende Aufsatzsammlung.
Kumar, Dharma (Hg.), *The Cambridge Economic History of India*, Bd. 2, *c. 1757–c. 1970*, Cambridge 1983

Neuerer Überblick über die Wirtschaftsgeschichte der Zeit.
Tomlinson, B. R. *The Economy of Modern India, 1860–1970*, Cambridge 1993

Verknüpft wirtschaftlichen und ökologischen Wandel auf der Insel.
Webb, J. L. A., *Tropical Pioneers: Human Agency and Ecological Change in the Highlands of Sri Lanka, 1800–1900*, Athens, Ohio, 2002

Gesellschaft und Religion

Faszinierende Darstellung volkstümlicher Einstellungen zu Gandhi.
Amin, Shahid, »Gandhi as Mahatma: Gorakhpur District, Eastern UP, 1921–1922«, in: Guha, Ranajit, (Hg.) *Subaltern Studies IV*, Delhi 1984, S. 1–61

Umfangreicher Überblick und Synthese.
Bayly, Susan, *Caste, Society and Politics in India from the Eighteenth Century to the Modern Age*, Cambridge 1999

Aufsatzsammlung zum Thema »Wissen als Macht«.
Cohn, Bernard S., *Colonialism and its Forms of Knowledge: The British in India*, Princeton 1996

Zusammenfassende Darstellung zur Lage der Frau in der Kolonialzeit und danach.
Forbes, Geraldine, *Women in Modern India*, Cambridge 1996

Auf einer Vorlesungsreihe basierende Einführung zu bedeutenden Ereignissen und Akteuren dieser Epoche, mit gleichermaßen historischem und indologisch-kulturgeschichtlichem Anspruch.
Hinüber, Oskar von, *Indiens Weg in die Moderne: Geschichte und Kultur im 19. und 20. Jahrhundert*, Aachen 2005

Nützliche Einführung in ein komplexes Thema.
Jones, Kenneth W., *Socio-Religious Reform Movements in British India*, Cambridge 1989

Hochangesehene Aufsatzsammlung zum Problem der Geschlechter.
Sangari, Kumkum/Vaid, Sudesh (Hg.), *Recasting Women: Essays in Colonial History*, Neu-Delhi 1989

IV Das zeitgenössische Südasien: 1947–2000

Staat und Politik

Umfassende Zusammenfassung zu den politischen Institutionen und Entwicklungen in Indien nach 1947.
Brass, Paul R., *The Politics of India since Independence*, Cambridge 1990

Eine Untersuchung zur Konstruktion von Geschichtsbildern und zu nationalistischen Bildungsprogrammen im modernen Indien.
Gottlob, Michael, *Historie und Politik im postkolonialen Indien*, Göttingen 2008

Ausgezeichnete und sehr gut lesbare Darstellung zur Geschichte Indiens nach 1947.
Guha, Ramachandra, *India after Gandhi: The History of the World's Largest Democracy*, London 2007

Eine der besten Interpretationen des modernen Indien.
Khilnani, Sunil, *The Idea of India*, London 1997

Kritische Untersuchung zur leidvollen Geschichte Sri Lankas.
Spencer, Jonathan, *Sri Lanka: History and Roots of a Conflict*, London 1990

Wirtschaft und Umwelt

Eindrucksvolle Einsichten in die Wandlungsprozesse in Indien.
Frankel, Francine, *India's Political Economy, 1947–1977: The Gradual Revolution*, Delhi 1978

Ein nützlicher Überblick.
Dyson, Tim/Cassen, Robert/Visaria, Léela (Hg.), *Twenty-First Century India: Population, Economy, Human Development and the Environment*, Neu-Delhi 2004

Ein neuerer Versuch, die Dynamik des Wandels im »neuen« Indien zu erfassen.
Rothermund, Dietmar, *Indien: Aufstieg einer asiatischen Weltmacht*, München 2008

Gesellschaft und Kultur

Überblick über Migrationsbewegungen der jüngeren Zeit und ihre Folgen.
Brown, Judith M., *Global South Asians: Introducing the Modern Diaspora*, Cambridge 2006

Reich illustrierte Darstellung der Frauenbewegung.
Kumar, Radha, *The History of Doing: An Illustrated Account of Movements for Women's Rights and Feminism in India, 1800–1990*, London 1993

Wickramasinghe, Nira, *Sri Lanka in the Modern Age: A History of Contested Identities*, London 2006

Zeittafel

v. Chr.

um 2500–1750	Indus- (Harappa-)Kultur
um 1500–1300	Einsickern von *āryas* nach Nordindien
um 1200	Entstehung des *Ṛgveda*
um 1000	indoarische Besiedlung Nordindiens; Eisenwerkzeuge
um 1000–500	Entstehung der späteren Veden
6. Jahrh.	erste Städte und Staaten in der Gangesebene
543–491	Regierungszeit Bambisaras von Magadha
483	Todesjahr des Buddha (nach traditioneller Auffassung)
327	Einfall Alexanders des Großen
321–297	Regierungszeit Candraguptas, des Gründers der Maurya-Dynastie
272–232	Regierungszeit Ashokas
um 250	drittes buddhistisches Konzil
250–210	Regierungszeit Devanampiya Tissas in Sri Lanka
185	Absetzung des letzten Maurya-Herrschers
180–165	Regierungszeit des Demetrius; indogriechische Herrschaft im Nordwesten
155–130	Regierungszeit Menanders
um 100	Eroberungen der Shakas
um 50	Aufstieg der Satavahana-Dynastie im Dekkan
ab 50	Handel mit Rom

n. Chr.

1. Jahrh.	Beginn der Kushana-Herrschaft
um 78	Thronbesteigung Kanishkas
3. Jahrh.	Anfänge des Bewässerungssystems in Sri Lanka

319–335	Regierungszeit Candraguptas I., des Gründers der Gupta-Dynastie
335–376	Regierungszeit Samudraguptas
376–415	Regierungszeit Candraguptas II.
404–411	Fa Hsiens Besuch in Indien
5. Jahrh.	Hunneneinfälle
543–566	Pulakeshin I. und Aufstieg der Calukyas
6. Jahrh.	Entstehung der Bhakti-Bewegung in Südindien
574–600	Aufstieg der Pallavas
606–647	Regierungszeit Harsha Vardanas
711	arabische Eroberung von Sind
871–907	Aditya I. gründet die Cola-Dynastie
985–1014	Rajaraja I. erweitert die Macht der Colas
1000–1025	Raubzüge Mahmuds von Ghazni
1017–1070	Besetzung Sri Lankas durch die Colas
1025	Expeditionen Rajendras I. nach Bengalen und Südostasien
um 1100	Khasa-Reich in Westnepal
1187–1196	Nissanka Malla, letzter bedeutender König Sri Lankas
1193	Ghuriden erobern Delhi
1200	Beginn der Malla-Zeit im Kathmandutal
1206	Gründung des Delhi-Sultanats durch Qutb al-Din Aibak
1211–1236	Regierungszeit Iltutmishs
1234	Mongolenangriff auf Lahore
1246–1279	Regierungszeit Rajendras III., des letzten Cola-Königs
1290–1320	Khalji-Sultane von Delhi
1320–1415	Tughluq-Sultane von Delhi
1324–1351	Regierungszeit Muhammad bin Tughluqs
1336	Gründung des Vijayanagara-Reichs
1347	Gründung des Bahmani-Königreichs
1398	Timur brandschatzt Delhi
1451–1526	Lodi-Dynastie in Delhi
1469–1539	Guru Nanak, Gründer des Sikhismus
1484–1512	Bahmani-Reich zerfällt in fünf Dekkan-Sultanate
1498	Vasco da Gama erreicht Kalikut
1510	Portugiesen besetzen Goa
1526–1530	Regierungszeit Baburs, des Gründers der Moguldynastie

Zeittafel

1540	Humayun wird von Sher Shah abgesetzt
1556–1605	Regierungszeit Akbars
1565	Schlacht von Talikota, Zusammenbruch von Vijayanagara
1600	Gründung der englischen Ost Indien Kompanie
1602	Die holländische Verenigde Oostindische Compagnie wird gegründet
1605–1627	Regierungszeit Jahangirs
1628–1657	Regierungszeit Shah Jahans
1658–1707	Regierungszeit Aurangzebs
1670	Shivaji plündert Surat
1688	Gefangennahme Shambajis
1708	Tod des letzten Gurus der Sikhs Gobind Singh
1714–1818	Herrschaft der Peshwas
1724	Nizam al-Mulk erlangt Unabhängigkeit in Haiderabad
1739	Nadir Shah plündert Delhi
1743	Prithvi Narayan Shah zum König der Gurkhas gekrönt
1744–1748	Karnataka-Kriege zwischen Briten und Franzosen
1757	Schlacht von Plassey
1760	Schlacht von Wandiwash
1770	Hungersnot in Bengalen
1784	Pitts India Act
1792	Chinesische Invasion Nepals
1792–1839	Herrschaft Ranjit Singhs im Panjab
1793	»Permanent Settlement« in Bengalen und Bihar
1795	britische Annexion Ceylons (Kronkolonie ab 1802)
1813	Ende des Handelsmonopols der Ost Indien Kompanie
1814–1816	Krieg zwischen Briten und Gurkhas
1815	Briten besiegen das Königreich Kandy
1818	Dritter Krieg zwischen Briten und Marathen
1833	Erneuerung der Satzung der Ost Indien Kompanie
1846	Jang Bahadur wird Premierminister Nepals
1849	britische Annexion des Panjab
1853	Eröffnung der ersten Eisenbahn in Indien
1857–1858	indische Meuterei und Rebellion
1858	Ende der Ost Indien Kompanie
1861	Indian Councils Act
1876–1878	größere Hungersnot in Indien

1877	*durbar* in Delhi; Königin Victoria wird zur Kaiserin von Indien gekrönt
1885	Gründung des Indischen Nationalkongresses
1891	Age of Consent Bill
1905	Teilung Bengalens; Entstehung der Svadeshi-Bewegung
1906	Gründung der Muslimliga
1909	Morley-Minto-Verfassungsreformen
1912	Verlegung der Hauptstadt Britisch-Indiens nach Delhi
1919	Jallianwala-Bagh-Massaker; Gründung des Ceylonesischen Nationalkongresses
1920	Government of India Act
1920–1922	Kooperationsverweigerungs- und Khilafat-Bewegung
1923	Briten erkennen vollständige Unabhängigkeit Nepals an
1930–1931	Bewegung des zivilen Ungehorsams in Indien
1931	Gandhi-Irwin-Pakt
1932	Wiederaufnahme des zivilen Ungehorsams
1935	Government of India Act
1942	*Quit-India*-Bewegung
1943	Hungersnot in Bengalen
1947	Teilung: Unabhängigkeit Indiens (14. August) und Pakistans (15. August)
1948	Ceylon wird unabhängig; Ermordung Gandhis (30. Januar)
1950	indische Verfassung tritt in Kraft
1951	Ende der Rana-Herrschaft in Nepal
1952	erste allgemeine Wahlen in Indien; erster Fünfjahresplan
1955	Konferenz der Blockfreien in Bandung
1956	Neuordnung der indischen Bundesstaaten
1959	erste demokratische Regierung in Nepal
1961	Indien annektiert Goa
1962	Indisch-Chinesischer Krieg
1964	Tod Nehrus
1965	Zweiter Indisch-Pakistanischer Krieg
1966	Indira Gandhi wird indische Premierministerin
1971	Dritter Indisch-Pakistanischer Krieg; Abspaltung Bangladeshs

Zeittafel

1972	neue Verfassung in Ceylon; Umbenennung in Sri Lanka
1975–1977	Notstandsregierung unter Indira Gandhi
1980	Rückkehr Indira Gandhis an die Macht
1984	Ermordung Indira Gandhis (31. Oktober); Nachfolger Rajiv Gandhi
1987–1990	indische Friedenstruppen in Sri Lanka
1991	Ermordung Rajiv Gandhis (21. Mai)
1992	Zerstörung der Babri Masjid in Ayodhya (6. Dezember)
1999	Rückkehr Pakistans zur Militärherrschaft unter General Pervez Musharraf

Abbildungsnachweis

Akg-images, Berlin: S. 179, 238, 266, 461, 483, 499, 545
Bildarchiv Preußischer Kulturbesitz, Berlin: S. 54, 115, 250, 357, 458
Juliet Miller: S. 98, 116, 146, 184, 193, 304, 528
Ullstein Bilderdienst, Berlin: S. 155, 177, 195

Trotz sorgfältiger Recherche konnten möglicherweise nicht alle Rechteinhaber ermittelt werden. Berechtigte Ansprüche können beim Verlag angemeldet werden und werden im üblichen Rahmen abgegolten.

Personen- und Ortsregister

Personenregister

Abul Fazl 241, 245 ff., 377
Advani, L. K. 525
Agnimitra 137
Ahirs (Nomadenvolk) 162
Ajatashatru 117
Ajit Singh 257
Akbar (Mogulkaiser) 128, 220, 235,
　239–259, 264, 267, 269, 271–274,
　278, 287, 289, 297, 304 ff., 306 f.,
　310, 312, 318
Ala al-Din Khalji 219
Alam II., Shah 331, 339
Alberuni (Abu Raihan) 199, 295, 373
Alberuni 199, 295, 373
Alexander von Makedonien 112–119
Alivardi Khan 326, 336
Amar Singh von Mewar 251
Ambarkhan, Husain 312
Ambedkar, Bhimrao Ramji 473 ff.,
　556
Amboina 290
Amir Hasan 298
Amir Khan 433
Amir Khusrau 298
Anathapindika 103 ff.
Angad 317
Arjun, Guru 251, 318
Arrian 115
Arunachal Pradesh 504
Aryabhata 199
Asher, Catherine 149
Ashoka (Kaiser) 18, 37, 102, 105,
　109 f., 124–139, 143, 147, 152, 185,
　192, 240, 367

Ashvaghosha 106
Attlee, Clement 484
Aurangzeb 235, 254–261, 267 f., 274,
　277, 283, 303, 318 f., 323 ff., 362
Awliya, Nizam al-Din 298
Aybak, Qutb al-Din 209–212, 216
Ayub Khan 509 f.

Babur, Muhammad 227, 236 ff.,
　240 f., 246, 251 f., 256, 277 f., 300,
　305, 330, 358, 525
Bahadur Shah Zafar 353
Baji Rao 329 f.
Bakhtiyar, Ikhtiyar al-Din Muhammad 210
Balaban, Ghiyath al-Din 216, 218 f.,
　223, 278
Balaji Baji Rao 330
Balaji Vishvanath 328 f.
Banda Bahadur 319
Bandaranaike (Familie) 513 ff.
Bandaranaike, Sirimavo 514 f.
Bandaranaike, W. E. D. 514
Basham, A. L. 175
Bentham, Jeremy 367, 369
Bentinck, Lord William 352, 369,
　373, 424 f.
Bernier, François 268, 362
Besant, Annie 451, 453, 459
Bhaskara II. 200
Bhaskara 199
Bhavamishra 200
Bhave, Vinoba 532
Bhils (Nomadenvolk) 162

Bhutto, Benazir 511
Bhutto, Zulfikar Ali 511, 533
Borhwick, Meredith 444
Brihadratha 137
Bukka 229 f.
Burke, Edmund 350

Caitanya 313 f.
Candragupta 118–123, 127 f., 130 f., 145–148, 151, 196 f., 209 f.
Cauhans (Clan) 150 f., 209 f.
Chatterjee, Bankim Chandra 455
Chelmsford, Lord (Vizekönig) 459
Cheng Ho 285
Chennai (Madras) 544
Cheshire 406
Chiang Kai-shek 520
Churchill, Winston 471, 479, 484
Clive, Robert 337, 348 f.
Colas (Volksgruppe) 128, 142, 152, 154 ff., 161, 168, 181, 197, 286, 309, 563
Cornwallis, Lord 351, 387 f.
Cotton, Arthur 393, 395
Cranganore 167
Curzon, Lord 385, 454

Dalai Lama 520
Dalhousie, Lord 343, 354, 397
Daniell, Thomas u. William 362
Dara Shukoh 254 ff., 306 f., 318
Dareios I. 113, 132
Dareios III. 113
Dayananda Saraswati, Swami 428 f.
Debendranath Tagore 425
Demetrius 137
Desai, Morarji 502
Devanampiya Tissa 125 f., 152
Devapala 151
Devaraya I. 230 ff.
Devaraya II. 230 ff.
Dharmapala 151
Dow, Alexander 19, 365
Dudu Miyan 432 f.
Dutt, R. C. 413 f., 448

Dutthagamini (Fürst) 153
Dwarkanath Tagore 419, 425
Dyer, Reginald 461 f., 506

Elara 153
Elphinstone, Mountstuart 369
Everest, George 375

Fa Hsien (Faxian) 169, 200
Farrukhsiyar 329, 335
Firishta 365
Firuz Shah 226, 393

Galen 306
Gandhi, Indira 499, 501 f., 506, 510, 519, 522 524, 533, 241, 550, 554
Gandhi, Mohandas Karamchand (»Mahatma«) 28, 95, 102, 316, 461–485, 498–508, 514, 518 f.
Gandhi, Rajiv 502, 522, 553
Gandhi, Sanjay 501
Gangohi, Rashid Ahmad 434
Gawan, Mahmud 228
Genghis Khan 217, 236, 246
Ghazi Malik 223
Ghulam Muhammad 509
Gobind Singh, Guru 318 f.
Godse, Nathuram 498, 524
Gokhale, Gopal Krishna 457
Gopala 151
Gurkhas 327, 331 f., 341, 359, 439, 457, 517
Gwalior 237, 269, 302, 330, 356

Habib, Irfan 280
Hadley, George 364
Halhed, H. B. 364
Hargobind, Guru 251, 257, 318
Harsha 150 f., 166, 169, 175, 177, 200
Harihara I. 229 f.
Hasan Bahman Shah 227 f.
Hasina Wajed 513
Hastings, Warren 349 f., 363 f.
Herodot 115

… Personenregister

Hitler, Adolf 66
Hivishka 140
Hodges, William 362
Hsuan Tsang 169
Hunnen 148 f., 154, 166
Hunter, W. W. 376 f.

Ibn Battuta 224, 265, 296
Iltutmish, Shams al-Din 216 ff., 220
Ilyas, Shams al-Din 308
Indraprastha 81
Iqbal, Muhammad 481 f.
Irwin, Lord 470 f., 473
Itimad al-Daula 303

Jahan, Shah 243, 249–259, 265 f., 268, 272, 278, 302–305, 307, 318, 324
Jahangir 243, 249–252, 262 f., 565, 297, 303 ff., 318, 324
Jakob, König v. England 262
Jalal al-Din Firuz Khalji 219
Jammu 495
Jamshedji Jeejeebhoy 410
Jayacandra Gahadavala 29 f.
Jayadeva 191
Jayawardenes, J. R. 515
Jeejeebhoy, Jamshedji 410
Jinnah, Muhammad Ali 475, 482 ff., 491, 508
Jnatrikas (Kriegerclan) 93
Jodh Bai 243
Jones, Sir William 67, 365–368
Juden 17, 285, 410

Kabir 315 f.
Kabula 225
Kadphises II. 139
Kafur, Malik 222
Kakkuka 162
Kalidasa 189, 191
Kanwar, Roop 555
Karnataka 124, 126, 128, 150, 176, 233, 272, 325, 502 f., 551
Kautalya Canakya 121
Kharavela 142

Khurram 251 f.
Khusrau 249 ff., 318
Konfuzius 90
Kosala (Volksstamm) 81, 88
Kosambi, D. D. 101
Krishna Devaraya 232 f.
Kujala Kadphises 139
Kumaragupta 148 f.
Kushana (Volksstamm) 137–140, 166
Kyros (der Große) 113

Lambton, William 374 f.
Liaquat Ali Khan 508 f.
Linlithgow, Lord 478
Linschoten, Jan van 282
Lloyd George, David 381
Lodi (Dynastie) 213, 227, 236 f., 239, 284, 300, 308, 316

Macaulay, T. B. 370, 373, 418
MacDonald, Ramsay 472
Madhava Rao 331
Mahalanobis, P. C. 537
Mahapadma Nanda 117
Mahasena 159
Mahendravarman I. 152
Mahmud Gawan 228
Mahmuds von Ghazni 207–209, 215, 236, 262, 267
Malik Ambar 215, 305
Manavamma 154
Marathen 258–261, 277, 312–314, 324, 328–331, 339–343, 350, 354 f., 376 ff., 386, 390, 413, 451, 495
Mathura 139, 148, 176, 180 f., 256 f., 314
Mauryas (Dynastie) 37, 39, 112, 117–137, 140 ff., 148, 163–166, 173, 197, 245, 563
McAlpin, Michelle 413 f.
Medas (Nomadenvolk) 162
Megasthenes 119–124, 129 f., 362
Mehta, Narasimha 313
Milinda 138
Ming-Dynastie 235, 285 f.

Minto, Lord 456
Mira Bai 312
Mizoram 504
Mongolen 213, 216–226, 235 ff.
Montagu, Edwin 459
Montesquieu 268
Moore, Thomas 362
Mountbatten, Lord 484, 489
Mubarak Shah, Qutb al-Din 222
Muhammad Quli Qutb Shah von Golkonda 298
Muhammad, von Ghur, Sultan 209 ff.,
Mukhia, Harbans 244
Mumtaz Mahal 252 ff.
Munro, Thomas 389 f.
Muntoji Bahmani, Shah 312
Murad Bakhsh 254
Murshid Quli Khan 326
Musharraf, Pervez 511
Myrdal, Gunnar 538

Nadir Shah 262, 323, 327, 330, 333
Namadeva 311 f.
Nanak, Guru 316 f.
Nanautawi, Muhammad Qasim 434
Nanda, Mahapadma 117 f.
Naoroji, Dadabhai 448, 453
Narasimha Rao, P. V. 547
Narasimha, Vira 152, 232
Narasimhavarman 152
Narayan, Jayaprakash 501
Narendranath Datta s. a. Vivekananda
Nazamuddin, Khwaja 509
Nehru, Jawaharlal 63, 127, 468 f., 474–478, 485, 490–504, 513, 517–524, 537–553, 565
Nehru, Motilal 468 f.
Nissanka Mallas 156
Nizam al-Din Awliya 298

Parsen 284, 307, 410, 422
Parshva, Guru 93
Patel, Vallabhbhai 474, 485, 498 f., 500, 503

Pathanen 839 f., 511
Patna 117, 237, 292
Perser 113, 118, 163
Phule, Jotirao 442
Pitt, William 350
Prasad, Rajendra 474, 500
Prithvi Narayan Shah 327, 331 f.
Prithviraja 209
Pulakeshin II. 150 f.
Pushyamitra Shunga 137

Qasim, Mir 332, 337

Radcliffe, Sir Cyril 490
Rahman, Mujibur 512 f.
Rajagopalachari, C. 474
Rajaraja (der Große) 155, 185
Rajendra 155 f.
Rajputen 140 f., 150 f., 162, 188, 196, 209 f., 217, 221, 241–248, 257 ff., 273, 308, 348, 353, 359, 438 f., 451
Ramabai, Pandita 446 f.
Ramanand 314
Ramanuja 185 f.
Rana Bahadur Shah 332
Rana Sanga von Mewar 220, 237, 241, 257, 259, 313
Richards, John F. 234 f., 260, 266
Risley, Herbert 438, 443
Roe, Sir Thomas 262 f., 265, 292
Roy, Ram Mohan 423 ff., 444
Rudrasena 147
Rukhmabai 445
Rukmini 181
Ruskin, John 462

Saadat Khan 325
Saddhatissa 152
Safawiden 235, 239, 253, 262
Safdar Jang 325
Saheb, Nana 354
Salim Chishti, Shaikh 297 f., 302 ff.
Saluva-Dynastie 232
Samaj, Arya 429, 435
Sandracottas 118

Personenregister

Sarnath 98, 102 f., 107 ff.
Satyendranath Tagore 419
Savarkar, V. D. 451, 523
Sayyid Ahmad Barelwi 433
Sayyid Ahmad Khan 435 f.
Seleukiden 119
Seleukos Nikator 119
Sen, Amartya 24, 187
Sen, Keshab Chandra 425 f.
Sepoys 338, 353–357
Shahu 328
Shambaji 259 f., 328
Shankaracarya 185 f.
Shantidas Jhaveri 285
Shariat Ullah 431 f.
Shariat Ullah, Haji 431 f.
Sharif, Nawaz 511
Shibab al-Din Ahmad I. 229
Shivaji Bhonsla 258
Siddharta Gautama (der Buddha) 92–97
Sikander 116, 220
Sikhs 17, 251, 257, 277, 316–319, 331–334, 359, 394, 433, 439, 460, 472, 485, 491 ff., 500, 504 ff., 521
Singh, Charan 502
Singh, Gobind 317 ff.
Singh, Manmohan 546
Singh, Ranjit 320, 332 ff., 342, 348
Singh, V. P. 523
Singhalesen 153, 490, 515, 522
Sirajal-Daula 336 f.
Skandagupta 149
Smith, Vincent 68
Sriamulu, Potti 503
Stein, Burton 141, 231
Strabo 115

T'ang (Dynastie) 168 f.
Talbot, Cynthia 149
Tamilen 153 f., 407, 490, 514 ff.
Tantia, General 356
Tara Bai 328

Tata, J. N. 410,
Tegh Bahadur, Guru 257, 318 f.
Terry, Edward 262
Thakurdas, Purshottamdas 537
Thapar, Romila 21, 135, 208
Thoreau, Henry 462
Tilak, Bal Gangadhar 453 f., 457 ff., 523
Timur 226, 235 f., 246, 252, 262, 267, 298
Tipu Sultan 331–334, 339
Todar Mal 244, 271 ff.
Toramana 149
Tughluq (Dynastie) 213, 223–231, 258, 265 f., 270, 281, 283
Tukaram 312
Tulsidas 314 f.
Tuluva-Dynastie 232

Vaishali 93, 108, 110
Vajpayee, Atal Bihari 524
Vallabhacarya 313
Valmiki 189 ff.
Vasco da Gama 288
Victoria, Königin 358, 381, 384
Vidyasagar, Ishwar Chandra 444 f.
Vijayanagara 221, 229–233, 272–275, 283, 286 f., 309, 336, 344, 563
Vivekananda, Swami 427 f.

Wahhab 430
Wajed, Hasina 513
Wellesley, Lord 350, 363
Wheeler, Sir Mortimer 47
Wilkins, Charles 364
Willingdon, Lord 472
Wilson, H. H. 369

Yahya Khan 510 ff.

Zamindars 276 f., 355, 387–391, 423, 432, 452, 476 f., 527 ff., 542
Zia, Khaleda 513

Ortsregister

Abu (Berg) 176 f., 209
Afghanistan 13, 31, 39, 48, 73, 88, 119, 125, 137, 139, 207 f., 210, 219, 227, 236–242, 297, 300, 319, 323, 330, 333, 344, 346, 433, 517
Afrika 45, 167, 215, 286, 396, 403, 493, 518, 563
Afrika, Nord- 478
Afrika, Ost- 30, 165, 168, 272, 285, 409, 457
Afrika, Süd- 345, 462 ff.
Agra 227, 237, 240, 243, 248, 253 f., 260, 269, 275 ff., 283 ff., 285, 292, 297, 302 f., 334, 417, 465, 470, 478, 527 ff., 534
Ägypten 45
Ahmadnagar 215, 229, 232 f.
Ahmedabad 465, 470
Ajanta 192, 196
Ajmer 297 f.
Aksai Chin 520
Aligarh 436
Allahabad (Prayag) 145, 147, 356, 421
Amaravati 111
Amerika, Süd-, Mittel-, Nord- 272, 279, 345, 404 f., 519, 521, 541, 544, 560, 563
Amritsar 318, 320, 333, 461, 465, 467, 506
Andamanen 30, 344, 356, 456, 478, 494
Andhra 502 f., 530, 533
Antwerpen 544
Anuradhapura 110, 153–161, 193 f., 309, 344, 393
Arabien 167, 230, 370, 431
Arabisches Meer 34, 142, 167, 230, 287
Aralsee 13
Arcot 325, 336, 339
Assam 29, 31, 146, 241, 323, 342, 397, 408, 510, 520 f., 535

Aurangabad 258, 261, 283, 330
Ayodhya 81, 178, 300, 525

Babylon 49, 114
Badami 150 f.
Bagdad 199, 207, 217
Bahawalpur 494
Baktrien 137 f., 148
Bali 178
Baluchistan 44, 46, 61, 69, 119, 242, 491, 495
Bangalore 544
Bangladesh 13 f., 16, 36 f., 210, 433, 494, 501, 508, 510, 512 ff., 516, 519, 522, 534 f., 541–544, 550 f., 561
Bassein 289
Batavia 290
Benares 87, 97, 139, 163, 254, 256, 303, 314 f., 325, 339
Bengalen 31, 69, 77 f., 88 f., 119, 125, 147, 150 f., 177, 217, 223, 226, 240–244, 251, 254, 269–272, 279, 281, 284, 287, 290, 300, 307 f., 313, 326, 335–339, 348 ff., 353, 387–391, 396, 403, 409, 412 f., 418, 421–425, 431 ff, 449, 452–456, 468, 475 ff., 481, 484, 490 ff., 499, 508, 527, 530–535
Bengalen, Golf von 29 f., 69, 87, 112, 116
Berar 229, 260, 375
Bharhut 111
Bhore Ghat 399
Bhutan 13 f., 37, 343, 490, 497, 516, 552
Bidar 227
Bihar 78, 86, 88, 104, 110, 126, 145 f., 197, 210, 217, 229 f., 238, 278 f., 301, 318, 337, 348, 387, 426, 64, 474, 477, 504, 527, 558
Bijapur 151, 229, 232 f., 252, 258, 260, 289, 298, 312, 328

Ortsregister

Bimbisara 89, 103, 117
Birganj 399
Birma (Myanmar) 13, 342, 344, 409, 477 f., 480 f., 516
Bolan-Pass 44
Bombay (Mumbai) 192, 289 f., 290, 308, 342–350, 373, 381, 390–399, 404, 410 f., 421 f., 42, 442, 452, 467 f., 503 ff., 535, 540, 544, 550
Britisch-Indien 14, 341–344, 360 f., 376, 382 f., 395, 433, 456, 477, 520, 560
Broach 166
Bundelkhand 210, 330
Burdwan 397
Buxar 337

Cambay, Golf von 57
Ceylon s. a. Sri Lanka 13 f., 341–347, 360, 374, 396, 399, 406–409, 418, 450 f., 460, 468 f., 489 f., 513–518, 527, 533, 536, 540, 548, 560
Chauri Chaura 467
Chittor 220, 241
Cochin 167, 290, 503
Coimbatore 410
Colombo 289 f., 309, 344, 396, 399, 479, 516

Daman 289
Dandaka 129, 191
Dandi 470
Daulatabad 222 f., 225, 227, 229, 252, 283
Darjeeling 341, 408, 533 f.
Dehra Dun 375
Dekkan 29, 31, 39, 71, 95, 124 f., 142, 147, 149, 151, 157, 192, 196, 213 ff., 222 f., 226–233, 242, 252–260, 267, 274 f., 281, 283 f., 298, 303–307, 312, 324–330, 336, 339, 404, 494
Delhi *passim*
Deoband 434
Deutschland 480, 538, 560
Devagiri 151, 222

Dhaka 251, 283, 326, 403, 455, 492, 509, 512, 535, 550
Dholavira 49, 61
Diu 289
Duars 408
Dundee 409
Durban 462
Dwarka 181, 315

Elephanta 192, 289 f., 290, 308, 342–350, 373, 381, 390 f., 395–399, 404, 410 f., 421 f., 428, 442, 452, 467, 477, 502 ff., 535, 540, 544
Ellora 192
Euphrat 45, 47, 113
Eurasien 26, 28, 38, 66, 90, 115, 281, 560, 562
Europa 168–175, *passim*

Fatehpur Sikri 244, 246, 253, 264, 297, 302, 306
Ferghana 236

Ganges *passim* 22, 332, 341
Garhwal 332, 341
Gaya 97, 108, 110
Ghat 32, 34, 143, 258, 399
Ghazipur 339
Ghur 209
Goa 231, 244, 282, 289, 292, 310, 344, 497, 501
Golkonda 229, 233, 252, 258, 260, 267, 284, 290, 328
Gondwana 241
Großbritannien 347 ff., 351, 369, 381 ff., 395 f., 401–406, 458, 490, 516 ff., 526, 536–539
Gujarat 48, 60, 119, 150, 176, 181, 193, 197, 208 f., 220, 222, 226, 231, 238 f., 242, 254, 269, 272, 282, 284–290, 307 f., 330, 410, 428, 462 ff., 470, 474, 502, 504, 507, 525
Gulbarga 227, 298
Gwalior 237, 269, 302, 330, 356

Hardwar 400
Hastinapura 81
Herat 209
Himalaya 13, 28 ff., 34 ff., 44 ff., 71, 95, 119, 147, 158, 190, 224, 242, 253, 271, 280, 341–344, 375, 393, 396, 504, 517, 521, 543, 551, 562
Hindukusch 128

Indore 330
Indus *passim*
Irak 217, 457
Iran 13, 22, 30 f., 44 ff., 57, 61, 69 f., 113, 119, 126, 140, 166, 205 ff., 214, 216 f., 219, 224, 228, 230, 235 f., 239, 242 f., 251, 259, 263, 285, 289, 297, 299–303, 307, 323 ff., 327, 333, 346, 383, 406, 517
Irland 486
Islamabad 494, 519
Istanbul 283

Jaffna 289, 309, 516
Japan 31, 37, 109, 169 f., 478–481
Jaunpur 226, 237, 325
Java 156, 290, 518
Jemen 165
Jhansi 343, 354, 356
Jhelam 113 f.
Jodhpur 257
Johannesburg 462

Kabul 119, 166, 236, 238, 244
Kaira 464 f.
Kairo 431, 518 f.
Kalibangan 49
Kalikut 285–289
Kalinga 102, 124 f., 128 f., 133, 137, 142 f., 146, 156
Kalkutta (Kolkata) 67, 269, 290, 336, 344–348, 355, 363 ff., 372, 389, 395–401, 408 ff., 419 ff., 424–428, 456, 466, 475, 479 f., 484, 492, 503, 521, 533, 536, 544, 550
Kambodscha 156

Kanaras 332
Kanauj 86, 150, 208, 237
Kanchipuram 143, 146, 152, 163
Kandahar 166, 236, 242, 251 f.
Kandy 106, 309, 339, 341, 344, 348, 396, 399
Kanishka 139 f., 143
Kanniyakumari 375
Kanpur 355 f.
Kanton 169
Kapilavastu 95, 110
Karatschi 396 f., 492 f., 540, 550
Karle 192
Karnataka 124, 126, 128, 150, 176, 233, 272, 325, 502 f., 551
Kaschmir 126, 139 f., 149, 226, 242, 301, 318, 323, 333, 343, 362, 495, 520, 524
Kashi 88, 117
Kaspisches Meer 69 f.
Kathiawar 150
Kathmandu, -tal 150, 308 ff., 327, 332–304
Kerala 31, 143, 169, 185, 499 ff., 529 f., 535
Khajuraho 28, 151, 196
Khalistan 506
Khandesh 260
Khyberpass 114
Kolar 272
Kosala 81, 88, 96, 103 f., 117
Kotte 309
Kumaon 332, 341
Kurukshetra 178 f.

Lahore 209 ff., 217 f., 236, 240, 267, 283 f., 316, 320, 327, 333, 343 f., 421, 429, 469, 482, 492, 509
Lakhnau (Lucknow) 326, 331, 355 f., 421
Lakkadiven 344
Lancashire 404
Levante 166, 286
Lhasa 520
Lumbini 95

Ortsregister

Madhyadesha (Mitleres Land) 86, 95, 103
Madras 194, 265, 284, 290 ff., 333, 336 ff., 344, 347–350, 355 f., 373 f., 389–399, 411 f., 421, 434 ff., 440 ff., 452 ff., 459 f., 467, 474, 477, 503, 530, 544
Madurai 142, 154, 222 f., 230, 309 f.
Magadha 37, 78 ff., 96, 103 f., 110, 117 f., 126 ff., 137, 141
Mahabalipuram 194 ff.
Maharashtra 70, 222, 258, 260, 311 ff., 330, 442, 453 f., 502 ff., 523, 557
Malabar 167, 169, 285 f., 290, 300, 332, 445, 467, 503, 530
Malakka / Straße von – 156, 166, 285, 289
Malaya 285, 409, 478
Malwa 128, 147, 217, 221, 226, 231, 239, 241, 267, 297, 330
Mandalay 358, 457
Maravars 441
Mesopotamien 43–55
Mirat 355
Mohenjo Daro 45, 48–53, 56–63
Multan 241, 316
Mumbai s.a. Bombay
Myanmar s. a. Birma
Mysore 124, 331–343, 350

Nagaland 504
Nalanda 104, 177, 197
Nepal 13 f., 17, 33, 36 ff., 79, 95, 108, 112, 126, 146, 188, 197, 222, 279, 281, 308, 326, 331 f, 334, 341, 343, 355, 359, 365 f., 375, 385, 399, 457 f., 597, 517 f., 520, 532, 534 f., 540, 549 f., 552, 559, 560
Nikobaren 30, 344, 494

Orissa 32, 124, 128, 229, 31, 233, 330, 339, 342, 387, 411, 456, 477
Ormuz 246, 289

Pakistan 13 f., 34, 37, 433, 435, 482–486, 485 f., 490–495, 498, 505 f., 508–524, 433 ff., 539–543, 548, 554 f., 561
Palk-Straße 30, 32, 232
Pandharpur 311
Pandyas 128, 142, 154 ff., 222, 224, 232
Panjab 45, 48, 73, 81, 87 f., 104, 113, 119, 128, 146, 149 ff., 166, 208 f., 216 ff., 222, 238, 272, 316–320, 331–334, 342 ff., 348, 353, 359, 381, 394–397, 429, 454, 460 f., 466, 477, 482 ff., 490–494, 504–511, 542
Pashupatinath 308
Pataliputra 39, 109, 117–122, 124, 128, 137, 148, 166, 200
Pearl Harbour 478
Peshamon 117
Peshawar (Purushapura) 117, 139, 433
Plassey 337, 354
Polonnaruwa 155
Pondichéry 291, 336, 343
Poona 258, 399
Poros 114, 118
Prayag s. a. Allahabad
Pune 258, 330, 421, 446, 453
Puri 314, 371, 400

Raichur-Doab 155, 232 f., 434
Rajagriha 88 f., 103, 108, 117
Rajasthan 44, 46, 57, 60, 140 f., 146, 150, 166, 172, 176, 209, 220, 241, 269, 271, 297, 308, 312 f., 344, 365, 433, 496, 555
Rajmahal 251, 254
Ranthambor 217, 220, 241
Rawalpindi 294
Roorkee 394
Russland s. a. Sowjetunion 519

Sagauli 341
Samarkand 226, 236, 253
Sapta-Sindhu 73, 112

Sasaram 301
Seringapatam 333
Shahjahanabad 253, 265, 284
Sikandra 302
Sikkim 332, 497, 535
Singapur 480
Sowjetunion 518 f., 539
Sri Lanka s. a. auch Ceylon 17, 30–39, 44, 71, 79, 87, 109 ff., 126 f., 142 f., 148, 152–161, 165, 168–171, 193 ff., 222, 232, 281–289, 292, 308 ff., 335–344, 365 f., 393, 396, 407 f., 508, 513–516, 522, 524, 535, 549, 559, 561
Srinagar 495
Srivijaya 156, 168
Sumatra 156
Surat 242, 259 f., 268 f., 282, 285, 287, 290, 292, 308, 396, 544

Tarain 209
Taxila 104, 113 f., 128, 166, 200
Thailand 156
Tibet 13, 108, 177, 375, 406, 517, 520

Ujjain 87, 128, 138, 200, 217, 254
Usbekistan 114, 236
Uttar Pradesh 73, 86, 126, 145, 149, 504, 525, 58

Vindhya-Gebirge 32, 44, 147, 189, 190, 228
Vrindavan 180, 313 ff.

Warangal 222 f., 229